GERHARD AICK

DEUTSCHE HELDENSAGEN

GESAMTAUSGABE

MIT VIELEN ZEICHNUNGEN VON
WILLY WIDMANN

St. Mary's High School Library
South Amboy, New Jersey

VERLAG CARL UEBERREUTER · WIEN-HEIDELBERG

63. Tausend

ISBN 3 8000 2901 4

J 472/6
Für die Jugend bearbeitet
Alle Rechte vorbehalten
Einband: Atelier Preiss
Papier: Matthäus Salzers Söhne
Hergestellt bei Carl Ueberreuter Druck und Verlag (M. Salzer), Wien
und Großbuchbinderei Thomas F. Salzer KG, Wien
Printed in Austria

ERSTER TEIL

INHALT DES ERSTEN TEILS

VORWORT 7

GUDRUN 11

Hettel und Hilde · Die Entführung · Gudruns Freier · Gudruns Verlobung · Überfall auf Matelan · Die Schlacht am Wülpensand · Gudrun in der Gefangenschaft · In Gerlinds Hand · Die Heerfahrt der Dänen · Die Botschaft des Schwanes · Wiedersehen mit Herwig und Ortwin · Gudruns Befreiung · Heimkehr und Hochzeit

WALTHER UND HILDEGUNDE 55

Etzels Heerfahrt · Hagens Flucht · Geheime Beratung · Die Siegesfeier · Walther entflieht mit Hildegunde · Rast am Wasgenstein · Der Kampf mit Gunters Recken · Ein neuer Gegner · Kampf und Versöhnung

DIE NIBELUNGEN 75

Kriemhilds Traum · Jung-Siegfried · Siegfrieds Fahrt nach Worms · Siegfrieds Heldentaten im Odenwald · Siegfried und Kriemhild begegnen einander · Brunhild · Brautfahrt nach dem Isenland · Hochzeit in Worms · Brunhild vergißt nicht · Der Streit der Königinnen · Siegfrieds Tod · Siegfrieds Bestattung · Hagen versenkt den Nibelungenhort · Etzel wirbt um Kriemhild ·

Kriemhilds Reise und Hochzeit · Kriemhilds Racheplan · Werbel und Schwemmel bringen Etzels Botschaft · Fahrt über die Donau · In Bechlarn · Seltsamer Empfang · Hagen und Volker auf nächtlicher Wacht · Erstes Wetterleuchten · Blutiges Gastmahl · Die Feuersbrunst · Rüdiger löst seinen Eid ein · Der Nibelungen Ende

WIELAND DER SCHMIED 193

Wielands Lehrzeit bei den Zwergen · Wielands Fahrt zu König Nidung · Wieland und Bathilde · Wielands Unglück · Der Schuß auf den Apfel · Wielands Rache · König der Lüfte · Wielands Hochzeit

DIETRICH VON BERN UND SEINE GESELLEN 225

Dietrich von Bern · Jung-Dietrichs erstes Abenteuer · Dietrich findet einen Gesellen · Wittich · Kampf mit Ecke und Fasold · Wildeber und Dietleib · Dietrich fährt ins Hunnenland · König Laurins Rosengarten · In Laurins Palast · Dietrichs mißlungene Brautwerbung · Der Verrat des Kanzlers Sibich · Die Vernichtung der Harlungenfürsten · Dietrichs Flucht · Die Rabenschlacht · Dietrichs Heimkehr · Heimes Abenteuer im Kloster · Hildebrand und Hadubrand · Hildebrands und Heimes Tod · Dietrichs Entrückung

INHALT DES ZWEITEN TEILS nach Seite 304

VORWORT ZUM ERSTEN TEIL

In alter Zeit, als man noch nicht schreiben und lesen konnte, fiel die Aufgabe der Übermittlung und Verbreitung von Nachrichten wandernden Sängern zu, deren Kunst geschätzt und belohnt wurde. Der wandernde Sänger berichtete jedoch nicht von flüchtigen Tagesereignissen, seine sogenannten »maeren« gingen auf mündlich überlieferte Stoffe aus längst vergangenen Tagen zurück. Um seine Erzählungen glaubhaft zu gestalten, brachte er die von ihm vorgetragenen Begebenheiten häufig mit historischen Persönlichkeiten in Verbindung.

Im Zuge der Christianisierung, durch die ein Teil der Bevölkerung schreiben und lesen lernte, wurde der wandernde Sänger vom weniger geachteten Spielmann abgelöst. Ein mit der Schreibkunst vertrauter Spielmann hat das älteste Spielmannsepos, das wir als Handschrift besitzen, im 12. Jahrhundert niedergeschrieben. Auf Aufzeichnungen aus dieser Zeit geht auch das im österreichischen Raum entstandene NIBELUNGENLIED zurück, dessen Verfasser nicht überliefert ist.

In diesem Heldenepos sind zwei Sagenkreise miteinander verbunden: der Sagenkreis um Siegfried und der vom Untergang der Burgunden. Letzterer geht auf eine historische Tatsache zurück: 437 vernichteten die Hunnen das Burgundenreich unter König Gundaharius (Gunter). Auch die Namen der beiden Brüder des Königs, Godomaris und Gislaharius (in der Sage Gernot und Giselher) sind geschichtlich bezeugt. In seiner Gesamtheit wird der Nibelungenstoff jedoch nicht so sehr von historischen, als vielmehr von mythologischen, sagen- und märchenhaften Elementen bestimmt. Zunächst vielfach abgeschrieben und überarbeitet, geriet das Nibelungenlied während der Barock- und Aufklärungszeit in Vergessenheit. Im 18. Jahrhundert entdeckte der Schweizer Johann Jakob Bodmer neuerlich das großartige Gedicht, das in der Folge befruchtend auf die »deutsche Bewegung« Klopstocks und Herders wirkte und Goethes vollste Bewunderung genoß. Das Interesse, das die Romantik dem deutschen

Mittelalter entgegenbrachte, führte zu einer Vertiefung der Kenntnis um dieses mittelhochdeutsche Heldenepos. Es hat wiederholt zur dichterischen Nachgestaltung angeregt, so z. B. Richard Wagner zu seinem Musikdrama »Der Ring des Nibelungen« und Friedrich Hebbel zu seiner Trilogie »Die Nibelungen«.

Die Entstehung des GUDRUNLIEDES fällt ungefähr in dieselbe Zeit wie die des Nibelungenliedes, doch setzt das Gudrunlied das Nibelungenlied bereits voraus, allein schon durch seine metrische Anlehnung an die Nibelungenstrophe. Auch der Verfasser des Gudrunliedes, das im bayrisch-österreichischen Gebiet entstanden sein dürfte, ist nicht bekannt. Es gibt nur eine einzige Handschrift, die in der Nationalbibliothek in Wien aufbewahrt wird. Diese sogenannte »Ambraser Handschrift« wurde im Auftrage Kaiser Maximilians I. von Hans Ried, dem Zolleinnehmer am Eisack in Bozen, im 16. Jahrhundert angefertigt. Die Vorlage bildete eine Sammelhandschrift aus dem 13. Jahrhundert, das »Heldenbuch an der Etsch«.

Ein junger Mönch des Klosters zu St. Gallen, Ekkehard I., übertrug im 10. Jahrhundert die WALTHERSAGE in lateinische Hexameter. Die Quelle, die er für diese Stilübungen benützte, kann nicht nachgewiesen werden. Als literarisches Vorbild für die Übersetzung der germanischen Sage gilt die »Aeneis« von Vergil. »Walthariusmanufortis«, wie Ekkehard I. sein Werk nannte, ist jedoch nur in der rund hundert Jahre später entstandenen sprachlichen und formalen Neugestaltung durch den Klosterschulvorsteher von St. Gallen, Ekkehard IV., erhalten. Die zehn überlieferten Handschriften zeugen von der Beliebtheit des Stoffes.

Um DIETRICH VON BERN, den geschichtlichen Theoderich den Großen, haben sich zahlreiche Sagen gebildet, die die Heldentaten des Ostgotenkönigs verherrlichen und mit Märchen und Wundern ausstatten. Man nennt diese Sagen auch Amelungensagen nach dem Königsgeschlecht der Amaler, aus dem Theoderich stammte. Ravenna und Verona, die beiden Residenzstädte Theoderichs, sind in der Sage Raben und Bern. Historische Tatsachen werden entstellt, wenn etwa Dietrich vor seinem Oheim Ermanarich an den Hof Etzels flüchten muß und von dort erst nach langjährigem Exil zurückkehrt. Theoderich konnte nicht bei Etzel (dem geschichtlichen Attila) gewesen sein, denn dieser starb ein Jahr vor der Geburt des Ostgotenkönigs. Dietrich von Bern ist nicht nur die Hauptgestalt der Dietrichsagen, er spielt auch in der Nibelungensage eine bedeutende Rolle. Es liegt hier eine Überschneidung der beiden Sagen vor,

VORWORT

und die historische Unrichtigkeit, die Dietrich mit Etzel in Verbindung bringt, ist schon auf das Nibelungenlied zurückzuführen. Von den vielen Dietrichsagen, die in ihrer Gesamtheit ein Lebensbild des großen Berners wiedergeben, werden zwei, nämlich »Dietrichs Flucht« und »Die Rabenschlacht«, Heinrich dem Vogler, einem fahrenden Sänger des 13. Jahrhunderts, zugeschrieben.

Die Geschichte von WIELAND DEM SCHMIED geht auf ein balladenartiges Einzellied in altnordischer Sprache zurück. Wielands Sohn Wittich wurde ein Geselle Dietrichs von Bern und ist in die Dietrichsage eingegangen.

Der vorliegende Band vereinigt eine Nacherzählung von Sagen aus dem Kreise der »Heldenepen« der Literatur; in einem zweiten Band »Die schönsten Rittersagen des Mittelalters« werden die in der höfischen Dichtung enthaltenen Sagen nacherzählt.

Möge sich unsere Jugend an ihnen erbauen; legen sie doch Zeugnis ab für Menschen aus längst vergangener Zeit, denen Tapferkeit und Treue heilig gewesen sind und die Ehre mehr bedeutet hat als das Leben.

GUDRUN

Ein Lied klingt aus den Tagen grauer Vorzeit zu uns herüber, das hat einen gar reinen und edlen Ton, von Gudrun singt es, dem herrlichen Königskind, das seiner Minne ein Opfer brachte wie selten ein Weib auf dieser Erde. Doch es verkündet auch den strahlenden Preis für diese Treue, den endlichen Sieg der Liebe und die Erhöhung zu Glanz und Glück. So überwindet ein tapferes Herz alle Mühsale und Gefahren, bis ihm aus tiefster Erniedrigung Befreiung wird.

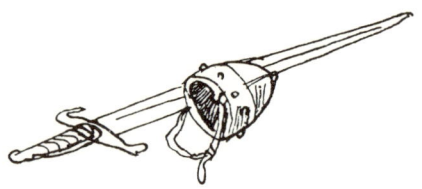

HETTEL UND HILDE

Über Dänemark herrschte in alten Zeiten König Hettel aus dem Geschlecht der Hegelingen. Seine Eltern waren früh gestorben, doch hatten sie ihm tapfere Lehensmänner und treue Ratgeber hinterlassen, die dem jungen Herrscher halfen, sein großes Reich sorglich und in Ehren zu regieren: den berühmten Helden Wate von Stürmen, den klugen und weitgereisten Sangesmeister Frute sowie Horand von Friesland und Morung von Niflanden.

Hettels Glück wäre vollkommen gewesen, wenn er es mit einer Gemahlin hätte teilen dürfen. Denn er fühlte sich einsam in Matelan, der stolzen Königsburg am Ufer des Belt. Da brachte eines Tages sein Ritter und Freund Horand die Kunde, daß in Irland ein liebliches Mädchen mit Namen Hilde zu freien wäre. Der Zauber ihrer seltenen Schönheit sei wohl ein Erbteil der Mutter, die einst ein Vogel Greif aus ihrer Heimat India nach dem Nordland entführt hatte. Diese Nachricht bewegte den Hegelingen tief, und er besprach sich mit seinen vornehmsten Recken, wie man es wohl am besten anstelle, Hilde nach Dänemark zu holen. Die Helden stimmte der Entschluß ihres Herrn bedenklich, denn von Hagen, dem Herrscher von Irland, sagte man, daß er gar grimmig sei und keinem sein schönes Kind vergönne.

HETTEL UND HILDE

Viele Freier hatten schon um Hilde geworben, und ihre Gebeine bleichten jetzt in einem fernen Grab. Der alte Wate, ungestüm und tapfer wie ein Jüngling, bot sich an, mit einem Heer in Irland einzufallen und das Mädchen mit Gewalt fortzuschleppen, doch gefiel Hettel der Vorschlag Frutes besser, Hilde durch eine List zu gewinnen. Der Plan des vielerfahrenen Mannes schien überaus verlockend. Die tapfersten Ritter des Königs, so lautete sein Rat, sollten sich als Kaufleute verkleiden und mit einem Schiff voll Kramwaren in Baljan, der irischen Hauptstadt, vor Anker gehen. So würden sie Gelegenheit haben, sich insgeheim an das Mädchen heranzumachen, ihm die Werbung Hettels mitzuteilen und es vielleicht auch dazu bewegen zu können, ihnen freiwillig nach Dänemark zu folgen. Der aufrechte Wate freilich war von der Aussicht nicht erbaut, in den Kitteln eines Handelsmannes umherlaufen zu müssen, aber er fügte sich schließlich dem Wunsch seines Herrn und übernahm die Führung des abenteuerlichen Unternehmens, an dem außer ihm noch Frute, Horand und Morung teilnehmen sollten. Zur Vorsicht beschloß man, auch noch tausend Gepanzerte mitzunehmen und sie während des Aufenthalts in Baljan heimlich unter Deck verborgen zu halten.

Während des Winters ließ Hettel zwei prunkvolle Schiffe bauen, und am ersten sonnigen Frühlingstag stach man in See.

Gleich nach der Ankunft begab sich Horand, in prächtige Gewänder gehüllt, die den reichen Kaufmann anzeigen sollten, zu König Hagen auf das Schloß und eroberte mit fürstlichen Gastgeschenken das Herz des grimmen Herrschers so, daß ihm und seinen Gefähr gestattet wurde, ihren Kramladen am Strande aufzuschlagen.

So gingen denn die vorgeblichen Kaufleute heiter und vergnügt von Bord, weil vorerst alles gut abgelaufen war. Nur Wate bewegte sich mißmutig in seinem bürgerlichen Rock. Die Krieger freilich, die in den Schiffsrümpfen verborgen bleiben mußten, litten unter der prallen Frühlingssonne, die unbarmherzig herniederstach, große Qual.

Nun wurden am Hafen die Buden errichtet und darin die Schätze, die von den Schiffen gebracht wurden, zur Schau gestellt. In hellen Scharen strömten die Männer und Frauen der Hauptstadt herbei und erfreuten sich am Anblick der meisterlich gearbeiteten Waffen, Trinkhörner und Becher, des kunstvoll ziselierten Geschmeides, der Ringe, Spangen und Achselklammern, der rauschenden Brokate. In wahres Entzücken geriet das Volk, als es merkte, daß niemand unbefriedigt von dannen ziehen mußte. Herr Frute, der es übernommen hatte, das Geld einzustreichen, feilschte nicht lange und nahm mit der liebenswürdigsten Miene, was ihm geboten wurde. Arme Leute und Kinder beschenkte er mit solcher Freigebigkeit, daß man bald in Palästen, Häusern und Hütten von nichts anderem sprach als von den Fremdlingen.

Auch die Königin und ihre Tochter statteten den Verkaufszelten einen Besuch ab, und da das Feilgebotene alle ihre Erwartungen übertraf, erhandelten sie so manches kostbare Stück. Gar zu gern hätte Hilde die wundersamen Ankömmlinge, die solche Schätze mit sich führten und so liebenswürdig zu reden verstanden, auf dem Schloß zu Gast gesehen. Zu ihrem Erstaunen willigte der sonst so strenge Vater ohne Zaudern in den Vorschlag ein.

Den Recken war die Einladung hoch willkommen. Zum erstenmal konnten sie sich nun der Auserwählten ihres Herrn nähern. Hagen hatte ein herrliches Fest vorbereiten lassen, aus dem ganzen Land waren dazu die Ritter und edlen Frauen eingeladen worden. Frute wußte die Gespräche so geschickt zu lenken, daß alles von dem höfischen Gebaren der Fremdlinge entzückt war und dennoch nichts verriet, daß sich schlachtgewohnte Helden hinter falschen Kleidern verbargen. Allein durch Wate drohte Entdeckung. Wortkarg und ungesellig saß er da, so daß es Hilde gelüstete, ihn zu necken: ob er wohl lieber mit schönen Frauen plaudere oder ein Schwert im Kampf schwinge. Dem greisen Degen entfuhr's aus tiefster Seele Grund: »Mit guten Knechten meine Feinde zu schlagen, war mir allzeit das liebste.«

Schnell verhütete Frute ärgeres Unheil, indem er erklärend hinzufügte: »Wir Kaufleute müssen manchmal auch hart kämpfen, denn viel beutegieriges Gelichter ist hinter uns her auf Land und See.«

»Nun, da würde es mich gelüsten, einmal einen Handelsmann fechten zu sehen«, mischte sich der König ins Gespräch.

Nichts Angenehmeres konnte Wate hören, doch er verstellte sich und knurrte ärgerlich: »Nun ja, wenn es sein muß, schickt mir Euren Fechtmeister. Vielleicht kann ich von ihm etwas lernen.«

Hagen lachte: »Die drei Hauptschläge wird er Euch schon beibringen.«

Am nächsten Morgen versammelte sich der Hof auf dem Turnierplatz. Einen Handelsmann vor der Klinge des berühmten Meisters tanzen zu sehen, das versprach doch ein lustiges Schauspiel zu werden! Und anfangs ging's auch so, wie man es erwartet hatte. Der aufgeräumte Wate hopste furchtsam im Ring hin und her, und der Fechter des Königs sprang hinterdrein. Die Zuschauer bogen sich vor Lachen und eine heitere Mädchenstimme munterte Wate auf: »Noch schneller mußt du laufen, Alter!«

Jedoch dann geschah etwas Überraschendes. Der Held von Stürmen hielt mit jähem Ruck an und führte zwei so kunstgerechte Schirmschläge auf den Helm des Iren, daß die Funken sprühten. Der Fechtmeister taumelte. Wate setzte ihm nach, und die wilde Treibjagd begann, nur anders, als die Versammelten erhofft hatten. Der vermeintliche Kaufmann war nämlich jetzt der Treiber und der Höfling der Gehetzte.

Lebhaftes Beifallklatschen belohnte den alten Kämpen, und der König rief: »Seht an, mein Gast scheint nicht so ungelehrt im Waffenhandwerk! Nie dachte ich, daß ein feilschender Krämer die Klinge so gut zu führen verstände. Gebt mir ein Schwert, daß ich ihm ordentlich auf den Zahn fühle.«

So trat denn Wate zum Zweikampf mit dem Herrscher an. »Schont mich«, bat der ruhmreiche Recke, den Scherz noch weiter spinnend, »wenn Ihr mir Wunden schlagt, muß ich mich vor den Frauen schämen.«

In blitzartigem Schlagwechsel sah sich Hagen bald in die Enge getrieben. Höhnisch mahnte der angebliche Handelsmann: »Steht doch, denn Ihr müßt mir noch die drei Hauptschläge zeigen.«

»Meiner Treu«, stöhnte der König und ließ erschöpft den Degen sinken, »du willst fechten lernen und bist doch selbst der größte Meister, dem ich je begegnet bin. Verbreite es nur nicht in allen Ländern, wie ein Kaufmann einen König besiegt hat.«

DIE ENTFÜHRUNG

Etliche Tage waren nun schon seit der Ankunft der Brautwerber in Baljan vergangen. In den Bürgerquartieren, die man ihnen zugewiesen hatte, ließen sie sich's gut gehen, und sie hätten sich sicher noch länger süßem Nichtstun ergeben, wenn nicht Wate zum Handeln gedrängt hätte. Auf Frutes Rat wurde daher Horand ausgeschickt, Schön-Hilde die Werbung König Hettels zu verkünden. Wunderbar war die Mainacht, in der sich der Herr der Friesen in den Burghof schlich. Es war schon alles still und finster im Schloß, nur im Frauengemach schimmerte noch Licht. Da griff Horand in die Saiten und sang ein Lied vom Dänenland, so schön, daß selbst die Vögel neidisch verstummten.

Hilde horchte auf: »Das ist die hübscheste Weise, die ich je gehört habe«, seufzte sie, »wollte Gott, daß meine Kämmerlinge es auch so könnten.«

Eine Zeitlang blieb es still, dann begann der Gesang neuerlich. Unbändige Lust beschlich das Mädchen, den Spielmann von Angesicht zu sehen und ganz in der Nähe zu hören. Der Augenblick war günstig, die Höflinge waren schlafen gegangen, nur eine edle Frau wachte. Hilde nahm ein kostbares Geschmeide aus einer Truhe und versprach es der Dienerin, wenn sie den Sänger heraufhole und den Eltern nichts verriete.

So geschah es, daß Horand in dieser Nacht vor der Auserwählten seines Herrschers stand. Noch einmal sang der Hegelinge alle seine Lieder, die Liebe und Liebesglück in süßen Tönen priesen. Als er geendet hatte, streifte das Mädchen einen Ring vom Finger und sagte: »Nehmt das zum Dank, ritterlicher Held, denn daß Ihr ein Kaufmann seid, glaub' ich nie und nimmermehr.«

Zu ihrer Überraschung antwortete der Spielmann: »Erlaubt, daß ich den Ring meinem Herrn bringe, König Hettel von Dänemark.«

Die Irin erschrak und fragte ahnungsvoll: »Warum wollt Ihr denn einen fremden Mann mit meinem Geschenk erfreuen?«

»Weil er Euch liebt«, rief stürmisch der Brautwerber, »weil er kein anderes Mädchen auf der Welt zur Frau begehrt, als Euch, König Hagens Tochter!« Und mit glühenden Worten schilderte Horand die Sehnsucht seines Herrschers und beschwor das Mädchen, die Bitte des Hegelingen zu erhören.

Wahrlich, keinen beredteren Fürsprecher hätte sich Hettel wünschen können. Betört von Horands verführerischer Lockung erglühte Hildes Herz in Liebe zu dem fernen König. Und willenlos fügte sie sich dem Plan, den ihr der Brautwerber auf Frutes Rat vorschlug. Unter dem Vorwand einer Besichtigung sollte sie sich an Bord eines der beiden Schiffe begeben, wo man sie schnell von ihrem Gefolge trennen und in See stechen werde. Dem schüchternen Einwand des Mädchens, der erzürnte Vater werde es sicherlich verfolgen, begegnete der Hegelinge mit dem Bemerken, daß Hagens Flotte verfaulend auf Kiel liege. So verließ Horand in freudiger Stimmung beim Morgengrauen den Palast.

GUDRUN

Schon am nächsten Tag erging die Einladung zum Besuch der »Kaufmannsbarken«, und bald darauf erschien der König mit seiner Frau und Tochter und einem großen Hofstaat am Strand. Die fliegenden Kramläden waren noch zu sehen, und viel Volk drängte sich schaulustig um die schönen Dinge. Hagen ging entzückt von Zelt zu Zelt, prüfte die ausgelegten Waffen und nahm gar manche Klinge selbst in die Hand, um sie mit sausendem Hieb durch die Luft zu erproben. Indes lud man Hilde zur Besichtigung der Schiffe ein, und während sie sich an Bord begab, gelang es Wate, ihr Gefolge unter einem Vorwand am Ufer festzuhalten. Heimlich stahlen sich jetzt auch Horand, Frute und die Knechte vom Strand, zuletzt folgte der Recke von Stürmen, und alle Hegelingen waren nun glücklich auf den Barken vereint. Die Bohlenbrücken wurden eingezogen, die Anker gelichtet, die straffen Segel blähten sich im Wind. Ein Krachen gab's, ein Knirschen und Rasseln in den Steuerrudern, Masten und Rahen, die Fahrzeuge wurden flott, und angetrieben von der frischen Brise und der Kraft der Männer, die sich mächtig in die Riemen legten, liefen die Schiffe schneller und immer schneller aufs offene Meer hinaus.

Geschrei erscholl am Ufer. Hagen trat aus dem Zelt und blickte in sprachloser Überraschung auf das Schauspiel, das sich ihm darbot. »Meine Tochter«, stieß er zornbebend hervor, hob seinen Speer und schleuderte ihn nach Wate, der jetzt, nachdem er die Verkleidung verächtlich fortgeworfen hatte, in voller Rüstung auf dem Heck des letzten Schiffes erschien. Das Geschoß prallte von der Bordwand ab und fiel in das schäumende Kielwasser. Nun kletterten auch die Krieger, die sich so lange verborgen gehalten hatten, an Deck.

»Verrat, Verrat«, brüllte Hagen in ohnmächtiger Wut, »nicht Kaufleute waren es, Räuber und ehrlose Gesellen haben mich betrogen. Setzt meine Schiffe ins Wasser, ihnen nach!«

Der Hafenmeister verneigte sich zitternd vor seinem zornentbrannten Herrn: »Nicht vor sieben Tagen sind Eure Fahrzeuge segelfertig.«

In jähem Grimm ergriff Hagen einen Dolch, der auf einem Budentisch lag, und warf ihn wutschnaubend nach dem Pflichtvergessenen. Was an Werkleuten in Baljan aufzutreiben war, hetzte er auf die Reede, und nach einer Woche konnten drei Barken mit dreitausend Mann in See stechen.

Die Hegelingen hatten einen so großen Vorsprung, daß sie es wagen durften, am Strand von Waleis, der zu Morungs Fürstentum gehörte, vor Anker zu gehen, um König Hettel zu erwarten. Herolde waren mit einem

DIE ENTFÜHRUNG

der wendigeren Versorgungsschiffe vorausgeeilt, um ihm die frohe Botschaft vom Nahen seiner Braut zu künden.

Nach ein paar Tagen traf denn auch eine Prunkgaleone* ein, auf deren hohem Bug die Hünengestalt Hettels sichtbar wurde. Unter dem Jubelruf der Fürsten und Geharnischten sprang der König an Land. Von tiefster Dankbarkeit bewegt, fiel er erst seinem getreuen Wate um den Hals, dann schlug er Frute freundschaftlich auf die Schulter. Der Alte litt nicht lange die Begrüßung. »Komm«, sagte er so sanft und fromm, wie man ihn nie gehört hatte, »ein Mägdlein wartet dort sehnsüchtig im Zelt.« Und er führte den König, der ihm nahestand wie ein Sohn, Hilde von Irland zu.

»Wie schön sie ist«, flüsterte Hettel überrascht, als er König Hagens Tochter erblickte. Das Mädchen streckte dem Fürsten beide Hände entgegen und sprach froh bewegt: »Seid mir gegrüßt, Herr Hettel von Hegelingen.« Hettel neigte sich nieder, schloß seine Braut in die Arme und innig ruhte Lippe auf Lippe im ersten seligen Kuß. Draußen vor dem Zelt griff Horand in die Saiten und sang jenes Lied, mit dem er vor Baljans Burg Hilde für seinen Herrn gewonnen hatte.

Am andern Morgen rüttelte ein unsanfter Weckruf die Hegelingen aus dem Schlaf. Die Hörner gellten und die Posten auf dem Ausguck meldeten mit weithin schallender Stimme: »Schiffe in Sicht, Feinde nahen!«

Die Flotte kam schnell herangesegelt. »Ich erkenne Hagens Wappen am Bug«, meinte gelassen Wate zu Morung, der sich in fliegender Hast in Eisen schiente. Hettel suchte seine schreckensbleiche Braut zu beruhigen. Dann eilte auch er an den Strand.

Die Wikingerdrachen Hagens waren ganz dicht an das Ufer gekommen. Der König sprang als erster von Bord und stapfte durch das seichte Wasser. Eine Wolke von Pfeilen empfing ihn, doch sein Harnisch hielt stand. Hettel trat ihm selbst gegenüber. Brust an Brust standen sie, so daß einer des andern keuchenden Atem spüren konnte. Dann zuckten die Hände nach den Schwertern, und blitzend kreuzte sich der Stahl. Ein heißer Kampf entbrannte. Schon klaffte zerrissen Hagens Panzerhemd auf, und Hettel hatte seinen zerhauenen Schild beiseite werfen müssen, schon zeichnete sich drohend eine furchtbare Entscheidung ab, als Hilde, am ganzen Leibe bebend, auf dem Kampfplatz erschien. »Haltet ein, ihr Teuren«, jammerte sie, »gleich wert ist mir jeder von euch und keinen möcht' ich verlieren.«

* Großes Segelschiff

GUDRUN

»Wie, du liebst diesen Räuber?« herrschte der König seine Tochter an. »Ja, Vater«, versetzte Hilde sanft und gefaßt. »Ich habe mich mit Hettel von Hegelingen verlobt. Doch nenne ihn nicht Räuber, aus freien Stücken bin ich hierhergekommen in sein Land.«

Ein Freudenstrahl brach da aus Hagens Augen, und er fand nach kurzem Zögern das erlösende Wort: »Wenn dem so ist, werdet glücklich miteinander!«

Da schlugen die Mannen dröhnend auf die Schilde, Hilde aber warf sich mit einem Jubelschrei in die Arme ihres Geliebten. Ein Freudenfest beschloß diesen Tag, der so drohend begonnen und so schön geendet hatte.

Bald darauf wurde auf Schloß Matelan Hochzeit gehalten. Dann kehrten Hettels treue Helden in ihre Länder zurück. Hettel lebte mit Hilde glücklich und zufrieden. Er hatte sie über alles lieb. Auch ringsum verehrte man die Königin wegen ihres gütigen Wesens, ihrer Sittsamkeit und Sanftmut. Frieden und Freude leuchteten wie glückhafte Sterne viele Jahre über Dänemark.

GUDRUNS FREIER

Auf Matelan wuchsen zwei Königskinder heran: der Knabe Ortwin und das Mädchen Gudrun. Ortwin wurde zum alten Wate von Stürmen entsandt, damit er dort das Waffenhandwerk erlerne wie einst sein Vater Hettel. Seine Schwester war der Obhut ihrer Mutter anvertraut und wurde schöner, als Hilde je gewesen war. Zudem zeigte sie so freundliche Gesinnung, daß der Ruf ihrer Lieblichkeit und Tugend bald weit über die Grenzen des Hegelingenreiches hinausdrang.

Da pochten stolze Recken an die Pforten des Schlosses, um Gudrun von Angesicht zu schauen und um ihre Hand zu bitten. Aber so toll wie einst Hagen gebärdete sich jetzt Hettel. Keinem gönnte er sein schönes Kind, und drang ein Freier gar zu stürmisch in ihn, dann wies er ihm wütend die Türe. So erging es erst König Siegfried von Morland, einem vornehmen Herrn und kühnen Degen, der gar wohl auf Erhörung seiner Werbung hoffen durfte. In großem Zorn reiste der Abgewiesene wieder von dannen und schwor, die ihm angetane Schmach zu vergelten. In aller Eile rüstete er ein Heer aus, um in Dänemark einzufallen.

Inzwischen war ein neuer Bewerber um Gudruns Gunst auf den Plan getreten: Hartmut, Sohn König Ludwigs, der auf der Burg Kassiane über dem Meer das Normannenland mit unerschrockener Tapferkeit, aber maßvoll in seinen Wünschen regierte. Doch hoffärtig, hochfahrend und neidvoll war Gerlind, Hartmuts Mutter.

Die Kunde von Gudruns Liebreiz war auch in die Normandie gedrungen und hatte den Ehrgeiz der Frau entfacht. Denn groß war der Ruhm und die Macht der Hegelingen. Gerlind riet ihrem Sohn, bei Hettel um die Hand seiner Tochter anzuhalten.

Hartmut wollte erst von solchen Plänen nichts wissen, und auch der alte König hatte traurig sein Haupt geschüttelt und gewarnt: »Dein hochfahrender Sinn bringt uns am Ende noch großes Unglück!«

Ein Zufall war einige Monate später den ehrgeizigen Absichten der Königin zu Hilfe gekommen. Das Lied eines fahrenden Sängers, der Gudruns Schönheit über alle Maßen pries, stimmte Hartmut um. Doch die Boten, die seinen Heiratsantrag König Hettel schriftlich überbrachten, wurden hohnvoll aus dem Dänenland gewiesen. Der junge, hochgemute Fürst schwor, von seinem Entschluß nicht abzulassen, und furchtbare Rache sann Frau Gerlind.

Nur wenige Tage, nachdem die Herolde so ungnädig entlassen worden waren, meldete sich noch ein dritter Freier auf Burg Matelan, König Herwig von Seeland. Er kannte Gudrun schon von Kindheit an, denn er war der Freund ihres Bruders Ortwin. Vor Jahresfrist hatten sie sich zum letztenmal gesehen, und da war in beider Herzen eine zarte Liebe entflammt. Gudruns Freude war groß, als der strahlende, jugendliche Held um ihre Hand anhielt, doch bald verwandelte sich die Lust in Trauer. Hettel wies den Brautwerber genau so ab wie seine Vorgänger. Und nutzlos waren die Beteuerungen Gudruns, daß sie gerne Herwigs Gattin werden wolle.

GUDRUNS VERLOBUNG

König Hettel kümmerte sich nicht viel um den Groll der abgewiesenen Freier. Stolz war er im Bewußtsein seiner Macht, und nie wäre ihm in den Sinn gekommen, daß jemand es wagen würde, Matelan anzugreifen.

Eines Morgens riß ihn der gellende Ruf des Wächters: »Feinde in Sicht!« aus dem Schlaf. Er sprang ans Fenster und sah ein stattliches Heer heranrücken. Ein himmelblaues Banner, in das Seerosen gestickt waren, wurde den Kriegern vorangetragen. Lächelnd sagte Hettel zu Hilde: »Sieh da, König Herwig, im Sturm begehrt er seine Braut.« Dann gürtete er in Seelenruhe sein Schwert um, rief ein paar Knechte an seine Seite und stieß das Hauptttor der Burg auf, an das die Äxte der Feinde schon bedenklich hämmerten.

Der König der Hegelingen rief mit weithin schallender Stimme: »Ich fordere euren Herrn zum Zweikampf, Männer! Herwig von Seeland, zeige dich!«

Ohne zu zaudern, trat der junge Held vor. Seine Heerschar zog sich achtungsvoll zurück und bildete einen Kreis auf dem Plane unter den Mauern der Burg. Die Könige begaben sich in den Ring und schritten einander waffenklirrend entgegen. Da sausten von kräftiger Hand geschleudert die Speere, schlugen splitternd auf die hochgezogenen Schilde und wurden von den Kämpfern mit jäher Bewegung in den Sand geschüttelt.

GUDRUN

Auf dem Söller des Schlosses waren Mutter und Tochter erschienen. Hildes Herz krampfte sich in Angst um ihren Gatten zusammen, doppeltes Leid aber trug Gudrun: sie bangte um den Vater und um den Verlobten.

Die Helden hatten die Klingen gezogen. Heiß und gewaltig war der Kampf, der nun entbrannte. Von Blitzen umzuckt, von Funken umsprüht, standen sie im Ring und unbarmherzig versuchte jeder des andern Schwäche aufzudecken. Es konnte nicht mehr lange dauern, bis einer von beiden todeswund auf den Rasen sank.

Gudrun konnte das qualvolle Bangen nicht länger ertragen und rief: »Vater, laß ab um meinetwillen!«

»Hört Ihr die Stimme Eures Kindes?« fragte Herwig und ließ seinen Degen sinken. Da hielt auch Hettel ein, und schwer atmend stützte er sich auf den Schild.

Da sprach der König von Seeland die Bitte aus: »Erlaubt Ihr, daß ich

mit Gudrun spreche. Ihr und Frau Hilde möget hören was ich Eure Tochter frage und welche Antwort sie gibt.«

Der Hegelinge nickte, und die beiden Männer stiegen hinauf in den Saal, wo sie die Frauen erwarteten.

Herwig verneigte sich vor dem Mädchen und sagte ehrerbietig: »Dein Vater versagt mir deine Hand. Ich glaube, er schätzt mich gering, weil ich nur über ein kleines Reich herrsche. Mißachtest du mich deshalb auch?«

Heftig wehrte Gudrun ab: »O Herwig, wie kannst du so etwas denken! Wie könnte ich den mißachten, der für mich Blut und Leben aufs Spiel setzt. Ein königlicher Held bist du, und wäre dein Land nicht größer als die ärmste Provinz meines Vaters. So wie einst Hilde Hettel, so liebt Gudrun Herwig.«

Sich hoch aufrichtend trat jetzt der König vor das Herrscherpaar. »Ihr habt Gudruns Willen vernommen«, sagte er, »lehnt Ihr meine Werbung noch immer ab oder gestattet Ihr, daß Eure Tochter den Thron von Seeland mit mir teilt?«

Hettel entgegnete: »Ich habe die Kraft deines Armes verspürt, und ich glaube, daß meine Tochter bei dir sicher und wohlbehütet sein wird.«

Mit niedergeschlagenen Augen, doch glücklich, nahm Gudrun Herwigs ausgestreckte Hände in die ihren.

ÜBERFALL AUF MATELAN

Während man auf Schloß Matelan das Verlobungsfest feierte, braute sich schweres Unheil an Seelands Grenzen zusammen. Mitten in seinen Rüstungen zum Krieg gegen Dänemark erhielt König Siegfried die Nachricht, daß die von ihm so heiß begehrte Gudrun die Braut Herwigs geworden sei. Furchtbarer Haß loderte in ihm auf und er beschloß, statt des Reiches der Dänen zuerst das seines glücklicheren Nebenbuhlers zu vernichten. Er zog Männer in so großer Zahl zusammen, als gälte es, die Welt zu erobern, und brachte sie mit zwanzig Schiffen an Seelands Strand. Nichts zu schonen, nicht Haus noch Hof, nicht Dorf noch Stadt, war die Parole, die er seinen Kriegern verkündete. Dann ergoß sich der Heerhaufe sengend und brennend über das Land. Schnelle Boten wurden nach Matelan abgesandt, um Herwig Kunde von den entsetzlichen Ereignissen zu überbringen. Der junge König brach sogleich die Feier ab, ritt, ohne aus dem Sattel zu steigen, Tag und Nacht in seine Heimat zurück, die fast schon ganz in die Hand der Feinde gefallen war. Nur noch eine kleine Schar vermochte der Held zusammenzuraffen, aber tollkühn warf er sich mit ihr den Eindringlingen entgegen. Doch zu groß erwies sich deren Übermacht. Herwig unterlag trotz aller Tapferkeit, und mit dem Rest seiner Getreuen konnte er gerade noch in seine Burg flüchten, die Siegfried sofort zu berennen befahl. Doch war es Herwig gelungen, bevor sich der Ring völlig um ihn geschlossen hatte, Melder abzusenden, die König Hettel Bericht geben sollten, was in Seeland geschehen war.

Der Herrscher empfing die Abgesandten seines zukünftigen Eidams huldvoll und sagte unverzügliche Hilfe zu.

Von Waffen klirrte alsbald das stolze Schloß der Hegelingen. Zum Heerbann aufgeboten, trafen von allen Seiten die Lehensfürsten mit ihren Geharnischten ein: Wate von Stürmen, der kluge Frute, Horand der Friese und Morung von Niflanden. Hettel selbst setzte sich an die Spitze des Zuges, ihm zur Seite ritt sein Sohn Ortwin, der seine ersten Sporen verdienen sollte. Hilde und Gudrun verteilten reiche Geschenke und baten alles aufzubieten, um Herwig zu retten.

Sturmwelle auf Sturmwelle brandete indes gegen die Burg des Königs von Seeland. Die Verteidiger, von der Hoffnung bestärkt, daß Entsatz im Anzug sei, hielten stand. Am zwölften Tag der Belagerung tauchten endlich die Standarten der Hegelingen über den weiten Wäldern auf. Reiter und Fußvolk entwickelten sich schnell, und bald wurde zum Angriff geblasen. Zu spät hatte Siegfried von Morland die Gefahr erkannt. Von zwei Seiten sah er sich gefaßt, denn Herwig setzte zu einem Ausfall an. Um der drohenden Einschließung zu entgehen, hob Siegfried die Belagerung auf und ordnete den Rückzug an. In ständig hartem Gefecht vermochte er ein nur schwach besetztes Wasserschloß zu erreichen, dessen Verteidiger er in kurzem Kampf niedermachte. Dort gedachte er die nachdrängenden Feinde zu erwarten. Sehr schnell erschienen Hettel und Herwig vor der Feste und umzingelten sie. Doch war es nicht leicht, die tiefen Gräben zu überwinden, und tagelanges, schweres Ringen entbrannte um einen Brückenschlag.

Während sich solches in Seeland begab, traf ein furchtbarer Schicksalsschlag die Heimat der Hegelingen. Hartmut, dessen Entschluß, Gudrun zu gewinnen, unverrückbar feststand, hatte insgeheim Späher angeworben, die alles, was in Dänemark vorging, auskundschafteten. Als er nun die Botschaft erhielt, daß der König mit allen seinen Fürsten fern in Seeland weilte, dachte er, die Zeit sei gekommen, sich Gudruns mit Gewalt zu bemächtigen. Seine Eltern stimmten dem Vorhaben mit Eifer zu, schnelle Segler wurden unverzüglich seetüchtig gemacht und eine auserlesene Reckenschar zum Kriegsdienst berufen.

Die Fürsten und Geharnischten begaben sich frohgemut an Bord, denn jenseits des Meeres lockten kühne Abenteuer, vielleicht auch reiche Beute. Nicht am Belt vor Matelan, sondern weit im Süden an der grünen Küste Frieslands gingen sie vor Anker, denn sie waren darauf bedacht, daß die Landung unbemerkt bleibe.

In der Königsburg der Hegelingen gebot nun Frau Hilde. Die Bestürzung der Ahnungslosen war groß, als Herolde das Nahen Ludwigs und Hartmuts meldeten. Und bald darauf stieß auch schon der Wächter ins Horn, die Feinde hielten vor den Toren. Rasselnd hoben sich die Zugbrücken, die Eingänge des Schlosses wurden eilends verrammelt, Zinnen und Mauerkronen besetzt. Selbst einen Abgesandten der Normannen wollte der grimmige Burgvogt abweisen, mußte ihm aber schließlich auf Geheiß der Herrin Zutritt gewähren.

In edler Haltung nahm Hilde die Botschaft Hartmuts entgegen, daß er einzig Gudrun zum Weibe begehre. Würde seinem Wunsche entsprochen, so fuhr der Unterhändler fort, bliebe das Land unangetastet, würde er jedoch zurückgewiesen, sei Krieg und Kampf die Losung.

Anstelle der Mutter trug die stolze Tochter dem Sendling auf, Hartmut diesen Bescheid zu verkünden: »Ich, Gudrun, bin König Hettels Kind und Anverlobte König Herwigs von Seeland. Nichts auf Erden wird mich bewegen, meinem Liebsten die Treue zu brechen.«

Als Hartmut die Antwort Gudruns erfuhr, sagte er ruhig: »Nun, ich habe nichts anderes erwartet. Auf denn, blast zum Sturm!«

Die Hörner schmetterten zum Angriff, und mit gewaltiger Übermacht brachen die Normannen durch die Pforten. So tapfer sich die kleine Besatzung der Burg auch wehrte, was vermochte eine Handvoll Männer gegen ein Heer? Matelan fiel. Plündernd drangen die Gepanzerten in alle Kammern und Gemächer ein, raubten Schmuck und Kleinodien, kostbare Teppiche und goldene Gewänder, so viel sie zu schleppen vermochten, bis

König Ludwig diesem schändlichen Treiben Einhalt gebot. Dennoch kehrte mancher reich in die Heimat zurück, der arm über See gekommen war. An Gudrun legte Hartmut selbst die Hand. »Da bin ich nun, den Ihr verschmäht habt«, sprach er zu der bis ins Mark Erstarrten, »nun seid Ihr in meiner Gewalt und nur Eure Zustimmung zu unserer Hochzeit kann Euch erlösen.« Mit zweiundsechzig ihrer Frauen und Mädchen schleppte er die Unglückselige in die Gefangenschaft. Vom Fenster aus starrte Frau Hilde dem Zug der Geraubten nach, bis er ferne ihrem Blick entschwand. Tiefstes Weh krampfte ihre Brust zusammen. Ahnte sie, daß sie ihr geliebtes Kind erst nach vielen Jahren wiedersehen würde?

DIE SCHLACHT AM WÜLPENSAND

Alle Männer auf Matelan waren erschlagen. Einen Bauern mußte Frau Hilde holen, um ihn mit der Schreckenskunde nach Seeland zu schicken. Namenloses Entsetzen erfaßte alle, als sie von Gudruns Schicksal erfuhren. König Herwig schrie von Schmerz gepeinigt auf, daß die Männer um ihn erschreckt zurückwichen. Doch was konnte geschehen? Noch lag vor ihnen ein Feind, in harter Bedrängnis zwar, aber doch nicht völlig niedergeworfen. Es konnten viele Tage vergehen, ehe man an eine Heimkehr denken konnte.

Frute, der Vielerfahrene, wußte, wie so oft schon, Rat. Mit Siegfried, so meinte er, müßte auf der Stelle Frieden geschlossen und dann der Versuch gewagt werden, die frechen Räuber noch auf dänischem Boden zu stellen.

Hettel und Herwig zollten diesen Worten Beifall und luden den König von Morland zu einer Aussprache ein. Hettel nannte offen die Ursache seines Angebots, das seinem Gegner freien Abzug zusicherte, gegen das Versprechen, an einem späteren Kriegszug der Hegelingen teilzunehmen. Siegfried war bloß unter einer Bedingung einverstanden: er wünschte, sofort in die dänischen Heerscharen eingereiht zu werden, denn Gudruns Entführung hatte auch ihn maßlos erzürnt.

So brachen denn die drei Könige noch zu gleicher Stunde auf. Doch es half ihnen nichts, daß sie sich und den Ihren nicht Ruh noch Rast gönnten. Der Vorsprung der Normannen war zu groß. Von einer Meeresküste kommend, standen sie mit bitterer Enttäuschung wieder an der See. Denn anstelle der Räuber hatten sie dort nur eine Pilgerschar angetroffen, die sich eben anschickte, Barken zur Fahrt ins Heilige Land zu besteigen. Von den frommen Wanderern erfuhren sie dann allerdings, daß am Tag vorher Tausende schwer gerüsteter Männer nach dem Wülpensand, einer kleinen Insel dicht vor Frieslands Küste, übergesetzt waren. Die Könige zweifelten nicht, daß sie Ludwig und Hartmut nahe vor sich hatten, und in der Hoffnung, ihre Flucht über See doch noch vereiteln zu können, jagten sie die Pilger von den Schiffen und steuerten das Eiland an.

In sorgloser Sicherheit lagerten die Normannen auf Wülpensand. Alle freuten sich des vollbrachten Werks, die Becher kreisten, fröhliche Lieder erklangen und üppige Mahlzeit wurde gehalten.

Etwas abseits von den Gruppen der Krieger hielt man die Gefangenen in Zelten. Weinend und klagend schmiegten sich die Mädchen aneinander. Hartmut kam, Gudrun zu trösten, aber seine Worte des Zuspruchs waren an die leere Luft verschwendet. Stumm hörte sie ihn eine Zeitlang an, dann wandte sie jäh ihren Kopf herum, trat vor das Zelt und setzte sich einsam auf einen Sandhügel. Eine Nacht lang saß sie so und starrte unverwandt auf die Brandung, die eintönig auf- und niederschwellend das Gestade bespülte.

Die Sonne stand schon hoch, da tauchte ein Schiff vor ihren Blicken auf, ein zweites, eine ganze Flotte! Schon jubelte ihr Herz in überschwenglicher Freude, denn sie war gewiß, daß der Vater und Herwig nahten, doch schnell warf Enttäuschung sie wieder nieder. Auf dem Wappen am Bug, auf den Fahnen am Mast hatte sie große Kreuze entdeckt, und sie erinnerte sich, gestern Pilgern begegnet zu sein. Auch die Normannen ließen sich in ihrem Festschmaus von den vermeintlichen Kreuzfahrern nicht stören.

Plötzlich sprang Gudrun auf. Vorn am Bugspriet hatte sie Wate erkannt. Vierschrötig stand er da, das Schwert hatte er schon gezogen, ein gewaltiges Bild von Mut und Entschlossenheit. Atemlos verfolgte die Späherin das Aufkreuzen der Fahrzeuge, sah die kampfbereit am Bordrand harrenden Mannen; alles in ihr war bebende Erwartung.

Nun hatten auch die Normannen die Gefahr erkannt. »Feinde in Sicht!« schrie der König mit weithin schallender Stimme. Bewegung kam in die Gruppen um die Lagerfeuer, Harnische klirrten, Helme und Schwerter

DIE SCHLACHT AM WÜLPENSAND

Die Bogenschützen ließ er ins erste Glied treten, hinter sie die Speerwerfer, Hartmut unter ihnen; die gepanzerten Schwertträger, tief nach rückwärts gestaffelt, sollten die Hauptträger der Schlacht sein.

Die Kiele der heranrauschenden Flotte knirschten im seichten Wasser. Hettel überblickte den eisenstarrenden Strand. »Ein leichter Kampf wird es nicht sein«, meinte er zu Wate, der neben ihm stand. »Fürwahr«, rief blitzenden Auges der alte Kämpe, »ein Waffengang steht uns bevor, von dem die fahrenden Sänger noch in fernsten Tagen werden künden können.« Und damit setzte er sein Wisenthorn an den Mund, dessen Signal weithin über Land und Meer drang und das Herz der Normannen erbeben ließ.

In dichten Reihen sprangen die Hegelingen von den Schiffen, umhüllt von den Wolken der Pfeile, die wie Hagelschloßen auf sie niederprasselten. Mancher sank zu Tode getroffen in das kalte Bett der Wogen, aber die ungestüm nachdrängenden Männer schritten, ihre Schilde hoch an das Kinn gezogen, über die Stürzenden hinweg. In der Mitte befehligten Hettel und Wate, die Flügel führten Herwig, Morung und Siegfried zum Sturm. Ungestüm brach die Masse der Gepanzerten in die Kette der Bogenschützen und machte das leichte Volk nieder. Im rechten Augenblick warf Ludwig seine Geharnischten zu Fuß und Roß zum Gegenangriff vor. Eisen prallte jetzt auf Eisen, Schild rieb sich funkensprühend an Schild, gezückter Stahl funkelte an geflügelten Helmen. Unter dem Druck der mit geballter Kraft andrängenden Normannen wichen die Hegelingen, von Speeren umschwirrt, wieder an das Wasser zurück. Nur Wate behauptete seinen Platz, wie ein grimmer Bär schlug er die Feinde nieder.

»Wer läßt den Alten im Stich?« schallte Hettels Ruf über die Walstatt, und die gelichteten Reihen seiner Krieger schlossen sich enger um ihn, Mann neben Mann drückten sie die Feinde zurück und hieben den Helden von Stürmen aus der Umzingelung. Auf und nieder wogte die Schlacht, bis der Sonne Ball feurig am Horizont versank, und die Nacht ihren schwarzen Mantel über Freund und Feind breitete.

Der Lärm verstummte. Die Männer lockerten die Brünnen* und warfen sich hin, wo sie gerade standen, um Erquickung in kurzem Schlaf zu finden.

Auf dem Hügel, abseits des Blachfeldes, hatte Gudrun mit ihren Mädchen das furchtbare Geschehen verfolgt. Müde waren jetzt auch den

---
* Ringpanzer

Dienerinnen die Lider herabgesunken, und nur ein Augenpaar, von Schmerz und Sorge erstarrt, wachte in der weiten Runde.

Wates Urhorn blies den zweiten Tag des fürchterlichen Ringens auf dem Wülpensand ein. Donnerndes Kriegsgeschrei zerriß abermals die Lüfte. Wild rasten die Gepanzerten aufeinander los.

Als die Sonne im Mittag stand, prallten Hettel und Ludwig zusammen. Hettel war der jüngere, und es schien zuerst, als würde er die Oberhand behalten, aber ein plötzlich aus der Abwehr heraus geführter zermalmender Schlag spaltete des Hegelingen Helm und Haupt. Lautlos sank er um.

Ein Schrei des Schreckens flog durch die Reihen der Dänen. Siegesgeschrei brandete bei den Normannen auf. Er drang auch an Gudruns Ohr, und ohnmächtig sank sie nieder. Ihre Hoffnung auf Befreiung war dahin.

Noch einmal flammte die Schlacht auf. Und ein zweitesmal trennte die Nacht die Kämpfer. Indes die Hegelingenfürsten nun den Leichnam des toten Herrn auf die Schiffe trugen, gingen drüben auf der Seite der Normannen Ludwig und Hartmut zu Rat. »Wenn wir bis morgen hier bleiben, kommen wir nicht mehr mit dem Leben davon. In ihrer Rache für Hettel werden die Dänen furchtbar sein«, sagte der König.

»Wahrhaftig, wir haben keine andere Wahl«, pflichtete ihm der Sohn bei. »Und es trifft sich gut«, fuhr er fort, »daß kein Mond am Himmel steht. So können wir hoffen, unsere Wikingerdrachen unbemerkt aufs hohe Meer zu bringen. Wir wollen dazu unsere Mannen noch gehörig Lärm machen lassen, daß wir die drüben in Sicherheit wiegen.«

Die Hegelingen hörten ein dumpfes Brausen vom Lager der Feinde und sie dachten, die Normannen schärften und probierten ihre Waffen. Unterdessen brachte Hartmut die Mädchen auf die Schiffe, die abseits in einer Bucht ankerten, und allmählich machte sich Gruppe um Gruppe von Ludwigs Kriegern auf leisen Sohlen aus dem Staub. Als das Geklirr endlich verstummte, fielen die Hegelingen in kurzen und festen Schlaf.

Am andern Morgen stieß Wate zum drittenmal ins Horn. Die Dänen und ihre Freunde schienten sich in fliegender Hast, doch auf der Seite ihrer Gegner blieb es unheimlich still. Nur ein zurückgelassenes Roß hob sich wiehernd über den Sandwall. Der alte Recke jagte einen Läufer auf den nächsten Hügel, damit er Ausschau hielte. »Das Lager ist leer, und weit auf hoher See sehe ich Segel«, kam der Ruf zurück.

»Und Gudrun?« schrie Herwig auf. »Die Zelte sind verschwunden«, ertönte die Antwort.

»Ihnen nach«, erneuerte der greise Kämpe seinen Kriegsruf. »Das Meer soll zum Grab der feigen Flüchtlinge werden.«

Der besonnene Frute meldete sich jetzt zum Wort: »Schlagt es euch aus dem Kopf, mit den Pilgrimsbarken Ludwigs schnelle Drachen einzuholen. Und wollt ihr etwa landen und vor Kassiane eine Entscheidung suchen, wo die Blüte unsrer Männer dahin ist? Zähmt euch in Geduld, rüstet und wartet die Stunde ab, das ist mein Rat.«

Wate stampfte in wilder Erregung auf und schwor: »Gudrun werde ich holen. Eine Heerschar will ich heranziehen, wie sie die Welt noch nicht gesehen hat!«

Doch es sollten Jahre vergehen, ehe Wates Wort Erfüllung fand; Jahre, in denen ein neues Geschlecht in Dänemark heranwuchs.

Königin Hilde erfuhr von ihrem Sohn Ortwin die Trauerkunde. Sie ließ später am Wülpensand ein Kloster erbauen, in dem fromme Mönche für das Seelenheil der Gefallenen beteten.

GUDRUN IN DER GEFANGENSCHAFT

Bei gutem Wind näherten sich die Normannen rasch den heimatlichen Gestaden.

Einsam am Heck des Königsschiffes hatte Gudrun die Tage der Überfahrt verbracht. Nie löste sich ihr starrer Blick von der grauen Einförmigkeit des Meeres. Endlich war es soweit. »Land«, meldete ein Ausguck vom Mast. Der Herrscher trat auf die Gefangene zu, um ihr Trostworte zu spenden. Von Kassiane erzählte er ihr, der stolzen Burg, die sie mit allem Glanz geschmückt erwarte, von Ortrun, ihres zukünftigen Ehegemahls Schwester, von Gerlind auch, deren Stolz am Tage der Hochzeit dahinschmelzen würde.

»Das wird wohl nie geschehen«, fuhr Gudrun auf, »denn Ihr wißt, daß ich Herwigs Braut bin.«

»Törin«, entflammte Ludwigs Jähzorn, »den Seeländer werden deine Augen wohl nimmer sehen.«

»Dann wird die Treue mit mir sterben«, lautete die trotzige Antwort.

In bebender Erregung streckte der König seine Hand aus, um das unglückliche Mädchen ins Wasser zu stoßen, doch Hartmut fing, rasch dazwischentretend, den Schlag auf. »Vater«, bat er, »grolle ihr nicht, denk, was ihr widerfahren ist vor noch so kurzer Zeit.«

»Verzeih, mein Kind«, demütigte sich Ludwig um seines Sohnes willen, »aber ich ertrag' es schwer, wenn man mein Haus geringschätzt.«

Boten waren mit einem schnellen Segler vorausgesandt worden. Sie ließen Gerlind bitten, zum Empfang an den Hafen zu kommen, und das tat sie gern; denn drei Monate hatte sie in banger Ungewißheit über das Schicksal der Heerfahrt nach Dänemark verlebt.

Nun stand sie am Strand, prächtig gekleidet, neben ihr die Tochter, Hartmuts Schwester Ortrun. Hartmut führte die Gefangene an seiner Hand vom Schiff herab. Gern hätte sie dieses Geleits entbehrt, aber sie wollte nicht noch einmal des Königs Grimm erregen. Unter Hörnerschall und dem Jubel des Volkes berührte Gudruns Fuß zum erstenmal den Boden des ihr verhaßten Landes.

Ortun empfing die Schwergeprüfte mit einem innigen Kuß. So herzlich war diese Begrüßung, daß Gudrun ein sanfter Schauer durchbebte. »Wir wollen Freundinnen werden«, flüsterte sie.

Zögernd war Gerlind nähergetreten. Hochmütig neigte sie ihren Kopf und bot der zukünftigen Schwiegertochter die Stirn dar. Diese versagte den Kuß und wandte sich mit abweisender Gebärde zur Seite.

Kurz lachte die Königin auf, einen haßerfüllten Blick schoß sie auf die Stolze, doch bald hatte sie ihre Gefühle wieder im Zaum und sie heuchelte: »Du wirst es gut haben an der Seite meines Sohnes.«

Dann wurden die Gefangenen auf das Schloß gebracht. Man wies ihnen schöne Gemächer zu, und vorerst litten sie keinen Mangel.

Einige Tage später begann das große Siegesfest, das wohl eine Woche währte. Lustig ging es da zu am Hof und in der Stadt, Musik spielte allerorten auf, man drehte sich im Reigentanz, und oft mischte sich das Herrscherpaar unter die Menge. Auch Gudrun war zu den Feierlichkeiten eingeladen worden, und da sie ablehnte, riet Gerlind, sie mit Gewalt dem Volk zu zeigen. »Sie ist euer Siegespreis«, meinte sie zu Ludwig und Hartmut, »und wie die Krieger ihre Schätze zeigen, habt auch ihr das Recht, eure Beute bestaunen zu lassen.«

Der ritterliche Hartmut wollte davon nichts wissen. »Laß sie allein,

GUDRUN IN DER GEFANGENSCHAFT

Mutter«, bat er, »ihr Herz ist voll Traurigkeit, die Zeit allein kann den Kummer heilen.«

Nur Ortrun stahl sich öfter aus dem Kreis der Gäste, um die Einsame zu trösten.

Das Fest war vorüber, die Wochen verrannen. Die Schwalben zogen fort und es wurde Herbst. Gudrun konnte und wollte nicht vergessen. Stundenlang saß sie am Fenster und blickte auf die weite See hinaus, ob nicht fern ein Segel auftauche, so wie damals am Wülpensand. Unerschütterlich war ihr Glaube an Herwig. Doch öd und leer blieb das Meer. Manchmal machte sie mit Hildburg, die ihr von allen Mägden am nächsten stand, unter den fallenden Blättern im großen Garten des Schlosses einen Spaziergang, aber sie, die früher so viel zu erzählen wußte, von deren Lippen immer ein heiteres Lachen klang, blieb einsilbig und verschlossen.

Oft drängte Gerlind, man solle die Dänin härter anfassen. Aber Hartmut hielt alle Kränkung von ihr fern. »Ich liebe sie trotz ihrer Kälte und Strenge«, sagte er zu seiner Mutter.

Ein Jahr verstrich. Häufig hatte Gerlind indessen ihren Sohn gedrängt, doch endlich eine Entscheidung herbeizuführen. Nun konnte Hartmut dem Drängen nicht länger ausweichen. Er begab sich zu Gudrun und sprach zu ihr in flehendem Ton: »Ich kenne deine heimliche Hoffnung im Herzen. Aber glaub mir, Herwig kommt nimmer! Vielleicht hat ein Sturm seine Flotte zerstreut, vielleicht hat er dich auch vergessen und eine andre genommen. Denk nicht mehr an ihn und laß uns Hochzeit halten.«

Mit großen Augen blickte die Gefangene auf: »Wehe, daß ich so ohnmächtig bin und die Ehrenkränkung meines Verlobten hinnehmen muß. Was ihn herführen würde jede Stunde, weiß ich — die Liebe. Was ihn aufhält, wer vermag es zu sagen?«

Hartmut erkannte, daß seine Milde den starken Willen Gudruns niemals brechen konnte. Nur wenige Tage ließ er vergehen, dann verkündete er seiner Mutter: »Ich muß für lange über Land reiten. Vielleicht gelingt es der Klugheit deines Alters besser, was meiner jugendlichen Unerfahrenheit versagt blieb, Gudrun umzustimmen. Aber nur eines bitte ich, tue ihr nichts zuleide.«

»Es soll nach deinem Willen geschehen«, heuchelte freundlich Gerlind, indes boshafte Freude ihr Herz erfüllte. Nun endlich war sie am Ziel ihrer Wünsche. Den Stolz der Dänin wollte sie brechen mit unerbittlicher Strenge.

IN GERLINDS HAND

Kaum war Hartmut zum Tor hinaus, ließ die Königin Gudrun rufen. »Ich habe mit dir ein ernstes Wort zu reden«, begann sie in hartem Ton. »Höre, mein Sohn hat dich mir anvertraut. Nun hast du mir zu gehorchen. Doch du brauchst dich nicht zu fürchten, du kannst es gut haben, wenn du deinen Trotz aufgibst und mir versprichst, Hartmut bei seiner Rückkehr als Bräutigam zu begrüßen.«

»Meine Wahl ist getroffen«, erwiderte das Mädchen.
»Wie soll ich das verstehen?« fragte Gerlind.
»Allzeit und bis ans Ende bleibe ich Herwig treu!« stieß Gudrun unbeugsam hervor.

Unheil verkündete das Blitzen in den Augen der Alten. Doch sparte sie noch das volle Ausmaß ihres Zornes für härtere Strafe. Heute sollte nur der Anfang gemacht sein. »Du wirst einsehen«, leitete sie die Prüfungen ein, »daß dir keine Mägde mehr zustehen, wenn du nicht die Braut meines

Sohnes bist. Sie sollen sich also ihr Brot selbst in der Gesindestube verdienen. Hier in deinen schönen Gemächern haben sie nichts mehr zu suchen.« Damit rauschte die Königin von dannen. Der Ring der Einsamkeit hatte sich völlig um Gudrun geschlossen.

Bald schickte sich die Peinigerin an, noch grausamere Erniedrigungen zu ersinnen. Grobe Gewänder sandte sie dem Opfer ihres Hasses und ließ dazu bestellen, daß Gudrun sich morgen früh zu niederem Dienst beim Haushofmeister melden solle. Den Staub zu fegen, die Öfen zu schüren, das werde fortan ihre Pflicht sein, denn das Faulenzen in prunkvollen Zimmern habe jetzt ein Ende. Die Edle klagte nicht, sondern tat stumm, wie ihr geheißen wurde. Von nun an ging sie als Magd in Kassiane umher, schlief in einem Verschlag in der Nähe des Stalles, und die Scheltreden böser Antreiber waren die einzigen menschlichen Laute, die an ihr Ohr drangen. Niemals hörte jemand sie klagen oder sah sie weinen, nur manchmal des Nachts tränkte sie die Kissen ihres dürftigen Lagers mit heißen Tränen. Einmal, als sie schon zu Bett lag, klopfte es schüchtern an die Tür, und Ortrun schlüpfte heimlich herein. Gudrun möge ihre Halsstarrigkeit abtun, bettelte sie, denn Schlimmeres stehe ihr sonst noch bevor. Vergebens. »Ach käme doch Hartmut zurück«, seufzte das mitleidige Kind und entschwand leise, wie es gekommen war.

Nach langer Fahrt über die Meere ritt Hartmut endlich in Kassiane ein. Als er die Geliebte im grauen Kittel durch die Räume huschen sah, erschrak er und rief sie an: »In Samt und Seide würde ich dich kleiden und mit Geschmeiden überschütten, dir keinen Wunsch versagen, wenn du mir nur den einen gewährtest und mir dein Jawort gäbest.«

»Ich kann nicht«, kam es aus Gudruns gequältem Herzen.

Der junge Held wandte sich ab, und nun wußte sie, daß sie den stärksten Freund verloren hatte.

Zu seiner Mutter sagte Hartmut nichts, doch des Sohnes Schweigen und seine abermalige Abreise kurz darauf deutete sie als Einverständnis mit ihrem teuflischen Tun. Sie befahl nun ihren Leuten, Gudrun immer härter anzufassen, ihr immer schwerere Arbeit anzuweisen und sie knapp zu halten mit Speise und Trank. Eines Tages stach ihr das goldblonde Haar des Mädchens in die Augen. Einer Hexe gleich geiferte sie: »Ich wünsche, daß du meine Putzlappen mehr schonst. Du trägst ja den prächtigsten Staubwedel selbst auf dem Kopf. Nimm von nun an deine Zöpfe und mach mir damit meine Geräte blank.«

Unerträglich langsam rann der unglücklichen Gefangenen die Zeit dahin. Gleichmäßig hart blieb ihr Los, nichts linderte ihr bitteres Leid, als ab und zu ein schüchternes Trosteswort Ortruns. Mit dem ersten Hahnenschrei mußte sie vom Lager auf und erst, wenn der letzte Laut in der Burg verstummt war, durfte auch sie sich zu kurzer Ruhe begeben. Die Alte sah es gern, wenn rohe Knechte öfters einen Rutenstreich über den Rücken des stolzen Königskindes zogen.

Im siebenten Jahr von Gudruns grausamer Prüfung brach der Normannenherrscher zu einem Kriegszug von Kassiane auf und vereinigte seinen Heerhaufen mit dem seines Sohnes, der seither in einer Burg fern an der Grenze des Reiches gelebt hatte. Frau Gerlind fühlte sich nun der letzten Fessel ledig. Zu Gudrun trat sie heran, die eben gebückt aus dem Kamin die Asche forträumte, riß sie an den Haaren hoch und keifte sie in abgrundloser Bosheit an: »Höre, du bist stark und hochgewachsen, und die Arbeit, die man dir aufgetragen hat, scheint allzuleicht für dich. So eine kräftige Magd wie du fehlt mir gerade zum Waschen der Wäsche. Von morgen ab wirst du zum Strand hinuntergehen, tagein, tagaus barfuß im Seesand stehen und mir die Linnen und Laken sauber machen.«

Wortlos nickte Gudrun, aber dem scharfen Blick der Herrin war nicht entgangen, daß ein Schauer über den schlanken Mädchenleib lief. Wie die Peinigerin, so fühlte auch die Gequälte, daß es das Äußerste war, was man ihr an Kräften abverlangen konnte. Noch war es Sommer, doch es würde der Winter kommen, sie würde ihre nackten Füße und die frostzerrissenen Hände in das eiskalte Meerwasser tauchen müssen, der unbarmherzige Nord, der von der See hereinstürmt, würde durch ihre armseligen Kleider fegen. Dennoch, sie nahm es hin, wortlos, um Herwigs willen.

Der Winter kam und wieder ein Frühjahr, und Jahre reihten sich zu Jahren. Eine einzige Erleichterung wurde ihr zuteil, und diese half ihr die letzten Stationen ihres Opferganges zu überwinden. Hildburg, ihre Magd und Gespielin der Jugend, die jetzt in die Gesindestube verbannt war, trat eines Tages vor Gerlind hin und flehte: »Blässer und blässer wird Gudruns Gesicht, sie trägt die Last nicht mehr lange. Erlaubt, daß ich ihr beistehe.«

Kopfschüttelnd mahnte die Alte: »Du weißt wohl nicht, daß es die schwerste Arbeit ist, die ich zu vergeben habe.«

»Mir wird sie leicht sein, wenn ich sie mit Gudrun teilen kann«, blieb die Getreue bei ihrem Entschluß.

Die Hexe war schon lange darauf aus, die Marter des stolzen Königskindes zu verschärfen, aber es war ihr keine geeignete Strafe in den Sinn gekommen. Jetzt brachte sie Hildburgs Vorschlag auf einen Einfall. Sie überlegte, daß Gudrun es hart treffen würde, wenn sie ihr nach einer gewissen Frist die Vergünstigung wieder entzöge. So erhielt die Bittstellerin zu ihrer Überraschung sehr schnell die Einwilligung.

Im tiefsten Schmerz läßt der kleinste Lichtblick alle Quellen der Hoffnung springen. So erging es Gudrun. Der Mann, dem ein Königreich über Nacht in den Schoß fällt, konnte nicht glücklicher sein als sie. Nun würde sie nicht mehr staunen, wenn endlich ein Segel über der Wasserwüste auftauchte, wenn Gepanzerte von den Schiffen sprängen, Herwig an ihrer Spitze, und sie heimholte in das Land ihrer Liebe. Den Blick, den sie schon gar nicht mehr gewagt hatte meerwärts streifen zu lassen, richtete sie wieder hinaus in die Ferne. Herwig wird kommen, er muß ja kommen!

DIE HEERFAHRT DER DÄNEN

In all dieser Zeit, während Gudrun bei den Normannen schmachtete, hatte ihre Mutter den Gedanken an die Befreiung nicht aufgegeben. Solange jedoch das vergossene Blut vom Wülpensand sich nicht durch die heranwachsende Jugend erneuert hatte, waren die Fürsten für das Abenteuer nicht zu gewinnen gewesen.

Frau Hildes Unrast drängte zu Taten, und so ließ sie, nach fünf Jahren unablässigen Gedenkens an ihr Kind, eine Flotte bauen. Frute, der um Rat gerufen worden war, schüttelte ablehnend den Kopf: »Vertäut die Schiffe, gnädigste Königin, noch ist die Frist nicht um.« Endlich war es soweit. Der alte Wate von Stürmen ritt zu Hof und verkündete: »Ich glaube, wir machen die Drachen flott, die Stunde ist da!«

Die Herolde flogen von Matelan hinaus in das dänische Reich, sie holten Horand und seine Friesen, sie boten Morung von Nifland auf und den ruhmbedeckten Irold aus Ortland, und sie luden König Siegfried zum brüderlichen Waffengang ein. Keiner jedoch war glücklicher über die Botschaft als Herwig von Seeland. Er hatte Treue mit Treue belohnt, und die Liebe zu Gudrun war in ihm lebendig wie am ersten Tag.

Heerhaufen um Heerhaufen rückte vor Burg Matelan an, und soweit das Auge reichte, sah es, dicht gedrängt, Bogenschützen und Speerwerfer, Gepanzerte und Reiter, Knechte, Troß und Schiffsvolk; wahrlich, noch niemals war im Nordland eine so gewaltige Streitmacht zusammengezogen worden. Noch klirrte scharfer Frost in den Zweigen, aber wenn man Kassiane erreicht hatte, würde es bereits Frühling sein. Voll Siegeshoffnung bestiegen die Reisigen die Schiffe. Königin Hilde gab den Befehl zur Abfahrt, und bei steifer Brise und mit hartem Ruderschlag gewann die Flotte schnell die hohe See. Sie steuerte nicht gleich nordwärts, sondern ging zuerst auf Südkurs, um den Wülpensand zu erreichen. Dort machte das Heer Rast und feierte das Andenken König Hettels.

Nach langer gefahrvoller Fahrt in den Winterstürmen an einem Magnetberg vorbei, der grimmig an den Planken der Fahrzeuge rüttelte, erreichten die Hegelingen um die Fastenzeit das Normannenland und gingen in einer geschützten Bucht in der Nähe der Burg Kassiane vor Anker.

DIE BOTSCHAFT DES SCHWANES

Märzwinde wehten, doch zwischen wirbelnden Schneeflocken brach immer wieder die Sonne durch und wärmte die armen frierenden Wäscherinnen am Strand. Auf einmal legte Gudrun die Arbeit nieder. Weil sich das in zwölf Jahren nicht ereignet hatte, wurde Hildburg ängstlich und fragte besorgt: »Was ist dir, liebste Herrin?«

»Ach nichts«, seufzte Gudrun, »nur mein Herz ist so in Unruhe, ein seltsames Ahnen ist in mir, und ich vermag nicht zu sagen, woher es kommt und was es bedeutet.«

»Du spürst den Frühling«, entgegnete die Magd und machte sich weiter an ihre Linnen und Laken. Gudrun schritt in bebender Unrast am Meeresufer auf und nieder. Da erblickte sie einen herrlichen Schwan auf dem Wasser, der näher zu kommen schien. Es dünkte ihr seltsam, daß der wärmebedürftige Vogel so früh im Jahr sein sonniges Quartier verlassen hätte. Und während sie noch solches überlegte, schwamm das stolze Tier ganz dicht an sie heran. Siehe, ein Wunder geschah, Gott hatte einen Boten gesandt.

»Frage mich, was du zu wissen begehrst«, sprach der Schwan mit menschlicher Stimme, »ich will es dir beantworten.«

»Du schöner, weißgefiederter Bote«, erwiderte hierauf Gudrun, »erzähle mir von meiner Mutter, von Herwig, von meinem Heimatland.«

»Die Freunde sind nahe«, jubilierte die Stimme.

»Herwig? Ortwin? Wate? Horand?« kam es zitternd von den Lippen des Mädchens.

»Sie alle«, ertönte die Antwort, »und mit ihnen ein mächtiges Heer, Ritter und Reiter so zahllos wie der Sand am Meer.«

»Mehr, lieber Vogel, noch mehr erzähl mir!«

»Zwei Kundschafter werden dir morgen in der Frühe begegnen und dir alles sagen. Ich muß jetzt fort, ich habe noch viel zu tun.« So sprach der Schwan, rauschte majestätisch mit den Flügeln und hob sich in die Lüfte. Wie gebannt starrte ihm die Verzückte nach, bis sein schneeweißes Gefieder in Dunst und Rauch zerfloß.

WIEDERSEHEN MIT HERWIG UND ORTWIN

Gudrun war zu Boden gesunken, und so fand sie Hildburg, die, durch das lange Ausbleiben der Herrin geängstigt, ihr nachgeschlichen war. Nun erfuhr auch die staunende Magd von dem Wunder. Das Waschen ging ihnen nicht mehr von der Hand, und am Abend schalt sie Frau Gerlind wegen der nachlässigen Arbeit. »Schläge setzt es«, rief die Alte, »wenn mir das noch einmal vorkommt.«

»Habt Nachsicht mit uns armen Mädchen«, seufzte Gudrun, »es friert uns so erbärmlich und unsre Finger sind steif vor Kälte. Wenn erst wieder warmes Wetter ist, dann waschen wir schon fleißig.«

Der höhnische Klang in der Stimme der Hegelingentochter war der Königin entgangen und sie dachte vielmehr, sie wäre nun bald am Ziel ihrer Wünsche. Vielleicht genügte eine letzte Demütigung Gudruns, und die Stolze bräche zusammen. Solches bei sich erwägend, sagte sie: »Ich wünsche, daß ihr bei jedem Wetter fleißig seid. Morgen werdet ihr die doppelte Menge Wäsche zugeteilt bekommen. Ein Fest steht uns bevor, da muß alles sauber sein, und wehe, wenn mir nur ein Laken schmutzig zurückbleibt.«

»Wir wollen alles tun, was Ihr befehlt«, duckte sich Gudrun im unterwürfigsten Ton, »es ist mein größtes Glück, wenn Frau Gerlind mit mir zufrieden ist.«

»Was das Mädchen nur hat«, ging es der Alten durch den Sinn, aber sie machte sich keine weiteren Gedanken darüber und entließ ungnädig die Gefangenen.

So ungeduldig war Gudrun, daß sie das harte Brot, das man ihr als Speise reichte, nicht hinunterzuwürgen vermochte. Vorzeitig warf sie sich unter den Drohreden ihrer Beaufsichtiger auf die Schlafbank, aber ihre Augen fanden keinen Schlummer. Hin und her wälzte sie sich auf dem Lager, und sie konnte kaum erwarten, bis der Ruf des Wächters sie an den Strand hinunterrief. Es war noch lange vor Morgengrauen. Kaum merkte sie, daß über Nacht Schnee gefallen war, Müdigkeit und Kälte schienen aus ihrem Körper gewichen, siedend trieb ihr die Erwartung das Blut durch die Adern. Unablässig starrten ihre Augen auf das Meer und versuchten, die Dunkelheit zu durchdringen. Nach kurzer Dämmerung kam der Morgen. Da, genau an der Stelle, wo ihr gestern der Schwan erschienen war, tauchte ein Boot auf. Auch Hildburg hatte es entdeckt, und ein Jubelschrei entrang sich ihrem Mund: »Herrin, sie kommen!«

Jetzt, da ihr das größte Glück zu widerfahren schien, erfaßte Gudrun ein Schauern. »Weh mir«, rief sie, »auch die höchste Freude wird mir zum Jammer. Ich ertrage die Schande nicht, daß die Boten meiner Mutter mich hier als gemeine Magd erblicken müssen.« Schon wollte sie fliehen, als zwei Männer aus dem Nachen sprangen und der eine von ihnen rief: »Holla, ihr schönen Wäscherinnen, lauft nicht so hurtig davon, ihr verliert sonst eure Kleider.«

Gudrun horchte auf. Das war wohl im Hohn gesprochen. Ihr Blick glitt ihren Leib hinab. Sie und Hildburg hatten nichts anderes an als dünne Hemden, die der Sprühregen des Meeres durchnäßt hatte. Sie begann zu zittern und blieb wider Willen stehen.

Der Mann fuhr fort: »Wir wünschen guten Morgen und bitten um eine Auskunft.«

Gudrun fühlte ihr Herz bis zum Halse schlagen. Sie hatte Herwigs

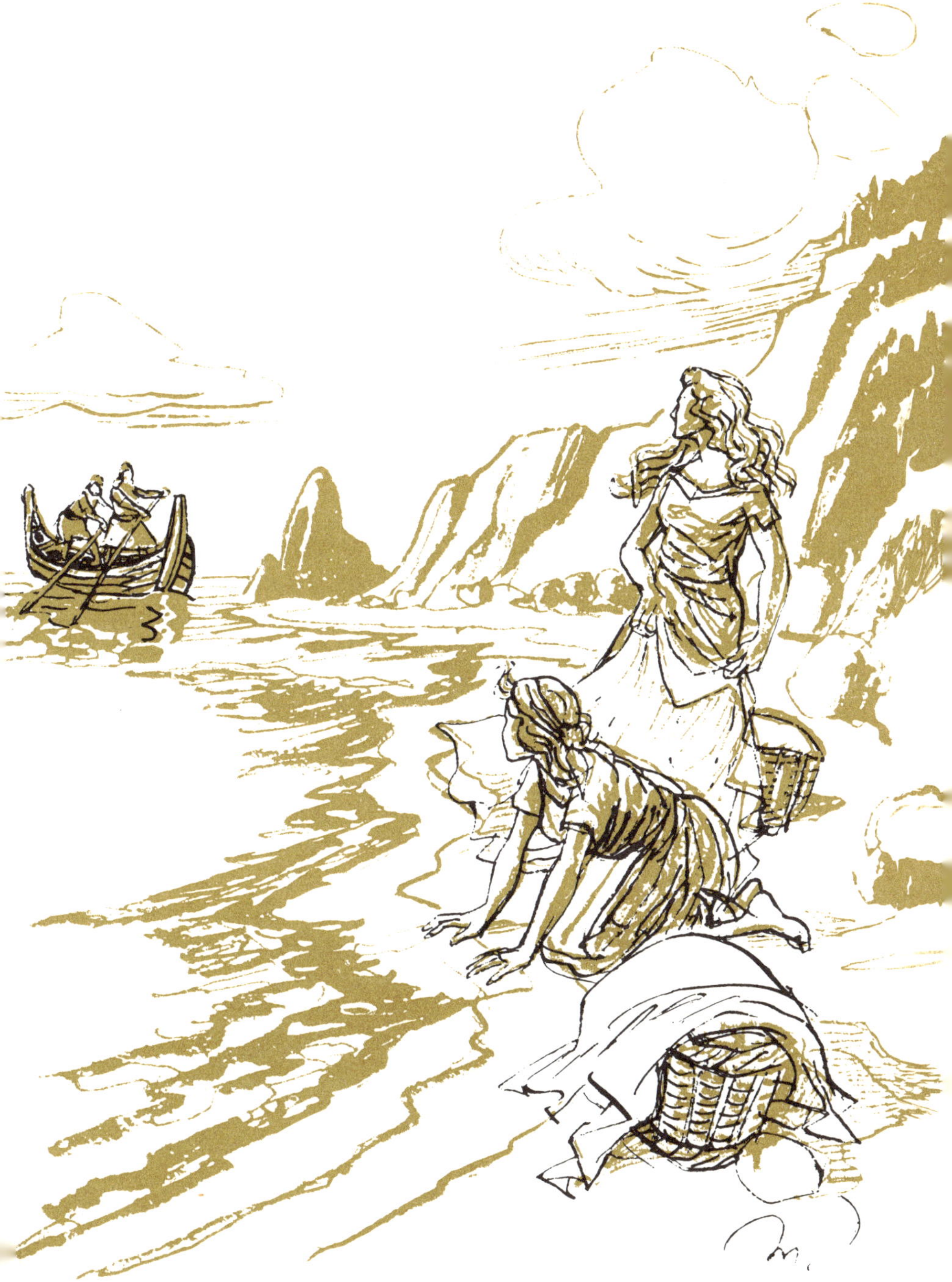

Stimme erkannt. Nein, sie wollte sich nicht zu erkennen geben. Nagende Zweifel meldeten sich. Ob er ihr auch treu geblieben war? Vielleicht hatte er sich ein Weib genommen? Zwölf Jahre sind eine lange Zeit! Erst wollte sie ihn prüfen. Und sie antwortete: »Was ist Euer Begehr?«

»Laßt uns wissen«, so begann nun der zweite Mann zu sprechen, »wem diese reichen Gewänder gehören, und für wen ihr sie waschen müßt. Seltsam dünkt es mich, daß man so schönen Mädchen so grobe Arbeit gibt.«

Da wußte Gudrun, wer vor ihr stand: ihr Bruder Ortwin. Ein halber Knabe noch war er, als sie ihn zum letztenmal gesehen hatte, ein junger Held stand vor ihr!

»Fragt uns nicht länger aus«, antwortete sie, noch immer ihr Geheimnis bewahrend, »wenn uns unsre Herrin mit euch plaudern sieht, geht es uns schlecht.«

»Wer ist denn diese grausame Weibsperson, die euch in so dürftigen Kitteln zu solcher Jahreszeit fronen läßt«, meldete sich Herwig wieder.

»Königin Gerlind ist es«, mischte sich Hildburg in das Gespräch. »Die Burg dort ist Kassiane, sie gehört König Ludwig von der Normandie.«

»Dann sind wir auf dem rechten Weg«, ließ sich Ortwin wieder vernehmen. »Doch sagt, sind Ludwig und sein Sohn Hartmut in der Nähe?«

»Das wissen wir nicht«, gab Gudrun zurück. »Wir haben sie seit vielen Jahren nicht mehr gesehen. Aber sie sollen nach einem erfolgreichen Kriegszug jetzt auf Schlössern leben, nicht weit von hier, und ständig ein großes Heer unter Waffen halten.«

»Das böse Gewissen«, platzte Herwig übermütig heraus. Er wollte weiterreden und stockte plötzlich. Irgendwie kam ihm das Mädchen bekannt vor. Doch noch zögerte er, es auszusprechen. Und er fuhr fort: »Wißt ihr, ob fremde Frauen auf Kassiane gefangengehalten werden? Eine von den Unglückseligen heißt Gudrun.«

»Davon haben wir gehört«, erwiderte das Hegelingenkind. »Es ist lange her, seit man sie über das Meer gebracht hat. Große Mühsal haben sie erduldet, ehe sie starben.«

»Gudrun tot!« schrien Herwig und Ortwin entsetzt aus einem Munde auf. »Himmel«, schluchzte Herwig weiter, »über dieser Unglücksbotschaft gehe ich zugrunde.«

Nun erkannte Gudrun, daß sie noch geliebt wurde. Mit einem Griff löste sie den Knoten in ihrem Haar, so daß die goldenen Wellen ihren ganzen Leib umfluteten. Herrlich geschmückt mit der Pracht des schönsten Geschmeides, das ihr Gott gegeben hatte, stand sie vor den Helden.

»Gudrun«, jauchzte Herwig in seligem Erkennen und schlang die Arme um seine Braut und herzte und küßte sie in namenloser Freude.

Herwig wollte die Geliebte in das Boot tragen, doch sie wehrte ab: »Ich fliehe nicht feige. Kommt morgen vor die Burg und fordert mich von der Elenden, die mich gedemütigt hat. Nun soll sie alle Schmach und alle Ängste erdulden.«

»Fürwahr, der alte stolze Hegelingensinn spricht aus dir«, mit diesen Worten trat Ortwin auf seine Schwester zu und zog sie in stürmischer Umarmung an seine Brust. Dann fuhr er fort: »Morgen sind wir vor Kassiane. Siebzigtausend Helden werden strenges Gericht halten.«

Viel hatten sich die Fürstenkinder zu erzählen, aber der Bruder drängte bald zum Aufbruch. Der König von Seeland zögerte, seine Braut zu verlassen, und sie liebkosend, sagte er: »Immer muß ich daran denken, daß du heute abend noch leiden mußt.«

Die Treue beruhigte ihn: »Glaub mir, Geliebter, ich werde es mir auf dem Schloß gut gehen lassen. Wie ich das anstelle, ist mein Geheimnis.«

Nun erst vermochte sich Herwig loszureißen, und beide Männer bestiegen das Boot. Mit kräftigen Ruderschlägen entfernten sie sich schnell.

»Wir dürfen die Wäsche nicht vergessen«, mahnte Hildburg. »Sollen wir am Vortag unsrer Befreiung noch geschlagen werden?«

Hochgemut schüttelte Gudrun die goldenen Locken: »Sei ruhig, Mädchen, du stehst unter meinem Schutz. Zwei Könige haben mich geküßt, und ich soll das schmutzige Zeug noch anrühren? Sieh einmal, es weht ein frischer Frühlingswind, wie wär's, wenn wir Linnen und Laken in den Lüften tanzen ließen?« Gudrun griff in den Korb und riß ein Stück nach dem andern heraus und schleuderte es hoch empor, daß der Sturm es packe und weit forttrage über das Meer. Dem letzten Hemd warf sie den Behälter nach und lachte: »Mein Spiel scheint dir verwegen, arme Hildburg. Laß nur, du sollst heute noch manches erleben. Doch jetzt wollen wir heimwärts schreiten. Ja, die Burg oben ahnt noch nicht, daß morgen auf ihren Trümmern die Fahne Dänemarks wehen wird!«

Mit leeren Händen kamen sie dann auf dem Schlosse an. Gerlind hatte schon auf sie gewartet. »Wo sind die Kleider?« fragte sie voll Zorn.

»Im Meer«, erscholl es trocken zurück.

Diese Antwort erboste die Teufelin über die Maßen. »Das will ich euch heimzahlen«, tobte sie. Zweige vom Dornbusch ließ sie brechen und zu Ruten flechten. Dann befahl sie ihren Knechten, die frechen Mägde an einen Holzpfeiler der Halle zu binden, ihnen die Gewänder herabzureißen und sie auszupeitschen. Rohe Fäuste wollten die Mädchen ergreifen. »Zurück«, donnerte Gudrun, »wehe dem, der mich anrührt. Bin ich erst Herrscherin der Normandie, werde ich jeden Frevel, der an mir verübt wurde, rächen!«

Die Alte stutzte. Hatte sie recht gehört? Sollte der Trotz der Gefangenen endlich gebrochen sein? Sie näherte sich der Verhaßten mit gleisnerischer Freundlichkeit. »Wie, bist du vernünftig geworden, mein Täubchen?« erkundigte sie sich. »Darf ich meinen Sohn verständigen, daß er seine zukünftige Gemahlin begrüße?«

Gudrun nickte mit dem Kopf. Reiter stoben aus der Burg, und bald darauf trat Hartmut, der sich ganz in der Nähe aufhielt, vor die Erkorene seines Herzens. Mit zuckenden Lippen fragte er: »Ist es denn wirklich wahr, du willst meine Gattin werden?« Ihr Schweigen für Zustimmung nehmend, wollte er sie in die Arme schließen, sie aber stieß ihn von sich. »Nicht jetzt«, wies sie ihn zurecht, »denn es ziemt einem Fürsten schlecht, eine Magd in grobem Kittel zu umarmen. Morgen, wenn ich in allem Glanz erhöht bin, magst du mich küssen.«

Brennende Scham flammte in des Mannes Antlitz auf und bewegt rief er aus: »Kannst du mir verzeihen, kannst du das Bittere vergessen, das du leiden mußtest?«

»Vielleicht«, wich das Mädchen aus, »gib mir Zeit.«

»Was du wünschtest, soll erfüllt werden«, fuhr Hartmut in freudigem Eifer fort, »meine Mutter und ich und all unser Gesinde stehen dir zu Diensten.«

»So erbitte ich zum ersten«, erwiderte Gudrun, »daß mir mein Gefolge zurückgegeben werde. Dann will ich, daß man mir ein Bad bereite und schöne Gewandung bringe.«

Gerlind flog, die Befehle auszuführen. Die Mädchen erschienen, armselig anzuschauen in ihren grauen Leinwandsäcken, in denen zahlreiche Flicken die Risse der Peitschen anzeigten. Sie wußten nicht, wie ihnen geschah, als man sie in die Badekammern geleitete, wo die Öfen schon entzündet waren und warmes Wasser in die Becken rieselte. Dann wurden sie prächtig eingekleidet und durften an einem erlesenen Abendessen teilnehmen, das Gerlind selbst bereiten mußte. Rücksichtsvoll zog sich

Hartmut nach gemessener Frist zurück, zum erstenmal nach langer Zeit waren die Hegelingentöchter unter sich. Bis auf Gudrun und Hildburg schienen sie nicht glücklich. »Was habt ihr bloß«, forschte Gudrun, »ihr scheint ja dem Weinen näher als dem Lachen?« und sie erfuhr, daß sich die Mädchen des vermeintlichen Kniefalles ihrer Herrin schämten. Lieber hätten sie weiter gelitten, als solche Schande erlebt. Und Gudrun lachte aus so tiefster Seele Grund, daß eine Ahnung die Gesichter in der Runde verklärte. In dieser Nacht schlief Gudrun auf seidenem Lager. In einem großen Saal standen köstliche Betten für sie und ihre Gefährtinnen, und Edelknaben leuchteten ihnen zur Ruhe. Wie herrlich ist es beim Einschlafen, sich schon auf das Erwachen zu freuen. Nur Glückliche tun das, und Gudrun war heute eine Glückliche!

GUDRUNS BEFREIUNG

Noch vor Sonnenaufgang war das Heer der Hegelingen gelandet und hatte die normannische Königsburg eingeschlossen. Am Morgen gewahrte eine der Mägde, aus dem Fenster spähend, auf dem freien Feld, das sich bis zum Meer hinzog, Krieger in unübersehbarer Zahl. Sie weckte eilends die Herrin, die blinzelte nur lustig aus verschlafenen Augen: »Ich weiß es, meine Treue.«

Gerlind, von bösen Träumen gequält, hatte sich auch schon früh auf den Söller begeben, und sie erstarrte über den Anblick, der sich ihr bot. Blitzende Helme und Schwerter, Lanzenspitzen, Reiter und Rosse, so weit das Auge reichte!

Sie befahl, die vier Pforten der Burg zu schließen. Indessen waren auch Ludwig und Hartmut, vom Lärm geweckt, auf dem Söller erschienen. »Die Hegelingen sind's«, sprach düster der Sohn. »Ich kenne ihre Feldzeichen. Und auch mein Nebenbuhler ist bei ihnen, das Seidenbanner mit den Seerosen seh' ich und dort die Fahnen Siegfrieds von Morland. Ihre Überzahl ist gewaltig. Nun werden wir büßen müssen.«

»Pah«, schrie die Alte in krampfhafter Wut, »so leicht brechen sie die Mauern von Kassiane nicht. Laßt Wurfgerät aufstellen und die Zinnen besetzen. Wir wollen sie mit teuflischem Grimm empfangen. Speise und Trank haben wir genug für ein Jahr, sie werden es überdrüssig werden, so lang auf unsere Ergebung zu lauern.«

König Ludwig war mit dem Plan seines Weibes einverstanden, aber Hartmut widersetzte sich und versicherte in unverrückbarer Entschlossenheit: »Wir werden auf dem freien Felde kämpfen.«

»Dann werden wir umkommen«, zeterte Gerlind.

Der Hochgemute beharrte erbarmungslos auf seinem Entschluß: »Wir haben keine Aussicht, am Leben zu bleiben, und wollen im ehrlichen Kampf fallen!« Mochte es auch Selbstmord bedeuten, sich auf das freie Feld zu wagen, ihm schien es der einzige würdige Abschluß von all dem, was geschehen war. So gab er den Befehl zum Angriff. Je fünfhundert Gepanzerte führten Vater und Sohn aus den Toren, und eine gleich starke Besatzung blieb im Schloß zurück. Hartmut prallte auf Ortwin und seine achttausend Mann. Als der Hegelingensproß den Normannen in strahlendem Harnisch erblickte, rief er ihn an, wer er sei. Der Held gab seinen Namen kund und das Feldgeschrei: »Rettet die Ehre!«

Der Dänenfürst sornte seinen roten Renner, legte den Speer aus und stürmte in auflodernderm Kampfesmut auf seinen Gegner los. Der fing die tödliche Spitze mit seinem Schild ab, doch so gewaltig war die Wucht des Stoßes, daß die Pferde strauchelten und in die Knie sanken. Nun schwangen sich die Reiter aus dem Sattel und mit dem Ruf »Rache für meine Schwester!« führte Ortwin den ersten Streich auf des Normannen adlergeflügelten Helm. Von dessen Schwertkunst wäre dem Jungen wohl bald übel mitgespielt worden, wenn die weiterwogende Schlacht die beiden Rasenden nicht auseinandergerissen hätte.

Vor dem zweiten Tor der Burg stand kämpfend König Ludwig. Herwig sah das grause Gemetzel und stürmte gegen den Herrscher an, der wie ein Schnitter im Korn unter den Hegelingen wütete. Da bäumte sich riesenhaft letzte Kraft in dem Alten auf, und er fegte den allzu Ungestümen vom Roß, daß er ihm wehrlos vor die Füße sank. Zum Glück vermochte ein dazwischenfahrender Däne den Vernichtungsschlag des königlichen Recken zu parieren. Der König von Seeland kam wieder hoch und stürzte sich mit verdoppelter Wut auf den Gegner, dessen gekröntes Wappen am Panzer ihm anzeigte, wen er vor sich habe. »Ich bin Herwig«, rief er aus, »und fordere Gudrun von dir!«

Kühl gab Ludwig zurück: »Gut, daß du mir das sagst, nun will ich dafür sorgen, daß du deine Braut nicht mehr küßt.«

Auf dem hohen Söller der Burg erschien da der Geliebten Bild. Es schien Herwig, als nickte sie ihm zu, und die Pflicht, vor ihren Augen zu kämpfen, verlieh ihm die Stärke eines Riesen. Ein fürchterlicher Hieb mit beidhändig geführter Klinge traf genau sein Ziel. Vom Rumpfe getrennt, rollte das Haupt Ludwigs in den Sand. Seine Mitstreiter ereilte alle ihr Schicksal.

Glücklicher war vorerst Hartmut gewesen, der gegen die Scharen des noch unerfahrenen Ortwin Boden hatte gewinnen können. Nun, da er seines Vaters entsetzlichen Fall sehen mußte und schon die Hegelingen wider die Mauern der Burg anrennen sah, warf er seine Mannen herum, um der drohenden Gefahr zu begegnen. Doch Wate, der Herwigs Flanke deckte, sperrte ihm den Weg. Bei dem alten Recken aus Stürmen, der frisch kämpfte wie in seinen jüngsten Tagen, gab es kein Durchkommen. Ein furchtbares Ringen entbrannte.

Frau Gerlind war mit stockendem Herzen dem Verlauf der Schlacht gefolgt. Nun sah sie, daß es zu Ende ging. Ihrer abgrundlosen Bosheit war der Gedanke entsetzlich, daß sie sterben müsse und Gudrun in Glanz und Pracht zum Traualtar schreiten werde. Und das arge Weib rief einen Kämmerling herbei, gebot ihm, sich an die Ahnungslose heranzuschleichen und ihr rücklings einen Dolch in den Leib zu bohren. Der Elende schickte sich sogleich an, die Mordtat auszuführen. Mitten im heißen Kampf jedoch warf Hartmut einen Blick auf den Söller, er sah das gezückte Messer, und sein Roß von Wate abwendend, stieg er hoch auf im Bügel und schrie mit Donnerstimme: »Zurück, du Schurke!« Da knickte das von der Hexe gedungene Geschöpf feige in sich zusammen, der Stahl entglitt seiner schlotternden Hand, und Gudrun war gerettet.

Wate hatte von alldem nichts anderes bemerkt als die Schwenkung des Gegners, und in steigendem Zorn über die vermeintliche Finte seines Feindes legte er von neuem aus. Hartmut wehrte ab, sprang aus dem Sattel und zog sein Schwert. Da tat der Recke von Stürmen desgleichen, und bald pfiff sausend das blitzende Eisen durch die Luft. Nicht mehr lange hielt der Panzer des Normannen, die Schulterringe klafften auf, gespalten von schärfster Schneide, auf, und Blut rann in Strömen über die Rüstung.

Gudrun dauerte der Mann, der ihr trotz allem, was sie durch ihn leiden mußte, im Grund seiner Seele edel und hochgemut schien und der sie eben aus Todesnot gerettet hatte, und sie versuchte durch verzweifelten Zuruf dem Grimm Wates Einhalt zu gebieten. Da wurde sie Herwigs ansichtig, der sich eben anschickte, eines der vier Haupttore der Burg aufzusprengen.

GUDRUN

Das Brausen des Getümmels durchdrang nun ihre flehende Stimme: »Herwig, rette Hartmut!«

»Hartmut?« gab der Seeländer verdutzt zurück.

»Ja, ihn! Eile zu ihm, sonst ist er verloren«, ertönte Gudruns Antwort, »ich will dir später alles erklären.«

Nun fragte der junge König nicht länger und ritt zwischen die zornlodernden Fechter. Und er rief Wate zu: »Haltet ein, Held aus Stürmen, Gudrun bittet um das Leben Eures Gegners.«

Der Alte wollte von Gnade nichts wissen: »Im Wülpensand schläft König Hettel. Ihm bin ich es schuldig, bis zum unerbittlichen Ende zu kämpfen.« Vom Pferde springend, warf sich Herwig da vor den Normannenfürsten und rief: »Hört, grimmer Recke, der Mann steht unter meinem Schutz.« Hohnlachend holte der Wütende aus und schlug so hart auf des Seeländers Helm, daß sich die Riemen lösten und er weithin geschleudert in den Staub kollerte. »Triff noch einmal!« Mit diesen Worten bot Herwig dem Rasenden sein nacktes Haupt. So beschämt, sänftigte Wate seinen Zorn, und nur noch leise grollend winkte er seinen Knechten: »Bringt den Normannen auf ein Schiff. Er ist mein Gefangener.«

Die Mannen des Königs von Seeland hatten sich indes schon Eingang in die Burg erzwungen, an dem zweiten Tor rüttelte jetzt Ortwin mit Macht, an das dritte schlugen krachend die Rammböcke Siegfrieds von Morland, und Feuer zerfraß die Eichenbohlen des letzten. Dort wartete der kluge Frute auf seine Stunde.

Wate aber mischte sich jetzt unter die Streiter Herwigs, die als erste in Kassiane eindrangen, und einem düsteren Racheengel gleich stürmte er mit gezogener Klinge von Hof zu Hof, von Gemach zu Gemach. Wahrhaft ein wilder Würger war er, und nichts verschonte sein maßloser Grimm. Nur wer sich zu Gudrun flüchtete, konnte auf Schonung hoffen. So warf sich auch Ortrun, bange Furcht im Herzen, zu ihren Füßen nieder und flehte: »Laß dich erbarmen, edles Fürstenkind, vergilt mir meine Liebe und laß mich nicht büßen für die Schuld meines Hauses.«

Gudrun hob die Tränenüberströmte zu sich empor und tröstete sie: »Du warst meine Freundin in schlimmen Tagen, nun sollst du es auch in den guten sein.«

Kaum war dieses Wort gesprochen, taumelte in bleichem Entsetzen auch Frau Gerlind in den Saal und flehte um Erbarmen und Schutz vor Wate. Ortrun mochte wohl denken, solches Ansinnen ginge über Gudruns

Edelmut, und darum bettelte sie: »Vergib ihr, sie ist meine Mutter, beschütze sie um meinetwillen.«

Die hochgemute Jungfrau überwand die Gefühle der Rache und hieß die Alte sich inmitten ihrer Schar von Frauen verbergen. Nur wenige Augenblicke verstrichen, und schon polterte der zornentbrannte Held herein. »Ich suche Gerlind, die Teufelin«, schrie er furchterregend.

Gudrun trat ihm entgegen. »Willkommen, Wate«, sagte sie. »Wie freu' ich mich, dich wiederzusehen. Gürte nun endlich deine Waffen ab, das Werk der Vergeltung ist vollbracht.« »Nicht eher ruhe ich, als bis ich die Hexe zur Hölle befördert habe«, brummte der Alte. Gudrun versetzte: »Hier findest du sie nicht. Dies sind meine Dienerinnen.«

Eine der Mägde, die Gerlind haßte wie die Sünde, verriet sie jedoch mit einem Augenzwinkern. Und ehe es Gudrun zu verhindern vermochte, packte Wate die Teufelin bei den Haaren, schleifte sie in die Mitte des Gemaches, und mit der höhnischen Frage: »Brauchst du bald wieder schöne, hochgeborene Wäscherinnen?« hieb er ihr das Haupt ab.

Kurz darauf erschien in der Tür Herwig im strahlenden Glanz seines Harnisches, um seine befreite Braut zu begrüßen, die er nunmehr für immer gewonnen hatte. Ein prächtiges Mahl beschloß diesen heißen und ruhmreichen Tag. An der Tafelrunde der Könige und Fürsten versah Gudrun selbst das Amt der Wirtin, füllte ohne Unterlaß die Becher mit Wein und hatte wohl acht, daß niemand Durst litt.

Bald darauf brachten die Dänen alle festen Plätze des Landes in ihre Hand. Und als ein Jahr um war, wehten auf sechsundzwanzig Burgen und über fast ebenso vielen Städten die Standarten der Hegelingen. Frohgemut beluden sie die Schiffe mit reicher Beute und verließen die Normandie. Hartmut und Ortrun nahmen sie als Gefangene mit.

HEIMKEHR UND HOCHZEIT

Ein günstiger Wind trieb die Flotte schnell den dänischen Gestaden entgegen. Königin Hilde hatte man Boten vorausgesandt, ihr die Rückkehr der Helden anzuzeigen.

Es war zur Maienzeit, als die Schiffe vor Matelan anlegten. Mit Trommeln und Posaunen, mit Flöten und Hörnern verkündeten die Sieger ihre Heimkehr. Frau Hilde war ihnen mit ihren Männern und Frauen bis zum Strand entgegengekommen. Horand geleitete die edle Gudrun, die von ihren Dienerinnen umgeben war. Da rief die Mutter aus: »Willkommen, ihr Mädchen! Nun sagt mir aber, wo meine Tochter ist. Ich erkenne sie nicht mehr, allzulange habe ich sie nicht gesehen.« Der Friese führte ihr Gudrun zu. Die Frauen umarmten sich unter Tränen der Rührung.

Dann trat Wate heran und verneigte sich tief. Die Verweserin des dänischen Thrones richtete huldvolle Worte an den kühnsten ihrer Recken: »Willkommen auch, Held vom Sturmland. Du hast mir Dienste geleistet, die ich dir nicht mit Ländern und Kronen vergelten kann.«

Über solchem Lob wurde sogar der bärbeißige Alte weich und fast zärtlich kam es aus der rauhen Kehle: »Euch, Herrin, zu dienen ist meine größte Ehre. Von Lob aber schweigt mir.«

Da konnte die Königin nicht mehr an sich halten und zog das Haupt des grimmigen Recken zu sich herab und küßte herzhaft den bärtigen Mund.

Dann führte Gudrun ihre liebe Hildburg zu ihrer Mutter. Auch sie wurde umarmt und bekam einen königlichen Kuß.

Nach und nach begrüßte die Königin die Helden alle, besonderes Lob aber erhielten Frute für seinen klugen Rat, Morung von Niflanden für seine Tapferkeit, König Siegfried von Morland für seine Bündnistreue und Horand, der ihr Bannerträger gewesen war, für gute Hut der Königsflagge der Hegelingen.

Zum Schluß aber umarmte sie Herwig, ihren künftigen Eidam, und nahm in Mutterstolz ihren Sohn Ortwin in die Arme.

Als sich alles schon zu einem prächtigen Zug ordnete, der feierlich unter dem Klang der Glocken und dem Jubel der Hörner die Burg betreten sollte, faßte Herwig die gefesselte Ortun, die traurig abseits stand, bei der Hand und führte sie vor die Königin. Gudrun aber bat: »Liebste Mutter, küß auch Ortrun, die mir im Feindesland Freundschaft bewahrt hat.«

Doch die Königin stampfte mit dem Fuß auf und versetzte grollend: »Ich habe wohl gehört, daß Ortrun versucht hat, dein trauriges Los in der Knechtschaft zu erleichtern. Dennoch, meine Tochter, ich kann deinen Wunsch nicht erfüllen. Zu tief ist mein Haß gegen dieses Mädchens Geschlecht. Es wäre mein Recht, die Normannenkinder töten zu lassen, und es ist Gnade, wenn ich sie nur in einen einsamen Turm verbanne. Doch

HEIMKEHR UND HOCHZEIT

ich will ihnen die größte Demütigung ersparen, weil du für sie gebeten hast, meine Tochter. Man soll ihnen die Fesseln abnehmen und sie dann fortbringen.«

Gudrun dachte, es sei wohl klüger, den ersten Zorn der Mutter verrauchen zu lassen, und sagte nichts mehr. Ein wenig war ihr das große Siegesfest vergällt, das nun anhob und sieben Tage währte.

Jedoch ehe noch die Woche völlig um war, hatte der kluge Frute neue Fäden gesponnen, um einen völligen Frieden zwischen Dänemark und der Normandie herbeizuführen, der ihm für das Glück und die Zukunft der Hegelingen wichtig schien. Langsam und geschickt verstand er Gudrun und schließlich sogar die Königin davon zu überzeugen, daß es das beste wäre, wenn Ortwin das schöne Normannenkind heiratete und Hartmut die treue Hildburg zur Gattin nähme. Dann wäre das Normannengeschlecht durch Blutsbande mit den Hegelingen verknüpft, und man könnte Hartmut sein Land als Lehen zurückgeben.

Ortwin hatte an dem Normannenkind großen Gefallen gefunden und so war er über den Heiratsplan hoch erfreut. Nur ein Bedenken hatte er: ob ihn Ortrun wohl lieben könne, da ihre Eltern von den Hegelingen erschlagen worden seien. Gudrun wußte ihn zu trösten. »Es liegt an dir, lieber Bruder«, sagte sie, »daß du sie ihr Leid vergessen machst. Das eine aber weiß ich, daß du nie ein besseres Weib gewinnen kannst.«

Zuletzt wurde der alte Held aus Sturmland um Rat gefragt. Grimmig meinte er: »Nicht eher kann eine wirkliche Versöhnung stattfinden, bevor Hartmut und Ortrun nicht der Königin zu Füßen gefallen sind und Verzeihung für die Untaten ihres Hauses erfleht haben.«

Und so geschah es. Doch ehe noch die Verlobung dem Lande verkündet wurde, trat noch ein Freier auf den Plan. Siegfried von Morland bat König Herwig um die Hand seiner Schwester. Seit er sie in jenem Kriegszug nach Seeland zum erstenmal gesehen hatte, liebte er sie. Wate und Frute waren die Gesandten, die auf Wunsch Herwigs unverzüglich nach Seeland abreisten, um seine Schwester an den dänischen Hof zu entbieten.

Am Tage der Hochzeit, an dem vier Paare zum Traualtar schritten, übergab Frau Hilde ihrem Sohn Ortwin die Königskrone, dieser belehnte Hartmut mit der Normandie. So waren es vier Könige, die geheiratet hatten, und vier junge, schöne Königinnen strahlten im Glanze ihres Glücks. Frieden herrschte für lange Zeit im weiten Nordland.

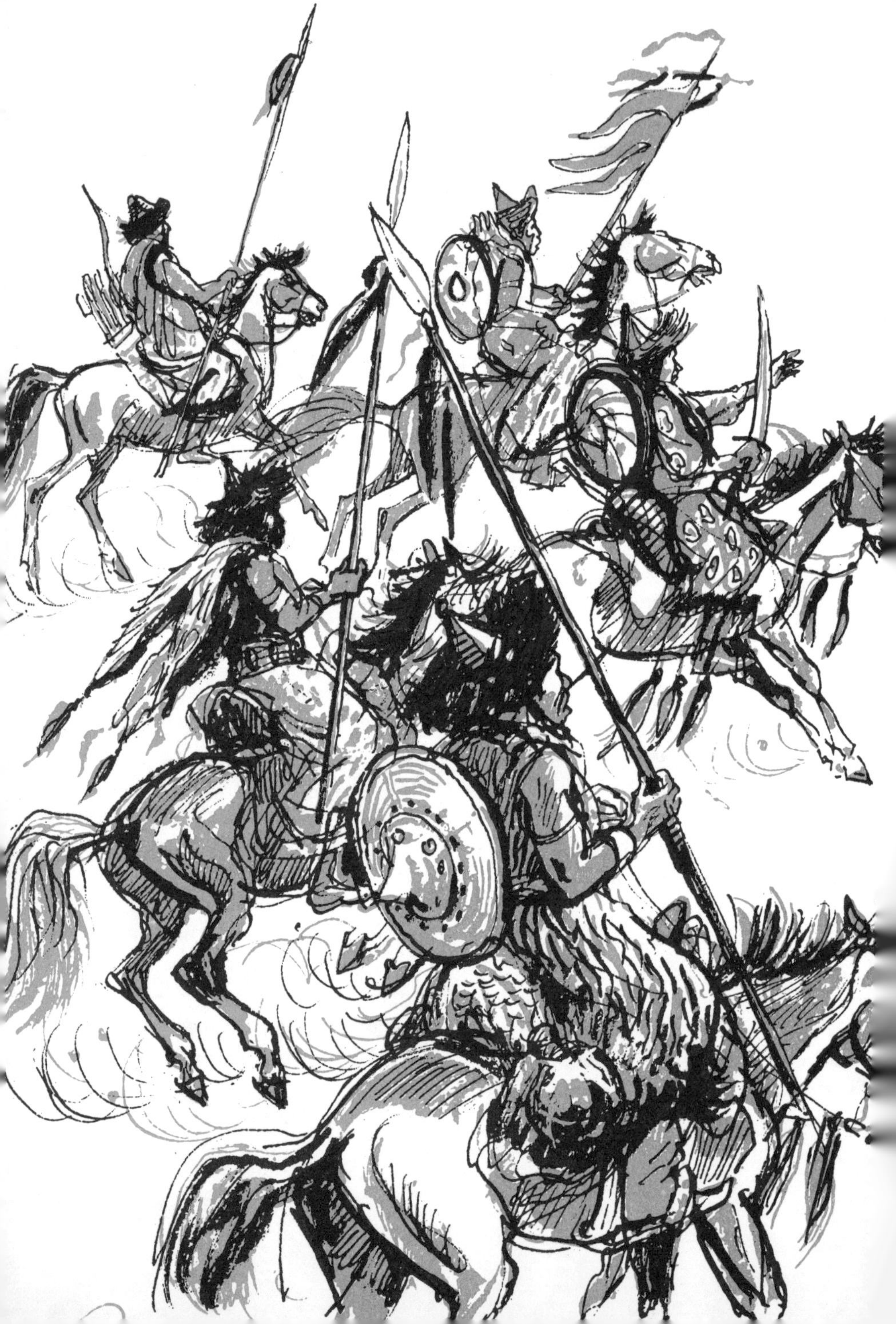

WALTHER UND HILDEGUNDE

Von zwei Königskindern, Walther und Hildegunde, erzählt das Lied des Sängers. Ihre Liebe überwindet Not und Gefahren, und nichts kann sie trennen. Wie Gudrun, die Getreue, nicht von ihrem Geliebten läßt, verteidigt auch Walther die Schönste seines Herzens gegen jeden Feind. So wird hier wiederum das Hohelied der Treue gesungen, das aus alten Zeiten zu uns herüberklingt und uns die Beständigkeit der Minne kündet.

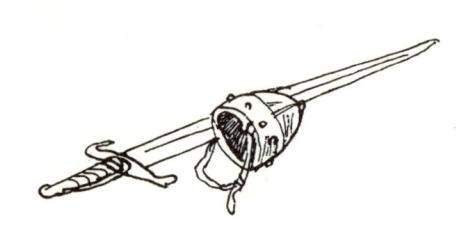

ETZELS HEERFAHRT

Durch die weiten Lande des Hunnenkönigs Etzel erscholl das Heerhorn. Es rief die Untertanen des mächtigen Herrschers zum Kriegszug. Auf flinken, struppigen Rossen eilten die Krieger herbei und bildeten eine fast unübersehbare Schar. Doch keiner von den Tausenden wußte, wohin die Heerfahrt gehen sollte; dies blieb des Königs Geheimnis.

Stolz flatterte das Königsbanner vor Etzel, als dieser seine Streiter begrüßte. Hoch richtete er sich auf seinem Roß empor, schwang sein Schwert gegen Sonnenuntergang und rief: »Auf nach Westen, in das Land der Franken!«

Donnerndes Jubelgeschrei antwortete ihm. Wie die wilde Jagd stob das Heer von dannen. Blut und Tränen, Not und Elend, Trümmer und Asche zeichneten seinen Weg. Wer sein Leben liebte, verließ Haus und Hof und suchte ein sicheres Versteck. Denn die wilden Horden schonten niemand und achteten weder Alter noch Geschlecht.

Auch nach Worms drang die Schreckenskunde von dem nahenden Hunnenheer. Sorgenvoll saß König Gibich auf dem Thron der Franken, umgeben von den Fürsten und Räten des Reiches. Für und wider wurde gesprochen, ob man Etzel mit bewaffneter Macht entgegentreten oder sich ihm unterwerfen solle. Unter denen, die zu einem Vergleich rieten, befand sich auch der mächtige Aldrian von Tronje, ein naher Verwandter des Frankenkönigs.

»Wir sind den Hunnen nicht gewachsen, darum müssen wir Frieden mit Etzel suchen!« verteidigte der Tronjer seine Ansicht.

Da hatte König Gibich einen grausamen Gedanken. »Nun wohl«, meinte er, »wir wollen uns den schuldigen Tribut teilen. Ich gebe den Goldschatz, und du stellst deinen Sohn Hagen als Geisel!«

Bleich wurde nun Aldrians Gesicht, doch er mußte sich dem Willen des Königs beugen.

Mit den Edelsten seines Reiches ritt König Gibich hinaus zu Etzels Zelten und übergab ihm außer vielen Kostbarkeiten auch Hagen.

Zufrieden mit dem Ausgang seines Feldzuges verließ Etzel das Frankenland und wandte sich gegen Burgund. In Chalons, der Hauptstadt des Landes, erwartete man den anstürmenden hunnischen Heerhaufen mit der gleichen Angst und Sorge wie in Worms. Und ebenso sorgenvolle Gedanken lebten in der Brust König Herrichs.

Doch rasch wie der Wind, der über die Steppen weht, waren diesmal die Hunnen zur Stelle. Staubwolken näherten sich der verängstigten Stadt, und bald konnte man schon einzelne Reiter erkennen und die Macht der Hunnen mit eigenen Augen sehen. Da wandten sich die Bewohner von Chalons schutzsuchend an ihren König und baten um Frieden.

König Herrich sah die Not des Volkes und wußte, daß er diese wilde Schar aus dem Osten nimmer besiegen könne. Er sandte daher die Vornehmsten seines Reiches zu König Etzel und hieß sie demütig nach des Herrschers Begehr fragen.

Etzel gab ihnen für König Herrich folgende Botschaft mit auf den Weg: »Wir bieten dem Lande der Burgunden Frieden und Freundschaft für ewige Zeiten. Doch fordern wir gutes Lösegeld und das Königskind Hildegunde als Geisel!«

Als die Abgesandten ihrem Herrn diese Forderungen des Hunnenherrschers überbrachten, erschrak König Herrich aus tiefstem Herzen und verhüllte klagend sein Angesicht. Doch dann gedachte er des Elends, das ein Kampf bringen würde, hörte die klagende Stimme des Volkes und beschloß, Etzels Verlangen nachzukommen.

Unter dem Wehklagen der Menschen wanderte König Herrich mit dem bleichen Mägdelein hinaus vor die Tore der Stadt. Kein Auge blieb beim Anblick des lieblichen Kindes trocken, das einst dem jungen Walther von

Aquitanien die Hand zum Ehebunde hätte reichen sollen. Doch das grausame Schicksal hatte es anders beschlossen. Statt der Königskrone drückte nun die Bürde der Gefangenschaft das unschuldige Haupt.

Wieder stürmten die Rosse der Hunnen über die Erde. Etzel hatte die Heerfahrt gegen Aquitanien befohlen, um König Alpher zu demütigen. Auch dieser Herrscher beugte sich ohne Widerstand der Übermacht und erkaufte den Frieden durch einen großen Goldschatz und seinen Sohn Walther, den Erben seines Reiches und Anverlobten der Königstochter von Burgund. So zogen nun die beiden Königskinder mit dem jungen Hagen in das fremde Hunnenland und verloren alle Hoffnung auf eine Rückkehr in die Heimat.

HAGENS FLUCHT

Am Hofe des Hunnenherrschers nahm Etzels Gemahlin Helche das Mägdlein Hildegunde unter ihre Obhut. Die Erziehung der beiden Knaben aber leitete Etzel selbst. Er zeichnete sie bald vor anderen Fürstenkindern aus und hielt sie wie seine eigenen Söhne, da die Knaben klug und geschickt waren. Bald zeigten sie sich in der Kunst der Kriegführung ihren Altersgenossen überlegen. Der Hunnenkönig erhob sie zur Belohnung zu Heerführern seines Volkes.

Auch Hildegunde hatte vor den Augen ihrer Gebieterin Gnade gefunden. In Zucht und Sittsamkeit wuchs sie auf, und keine der Töchter des Landes konnte sich ihr an Wohlgestalt und Anmut vergleichen. Frische Rosen glühten auf ihren Wangen, und die Augen leuchteten licht und klar wie ein Bergsee, in dem sich der blaue Himmel spiegelt.

Bald wurde Hildegund die Vertraute der Königin. Sie übergab dem Mädchen die Schlüssel zu allen Kammern und Sälen der Burg und ließ es nach Herzenslust schalten und walten. Doch Hildegunde war nicht glücklich. Ihr Herz verzehrte sich in Sehnsucht nach den verlorenen Eltern und Gespielinnen, und ihre Gedanken weilten stets in der fernen Heimat. Walthers Anblick allein war ihr Trost in dem fremden Land. Doch nie bot sich Gelegenheit zu vertrauter Zwiesprache.

Oft versuchte der trotzige, finstere Hagen den sanfteren Freund zur

Flucht zu überreden. Doch Walther schüttelte stets abweisend das Haupt: »Ohne Hildgunde verlasse ich dieses Land nicht, und sollte auch Etzel mir allein die Freiheit schenken!«

Eines Tages erlauschte Hagen die Kunde, daß der Frankenkönig Gibich gestorben sei und sein Nachfolger Gunter den schuldigen Tribut an Etzel verweigere.

Kaum wußte Hagen seine Aufregung zu bemeistern. Die Stunde der Freiheit schien ihm gekommen. Mit blitzenden Augen eilte er zu seinem Freund Walther und rief: »Freue dich mit mir, denn unsere Knechtschaft hat ein Ende! Mein König hat das hunnische Sklavenjoch abgeschüttelt, ich folge seinem Beispiel und fliehe. Säume nicht länger und laß uns reiten!«

Übermächtig regte sich in Walthers Brust die Sehnsucht nach der Heimat. Die sonnigen Tage der Kindheit zogen an ihm vorbei und lockten ihn fort in eine milde, zauberhafte Landschaft. Doch da zerriß ein Gedanke die süßen Träume: Hildgunde!

Traurig schüttelte Walther sein Haupt und sprach: »Ziehe allein. Du weißt, was mich an dieses fremde Land bindet!«

Vergebens drang Hagen in den Freund. Walther blieb standhaft. Weinend riß sich der Tronjer aus den Armen des Freundes und jagte in stiller Nacht auf seinem Roß wie der Sturmwind davon.

Als man am nächsten Morgen am Hofe des Hunnenherrschers Hagens Flucht entdeckte, sandte ihm Etzel einen Trupp verwegener Reiter nach mit dem Auftrag, den Flüchtling lebendig oder tot zurückzubringen. Denn der König grollte, daß ihm Hagen seine Freundesdienste so schlecht vergolten hatte. Zitternd bangte Walther um den Freund, doch die Schar der Verfolger kehrte ohne den Gesuchten zurück.

Königin Helche dauerte die düstere Miene ihres Gebieters. Lange dachte sie nach, wie sie Etzels Gemüt wieder erheitern könnte. Eines Tages trat sie vor das Antlitz ihres Gemahls und sprach: »Trauere nicht, o Herr, denn noch hast du Walther von Aquitanien an deinem Hofe, dessen gewaltiges Schwert alle Feinde fürchten. Doch mußt du Vorsorge treffen, daß er nicht wie sein Freund Hagen entflieht. Gib ihm die schönste Fürstentochter des Landes zur Gemahlin, und er wird an deinem Hof eine bleibende Heimstätte finden!«

Etzel lobte den Rat seiner Königin. Huldreich begrüßte er am nächsten Tag den jungen Recken und plauderte mit ihm von vergangenen Zeiten. »Seit du als zarter Knabe in mein Land gekommen bist«, meinte der Herrscher wohlwollend, »hast du manchen herrlichen Sieg für meine Fahnen erstritten. Tief stehe ich in deiner Schuld, die ich mit den Schätzen, mit denen ich dich belohnt habe, nicht tilgen kann. Daher ist mein Wunsch und Wille, daß ich dir die schönste und reichste Fürstentochter des Landes zur Gemahlin gebe. Sag Walther, hast du ein Mädchen gefunden, das deinem Auge wohlgefällt?«

Über diese gütigen Worte geriet der junge Held in arge Bedrängnis. Das liebliche Bild der schönen Hildegunde lebte treu in seinem Herzen, doch wagte er nicht, seinen Gebieter zu kränken.

Nach langem Schweigen erhielt Etzel Antwort: »Wohl ziemt es dem Dienstmann, stets seinem Herrn zu gehorchen. Doch der größten Feldherrn einer ist Etzel, unter dessen ruhmreichen Fahnen zu streiten die Sehnsucht jedes Helden ist. Nimmer will ich daher das Schwert mit dem Pflug vertauschen, um an der Seite eines Weibes seßhaft zu werden, solange noch stählerne Kräfte in diesen Armen leben!«

Diese Worte schmeichelten dem ehrgeizigen Sinn Etzels, und er verbannte jeden Zweifel an Walthers Treue aus seinem Herzen.

GEHEIME BERATUNG

Kurze Zeit später brach der Feind ins Land. Walther erhielt von Etzel den Oberbefehl über das Heer und führte die hunnischen Recken zum Streit. Bald stießen sie auf den Feind. Wie ein Löwe stürzte sich Walther in das Getümmel der Schlacht. Da half auch der tapferste Widerstand nicht, nur eilige Flucht rettete vor Tod und Verderben! Bald begann der Feind zu weichen, und als sich die Nacht herniedersenkte, hatten die hunnischen Heerscharen den Sieg an ihre Fahnen geheftet.

Jauchzend kehrten die Helden in die Heimat zurück. Als Walther in die Halle der Burg eilte, um Etzel den Sieg zu melden, trat ihm die schöne Hildegunde entgegen. Lange schon hatte sich Walther nach dieser Begegnung gesehnt, aber stets störten Fremde eine vertrauliche Unterredung.

»Reich mir den Willkommtrunk, Hildegunde!« bat Walther.

Das Mädchen füllte den Goldpokal mit edlem Wein und bot ihn schüchtern dem Helden. Durstig leerte dieser den Becher. Dann ergriff er Hildegundens Hand und sprach: »Weißt du wohl noch, daß du meine Verlobte bist seit den Tagen unserer Kindheit?«

Wehmütig nickte da das Mädchen und klagte: »Warum erinnerst du mich an ein längst verlorenes Glück? Willst du durch herben Spott noch mein Herzeleid mehren? Was gilt dir Hildegunde, die dienende Magd, da Fürstentöchter um die Gunst des Siegers werben?«

Erschrocken stammelte Walther: »Nicht kränken wollte ich dich, du Holde. Jeder Spott sei mir fern. Nur mit dir will ich in die Heimat ziehen, und dort sollst du als Königin an meiner Seite herrschen. Und nun magst du mein Geheimnis erfahren: Gemeinsam wollen wir fliehen! Du bist die Hüterin der Schatzkammern und wirst für die Ausrüstung sorgen. Halte Helm, Panzer und Eisenhemd des Königs für mich bereit und gib den Goldschatz, den unsere Väter einst Etzel zahlten, in zwei Schreine. Vergiß auch nicht auf einige gute Angelhaken, denn der Weg ist weit, und ich werde Fische für unseren Unterhalt fangen müssen. Lange genug haben wir in der Knechtschaft geschmachtet. In acht Tagen will ich dem König und seinen Rittern ein Fest in meiner Halle rüsten. Wenn sie betäubt von schwerem Wein entschlummern, dann ist die Stunde für unsere Flucht gekommen!« Aufschluchzend sank Hildegunde an die Brust des Helden und fühlte sich seit langem wieder an einem treuen Herzen geborgen.

DIE SIEGESFEIER

Der Tag der Siegesfeier war gekommen. Walther ließ ein prunkvolles Fest rüsten, zu dem Etzel sein Erscheinen versprach. Bald hatte sich der Saal gefüllt, und mit frohem Zuruf grüßten alle das Königspaar, das der Gastgeber zum Hochsitz geleitete. Auf Etzels Wunsch mußte auch Walther neben ihm und seiner Gemahlin Platz nehmen. Das war dem Helden nur lieb, denn vom Hochsitz aus konnte er den weiten Saal überschauen und die säumigen Pagen anspornen, rascher die Becher zu füllen.

Nach dem erlesenen Mahl beurlaubten sich die Frauen, und nun begann ein wackeres Zechen, bei dem keiner fehlen wollte. Denn würzig duftete der Wein in den Kannen und kühl rann er durch die Kehlen.

In dieser fröhlichen Stimmung rief Walther den Mundschenk herbei und ließ sich den größten Humpen, ein Prachtstück aus purem Golde, reichen. Diesen füllte er mit Wein, beugte vor dem König das Knie und sprach: »Erhabener Herrscher! Bei meinen Vätern war es Brauch, kein Zechgelage zu beschließen, bevor dieser Humpen die Runde machte. Wer ihn nicht auf einen Zug leeren konnte, wurde mit Recht ein Stümper genannt. So bitte ich Euch, großer König, eröffnet den Reigen!«

Der Hunnenkönig faßte den gewaltigen Pokal mit beiden Händen, hob ihn empor und trank ihn mit gewaltigen Zügen leer. Beifallsgemurmel erhob sich im Saal. Keiner wollte dem König nachstehen, und so machte der Humpen die Runde, ohne ungeleert zurückgegeben zu werden. Doch bald sank einer nach dem anderen der gewaltigen Zecher in tiefen Schlaf. Walther freute sich über die stillen Schläfer und stahl sich leise und unbemerkt aus dem Saal. Denn auch das Haupt des Königs war friedlich auf seine Brust gesunken, und er brauchte die scharfen Augen des Hunnenfürsten nicht mehr zu fürchten. »Schlafet wohl und lange, König Etzel!« flüsterte Walther. »Eure Augen werden mich nimmer schauen!«

WALTHER ENTFLIEHT MIT HILDEGUNDE

Walther begab sich nun sogleich in die Burg. Dort fand er Hildegunde, die reisefertig unter dem Tor der Vorhalle auf ihn wartete.

»Ist alles bereit?« fragte Walther leise.

Das Mädchen nickte. Walther belud das edle Roß, das wegen seiner goldenen Mähne »der Löwe« genannt wurde, mit den Schätzen, legte König Etzels beste Rüstung an und bewehrte sich nach hunnischem Brauch mit zwei Schwertern, Speer und Schild. Dann hob er Hildegunde auf das Pferd, schwang sich in den Sattel und gab dem feurigen Tier die Sporen.

So ritten Walther und Hildegunde unbemerkt aus Etzels Burg. Trotz der schweren Last flog der Hengst Löwe wie der Wind dahin, und als der Morgen dämmerte, befanden sie sich schon meilenweit von Etzels Burg entfernt.

Der Held bog nun von der Heerstraße ab und ritt auf kühl dämmernden Waldpfaden weiter.

Mit der zunehmenden Helle wuchs Hildegundens Angst, Etzel könnte die Flüchtlinge noch einholen. Sie schrak zusammen, wenn ein Hase aufsprang oder ein Vogel durch die Zweige hüpfte.

Doch Walther tröstete die Verzagte: »Spät wird Etzel erst aus schwerem Schlummer erwachen, und keiner seiner Ritter und Knappen wird die Verfolgung aufnehmen können, da die Geister des Weines auch heute noch ihr Spiel mit ihnen treiben werden!«

Einen Tag und zwei Nächte gönnten sich die Flüchtenden keine Rast. So hatten sie vor den Verfolgern einen großen Vorsprung gewonnen. Am Morgen des zweiten Tages öffnete sich im Wald eine grüne Lichtung. Dort saßen sie ab, erquickten sich an Speise und Trank, und bald schlief Hildegunde auf dem weichen Moosteppich ein. Walther aber hielt treue Wache.

Noch oft bot der Wald den beiden eine Ruhestätte. Walther erlegte Hirsche, fing Fische und Vögel und kehrte mit der Beute zu Hildegunde zurück. Hildegunde hatte das Mahl bereitet, saftige Beeren und würzige Kräuter gesucht, und so saßen die beiden friedlich beisammen und lauschten dem Gesang der Vögel, der in den Zweigen erscholl.

Nach langer Fahrt gelangten sie an den Fuß des Odenwaldes. Im milden Glanz der Abendsonne lag der Rhein zu ihren Füßen.

»Nun sind wir gerettet, Hildegunde!« jubelte Walther. Das Mädchen blickte voll Dankbarkeit zum leuchtenden Himmel empor, dann schweifte sein Blick über die Höhen jenseits des Tales: »Wie heißen die Berge, die dort drüben im Sonnenschein so herrlich schimmern?«

»Das ist der Wasgenwald!« erklärte Walther. »Wir befinden uns im Lande der Franken, und die Stadt am Strom heißt Worms.«

Sie rasteten auf dem grünen Bergrücken und stiegen am anderen Morgen zu Tal. Am Ufer des Rheins stand die niedere Hütte des Fergen. Auf Walthers Wink ruderte er die beiden über den Strom. Zum Lohn reichte er dem Mann zwei große seltsame Fische, die er in der Donau gefangen hatte.

»Das ist ein Braten für des Königs Tisch!« lachte der Fährmann und eilte in die Stadt. König Gunters Küchenmeister kaufte dem Manne die Ware ab und ließ die Fische für die königliche Tafel bereiten.

Gunter saß mit seinen Recken beim Mahle, als der Fisch aufgetragen wurde. Verwundert kostete der König die Speise. »In den Gewässern meines Landes ist dieser Fisch nicht gewachsen. Wer kann mir Auskunft geben, woher er stammt?« meinte der König verwundert.

Als er keine Antwort erhielt, ließ Gunter den Küchenmeister rufen und befragte ihn. Dieser holte den Fergen herbei und der Mann erklärte: »Ein

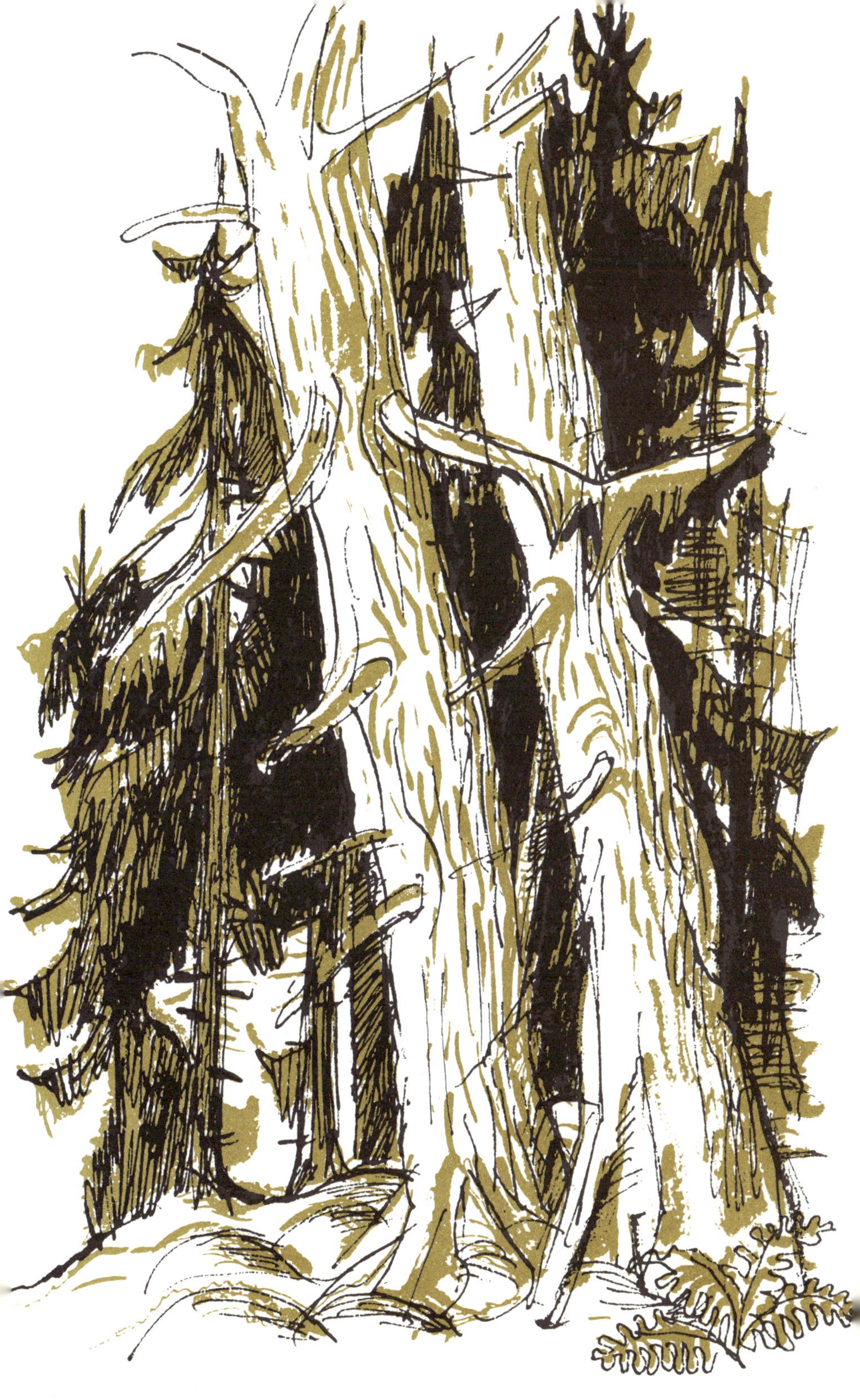

schöner Held gab mir die Fische als Fährlohn. Ich setzte ihn mit seiner Begleiterin und zwei Kästen voll kostbarer Edelsteine über den Rhein!«

Aufhorchend erkundigte sich König Gunter: »War der Mann bewaffnet?« »Er trug zwei Schwerter, Schild und Speer!« nickte der Ferge.

Hagen, der am Tisch König Gunters saß, sprang fröhlich auf: »Das kann nur Walther von Aquitanien sein, mein lieber Freund! Er ist aus Etzels Gefangenschaft entflohen und führt die schöne Hildegunde heim in sein Land!« Doch rasch wurde seine Freude gedämpft. Als König Gunter von dem Schatz des Reisenden hörte, flammten seine Augen habgierig auf. »Sattelt mein Roß!« befahl er. »Ihr anderen reitet mit mir, ich will dem Recken seine Bürde erleichtern!«

Vergebens versuchte Hagen, den König von seinem unedlen Tun abzuhalten. Doch Gunter rief trotzig: »Schweig, Hagen! Liefert er freiwillig das Mägdlein und den Schatz aus, dann mag er in Frieden ziehen!«

Grollend legte nun Hagen auf des Königs Befehl den Harnisch an und ritt mit den anderen Gewappneten voll banger Ahnungen zum Tor hinaus.

RAST AM WASGENSTEIN

Als die beiden Flüchtlinge das Gebirge erreicht hatten, wähnten sie sich in völliger Sicherheit. Walther schlug vor, in einer Felsenschlucht zu rasten. Er legte den schweren Harnisch ab und streckte wohlig die müden Glieder. Dann versorgte er den Hengst Löwe und barg den Schatz in einer Höhle. Friedlich entschlummerte er im Schoß Hildegundens, die treu zu wachen versprochen hatte.

Eine milde Sommernacht umfing die müden Wanderer. Murmelnd eilte die Quelle zu Tal, und die Wipfel der Bäume rauschten im vertrauten Laut der Heimat. Silbern ging der Mond auf und zog still und ruhig seine Bahn. In süßen Träumen verharrte Hildegunde. Nun endlich fühlte sie sich geborgen, und stiller Friede zog durch ihr Herz.

Langsam stieg die Dämmerung herauf, und die ersten Sonnenstrahlen weckten das Leben im Walde. Horch! — Klang nicht Rossegewieher aus der Ferne? Dröhnte nicht der Boden von Hufschlägen? — Mit atemloser Spannung lauschte Hildegunde. Immer näher drang der Lärm, und da blitzten auch schon Waffen durch die Zweige. »Walther, wach auf!« rief sie erschrocken, »die Hunnen haben uns erreicht!«

Heftig fuhr der Held aus dem Schlaf und sprang mit einem Satz empor. Doch schnell hatte er sich wieder gefaßt und blickte nun ruhig den Reitern entgegen.

»Ich kann sie noch nicht erkennen«, meinte er zu Hildegunde. »Doch will ich sie würdig empfangen.« Der Recke legte seine Rüstung an und harrte nun der Dinge, die da kommen sollten.

Verzweifelt begann Hildegunde zu weinen. Doch Walther tröstete sie: »Rheinfranken sind die Reiter und keine Hunnen! Wenn mich meine Augen nicht täuschen, so sehe ich dort Hagen, unseren alten Freund von Etzels Hof! Wir brauchen uns nicht zu fürchten!«

Nun atmete auch Hildegunde erleichtert auf.

»Wenn sich nicht Hagen unter den Franken befände«, fuhr der Held fort, »dann möchte ich wohl glauben, daß die Schar feindliche Absichten wider uns hegen könnte. Doch will ich die Recken vorerst allein empfangen. Darum, Hildegunde, begib dich in die Tiefe der Schlucht und harre dort auf meinen Ruf!«

Das Mädchen tat, wie ihm Walther geheißen. Dieser aber stellte sich bewaffnet zum Eingang des Felsentales, so daß ihn die Ankömmlinge erblicken konnten.

Die Schar der Franken näherte sich rasch, und als Hagen seinen Freund Walther erblickte, sprach er zu Gunter: »Ein herrlicher Held ist Walther von Aquitanien. Seinem Schwert konnte bisher noch kein Kämpfer widerstehen. Darum rate ich dir: sende einen Herold zu ihm, der ihn über Namen und Fahrt befragt. Vielleicht liefert er freiwillig einen Teil seines Goldschatzes aus. Sonst könnte es leicht geschehen, daß wir alle des Todes sind, denn der Eingang zum Tal bietet nur für einen einzelnen Mann Durchlaß.«

Dieser Rat gefiel König Gunter, und er sandte Ortwin von Metz, um Walther seine Forderungen zu überbringen.

Als der Herold auf Rufweite an Walther herangekommen war, begann er: »Wer bist du, Mann im Eisenkleid? Woher kommst du des Weges und wohin führt dich deine Fahrt? Gib Antwort!«

»Wer hat dich geheißen zu fragen?« herrschte Walther den Alten an.

»Deine Rede ist keck«, antwortete Ortwin, »doch höre: Der Frankenkönig Gunter sendet mich, ihm sollst du Auskunft geben.«

Stolz richtete sich der Recke auf: »Walther von Aquitanien bin ich. Mit Hildegunde, der Tochter des Burgundenkönigs, entfloh ich von Etzels Hof, wo wir lange als Geiseln weilten. Wenn dein König gekommen ist, mir sein Ehrengeleite bis an die Marken seines Landes zu geben, so sage ihm meinen untertänigsten Dank!«

Röte der Verlegenheit überzog nach dieser freimütigen Rede Ortwins Gesicht und er erwiderte: »Nicht so, Herr Walther! Erst müßt Ihr Hildegunde und alle Schätze, die Ihr mit Euch führt, herausgeben, dann mögt Ihr ungehindert Eures Weges ziehen!«

»Du redest wie ein Tor«, fuhr Walther auf, »was habe ich deinem König und seinem Land getan? Die Schätze habe ich ihm nicht gestohlen. Mit welchem Recht fordert er König Herrichs Kind? Nimmermehr kann ich seinen Wunsch erfüllen, denn unbillig ist Gunters Verlangen. Damit aber der König meinen friedlichen Sinn erkenne, so melde ihm, daß ich ihm hundert goldene Spangen als Ehrengabe senden will. Grüße mir auch Hagen, meinen alten Freund und Bundesgenossen von Etzels Hof.«

Herr Ortwin wandte sein Roß und sprengte zu Tal. Unwillig schüttelte Gunter das Haupt, als er die Botschaft vernahm. Vergeblich mahnte Hagen: »Nimm, was dir Walther bietet, und laß ihn mit Hildegunde in Frieden ziehen. Du gewinnst zwei Bundesgenossen, wenn Walther dereinst über sein Land gebietet und die Tochter Burgunds als Frau heimführt. Ein böser Traum ängstigte mich heute nacht. Ich sah dich im Kampf mit einem Bären, der dir den Schenkel zerfleischt hatte und dich mit seiner Tatze niederschlagen wollte. Da sprang ich herzu und hieb ihm mit meinem Schwert die gefährliche Pranke ab, verlor aber dabei ein Auge und sechs Backenzähne. Stark genug ist Walther, daß er uns alle besiegt.«

Der König aber schalt Hagen: »Du redest wie dein Vater Aldrian. Auch er riet einst zum Frieden, obwohl er seinen eigenen Sohn ausliefern mußte! Ich werde deinem Rat nicht folgen, sondern kämpfen!«

Diese Rede verdroß den stolzen Hagen. Trotzig setzte er sich auf einen Stein und ließ dem Schicksal seinen Lauf.

DER KAMPF MIT GUNTERS RECKEN

Als Walther Hagen auf einem Stein sitzen sah, rief er erfreut aus: »Hagen ist treu, er wird niemals gegen mich seine Waffe erheben! Nun mag der falsche König mit seiner Schar kommen, der Sieg ist mein!«

Wieder nahte Herr Ortwin auf seinem schnellen Roß und brachte ihm nochmals Gunters Forderung.

Nochmals versuchte Walther den Frieden zu wahren und bot einen Wegzoll von zweihundert Goldspangen.

Als Ortwin dieses Angebot ablehnte, schrie Walther zornig: »Nun denn, Herr Ortwin, wenn Ihr auf der Herausgabe des Schatzes beharrt, dann holt ihn Euch, wenn Ihr Mut habt! Hier steht der Drache, der ihn bewacht!«

Dies ließ sich der Metzer nicht zweimal sagen. Kraftvoll schleuderte er den Speer, doch Walther wich geschickt aus, und so bohrte sich die Spitze in den Felsen.

Nun rannten die beiden Recken gegeneinander. Doch Walthers Riesenkräften war der alte Degen nicht gewachsen, und bald stürzte er tot vom Pferd.

Lautes Wehklagen erhob sich da bei den Franken. Herr Skaramund, der Neffe des Erschlagenen, wollte den Tod des Oheims rächen. Er spornte sein Roß und ritt wider den Feind. Doch auch ihn ereilte das gleiche Schicksal.

Werinhard von Santen und der Sachse Eckefried fielen Walthers Schwert zum Opfer. Noch immer stand der Held unverletzt, als Hadwart, der stärkste aller Recken im Frankenlande, Sühne für die toten Gefährten zu fordern gedachte. Doch auch diesen bezwang der grimme Walther.

Nun wollte, vom Ehrgeiz betört, Hagens Neffe Patafried sein Glück im Kampf versuchen. Entsetzt sprang Hagen von seinem Sitz empor. »Halt ein, mein teurer Patafried«, flehte er, »nimmer kannst du Walther von Aquitanien bezwingen. Du reitest in den sicheren Tod!«

Doch der Jüngling hörte nicht auf die Mahnungen des Oheims. Da klagte Hagen: »So soll nun auch junges und unschuldiges Blut ein Opfer niederträchtiger Habgier werden! Wie kann ich deine weinende Mutter, deine junge Frau trösten, wenn ich ohne dich heimkehre!«

Als Walther Hagens bittere Worte vernahm, tat es ihm leid um den

Knaben. Gerne hätte er ihn geschont. Doch Patafried forderte den Helden zum Kampf heraus und schleuderte trotzig den Speer. Er prallte an Walthers Schild ab und fuhr vor Hildegundens Füßen in die Erde. Jetzt machte auch Walther Ernst, und bald sank der tapfere Jüngling wie seine Gefährten dahin. Gerwig, Patafrieds treuer Gefährte, folgte ihm in den Tod, und nach ihm kam der streitbare Randolf an die Reihe.

Furchtbar hatten sich die Reihen der Franken gelichtet. Außer Gunter und Hagen waren nur noch drei Recken am Leben. Unter ihnen befand sich der berühmte Helmnot, der einen eisernen Dreizack mit spitzen Widerhaken führte. Er war König Gunters letzte Hoffnung. Doch auch dieser Held und seine beiden Gefährten wurden von Walther besiegt.

Nun kehrte Walther zu Hildegunde zurück, um rasch Atem zu schöpfen. Sie trocknete die schweißnasse Stirn des Helden und labte ihn mit Speise und Trank. Wie wohl tat dem müden Mann die sanfte Pflege!

EIN NEUER GEGNER

Verzweifelt begab sich König Gunter zu Hagen, der noch immer trotzig auf dem Stein saß. Mit Bitten und Flehen bestürmte der Frankenherrscher den Recken, den Kampf mit Walther aufzunehmen. Doch Hagen erwiderte zornig: »Was habe ich in einem Männerstreit zu suchen, da ich wie mein Vater Aldrian ein zages Herz in der Brust trage?«

»Vergiß, was ich im Zorn gesprochen habe«, bat der König. »Kannst du noch weiter deines Königs Schande erdulden? Spottend wird das Volk auf den geschlagenen Mann blicken, der nicht mehr wert ist, die Krone seiner Väter zu tragen.«

»Walther ist mein Freund seit Kindertagen, ich darf ihm die Treue nicht brechen«, erinnerte Hagen.

»Und ich bin dein Herr und Gebieter«, mahnte Gunter, »darfst du mir die Treue versagen?«

Heftig tobte der Kampf der Pflichten in Hagens Brust. Auf der einen Seite stand der treue Freund, gegen den er Verrat üben sollte, auf der anderen band ihn der Lehenseid an den König. Doch als Gunter flehend die Arme zu Hagen streckte, ließ sich Hagen zum Kampf überreden.

»Alles will ich dir geben, mein Hagen«, jauchzte der König. »Mit Burgen und Schlössern will ich dich belohnen, doch zuerst laß uns den Feind bekämpfen!«

Hagen erwiderte: »Nicht um schnöden Gewinn breche ich meinem Freund die Treue. Nur deine gefährdete Ehre zwingt mich zu dieser unseligen Tat. Gefährlich ist es, Walther in seiner schützenden Höhle gegenüberzustehen. Darum laß uns ein Versteck im Wald aufsuchen, bis der Held das Felsennest verläßt.«

Gunter hieß diesen Rat seines Recken gut und umarmte Hagen freudig, da er ihm nun willfährig sein wollte.

Als Walther dies sah, sprach er voll Sorge: »Unheil erblüht uns aus dem Kusse der beiden, denn nun bricht mir auch Hagen die Treue!«

Er wartete gerüstet bis zum Abend, doch kein Feind ließ sich blicken. Schließlich legte er die schwere Rüstung ab, und Hildegunde behütete seinen Schlummer.

Als sich auch am Morgen nichts regte, belud Walther die erbeuteten Rosse mit den Waffen der erschlagenen Feinde und verließ mit Hildegunde das Felsental, das ihnen so trefflichen Schutz geboten hatte. Schon hofften die Flüchtlinge, unbehelligt über die Grenzen von Gunters Reich zu gelangen, als sie nahenden Hufschlag vernahmen und Hildegunde ausrief: »Laß uns fliehen, Walther, dort kommen Gunter und Hagen!«

»Fürchte dich nicht, meine Hildegunde«, tröstete Walther die Verzagte. »Niemand soll sagen, daß ich ein Feigling bin. Ich werde die beiden Recken dort auf der Lichtung erwarten.«

So zogen sie wie harmlose Wanderer weiter ihres Weges. Bald hatten die beiden Franken sie eingeholt und Gunter rief: »Stell dich zum Kampf, Walther von Aquitanien, das Blut meiner erschlagenen Ritter schreit um Rache!«

Keine Antwort gab Walther dem König. Er wandte sich an Hagen und fragte: »Willst nun auch du deinen ältesten Freund befehden? Gedenkst du nicht mehr der Tage, die wir gemeinsam im Hunnenland verbrachten und Leid und Freude brüderlich teilten? Hast du den Treueschwur vergessen, den wir uns in der Nacht deiner Flucht gaben? Sage mir, daß du mir nicht als Feind nahst, und mein Volk wird vom Rhein bis zum Meer deine Treue preisen!«

Düster blickte Hagen auf den Freund. Nicht Haß und Feindschaft brannte aus seinen Augen, sondern tiefe Trauer überschattete die Züge des Recken. »Laß uns streiten, Walther«, befahl er bitter. »Du hast meinen Neffen erschlagen, den blühenden Knaben Patafried, nun fordere ich sein Blut von dir. Diese Tat hat unsere Freundschaft vernichtet.«

KAMPF UND VERSÖHNUNG

Die Helden sprangen von den Pferden. Schwer lastete es auf Hagens Brust, da zwei wider einen standen. Doch er hatte dem König sein Wort verpfändet und mußte es nun halten.

Heftig tobte der Kampf. Wie ein Bär, von zwei bissigen Rüden umdrängt, stand Walther da und kämpfte mit der Kraft eines Riesen. Schon bedrängte er Gunter hart und fügte ihm eine schwere Wunde am Bein zu. Der König schien verloren. Doch der Schwertstreich, der ihm zugedacht war, traf Hagen, der sich schützend vor seinen Herrn geworfen hatte. An seinem Helm zerbrach Walthers Klinge. Da erkannte Hagen seinen Vorteil und schlug mit einem gewaltigen Streich dem Helden die Hand ab.

Grimmiger Schmerz durchzuckte Walther. Mit der Linken zog er das hunnische Halbschwert und traf Hagen so furchtbar ins Angesicht, daß dieser das rechte Auge und sechs Backenzähne verlor. Der Traum des Tronjers hatte sich schrecklich erfüllt.

Der Kampf war zu Ende. Die wunden Recken warfen ihre Waffen weg, und Walther rief nach Hildegunde. Entsetzen ergriff sie, als sie die grausamen Folgen des Streites sah. Sie verband die Wunden der Männer und labte sie mit Wein. Zuerst reichte sie dem Geliebten den Becher, doch dieser bat: »Biete den Trunk zuerst Hagen, meinem alten Freund. Dann werde ich trinken, und zuletzt magst du dem König einschenken, dessen Habgier uns diese Wunden geschlagen hat.«

Freudig leuchtete Hagens Auge auf, als er diese Rede vernahm. Auch er liebte Walther von Herzen, und so erneuerten die beiden Helden ihren früheren Treueschwur. Dann sprach Hagen zu Walther: »Höre meinen Rat. Wenn du zu Hause angelangt bist, dann erlege einen Hirsch und laß dir aus seinem Fell feine Lederhandschuhe anfertigen. Den einen stopfe mit Wolle aus, und kein Mensch wird dein Gebrechen erkennen. Das Schwert kannst du freilich nicht mehr mit der Rechten führen, doch auch deine Linke ist gewaltig und stark, und bald werden die fahrenden Sänger von ihren Heldentaten berichten!«

Lächelnd hörte Walther die Fürsorge des Freundes. In die alten Zeiten kehrten ihre Gedanken zurück, und sie wurden nicht müde, einander die Erlebnisse der letzten Jahre zu berichten.

Dann nahmen sie Abschied. Während Hagen mit dem todwunden König nach Worms zurückkehrte, wandte Walther sein Roß der Heimat zu.

Als sie Burgund erreichten, war ihnen schon die Kunde von ihrer Heimkehr vorausgeeilt. König Herrich und seine Gemahlin geleiteten ihre Tochter Hildegunde und deren treuen Beschützer in die festlich geschmückte Halle.

Viele Tage währten die Festlichkeiten, dann nahm Walther Abschied, um seine Eltern aufzusuchen. Kurze Zeit später vermählte er sich mit Hildegunde und herrschte dreißig Jahre lang mit Weisheit und Strenge über sein Volk.

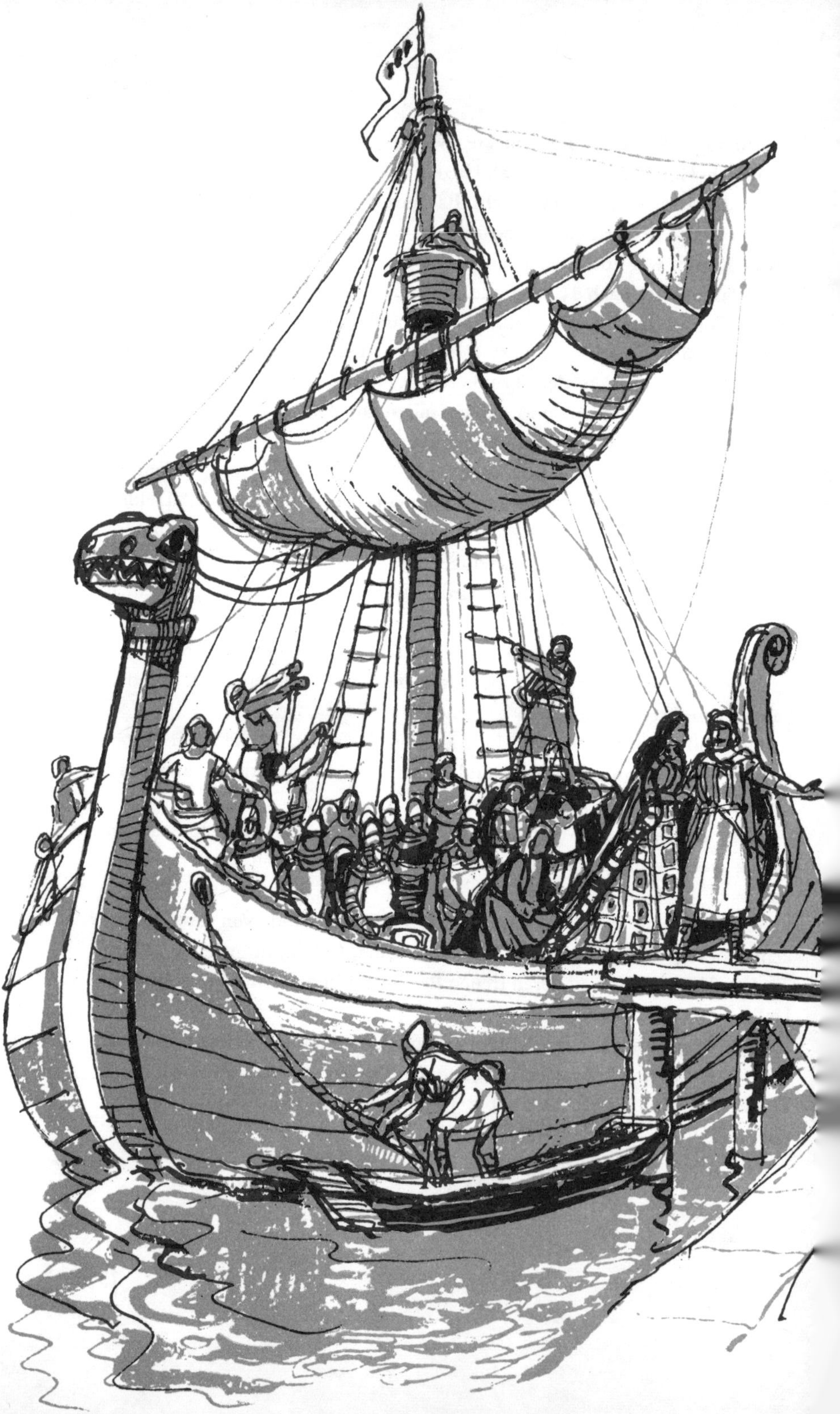

DIE NIBELUNGEN

*„Gar viele Wunder künden die Mären alter Zeit
von lobesamen Helden und heißem Kampf und Streit."*

So hebt das Lied an von dem edlen Siegfried und der schönen Kriemhild, von der Nibelungen Glanz und der Nibelungen Not, das Lied von der Treue, die unrecht tut. Denn jeglicher Minne Lust endet im Leid. So kündet uns der Sänger aus dem Donauland. Möge Gott gnädig sein und unsere Liebe in seine gütigen Hände nehmen, damit uns armen Menschenkindern das harte Schicksal jenes Geschlechtes erspart bleibe, das einst vom Rhein über die Donau zog, um einen tausendfachen Tod zu sterben.

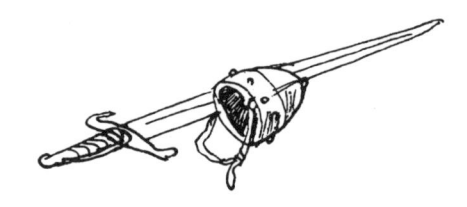

KRIEMHILDS TRAUM

König Dankrat von Burgund hinterließ nach seinem allzufrühen Tod seiner Witwe Ute drei Söhne: Gunter, Gernot und Giselher, die den verwaisten Thron unter sich teilten, und eine Tochter Kriemhild. Sie war so schön und dabei so sittsam, daß sie allen Frauen des Reiches zum Vorbild wurde und der Ruf ihrer Tugend weit hinaus in andere Länder drang.

Große Helden waren den Burgunden untertan, allen voran Hagen von Tronje, den man den Grimmigen nannte. Oben am Rhein, dort wo sich im grünen Wasser des Stromes schon die schneebedeckten Alpengipfel spiegeln, stand seine Burg; doch seit seinen Jugendtagen hatte er sie kaum mehr gesehen, denn selten entließ ihn der Dienst am Hof der Burgunden in Worms. Hagens Bruder Dankwart hatte als Marschalk den reisigen Knechten zu befehlen, sein Neffe Ortwin waltete des Truchseßamtes. Die Markgrafen Gere und Eckewart sprachen das Recht. Dann war noch da, von allen geschätzt, der Spielmann Volker von Alzey. So wie er strich keiner die Fiedel. Und dabei war er einer der Tapfersten. Rumold der Küchenmeister, Sindbold der Mundschenk und Hunold der Kämmerer sorgten nicht nur für Speise und Trank, sie führten auch gewaltige Klingen wie die andern Recken sonder Zahl, die den Königen verpflichtet waren.

Einmal geschah es nun, daß Kriemhild träumte, sie habe einen Falken aufgezogen. Da seien zwei Adler gekommen und hätten das edle Tier vor ihren Augen zerrissen. Das ängstigte sie so sehr, daß sie ihrer Mutter von ihrem Traum erzählte. Frau Ute wußte die Erscheinung also zu deuten: »Der Falke, den du zogst, ist ein edler Mann. Aber wenn Gott ihn nicht vor seinen Feinden beschützt, wirst du ihn bald verlieren.«

Erleichtert seufzte Kriemhild: »Wenn ich nun weiß, was mir droht, kann ich mich vor dem Unheil hüten. Niemals werde ich dulden, daß mir ein Mann nahekommt.« »Kind«, belehrte sie die erfahrene Mutter, »die Liebe kommt wie ein Sturmwind, du kannst dich vor ihr nicht schützen. Und glaube mir, höchste Seligkeit auf Erden wird dem Weib nur durch die Minne eines stolzen Mannes zuteil.« Kriemhild entgegnete: »Mag sein, daß du recht hast. Aber viele Mären künden, daß die Liebe den Frauen auch das tiefste Leid bereiten kann. So will ich beides meiden, Wonne und Schmerz, und meine Tage werden ruhig dahingehen.«

Lange befolgte die Königstochter getreulich ihren Vorsatz. Viele Helden hielten um sie an, doch sie wollte von Heirat nichts wissen und lebte mit ihren Anverwandten zufrieden auf der stolzen Burg am Ufer des Rheins. Doch eines Tages mußte auch Kriemhild sich der Liebe beugen.

JUNG-SIEGFRIED

Zu Xanten am Niederrhein regierte zu dieser Zeit König Siegmund. Seine Gemahlin hieß Sieglind. Dem edlen Paar erwuchs ein Kind mit Namen Siegfried. Schon als Knabe zeigte er sich stark und tapfer; dabei war er so schön von Angesicht und so schlank von Wuchs, daß jeder in ihm den zukünftigen Helden erkannte. Freilich bereitete er den Eltern auch viel Kummer und Verdruß, denn ungebärdig wie ein Füllen tobte er durch das Schloß. Auch zum Jüngling herangereift, blieb er über alle Maßen wild und stürmisch. Da rieten die Höflinge dem Herrscher, seinen Sohn in die weite Welt zu schicken, in Not und Gefahr würde er wohl Besonnenheit annehmen. Lang schon hatte Jung-Siegfried Sehnsucht nach den Abenteuern ferner Länder, und so nahm er die Nachricht, daß er der väterlichen Gewalt entlassen werden sollte, mit Freuden auf.

Ohne Gepäck, doch mit überschäumender Kraft und kampfesfrohem Sinn zog er zum Tor der Burg Xanten hinaus und wandte sich zuerst in einen tiefen Forst, in dessen Lichtungen und Senken sich der Stamm der Niedersachsen angesiedelt hatte und der darum Sachsenwald genannt wurde. In seiner Mitte jedoch, fernab den Behausungen der Menschen, lag ein Berg und darin eine Höhle, in der Zwerge einen unermeßlichen Hort von Kleinodien, Waffen und Geschmeiden hüteten, den Schatz der Nibelungen. Auf der ganzen Erde findet sich kein größerer Reichtum an einer einzigen Stelle aufgehäuft.

Siegfried wußte von all dem nichts, er zog fröhlich durch den taufrischen Tann, und sein Ohr erquickte sich an der wundersamen Melodie, zu der sich Vogelgezwitscher und Gesumm der Mücken vereinten.

Einige Tage wanderte er so, nährte sich von Beeren und Kräutern und stillte seinen Durst aus dem sprudelnden Quell, als plötzlich das hurtige »Kling-Klang« von Eisenhämmern die Waldesstille zerriß.

»Eine Schmiede«, rief Siegfried jubelnd aus, »die kommt mir eben recht. Da will ich Einkehr halten und mir ein Schwert verschaffen, denn ich kann ja nicht ewig mit dem Stecken in der Hand durch die Welt laufen.« Fröhlich trat er in die kleine Hütte, die an schwarzzerklüftete Felsen gelehnt, von den Ästen einer mächtigen Eibe überschattet, ein gar düsteres Bild bot. Am Amboß gebückt stand der Meister und hielt mit der Zange einen rot glühenden Eisenbolzen, den zwei Gesellen, immer eins — zwei im Takt bearbeiteten. Der Schmied hatte eine zwergenhafte Gestalt, das Antlitz glich einem Schrat, doch breit und mächtig waren Brust und Arme. Eine Zeitlang ließ er den Wanderburschen an der Schwelle warten, dann gebot er seinen Gesellen Einhalt, warf den Stahl in ein Gefäß mit Wasser, daß der Dampf hoch aufzischte, und wandte sich dem Jüngling zu. »Nun, was bringt Ihr dem alten Mime, junger Herr«, fragte er freundlich.

Siegfried versetzte ganz überrascht: »Wenn Ihr Mime seid, da bin ich ja an den besten Meister geraten. Meine Lehrer haben Eure Schwerter gar sehr gepriesen, und so eins möcht' ich bei Euch schmieden lernen.«

»Einen willigen Jungen kann ich wohl brauchen«, nickte beifällig der Waldmensch, »aber erst mußt du mir zeigen, ob du stark genug bist für einen Schmiedelehrling.« »Nichts lieber als das«, jauchzte der Königssohn, ergriff einen Hammer und schmetterte ihn mit solch übermenschlicher Kraft auf den Amboß, daß dieser sich tief in den felsigen Grund bohrte, der Schlegel jedoch zu kleinen Teilchen zersplitterte.

Obwohl der Meister über solche Stärke, die er noch nie gesehen hatte, erschrak, durfte Siegfried bleiben. Er zeigte sich willfährig und lernbegierig. Wehe nur, wenn es die Gesellen gelüstete, den Jüngsten zu sticheln, wie das in einer Werkstatt so Brauch ist. Da schlug er mit wilden Fäusten drauflos und zerbeulte die Übeltäter so, daß sie tagelang krank lagen. Mit der Zeit wurde der Jüngling dem Meister immer unheimlicher und er gedachte, sich seiner zu entledigen. Er stellte das so an, daß er Siegfried um Holzkohlen ausschickte. In der Nähe des Meilers hauste nämlich ein scheußlicher Drache. Dort würde, so klügelte es sich Mime in zwergenhafter Bosheit aus, der übermütige Bursche bald mit dem giftigen Wurm in einen Kampf geraten und den kürzeren ziehen. Siegfried nahm den Auftrag gerne an, denn längst schon war es ihm in der dumpfen Hütte zu eng geworden. Er härtete sich eigenhändig eine scharfe Waffe und rannte dann geradenwegs in den tiefen Wald. Eine dünne Rauchsäule, die zwischen dem Dickicht aufstieg, zeigte ihm an, daß der Meiler nicht mehr fern sei.

Doch zugleich entdeckte er nur wenige Schritte abseits des Pfades ein trübes Gewässer, und er eilte hinzu, es näher zu besehen. Ein scheußlicher Anblick bot sich ihm. Da wimmelte es von Seedrachen, die mit spitzer Zunge nach ihm schnappten, von Nattern, ellendicken Kröten, die eklen Speichel auf den Vorüberkommenden schleuderten. Ohne sich lange zu besinnen, begann der junge Recke auf das Gezücht einzuschlagen und hieb einem Untier nach dem andern den Kopf ab. Doch für jeden getöteten Wurm tauchte ein neuer aus der Schlammflut, und so legte er denn die Klinge fort, riß mit seinen mächtigen Armen große Bäume aus und warf sie über den Höllenkessel. Mit einem brennenden Holzscheit, das er sich vom nahen Köhler holte, setzte er den Stapel in Brand, und bald glich der Pfuhl einer lodernden Feueresse, in der Drachenblut, Natterngeifer und Wasser in eins gemengt zu dampfen und zu brodeln begannen. Die glühende Hitze lockte die ganze Brut an die Oberfläche des Sumpfes, wo sie, von dem Feuer gefaßt, elendiglich umkam.

Während Siegfried vom Ufer das schaurige Schauspiel verfolgte, geschah es, daß der siedende Gischt ihm beim Aufwallen auf die Hand spritzte. Mit Erstaunen beobachtete er, wie die erkaltende Flüssigkeit zu einem dicken hornartigen Stoff gerann. Er setzte die Spitze seines Schwertes daran und siehe, sie vermochte ihn nicht zu zerspalten. Da durchzuckte ihn wie ein leuchtender Blitz der Gedanke, dieser Sud aus Sumpfwasser und gestocktem Drachenblut müßte, auf den Leib gebracht, ein Panzerhemd schaffen, so felsenhart, daß es dem schneidendsten Stahl Widerstand leisten würde. Sogleich schöpfte er mit der hohlen Hand aus der sich wieder abkühlenden Flut und ließ den zähen Brei über seinen Körper rieseln, bis ihm das zu langsam vonstatten ging und er kurz entschlossen in den Schlamm sprang. In diesem Augenblick fiel von dem überhängenden Zweig eines Lindenbaumes ein Blatt auf ihn nieder und haftete während des Bades an seiner Schulter. Diese Stelle konnte von dem Zaubersaft nicht benetzt werden und an ihr blieb Siegfried verwundbar.

Der junge Held kehrte nicht mehr zu Mime zurück, denn er bemerkte wohl, daß ihn der Waldschrat mit arger List zu täuschen versucht hatte. Er bat den Köhler, ihm den Weg zu dem Drachen zu weisen. Darob erschrak der gute Mann und erzählte Siegfried, daß nicht weit von hier in einem zerklüfteten Berg der Zwergenkönig Nibelung einen unermeßlichen Hort zusammengetragen hätte. Nach seinem Tod sei dieser ganze Reichtum an seine Söhne gefallen, die darob in großen Zwist gerieten. Der müsse wohl nicht geschlichtet sein, denn oft höre man an dem Grollen und Poltern im Gebirge, wenn die Nibelungenbrut aufeinander losführe. Oben auf dem Gipfel hause der furchtbare Lindwurm.

Als Siegfried das hörte, litt es ihn keine Stunde länger, denn sein erstes Abenteuer hatte in ihm unbändige Lust nach neuen Taten entfacht. Nicht nach gleißendem Gold ging sein Sinn, sondern nach dem Kampf mit dem Untier. Bei Morgengrauen kam er an den Berg und hörte aus einer Höhle ein entsetzliches Stöhnen. Er glaubte, die Nibelungen seien wieder im Streit, und rief in das gähnende Loch: »Hollaho ... werdet ihr wohl Frieden halten!«

Aber es war nicht das Gezank der Zwerge gewesen, was er gehört hatte, sondern das Schnarchen des Drachens. Auf Siegfrieds Anruf antwortete schauerliches Gebrüll, und schon ringelte sich der greuliche Wurm, Feueratem vor sich herstoßend, aus der Höhle. Geschickt wich der Held der beißenden Glut aus, und das Untier von der Seite anspringend, stieß er zum erstenmal seinen Stahl durch den Schuppenpanzer. Hochauf schoß der Urweltriese, um sich mit grimmiger Wut auf seinen Gegner zu stürzen, aber dieser wußte sich zu wahren, schlüpfte dem Lindwurm unter den Bauch und machte ihm mit gewaltigen Stößen den Garaus.

Nun kamen, von dem Lärm gelockt, die Nibelungen aus dem Felsen gekrochen und konnten sich vor Glück nicht fassen, als sie den scheußlichen Drachen verendet vor sich liegen sahen. Sie dachten, der Held, der solches vollbracht hatte, wäre wohl auch der Rechte, den Streit der Königs-

JUNG-SIEGFRIED

brüder zu schlichten. Sie baten Siegfried, den Hort unter sie zu teilen. Als Lohn versprachen sie ihm den Balmung, das beste Schwert auf dem weiten Erdenrund.

Der Recke erklärte sich mit diesem Vorschlag einverstanden, und auf den Wink ihres Herrschers schleppten die Bergmännlein einen unermeßlichen Schatz an kostbaren Kleinodien und erlesenen Waffen herbei und schichteten ihn hoch zu Hauf. Es war keine leichte Mühe, ihn gerecht zu scheiden. Schließlich war die Arbeit vollbracht. Doch der eine der beiden Nibelungenfürsten wähnte sich für übervorteilt und schalt Siegfried einen schlechten Richter. Darüber geriet dieser in große Wut und schlug mit der flachen Klinge auf ihn ein. Andere Zwerge und am Ende auch der feindliche Bruder sprangen dem Gezüchtigten bei, und so blieb dem Helden nur die Wahl, jetzt Ernst zu machen. Bald lagen die Könige und ihre winzigen Krieger erschlagen auf dem Plan. Schon glaubte Siegfried, der Kampf wäre beendet, da erhielt er von einem unsichtbaren Gegner Schlag auf Schlag. Voll Ingrimm ließ er den Balmung spielen, traf jedoch immer nur die leere Luft. Scharf paßte er nun auf, aus welcher Richtung die Hiebe fielen, die einmal von vorn, einmal von rückwärts auf seine unverletzbare Haut prasselten, und just als ein Streich auf seinem Arm saß, packte er mit der Linken zu und hielt eine Tarnkappe und den Schopf eines kläglich winselnden Zwerges in der Hand. Alberich war's, der Kanzler und Schatzmeister des Nibelungenreiches.

Der Zwerg wollte den ganzen Schatz und das unterirdische Land verschenken, wenn er am Leben bleiben dürfe. Siegfried, dessen Zorn schnell verraucht war, gab sich damit zufrieden und machte Alberich zu seinem Statthalter über das Volk der Bergmännlein, die noch immer zu Hunderten in dem Felsgeklüft wimmelten. Den Hort ließ er in die Höhle zurückbringen, nur die Tarnkappe, die ihren Träger unsichtbar macht, behielt er und einen Ring, den er sich an den Finger steckte. Das sah Alberich und ängstlich warnte er: »Herr, nehmt nicht diesen Reif. Ein Fluch haftet an ihm. Wer ihn trägt, der rennt in sein Verderben.«

Siegfried lachte über solche Ammenmärchen und zog nach herzlichem Lebewohl wieder weiter. Bald flog ihm der Ruhm voraus wie eilende Herolde. Überall, wo er hinkam, öffneten sich ihm die Burgen der Könige und Fürsten, und die Sänger priesen seinen Mut und seine Kraft.

SIEGFRIEDS FAHRT NACH WORMS

Als gefeierter Held kehrte so der Jüngling, der einst mit dem Wanderstab von Xanten ausgezogen war, in die Heimat zurück. Groß war die Freude seiner Eltern, und aus dem ganzen Land wurden die Edlen zu einem prächtigen Fest geladen, das acht Tage lang währte. Der alternde König Siegmund hatte die Absicht, zum Höhepunkt des Festes Krone und Herrschaft seinem Sohn zu übergeben, doch Siegfried, der von dem Plane hörte, bat insgeheim seinen Vater, er möge doch nicht auf den Thron verzichten, da er zu seinen Lebzeiten keinen würdigeren Nachfolger finden könne. Trotz dieser kleinen Betrübnis nahmen die Feiern ihren glanzvollen Fortgang, und nach einem Gang zum Münster wurden vierhundert Ritter mit Burgen und Ländereien belehnt und das gemeine Volk reichlich beschenkt.

Viele Lauscher fanden die fahrenden Sänger in den Hallen des Schlosses und auf den Plätzen der Stadt. Vor allem priesen sie Siegfried, als schönste und sittsamste Jungfrau aber rühmte man Kriemhild. Das überraschte den Helden, denn er hatte noch nie von der Burgundentochter gehört. Schließlich gelüstete es ihn, das Mädchen zu sehen, dessen Namen die Spielleute dem seinen zugesellt hatten. Vor Vater und Mutter trat er hin und trug ihnen seine Absicht vor.

»Da muß ich abraten«, sagte kopfschüttelnd der Alte, »die Burgunden sind ein stolzes Geschlecht, und über die Maßen gewalttätig ist ihr Oheim, der finstere Hagen von Tronje.«

»Wenn es weiter nichts ist!« setzte sich Siegfried über die Bedenken des Königs Siegmund hinweg. »Warum sollte der trotzige Hagen es mir verbieten, Kriemhild zu sehen und, wenn mir das Mädchen gefällt, um sie zu werben? Und tut er es, dann will ich den Recken zum Streite fordern.«

Da entgegnete der Herrscher: »Mein Sohn, deine Kühnheit nimmt einen zu hohen Flug. Bedenke, daß auch Gunter und Gernot starke Helden sind. Am klügsten wäre es, du zögst mit einem Heer nach Worms, wenn du schon von dem Plan nicht lassen willst.«

»Vater«, rief Siegfried aus, »nicht so! Ich fürchte mich vor keinem Angriff. Nur zwölf Gesellen nehme ich mit und keinen mehr. Der Recke ist nicht geboren, der es wagen darf, mir ungestraft entgegenzutreten.«

Nun bat besorgt Frau Sieglind: »Übermütig warst du, mein Kind, als du gingst, nun bist du auch noch leichtfertig und stolz geworden. Um deiner Mutter willen, laß ab von dieser Reise. Nichts Gutes wird sie dir bringen.«

Siegfried aber jauchzte: »Keine Sorge, Mütterchen, meinen Leib schützt ein undurchdringliches Panzerhemd und die Kraft meines Schwertes.

In Wasser, Erd' und Luft ist nichts, was mir gefährlich werden könnte. Schließ deine Truhen auf und such die besten Gewänder heraus. Sie sollen in Worms sehen, daß ich nicht armer Leute Kind bin.«

Das Herrscherpaar erkannte, daß alles Reden vergeblich bleiben würde, und schickte sich in das Unvermeidliche. Die kostbarsten Stoffe wurden in den Vorratskammern ausgewählt, und viele Wochen saßen Frauen und Mädchen emsig an den Stickrahmen und schufen für Siegfried und seine Gefährten golddurchwirkte Kleider und pelzverbrämte Mäntel. Auf solche Weise herrlich ausgerüstet, bestiegen die Mannen ein Schiff, das sie den Rhein stromauf trug.

Durch liebliche Auen ging erst die Fahrt, dann schoben sich schroffe Felsen und steile Hänge an die Ufer, und die köstliche Rebe rankte zwischen Schiefer und Sand. Gute Herbergen gab's allerorten, und über Trunk und Quartier brauchten sich die Helden in den sieben Tagen, die ihre Reise währte, nicht zu beklagen.

In der Burg zu Worms war es bereits ruchbar geworden, daß ein prunkvolles Schiff, mit dreizehn Helden besetzt, sich dem Burgundenland nähere. Als Siegfried an der Spitze seiner Gesellen in das Schloß geritten kam, beobachteten die Könige Gunter, Gernot und Giselher vom großen spitzbogigen Fenster den Einzug der Gäste.

»Ich kenne sie nicht«, sagte Gunter, »auch führen sie weder Wappen noch Wimpel.«

Der Truchseß Ortwin von Metz, der den Herren zu Diensten stand, warf ein: »Ihre Gewandung, das goldene Zaumzeug der Pferde, die Schabracken aus Purpur scheinen mir ihre hohe Sendung anzuzeigen.«

»Wenn es so wäre«, belehrte Gernot den Höfling, »hätten sie eine Gesandtschaft vorausgeschickt. Es ist nicht Fürstenart, unangemeldet zu kommen.«

»Dann sei es mir gestattet, meinen Oheim Hagen zu rufen«, erbot sich Ortwin, »er kennt alle fremden Länder und viele Könige und Fürsten. Vielleicht kann er uns Auskunft geben.«

Nach kurzer Frist erschien der ruhmreiche Recke in dem Saal. Vor seinem herrischen Wesen wichen die Knappen scheu zurück. Einen kurzen Blick nur warf der Tronjer auf den Burghof, wo Siegfried eben aus dem Sattel sprang, dann gab er seine Meinung kund: »Auch ich habe die Ankömmlinge nie gesehen. Aber wenn ich ihren jungen Führer betrachte, wie er stolz und stark dasteht, wie er seine goldenen Haare schüttelt und

mit majestätischer Gebärde seine Mannen anweist, dann denk' ich, Siegfried wird es sein, von dem jetzt überall so viel erzählt wird.«
»Meinst du Siegfried, den Drachentöter?« forschte Gunter.
»Eben den!« versetzte Hagen. »Und den auch, der den Hort der Nibelungen erbeutet hat«, fuhr er fort, »den Helden, der den Balmung führt, der reich ist an blitzenden Geschmeiden wie keiner, der stark wurde von dem Bad im Blut der Ungeheuer.«
»Nun denn«, entschied der König, »wir wollen ihn freundlich empfangen.« Er stand auf und ging mit seinen Brüdern und dem Gefolge an das Tor, den Gästen entgegen.

Was der Fremden Begehr sei, erkundigte sich Gunter nach kurzer Begrüßung, und hart und trotzig lautete Siegfrieds Antwort: »Es geht die Mär, daß am Hof zu Worms kühne Recken sitzen. Mit ihnen möcht' ich mich im Kampfe messen. Und ich wünsche, daß der Burgunden starker König sein Reich in die Waagschale wirft. Mir hat es wohl gefallen und ich möchte es gern erobern.«

Solche Rede hatten Gunter und seine Fürsten noch nie vernommen.

Betroffen wichen sie zurück und tiefe Stille herrschte, in der nichts zu hören war als das Klirren von Hagens Wehrgehenk, denn die Faust des Tronjers war zum Schwert gefahren.

Gernot war der erste, der seine Sprache wiederfand, und begütigend drang er auf Siegfried ein: »Wir sind stark, aber wir lieben den Frieden. Unser Land ist groß, und wir tragen keine Sehnsucht, es durch fremden Boden zu vermehren. Auch gelüstet uns nicht, seine Erde mit dem Blute der Helden zu röten.«

Ortwin von Metz fuhr mit scharfer Herausforderung dazwischen: »Zu mild ist Euer Sinn, König Gernot. Ein Prahlhans ist der Bursche, gebt ihm die Antwort, die ihm gebührt.«

Verächtlich herrschte Siegfried den Truchseß an: »Wer ist es, der eine solche Sprache zu führen wagt? Wenn ich mich mit Königen unterhalte, dann mögen die Knechte schweigen!«

Ein Sturm durchwogte Hagens Brust, und schwer atmend vor innerer Erregung sagte er: »Nicht genug, daß der rüde Geselle wider Gastpflicht und Sitte unangemeldet kommt, beleidigt er uns auch noch durch bösen Schimpf. Trotz gegen Trotz, Herr Siegfried! Denn Ihr seid es! Wir nehmen den Fehdehandschuh auf.«

Siegfrieds Rechte spielte mit dem Griff des Balmung. Ein Blitzen in seinen Augen deutete nichts Gutes. Jeden Augenblick drohte das Ungewitter loszubrechen. Da entwirrte »das Kind«, wie Giselher, der jüngste der Königsbrüder, bisweilen am Hofe zärtlich genannt wurde, die unheilvoll verstrickten Fäden. Mit warmem, versöhnlichem Ton mischte er sich jetzt in das Gespräch: »Hagen und Ortwin sind wilde Kriegsleute, und wo ein Funke aufblitzt, da schüren sie ihn zu lodernder Flamme. Hör nicht auf sie, Siegfried. Dem König und seinen Geschwistern ist es eine Ehre, den ruhmvollen Drachentöter in Worms zu begrüßen. Hier meine Hand, du großer Held von Niederrhein, und ich bitte um die deine.«

Gunter nickte freundlich zu Giselhers Worten, und schnell war auch der Zorn des Herausforderers verraucht. Mit strahlendem Lächeln nahm er die dargebotene Rechte in die seine und erwiderte: »Nichts für ungut, Giselher. Was mir gefällt, begehr' ich. Doch jetzt dünkt mich schöner noch als euer Land die gebotene Gastfreundschaft. Gern nehm' ich sie an und wünsche für eine Weile den Frieden eures Hauses zu teilen.«

Der Ankömmling wurde in die Burg geleitet, und zum Willkomm vereinte ein prächtiges Festmahl die Könige und Fürsten. Im Flug eroberte der Held alle Herzen, und nach einem Monat bot Gunter seinem Gast an, solange am Hofe zu bleiben, wie ihn gelüste. Siegfried nahm die Einladung an, und nun begann eine Zeit glanzvoller Turniere, herrlicher Jagden und strahlender Feste. Nur die, um derenthalben er den Rhein aufwärts gefahren war, sah er nicht: Kriemhild. Sie erschien nie unter den Männern und verließ ihre Kemenate nur, um in dem für sie bestimmten Teil des Burggartens zu weilen. Wenn aber die Recken sich im Hofe zu kühnem Waidwerk sammelten, da stand sie verstohlen am Fenster ihres Gemachs und seufzte: »Sag, Mutter, ist er der Falke, den die zwei Adler zerrissen haben?«

SIEGFRIEDS HELDENTATEN IM ODENWALD

Ein Jahr war vergangen, und noch immer hatte sich Kriemhild dem Gast nicht gezeigt. Schon erwog er insgeheim den Gedanken, wieder in seine Heimat abzureisen, als ihn ein schwerwiegendes Ereignis in Worms festhielt.

SIEGFRIEDS HELDENTATEN IM ODENWALD

Die Könige der Sachsen und der Dänen, Lüdeger und Lüdegast, hatten sich zu einem Krieg wider Gunter verbündet und befanden sich im Anmarsch gegen das Burgundenland. Bevor sie seine Grenzen am Odenwald erreichten, ließen sie durch Boten in Worms den Fehdebrief bestellen. König Gunter nahm die Kriegserklärung mit äußerster Bestürzung auf. Sie schien ihm nicht Angebot eines ehrenhaften Streits, sondern nackter räuberischer Überfall. Denn in zwölf Tagen wollten die Feinde vor den Toren der Burg stehen, und viel zu kurz war diese Frist, um die im weiten Reich verstreute Macht der Burgunden zu sammeln. Nicht mehr als tausend Krieger standen im Augenblick zur Verfügung. Mit einer so schwachen Heerschar den Kampf gegen zwei Könige aufzunehmen, hieß, in das sichere Verderben rennen.

Gunter berief seine Brüder und Recken zum Rat. Selbst Hagen schüttelte bedenklich sein rabenschwarzes Haupt, als er die Größe der drohenden Gefahr erfuhr. Es läge ihm nichts daran, gab er kund, mit seinen Herren in die Hölle dieser Schlacht zu stürzen, die Vernichtung abzuwenden könne er sich jedoch nicht verbürgen. Nichts anderes wüßte er, als Siegfried um Waffenbrüderschaft zu bitten, denn er verfüge über sagenhafte Kräfte. Daß solcher Hinweis gerade von dem Tronjer komme, wunderte Gernot; aber er freute sich darüber, weil es nun gewiß war, daß der alte Hader vergessen sei. Noch andere Möglichkeiten wurden besprochen, und am Ende ging man ohne Beschluß auseinander. Gunter behielt sich vor, Hagens Vorschlag zu erwägen.

Nach der Beratung traf Siegfried den König. Gunters Niedergeschlagenheit fiel ihm auf, und er fragte frei nach der Ursache der Bekümmernis Gernots, Hagens, Ortwins, Dankwarts und Sindolts. Der Fiedler Volker gab auf die inständige Bitte Siegfrieds das Geheimnis preis.

»Hei«, jubelte der Drachentöter, als er die Kunde vom Anrücken der Feinde vernommen hatte, »schon lange dürstet mich nach hartem Männerstreit. Laß sie nur kommen, König, und wenn es ihrer dreißigtausend sind, ich verspreche, sie mit deinen tausend Mann zu zerschmettern. Ich bitte daher nur um den Beistand deiner tapfersten Recken, deines Bruders Gernot, Hagens, Ortwins, Dankwarts und Sindolts. Der Fiedler Volker, der das Schwert so gut führt wie den Geigenbogen, soll mein Fahnenträger sein. Du selbst aber magst am besten zu Hause bleiben, denn das bangende Reich hat indes eine starke Hand vonnöten.«

Die strahlende Zuversicht des Helden sprang wie ein Funke auf den

König über, heller wurde seine Miene und freudig erregt dankte er: »Du hast mir eine schwere Sorge abgenommen, Siegfried. Ich wüßte keinen, den ich lieber an die Spitze meines Heeres stellte. Zieh denn mit Gott!«

Lüdeger und Lüdegast erbleichten bei der Nachricht, daß der Drachentöter Gast der Burgunden sei und die Führung ihrer Streiter übernommen habe. Doch ein Zurück gab es nun nicht mehr, und sie stießen über die Grenze vor, durchquerten den dunklen Tann des Odenwaldes und schlugen an seinen letzten Ausläufern ein Lager auf.

Indes war Siegfried allein Tag und Nacht den Main durch Hessen aufwärts geritten. Ihm folgte bald die Hauptmacht, die er Gernot und Hagen zugeteilt hatte, und schließlich kam eine kleine Nachhut, die Dankwart befehligte.

Fern im Osten zeigte sich das erste Frührot am Himmel, als Siegfried in einer Hügelsenke den Schein verglimmender Wachtfeuer erblickte. Gedämpfter Waffenlärm schlug an sein Ohr, und er wußte, daß er das feindliche Heer vor sich habe. Gedeckt im Schatten einer mächtigen Buche wartete er das Licht des anbrechenden Tages ab, um die Stärke der gegnerischen Scharen und ihre Aufstellung zu erkunden. Was nun die aufgehende Sonne enthüllte, hätte jedes Recken Brust erbeben lassen, nicht aber die des Königssohnes von Xanten: Zelt reihte sich an Zelt, wohl an die vierzigtausend Krieger mochten dort rasten. Als Siegfrieds Auge das Gelände abspähte und sein Geist die Schlachtordnung der Burgunden entwarf, löste sich drüben aus dem Gewimmel ein Mann. Langsam kam er dahergeritten, immer wieder hemmte er den Schritt seines Rosses, um prüfend Umschau zu halten. Ganz dicht war er nun heran, und der Späher hinter dem Baum erkannte an goldenem Saumzeug, an silberglänzendem Harnisch und Helm, daß er einen der beiden Herrscher vor sich hatte. In der Tat, Lüdegast, der Däne, hatte sich auf Erkundung begeben und sein Unglücksstern führte ihn geradenwegs mit dem Unbesiegbaren zusammen.

Siegfried legte den Speer ein, das leise Klirren der Panzerringe erschreckte den König jählings, seine Hand riß zuckend am Zügel und er hielt. Der Führer der Burgunden gab dem Gegner die Spanne eines Atemzugs zur Vorbereitung seiner Verteidigung. Dann stachelten sie ihre Pferde an und stürmten mit voller Wucht aufeinander los. Furchtbar war der Zusammenprall. Lüdegast wurde aus dem Sattel geworfen, sein Hengst machte mit fliegenden Flanken kehrt und raste dem Lager zu. Siegfried sprang nun schnell zur Erde, die Klingen pfiffen, Feuerfunken brachen aus Brünne und Helm, denn der Däne wehrte sich tapfer.

Das reiterlos heimkehrende Roß hatte das ganze Lager in schlimme Ahnung versetzt, und dreißig Recken eilten ihrem Gebieter zu Hilfe. Sie kamen zu spät. Röchelnd lag Lüdegast auf dem Rasen hingestreckt, er hatte ausgekämpft.

Mit wildem Ingrimm warfen sich seine Mannen auf den einsamen Helden. Doch dieser nahm den Kampf auf. Der Balmung sauste zischend durch die Luft, und jeder Streich bedeutete eine tödliche Wunde. Bald lagen alle Gegner tot auf dem Schlachtfeld.

Hörner gellten vom Forst her. Hagen meldete seinen Anmarsch! Er kam zur rechten Zeit, denn nun strömten unübersehbar die Krieger über das Blachfeld heran. Siegfried geduldete sich nicht so lange, bis das Fähnlein zu ihm aufrückte, sondern stürmte allein auf die feindlichen Reiter zu und hieb die Vordersten vom Pferd. Der Zug der Sachsen stockte — sie hatten nach Lüdegasts Tod die Vorhut eingenommen —, die weiter rückwärts gestaffelten Reihen der Dänen gerieten durch das plötzliche Hemmnis in Verwirrung, und gerade in diesem Augenblick fielen sie Hagen und die Seinen mit Donnergebrüll von vorn und den Flanken an. Der Sonne Ball verschwand hinter den Wolken Staubes, den die Hufe aufwirbelten; der spiegelnde Glanz der Schilde wurde stumpf vom darüber spritzenden Blut, erbarmungslos wüteten Hagen, Gernot und Ortwin, aber auch Dänen und Sachsen waren keine Schwächlinge und taten ihren Gegnern genug Schaden.

Allen voran, immer einsam im dichtesten Gewühl, stritt Siegfried. Um ihn sanken die Recken zu Hauf wie das reife Korn vor dem Schnitter. Weithin leuchtete sein blondes Haar, denn Brünne und Helm waren ihm entglitten. Aber er bedurfte des eisernen Schutzes nicht, keines Speeres gewaltiger Stoß, keines Schwertes schneidendster Hieb ritzten auch nur seine Haut. Darüber erschreckten alle gar sehr, die statt leichter Beute bittere Not errangen.

Unterdessen geriet Volker mit seinem Panier in harte Bedrängnis. Abgesprengt von den Seinen, sah er sich inmitten eines Rudels von Sachsen, die gierig nach dem Feldzeichen griffen. Das sah König Gernot und aufmunternd rief er ihm zu: »Spiel ihnen nur richtig auf, wackerer Fiedler, ich will als Baß begleiten.« Dann schaffte er mit tüchtigen Streichen Luft um den tapferen Fahnenträger.

Lange wütete die Schlacht hin und her. Dreimal stieß Siegfried durch die Reihen der Feinde. Der einzelne brachte Tausende in Verwirrung, und so konnte das Wunder dieses Sieges heranreifen. Endlich fanden sich auch Siegfried und König Lüdeger. Des Sachsen Mut schien schon gebrochen, als er den Speer einlegte, die Aussichtslosigkeit des Kampfes drückte seine Seele nieder. Der erste Schlag bereits riß Lüdeger vom Roß. Er sank in die Knie, hob sein Visier und flehte um Gnade. Der Drachenbezwinger machte ihn mit den Worten: »Dein Schicksal wirst du erfahren« zum Gefangenen und übergab ihn zwei Knechten zur Bewachung. Dann drang er von neuem auf die matter und matter kämpfenden Feinde ein. Schließlich wandten sich diese zur Flucht, mit gellendem Jubelschrei setzten ihnen die Burgunden nach, bis Hagens Hifthorn der Verfolgung ein Ende machte.

Ohne weitere Rast wurde die Heimkehr angetreten. Ein Vortrupp flog ein Dutzend Speerlängen der Hauptmacht voraus, und Worms erhielt durch ihn die erlösende Gewißheit von der Rettung aus der Gefahr. Freudengeschrei brandete auf und pflanzte sich fort bis zum Schloß. In der Burg angekommen, erstatteten die Boten König Gunter Bericht. Kriemhild, die das Jauchzen der Menge bis in ihre Kemenate gehört hatte, eilte zu Gunter und fiel ihm um den Hals: »Mein Bruder«, rief sie, »wie klug von dir, daß du dir solche Helden erzogen hast.«

Doch der Herrscher wehrte ihrem Überschwang: »Schwester, du weißt noch nicht, was sich wirklich im Odenwald begeben hat. Wenn du es vernimmst, wirst du erkennen, daß nur einem der Ruhm dieses Sieges gebührt, dem Gebieter über Reich und Hort der Nibelungen.«

»Siegfried?« flüsterte Kriemhild, ihre Arme vom Nacken des Bruders lösend.

»Ja, ihm!« betonte Gunter noch einmal mit starker Stimme, ehe er sich zum Gehen wandte; denn Hörner und Posaunen kündeten das Nahen der Helden selbst, und er gedachte, sie am Haupttor zu begrüßen.

Kriemhild war allein in der großen Halle zurückgeblieben. Eine heiße Röte schoß ihr in das Antlitz, sie bedeckte ihre Augen mit den Händen.

SIEGFRIED UND KRIEMHILD
BEGEGNEN EINANDER

König Gunter empfing die Sieger froh bewegt. Er dankte zuerst Siegfried und Hagen mit innigem Händedruck. Die Verluste waren gering, und mit Genugtuung hörte er, daß nur sechzig Burgunden auf der Walstatt geblieben waren. Freilich zeugten von der Hitze des Gefechts zerschrammte Panzer, zerbeulte Helme und viele Verwundete, die im Troß nachgeführt wurden. Der König rief alle Arzneikundigen zur Stelle und versprach ihnen hohen Lohn, wenn sie die Wunden zu heilen vermochten. Die Gesunden ließ er in die besten Quartiere bringen, wo sie sich ausruhen und stärken konnten. Gnädig gestimmt schenkte er sogar Lüdeger, dem gefangenen Herrscher der Sachsen, die Freiheit. Mit seinen Brüdern und Recken ging er abends zu Rat, wie man den Sieg wohl am würdigsten feiern könnte. Gernot schlug vor, man solle die Helden erst in die Heimat entlassen und nach Monatsfrist zu einem großen Fest laden. Diese Worte fanden bei allen Beifall bis auf Siegfried, der erklärte, die Tage seines Besuches seien nun um. Er grollte nämlich insgeheim, daß er Kriemhild noch immer nicht begegnet war. Erst auf langes Bitten ließ er sich bewegen, den Ehrentag in Worms noch abzuwarten.

Die Zeit der Vorbereitung des Festes neigte sich dem Ende zu. Auf allen Landstraßen, zu Roß, mit Wagen und zu Fuß strömten die Helden und Fürsten sowie das ganze Volk in hellen Scharen herbei. Jedermann, ob reich oder arm, war Gast des Burgundenkönigs. Gernot und Giselher empfingen die Ankömmlinge, geleiteten die Vornehmen in ihre Quartiere; sie schlugen aber auch manchem Bäuerlein leutselig auf die Schulter und mühten sich, daß der einfache Mann sein Dach über dem Kopf fände. Ortwin von Metz, der Truchseß, hatte für Spiel und Kurzweil zu sorgen. Und wahrlich, er nahm sein Amt sehr ernst. Ungezählte Sänger, Spielleute und Schwarzkünstler hatte er in die Stadt geladen. Auf dem Turnierplatz wechselten Tjoste, die herrlichen Zweikämpfe der Ritter, mit dem Buhurt, dem aufregenden Fechtspiel, bei dem auf jeder Seite viele Hunderte Gepanzerte teilnahmen und gegeneinander lossprengten. Was für ein Leben herrschte in den festlich geschmückten Gassen und Straßen! Da drängte sich eine dichte Menge um einen Gaukler, den magische Kräfte befähigten, Fässer zu schlucken und Wein auszuspeien, dort standen Gaffer am Ufersteg, um einen Taucher zu bewundern, der in den Strom geworfene Münzen aus der Tiefe ans Tageslicht holte, hier tanzte das Volk auf schnell zusammengeschlagenen Böden, dort johlten die Kinder um Panther und Bären, die ein Tierbändiger hinter Gittern zeigte, ja, es war der Lust und des Jubels, des staunenden Herumspazierens kein Ende.

Nicht minder hoch ging es in der Burg her, wo man den wunderbaren Weisen lauschte, mit denen die Heldentaten im Sachsenkrieg, vor allem aber die Kämpfe Siegfrieds besungen wurden, an goldenen Tischen tafelte, den köstlichen Wein trank und sich zum Spiel der Geigen im Reigen drehte.

Doch etwas vermißte der geschäftige Ordner des Festes, und so trat er denn vor Gunter hin und begann launig: »Viel schmeichelndes Lob hab' ich an zwei Tagen gehört und auch einigen Tadel. Den Beifall nehm' ich für mich in Anspruch, die Mahnungen jedoch muß ich an den König verweisen. Denn nur er vermag dieser Feier den höchsten Glanz zu verleihen, indem er uns Kriemhilds Anblick schenkt, die noch immer einsam in ihrer Kemenate sitzt und unsere Fröhlichkeit meidet.«

»Wahr ist's, Ortwin«, bestätigte der König heiter, »wir haben bisher nur das Licht gesehen, aber nicht die Sonne selbst. Ich will Kriemhild bitten, unter uns zu erscheinen.«

Kriemhild nahm die Aufforderung, das Fest durch ihre Gegenwart zu verschönen, mit sittsamer Bereitwilligkeit an. Ihr Entschluß, allen Umgang mit den Gefährten ihrer Brüder zu meiden, war dahingeschmolzen

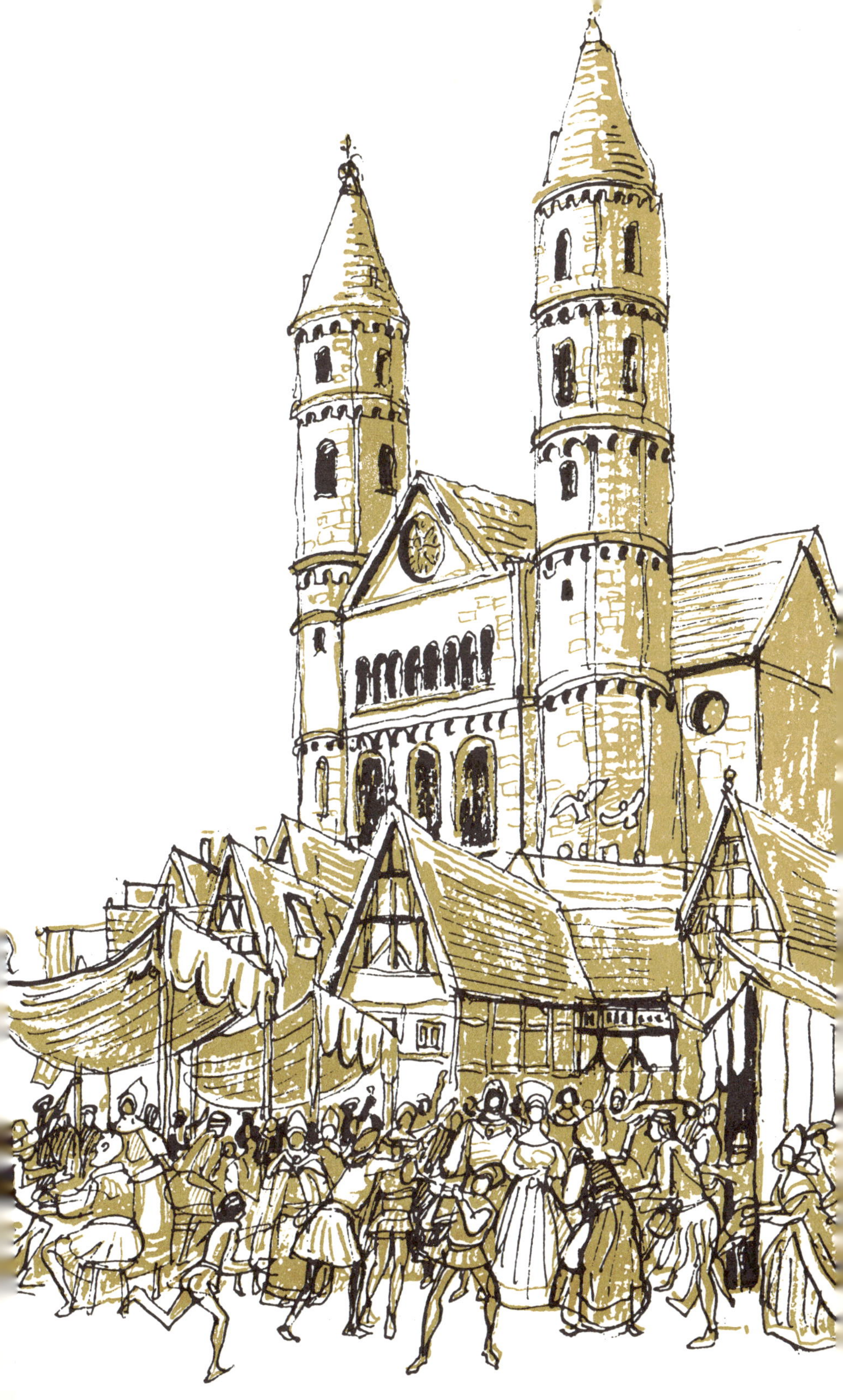

vor der Sehnsucht, dem geliebten Mann zu begegnen. Frau Ute öffnete Schränke und Truhen, die herrlichsten Gewänder wurden ausgewählt und die Tochter samt ihrem Hofstaat gar prächtig eingekleidet.

Freudige Erwartung herrschte unten in der großen Halle. Und siehe, die frohe Menge teilte sich ehrerbietig; eine Schar Knappen in golddurchwirkten Seidenmänteln, Schwerter in den Händen tragend, eröffnete den Zug, der die hohen Geschwister geleitete. Ihnen folgte eine Mädchenschar in weißen Kleidern, Rosen im Haar; zuletzt erschien Gunter mit seiner Mutter Ute am Arm und zu seiner Linken Kriemhild. Wie der lichte Mond die Sterne überstrahlt, so glänzte die stolze Burgundentochter vor den anderen Frauen. Bewundernd ruhten aller Augen auf ihr, und der kühne Drachenbezwinger, von ihrer Schönheit geblendet, sprach kleinmütig in seinem Herzen: »Wie hold sie ist! Eine Welt zu erobern fühle ich mich stark genug, vor ihr aber bin ich verzagt wie ein Knabe.«

Mit leichtem Neigen des Hauptes nach beiden Seiten war Kriemhild bis zur Mitte des Saales geschritten. Vor Siegfried hielt Gunter an und bat ihn, näher zu treten. »Schwester«, wandte er sich an das Mädchen, »ich möchte, daß du zuerst den Herrn der Nibelungen, den kühnsten Helden auf dem Erdenrund, begrüßt, unseren Bundesgenossen und besten Freund.«

Es schien, als ob Kriemhild einen Augenblick zögerte. Dann hob sie ihr Haupt und bot dem Königssohn aus Xanten nach höfischem Brauch die Wange zum Kuß.

»Siegfried«, fuhr Gunter fort, »ich habe dich während des Festes zum Ritter meiner Schwester erkoren. Verwalte in Züchten dein Amt.«

Ein Schauer des Glücks durchbebte das edle Paar, als es jetzt seine Hände zusammenlegte und an der Spitze einer unübersehbaren Schar von Gästen zum Münster schritt, wo der Bischof das Tedeum zu Ehren Gottes sang, der die gute Sache wider Raubgier und Frevelmut beschirmt hatte.

Nur langsam löste sich der scheue Bann der ersten Liebesregung, dann aber sprach Siegfried manches zärtliche Wort zu Kriemhild.

Auf die Rennbahn zu den tosenden Kampfspielen führte der Held seine Dame, und später auch zeigten sie sich dem Volk und lachten mit Bürgern und Bauern über die Gaukler und Spaßmacher, wagten einen Wurf mit dem Becher, wenn zungengewandte Ausrufer sie in eine Jahrmarktsbude gelockt hatten.

Zwei Wochen währte die Seligkeit. Ach, würde sie noch länger dauern!

Doch die Feierlichkeiten waren zu Ende. Die Fahnen auf den Häusern wurden eingezogen, eilfertige Hände brachen Zelte und Stände so schnell wieder ab, wie sie errichtet worden waren, die Landstraßen belebten sich, Ritter und Bauersmann kehrten zurück auf Schloß und Acker. Auch Siegfried befahl seinen Getreuen, für die Heimfahrt zu rüsten. Er zweifelte daran, daß man ihm Kriemhild zum Weibe geben würde, weil Gunter auch jetzt noch kein Wort darüber verloren hatte. Sein Pferd stand schon gesattelt im Hof, da eilte Giselher auf ihn zu und flüsterte: »Verweile noch, Siegfried, ich glaube, mein Bruder wird bald deiner bedürfen.«

Der Held hörte die Botschaft gerne, er forschte nicht weiter und blieb. Denn all seine Gedanken kreisten um die schöne Kriemhild.

BRUNHILD

Fern über dem Meer im Isenland wohnte eine Königin, Brunhild mit Namen, die ihresgleichen nicht hatte unter den Frauen. Sie war nicht nur über alle Maßen schön, sie verfügte auch über so wundersame Kräfte, daß sie es mit dem stärksten Helden aufnehmen konnte. Wer sie zum Weibe begehrte, mußte sich mit ihr im Stein- und Speerwerfen messen, und unterlag er, verfiel sein Haupt. Schon viele Werber waren nach dem Isenland ausgezogen, und keiner hatte seine Heimat wiedergesehen.

Unter den Gästen des Siegesfestes in Worms hatte sich auch der berühmte Sangesmeister Horand befunden und ein Lied gesungen von der herrlichen jungfräulichen Königin im meerumbrandeten Isenland. Seit damals war Gunter nicht mehr von dem Gedanken losgekommen, um die stolze Frau zu werben. Er vertraute sich seinen Brüdern an, diese widersprachen jedoch so heftig, daß er eine Zeitlang davon schwieg.

Eines Abends, da die Fackeln schon halb verloschen und die Höflinge fortgeschickt worden waren, saß Gunter mit Hagen und Siegfried bei einem letzten Nachttrunk. Vom Weine gelöst, machte sich das übervolle Herz des Burgundenherrschers Luft, und was er bisher vor seinen Freunden geheimgehalten hatte, jetzt sprach er es aus: er wolle um Brunhild freien.

Betroffen schwiegen die Zecher, bis Hagen endlich ernsten Angesichts fragte: »Ist das wahrhaft dein unerschütterlicher Entschluß?«

Auch Siegfried warnte: »Es sind ungeheure Kräfte in dem Weib. Du aber bist nur ein Mensch.«

Gunter erwiderte: »Doch der Menschen Art ist es, mehr zu fordern, als ihnen gewährt ist. Ich wünsche, daß eine Königin in Worms einzieht. Brunhild wird es sein oder ich werde fallen.«

»Recht gesprochen«, ermunterte ihn jetzt der Tronjer, »wir sind auf die Erde gebannt, und uns gelüstet nach den Sternen. Wenn es dein Wille ist, Herr, du weißt, auf meine Treue kannst du zählen. Doch raten möcht' ich, Siegfried um Geleit zu ersuchen. Wenn uns ein wilder Zauber begegnet, vermag nur er ihn zu brechen.«

Fragend senkte Gunter sein Auge in das des Nibelungen. Dieser schüttelte abweisend sein Haupt: »Nicht um mein Leben zittre ich, aber wie könnt ihr begehren, daß ich dem König ein Weib gewinne, wenn mir der Minne Glück versagt bleibt?«

»Dein Wort klingt nach Vorwurf?« forschte Gunter.

»Nun denn«, erklärte sich Siegfried jetzt deutlicher. »Vernehmt, was ich als Preis für das Bündnis begehre: nicht Gold und Edelstein, ich besitze ihrer übergenug, doch einen Schatz, den ihr in diesem Haus hütet, die Frau, die ich liebe, Kriemhild!«

Gunter hatte diese Forderung erwartet, schnell und entschlossen kam die Antwort: »An dem Tage, an dem ich mit Brunhild Hochzeit halte, wirst du meine Schwester freien. Doch eine bindende Verpflichtung geb' ich dir noch auf, Siegfried: Vor Brunhild mußt du dich als mein Schildmann ausgeben, der mir zu Lehensdienst verpflichtet ist!«

Die Recken hatten sich erhoben. Umzuckt von der Glut der sich noch einmal hochaufbäumenden Leuchte, bekräftigte der Schwur den Vertrag: »So wahr uns Gott helfe!«

BRAUTFAHRT NACH DEM ISENLAND

Gunter bat Kriemhild, für die Vorbereitungen der Brautfahrt zu sorgen. Von ihrem Glück, das mit dem Eid begründet war, sollte sie erst erfahren, wenn die Helden ihren Fuß wieder heil auf heimatlichen Boden gesetzt hätten.

Nun begann ein emsiges Wirken in den Frauengemächern. Schneeweiße Seide aus Arabien und grüne von Marokko schnitt Kriemhild selbst zu Gewändern, denn jeder Fürst sollte zwölf Gefolgsleute mit auf die Reise nehmen. Für die Mäntel schien sogar der Hermelin nicht kostbar genug, und man verzierte das Pelzwerk noch mit schwarzem Pfellel* von überaus seltener Art. Man verfertigte Hemden aus Fischleder, die unter der Panzerung getragen wurden, und nichts wurde vergessen, um die Helden in vollem Glanz erscheinen zu lassen. Unterdessen wurde im Rheinhafen ein neues Schiff gezimmert, tüchtig genug, auch das Meer zu befahren. Die Recken kamen überein, daß mit Gunter nur Siegfried, Hagen und Dankwart an der Fahrt teilnehmen sollten.

Sechs Wochen nach jenem denkwürdigen Abend in der Halle löste sich der schmucke Segler unter den Segenswünschen Utes und Kriemhilds von den Landebohlen, und von hurtigen Wellen wurde er schnell stromabwärts getragen. Von fern sah Siegfried Xanten, die Burg seiner Väter ragen, aber sie gönnten sich keinen Aufenthalt und gingen sogleich auf die hohe See. Eine frische Brise begünstigte die Reise, und so erblickten sie über alles Erwarten schnell durch ziehende Nebelschwaden die Zinnen eines vielgetürmten Schlosses an einem Strand, den der vielerfahrene Hagen als Isenland erkannte. Gunter befahl, das Gestade ganz dicht anzusteuern, und da konnten sie in den Fenstern des mächtigen Baus viele Mädchen erkennen, die neugierig auf die Fremdlinge blickten.

Auf dem Söller erschien eine hochgewachsene Frau. Ihr schwarzes Haar wurde durch ein kostbares Diadem zusammengehalten, und ein purpurnes Gewand floß um den herrlichen Leib.

»Brunhild steht dort«, rief Siegfried aus.

»Wie, hast du die Frau schon einmal gesehen?« fuhr Gunter auf.

Siegfried verneinte. Er hatte nicht gelogen und dennoch nicht die volle Wahrheit gesprochen. Denn die Erinnerung an einen Traum seiner Jugend stieg in ihm auf, der ihm ein Weib hehr und strahlend wie eine Göttin gezeigt hatte. Von Feuer umzuckt, schien es inmitten dieses Flammenringes sanft zu schlummern. Da war er durch die wabernde Lohe hindurchgesprungen, und der Kuß, mit dem er die Frau aus ihrem Zauberschlaf erlöste, verscheuchte zugleich auch das erregende Bildnis der Phantasie. Jetzt sah er es wieder vor sich; wie wundersam glichen die Züge der Frau auf dem Turm jener der überirdischen Erscheinung, die

* Seidenstoff arabischer Herkunft

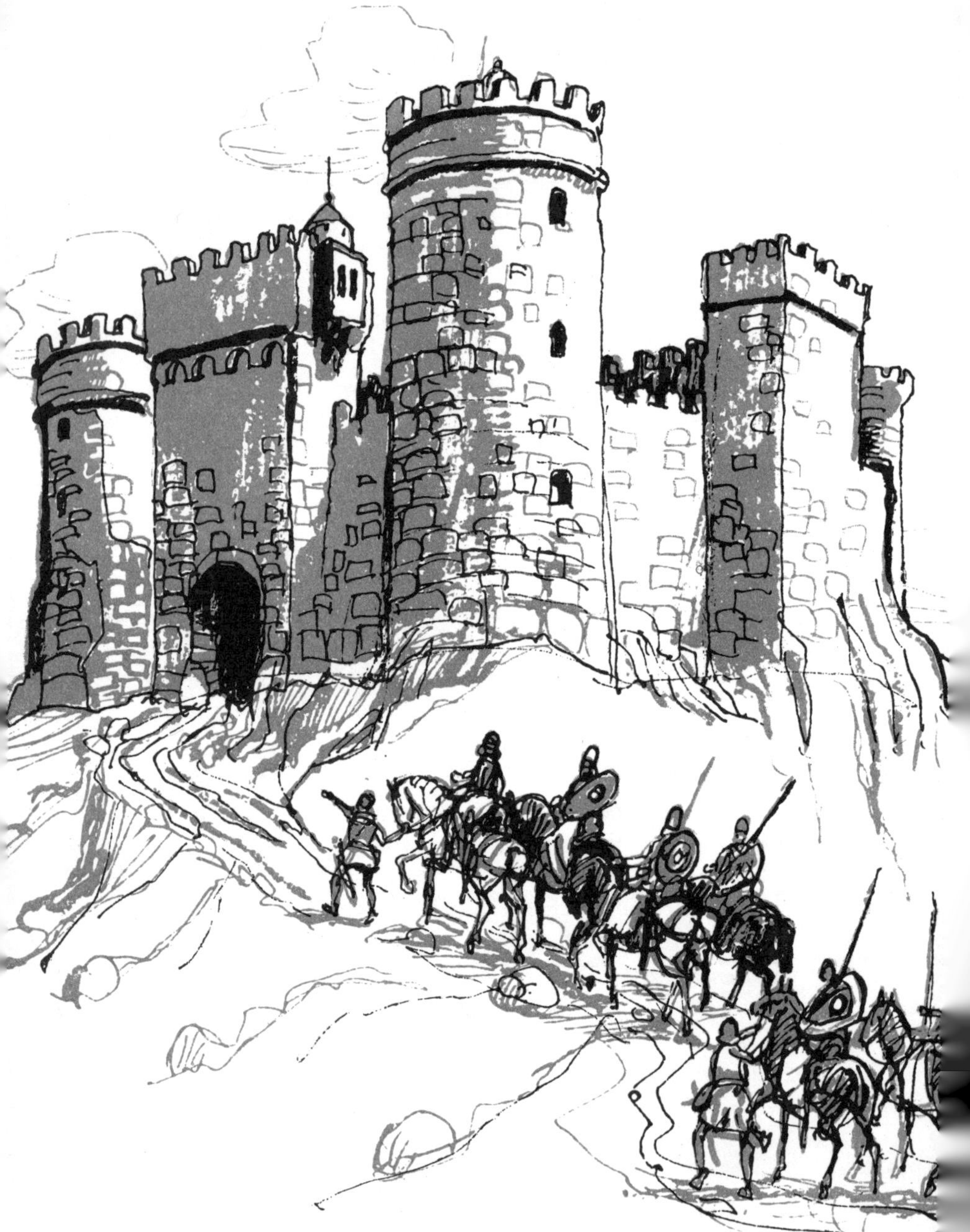

damals ein Traum ihm vorgegaukelt hatte! Ruhte auch in seiner Brust tief verborgen noch ein alter Gott und drängte zum Göttlichen?

Hagen unterbrach Siegfrieds kurzes Sinnen: »Auch ich ahne, daß die spähende Gestalt oben auf der Zinne Brunhild ist. Keine stolzere Frau sah ich mein Leben lang. Und so denke ich, wir gehen vor Anker.«

Die Ketten rasselten über Bord, die Stege wurden ausgelegt, und Troßknechte zogen die widerstrebenden Pferde auf der schwankenden Brücke an Land. Dann saßen die Helden auf, und der kleine Zug setzte sich gegen das Schloß zu in Bewegung.

Brunhild stürzte in ihre Gemächer. »Es sind ihrer vier«, schrie sie dem Kammerherrn zu, »und einer von ihnen ist Siegfried!«

Der Höfling wagte einzuwerfen: »Woher wollt Ihr das wissen, gnädigste Königin? Nie weilte der berühmte Nibelunge im Isenland, nie seid Ihr ihm begegnet.«

»Wohl ihm«, lachte Brunhild auf, »denn es dauert mich fast, daß nun der herrliche Held das Opfer meiner Übermacht wird.« Damit ging sie hinunter in den Burghof, um die Fremden, die bereits von den Pferden gestiegen waren, zu begrüßen. Mit untrüglichem Gefühl schritt sie geradewegs auf Siegfried zu, streckte ihm die Hand entgegen und sprach: »Seid mir gegrüßt, kühner Recke, Drachentöter, Räuber des unermeßlichen Hortes! Noch keinem sagte ich, was ich Euch sage: begehrt mich nicht zum Weibe, denn mir täte leid um Eure strahlende Jugend!«

Die Königin gewahrte ein Blitzen in Siegfrieds Augen, das schlecht zu der Rede paßte, mit der er erwiderte: »Vielen Dank für Warnung und sorgende Güte. Aber Ihr habt sie an den Falschen verschwendet. Siegfried heiß' ich, dienstbar bin ich dem Burgundenkönig Gunter, und er ist es, der nach Eurer Minne dürstet.«

Wie von einem Stachel getroffen, wich Brunhild zurück. War sie beleidigt, war sie gekränkt? Dann warf sie ihr Haupt empor und wandte sich zu Gunter. Mit unnahbarer Hoheit redete sie ihn an: »Von Eurem Lehensmann hab' ich gehört, was Ihr begehrt. Ihr kennt Preis und Einsatz... Wenn Ihr den Wettkampf verliert, verfällt mir Euer Haupt und...«, dabei flog ein Blick wie ein Giftpfeil auf Siegfried, »nicht nur Eures, sondern auch das Eurer Knechte!«

»Ich habe gewählt: Glück oder Tod«, rief Gunter entschlossen.

»Also den Tod«, erwiderte Brunhild finster.

Aus dumpfem Brüten riß sich Hagen los: »Was sind es für Aufgaben, die Ihr stellt?«

»Zwei Prüfungen nur will ich dem König auferlegen«, erklärte Brunhild, »den Stein zu werfen und danach zu springen, weiter als ich, und mit mir den Speer zu schleudern. Wenn Ihr Lust habt, mag es gleich geschehen, und am Abend schon wird Gunter wissen, ob er Leben oder Tod gewonnen hat.« Dabei lachte sie höhnisch auf und winkte ihren Dienern, daß man die Geräte bringe.

Unwillkürlich umklammerte die Faust des Tronjers den Schwertgriff. Die Königin hatte das wohl beobachtet. Mit eiskalter Gelassenheit fuhr sie fort: »Die Waffen legt in der Halle ab oder bringt sie auf das Schiff zurück. Sie würden euch nichts nützen, wenn euer Herr verspielt hat.«

Hagen wollte trotzig aufbegehren, aber der Wunsch seines Königs hielt ihn im Zaum. Die Helden gürteten die Schwerter ab. Zu ihrer Überraschung befahl ihnen Siegfried, sie in seine Arme zu legen. »Ich will sie zum Strand hinuntertragen«, erbot er sich.

»Ein guter Knappe, seht«, warf Brunhild verächtlich hin, »welcher König kann sich rühmen, einen Drachentöter zum Steigbügelhalter zu haben!«

Niemand ahnte, daß Siegfried nur nach einem Vorwand gesucht hatte, sich unauffällig zu entfernen, denn in diesem Augenblick war die Tarnkappe noch sein Geheimnis allein. Mochten die Recken die List, daß er statt Gunters den Wettkampf führe, auch bald erkennen, Brunhild sollte es für immer verborgen bleiben; darum durfte er nicht plötzlich vor ihren Augen verschwinden.

So ging denn Siegfried gemächlich zum Schiff, zog dort die Tarnkappe über und kam unsichtbar im Sturmschritt auf den Burghof zurück.

Dort wurde bereits der Ring abgesteckt, sieben Recken hielten sich für das Richteramt bereit, und bald säumten auch viele andere Ritter und Fürsten der Königin als Zuschauer den Kampfplatz.

Gunter hatte wohl erwartet, daß die Prüfungen hart sein würden; jedoch, was er jetzt zu sehen bekam, machte ihn und seinen Gesellen das Blut in den Adern erstarren. Drei Männer trugen keuchend einen Wurfspieß herbei, und zwölf Knechte vermochten den zentnerschweren Feldstein kaum zu schleppen, den der König werfen sollte.

Düster starrten die Burgunden vor sich hin. »Weh uns«, murmelte Dankwart, »mich gereut die Fahrt.«

Hagen stampfte mit dem Fuß und fluchte: »Ich wünsche sie dem Teufel zum Weib.«

Auf einmal fühlte Gunter eine Berührung an seiner Hand, und erschreckt aufhorchend vernahm er des unsichtbaren Siegfried Stimme: »Fürchte dich nicht, ich stehe neben dir und werde dir helfen, den Wettstreit zu gewinnen.«

Da war die hünenhafte Brunhild auch schon in den Ring getreten, empfing aus der Hand ihrer Waffenträger den Speer, wog ihn spielend mit der Rechten, als wäre er nicht zolldick gegossenes Eisen, sondern ein leichtes Schilfrohr. Dann zog sie ihn über die Schulter, wiegte sich mit dem Körper hin und wider, um alle Kraft zu sammeln, befahl Gunter, ihr gegenüberzutreten, und schleuderte das Geschoß mit sausendem Schwung wider den Schild ihres Gegners. Krachend zerbarst das Wappen, und unfehlbar wäre Gunter in den Staub gesunken, hätte nicht des Getarnten Hand die Wucht des Anpralls aufgefangen.

Erstaunter Beifall erklang im Kreise. Doch niemand vermochte zu glauben, daß der König stark genug wäre, nun seinerseits die Lanze aufzunehmen. Das Unfaßbare geschah. Von dem Übermächtigen unterstützt, wippte Gunter den Riesenspeer federnd in der Faust und schleuderte ihn mit solcher Gewalt wider die Brünne der Hünin, daß sie bebend in die Knie brach.

Totenstille herrschte in der Runde. Nur Brunhildens Schrei gellte über den Platz: »Dafür sollst du mir büßen, Gunter!« Mühelos nahm sie den ungeheuren Stein auf, stemmte ihn bis in die Höhe der Augen und warf ihn wohl bis zur Mitte der Bahn. Dann mit einem gewaltigen Ruck sich vom Boden schnellend, sprang sie hinterher und setzte ihre Füße, den Klotz weit hinter sich lassend, sicher und fest auf die Erde.

Tosender Jubel erschütterte die Luft, sogar Hagen rief bewundernd: »Das war ein Meisterstück.«

Mitleidig wandten sich die Blicke der Fürsten vom Isenland Gunter zu. Doch der Unsichtbare schob helfend seine Hand unter das Felsstück und gleichsam, als ob es ohne Schwere wäre, hob es der König hoch empor. Von Siegfrieds Riesenkraft getrieben, wirbelte der Block förmlich über die Strecke, weit über das von Brunhild gesteckte Mal hinaus. Nun riß Siegfried seinen Gefährten hoch und flog pfeilschnell wie ein Adler im Sturz dem Steine nach, und als er landete, lag dieser wohl eine Klafter hinter ihm.

Nur eine Stimme gellte auf. Hagen rief: »Heil dir, König, du hast gesiegt.«

Brunhild löste sich aus starrem Entsetzen, trat zu ihrem vermeintlichen Überwinder und sprach: »Ja, du hast gesiegt, Gunter, und ich muß dir nun folgen nach Worms am Rhein.«

Unbemerkt hatte Siegfried die Tarnkappe abgestreift und war hinzugetreten. Brunhild wandte sich heftig von ihm ab und schritt an Gunters Seite voraus in die Burg.

Wochenlang verzögerte Brunhild die Abreise. Das Drängen des Königs wies sie mit dem Bemerken ab, daß sie noch Angelegenheiten ihres Reiches zu regeln habe, um es nach der Hochzeit ihrem Gatten wohlgeordnet zu übergeben. Aber einmal kam doch der Tag, an dem sie sich zur Abreise entschließen mußte. Ein Prunkschiff wurde flottgemacht, denn viele Ritter der Königin sollten mit auf die Reise gehen. Siegfried übernahm es, mit einem schnellen Boot vorauszueilen.

HOCHZEIT IN WORMS

Siegfried bewegte das Schiff mit so großen Kräften vorwärts, daß er nicht länger als eine Nacht und einen Tag brauchte, um an jene Stellen zu kommen, wo der Sachsenwald das Ufer des Rheins erreicht. Hier begann sein Reich, das Land der Nibelungen. Und es gelüstete ihn, ehe er Worms anlief, zu erkunden, ob Alberich mit treuem Sinn seinen Geschäften nachgegangen sei.

Da es schon Abend war, beschloß der Held vorerst in einer Burg zu nächtigen, die auf einem Fels nicht weit vom Strom lag. Er begehrte Einlaß und von drinnen fragte eine rauhe Stimme: »Wer seid Ihr?« Sich verstellend antwortete er, daß ein umherziehender Ritter um Quartier bitte.

»Dieses Land ist Siegfrieds Land«, kam es polternd zurück, »wenn du dich nicht gleich von hinnen trollst, werde ich dir Beine machen.«

Der Recke freute sich dieser Worte und pochte stürmisch weiter. Da flog das Tor auf, ein gewaltiger Riese trat hervor und versuchte sich mit wildem Griff des Nibelungenherrschers zu bemächtigen. Sogleich waren beide in einen so heftigen Kampf verwickelt, daß die ganze Burg von den

Schlägen widerhallte. Siegfried wollte den Mann nicht töten, der in Ergebenheit zu ihm stand, sich aber auch nicht zu erkennen geben, weil er ja noch den Zwerg zu prüfen gedachte. Mit vieler Mühe gelang es ihm endlich, den ungeschlachten Gesellen zu überwältigen und gefesselt in ein Turmgemach zu bringen. Dann legte er sich auf einer Bank zur Ruhe. In der gleichen Nacht noch brachten Knechte die Nachricht von dem Vorfall in den Drachenberg. Wie ein Blitz fuhr Alberich hoch, riß die goldene Geißel an sich, eine furchtbare Waffe, denn an jeder ihrer sieben Schnüre hing eine schwere Bleikugel.

In blinder Wut kam der Zwerg auf das Schloß gestürmt und hieb ohne Besinnen auf den Schläfer ein. Obwohl er nur ein paar Fuß hoch war, besaß er doch die Kraft von zwölf starken Männern. Der Held sprang auf, und nicht anders konnte er sich erwehren, wenn er den Alten nicht verletzen wollte, als ihn bei seinem eisgrauen Bart zu fassen und so lang hin und wieder zu schütteln, bis er die flehentlichen Worte hörte: »Lasset mich doch heil davonkommen. Wahrlich, wenn ich nicht schon einem tapferen König untertan wäre, so möchte ich Euch dienen.«

Da erkannte Siegfried, daß in seinem Reich alles wohl bestellt war. Seinem kleinen Verweser streckte er die Hand hin und lobte ihn: »Du bist treu wie Gold, Alberich.« Und da entdeckte der Zwerg erst, wen er vor sich habe, und sank freudig seinem Herrn zu Füßen. Der Riese wurde aus seinem Gefängnis befreit, und dann wandte sich der Held wieder zum Gehen.

Beim Abschied verdüsterten sich auf einmal Alberichs Mienen. Flehend fast klangen seine Worte: »Herr Siegfried, furchtbar funkelt der Reif an Eurem Finger. Einen blutroten Schein wirft er über Euch.«

Gelassen blickte der Herrscher der Nibelungen auf den Ring und erwiderte: »Du träumst, Alberich.«

Eindringlicher aber schwoll die Stimme des Horthüters an, und beschwörend drang er auf seinen Herrn ein: »Ich höre Drometten* wie von einer Hochzeit, und ich höre Glocken wie von einem Grabgeläut. Kommt zu uns in den Berg zu Euren treuen Zwergen, dort ist Euch Frieden und Glück beschieden.«

Siegfried lachte und sprengte davon.

In die Burg zu Worms einreitend, begegnete er erst Gernot und Giselher; die erschraken, als sie ihn allein kommen sahen. Desto größer war

* Trompete

die Freude über die Botschaft von dem glückhaften Ausgang der Fahrt. Sogleich wurde Siegfried zu den beiden königlichen Frauen geführt, und immer und immer wieder ließen sich Ute und Kriemhild den grimmigen Wettkampf im Isenland schildern.

Der Erzähler verschwieg aber die Rolle, die er selbst dabei gespielt hatte.

Nun wurde zum festlichen Willkomm gerüstet, Rumold der Küchenmeister und Sindbold der Mundschenk trafen große Vorbereitungen für die zu erwartenden Gäste. Am Ufer des Rheins wurden Holzgerüste aufgerichtet, damit auch das Volk den Empfang des stolzen Herrscherpaares verfolgen könne. Teppiche wurden von der Burg bis an das Gestade des Stroms gelegt.

Schließlich war es so weit, daß Herolde das Nahen des Schiffes verkündeten. Gernot und Giselher eilten mit allen Rittern zum Anlegeplatz, selbst Frau Ute stieg noch einmal auf ihren Zelter. Ortwin von Metz hielt ihn am Zügel, Kriemhilds Roß führte Siegfried. Freude spiegelte sich in ihrem lieblichen Gesicht und auch heimliches Bangen. Die Frage quälte sie: wie würde sie sich mit der stolzen Brunhild verstehen? Nicht lange brauchten sie am Ufer zu warten, denn bald kam Bewegung in die Menge. In majestätischer Fahrt tauchte das Schiff hinter einer Strommündung auf, und man erkannte ganz vorne am Bug die hohe Gestalt Gunters. Und doch wirkte sie klein neben dem herrischen und selbstbewußten Weib, das neben ihm stand. »Seht dort, Brunhild«, raunte es im Volk und in der Gruppe der Ritter. Sicher betrat sie an ihres Verlobten Hand die schwankende Bohlenbrücke, dankte mit hoheitsvollem Nicken dem Jubel, der ihr entgegenscholl, und tauschte mit Frau Ute und Kriemhild die erste Begrüßung aus.

Unter allgemeinem Freudengetöse, den Heilrufen der Recken, dem Dröhnen der Schilde, auf denen die Knappen die Schwerter spielen ließen wie die Schlegel auf einer Trommel, bewegte sich der glänzende Zug in die Burg. Dort hatten Rumold und Sindbold ein herrliches Fest vorbereitet. Blumengirlanden zogen sich rings um die große Halle, Blumen auch waren auf die mit weißen Linnen bedeckten Tische gestreut und zierten die goldenen Becher und Kannen. Stumm betraten die Gäste den Saal. Noch summte kein Gespräch, fahrende Spielleute und Sänger hielten sich im Hintergrund, feierliche Stille lag über dem gewaltigen Raum. Alles harrte gespannt auf das Zeichen des Königs.

Da zeigten Posaunenstöße die Ankunft eines neuen hohen Gastes an:

der Bischof war es, der mit reichem Gefolge und von Gunter geleitet feierlich in die Halle schritt, um der Hochzeitszeremonie die göttliche Weihe zu geben.

Der Herrscher gebot nun den Edlen, sich zu einem Ring zusammenzuschließen, in dessen Mitte bat er Brunhild zu treten und, sich selbst neben sie stellend, erhob er gemessen und würdig seine Stimme: »Von weiter Fahrt sind Wir, Gunter, König der Burgunden und des Isenlandes, glücklich heimgekehrt. Mit Uns gekommen ist Unsere hohe Braut Brunhilde. Wie Wir ihr jetzt die Krone aufs Haupt setzen und Unsere Lippen auf ihre Stirn drücken, wie der Priester segnend seine Hände hebt, dürfen Wir sie mit Stolz und in Ehren Unsre liebe Gemahlin nennen. Sie wird an Unsrer Seite sitzen und zwei große Reiche mit Uns regieren.«

Zimbeln und Harfen, und darüber schwebend eine süße Melodie von Volkers Geige, schickten ein überirdisch schönes Danklied zum Himmel. Doch ein plötzlicher Wink Gunters unterbrach jäh die seraphischen Klänge.

Zur allgemeinen Überraschung entbot er Siegfried und Kriemhild in den Kreis und fuhr fort: »Schon lange sind sich der ruhmreiche Held aus Niederland und Herrscher der Nibelungen und Unsre hochgeborene Schwester in Liebe zugetan. Hat es auch Kriemhild verschwiegen, so haben Wir doch Siegfrieds Bitte entsprochen, ihm nach Unserer Heimkehr die einzige Tochter der Burgunden zum Weib zu geben. So fordern Wir den Bräutigam auf, Unsrer Schwester den Vermählungskuß zu geben, und flehen dabei um den Segen des Herrgotts.«

Mit niedergeschlagenen Augen trat Kriemhild auf den Recken zu. Ein Schauer des Glücks ließ sie erheben, als sie den warmen Atem des über alles geliebten Mannes auf Mund und Stirne spürte. Schöner hat Volker von Alzey nie gespielt als jetzt, da er Töne wie Engelstimmen den Saiten entlockte, während der Bischof mit dem Zeichen des Kreuzes den Bund besiegelte.

Auf Gunters Veranlassung löste sich der Ring, die Gäste strömten an die Tafel; auf dem Hochsitz nahm das Herrscherpaar Platz, ihm gegenüber Siegfried und Kriemhild, dann Frau Ute, Gernot und Giselher, und an sie reihten sich die vielen anderen Gäste. Die Türen sprangen auf, Speisenträger und Mundschenke traten ein, und der Wein floß in Strömen.

Auf allen Gesichtern glänzte bald Festesfreude; da erzählte ein Recke rühmend seine Taten, dort sang ein Spielmann einen Preisgesang auf die zweifache Hochzeit am Hof zu Worms, und schließlich wagten sich die Musikanten auch an gar manches heitere Stücklein.

Nur Brunhild blickte finster drein, saß starr und stumm, als ob sie das alles nichts anginge, bis endlich Gunter sich ihr in freundlicher Sorge zuwandte und fragte, was sie bedrücke.

Die Königin fuhr aus ihrem Brüten auf. »Wenn du es wissen willst«, antwortete sie, den Ursprung ihres Grolls, den Haß gegen Siegfried vorsichtig verkleidend, »dann höre: das Schicksal deiner Schwester macht mir Kummer. Darf es sein, daß sie, die Tochter eines stolzen Königs, einem unfreien Mann zu eigen sein muß?«

Gunter erschrak über diese Worte. Wehe, wenn Brunhild im Sinne hätte, dem furchtbaren Geheimnis zwischen ihm und dem Nibelungen nachzuspüren? Es schien ihm das beste, solange es anging, leichthin darüber hinwegzugehen. »Mein Gemahl«, erwiderte er wie von ungefähr, »ist dir nicht bekannt, daß Siegfried einmal nach seinem Vater Siegmund den Thron am Niederrhein besteigen wird und daß ihm das Land der Nibelungen jetzt schon untertan ist?«

»Seltsam«, bohrte Brunhild unerbittlich weiter, »im Isenland gabst du ihn für deinen Lehensmann aus. Nur eines von beiden kann wahr sein.«

Gunter griff zu einer Ausflucht: »Siegfried war mein Bundesgenosse schon im Sachsenkrieg.«

Höhnisch lachte das Weib auf: »Sollte mein kluger Gemahl nicht wissen, daß man sich Könige nur durch einen freien Vertrag verpflichten kann, Knechte einem aber durch ein unkündbares Gesetz untertan sind? Was ist er also, Speergenosse oder Diener? Wann hast du gelogen, damals oder jetzt?« Des Königs Miene verdüsterte sich und ernst wies er seine Gattin zurecht: »Sorge dich nicht um die Ehre meines Hauses, stolze Brunhild. Es ist damit genug, wenn ich dir sage, daß Siegfried wert ist, mein Anverwandter zu sein.«

Brunhild bemerkte, daß der leise geführte Wortwechsel den Tafelgenossen auffiel. Sie wollte für heute nichts auf die Spitze treiben, der Tag würde kommen, wo sie sich ohne Erbarmen Aufklärung zu verschaffen gedachte. Ein wenig freundlicher lenkte sie ein: »Nun, dann wird es wohl so sein.«

Nach Mitternacht hob Gunter die Tafel auf. Nach der Verabschiedung begab sich das Herrscherpaar allein zu seinem Gemach. Das war die Stunde, die Brunhild sich schon lange zur Rache für ihre Niederlage im

Wettkampf auserkoren hatte. Im Augenblick, als sie die Schwelle überschritten hatten und sich die Türe hinter ihnen schloß, umfaßte die Hünin ihren Gemahl mit übermenschlicher Kraft. Er war wie ein Spielzeug in ihren Armen; sie riß sich den Gürtel vom Gewand, band ihm damit Hände und Füße und hängte ihn an einen Nagel an der Wand. Dann legte sie sich schlafen und kümmerte sich nicht weiter um ihn. Am Morgen weckte sie leises Stöhnen. Ihr Blick fiel auf das aschfahle Antlitz Gunters und sie erlöste ihn von der Qual. Doch drohte sie das Spiel in der kommenden Nacht zu wiederholen.

In seiner Seelenpein wußte der König sich keinen anderen Rat, als noch einmal Siegfried um Hilfe zu bitten. Für den Tag nach der Hochzeit war ein großes Turnier angesetzt. Siegfried war der Held der Spiele, und in vielen Tjosten* glänzte seine unüberwindliche Kraft und Kühnheit. Der König wußte es so einzurichten, daß er zu Ende der Kämpfe, abseits von Rittern, Frauen und Volk, dem Drachentöter begegnete und ihm sein Leid klagen konnte. »Das tut mir von Herzen weh«, antwortete der Held, den Brunhilds Gewalttätigkeit sehr erzürnt hatte, »und ich will dir zu Hilfe kommen. Geh nur abends getrost mit ihr in dein Gemach, und im Augenblick, in dem du die Türen schließt, laß gleichsam aus Ungeschicklichkeit die Kerzen fallen und verlöschen. Ich werde zu gleicher Zeit unsichtbar unter der Tarnkappe ins Zimmer schlüpfen.«

Wie es besprochen worden war, wurde es ausgeführt, und in der Dunkelheit der Kammer entspann sich ein wilder Kampf zwischen Siegfried und Brunhild. Die Königin hatte wieder ihren Gürtel bereit, um ihren Gemahl damit zu binden, doch diesmal stieß sie auf eine heftigere Gegenwehr. Trotzdem, ihre Kräfte waren so gewaltig, daß ihnen sogar der Drachentöter anfangs zu erliegen drohte. Er sank zu Boden, und so wuchtig preßte ihm das Weib die Hände zusammen, daß das Blut unter den Nägeln hervorquoll. Doch Siegfried richtete sich langsam wieder auf, so heiß Brunhild auch rang, ihn auf dem Boden zu halten und zu fesseln. Allmählich gewann er die Oberhand, und König Gunter, der sich abseits im tiefen Schatten hielt, vernahm mit Bangen das stürmische Keuchen der Ringenden. Da endlich hatte der Recke die Hünin umschlungen und warf sie nieder, daß sie laut aufschrie und um ihr Leben flehte.

Hieß Siegfried eine übermütige Laune, nach einer Trophäe von diesem seltsamen Zweikampf zu begehren? Oder hatte sich der Ring von Brun-

* Ritterzweikämpfe

hilds Finger im Kampfe abgestreift und war samt dem Gürtel, den er ihr entwunden hatte, durch Zufall in seiner Hand geblieben? Als er wieder aus der Kammer schlüpfte, behielt er diese Siegeszeichen bei sich und übergab sie später seiner geliebten Frau Kriemhild, der er alles anvertraute.

BRUNHILD VERGISST NICHT

Noch vierzehn Tage währte das Fest. Während dieser Zeit ging mit Kriemhild eine tiefe Umwandlung vor sich. Sie wurde selbstbewußter, die Scheu, mit der sie Brunhild gegenübergetreten war, zerschmolz im Gefühl des Stolzes, den kühnsten Recken unter der Sonne ihren Gatten nennen zu dürfen. Ein Turnierspiel, so großartig wie man es noch nie gesehen, bildete Höhepunkt und Ausklang der Feierlichkeiten zugleich. Die Gäste beurlaubten sich einer nach dem andern, und schließlich rüstete auch Siegfried zur Abreise. Kriemhilds Morgengabe, viele Kisten mit Gold und Edelsteinen, wurden auf ein Schiff verladen, und nun galt es, einen Ehrenritter zu wählen, der sie nach Xanten begleiten und dort ihrem Hofstaat fürderhin gebieten sollte. Ihre Wahl fiel auf Hagen.

Der Vorschlag stieß bei dem Helden auf eisige Ablehnung. »Ich denke, ihr scherzt wohl«, bemerkte er grimmig.

Kriemhild brauste auf. »Es wäre mein Recht, einen Teil des Reiches als Brautgabe zu fordern, ich habe es nicht getan, obgleich meinem herrlichen Gatten solche Mehrung der Macht gar wohl geziemen würde. So glaubte ich wenigstens, daß Worms mir seinen besten Helden überlassen würde.«

»Meint, was ihr wollt«, rief Hagen trotzig aus, »doch wisset: die Tronjer dienen den Burgunden und sonst niemandem auf der Welt!«

Gunter lenkte ein, und wenn auch seine Schwester nicht bereit schien, dem Alten so ohne weiteres zu verzeihen, so willigte sie doch ein, daß Markgraf Eckward das Amt übernehme.

Ein Bote wurde vorausgeschickt, die baldige Ankunft der Neuvermählten in Xanten anzuzeigen. Eine volle Tagesreise zogen König Siegmund und Frau Sieglind ihren Kindern entgegen, und Tränen der Rührung standen den alten Eltern über das Wiedersehen mit dem langentbehrten Sohn und die Begegnung mit der anmutigen Schwiegertochter in den Augen. Die Königin schluchzte: »Ich danke Gott, daß ich diese Stunde noch erleben durfte.« Bei dem festlichen Einzug in die Stadt verkündete Siegmund allem Volk, daß er von diesem Tag an Krone und Herrschaft Siegfried abtrete; kein Einwand des Sohnes konnte ihn jetzt mehr von diesem Entschluß abbringen.

Zehn Jahre lang herrschte der ruhmreiche Held über das Land am Niederrhein. Ihm zur Seite waltete Kriemhild, verehrt und geliebt vom ganzen Volk. Ein Söhnchen wurde beiden geschenkt und Gunter der Jüngere getauft. Auch dem hohen Paar in Worms erblühte ein Knabe, der Siegfried der Jüngere genannt wurde; so dachten die beiden Herrscher ihre Häuser durch die Namen ihrer Kinder in Frieden und Glück miteinander zu verbinden.

Doch Brunhild hatte in all den Jahren nicht aufgehört, darüber zu grübeln, wie sie das Geheimnis ihres Gatten entschleiern könnte. Oft drückte sie ihre Verwunderung darüber aus, daß es ein Lehensmann wagen dürfe, sich niemals vor dem Antlitz seines Herrn zu zeigen. Gunter wich solcher Anspielung aus und meinte, die Reise sei weit und man möchte Siegfried nicht ohne Grund von seinem Land fernhalten. Schließlich sprach Brunhild nicht mehr davon. Ohne Argwohn und mit Freuden nahm daher Gunter den Vorschlag seines Weibes auf, Siegfried und Kriemhild zu einem Fest nach Worms zu bitten; hegte er doch selbst große Sehnsucht nach dem Anblick seines Freundes und seiner geliebten Schwester. Sogleich ward eine Gesandtschaft mit Markgraf Gere an der Spitze nach Xanten abgefertigt.

Kriemhild war von der Einladung sehr beglückt, denn oft schon hatte sie die lange Trennung von den Brüdern schmerzlich empfunden. Siegfried freilich warnte eine innere Stimme, die Reise anzutreten. Erst der Rat seines Vaters und die Bitten Kriemhilds stimmten ihn um. Begleitet von dem greisen König Siegmund, von vielen Rittern und Ehrenjungfrauen, machten sie sich auf den Weg. Der Knabe blieb zurück, und die Eltern ahnten nicht, daß sie ihn niemals wiedersehen würden.

Die Gäste wurden so herzlich empfangen, wie es freien Königen gebührt. Kriemhild und Brunhild küßten einander bei der Begrüßung, und Gunters Gemahlin zeigte sich ihrer Schwägerin herzlich und froh gelaunt.

DER STREIT DER KÖNIGINNEN

Kriemhild genoß die Stunden des Wiedersehens mit ihren Geschwistern sehr. Auch die Brüder waren von Herzen froh, ihre Schwester bei sich zu haben. Jedoch es entging ihnen nicht, daß eine auffällige Veränderung mit ihr vorgegangen war. Sie kehrte ihren maßlosen Stolz auf Siegfried bei jedem Anlaß hervor. Und es gab Gelegenheiten genug. Denn rauschende Feste wurden gefeiert, prunkvolle Tjoste ausgetragen. In der Halle der Burg wie auf dem Turnierplatz stand der strahlende Held im Mittelpunkt der Aufmerksamkeit, ihm galt der meiste Beifall. Kraftvoll wie je wußte er Schwert und Speer zu führen, übermächtig war sein Schlag, und wer sich ihm zum Gegner stellte, sank erbarmungslos in den Staub.

Einmal schickte es sich, daß Kriemhild und Brunhild als Zuschauer bei einem Kampfspiel nebeneinander saßen. Nach einem glänzenden Sieg ihres Gatten konnte Kriemhild nicht länger an sich halten, und von ihrem Sitze springend, jubelte sie: »Er ist doch der herrlichste Held. Geschähe, wie ihm gebührt, die ganze Welt müßte ihm untertan sein!«

Gereizt blickte Brunhild auf. Doch sie beherrschte sich und zwang sich zu einem Lächeln: »Nun«, sagte sie scherzend, »dann verlangst du wohl auch, daß mein Mann dem deinen dienstbar sei?«

Dieses Wort kam Kriemhilds überschwenglichem Gefühl gerade zurecht. Lebhaft erwiderte sie: »Gewiß, auch im Burgundenreich sollte er als oberster Herrscher gebieten.«

Das traf Brunhild wie ein Peitschenhieb. Dennoch, sie wollte keinen Streit, wenigstens jetzt nicht, da sie noch immer nicht die volle Wahrheit kannte und ihr Herz voll Zweifel war. Und leichthin versuchte sie das Gespräch zu beenden: »Nun, du bist mir die Rechte«, meinte sie mit freundlicher Miene, »du wünscht deinen Bruder und mich in den Himmel.« »Wie meinst du das?« fragte Siegfrieds Weib. »Nun, so lange wir leben«, versetzte die Schwägerin, »kann doch dein Gatte nicht König der Burgunden werden.«

Kriemhild fuhr auf: »Wie, ist das Burgundenland nicht ein Teil der Welt? Alle, die auf Erden leben, hat Siegfried von dem Gezücht der Drachen befreit. Oder hat sich einer aus Worms, etwa gar der grimme Hagen, an den Berg des Lindwurms gewagt? Mein Gatte tat es und vernichtete die Hölle, die unter dem Sonnenlicht Quartier bezogen hatte. Sein Heldentum steht über allem Heldentum der Erde. Die Herrschaft begehr' ich darum über alles und auch über euch.«

Brunhild erschrak vor dieser Maßlosigkeit. Nein, bei allen Himmeln, sie hatte jetzt nicht kämpfen wollen, aber die Herausforderung war zu groß. Höhnisch warf sie hin: »Für die Frau eines Lehensmanns redest du eine sehr kühne Sprache.«

Die Beleidigte spürte die Kränkung noch nicht und lachte schallend auf: »Frau eines Lehensmanns sagst du? Ich hör' wohl nicht recht.«

»Es ist aber die Wahrheit«, entgegnete die burgundische Königin mit kalter Genugtuung.

Noch immer erfaßte Kriemhild nicht, wie bitter ernst es ihrer Gegnerin war. Sie verneigte sich vor ihr und meinte spöttisch: »Wessen Lehensmann sollte denn Siegfried sein? Deines Gatten vielleicht? Nun, dann nimm meine pflichtschuldige Huldigung entgegen.«

»Es gibt einen Zeugen«, fuhr Brunhild in unerbittlicher Strenge fort, »vor dem sich der große Drachentöter selbst als Lehensmann bezeichnet hat. Dieser Zeuge steht vor dir. Ich bin es!«

»Wahnwitzige«, raste Kriemhild, »nimm das sofort zurück!«

»Im Gegenteil«, trumpfte Gunters Gemahlin auf, »ich will es dir haargenau erzählen. Einst im Isenland erschien der Recke, der heute dein Gatte ist, und ich bot ihm vor allen anderen den ersten Gruß. ‚Vielen Dank für die Huld‘, so sagte er, ‚aber Ihr habt sie an den Falschen verschwendet. Siegfried heiß ich und dienstbar bin ich dem König der Burgunden.‘«

»Lüge, Lüge!« unterbrach sie das tiefverletzte Weib. »Willst du einen Eid?« fuhr Brunhild zornig auf. »Wie wäre das möglich?« schrie mit zuckendem Mund Kriemhild, »daß ein König seine Schwester einem lehenspflichtigen Mann zur Frau gibt? Willst du mir das wohl erklären?«

Brunhild höhnte: »Gern kannst du die Aufklärung empfangen, die du wünschst. Wisse, mit deiner Heirat ward deiner und der Burgunden Ehre in den Staub getreten.«

»Seltsam, daß du mir das erst heute sagst«, wandte Siegfrieds tief verletzte Gattin ein.

Brunhild reckte sich in ungeheurem Stolz empor, und wie ein Hammerschlag wuchtete jedes ihrer Worte: »Nur aus Gnaden und um des lieben Friedens willen hab' ich mich so lange gedemütigt und dich als Gleichgestellte behandelt. Das ist vorbei. Von dieser Stund' ab will ich von dir

DER STREIT DER KÖNIGINNEN

als Herrin geachtet sein, und ich fordere die Ehrerbietung, die eine Magd der Gemahlin eines freien Königs schuldig ist.«

Zornesröte schoß Kriemhild purpurn über das Antlitz, und sie schleuderte in wilder Erregung der Gegnerin die Herausforderung zu: »Morgen beim Gang zum Münster treffen wir uns wieder. Dann will ich vor dir, wie der Gemahlin des mächtigsten Herrschers gebührt, über die heilige Schwelle treten.« Nach diesen Worten verließ sie, am ganzen Leibe bebend, das Fest.

Als sich Kriemhild am nächsten Tag mit reichem Gefolge dem Dome näherte, sah sie schon von fern die Verhaßte stehen und ihrer harren. Sie schritt geradeaus zu, um grußlos an ihr vorbei in die Kirche zu treten.

Brunhild jedoch hob gebieterisch den Arm: »Halt, Weib eines Lehensmannes. Hier hat die Königin den Vorrang!«

Kriemhild blieb stehen, unheilverkündend flammte ihr Auge und dann brachen die verderbenbringenden Worte aus ihr: »Lang hab' ich geschwiegen, um dich und Gunter zu schonen. Nun, da du mich öffentlich beschimpfst, soll die Welt auch meine Antwort hören. Bis zu dieser Stunde hast du in dem Wahn gelebt, daß dich Gunter im Zweikampf bezwungen hat. Ich will dir die Augen öffnen. Wisse, Siegfried hat dich besiegt, der Herr der Nibelungen, der Balmungschwinger, der Besitzer von Alberichs Tarnkappe.«

Wie vom Blitz getroffen taumelte Brunhild zurück. Fassungslos, mit stockendem Atem vermochte sie nur zu murmeln: »Ich will es Gunter sagen.«

»Sag's ihm nur«, kostete Siegfrieds Weib den Triumph bis zur Neige aus. »Er wird es dir armen betrogenen Frau nicht ableugnen können.« Damit raffte sie ihre Gewänder zusammen, wandte sich ab und schritt hocherhobenen Hauptes in das Münster.

Der dröhnende Klang der Domglocken riß die Gemarterte aus ihren Schmerzen. Sie betrat die heilige Stätte und sank in ihrem Betstuhl auf die Knie. Empörung und Zweifel jagten in wirren Bildern durch ihre Seele... War solcher Verrat möglich? Sie wollte Gewißheit... selbst um den Preis einer neuen Demütigung.

Der Segen des Priesters beendete die Andacht. Die Gläubigen strömten aus dem Dom. Brunhild vertrat der sie achtlos übersehenden Kriemhild den Weg. »Es waren ungeheuerliche Beschuldigungen«, drang sie auf die Schwägerin ein, »die du vorhin erhoben hast. Ich will Beweise, hörst du, oder ich werde dich Verleumderin schimpfen.«

»Beweise willst du?« antwortete Siegfrieds Weib sehr ruhig und gefaßt. »Nun denn, du kannst sie haben,... du kannst sie sogar sehen, jetzt auf der Stelle.« Damit zog sie den Ring und den Gürtel hervor, den ihr Gatte einst der Hünin abgenommen hatte. »Kennst du das?« fuhr sie mit eiskalter Gelassenheit fort. »Wenn mich nicht alles täuscht, gehörten Reif und Band Gunters Gemahl. Glaubst du, dein Gatte hätte sie dir entreißen können? Nur einer besaß die Kraft dazu, der ‚Lehensmann' Siegfried.«

Sie lachte auf und gleich einer Siegerin rauschte sie von dannen.

»Man rufe Gunter«, murmelte entgeisterten Angesichts die tödlich Beleidigte. »Siegfried hat mich verraten.«

SIEGFRIEDS TOD

Alsbald erschien Gunter, und mit ihm kamen seine Brüder Gernot und Giselher, sowie Hagen von Tronje und Ortwin von Metz. Sie fanden zu ihrer Bestürzung Brunhild in Tränen aufgelöst. »Warum weinst du?« rief Gunter.

»Unerhörtes ist geschen«, kam stoßweise unter wildem Schluchzen die Antwort, »Kriemhild behauptet, ich sei zu einer Magd erniedrigt, denn nicht du wärest mein Bezwinger gewesen, sondern ihr Gatte. Nun bezeuge mir, Gunter, daß sie gelogen hat. Vermagst du es nicht, will ich deine Gemahlin nicht mehr sein!«

Gunter zuckte bei der furchtbaren Mitteilung zusammen. Nicht nur sein Weib, sein eigenes Gewissen klagte ihn an. In seiner Bedrängnis wußte er nur den Ausweg, nach Siegfried zu rufen.

Beklommenes Schweigen herrschte im Kreise, bis der Held, von Ortwin geleitet, herankam. Siegfrieds Blick lag fragend auf den düsteren Mienen, die ihm entgegenstarrten. Endlich fand der König seine Sprache wieder. »Kriemhild hat sich vor meiner Gemahlin gebrüstet«, berichtete er knapp, »du habest Brunhild bezwungen und sie damit zur Magd erniedrigt? Ist das wahr?«

»Nein«, antwortete Siegfried stolz erhobenen Hauptes, »nie war ich willens, die Ehre der Königin zu verletzen.«

Gunter darauf: »Bist du bereit, das auf deinen Eid zu nehmen?«

»Ich bezeuge es mit den erhobenen Fingern meiner Hand«, schwor Siegfried.

Erleichtert atmete der König auf: »Ich wußte es, daß du unschuldig bist.«

Der Nibelung wandte sich wieder zum Gehen. Er schien erregt. »Zügle die Zunge deines Weibes«, grollte er zu Gunter, »meine soll es büßen.«

Siegfried war den Blicken der regungslos auf dem Platz Verharrenden entschwunden. »Meineid!« schrie da Brunhild auf.

»Er hat nicht gelogen«, versuchte Gunter sein Gemahl zu beruhigen, »niemals hatte er im Sinn, deiner Ehre nahezutreten.«

»Wohl wahr!« pflichtete Gernot bei.

Hagens trotziges Schweigen deutete nichts Gutes. Giselher versuchte mit einem entschuldigenden Wort den auf allen lastenden Druck zu lösen.

»Wir wollen den Zorn der Frauen nicht allzuschwer nehmen«, sagte er.

Doch wie aus eines unerbittlichen Anwalts Mund fiel der Spruch des Tronjers: »Gleichgültig ist die Gesinnung, nur die Tat entscheidet. Sie wurde nicht abgeschworen. Sie wurde getan. Auf ihr steht der Tod. Siegfried muß fallen!«

»Hagen«, schrie Giselher auf, »was sagst du da? Wer könnte es auf sich nehmen, das strahlendste Heldenleben, das die Welt je gesehen hat, um eines Weiberzankes willen auszulöschen?«

Nun warf Brunhild ihr Urteil in den Rat der Männer, die sich kraft des Rechts der Beleidigten zum Richter über den Herrscher der Nibelungen aufwarfen: »Ich stimme mit Hagen. Siegfried muß sterben!«

Gunter erwiderte nichts. Verzweifelten Blicks schritt er von dannen. Er wußte, daß es auf ihn ankam. Er würde nicht ausweichen können. Der Entschluß ließ sich nur aufschieben, nicht vermeiden.

Qualvoll schlichen die nächsten Tage dahin. Von Brunhild empfing Gunter nicht Wort noch Gruß. Aber immer war Hagen da und drängte auf Entscheidung. »Du wirst Herr der Nibelungen sein, wenn Siegfried beseitigt ist«, raunte er ihm einmal zu, »du der Besitzer des gewaltigsten Schatzes, du der König aller Lande zwischen Worms und dem Meer.«

Wild rangen dunkle Gewalten in Gunters Brust. Heftiger mit jeder Stunde wurde sein Zorn gegen Siegfrieds Leichtfertigkeit, mit der er Kriemhild in das Geheimnis eingeweiht hatte. Dumpfe Machtgier auch ergriff von ihm Besitz, das gleißende Gold des Drachenberges lockte mit verführerischem Zauber. Und so sprach er also zu Hagen: »Wer sollte Siegfried töten? Seine Kraft ist überirdisch. Seine Haut, von dem Blut des Lindwurms gehärtet, gleicht dem undurchdringlichen Stahl.«

»Laß das meine Sorge sein«, erwiderte der Tronjer, und düsterer Glanz funkelte in seinen nachtdunklen Augen. »Ich will den Henker spielen, und sein eigenes Weib soll mir dazu helfen.«

Zweifelnd schüttelte Gunter sein Haupt. Er verstand nicht, was der Recke meinte. Dennoch, sein Widerstand war erschüttert.

Kurz nach dieser Unterredung trafen Boten in Worms ein und brachten die Nachricht, daß König Lüdeger, den Gunter so gnädig freigelassen hatte, neuerlich mit einem Heer an der Grenze des Burgundenreiches stünde. Keine angenehmere Botschaft hätte Siegfried vernehmen können. »Keine Sorge«, beruhigte er mit strahlender Miene den Herrscher, »diesmal wird mir der verräterische Sachse nicht entgehen.«

Bald erschallte im Burghof das Geklirr der Waffen. Recken und Reisige rüsteten zum Heerzug. Gunter gedachte, seine Männer selbst ins Feld zu führen, und er befahl, sein Panzerkleid in den Saal zu bringen. Hagen nahm es dem dienstbeflissenen Knecht aus der Hand und trug es an seiner Statt zum König. Brünne und Helm dem Herrscher zu Füßen werfend, rief er höhnisch: »Du magst dich getrost locker schienen, denn mich dünkt, daß kein feindliches Schwert deinem Harnisch droht.«

Erstaunt blickte Gunter auf, der Tronjer aber fuhr in Seelenruhe fort: »Die Boten, König, hab' ich dir gesandt. Nicht das schärfste Auge könnte eines einzigen sächsischen Rosses Schweif zwischen Rhein und Odenwald erspähen.«

»Was soll das?« brauste Gunter auf.

»Du wirst es später erfahren. Für den Augenblick bitte ich dich nur um das eine: Kommen heute noch oder morgen wieder Herolde, die dir melden, Lüdeger habe sich anders besonnen und sei wieder abgezogen, laß deine Männer nicht abrüsten, sondern sie zur Jagd blasen.«

»Siegfried soll gemeuchelt werden?« fragte noch immer unschlüssig der König.

»Du hast es ausgesprochen. Es gibt kein Zurück mehr.«

»So mag es denn sein«, erwiderte dumpf der Herrscher.

Der Tronjer wußte gar wohl, daß es eine verwundbare Stelle an Siegfrieds Leib gab. Diesen tödlichen Punkt mußte er erfahren. Er, der imstande war, mit seinem Speer eine Nußschale auf zehn Fuß Entfernung zu öffnen, er würde dann nicht um Haaresbreite die Stelle verfehlen, wo der Held verletzbar war. Um dieses Geheimnis zu erkunden, hatte er mit der Entsendung der falschen Herolde die ersten Schlingen seines verderbenbringenden Netzes gelegt.

Kriemhild war seit dem Streit am Münster nicht mehr froh geworden. Es reute sie, ihrem Gatten so schweren Verdruß bereitet zu haben, und erst recht erbebte sie bei der Nachricht von dem bevorstehenden Kriegszug. Der schreckliche Traum war ihr wieder eingefallen, und unablässig stand das Bild vor ihren Augen, wie der schöne Falke unter den Fängen der wütenden Adler verblutete.

Während sich ihr Gatte schon in der Waffenkammer rüstete, meldete sich ein seltener Besuch. Hagen trat ein. Die Königin war nicht wenig überrascht, ihn hatte sie am wenigsten erwartet. Der Tronjer fühlte das, und redseliger als sonst versuchte er sie in Sicherheit zu wiegen. »Frau

Kriemhild«, hub er an, »es ist nicht meine Art, von meinen Gefühlen viel Aufhebens zu machen. Aber seit Tagen seh' ich Euch schwer bekümmert, und ich kam, nach der Ursache zu fragen. Vielleicht kann ich Euch helfen, denn Ihr seid einmal eine Burgundin gewesen, und das verbindet uns für ewig.«

Kriemhild in ihrer Herzensangst ließ sich täuschen. »Mir bangt um Siegfried«, erwiderte sie beklommen. »Der Kriegszug scheint nichts Gutes zu bedeuten.«

Lodernder Triumph schoß durch die Brust des Tronjers. Schneller als erwartet, schien ihm das Opfer ins Garn zu gehen. »Siegfried«, wunderte sich verschlagen der Recke. »Ich dachte, Eure Sorge gelte den Brüdern. Euer Gatte ist ja unverwundbar, wie man erzählt.«

»Ja, ja«, beteuerte Kriemhild, »doch seine Kraft hat ihn verwegen gemacht. Denk dir, ohne Panzer will er ins Feld ziehen, nur mit einem Hemd bekleidet, wie man es zur Jagd nimmt.«

Hagen versicherte mit treuherzigem Ton in der Stimme: »Nun, ich glaube, des Stahls kann er wirklich entraten. Dennoch, ich werde Euch den Gefallen tun und ihn beschirmen, natürlich so, daß er nichts merkt.«

»Das wolltest du wirklich?« rief freudig die Königin.

»Ich bin Euer Oheim und Siegfrieds Freund«, versetzte der Tronjer.

»Vor allem mußt du mir versprechen«, fuhr Kriemhild lebhaft fort, »gut aufzupassen, daß sich ihm kein Feind verstohlen von rückwärts nähert.«

»Von rückwärts«, wiederholte Hagen gedehnt.

Kriemhild neigte sich geheimnisvoll zu dem Recken und flüsterte: »An seinen Schultern ist nämlich eine Stelle, die das Drachenblut nicht benetzt hat. Das Blatt von einem Lindenbaum hatte sich dort während des Bades tückisch festgesetzt.«

»Nun gut«, heuchelte Hagen, »ich will besonders darauf achthaben.«

»Oh, wie danke ich dir für diese Treue«, rang es sich befreit aus des Weibes Brust.

Beinahe war der Tronjer nun dort, wo er sein wollte ... nur ein klein wenig fehlte noch. Aber darauf kam es an. Eine lange Pause entstand. Nachdenklich strich sich Hagen durch sein schwarzgelocktes Haar.

»Du hast noch Bedenken?« forschte Kriemhild ängstlich.

»Meiner Treu«, stieß der Tronjer hervor, »ich könnte mich für das Leben Siegfrieds wohl verbürgen, wenn ich die Stelle noch genauer wüßte.«

Mit Eifer fiel die völlig arglose Königin ein: »Ich will dir als Merkmal ein Kreuzchen aus gelber Seide auf das Gewand nähen, darauf mußt du besonders dein Augenmerk richten, wenn euch die Wolken der Pfeile umschwirren.«

Jubel zitterte in des Tronjers Stimme, nachdem er einen Kuß des Dankes von seiner königlichen Nichte empfangen hatte, und er rief aus: »Nun könnt Ihr ruhig schlafen, Kriemhild, niemand mehr auf der Welt vermag Siegfried ein Leids zu tun — außer einem. Und der ist sein Freund.«

Schon am gleichen Abend erschienen die von Hagen gedungenen Späher wieder im Palast. Lüdeger sei abgezogen, meldeten sie. Gunter befahl nun abzurüsten.

Siegfried meldete sich zornentbrannt. Was das alles zu bedeuten habe, wollte er wissen.

»Die Heerfahrt ist aufgehoben«, antwortete im Tone sichtlicher Befriedigung Gunter, »der Sachse hat sich im letzten Augenblick eines Besseren besonnen und bietet mir Frieden und Freundschaft.«

»Nun«, meinte unwirsch der Nibelunge, »ich würde mich nicht so zum Narren halten lassen und ihm nachsetzen. Er verdient es, einen ordentlichen Denkzettel mit auf den Weg zu bekommen.«

»Sei mir nicht böse, Freund«, beruhigte ihn der König, »wenn es auch nicht in den Krieg geht, so will ich doch auch nicht, daß die Speere wieder in die Waffenkammern gelegt werden. Ein fröhliches Waidwerk hab' ich darum angeordnet, und auch du bist für morgen herzlich in den Odenwald eingeladen.«

Das versöhnte den Helden mit der Enttäuschung, und frohgemut schlug er in Gunters dargebotene Rechte.

Kaum war der Nibelunge gegangen, entbot Gunter seine Brüder und seine auserwählten Recken zu einem Rat. Kurz teilte Hagen mit, wie Siegfried gemeuchelt werden sollte. Schweigend nahmen die Männer die Eröffnung hin. Nur Gernot und Giselher weigerten sich, mit in den Forst zu ziehen. Sie unterließen es freilich auch, das Opfer der Verschwörung zu warnen.

So nahm das Verhängnis unerbittlich seinen Lauf.

Vor Sonnenaufgang schon versammelte sich die Jagdgesellschaft im Burghof. Wild kläffte die Meute, es klapperten die Stöcke, Pfeifen und Trommeln der Treiber, begierig nach scharfem Ritt wieherten die edlen Rosse. Die Troßknechte verstauten den Mundvorrat in den Planwagen, nur die herbeigerollten Fässer voll köstlichen Weins wiesen sie zurück und belehrten den erstaunten Küchenmeister, daß Hagen es so befohlen habe.

Nur Siegfried fehlte noch. Es fiel ihm schwerer als sonst, sich von seiner Gattin loszureißen. Böse Träume hatten Kriemhild in der Nacht geängstigt. Erst hatte sie zwei Berge über ihrem Geliebten zusammenstürzen gesehen und dann nach der schattenhaften Verwandlung des Bildes waren ihr zwei Eber erschienen, die Siegfried über ein Blachfeld hetzten und, als sie ihn erreichten, mit ihm in einer alles verschlingenden blutigen Röte entschwanden. Als Siegfried, zum Weggang bereit, vor ihr stand, fiel ihr auch noch das Kreuzchen ein, das sie auf sein Hemd gestickt hatte, und es gereute sie nun fast, einen Mitwisser des Geheimnisses zu haben. Aber Scham und die Furcht, von ihrem Mann verspottet zu werden, schlossen ihr den Mund. Doch sie umschlang den Geliebten mit einer Zärtlichkeit, als gälte es Lebewohl auf Jahre zu sagen, und als sie dann den Abschiedskuß auf ihren Lippen spürte, vermochte sie nicht mehr länger an sich zu halten und bis ins Tiefste bebend, schrie sie auf: »Bleib da, geh nicht fort, sie werden dich töten!«

»Wer soll mich denn schlagen?« belustigte sich der Held. »Die Wildsauen vielleicht oder gar ein flüchtiger Rotrock?«

Da ertönte zum erstenmal das Hifthorn, und er entfernte sich eiligen Schrittes.

Strahlend brach das Frühlicht der Sonne aus zerreißenden Nebelschleiern hervor. Siegfried erschien auf dem Sammelplatz. Wie stattlich er dastand! Seine Linke hielt den Speer, über die Schulter hing ihm sein berühmter Bogen, der so stark war, daß nur er ihn spannen konnte; ein gewöhnlicher Mensch hätte dazu einer Winde bedurft. Seine Seite zierte der Balmung, der hinab bis zu den goldenen Sporen reichte. Vom Gürtel schaukelte ihm ein kostbares silbergetriebenes Jagdhorn. Die ungeduldig harrenden Recken hatten wenig Sinn für die stolze Erscheinung, deren klägliches Ende sie erwünschten. Ihr Auge heftete sich suchend auf das Hemd von grünem Tuch und siehe: gerade unter der Schulter, dicht über dem Herzen glänzte ein kleines gelbes Mal. Die Blicke der Verschworenen trafen sich, sie nickten befriedigt, das tödliche Spiel konnte abrollen.

Mächtig stieß nun Hagen zum zweitenmal ins Horn. Die Rüden wurden von den Koppeln gelöst, und von der Meute umspielt, setzte sich der Zug in Bewegung.

Als man den Odenwald erreicht hatte, schlug Hagen vor: »Wir wollen uns trennen, Treiber und Hunde unter uns teilen und so sehen, wer der beste Waidmann ist.«

Freudig stimmten alle dem Vorschlag zu, und bald hatte sich die Gesellschaft im dichten Tann verstreut. In schneller Pirsch machte Siegfried reiche Beute. Ein Wisent, vier starke Auerochsen, Eber, Hirsche und viele Rehe fielen durch seinen Spieß. Viel zu früh ertönte ihm das Halali. Doch im letzten Augenblick noch lächelte ihm das Jagdglück. Ein mächtiger Bär wechselte über den Weg. »Ha, Meister Petz«, rief er fröhlich, »dich will ich mir lebend fangen.« Rasch sprang er vom Pferd und lief dem fliehenden Tier nach. In seiner Not ließ sich Gevatter Braun in eine Schlucht kollern, aber der Held kletterte behende hinterher. Auf seinen

Pranken sich hoch aufrichtend, erwartete der braune Geselle mit wütendem Gebrumm den Angreifer. Mit nervigen Fäusten umfaßte Siegfried die Bestie und preßte sie so fest an sich, daß sie zusammenbrach. Rasch fesselte er das Tier, nur den Hinterbeinen ließ er gerade so viel Spielraum, daß es noch laufen konnte, und trieb es dann dem Lager zu. Hei, gab das einen Spaß, wie Siegfried mit dem Brummbär angezottelt kam. Doch um den waidmännischen Scherz noch höher zu treiben, schnitt er schnell die hemmenden Seile durch und trieb das Tier mit der flachen Klinge zum Feuer, an dem die Mahlzeit bereitet wurde. Eine heillose Verwirrung entstand. Schreiend liefen die Küchenknechte durcheinander, angepflockte Rosse rissen sich los und sprengten mitten durch den wirbelnden Knäuel, Kessel und Töpfe stürzten um und manch leckerer Bissen rollte ins Gras. Nachdem Siegfried Meister Petz genügend gehetzt hatte, ließ er ihn schließlich in den Tann entkommen.

Lange erscholl noch das Lachen der belustigten Recken und verstummte erst, als jetzt von allen Seiten Troßleute auf ihren Wagen die im Wald aufgelesene Beute heranbrachten. So treffliche Jäger die Burgundenhelden auch sein mochten, den Nibelungen hatte keiner erreicht, und' Gunter heftete ihm den Siegespreis, einen frischen Zweig, nach alter Waidmannsart an das Kleid. Siegfried ließ es stolz geschehen und sagte: »Waidmannsdank für den grünen Bruch.«

Nun setzte man sich endlich zur wohlverdienten Rast im Kreise zusammen. Rumold der Küchenmeister ließ herrliche Speisen auftragen, am Spieß gebratene saftige Wildbretstücke, kräftig gewürzt. Dazu gab's schneeweißes Brot, und alles langte wacker zu. Die starke Beize machte Siegfried Durst und er rief: »Wo bleibt denn Sindbold heut, unser Mundschenk? Mich gelüstet nach seinem Wein.«

»Mir geht es auch so«, pflichtete Gunter scheinheilig bei, »und wenn ich nicht bald etwas zu trinken bekomme, verschmachte ich.« Insgeheim wußte er, daß alles, das Fehlen eines Getränks, die übermäßig geschärften Speisen, mit zu dem Mordplan gehörte, den Hagen gesponnen hatte.

»Verzeiht mir«, setzte der Tronjer das abgekartete Spiel fort, »ich trage daran die Schuld. Ich dachte, wir würden jenseits des Rheins jagen, und dorthin habe ich denn die Fässer geschickt.«

»Nun, das ist aber ein törichter Irrtum«, wies ihn Gunter scheinbar erzürnt zurecht.

»Nicht so schlimm, wie du denkst«, tröstete Hagen. »Ich kenne in der

Nähe einen kühlen Born. Dorthin will ich die Könige gern geleiten. Die Recken mögen uns dann später nachfolgen.«

»Nun auf denn!« drängte Siegfried, »meine Kehle ist ausgedörrt.«

Die drei Männer erhoben sich. Schnell und schweigend schritten sie durch den Wald, bis sie an einen Talgrund kamen, wo man schon von fern das Murmeln eines Quells hören konnte.

Hagen hielt an und sagte: »König Siegfried hat uns heute gezeigt, daß er wahrhaft ein Meister der Jagd ist. Doch er soll, wie man sagt, im Wettlauf nicht minder tüchtig sein. In schwerer Rüstung selbst schlüge er jeden auch entbürdeten Mann. Will uns Herr Siegfried das bestätigen? Hat er Lust, mit uns um die Wette zu laufen? Dort der Ursprung des Bächleins wäre das Ziel.«

Frohgelaunt begrüßte der Nibelunge den Vorschlag. »Topp, es gilt«, stimmte er zu, »und gern räum' ich euch auch die erbetene Vorgabe ein. Speer, Schild und Bogen will ich tragen und nur den Balmung abgürten und hier ins Gras legen, denn seine Länge, nicht sein Gewicht würde mich behindern.«

Angenehmere Worte hätten Gunter und Hagen nicht hören können. Blind rannte der arglose Held in die ihm gestellte Falle. Denn Hagens größte Sorge war es gewesen, daß der Gemeuchelte noch eine Waffe erfassen vermöchte und sterbend seine Verräter zusammenschlüge. Dieser Furcht war der Tronjer nun ledig. Jetzt würde es nur einen Speer am Tatort geben und diesen würde ihm der Mörder, so dachte er, selbst in die Hand spielen.

»Ich bin bereit«, verkündete Siegfried.

»Wir auch«, scholl die Antwort wie aus einem Mund.

Während der Nibelunge die schweren Geräte schleppte, liefen die beiden andern Kämpfer frei von allem, was sie hätte beschweren können. Dennoch erreichte er weit vor seinen Gegnern den Quell. Siegfried lehnte den Jagdspieß an den Baum, der den Born beschattete. Allzugern hätte er auch auf der Stelle seinen brennenden Durst gelöscht, doch wollte er dem älteren Gunter den Vortrunk lassen. Diese ritterliche Zucht sollte ihm übel bedankt werden.

Eine geraume Weile dauerte es noch, bis die beiden keuchend herankamen.

Gunter legte sich zur Erde und schlürfte mit Behagen das kühle Wasser. Nachdem er sich erquickt hatte, lud er Siegfried zum Trinken ein.

Schnell ließ sich der Held nieder und schöpfte mit beiden Händen das köstliche Naß.

Indes hatte Hagen den Speer gefaßt und war auf Zehenspitzen an sein Opfer herangeschlichen. Genau visierte er auf das gelbe Mal und holte mit der Waffe weit aus. Seine Zähne knirschten in grimmiger Kraft und dann tat er den Stoß, und es ertönte ein furchtbarer Schrei...

Abseits mit verhülltem Haupt stand der König der Burgunden.

Jäh schoß ein Blutstrahl aus der Wunde des Gemeuchelten und besudelte dem Mörder Antlitz und Gewand. Der tödlich getroffene Held raffte sich hoch, der Speer haftete in seinem Leib. In wildem Toben tappte er nach dem Schild, riß ihn an sich und schmetterte ihn Hagen über den Schädel. Der Tronjer wankte, sank in die Knie, brach aber nicht vollends zusammen. Siegfrieds Faust hatte ihre vernichtende Kraft schon verloren. Nun ermattete der Todwunde vollends. Röchelnd sank er ins Gras, das sich weithin von strömendem Blut verfärbte.

Hagen trat vor ihn hin. Nicht die Spur eines Mitleids stand in seiner eiskalten Miene, als sich sein Blick mit dem brechenden Auge des Nibelungen traf. Mühsam erhob sich Siegfried noch einmal und schleuderte mit versagender Stimme Wutschrei und Verwünschung wider die Mörder: »Fluch über euch, treulose Verräter! Weh euch, Gunter und Hagen und dem ganzen Haus der Burgunden! Arglosen Glauben habt ihr mit feiger Hinterlist beantwortet, Liebe mit Tücke belohnt.« Weit öffneten sich jetzt seine Augen. Ein Glanz stand darin, als spiegelten sich in ihnen Bilder der Zukunft. Der Sterbende hauchte: »Weh, die Welt seh' ich in Glut und Asche versinken. Flammen ... nichts als Feuer ... die Halle lodert ... du Gunter und Hagen mitten in der Brunst, so richtest du sie, mein Gott.« Sein Haupt fiel zurück. Siegfried war tot.

Und es trauerte die Natur um das strahlende Heldenleben. Die Vögel im Geäst des Baumes verstummten, ein Nebelschleier legte sich vor die scheidende Sonne und schwarze Dunkelheit hüllte die Erde ein. Fern grollte ein Donner.

Bis ins Mark erschüttert stand Gunter vor der Leiche. »Niemals mehr«, klagte er, »wird ein solcher Mann geboren werden.«

»Wohl wahr«, murmelte Hagen. »Er war der letzte einer Welt, in der die Menschen noch solche Kräfte besaßen. Für unsere Zeit war er zu groß und zu einfältig. Darum mußte er sterben.«

Nun kamen die Jagdgefährten über den Wiesenplan gelaufen und fingen bei dem entsetzlichen Anblick zu jammern an. Der Tronjer wies sie streng zurecht, bettete selbst den Leichnam auf den Schild und ließ den Toten auf einen Wagen bringen. Dann nahm er den Balmung auf, der verloren im Grase lag, und gürtete sich ihn um. Er sollte ihn dereinst noch gut gebrauchen können.

Indessen berieten die Männer untereinander, wie man die Wahrheit am besten verhehlen könnte. »Wir wollen erzählen«, sagten einige, »Siegfried sei ein Unfall zugestoßen. Als er allein durch den Tann ritt, hätten ihn Räuber erschlagen.« Der Tronjer hörte dies und rief ihnen zu: »Laßt das! Ich stehe zu meiner Tat!«

Bei Einbruch der Nacht kehrte die Jagdgesellschaft nach Worms zurück. Lange vor Tagesanbruch erreichten sie die Burg, und der Tronjer befahl in grausamem Trotz, Siegfrieds Leichnam vor Kriemhilds Kammer zu legen, damit sie ihn am Morgen fände. Und so geschah's. Das Waidwerk war zu Ende, die edelste Beute heimgebracht. Das Unheil nahm seinen Lauf.

SIEGFRIEDS BESTATTUNG

Die Glocken zur Frühandacht rissen Kriemhild aus unruhigem Schlaf. Sie weckte ihre Frauen, und schnell waren sie und ihr Gefolge zum Münstergang bereit. Ein Kämmerer ging mit einer Fackel voraus, doch kaum hatte er die Schwelle überschritten, so rief er aus: »Stehet still, Herrin, es liegt ein erschlagener Mann vor der Tür. Sein Gewand ist rot von Blut.«

»Siegfried«, schrie Kriemhild, bevor sie ihres Gatten bleiches Antlitz noch gesehen hatte. Sie wußte, daß ihre bange Ahnung Gewißheit geworden war. Ihre vom Grübeln hellsichtig gewordene Seele kannte auch den Mörder. So groß war der Schmerz, daß er ihr das Labsal der Tränen versagte. Ihr Antlitz versteinte sich, und sie wehrte den Frauen, die sie trösten wollten. Neben der Leiche ihres Geliebten kniete sie nieder, hob sein auch im Tode noch edles Haupt empor und liebkoste das vom geronnenen Blut befleckte Gesicht. Dann zog sie dem Helden das verschmutzte Jagdgewand aus, wusch den Leichnam und kleidete ihn in reine Gewänder. Sodann ließ sie ihn auf eine Bahre heben.

Das Jammern von Kriemhilds Dienerinnen war im ganzen Palast gehört worden. Bald erschien König Siegmund, begleitet von vielen niederländischen Rittern. Der Greis sank über den entseelten Leib seines Sohnes, und in seinem Jammer, der ihn nicht begreifen ließ, preßte er sein Ohr auf Siegfrieds Herz. Doch es war kalt und stumm. Ein furchtbares Wehklagen erhob er da, seine Männer aber schlugen mit ihren Schwertern auf die Schilde, und gellend dröhnte die Burg von ihrem Racheruf.

Währenddessen hatten sich Gernot und Giselher, die nicht mit auf der Jagd gewesen waren, eingefunden. Schmerz und Schuldbewußtsein zugleich durchzitterten ihre Brust. Denn schwer lastete auf ihrem Gewissen, daß sie es unterlassen hatten, Siegfried zu warnen. Tränenüberströmt küßte Giselher dem Herrlichen die wachsgelben Hände.

Viele andere Recken versammelten sich noch, und wie sie die Niederländer mit gezogenen Schwertern stehen sahen, machten sie Miene, ihrerseits zu den Waffen zu greifen. Doch Gunter, der nun herbeieilte, zügelte den Zorn der Recken und bat auch König Siegmund, den Seinen zu erklären, daß ein Kampf angesichts der Übermacht der Burgunden sinnlos wäre. Murrend ließen die Männer vom Niederrhein da die Degen wieder sinken.

Die Nacht war gewichen und der helle Tag angebrochen. Kriemhild befahl nun, den Leichnam nach dem Münster zu bringen. Dort wurde er in goldener Pracht, wie es einem König zukommt, aufgebahrt, Kriemhild bezog zu seinen Häupten die Totenwacht. Die Trauerglocken erklangen über die Stadt, und bald pilgerten in Scharen die Bürger herbei, um von dem Helden Abschied zu nehmen.

Durch die wogende Menge, die in nie abreißendem Strom an dem Sarge vorbeiwallte, zwängten sich zwei Männer. Gunter und Hagen waren gekommen, die sorgten, man könnte ihnen ein Fernbleiben übel auslegen. Langsam schritten sie auf den Leichnam zu, indes das Volk vor ihnen zurückwich. Und siehe, als sie den goldenen Schrein erreichten, begann sich das Linnen, in das man den Toten gehüllt hatte, rot zu verfärben. Die Wunden des Gemeuchelten waren aufgebrochen, und frisch fließendes Blut klagte die Mörder an. Mit leiser Stimme, aber mit einer Entschlossenheit, die selbst die Recken schaudern machte, verkündete Kriemhild ihren Racheschwur: »Gunter und Hagen und ihr alle, die ihr Schuld tragt an der Freveltat, euch sag' ich grimmige Vergeltung an. Nicht heute oder morgen, aber dennoch, der Tag wird kommen, so wahr mir Gott helfe.«

Die Menge geriet in Unruhe. Jammern, erstickte Schreie und manches bittere Wort erfüllten den Dom.

Nun senkte sich wieder die Nacht herab. Der Zudrang der Bürger ebbte ab, nur Priester und Mönche, die an den Altären die Sterbegebete murmelten, teilten Kriemhilds einsames Wachen. Die Trauernde sprach: »Ich bitte euch, heilige Väter, laßt mich jetzt allein. Verriegelt die Pforte und gebt drei Tage und drei Nächte niemandem Einlaß. Ich will zum letztenmal auf dieser Erde ungestört mit meinem Herzliebsten sein.« Und es geschah nach ihrem Willen.

Als die Frist um war, hatte Kriemhild noch immer nicht die Kraft gewonnen, sich von Siegfried zu trennen. Sie klammerte sich verzweifelt an den Sarg. Erst der freundliche Zuspruch Giselhers und der Priester bewog sie, den Schrein freizugeben. Mit König Gunter gaben alle Burgundenritter dem Helden das letzte Geleite. Nur Hagen und Brunhild fehlten. Vor dem offenen Grab ließ die weinende Witwe den Deckel wieder aufbrechen, um den Toten noch einmal zu sehen. Sie faßte sein Haupt und küßte es. Da brachen alle die Tausende, die den Friedhof füllten, in Tränen aus. Dann versenkte man Siegfrieds Leichnam in die Gruft. Eine schwere eiserne Platte schloß sich über dem größten Helden, der je gelebt.

HAGEN VERSENKT DEN NIBELUNGENHORT

Siegfried war begraben. Der unglückliche König Siegmund rüstete zur Heimkehr. Er forderte Kriemhild auf, mit ihm nach Xanten zu ziehen. »Du sollst alle Gewalt behalten, die Siegfried besessen hat«, versprach er ihr. »Königin über das Reich am Niederrhein wirst du sein, und alle Lehensmänner, die meinem Sohn gedient haben, werden dir den Eid erneuern.«

Doch des Nibelungen Weib lehnte ab: »Der Tote hat mir nicht den Auftrag hinterlassen, sein Land zu regieren, sondern den Mord an ihm zu rächen. Erziehet meinen Knaben im Geist seines herrlichen und unglücklichen Vaters, er soll dereinst die Krone tragen.«

Da Siegmund und seine Getreuen dies hörten, wurde ihnen weh ums Herz, vielen standen Tränen in den Augen, und mancher klagte: »Weh dieser Fahrt, nun haben wir König und Königin verloren.« Und Siegmund fügte voll des Schmerzes hinzu: »Und ich Sohn und Tochter.«

In aller Stille verließ der greise Herrscher Worms. Nur Gernot und Giselher geleiteten ihn bis zur Landesgrenze.

Auf Kriemhilds Wunsch wurden ihr und ihrem Gesinde im Palast Zimmer angewiesen, die ganz abseits lagen. Die Trauernde verließ ihre Gemächer nur, um in das Münster oder an ihres Gatten Grab zu gehen. Vier Jahre lang blieb sie so in völliger Abgeschiedenheit, und nur hin und wieder wechselte sie einige Worte mit ihrer Mutter Ute oder mit Giselher. Es verletzte Gunters Stolz sehr, daß Kriemhild seine mehrmalige Bitte um eine Unterredung abgewiesen hatte. Der König klagte Hagen seinen Kummer. Der grimme Recke versetzte lebhaft: »Ich rate dir zur Versöhnung. Deine Schwester ist die Besitzerin des Nibelungenschatzes, und läßt sie ihn nach Worms kommen, können wir teilhaben an dem Reichtum.«

Wieder unterwarf sich Gunter dem gewaltigen und machtgierigen Willen des Tronjers. Gleißend stieg das Bild des unermeßlichen Hortes vor ihm auf. Mit brennender Begier versetzte er: »Wie aber soll ich Kriemhild gewinnen? Weißt du da einen Rat, Oheim?«

Hagen lachte höhnisch auf: »Nun, ich bin der Rechte nicht, um bei deiner Schwester den Vermittler zu spielen. Ich glaube, mich haßt sie mehr als die Sünde. Doch schick Giselher zu ihr, er ist der einzige, auf den sie hört.«

So ward getan, wie er vorgeschlagen hatte.

Kriemhild wies lange Giselhers Flehen zurück. Doch eines Tages tauchte in ihr plötzlich der geheime Gedanke auf, daß sie niemals Siegfrieds Tod würde sühnen können, wenn sie sich einsam vom Hofe fernhalte. Nur wenn sie mitten im Leben stünde, würde eines Tages die Gelegenheit kommen, auf die sie geduldig wartete. So gab sie schließlich Giselhers Drängen nach. Freilich ließ sie ihn nicht im unklaren, daß sie nur einen äußeren Frieden zu schließen gedächte.

»Mit dem Munde will ich Gunter Verzeihung gewähren«, sagte sie, »mit dem Herzen niemals.«

Gunter war jedoch froh, daß Kriemhild wenigstens soweit nachgegeben hatte. Es währte auch nicht lange, da wußte er sie zu bewegen, von Alberich die Auslieferung des Hortes zu begehren. Gernot und Giselher wurden mit achttausend Recken ausgesandt, den Schatz nach Worms zu holen. Der Zwergenkönig weigerte sich nicht, ihn herauszugeben. »Wir haben kein Recht«, erklärte er seinen zornentbrannten Räten, »Siegfrieds Weib das Erbe zu verweigern. Das einzige, was dem Helden allein gehörte, ist mit ihm dahingegangen: der fluchbeladene Ring und die Tarnkappe, die mit dem Tod ihres Trägers ihren Zauber verlieren mußte und jetzt nicht mehr wert ist denn ein Stück Silber.«

Wahrlich nicht umsonst hatte Hagen den Schatz so dringend begehrt. Zwölf Lastwagen fuhren ohne Pause vom Berg zum Rhein hin und wider und brauchten doch vier Tage und Nächte, um all das Gold, die Edelsteine und das Geschmeide auf ein starkes Schiff zu bringen.

Kriemhild war nun maßlos reich. Doch der Besitz schien sie gleichgültig zu lassen. Sie übersah geflissentlich auch die begehrlichen Blicke Gunters und begann die Armen mit fürstlichen Geschenken zu überhäufen. Mancher, der als Bettler durch das Land gezogen war, wurde über Nacht zu einem wohlhabenden Mann.

Hagen verdroß das sehr. »Sie wirbt sich damit Anhänger und Getreue«, flüsterte er Gunter ein, »eines Tages haben wir dann die Feinde mitten unter uns. Solch ein Reichtum gehört nicht in die Hände einer Frau.«

Gunter schwankte zwar, doch ließ er es geschehen, daß der Tronjer die Schlüssel zu den Kammern, die den Schatz bargen, an sich nahm. »Nun ist der Schatz unser«, raunte er dem König zu, »und von dieser Stunde an dürfen wir uns Nibelungen nennen.«

Giselher zürnte jedoch: »Wahrlich, genug des Leides hat unser Oheim über Kriemhild gebracht, nun müssen wir Einhalt gebieten.«

Des Tronjers Entschluß war jedoch gefaßt. Wenn man ihm Widerstand leistete den Hort zur Mehrung der Macht des Burgundenhauses auszunutzen, dann sollte er verschwinden. Er verstand es, die Könige zu bewegen, die Einladung eines befreundeten Königs anzunehmen und selbst unter dem Vorwand, daß ein starker Recke auf der Wacht in Worms zurückbleiben müßte, der Fahrt fernzubleiben.

Nur wenige Tage nach der Abreise der Brüder drang der Tronjer mit ein paar handfesten Gesellen in die Schatzgewölbe ein, bemächtigte sich der gefüllten Truhen und ließ sie auf ein Schiff bringen. Damit fuhr er den Rhein ein gutes Stück aufwärts und dort, in der Nähe seiner Stammburg, wo die andrängenden Berge das Strombett verengen und gleichermaßen ins Bodenlose vertiefen, senkte er, von keines Spähers Auge gesehen, den Hort der Nibelungen hinab auf den Grund der grünlich schimmernden Flut. Dort ruht er noch heute und wird bleiben bis zum Jüngsten Tag...

Kriemhild erhob bittere Klage über den Raub, und auch Gernot und Giselher mißbilligten Hagens Tat. Aber was half's? Gunter ließ nicht von dem kühnen Recken, und freien und trotzigen Hauptes schritt er nach wie vor durch die Hallen der Burg in Worms.

Die Witwe fürchtete schließlich sogar für die sterblichen Überreste ihres Gatten. Vielleicht könnte es dem Unerbittlichen gutdünken, so dachte sie, auch noch das Andenken an Siegfried auslöschen zu wollen und die Gebeine des Helden in die Winde zu streuen. Sie ließ den Leichnam aus der Erde holen und fern im Kloster Lorch beisetzen. Frau Ute nahm den Schleier und widmete den Rest ihres Lebens der Pflege des Heldengrabes in der Kirche des Stifts.

ETZEL WIRBT UM KRIEMHILD

Und wieder vergingen Jahre. Noch immer war der Mord im Odenwald nicht gesühnt. Kriemhild hatte niemals vergessen, was sie sich zur heiligen Pflicht gemacht hatte. Nach außen trug sie jedoch ein gefaßteres Wesen zur Schau, erschien öfters unter ihren Brüdern, nur mit Hagen sprach sie niemals.

Da kamen eines Tages zweihundert Recken in den Burghof gesprengt. Sie waren seltsam anzuschauen: Roßschweife wehten von den Helmen, an langen silbernen Ketten hingen gekrümmte Säbel, statt Sättel trugen die Pferderücken bunte Teppiche. Scharf hielten die Burgunden Ausschau, und wie erstaunten sie da! Die Haut der Fremdlinge war gelb getönt, zwischen schief gestellten, schmalen Lidspalten funkelten lebhafte, kohlschwarze Augen. Nur ihr Anführer hatte Antlitz und Aussehen wie die Helden am Rhein, auch seine Rüstung hätte aus einer Waffenkammer in Worms stammen können, und er schien ein deutscher Fürst zu sein.

Hagen, der alle Lande und ihre Männer kannte, rief, nachdem er einen langen Blick auf die Ankömmlinge geworfen hatte, freudig aus: »Markgraf Rüdiger von Bechlarn* ist's mit einer hunnischen Reiterschar!«

»Ein hoher Besuch«, staunte Gunter.

»In der Tat«, pflichtete der Tronjer bei, »viel christliche Helden stehen im Lehensdienst des Hunnenkönigs Etzel, aber Markgraf Rüdiger ist der vornehmste unter ihnen.«

»Was sie wohl von den Donaugefilden herbeigeführt haben mag?« fragte Gernot, »denn seht, hochbeladene Saumrosse folgen dem Zug. Ich denke, wir sollten die Ritter erst einmal herzlich begrüßen.«

So schritten Gunter und Gernot in den Hof hinab, empfingen huld-

* Pöchlarn an der Donau, Niederösterreich

voll Rüdiger und geleiteten ihn und seine Recken zu einem Willkommtrunk in die Halle. Auf einen Wink des Markgrafen holten Knechte aus dem Gepäck kostbare Gewänder und breiteten sie vor den Burgunden aus. Rüdiger verneigte sich vor dem König und sagte: »Ich bitte Euch, diese bescheidene Gabe als Gastgeschenk entgegenzunehmen. Sie wurde eigens für Euch in Wien angefertigt, und es gibt keine Stadt, wo man sich besser auf schöne Kleider verstünde.«

Freundlich lächelnd dankte Gunter: »Wahrhaft, Ihr habt uns hoch beglückt, Herr Rüdiger. Nichts Köstlicheres habe ich mein Leben lang gesehen. Doch erzählt uns nun, was Euch hierher geführt hat, denn weit ist die Reise von der Donau an den Rhein.«

In feierlichem Ton antwortete Rüdiger: »Der Hunnenkönig Etzel schickt mich, und hört, welche Botschaft er Euch sendet. Vor nicht langer Zeit ist ihm seine liebe Gemahlin Helche gestorben.«

In den Reihen der Burgunden wurde ein Murmeln des Bedauerns laut, und alle priesen die Fürstin, deren Ruf bis nach Worms gedrungen war.

»Nach dem Hunnenland kam die Kunde«, fuhr der Markgraf fort, »daß auch die edle Frau Kriemhild ihren Mann verloren hat, und da rieten ich und mein Genosse Dietrich von Bern dem Herrscher, der Witwe Siegfrieds Hand und Krone anzubieten. So komm' ich als Brautwerber Etzels an den Hof zu Worms und bitte Euch, König, um günstigen Bescheid.«

Überrascht verharrten die Helden in längerem Schweigen. Endlich hatte Gunter seinen Entschluß gefaßt und gab ihn kund: »Der Antrag des mächtigen Königs ehrt uns sehr. Freilich, es bleibt manches zu bedenken. Etzel ist, wie uns berichtet ward, kein Christ und es fällt uns nicht leicht, Kriemhild einem Heiden zur Gemahlin zu geben. Jedoch bleibt bei uns, Herr Markgraf, laßt es Euch gut gehen, in drei Tagen sollt Ihr Antwort haben.«

Gunter rief sogleich seine Brüder und die vornehmsten Recken zur Beratung. Viele befürworteten eine Verbindung der Burgunden mit Etzels starkem Haus, nur Hagen widersprach heftig: »Wird Kriemhild die Gemahlin des gewaltigen Herrschers, so bedeutet das Gefahr. Ihr Herz sinnt auf Rache.«

»Du siehst Gespenster«, warf Giselher ein, »kein Schatten steht mehr zwischen den Geschwistern.«

Der Tronjer lachte auf: »Du junger, reiner Tor! Glaube meiner alten Weisheit, daß diese Heirat uns ins Verderben stürzen würde. Wenn es nach mir ginge, ich schickte Rüdiger heim und verschwiege Kriemhild seinen Besuch.«

Solange Hagens Rat zu nachtdunkler Tat geführt hatte, war ihm Gunter gefolgt. Jetzt aber, da er zum Heile ausgeschlagen wäre, ließ der Unstern des Königs ihn zurückweisen. »Was du da vorschlägst, geht nicht an«, erwiderte er heftig. »Kriemhild selbst soll entscheiden.«

Man beauftragte Giselher damit, seine Schwester von der Werbung König Etzels zu verständigen. Kriemhild wies die Zumutung, dem Andenken ihres teuren Toten je untreu zu werden, weit von sich, willigte aber, um der höfischen Sitte zu genügen, ein, Rüdiger wenigstens zu empfangen.

Sie begrüßte den Markgrafen von Bechlarn huldvoll, bedeutete ihm aber sogleich: »Ich verlor den besten Mann, den die Erde trug. Wer mein Herzeleid kennt, darf mir nimmer raten, noch einmal zu freien.«

Lebhaft drang Rüdiger in Kriemhild: »Es gibt im Leide keinen besseren Trost als die Minne.«

Heftig widersprach die edle Frau: »Niemals mehr werde ich einen Mann lieben. Bestellt diese Botschaft Eurem Herrn, und ich bin gewiß, er wird ablassen, mich zu begehren.«

Etzels Werber gab den Kampf so leicht nicht auf und er lenkte ein: »Nicht Liebe, nur Achtung verlangt mein Gebieter. Und die, glaub' ich, verdient er wohl. Von der Rhone bis zum Rhein, von der Elbe bis zum Meer gibt es keinen mächtigeren Herrscher. Zwölf Königreiche und dreißig Fürstentümer sind ihm untertan und sie werden es auch Euch sein, wenn Ihr seinem Rufe folgt. Reich ohne Maßen ist Etzel, und heiter vergehen die Tage auf seiner Burg, die sich stolz in den Fluten des Donaustromes spiegelt. Seid versichert, so große Macht und so märchenhafter Reichtum verschaffen auch Wonnen, die Tränen trocknen können.«

Diese Worte machten auf Kriemhild großen Eindruck. Sie stützte ihr Haupt mit der Hand und versank in grübelndes Sinnen. Bot sich hier nicht die Gelegenheit, auf die sie wartete? Ließen sich so gewaltige Kräfte nicht ihrem heiligen Rachewerk dienstbar machen? Plötzlich fuhr sie auf und sagte: »Ich fürchte nur, daß ich sehr allein sein werde unter dem fremden Volk.«

»Wo denkt Ihr hin, hohe Herrin«, versuchte Rüdiger eindringlich die Bedenken zu zerstreuen. »Ihr werdet in Etzelburg neben den Heiden auch sehr viele unseres Glaubens finden, große Recken der Christenheit.

Und vermöchtet Ihr bei den Hunnen wirklich keinen anderen Freund zu gewinnen als mich, ich will für Euch einstehen mit Leib und Seele.«

Diese Antwort gefiel Kriemhild sehr, doch sie wollte sich den schweren Entschluß noch einmal überdenken. Und so bat sie den Markgrafen, ihr bis morgen Frist zu geben.

Schlaflos verging die lange Nacht. Als der Morgen graute, wußte sie endlich, was zu geschehen hatte, und sie sank in kurzen und erquickenden Schlummer. Erwacht, kleidete sie sich schnell an und rief ohne Verzug nach dem Abgesandten ihres Freiers. »Herrin!« rief der Markgraf schon beim Eintreten fröhlich aus, »ich seh's an Euren Mienen, daß Ihr der Werbung meines Königs günstig gesinnt seid.«

Kriemhild versetzte stolz: »Ja, ich denke, daß er meiner würdig ist, auch wenn er sich zu einem anderen Glauben bekennt. Vielleicht wird er sich mir zuliebe einst doch taufen lassen. Und so will ich denn Euch an die Donau und nach Etzelburg folgen. Nur eine kleine Bedingung bitt ich Euch vorerst zu erfüllen.«

»Gern, edle Frau«, versicherte dienstwillig Rüdiger.

»Ihr müßt verstehen«, fuhr Kriemhild fort, den Doppelsinn ihrer Forderung verschleiernd, »daß alle Eure trostreichen Worte von gestern mir die Bangigkeit vor der Reise in so fernes Land nicht zu verscheuchen vermögen. Meine Seele würde ruhiger sein, könnt' ich von Euch einen Eid empfangen. Schwört mir, edler Markgraf, daß Ihr jederzeit bereit seid, mir angetanes Leid aufs bitterste zu rächen.«

Nicht ahnend, was Kriemhild bei diesen Worten dachte, bekräftigte Rüdiger mit einem Handschlag das Gelöbnis.

Nun galt es, die Braut würdig auszustatten, und gern hätte diese jetzt aus der Fülle des Nibelungenschatzes geschöpft. Aber der sich jetzt Nibelung nannte, Hagen von Tronje, weigerte sich zu verraten, wo er den Hort versenkt hatte.

Bittere Klage erhob Siegfrieds Erbin wider den argen Mann, die Könige bedrohten ihn hart, doch in grimmigem Trotz bot er die Stirn und sprach: »Mit dem Geld will sie sich im Hunnenland Freunde kaufen, die sie uns dann auf den Hals schicken wird. Zum Schaden gereicht das Gold ihr und uns allen.«

So drohte neuer Streit im Burgundenhaus zu entbrennen, doch schließlich beruhigte Rüdiger die Braut seines Herrn, indem er meinte: »Klagt nicht um das Gold, hohe Frau. Ihr werdet ja des reichsten Königs Gemahlin. So viel wird er Euch schenken, daß Ihr ein Leben lang den Reichtum nicht verschwenden könnt.«

Dennoch sorgten Gunter und seine Brüder dafür, daß Kriemhild mit einem Brautgut, das des Burgundenhofes würdig war, die Reise antrat. Hundert edle Jungfrauen erwählte Kriemhild zu ihrem Gefolge, an die Spitze einer glänzenden Reiterschar berief sie wie schon einst einmal Markgraf Eckewart. Dann nahm sie Abschied von ihrer Mutter Ute, die aus dem Kloster herbeigeeilt war, und bat sie innigst, für Siegfrieds Grab zu sorgen. Gunter gab seiner Schwester nur bis an die Tore von Worms das Geleite, doch Gernot und Giselher ritten mit ihr, bis zwischen den Hügeln die Donau sichtbar wurde. Dann kehrten sie um. Zum zweitenmal hatte Kriemhild das Band zwischen sich und der Heimat zerschnitten.

KRIEMHILDS REISE UND HOCHZEIT

Von schnellen Boten war in Passau angesagt worden, daß Kriemhild mit großem Gefolge nahe. Sogleich machte sich der Bischof Pilgrim, ein Oheim der Burgundentochter, auf den Weg, um seine Nichte zu empfangen. Er ritt ihr ein gutes Stück entgegen und geleitete sie in die Stadt. Gern hätte er die edle Frau länger bei sich behalten, aber Rüdiger drängte zum Aufbruch: »Wir dürfen nicht säumen, ehrwürdigster Vater, denn auf der Burg Bechlarn harret unser schon meine Gemahlin Gotlind.«

Und der Markgraf hatte recht. Denn schon war Gotlind in Bechlarn aufgebrochen, um dem glänzenden Brautzug bald zu begegnen. Kriemhild, der sich auch ihr geweihter Oheim angeschlossen hatte, näherte sich der Stadt Enns. Dort auf freiem Feld sah sie eine Menge Zelte, die auf Befehl der Markgräfin errichtet worden waren, damit die Wanderer erquickende Nachtruhe fänden. Gotlind selbst stand vor der kleinen Zeltstadt, um die Gäste zu begrüßen. Herzlich küßten sich die beiden Frauen, und überschwenglich gab Gotlind ihrer Freude Ausdruck: »Daß ich Euch noch sehen durfte, nichts Lieberes konnte mir widerfahren.«

Kräftig gestärkt ging es am anderen Morgen weiter nach Bechlarn, wo schon längst alles zu einem glanzvollen Empfang vorbereitet war.

Des Markgrafen Rüdiger Tochter Dietlind erwartete die Ankömmlinge an der Pforte und hieß sie herzlich willkommen. Kriemhild ließ das liebliche Mädchen während des ganzen Aufenthalts nicht mehr von ihrer Seite. In einem weiten Saal der Burg genoß man die herrliche Aussicht auf den Donaustrom, dessen Wellen tief unter ihnen vorbeiglitten, Kriemhilds neuer Heimat zu.

Nachdem man prächtige Gastgeschenke ausgetauscht hatte, brach man wieder auf, so gern Kriemhild auch in der lieblichen Landschaft noch länger verweilt hätte. Sehr schwer fiel Rüdigers holder Tochter der Abschied, und sie flüsterte der schnell gewonnenen mütterlichen Freundin zu: »Wenn Ihr es wünscht, edle Königin, wird mich mein Vater gern zu Euch ins Hunnenland schicken, damit ich Euch dort diene.« Über diese Rede freute sich Kriemhild sehr.

Doch der Ritt ging nun weiter. Der Wirt Astolf auf Burg Medelike, dem heutigen Melk, stärkte die Ermüdeten mit köstlichem Wein, und am

Abend lud das gastliche Mutarn* die Wanderer zu erquickender Ruhe ein. Das vorläufige Ziel der Reise war Traismauer, das am nächsten Tag erreicht wurde. Hier bezog Frau Kriemhild auf der Burg zu längerem Aufenthalt Quartier, während das Gefolge in den schönen Bürgerhäusern eine angenehme Unterkunft fand. Denn es war besprochen, daß König Etzel seine zukünftige Gemahlin in der Stadt Tulln empfangen werde, die unweit von Traismauer sich stolz am Donauufer erhob und zu damaliger Zeit dem Glanze Wiens bald folgte.

Endlich nach einer Woche Wartens meldeten Herolde Frau Kriemhild, daß der Hunnenherrscher Etzel, von Zîselmure** kommend, in Tulln eingetroffen sei und sich sehne, seiner Braut zu begegnen.

In den Straßen der Stadt ging es hoch her. Da tummelten sich die bunten Völker Etzels, jedes nach seiner heimischen Art. Die Hunnen bildeten die Mehrzahl, nach ihnen kamen die Deutschen, dann Griechen, Russen,

* Mautern   ** Zeiselmauer

Polen und Walachen, ja selbst die wilden Petschenegen waren da, die nach ihrer Gewohnheit die Vögel im Flug mit dem Pfeil herunterholten und zum Leidwesen der Tullner bald alle Tauben, Lerchen und Nachtigallen im weiten Umkreis ausgerottet hatten. Vierundzwanzig hohe Fürsten begleiteten Etzel. Da waren der Fürst Ramung aus dem Walachenland, die Sachsen Gibeke und Hornboge, aus Dänemark Iring und Hawart, aus Thüringen Markgraf Irnfried, ferner Blödel, der Bruder des Hunnengebieters, und endlich Dietrich von Bern, der herrliche Held, der damals als Gastfreund bei Etzel weilte.

Am Stadttor von Tulln fand die erste Begegnung zwischen Kriemhild und Etzel statt. Der Hunnenkönig war vom Anblick seiner Braut entzückt und freute sich der Wahl, die er getroffen hatte; auch Kriemhild hatte an ihrem zukünftigen Gemahl Gefallen gefunden, der trotz seines fremden Aussehens von edler Sitte und hoheitsvollem Sinn zu sein schien.

In Wien war indessen alles zum Empfang der vielen Gäste vorbereitet worden. Die Hochzeit fiel auf einen Pfingsttag, die anschließenden Feierlichkeiten währten schier zwei Wochen. In dieser Zeit war des Jubels und Trubels auf Straßen und Plätzen der Donaustadt kein Ende, fahrende Sänger, Tierbändiger und Gaukler belustigten das Volk, in der Burg fiedelten Werbel und Schwemmel, des Hunnenkönigs berühmte Spielleute. Doch auch diese frohe Zeit ging zu Ende. Das Herrscherpaar gab den Befehl zum Aufbruch, und ein unübersehbarer Zug von Rittern, Edelfräulein, Pagen, Knappen und Kriegsmannen zog, in eine Staubwolke gehüllt, die das Licht der Sonne verdunkelte, die Donau abwärts über Hainburg nach Misenburg, das man heute Wieselburg in Ungarn nennt. Dort stand eine Flotte von prunkvollen Booten bereit, die Hochzeitsgäste und ihr Gefolge aufzunehmen. Man hatte die Schiffe zusammengebunden, und das Riesenfloß bedeckte eine so weite Fläche des Stroms, daß das Wasser völlig der Sicht entschwand. An endlosen Auen vorbei ging die Fahrt, bunte und seltsame Vögel, die Kriemhild noch nie geschaut, stiegen kreischend aus dem Röhricht; manchmal traten auch Dörfer an das Ufer des Flusses, und die Burgundentochter staunte über das seltsame Aussehen der Häuser, runde Lehmbauten, auf denen ein spitzgiebeliges Strohdach saß. Die Menschen schienen sehr freundlich und winkten den vorübergleitenden Fahrzeugen zu. Endlich zeigte sich auf einem Berg hoch über der Donau die Etzelburg.

KRIEMHILDS RACHEPLAN

In Frieden und Eintracht gingen die Tage auf Etzels Burg dahin. In hohen Ehren lebte Kriemhild an der Seite ihres Gemahls, und groß war die Freude, als dem Paar nach einem Jahr ein Söhnchen geschenkt ward, das in der Taufe den Namen Ortlieb empfing. Er wuchs lieblich heran, war gesund und schön von Angesicht, nur sehr zart von Wuchs und feingliedrig fast wie ein Mädchen. Etzel liebte diesen spätgeborenen Sproß seines Stammes über alles, und auch die Mutter verzärtelte den Knaben. Freilich, so zufrieden sich die Königin ihrer Umgebung zeigte, in die Tiefe ihres Herzens drang kein Strahl der freundlichen Sonne, die über der Etzelburg leuchtete. Unablässig mahnten sie innere Stimmen, ihrer Pflicht eingedenk zu sein und mit härtester Strafe Siegfrieds Tod zu sühnen. Viele Pläne schmiedete sie in der Verborgenheit ihrer Brust, um sie wieder zu verwerfen. Erst als sie die Gewißheit empfand, daß ihr Etzel unlösbar verbunden sei und keinen Wunsch abschlagen werde, beschloß sie, zur Tat zu schreiten.

Das war genau sieben Jahre nach ihrer Ankunft im Hunnenland und am Abend eines Tages, da sich Etzel ihr besonders huldvoll gezeigt hatte. Angetan mit der ganzen Pracht eines Geschmeides, das vom König eben aus dem Tribut eines zinspflichtigen Volkes ausgewählt und seiner Gattin zu Füßen gelegt worden war, trat sie in noch immer berückender Schönheit vor den Gemahl hin und sagte: »Wie würden sich meine Brüder und Freunde in Burgund freuen, wenn sie sehen könnten, wie mich Etzels Liebe verwöhnt.«

Die schlau berechneten Worte taten ihre Wirkung. Lebhaft rügte sich der König selbst: »Verzeih mir, daß du mich erst daran erinnern mußtest, wie sehr dich nach einem Wiedersehen mit deinen Anverwandten verlangt.«

»Es ist nicht Sehnsucht allein«, beteuerte Kriemhild, »die mich zu einer Begegnung mit den Burgunden drängt. Wahrlich, ich habe so viel liebreiche Freundlichkeit meines Gatten zu erwidern, daß für andere Gefühle nicht mehr viel Platz in meinem Busen bleibt. Es ist etwas, das mich bedrückt...«

»Sprich dich ohne Sorge und Rückhalt mit mir aus«, fiel Etzel seinem Weib zärtlich ins Wort, »du weißt, daß ich alles, was in meiner Macht steht, für dich tun werde.«

»Nun denn«, versetzte die Königin, »so will ich dir verraten, was mir schon lange auf der Seele brennt. Man hat mir zugetragen, dein Hof sei sehr verwundert, daß sich niemals Freunde von mir zeigten. Insgeheim soll man mich deshalb ein wenig geringschätzig ‚die Fremde' nennen und an meiner hohen Abkunft zweifeln. Mir läge sehr am Herzen, wenn ich solche Schmähreden unterbinden könnte.«

»Und du glaubst«, ergänzte der Gemahl den Gedanken seiner Gattin, »das Auftreten deiner stolzen Geschwister und ihrer Mannen hier im Hunnenland würde den Schatten, der auf dein Ansehen gefallen ist, beseitigen?«

Darauf erwiderte Kriemhild: »Ja, Etzel, genau das denke ich.«

»Nun, da kann dir geholfen werden«, rief der Herrscher gutmütig aus, »gleich will ich meine Spielleute Werbel und Schwemmel nach Worms schicken und deine Anverwandten und die kühnsten Burgundenrecken zum Fest der Sommersonnenwende auf meine Burg laden. Bist du damit zufrieden?«

Statt einer Antwort küßte Kriemhild ihren Gatten, indes ihr Busen vor wilder Freude zu zerspringen drohte. Sie näherte sich nun endlich ihrem Ziel. Nur eine Sorge trug sie, der schlaue Hagen könnte versuchen, der Einladung auszuweichen, und ihre Brüder würden ohne den kommen, den der Rache schwerstes Gewicht zermalmen sollte. Sie ließ daher die Boten kurz vor der Stunde, die ihnen zur Abreise angegeben worden war, zu sich bescheiden und trug ihnen auf: »Grüßt mir innigst meine Brüder und vor allem sagt Giselher, daß ich mich auf sein Kommen freue. Denn nie habe er mir ein Leid getan, immer sei er liebreich und gut zu mir gewesen. Sagt ihnen, wie schön ich es hier hätte in Etzelburg und daß mein Glück vollkommen wäre, wenn die Burgunden hier für meine hohe Abkunft zeugten. Wenn ihr alles richtig bestellt habt, und meine Brüder hier wohlbehalten eingetroffen sind, dann sollt ihr hohen Lohn empfangen.«

Einen Augenblick stockte die Königin jetzt, sammelte sich aber rasch und fuhr fort: »Es könnte leicht geschehen, daß sich als einziger Hagen von Tonje weigert, die Fahrt an die Donau mitzumachen. Sollt Ihr solches hören, laßt nicht ab, in den Helden zu dringen, bis auch er sich zur Reise entschließt.«

Werbel und Schwemmel wunderten sich, daß die Königin so viel Wert darauf zu legen schien, gerade Hagen in Etzelburg zu sehen, versprachen aber auszuführen, was ihnen aufgetragen worden war. Mit der strengen Mahnung: »Vergeßt mir Hagen nicht!« wurden sie von Kriemhild entlassen.

Sich und die Pferde nicht schonend, ritten sie los. Etzels Macht schirmte sie auch auf den fernsten Pfaden, denn keinem Räuber schien es geraten, den Boten des mächtigen Hunnenkönigs aufzulauern, kein Fürst wehrte ihnen den Durchzug, keine Stadt schloß vor ihnen die Tore. Und so kamen sie denn schnell nach Worms.

WERBEL UND SCHWEMMEL BRINGEN ETZELS BOTSCHAFT

»Etzels Spielleute sind in der Stadt«, sagte eines Morgens Hagen zu Gunter, »gewiß steckt da Kriemhild dahinter. Das scheint mir nichts Gutes zu bedeuten.«

»Sie sollen mir willkommen sein«, versetzte der König, sehr zu Hagens Unmut. »Wir wollen sie in Ehren empfangen, wie es den Abgesandten eines so mächtigen Herrschers zukommt.«

»Dankwart mag ihnen entgegengesandt werden«, brummte mißgelaunt der alte Recke.

Gunter berief Werbel und Schwemmel sogleich zu sich. »Willkommen, Werbel und Schwemmel«, begrüßte er sie aufgeräumt, »sagt an, was euch hierher geführt hat.«

Die beiden berichteten, was der König und die Königin ihnen zu melden aufgegeben hatten. Nur Kriemhilds besonderes Verlangen nach Hagen behielten sie für sich. Gunter äußerte hohe Genugtuung über die Einladung und vornehmlich darüber, daß seine Schwester unter ihres Gemahls zärtlicher Fürsorge erlittenes Leid vergessen zu haben schien. Er bedeutete den Herolden, daß sie am nächsten Tag Antwort erhalten würden.

Zu einem Rat vereint, berieten die Burgunden Etzels Angebot. Auf allen Gesichtern glänzte Freude und frohe Erwartung, nur Hagen hörte sich die schönen Reden über Etzel und Kriemhild lange schweigend an. Plötzlich fuhr er auf und stieß grimmig hervor: »Törichte Kinder seid ihr, aber nicht kluge Männer! Leichtgläubige seid ihr, aber nicht vorsichtig Wägende! Ich aber sage euch, daß sich das Sonnwendfeuer in Etzelburg in flammende Scheiterhaufen verwandeln wird, hinter Etzels Einladung lauert Kriemhilds Rachedurst, hinter Werbels und Schwemmels freundlicher Botschaft erhebt die Vernichtung ihr loderndes Haupt! Schickt die Spielleute mit gleisnerischer Höflichkeit weg, jagt sie mit Ruten von dannen, tut wie ihr wollt, nur bleibt am Rhein!«

»Es mag sein, daß Hagen etwas zu fürchten hat«, wandte Gernot erregten Tones ein, »wir erwarten nur Gutes von unsrer Schwester.«

»Wohl wahr«, pflichtete Jung-Giselher bei, »ich sehne mich nach dem Anblick Kriemhilds, und gewiß kommt ihr alle so heil zurück, wie ihr hingefahren seid.«

Da meldete sich überraschend dem Tronjer ein Helfer. Rumbold der Küchenmeister war's, der sich nun vernehmen ließ: »Mir sind die schiefäugigen Schlemmer im Hunnenland ein Greuel. Tut euch mit ihnen an Schwalbennestern und qualligem Schneckenbraten gütlich, ich bleib' bei rheinischem Rebensaft, deutschem Wildbret und burgundischem Lachs!«

Fröhliches Gelächter antwortete seiner Rede. Giselher rief: »Mag Hagen mit dem Küchenmeister das Haus hüten, wir übrigen wollen ausprobieren, ob das Liedlein die Wahrheit spricht, wenn es den Donauwein über allem anderen Gewächs preist. Gilt das Wort?«

»Es gilt«, dröhnte es Zustimmung im Kreise.

Hagen sprang auf. Ein Blitzstrahl leuchtete in seinen Augen, als spiegelten sich die Gewitter der Zukunft darin. »Wird also die Fahrt in den Tod beschlossen?« fragte er noch einmal mit zuckendem Mund.

Ein allgemeines Schweigen deutete ihm an, daß seine Warnung in die Luft gesprochen war. »Gut denn«, fuhr er fort, »ihr wißt, der Tronjer Schicksal ist an den Stern der Burgunden geheftet. Ich weiche meinem Schicksal nicht aus und werde mit euch gehen. Und wenn ihr zur Hölle hinabsaust, will ich der erste sein, der das Flammentor des Teufels aufbricht.«

»Nichts anderes habe ich von meinem Oheim erwartet«, nickte beifällig Gunter, der in seiner Verblendung die düstere Ahnung des Tronjers nicht ernst nahm.

Nun, da die Reise beschlossen war, wuchs Hagen zu einsamer Größe. Er schloß mit dem Leben ab. Keinem anderen Gefühl mehr als der Treue zu seinem Herrn und Pflichterfüllung bis zum letzten gewährte er Platz in seiner Brust. Jegliche Furcht — und auch sie hatte in diesem starken Herzen schon genistet — fiel von ihm ab. Weitsichtig und klar traf er seine Entscheidungen, denen sich der König willig beugte. Er überwachte die Schärfung der Waffen, prüfte Helme und Schilde, ja sah sogar auf das Zaumzeug der Rosse. Werbel und Schwemmel entließ er erst, sobald seine Vorbereitungen soweit gediehen waren, daß der Vorsprung der Hunnen nicht mehr allzu groß sein konnte. Denn es schien ihm geraten, Kriemhild solange wie möglich im unklaren zu lassen.

Mit einer Spannung, die sie kaum zu verbergen vermochte, hatte Kriemhild der Rückkehr der Herolde geharrt. Wohl war sie befriedigt über die Kunde, daß ihre Brüder kommen würden, von Hagen hörte sie jedoch vorerst nichts. Sie mußte auf die Gelegenheit warten, die Spielleute allein zu sprechen, und als sie der Zufall mit Schwemmel zusammenführte, galt ihre erste Frage Hagen; wie er die Einladung aufgenommen, was er gesprochen habe, wollte sie genau berichtet wissen.

»Er hat wenig Gutes gesprochen«, erwiderte der Spielmann, »und heimlich hat man uns sogar erzählt, daß er sich im Königsrat der Reise widersetzt haben soll. Wir hielten es geraten, nicht stürmischer in ihn zu dringen, denn das hätte ihn noch mißtrauischer gemacht. So können wir nicht sagen, wer Eure drei Brüder begleiten wird. Nur daß Volker von Alzey mit im Zug sein wird, haben wir für gewiß in Erfahrung gebracht.«

»An dem Fiedler ist mir wenig gelegen«, murrte die Königin in schlecht verhehltem Ärger, »wenn nur Hagen kommt! Das ist ein guter Degen und ich freue mich über seinen Besuch!«

FAHRT ÜBER DIE DONAU

Die Vorbereitungen für die große Reise waren getroffen, Werbel und Schwemmel schon längst entlassen und der Tag der Abreise festgesetzt, als sich überraschend noch eine warnende Stimme erhob. Frau Ute, die im Kloster Lorch von schweren Träumen geängstigt worden war, hatte trotz ihres Alters den Ritt nach Worms nicht gescheut. »Bleibt daheim«, flehte sie ihre Söhne an, »denn ein böses Gesicht hat mich gewarnt. Im ganzen Land sah ich alle Vögel tot von den Bäumen sinken, so weit mein Auge reichte, war alles von ihnen bedeckt.« Doch das Jammern der Mutter fruchtete nichts.

Seit Siegfrieds Tod hatte Brunhild schweigsam und stolz an Gunters Seite gewaltet. Sie hatte die Versöhnung Kriemhilds mit ihren Brüdern wortlos hingenommen und ebenso die Heirat der Witwe mit Etzel. Jetzt zum erstenmal erhob sie Einspruch: »Wenn du gehst, Gunter, wirst du dein Kind zur Waise machen«, mahnte sie. Doch der König schob auch die Bedenken seines Weibes achtlos beiseite.

Als nicht lange nach diesem Gespräch der prächtige Zug von vielen hundert Rittern zum Tor hinausritt, stand Brunhild am Fenster. Ihr Auge blickte starr und tränenlos auf die glänzende Schar, und ahnungsvoll murmelte sie: »Lebt wohl, ihr Helden. Ich habe euch gehaßt und geliebt, ihr wart ein großes Geschlecht, in Tugenden und Fehlern, nun geht es zu Ende. Ich werde heimkehren in das Isenland, denn ihr schreitet in den Untergang!«

Unter Hagens umsichtiger Führung zog man den Main entlang und dann durch Franken zur Donau. Von starken Regengüssen war der Strom hoch angeschwollen, und keine Brücke oder Furt verband die beiden

Ufer. Man mußte aber hinüber, denn drüben auf der rechten Seite wand sich eine Heerstraße, dem Flußtal folgend, durch das Land des Bayernherzogs Gelfrat bis zum Donaugau, den Rüdiger von Bechlarn in Etzels Auftrag verwaltete.

Ratlos standen die Helden vor den tosenden Fluten. Scharf musterte Hagen die Landschaft, und plötzlich rief er aus: »Genau an dieser Stelle war's, wo ich nach meiner Flucht aus der Etzelburg über das Wasser gesetzt bin. Wenn mich nicht alles täuscht, muß ein Fährmann in der Nähe sein. Wartet, bis ich ihn gefunden habe.«

»Nun, Oheim, das ist doch fast ein Menschenalter her«, zweifelte Giselher, »und du willst dir den Ort so genau gemerkt haben?«

»Mein junger Held«, versetzte Hagen spöttisch, »ich denke, wenn man dich als Geisel in das Hunnenland geschickt hätte und du dann ausgerissen wärst wie ich, den mächtigen Etzel einem Bluthund gleich hinter dir spürend, du würdest den Platz, auf dem du sicheren Boden gewannst, auch noch mit altersblöden Augen wiedererkennen.«

Lachen und Zustimmung löste Hagens nicht bös gemeinter Verweis aus, und Gunter rief: »Hagen wird sicher den Fergen auskundschaften. Wir harren indes seiner in Ruhe.«

So sprengte denn der Tronjer in das Ufergestrüpp, und sein Roß in dem Unterholz rücksichtslos antreibend, war er bald ein gutes Stück stromauf vorwärtsgekommen. Vor einem dichten Weidengebüsch scheute aber der Hengst so heftig, daß Hagen gezwungen war, abzusitzen und sich mit dem Schwert einen Durchgang zu verschaffen. Plötzlich hielt er inne und horchte auf: klang da nicht Lachen und Singen holder Mädchenstimmen an sein Ohr? Er hatte sich nicht getäuscht. Ganz deutlich vernahm er Wogengeplätscher und lieblichen Gesang. Leise schlich er näher, bog vorsichtig die Zweige auseinander und bemerkte drei liebliche Nixen im Bade. Es waren Schwanenjungfrauen, wie Hagen nun sah, denn auf einem Busch hingen die flockig-weißen Hemden. »Die Wasserjungfrauen vermöchten mir wohl Auskunft zu geben, wo ich den Fährmann finde«, dachte der Recke bei sich, sprang flugs hinzu und nahm die Gewänder weg.

Jäh verstummten da Lachen und Singen, und entsetzt starrten die Mädchen auf den schwer gepanzerten Mann. »Hagen, edler Ritter«, hörte er eine Jungfrau rufen, »gib uns unsre Kleider zurück. Ohne sie sind wir für ewig ins Wasser gebannt.«

»Gut«, lachte der Held, »ich will mit mir darüber reden lassen. Doch sagt vorerst, was ihr mir bietet, wenn ich euch die Hemden zuwerfe.«

»Wahrsagen will ich dir«, meldete sich die Stimme der Nixe, »du wirst hören, wie es dir im Hunnenland ergehen wird.«

»Nun, das Angebot gefällt mir«, versetzte der Tronjer, »also sag an!«

Die Nixe verkündete: »Du kannst getrost in Etzels Land reiten, niemals wurden fremde Helden so hoch geehrt, wie euch widerfahren wird.«

Hagen freute sich dieser Worte, und mit einem mächtigen Schwung schleuderte er den Jungfrauen die Gewänder zu, doch als sie nun angekleidet vor ihm standen, meldete sich eine andre von ihnen: »Meine Schwester hat dich belogen, edler Hagen. Sie wollte nur ihr Schwanenhemd haben und dachte, bei einer ungünstigen Botschaft gäbst du es nicht heraus. Nun sollst du aber die Wahrheit erfahren. Kehrt um, ihr Helden, solange es noch Zeit ist! Kein andrer von euch sieht die Heimat wieder, außer dem Kaplan, den ihr mitgenommen habt, damit er euch die Messe liest. Er allein wird Burgund wieder lebend erreichen.«

»Beschlossen ist die Fahrt und sie wird getan«, erwiderte Hagen mit umwölkter Stirn, »sagt noch schnell, wie komme ich über den Strom.«

»Siehst du dort über dem Wasser die Binsenhütte«, gab die dritte der Jungfrauen zur Antwort. »Dort wohnt ein Fährmann. Er steht in Gelfrats Dienst und ist gar grimmen Muts. Deshalb geh höflich mit ihm um, versprich ihm guten Lohn. Wenn er dir nicht gleich zu Diensten sein will, ruf ihm zu, du seist Amelrich. Das ist sein Freund, und wenn er den Namen hört, wird er kommen.«

»Ruf nicht, ruf nicht!« meldete sich jetzt wieder die glockenhelle Stimme der ersten Nixe.

»Kehr um, kehr um!« sang die zweite.

»Es wartet der Tod«, prophezeite die dritte.

Doch mit einem kurzen Dank hatte Hagen ihnen schon den Rücken gekehrt und seinen Blick über den Strom gerichtet. Noch einmal hörte er silberhell an seinem Ohr die Warnung »Kehr um« und dann schon ganz fern den Ruf der im Gebüsch entschwindenden zauberischen Schwanenjungfrauen »Es wartet der Tod ... der Tod«. Er aber überschrie durch die hohle Hand das Brausen der Fluten: »Hol über, Ferge! Ich geb dir zum Lohn eine Spange von rotem Gold.«

Drüben rührte sich nichts. Und Hagen fuhr fort: »Ich bin's, Amelrich. Hol über!« Da trat ein langer Gesell aus der Hütte, löste einen breiten und

FAHRT ÜBER DIE DONAU

geräumigen Nachen vom Ufer und ruderte ihn mit starker Hand über den Strom.

»Wo ist Amelrich?« fragte der vierschrötige Unhold.

»Ich bin der Mann, den du übersetzen sollst«, gab Hagen zurück, »weiter unten aber steht noch ein ganzer Troß, der auch nach der bayrischen Heerstraße will.«

»Empfang deinen Lohn für den Betrug«, brüllte der rauhe Bursche und schlug dem Tronjer mit der Ruderstange so wuchtig über den Helm, daß die Riemen rissen.

»Und da dein Entgelt für die Grobheit«, donnerte wutentbrannt Hagen und trennte mit einem Schwertstreich dem Fergen den Kopf vom Rumpf. Darauf setzte er sich selbst in den Kahn und steuerte ihn stromab bis an die Stelle, wo er die Burgunden verlassen hatte. »Es ist kein Ferge zu finden«, rief er ihnen zu, »doch wie ihr seht, hab' ich ein Boot aufgebracht. Tragt auf das Schiff, soviel es zu fassen vermag, ich will euch selbst über das Wasser setzen.« Unter lautem Geschrei, Peitschenknallen und Rossegewieher wurden erst der Troß und die Knechte hinübergebracht, dann kamen die Ritter und ihre Knappen an die Reihe. Wohl ein dutzendmal fuhr Hagen die Breite der Donau hin und wider, bis er zuletzt die Könige und ihr engstes Gefolge an Bord nahm. Wie er, sich mächtig in die Riemen legend, glücklich die Mitte des Stromes erreicht hatte, fiel sein Blick auf den Kaplan, der mit frommem Eifer in einem Gebetbuch las. »Hm«, brummte der Tronjer bei sich, »jetzt wollen wir die Nixen prüfen, ob sie mir recht geweissagt haben.« Und mit raschem Entschluß sprang er auf, packte den erschreckten Priester jäh am Leibgurt, schwang ihn hoch empor und warf ihn über den Schiffsrand, ehe noch jemand herbeispringen und dem fürchterlichen Recken sein Opfer entreißen konnte.

Mit Entsetzen sahen die Könige und ihre Edlen, was geschehen war. »Hagen ist wahnsinnig geworden!« rief Giselher und versuchte den Unglückseligen noch zu erhaschen, aber eine Woge hatte ihn weit fortgerissen. Gespannt folgte Hagen den verzweifelten Schwimmbewegungen des geistlichen Mannes. Wirklich, noch einmal vermochte er sich dem Kahn zu nähern und ihn zu erfassen, aber grimmen Muts stieß ihn der Tronjer wieder in das Wasser zurück. Da stand der Geweihte von seinem Vorhaben ab, wieder auf das Schiff zu kommen, und strebte mit kräftigen Armen dem Ufer zu. Er erreichte es glücklich, stieg an Land, schüttelte seine nassen Kleider, daß die Tropfen sprühten, und drohte dann mit geballter Faust den Burgunden nach der anderen Seite des Stromes. Nun erkannte Hagen, daß die Wasserfrauen die Wahrheit geredet hatten. Und er schlug das Fahrzeug mit seinem Schwert zu Stücken.

»Warum tust du das, Bruder?« beschwor ihn Dankwart.

Trotzig lautete Hagens Antwort: »Dorthinüber kommt keiner mehr, es sei denn, er ergreift in seines Herzens Not die Flucht. Dann mag ihn hier sein Ende ereilen.«

IN BECHLARN

Unter den Helden wurde die Weissagung, die Hagen von den Schwanennixen zuteil geworden war, bald ruchbar, nachdem sich der Tronjer seinem Bruder anvertraut hatte. Die Recken erschraken sehr, aber niemand dachte daran umzukehren. Auch König Gunter faßte jetzt einen verzweifelten und trotzigen Mut. »Volker«, rief er seinem Spielmann zu, »es wird Zeit, daß du mein rotes Banner entfaltest, denn wahrhaftig, mir scheint's, wir ziehen in eine Schlacht.«

Diese Worte freuten Hagen, den Balmung riß er blitzend hoch und verkündete dem edlen Kreise: »Ihr habt den Befehl des Königs gehört. Das Panier soll für das ruhmreiche und mutige Geschlecht der Burgunden zeugen. Doch seht diese Waffe nun, Siegfrieds herrliches Schwert, es verbindet uns mit dem Zauberreich im Sachsenwald. Auf denn, rechtmäßige Erben des Drachentöters, zum letzten Streit! Nibelungen wollen auch wir uns nennen, und jetzt in dieser Stunde soll jeder erfahren, wo der Hort verwahrt ist. Genau an dem Platz, wo man den Rhein stromaufwärts rudernd zum erstenmal die Burg meiner Väter erblickt, dort liegt er in dem Schlamm der Tiefe. Gemeinsam wollen wir ihn dereinst heben und durch ihn das mächtigste Geschlecht der Erde werden, oder wenn unser aller Mund versiegelt wird, ihn ruhen lassen für ewige Zeiten!«

Die Helden schlugen zum Zeichen der Zustimmung mit ihren Schwertern auf die Schilde, schwangen sich auf die Pferde, und weiter ging es in scharfem Trab das Donautal hinab. Hagen und Dankwart hatten die Nachhut übernommen, denn die Tronjer argwöhnten, daß Gelfrat, über den Tod seines Fährmanns erzürnt, sich ihnen bald an die Fersen heften würde. Genau so kam es. Gelfrat und sein Freund Else überfielen die Brüder in stockdunkler Nacht und bei heulendem Sturm, der sie das Nahen der Feinde überhören ließ. Beinahe wäre Hagen übel mitgespielt worden, denn er vermochte den Balmung nicht schnell genug freizubekommen, doch Dankwart sprang ihm helfend bei, erschlug den Bayern und fügte Else so schwere Wunden zu, daß er von weiterem Kampf ablassen mußte. Nicht wenig erstaunte Gunter am nächsten Morgen, da er die beiden in blutbesudelten Panzern erblickte. Er und die Seinen hatten von dem Gefecht nicht das mindeste bemerkt.

Mit der aufgehenden Sonne sahen sie auch schon die Gemarkung des Donaugaues vor sich. Ein starkes Blockhaus sperrte hier den Weg. Hagen und Dankwart eilten voraus, um den freien Durchzug zu sichern. Zu ihrer Überraschung trafen sie vor dem Bau einen in tiefen Schlaf versunkenen Ritter an. Sein bloßes Schwert lag über den Knien. Zum Scherz nahm ihm Hagen die Waffe weg und rüttelte ihn dann wach: »Holla, Mann, eine Heerschar zieht heran.«

Verstört sprang der Wächter auf, entdeckte den Verlust seines Schwertes und stammelte fassungslos: »Weh, ich habe meines Amtes schlecht gewaltet, und Herr Rüdiger wird sich wenig freuen, wenn er von der Überraschung hört.« »Wir werden darüber schweigen«, beruhigte Hagen den Mann und gab ihm lachend den Stahl zurück.

»Nahen Feinde?« fragte noch immer verstört der Wächter.

»Nein«, antwortete Hagen, »die Burgundenkönige sind im Anritt und wollen bei ihrem Freunde Rüdiger Einkehr halten.« Die Mienen des Ritters hellten sich auf, flugs warf er sich zu Pferd, um in Bechlarn die frohe Kunde zu vermelden.

»Auf, ihr Frauen«, wandte sich freudestrahlenden Gesichts der Markgraf an Frau und Tochter, »rüstet zum Empfang, legt eure besten Gewänder an und ziert euch mit dem kostbarsten Schmuck. Denn nach höfischem Brauch werdet ihr die drei Könige und ihre vornehmsten Helden Hagen, Dankwart und Volker von Alzey mit einem Kuß begrüßen.«

Ein emsiges Walten begann in Stuben und Kammern, Frau Gotlind schloß ihre silberbeschlagenen Truhen auf, entnahm daraus herrliche Kleider, Tischtücher von kostbarem Damast, goldenes Geschirr und Tafelgerät. In der Küche schmorten bald die saftigsten Stücke von Widder und Rind an den Spießen, der Kellermeister zapfte perlenden Donauwein in die Kannen.

Nach kurzer Frist verkündete ein langgezogener Hifthornstoß die Ankunft der Gäste. Herzlich begrüßte Rüdiger die Könige und Fürsten, dann küßte Gotlind die edelsten Ankömmlinge, und schließlich trat des Markgrafen Tochter verschämt hinzu, um zu tun, wie ihr der Vater geheißen hatte. Erst bot sie den Königen den Mund und geriet in nicht geringe Verwirrung, als ihr Jung-Giselher den Arm um den Gürtel legte und sich niederbeugend allzu innig, wie ihr schien, seine Lippen auf den ihren ruhen ließ. Leichter fiel ihr das aufgetragene Amt bei Dankwart und Volker, doch vor Hagens strengem Antlitz fuhr sie schaudernd zurück. Rüdiger hatte das wohl beobachtet und er flüsterte Dietlind zu: »Du darfst den großen Helden nicht kränken.« Da schloß sie fest die Augen und bot auch dem Tronjer, dem ihre Scheu großen Spaß machte, Gruß und Kuß. Als das überstanden war, ergriff sie Giselhers Hand und führte den schönen Ritter zu Tisch.

Nach dem Mahl erfüllte der Klang von Musik und fröhlichem Gelächter die weiten Hallen der Burg. Zum Wohlgefallen der Reisigen verschönten wohl an die hundert Edelfräulein das Fest, und jene übermütig heitere Stimmung, wie sie Männer vor der Stunde großer Entscheidungen zu überfallen pflegt, ließ hoch die Wellen des Jubels und der Freude schlagen.

Zwei Herzen aber fanden sich in Liebe: Giselher wich nicht von Dietlindens Seite, jeder Tanz gehörte ihm allein und, seliges Entzücken zog durch die Brust der jungen Menschen.

Rüdiger und seine Gemahlin wie auch die Burgunden beobachteten mit Freuden das Werden des schnell erblühten Glücks. Aber alle zweifelten im stillen, ob Giselher den Mut finden werde, um das schöne Mägdlein zu werben. Da beschloß Volker von Alzey den Anstoß zu geben und listig begann er: »Wenn ich ein König wäre, ich wüßte, wo ich meine Königin zu suchen hätte. Hier in Bechlarn wächst das holdeste Kind.«

Rüdiger nahm diese Rede nicht ernst und launig erwiderte er: »Nun, wäret Ihr wirklich ein Herrscher, edler Fiedler, ich wäre gewiß, Ihr würdet eine andere wählen. Dietlinde ist eines Lehensmannes Kind und vermag nicht Reichtum und Länder in die Ehe zu bringen.«

»Volker hat recht gesprochen«, meldete sich Gernot, die Bedenken des Markgrafen lebhaft zerstreuend, »wenn ich freien sollte, ich würde nur um die Hand von Rüdigers Tochter bitten.«

Der Bann war gelöst, Giselher faßte sich ein Herz, und Dietlinde an den Händen nehmend, jubelte er: »Wenn ich noch lange säume, könnt' ich das

Mädchen heute abend wohl noch viele Male verlieren. Darum flehe ich zu meinen Gastgebern aus tiefster Seele Grund: gebt mir das holde Geschöpf zur Gemahlin.«

Freundlich nickten Rüdiger und Gotlind, und als Gunter dieses sah, rief er: »Schließet den Ring.« Die jungen Leute traten nach uraltem Brauch in die Mitte des Kreises, und auf des Königs Frage, ob sie in treuer Minne durch das Leben gehen wollten, erscholl wie aus einem Mund ein freudiges »Ja«.

So waren Giselher und Dietlind verlobt, und sie ahnten nicht, daß ihr Glück nur kurz währen sollte. Volker von Alzey hob die Geige ans Kinn und selige Melodien schwebten durch den Raum. Als sie verklungen waren, traten die Recken und Edelfräulein wieder zum Reigen an, und bis lange nach Mitternacht erzitterte die Halle unter dem Tanzschritt.

Am nächsten Morgen hieß es wieder Abschied nehmen. Reiche Gaben bot Rüdiger, dessen Freigebigkeit berühmt war in allen Landen, seinen Gästen dar. König Gunter empfing ein erlesenes Streitgewand, und Gernot ein edles Schwert. Der Spender ahnte nicht, daß er von seinem eignen Stahl den tödlichen Streich empfangen würde. Dankwart wurde mit einem pelzverbrämten Mantel geehrt, nur vor Hagen stand der Markgraf ungewiß und schwankend — womit konnte er den grimmen Mann bedenken, was würde dieses trotzige Herz am meisten erfreuen?

Gotlind wandte sich daher zu dem Recken: »Ihr tragt eine erprobte Rüstung, das beste Schwert, nach seltenen Fellen und golddurchwirktem Tuch steht gewiß nicht Euer Sinn, so sagt denn selbst, wonach Euch gelüstet.«

Des Tronjers Blick schweifte suchend durch die große Halle und blieb gebannt an einem Schild haften, der von einem Eichenbalken glänzte. »Ich glaube, das dort wäre eine starke Wehr«, sagte er, »sie scheint mir aus härtestem Stahl gehämmert und würde mir wohl von Nutzen sein.«

Mit Tränen in den Augen erwiderte die Markgräfin: »Diesen Schild trug einst mein unvergessener Sohn Nidung, den der Held Wittich, des Schmiedemeisters Wieland kühner Sproß, im Kampf erschlug.«

»Trauert nicht«, tröstete Hagen. »Sein früher Tod ist das Schicksal des Starken. Wer weiß, ob nicht auch wir zur letzten Fahrt rüsten.«

Rüdiger fiel ein: »Woher nehmt Ihr solch düstere Stimmung, Herr Hagen? Zu einem Freudenfest seid Ihr geladen, nicht zu Streit und Not. Doch den Schild sollt Ihr haben, keinem anderen stünde er besser zu.«

Damit hob er die Wehr von dem Haken und überreichte sie dem alten Recken.

Rossegewieher scholl schon durch das Fenster. Herr Volker nahm noch einmal seine Geige und spielte ein trauriges Abschiedslied. Von unerklärlicher Wehmut überwältigt, wählte die Markgräfin ihre beiden kostbarsten Ringe aus und bot sie dem Spielmann zum Dank. Nicht nur Gunter und die Seinen machten sich fertig zum Ritt, auch Rüdiger rüstete ein Fähnlein aus, denn er gedachte, die Gäste bis zur Etzelburg zu geleiten.

Giselher fiel die Trennung sehr schwer. Wie gern wäre er in Bechlarn geblieben, doch es durfte nicht sein. Noch ein letztes Abschiednehmen, dann eilten der Markgraf und der junge König als letzte in den Burghof. Der gewaltige Zug setzte sich in Bewegung. Aus dem Heerbann lösten sich zwei Reiter. Die Herolde waren es, die voraussprengend die Kunde vom Nahen der Nibelungen auf die Etzelburg bringen sollten.

SELTSAMER EMPFANG

Zu dieser Zeit weilte am Hofe des Königs Etzel der große Gotenkönig Dietrich von Bern mit vielen seiner treuesten Recken. Es war nach der großen Rabenschlacht, und niemand außer ihm hatte es gewagt, dem Hunnenkönig die Trauerbotschaft vom Tod seiner zwei Söhne Ort und Scharf, die ihm Frau Helche geboren hatte, zu überbringen. An Rüdigers Seite waren einst die kühnen Jünglinge mit den Hilfstruppen, die Etzel dem Berner gestellt hatte, nach Italien gezogen und unter Wittichs Schwerthieben auf dem Blachfeld geblieben.

Der Berner war von seiner Begegnung mit Frau Kriemhild tief bestürzt gewesen. Was niemandes Auge wahrgenommen, seinem scharfen Blick und durchdringenden Verstand, der sich aus halben Andeutungen sehr wohl ein ganzes Bild zu machen verstand, war es nicht entgangen, daß die Königin düstere Rachegedanken im Busen barg.

Am Hunnenhof verbreitete sich die Nachricht, daß die Burgunden bei Bechlarn die Grenze des Reiches überschritten hätten und sich im scharfen Anritt auf die Etzelburg befänden. Das rüttelte den Berner mächtig auf, er witterte drohendes Unheil. »Auf«, rief er seinem alten Waffengefährten

Meister Hildebrand zu, »wir müssen den Wormsern entgegenreiten und sie warnen.«

»Fürwahr, das ist Freundespflicht«, versetzte der Recke, der ein halbes Hundert Schlachten mit seinem Herrn geschlagen und unzählige Abenteuer mit ihm bestanden hatte. Sie schwangen sich sogleich in den Sattel und trafen bald den gewaltigen Heerbann. Mit Freuden begrüßten Gunter und seine Genossen die berühmten Degen.

Dietrich hielt mit seinen Bedenken nicht lange hinter dem Berg. »Ist euch nicht bekannt«, fragte er, »daß Kriemhild noch immer Siegfrieds Andenken beweint?«

»Laß sie flennen«, versetzte Hagen geringschätzig, »was tot ist, steht nicht wieder auf.«

»Gefährlich in seinem Zorn ist ein Weib«, mahnte der Gote.

Jung-Giselher widersprach: »Ihr redet gering von den Frauen. Ich kenne das Herz meiner Schwester, sie ist uns wohlgesinnt, und nur Liebe erwartet uns.«

Der Berner ließ nicht locker: »Ihr seid jung, Herr Giselher, und allzu vertrauensselig. Ich habe gelernt, hinter der Maske der glatten Höflichkeit die tiefen Leidenschaften zu schauen.«

»Habt auf alle Fälle Dank für Eure Mitteilung«, nahm jetzt Gunter das Gespräch auf, »aber ich weiß nicht, was sie uns nützen könnte.«

»Wendet den Zug!« riet Meister Hildebrand.

»Jetzt, im Anblick der Etzelburg?« lautete Gunters scharfe Antwort Dietrich entgegnete darauf: »Gewiß, noch immer ist es Zeit.«

»Wir führen scharfe Schwerter«, fiel Volker von Alzey ein, »und unsere Gegner sind kleine, schiefäugige Gesellen.«

Hildebrand gab zu bedenken: »Viele deutsche Recken sind am Hof Etzels dem Hunnengebieter durch Eid verpflichtet.«

»Das ist ein Wort«, triumphierte Hagen in düsterem Trotz, »der Streit mit dem gelben Gewürm wäre mir bis in die Seele zuwider. Ehrlich freut mich die Aussicht, einen mannhaften Helden vor den Balmung zu bekommen.«

»So seid ihr also zur Weiterreise entschlossen«, stellte Dietrich voll Bewunderung und Traurigkeit fest, denn er hatte sich vergeblich gegen den burgundischen Wahnwitz gewandt. So setzten die Nibelungen unbekümmert um die Warnung ihren Weg fort. Je näher sie der Etzelburg rückten, desto mehr belebte sich die Landstraße. Viel Volk säumte den Pfad und bestaunte voll Neugier die glitzernden Rüstungen, die prächtig aufgezäumten Rosse, die Hünengestalten der burgundischen Edlen. Die größte Aufmerksamkeit erregte Hagen von Tronje. Was war das auch für ein Mann! Riesengroß, mit so langen Beinen, daß die Steigbügel schier am Boden schleiften, über dem rabenschwarzen Haar den adlergeflügelten Helm, so wirkte er wie ein Riese der Urzeit.

Vom Turm der Etzelburg erscholl das Horn des Wächters, die Tore taten sich auf und hinein sprengte die ritterliche Schar. Krachend schlug die Pforte hinter den Nibelungen ins Schloß. Waren sie nun Gefangene? Aus Hütten und Nebengebäuden des mächtigen Burgbereichs huschten, Schatten gleich, die schmächtigen Umrisse der Hunnenkrieger, auf katzenweichen Sohlen umschlichen die Schlitzäugigen den Troß und verschwanden lautlos wieder aus dem Blickfeld. Unheimlich dünkte den Helden dies alles, sogar die Luft um sie schien schwül und mit Unheil geladen; doch sie hatten ihre Herzen mit kalter Entschlossenheit gewappnet.

Noch Bedenklicheres begab sich jetzt. Kriemhild trat aus der großen Halle, um die Ankömmlinge zu empfangen. Kein Fünkchen Freude stand in ihrem strengen Gesicht, in eisiger Hoheit schritt sie einher, neigte kaum merklich ihr Haupt vor Gunter und Gernot, und nur Giselher umarmte und küßte sie. Bestürzt verfolgten die Helden dieses seltsame Schauspiel, und Hagen murmelte, seinen Helm fester bindend: »Wir können uns auf etwas gefaßt machen!«

Kriemhild durchschaute des Tronjers Argwohn, mit jäher Bewegung wandte sie sich um und rief: »Sieh an, Hagen! Hat man dich etwa auch eingeladen? Und erwartest du gar einen Willkommgruß von mir?«

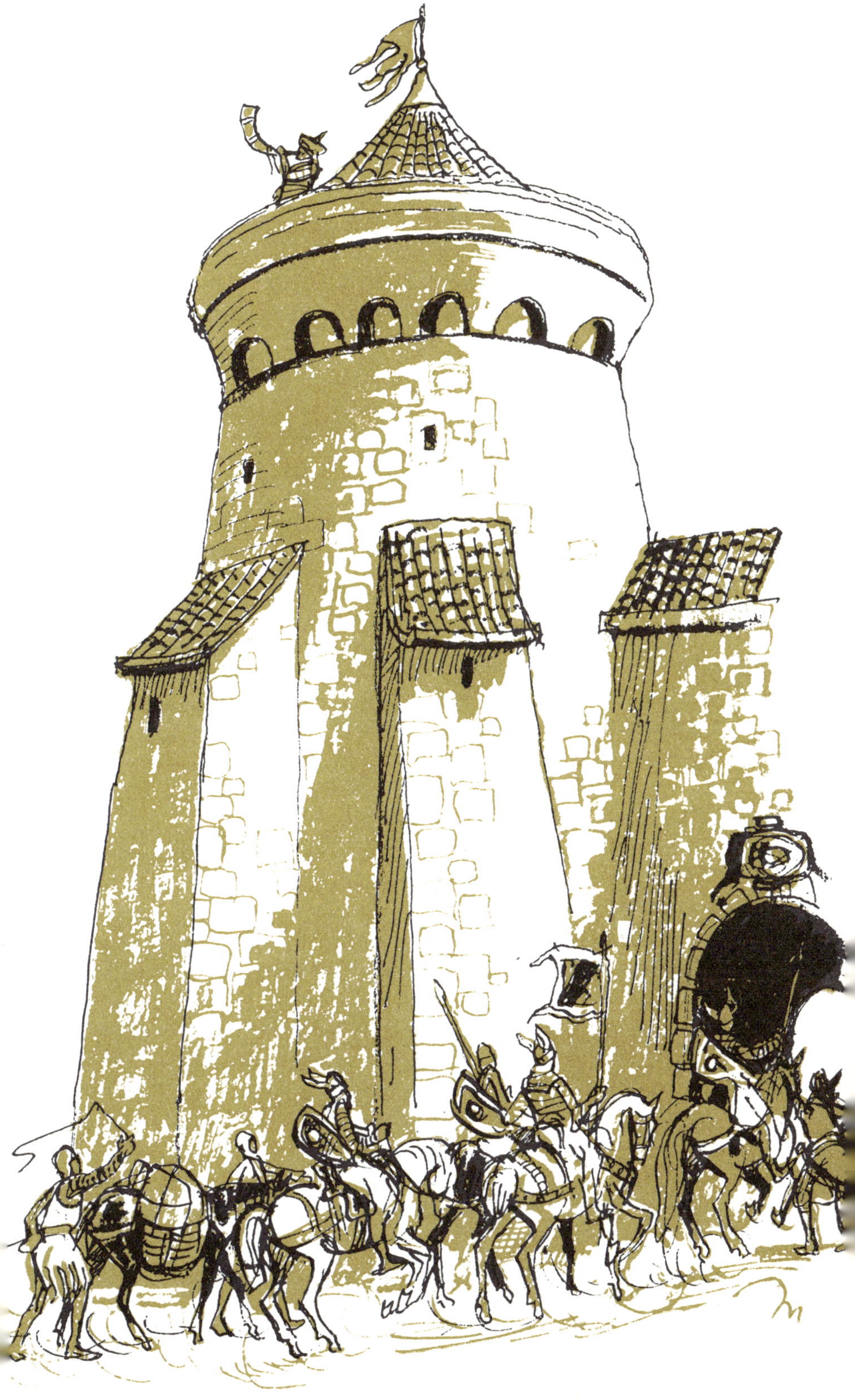

»Nein, Herzlichkeit hab ich mir von Euch nicht versprochen, nur soviel Höflichkeit, wie sie in deutschen Landen Brauch ist.«

Die Königin erwiderte: »Wenn ich mich recht erinnere, gebietet Euch die Sitte, dem Gastgeber ein Geschenk zu reichen. Wenn du schon viel auf die alten Gepflogenheiten gibst, dann darf ich dich wohl fragen, wo deine Gabe ist? Hast du mir vielleicht den Nibelungenschatz mitgebracht, den du mir einst schnöde raubtest? Weis ihn mir vor, und dann sollst auch du freundlich begrüßt sein!«

In gleich höhnischem Ton gab Hagen zurück: »Oh, unser Hort! Macht Euch keine Sorge um ihn, er liegt in einer sicheren Kammer. Flüchtiges Wasser sind ihre Mauern und lustige Fischlein die Wächter. Ihn mitzubringen, ging leider nicht an, wir hatten genug an unseren Waffen zu schleppen.«

»Das war überflüssig«, spottete Kriemhild, »es ziemt sich nicht, gerüstet den großen Saal zu betreten.« Und ernst fuhr sie fort: »Ich bitte euch, edle Ritter, legt euren Stahl in der Rüstkammer ab, ehe ihr meinem Gemahl unter die Augen tretet.«

Die List durchschauend, brauste der Tronjer auf: »Ich kümmere mich den Geier darum, was bei den Hunnen schicklich ist oder nicht. Keiner von uns wird seine Waffen abtun. Besteht Ihr weiter darauf, dann wollen wir lieber auf der Stelle kehrtmachen.«

Kriemhild sandte einen vernichtenden Blick auf den Todfeind, beherrschte sich aber und sagte kurz: »Es scheint, daß Hagen irgend etwas befürchtet. Vielleicht hat mich jemand verleumdet.«

Da trat Dietrich vor und bekannte: »Niemand hat Euch verleumdet, Königin, wohl aber habe ich die Freunde gewarnt. Geschah es zu Unrecht, dann will ich gern dafür büßen.«

Die Königin schwieg, denn sie fürchtete den Goten. Rasch wandte sie sich ab und schritt, von den Höflingen begleitet, hocherhobenen Hauptes in den Saal zurück.

Dietrich und Hagen faßten sich wortlos an den Händen. Lange verweilten sie so. Schier wollte der Tronjer die Rechte des Königs nicht mehr freigeben.

Er, der es sonst meisterlich verstand, die weichen Regungen des Herzens zu verbergen, schien sichtlich bewegt. Dietrich glaubte den Grund zu erraten: den Nibelungen schaudert davor, so dachte er, mir morgen vielleicht als Feind zu begegnen. Und er versicherte aufrichtig: »Mich bindet kein

Eid an dieses Haus, solange mich niemand herausfordert, will ich mich abseits halten.« »Dank, Herr Dietrich«, entrang es sich Hagen aus tiefstem Herzensgrund. Nun ließen die Ankömmlinge die Tiere versorgen und warteten, sich sammelnd, auf Etzels Ruf.

Hagen winkte Volker herbei, und sie gingen beide quer über den gewaltigen Hof, um sich auf einer Steinbank niederzulassen, die Kriemhilds Gemächern gerade gegenüber lag. Stumm saßen sie so eine Weile, dann deutete der Tronjer nach den Fenstern hinauf und sagte: »Siehst du dort eine Gestalt sich bewegen und nach uns herumspähen? Ich wette, Kriemhild ist's.« Damit hakte er den Balmung aus dem Gehänge und legte ihn über die Knie, geradeso, daß das Licht der Sonne sich in dem kostbaren Stein von Jaspis, der den Knauf des Schwertes zierte, weithin funkelnd brechen konnte. Und er fuhr fort: »Die Frau dort oben soll bis in die Haarwurzeln erbleichen, wenn sie Siegfrieds Wehr in den Händen ihres Todfeindes sieht. Ja, diese Waffe ist mein bester Gefährte und wird mir treu sein bis zur letzten Stunde. Nun brauchte ich noch ein Menschenherz, das gleichermaßen zu mir stände. Hart freilich wie dieser Stahl müßte es sein.«

»Nimm mich zum Freund«, rief der kühne Fiedler. »Verrat ist mir so unbekannt wie die Furcht.«

Ein Strahl der Freude schoß aus des Tronjers finsteren Mienen, und er besiegelte den Bund: »Gut, dieses Angebot mag gelten. Blutsbrüdern gleich wollen wir zusammenhalten, und nun mag die Teufelin ihre Höllenhunde von der Kette lassen. Ein gutes Schwert und ein lieber Freund, was kann einem Helden besser frommen?«

Hagen hatte richtig vermutet; Kriemhild war an das Fenster geschlichen und beobachtete das Tun der beiden Gesellen drüben auf der Bank. Maßloser Zorn übermannte sie, als sie plötzlich Siegfrieds Waffe aufblitzen sah. Es gab keine Täuschung. An dem kostbaren Edelstein hätte sie unter tausend Schwertern unfehlbar den Balmung wiedererkannt. Zu schamlos dünkte sie diese Herausforderung! Tränen stürzten über ihre Wangen, in wildem Jammer schüttelte sich ihr Leib. Ein Haufe von Hunnenkriegern hörte die Schreie bis in die Vorhalle hinunter. Er nahte sich der Königin, und teilnahmsvoll erkundigte sich sein Anführer nach dem Grund der Trauer. »Wer rächt mich an Hagen, dem ungebührlich frechen Mann?« schluchzte sie, »seht doch nur den grausamen Unhold, er wagt es, mir das Schwert zu zeigen, das er seinem Mordopfer, meinem toten Gatten Siegfried, geraubt hat.«

DIE NIBELUNGEN

Die Hunnen boten sich an, für ihre Herrin Leib und Leben zu wagen. Kriemhild überblickte die Rotte und schüttelte enttäuscht ihr Haupt: »Zu wenig seid ihr.« »Sechzig gegen zwei«, murmelte demütig der Anführer, »ich denke, das wird reichen.« »Habt ihr schon deutsche Streiche verkostet?« fuhr Kriemhild auf, »nein, ich sage euch, zu schwach ist eure Schar. Sind nicht noch mehr unter euch, die mir ergeben sind?«

Die Schlitzäugigen huschten von dannen und brachten ihrer noch vierhundert. »Gut denn«, zeigte sich Kriemhild befriedigt, »es wird genügen. Folgt mir nun und habet genau acht, was ich Hagen frage und wie er antwortet.« Kriemhild setzte sich ihre Krone auf das Haupt und stieg an der Spitze der Schar auf den weiten Platz hinab.

Wie Volker der Königin von weitem ansichtig wurde, sagte er: »Seht, dort naht die Königin. Sollten wir uns nicht erheben, wie es sich edlen Frauen gegenüber ziemt?«

Fest drückte Hagen den Freund auf die Steinplatte nieder und erwiderte schroff: »Sie sinnt auf mein Verderben, und ich sollte noch zu ihr freundlich sein? Und dazu glauben die Kerle vielleicht noch, ich würde feige Reißaus nehmen, wenn ich mich erhebe.« Und so blieben sie trotzig sitzen.

»Hei, die tückischen Gesellen«, rief Volker jetzt, »unter seidenem Umhang seh ich Stahl und Eisen blinken!« »Nun, hast du geglaubt«, höhnte der Tronjer, »sie kämen, um einen Reigentanz aufzuführen?«

Indes war Kriemhild nahe herangetreten. Sie fauchte Hagen an: »Ich habe eine Frage an dich, du grober Klotz. Wer hat dich eingeladen, daß du es gewagt hast, dieses Land zu betreten?«

Der Tronjer erwiderte: »Nach mir hat niemand gefragt. Man hat drei Könige eingeladen, die meine Herren sind.«

Kriemhilds ganzer durch Jahre aufgesammelter Zorn entlud sich jetzt in der Frage: »Sag mir, schwarzer Wüterich, warum hast du meinen Gatten erschlagen?«

Dieser Schrei riß Hagen hoch. Der Beschuldigung schleuderte er seine Klage dawider: »Der durfte nicht leben bleiben, der die Ehre meiner Königin Brunhild in den Staub getreten. Ja, ich war's, der Siegfried erschlug, den Eidbrecher und listigen Betrüger. Ja, ich habe ihm den Mordspieß zwischen die Schultern gerannt. Die Drachenhaut, in die er sich heimtückisch gehüllt hat, ließ mir keine andere Wahl. Ja, ich habe den Hort geraubt, denn ich betrachte ihn als rechtmäßige Beute. Schreit Euer ‚schuldig', ich donnere meines in die Welt. Schuld gegen Schuld, wo ist einer, der, vermessen genug, da wägen und richten wollte!"

»Ihr habt's gehört«, schnitt Kriemhild dem Tronjer das weitere Wort ab, »nun, ihr tapferen Hunnenkrieger, tut, wie ihr es mir versprochen habt.« Damit wandte sie sich wieder in den Palast zurück, um sich vom Söller aus an der Niedermetzelung der beiden Burgunden rachetrunken zu weiden.

Doch es sollte anders kommen. Hagen hatte noch nicht geendet. »Seht den Balmung«, rief er den Hunnen zu, »er war einst Siegfrieds unwiderstehliche Waffe. Wollt ihr verspüren, ob sich dieser Raub gelohnt hat?« Damit führte er in sausendem Schwung die Klinge durch die Luft, daß die Mannen Etzels scheu zurückwichen.

Flüsternd hielten die gelben Krieger Rat. »Ich habe keine Lust, mich wie eine Fliege totschlagen zu lassen«, raunte der eine, »der Fiedelspieler versteht sich auf Stahl so gut wie auf das Holz seiner Geige«, der andere. Ein Alter murmelte: »Zweiundzwanzig Schlachten hat Hagen geschlagen, ich weiß es genau und kenne ihn noch von der Zeit, wo er an Etzels Hof weilte.« Ein vierter darauf: »Der Balmung zerschneidet jeden Panzer. Hütet euch.«

Sich so beredend, war ihre Kampfeslust bald gestillt. Immer weiter drückten sie sich gegen den Hintergrund und entschwanden in aller Stille. »Feige Memmen«, zischte Kriemhild, und mit einem Blick unsäglicher Verachtung zog sie sich in ihre Gemächer zurück.

Hagen und Volker stießen nun wieder zu den Ihren. Ein Herold erschien und brachte, sich verneigend, Botschaft des Königs: »Herr Etzel bittet euch in den großen Saal.« In voller Rüstung, gemessenen und feierlichen Schritts, betraten die Nibelungen die herrlich geschmückte Halle.

Es war am Vorabend des Sonnwendtages...

HAGEN UND VOLKER AUF NÄCHTLICHER WACHT

Als sich Gunters stattliche Erscheinung als erste am Eingang zum Saale zeigte, erhob sich Etzel von seinem Thron und ging dem Herrscher der Burgunden zwei Schritte entgegen; das bedeutete viel bei dem Völkergebieter, dem der halbe Erdball untertan war! Mit getragener Stimme sprach er die Begrüßung: »Willkommen bei den Hunnen, König Gunter, Gernot und Giselher. Willkommen die anderen Recken alle, vor allem ihr beide, Hagen und Volker, von denen so Rühmliches berichtet wird. Willkommen mir, meiner Frau und dem ganzen Reiche.«

Bald klangen die Becher zusammen. Wein und Met flossen in Strömen. Ein freundliches Gespräch vereinte Etzel und Gunter. In mächtigem Stolz rühmte der Hunne sein schönes Schloß, dessen prunkvollste Teile, vor allem der große Saal, in dem man tafelte, erst vor kurzem vollendet worden waren. Sie hätten nun, fuhr er fort, durch den Besuch der hohen Gäste ihre rechte Weihe erhalten. Nicht minder höflich lobte der Wormser den erlesenen Geschmack seines königlichen Wirtes, und auch an den andern Tischen wurden viel freundliche Worte zwischen Burgunden und Hunnenrittern gewechselt.

Der Tag war zu Ende, die Nacht brach an. Die von der Reise ermüdeten Helden baten um Urlaub bis zum andern Morgen. Alles erhob sich von den Plätzen, und es gab ein solches Gedränge, daß Volker, der sich mit Hagen inmitten eines unheimlichen Gewimmels von Hunnen entdeckte, seinem Freund ins Ohr flüsterte: »Meiner Treu, wenn ich nicht bald Luft bekomme, schlage ich mit meiner Fiedel drein, daß es blutige Köpfe gibt.«

In der geräumigen Gästehalle luden weiche Ruhebetten zur Rast ein, dennoch aber zögerten die Helden vom Rhein, sich zu entkleiden. Kriemhilds feindseliges Verhalten lastete auf allen wie ein Alpdruck, selbst der immer heitere Giselher wollte nicht froh werden. Trüben Sinns berichtete er: »Wir sind überall von Spähern umgeben. Das schleicht und schlurft um uns, daß man sich wirklich vorsehen muß, den Wildkatzen nicht auf die Beine zu treten. Nun habe ich eingesehen, daß der Oheim recht gesprochen hat. Kriemhild haßt uns. Ich glaube beinahe, sie hat den Befehl gegeben, uns in der Nacht heimlich zu überfallen. Besser ist es, wir meiden den Schlaf.«

Alle schwiegen betroffen, noch nie hatten sie von Giselher so ahnungsvolle Worte gehört. Da meldete sich Hagen: »Vielleicht ist es das letztemal, daß euch süßer Schlummer gegönnt ist. Ich will euren Schlaf behüten. Dieser Raum hat nur einen Ausgang, und niemand kann herein, ohne daß er an mir vorbei muß.« Der Held nahm nun seine Waffen auf, um sich vor die Türe zu stellen.

»Hagen, werter Freund«, rief der treue Volker, »nicht ohne mich sollt Ihr auf Schildwach stehen.«

»Gut denn«, bekräftigte der Tronjer das Anbot. So zogen sie beide, Hagen und Volker, ehernen Schrittes zur letzten Wacht auf.

Lange standen sie an dem Tor, das sie hinter sich nur angelehnt hatten, starrten angestrengt in die Dunkelheit, und angespannt lauschte ihr Ohr. Doch nichts regte sich mehr im weiten Kreis der Burg, und das letzte Licht war erloschen. Da nun feierliche Stille herrschte, und nichts mehr zu hören war als die tiefen Atemzüge der Helden, nahm Volker von Alzey die Geige zur Hand, und begleitete sich zu einem gar traurigen Schlummerlied:

> O Freunde, ermüdet im Sattel und Bügeln
> schlaft, schlaft! Naht wieder die Nacht,
> da lodern die Feuer rings auf den Hügeln —
> vielleicht über Gräber ... wer hätt' es gedacht.

Mitternacht war vorüber. Die Recken zwangen mit eisernem Willen die Müdigkeit in den brennenden Augen nieder. Und wahrhaft, mit einemmal begann sich's hinter den Säulen des Eingangs zum großen Saale zu bewegen. Helme blitzten im fahlen Sternenlicht, Gewappnete schlichen hervor und näherten sich auf leisen Sohlen.

»Seht dort«, raunte Volker, »Frau Kriemhild bereitet wieder eine Überraschung für uns vor.«

»Schweig nur still«, mahnte Hagen, »wenn sie ganz heran sind, werden wir uns auf eine Weise decken, daß ihnen die Lust zu solch nächtlichen Späßen für immer vergeht.«

Behutsam wie auf Diebsfüßen krochen die Hunnen vorwärts. Plötzlich stockten sie und verharrten in ängstlichem Stillstand. Sie hatten die beiden Helden erkannt, die mit gezückten Schwertern den Eintritt in das Schlafgemach sperrten.

Nicht länger konnte der Fiedler an sich halten. »Zeit ist's«, rief er seinem

Gefährten zu, »die feige Brut mit Speer und Schwert zu züchtigen!« Drohend ließ er dabei die Waffen klirren.

Die Hunnen duckten sich, als sie Volkers Stimme hörten, noch scheuer in den Schatten der Burg; dafür trat nun der Tronjer in das volle Mondlicht hinaus und schrie den Schleichern zu: »Herbei nur, ihr Buben, gedungen für elenden Sold, die Gäste eures Königs im Schlaf zu ermorden. Hier stehen Recken vom Rheinland auf Schildwache!«

Die feigen Gesellen nahmen ohne Erwiderung den Schimpf hin und entschwanden so heimlich, wie sie gekommen waren. Hagen aber schien es, als sähe er oben an Kriemhilds Fenster eine Gestalt sich enttäuscht in das Innere des Gemaches zurückziehen.

Die beiden Wächter ließen sich nun auf der Steintreppe nieder, die mit einigen Stufen hinauf zur Tür des Schlafraumes führte. Da saßen sie lange und blickten in den Himmel, sahen langsam die Sterne verbleichen und das erste Rot am Firmament über der weiten Ebene aufglühen. Frisch hauchte sie der Wind des jungen Tages an, und es fröstelte sie in den kühlen Panzerringen.

Da erhob sich der Tronjer und begrüßte den erwachenden Morgen: »Nun brichst du wieder an, Zeit der Sonnenwende. Auf den Höhen des Odenwaldes werden bald die Feuer lodern, werden über den flammenden Holzstoß Arm in Arm Burschen und Mädchen springen. Werden meine Augen noch einmal die Heimat sehen? Sei's wie es sei, wir führen scharfe Klingen und sind bereit, mit Blut zu bezahlen.«

Volker und Hagen nahmen Speer und Schild auf, und wandten sich in den Saal, die Schläfer zu wecken.

ERSTES WETTERLEUCHTEN

Hagens Ruf und die Glocken der Burgkapelle, die Etzel für Frau Kriemhild hatte erbauen lassen, rissen die Nibelungen aus letztem, süßem Schlummer. »Wir wollen zur Kirche gehen«, sagte Gunter und befahl seinen Knechten, die kostbarsten Gewänder aus dem Gepäck herauszuholen.

Der Tronjer schüttelte den Kopf. »Ihr tätet besser, statt der Seide euch Stahl um den Leib zu legen«, mahnte er, »und das Schwert, fürcht' ich, wird euch mehr von Nutzen sein, denn Rosenkranz und Gebetbuch. Gott wird euch verzeihen, denn er nimmt jeden wie er ist, den Bettler in Lumpen, die Helden jedoch, die zum letzten Kampf rüsten, im Schmuck ihrer Wehr.«

Die Reisigen folgten dem Rat und wappneten sich mit den härtesten Panzern. Etzel hatte seine Gemahlin zur Kirche begleitet und als er, der Heide, sich wieder zurückziehen wollte, sah er seine Gäste, schwer gerüstet, vor der heiligen Stätte aufziehen. Verwundert meinte er: »In Helmen zum Kirchgang? Nie habe ich dergleichen gesehen. Hat euch jemand ein Leids getan? Fürchtet ihr irgend etwas? Sagt es frei heraus, und wenn einer am Hofe daran die Schuld trägt, soll er es mir schwer büßen.«

»Uns ist kein Leid geschehen«, erwiderte der Tronjer, »doch die Sitte Burgunds gebietet, daß wir überall, wo wir zu Gast sind, drei Tage in Waffen bleiben.«

Kriemhild maß Hagen mit feindseligen Blicken. »Wie schamlos er lügt«, dachte sie im stillen, denn solange sie in Worms lebte, hatte sie nie von einem solchen Brauch gehört. Doch es schien ihr klüger, zu schweigen und die Burgunden nicht zur Preisgabe ihrer bisher stolz für sich behaltenen Besorgnisse aufzureizen.

Nach dem Gottesdienst wurden auf dem weiten Platz des inneren Burgbereiches Kampfspiele veranstaltet, die Etzel und seine Gemahlin vom Fenster des Palastes aus verfolgten.

Viele hundert Hunnenritter, die Mannen des Berners, die Rüdigers, dann Thüringer und Dänen ritten in den Ring, den zuletzt die Burgunden betraten. Volker von Alzey schlug vor, einen Buhurt* auszutragen, bei dem die Recken Gunters mit allen übrigen Völkern zusammenprallen sollten. Dietrich und Rüdiger gefiel dieses Anbot gar nicht. Sie fürchteten, aus dem Spiel könnte Ernst werden, und sie hätten es vorgezogen, wenn sich Einzelkämpfer in Tjosten zur Schau gestellt hätten. Da sie mit diesem Gegenvorschlag nicht durchdrangen, verboten sie kurzerhand ihren Leuten, an dem Buhurt teilzunehmen. So sprengten denn auf der einen Seite die Burgunden und auf der andern nur die Nordländer und die Hunnen gegeneinander los. Bald krachte Schild gegen Schild, aus Harnisch und Helm sprühten Funken, und Kriemhild oben am Söller wünschte von Herzen, der harte Strauß würde sich vollends zu wirklichem Kampf entwickeln. Beinahe ging das in Erfüllung. Denn mit sechshundert Gesellen griff jetzt Blödel, des Hunnenkönigs Bruder, in das Spiel ein. Immer dichter wurde das Gewühl, und die Nibelungen mußten sich sehr in acht nehmen, daß sie in der Hitze des Gefechts nicht allzu kräftig zustießen. Mit dem Fortschreiten des Spieles wandelte Volker die Lust an, die Hunnen ernsthaft herauszufordern. »Seht ihr die Zierpuppe dort«, rief er Hagen zu und deutete mit dem Speer auf einen bunt herausgeputzten Hunnenritter, »der scheint es mir mehr auf Weiber abgesehen zu haben, denn auf einen ehrlichen Männerstreit. Ich will ihm einen Deuter versetzen, der ihn reif macht, der Höllenfürstin seine Aufwartung zu machen.« Gunter hatte diese Worte auch gehört, und mit hartem Befehl versuchte er dem wahnwitzigen Tun Einhalt zu gebieten. Zu spät! Schon war der Fiedler

* Im Turnier Kampf zweier Scharen gegeneinander

losgesprengt und hatte dem Hunnen eine Lanze mitten durch die Brust gerannt, daß dieser tot in den Sand sank.

Entsetzen erfaßte die Zuschauer. Die Hunnen schrien nach Rache und trommelten mit ihren Schwertern wild auf die Schilde. Dann brausten sie in geschlossener Phalanx heran, Volker vom Pferd zu stechen. Doch ehe sie ihr Ziel erreichten, gebot Etzel vom Fenster aus mit donnernder Stimme Einhalt: »Zurück! Frieden sei zwischen euch und meinen Freunden. Nicht mit Vorbedacht hat Volker euren Gefährten erstochen. Ich sah es genau.«

So schien der Streit vorerst geschlichtet, das Spiel wurde abgeblasen. Kriemhild war verärgert, daß die Friedfertigkeit ihres Gemahls den Funken, den sie unablässig bemüht war, zum Brand zu entfachen, ausgetreten hatte. Sie sann auf neue Ränke, und während die Herolde schon ihre Einladung zum Festmahl verkündeten, wußte sie sich insgeheim an Dietrich von Bern zu wenden.

»Edler Gotenkönig«, flehte sie, »helft mir, daß ich zu meinem Recht komme. Mein Herr Gemahl hält allzu gute Freundschaft mit seinen Gästen. und es ist doch der unter ihnen, der meinen Siegfried erschlug. Blut aber, so steht geschrieben, soll mit Blut gerächt werden.«

An Stelle seines Herrn gab Hildebrand zur Antwort: »Wer wider die Nibelungen antritt, kann nicht auf unseren Beistand zählen.«

»Ich habe keinen Grund, mit Euren Anverwandten Händel zu suchen«, pflichtete der Berner dem Meister bei, »wenig gefällt es mir, daß Ihr Eurer eigenen Sippe nach dem Leben trachtet. Im Vertrauen auf Euch betraten sie als Gäste dieses Land, ich reiche nicht meine Hand dazu, daß guter Glaube mit schnödem Verrat belohnt wird.«

So war denn Kriemhilds Versuch, den größten Helden, der nach Siegfrieds Tod auf Erden lebte, für sich zu gewinnen, schmählich mißlungen. Nun verfiel sie auf den Gedanken, Blödel zu dingen, den sie als eitlen, ruhmsüchtigen und selbstgefälligen Mann kannte. Sie hoffte, ihn mit Schmeicheleien und Versprechungen zur Vernichtung der Feinde aufstacheln zu können. In aller Eile bestellte sie ihn in ihr Gemach und verhieß ihm eine reiche Markgrafschaft und die schönste Fürstentochter zur Gemahlin, wenn er sie in dem hinterlistigen Werk unterstütze. Und wirklich, leicht gewann sie damit das Herz des Gecken, und lebhaft entwickelte er seinen Plan: »Für den Reisemarschall Dankwart und seine Mannen ist in der Herberge gegenüber dem Eingang zum großen Saal ein Tisch gedeckt. Ihnen will ich zuerst die Mahlzeit versalzen. Wenn ich sie erschlagen habe, kommen die andern Recken an die Reihe, einer nach dem andern, bis die große Rechnung meiner Herrin beglichen ist.«

»Wohlgesprochen«, rief Kriemhild in düsterer Freude. Ein wildes Feuer flackerte in ihren Augen, denn sie fühlte bis in den Grund ihrer Seele, daß die Stunde nahte, auf die sie in Geduld und nimmer ermüdender Rachgier gewartet hatte.

BLUTIGES GASTMAHL

Blödel trat mit seinen Recken waffenklirrend in die Herberge, wo Dankwart sich eben mit seinen Kriegern zu fröhlicher Mahlzeit versammelt hatte. »Willkommen, Blödel«, begrüßte er den Bruder des Hunnengebieters ahnungslos und herzlich.

»Spar deinen Gruß«, schrie ihn Blödel an. »Denn du wirst jetzt von meiner Hand sterben. Als erster der Burgunden sollst du die Ehre haben, den Tod Siegfrieds zu sühnen.«

»Haltet ein, Blödel«, erwiderte fassungslos Dankwart. »Ich war noch jung, als Hagen den Drachentöter schlug, und habe nichts mit dieser Tat gemein. Kriemhild hat keinen Grund, mir zu zürnen.«

»Von all dem weiß ich nichts«, erboste sich der Hunne unbekümmert weiter, »du bist Gunters Lehensmann und seinem Schicksal verhaftet. Wehr dich!« Damit zog er seine scharfe, leicht gekrümmte Klinge und holte zu wuchtigem Streich aus. Doch Dankwart war aus dem Holz der Tronjer geschnitzt. Schneller als sein Gegner hatte er den Degen freigemacht und rief: »Das hätten wir uns sparen können. Aber wenn ihr durchaus wollt, so will ich Antwort geben.«

Wie ein Blitz fuhr die Klinge wider den Feind und trennte ihm im Nahkampf das Haupt vom Rumpf. Das war das Zeichen für ein furchtbares Gemetzel.

Dankwart feuerte seine Krieger an: »Verkauft euch um den höchsten Preis, es ist alles verloren.« Schwerter zuckten, Dolche funkelten, und wer keine Waffe zur Hand hatte, der schlug mit Tischen und Stühlen darein, daß die Schädel krachten. Doch so tapfer sich auch die Burgunden wehrten, es nützte ihnen nichts. Zu groß war die Übermacht. Sie erlagen alle dem Ansturm und zum Schluß verteidigte sich Dankwart allein, mit dem Rücken an die Wand gelehnt, gegen das Gewimmel. Sein Stahl zischte einer züngelnden Natter gleich auf die Hunnenbrut, und zu Tode gebissen wankten die vordersten Reihen zurück, um den Nachdrängenden Raum zum Kämpfen und Sterben zu geben. Da keuchte der gewaltige Kämpe: »Nun habe ich genug geschwitzt in diesem heißen Loch, laßt mich ein wenig in die frische Luft.« Nach diesen Worten brach er sich mit grimmigen Streichen eine Gasse, gewann das Freie und stürmte hinüber in den Saal, um den Nibelungen die Kunde von dem schrecklichen Geschehnis zu überbringen.

Während sich in der Herberge so Grausiges begab, schwirrten noch die süßen Klänge von Geigen und Zimbeln über dem Festmahl, das Etzel seinen Gästen gab. Den Hochsitz zu Häupten der Tafel nahm der Hunnenkönig mit seiner Gemahlin ein, ihnen zur Rechten und zur Linken saßen die Burgunden, und an sie reihten sich die Hunnenritter und ihre christlichen Verbündeten. Die Gesellschaft schien hochgestimmt, plauderte, scherzte und lachte. Diener reichten ohne Unterlaß Braten und duftendes Brot, die Mundschenke füllten die Becher mit dem köstlichsten Donauwein.

Selbst des grimmigen Hagen Mienen heiterten sich für einen Augenblick auf, als Meister Hildebrand, der neben ihm saß, die Abenteuer Dietrichs mit dem Zwerg Laurin im Rosengarten von Tirol erzählte. Werbel und Schwemmel, die ritterlichen Sänger, geboten dann der Musik im Hintergrund Schweigen, um selbst mit einer herrlichen Weise die Runde zu erfreuen. Den größten Beifall spendete ihnen der burgundische Fiedler, der solche Kunst gar wohl zu schätzen wußte.

Auf Kriemhilds Wink trippelte ein kleiner und zarter Knabe in die Halle und suchte sich zwischen dem langen Tisch und den schwer gerüsteten Helden seinen Weg zum Hochsitz. Etzel strich seinem Sohn in großem Vaterstolz über das goldumlockte Kindergesicht und befahl ihm, jedem seiner rheinischen Oheime die Hand zu reichen und auch Hagen und Volker zu begrüßen. Das tat der Knabe, ohne zu zaudern, und glückstrahlend bemerkte Etzel zu den Helden: »Verspricht er nicht, ein tüchtiger Recke zu werden? Nach einigen Jahren möchte ich ihn gerne nach Worms senden, damit er bei Hagen das Waffenhandwerk lerne.«

Mit scharfem Blick musterte Hagen das Kind und meinte verächtlich:

»Ein wenig schwächlich scheint mir Jung-Ortlieb. Ich fürchte, zu einem Krieger wird er nicht taugen.«

Eine flammende Zornesröte schoß Etzel ins Antlitz, und aufs äußerste gereizt zog die Mutter das Kind zärtlich an sich, als wollte sie es vor weiterer Unbill durch den grausamen Mann behüten.

Da — die atemlose Stille, die der Beleidigung folgte, zerriß ein Poltern vom Eingang her. Dankwart taumelte blutüberströmt in den Saal. »Hagen, mein Bruder«, rief er, »alle unsere Mannen liegen erschlagen in der Schenke.«

»Wer hat das getan?« donnerte der Tronjer.

»Blödel hat uns arglistig überfallen, ich allein schlug mich durch«, erwiderte Dankwart.

Hagen fragte weiter: »Ist es dein Blut, das dir über den Harnisch gelaufen ist?«

Der Bruder erwiderte: »Nein, ich blieb unverwundet.«

»Gut«, fuhr der Tronjer unheilkündend fort, »stell dich vor den Eingang und laß niemanden herein noch hinaus. Ich aber will Rache fordern für jeden Erschlagenen ... Zug um Zug.« Damit zog er sein Schwert. Und mit jähem Satze sprang er auf Kriemhild zu. Jung-Ortlieb, den die Mutter im Schoß hielt, hieb er mit einem Streich den Kopf ab.

Gellend schrie da der Spielmann Werbel auf. Aber Hagen stand schon vor ihm, trennte ihm den Arm von der Schulter und knirschte in grausiger Wut: »Das ist der Lohn für die Botschaft, die du nach Worms gebracht hast.«

Vor Entsetzen erstarrte die ganze Tafelrunde. Der Tronjer hieb jetzt in einem wahren Blutrausch auf die Hunnen ein, Volker folgte seinem Beispiel, und bald waren ganze Reihen von Schlitzäugigen tot vom Stuhl gesunken. Der Rest griff bebend nach den Waffen, doch nun mengten sich auch Gunter und die anderen Nibelungen in den Kampf. Wildes Geschrei ertönte in dem Saal, den eben noch heitere Lust erfüllt hatte, und die Klingen verrichteten ihre gräßliche Arbeit. Giselher stand den älteren Recken nicht nach und zeigte, daß er ein würdiger Jünger seiner Lehrmeister Gunter und Gernot gewesen war. Unterdessen bedrängten draußen Hunnen, die ihren Gefährten zu Hilfe kommen wollten, Dankwart. Da schickte ihm Hagen den kühnen Fiedler zu Hilfe. Über das Getöse weg schrie Volker dem grimmigen Tronjer zu: »Jetzt ist das Tor besser bewacht, als hätte es tausend Riegel!«

Als der Tronjer die Gewißheit hatte, daß alles im Saal rettungslos seiner

Wut überliefert war, da schleuderte er seinen Schild zur Seite, faßte beidhändig den Balmung und mähte, ein furchtbarer Schnitter des Todes, seine Feinde hinweg. Etzel starrte fassungslos in das Getümmel; er hielt auch sich für verloren; immer näher und näher brandete die verderbenbringende Woge. Angstvoll schlich sich da Kriemhild zu Dietrich, der, einsam an eine Säule gelehnt, das entsetzliche Schauspiel verfolgte. Verzerrten Angesichts flüsterte sie dem Goten zu: »Rettet uns.«

»Viel kann ich nicht für Euch tun«, gab der Berner zurück, »denn welche Macht könnte die Wut der Burgunden zähmen?«

»Keine, außer die Eure«, bettelte die Königin weiter.

»So will ich's versuchen«, versprach Dietrich und schwang sich auf einen Tisch. Mit Donnerstimme verschaffte er sich gleich Gehör: »Ihr Recken vom Rhein, laßt ab von eurem Rasen. Wollt ihr auch mich erschlagen und die deutschen Helden alle, die euch nichts zuleide getan haben?«

Auf Gunters Geheiß ruhten die Degen. »Was wollt ihr?« keuchte er erregt von der grausigen Mordarbeit.

Der Berner versetzte: »Gebt mir und meinen Freunden freien Abzug aus dem Saal.«

Gunter fragte zweifelnd: »Wer sind deine Freunde?«

Schlau bezeichnete sie Dietrich: »Alle, die meines christlichen Glaubens sind und zwei, die ich umarme.«

»Gewährt«, entschied der Nibelunge.

Da umschloß Dietrich mit dem einen Arm König Etzel, mit dem andern Kriemhild und geleitete sie hinaus. Ihnen folgten die christlichen Lehensmänner des Hunnen, Rüdiger von Bechlarn, die Dänen Iring und Haward, Markgraf Irnfried von Thüringen und viele andere Recken. Die Hunnen jedoch blieben weiter dem burgundischen Schwert überliefert.

Dietrich und seine Mannen suchten sogleich ihre Quartiere auf, fest entschlossen, dem Kampf fernzubleiben. Doch es kam anders, und die Nibelungen sollten ihre Großmut noch zu bereuen haben.

Das Getümmel war verstummt, die Burgunden ruhten erschöpft von dem Kampf aus. Giselher schüttelte sich vor Grauen und rief: »Laßt uns erst die Toten aus dem Saal schaffen. Es wird nicht lange dauern, bis sie wieder Sturm laufen.«

Die Recken machten sich ans Werk und schleppten die entseelten Körper durch die weite Saaltür und warfen sie dann kurzerhand die Steintreppe hinab, wo sie den dort von allen Seiten anströmenden Hunnen vor die Füße rollten.

Auch Etzel und Kriemhild standen mit ihren Treuesten vor dem Eingang zur Halle und erhoben herzzerreißendes Jammergeschrei. »Weh«, klagte der König, »mein liebes Söhnlein, meinen Ortlieb haben sie geschlachtet wie ein Tier. Weh, meine Helden haben sie niedergemacht und freundlichen Willkommen mit tückischem Mord bezahlt. Wahnsinnige sind es oder Entmenschte. Weh euch, grausame Nibelungen, Rache und Tod euch allen!«

Hagen erschien im mächtig gewölbten Bogen der Pforte, den rot verkrusteten Balmung wie ein Flammenschwert gereckt, die Augen leuchtend im Feuer rasenden Vernichtungswillens. Und beißend höhnte er nun den Hunnengebieter: »Ei, wie sollten einem König Männer erwachsen, der sich feig hinter einem Weiberkittel verkriecht. Am Rhein ist es Brauch, daß die Herrscher sich als Vorkämpfer bewähren. Nun bin ich belehrt, daß bei den Hunnen andere Sitten herrschen. So wird es wohl vergeblich sein, wenn ich Herrn Etzel zum Zweikampf fordere.«

Der Hunne riß einem seiner Leute Waffen und Wehr aus der Hand und machte Miene, sich auf den Tronjer zu stürzen; doch Kriemhild hielt ihn zurück. »Du rennst in den Tod«, warnte sie und klammerte sich mit aller Macht an den Halteriemen des Schildes.

Das reizte Hagens Spott noch mehr. Er lachte gellend und höhnisch auf und donnerte über den Platz hin: »Seht ihr euren König, Schlitzäugige und Christenvolk? Das nennt sich einen Helden! Der zweite Mann einer ränkesüchtigen Frau ist er, nichts weiter.«

Die Worte brannten auf Frau Kriemhilds Seele. Und sie tobte: »Wer rächt mich an dem schamlosen Buben dort? Diesen gebuckelten Schild, bis an den Rand gefüllt mit rotem Gold, will ich dem schenken, der mir Hagens Haupt zu Füßen legt.«

Und siehe, die Menge der Krieger wurde von stürmischer Hand geteilt, Herr Iring, der Däne, ein tapferer Lehensmann Etzels, bot Frau Kriemhild an: »Ich will mit dem Tronjer streiten. Nicht um Lohn und Beute sei's gewagt, sondern für die beleidigte Ehre meiner Königin.«

Zu ihm gesellten sich auch sein Landsmann Haward und Markgraf Irnfried. An der Spitze ihrer Dänen und Thüringer stießen sie gegen die Halle vor.

Da zeigte sich an Stelle Hagens Volker an der Pforte und seine Rede klang nicht minder herausfordernd als die seines Freundes. »Seht an«, rief er, »ein ganzes Geschlecht von Maulhelden hat sich Etzel gezüchtet. Zum Zweikampf versprach Herr Iring zu kommen, und nun zieht er ein ganzes Heer zusammen.«

Der Däne setzte seinen Panzerschuh auf die erste Stufe der Treppe und gab zurück: »Hüte deine Zunge, kecker Fiedler.« Seinen Gefährten bedeutend, sie möchten zurückbleiben, betrat er allein den großen Saal und stürzte sich sogleich auf den ihm entgegentretenden Tronjer. Ein grimmiges Streiten begann, und eine Weile hielt sich Iring auch. Dann aber schien ihm Hagen zu stark, er ließ von ihm, fiel erst Volker an, wurde abgeschüttelt, rieb sich vergeblich an Gunter und Gernot und tobte dann wie ein Besessener im Saal umher, wild bald da- und dorthin schlagend. In einem Winkel bekam er ein paar Knechte vor die Klinge und er tötete vier von ihnen mit harten Streichen. Dem tollen Spiel machte Giselher blitzschnell ein Ende. Mit dem Rufe: »Zähme dich, Gaukler!« stellte er den Dänen und schmetterte ihn zu Boden. Lang hingestreckt lag er da, und niemand kümmerte sich weiter um ihn. Unter dem tosenden Gelächter der Helden erhob sich der für tot Gehaltene plötzlich wieder und gewann mit wilden Sprüngen das Freie.

Etzel und Kriemhild priesen seine Tapferkeit und Treue. Iring wies mit traurigem Gesicht das Lob von sich: »Ich habe euch noch nicht dienlich sein können. Hagen lebt noch, und wie schlimm es mir drinnen auch erging, ich muß noch einmal in den Saal.«

Etzel ließ ihm ein frisches Eisengewand anlegen und einen vergoldeten Schild reichen. Dann wandte sich Iring wieder dem Palaste zu, wohl ahnend, daß er in den Tod schreite. Doch schneller noch, als er befürchtet hatte, kam das Ende. Hagen hatte gar nicht gewartet, bis der Däne wieder heran war, sondern empfing ihn, aus der Halle hervorstürmend, schon auf dem ersten Absatz der Treppe. Mit solcher Wucht schleuderte er seinen Speer nach dem Helm des Helden, daß der Stahl glatt durchschlagen wurde und der Spieß ragend im Haupte des Unglückseligen stecken blieb. Sterbend taumelte er vor die Füße seines Herrn, indes Hagen ihm höhnisch nachrief: »Hast du noch einen Gefährten, der Lust verspürt, sich auch so aufspießen zu lassen?«

Ihren Gebieter zu rächen, brausten jetzt fast tausend Helden aus Dänemark unter des kühnen Haward Führung gegen die Eingeschlossenen vor. Ihnen schloß sich Markgraf Irnfried mit einem achtbaren Haufen thüringischer Krieger an. Wieder ward die Halle von dem Getümmel heißen Kampfes erschüttert.

Der Nordländer kam mit Hagen ins Gefecht, der Deutsche kämpfte mit Volker.

So wacker Etzels Lehensleute stritten, an der sich ins Übermenschliche steigernden Kraft der Burgunden zerbrachen ihr Wille und Mut.

Mit zerschlissenem Panzer wankten sie zurück, und im Weichen noch ereilte sie der tödliche Streich.

Rachedürstend verdoppelten ihre Recken die Anstrengungen, heldenmütige Streiter waren unter ihnen, dennoch wurden sie in kurzer Frist zusammengehauen bis auf den letzten Mann und samt ihren Herren den Hunnen draußen auf die Köpfe geschleudert.

Der letzte Strahl der Sonne vergoldete die Zinnen der Königsburg. Ein heißer Tag neigte sich zu Ende, die Nacht der Sonnenwende brach an.

Tiefer Stille war der Kampflärm gewichen. Von den Stufen der Treppe tropfte das Blut, sammelte sich in einem Bächlein und rieselte hinaus auf den Platz.

Schwer atmend ruhten die Nibelungen auf zerbrochenem Gestühl oder auf die Schilde gelehnt von heißer Mühe aus. Ihre Zungen klebten vor brennendem Durst am Gaumen, sie hätten viel für einen Becher frischen Weins gegeben.

Doch sie waren gefangen. Tausende Hunnen hatten einen unzerreißbaren Ring um den Palast gezogen, nicht einmal ein ranker Fuchs hätte da einen Durchschlupf finden können.

Hagen sprach: »Verteufelt schlecht sorgt Etzel für seine Gäste. Zeit wär's für die Abendmahlzeit, und kein Diener läßt sich blicken.«

»Dafür ist er auf eine grimmige Unterhaltung bedacht«, spann der Fiedler den bitteren Scherz weiter, »wartet nur, eine tolle Nacht steht uns bevor.«

Kaum war dieses Wort gesprochen, meldete auch schon Dankwart, der jetzt die Wache am Eingang besetzt hielt, das Nahen einer unübersehbaren Schar von Hunnen.

Vorbei war's mit kurzer Ruhe und Rast.

Mit einem Riesensatz tauchten auch schon Hagen und Volker an der Pforte auf und empfingen die Anstürmenden mit stahlhartem Gruß. Die Freunde eilten zu Hilfe, und bald häufte sich ein Wall von Erschlagenen auf der Treppe, den Nachdrängenden den Schritt verwehrend. Und Schrecken und Graus erfaßte sie, und laut heulend machten sie kehrt. Die Halle hatte keiner zu erreichen vermocht.

Dennoch, jeder der Burgundenritter wußte, daß der Widerstand nicht ewig währen konnte. Auch an ihnen war die Härte der Schlacht nicht spurlos vorübergegangen; an manchem starken Leib nagten Müdigkeit und Erschöpfung. Nur zwei Möglichkeiten waren geblieben: freier Abzug oder Tod. Hagen und Volker und wohl auch Gunter selbst hatten mit dem Leben abgeschlossen, und ihnen blieb die Qual einer Entscheidung fern.

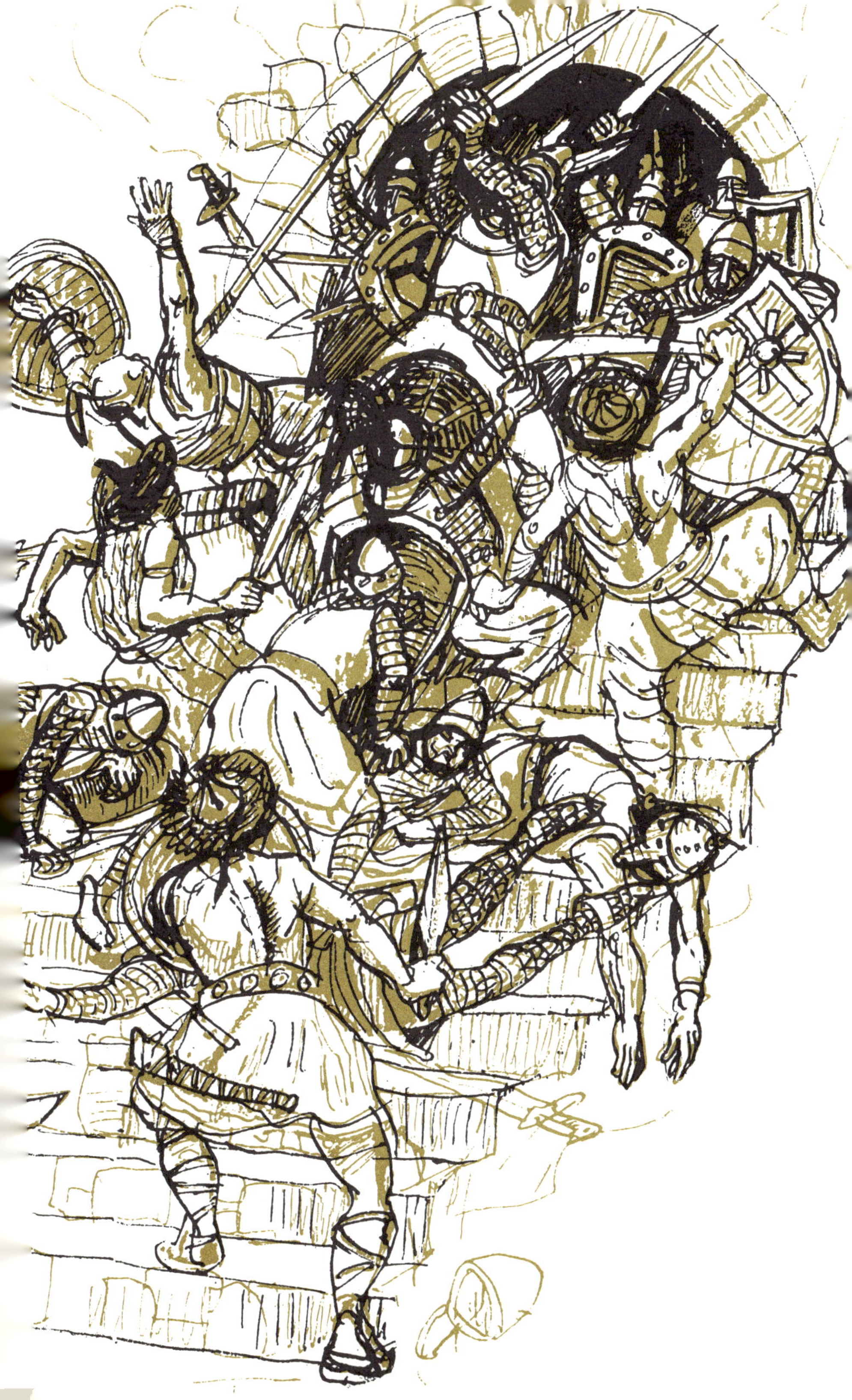

Doch denen, in deren Seele noch ein letzter Funke von Hoffnung und Sehnsucht nach dem Leben glühte, glaubte es der König schuldig zu sein, den Versuch einer Unterhandlung zu wagen, und er teilte diese Ansicht seinen Recken mit.

Mit jäh erwachender Freude rief Giselher: »Lasset uns ihnen einen Boten schicken. Wir haben tapfer genug gekämpft, und niemand wird uns Feiglinge schelten.«

Weise lächelte Hagen: »Nicht Giselher der junge Held spricht, sondern der Verlobte von Dietlinde.«

»Ich leugne nicht«, versetzte der junge König, »daß ich Dietlinde gern noch einmal wiedersehen, umarmen und küssen möchte. Wär, es nicht traurig, wenn unsere junge Liebe so früh verwelken müßte?«

Hagen schüttelte unmutig den Kopf, redete aber nicht dawider. Und so sandte Gunter Herolde auf den Hof hinaus.

Erwartungsvoll harrten die abgespannten Streiter am Eingang, und siehe, da kamen Etzel und Kriemhild quer über den Platz. Nicht ohne Bewegung erkannte der Hunne, wie übel zugerichtet seine Feinde waren, und mit der Teilnahme des Helden an solchem Mannesmut fragte er nach der Nibelungen Begehr.

»Wir fordern Frieden und freien Abzug«, antwortete Gunter.

Doch schroff wies Etzel das Anbot zurück. »Nimmermehr kann ich euch das gewähren. Du scheinst vergessen zu haben, was ihr mir angetan habt.«

»Weißt du auch«, bemühte sich der Wormser die Unterhandlungen fortzusetzen, »daß dein Bruder Blödel das Zeichen zum Beginn des Gemetzels gab? Ohne Ursache überfiel er meine Reisigen und erschlug alle bis auf Dankwart. Für diese grauenvolle Tat mußten wir Buße fordern.«

»Tausend Recken«, schrie Etzel, »erreichen den Wert eines unschuldigen Kindes nicht. Hättet ihr Rechenschaft begehrt Mann gegen Mann, ja hättet ihr sogar zehn meiner Knechte gegen einen von euch aufgewogen, ich hätt' es hingenommen. Aber um Ortliebs willen kann kein Friede herrschen zwischen mir und euch.«

Da sahen die Nibelungen wohl ein, daß eine weitere Aussprache nutzlos sei.

Gernot ergriff nun wieder das Wort: »Wir geben zu bedenken, daß nicht zehn, sondern hundert Leben gegen eines stehen werden, ehe ihr uns besiegt habt. Doch das ist eure Sache. Was ich nunmehr fordere, ist unser gutes Recht. Ich verlange, daß ihr uns aus dem Saale ziehen laßt, damit wir im Freien weiterkämpfen. Wenn ihr wahrhafte Helden seid, werdet ihr nicht zögern, dem Gegner die gleichen Bedingungen zuzumessen, die ihr für euch in Anspruch nehmt.«

Schon schien Etzel geneigt, dieser Bitte zu willfahren, als sich Kriemhild ins Gespräch mischte. »Das darf niemals sein«, warf sie mit harter Stimme ein, »wenn ihnen frischer Wind die Panzerringe kühlt, reicht dein Heer nicht aus, mein Gemahl, um sie zu bezwingen. Nach Siegfrieds Tod sind sie die kühnsten Degen.«

Als Giselher solches hörte, krampfte sich seine Brust in unsäglichem Schmerz zusammen. »Was ist aus meiner Schwester Kriemhild geworden«, rief er, »denkst du nicht mehr deiner Heimat in Worms, nicht mehr der alten Mutter Ute, die uns beide geboren hat?«

Kriemhild erbebte. Für einen Augenblick lang wurde sie schwach. Ihre Hand preßte sich aufs Herz. »Giselher«, stöhnte sie, »du mein Bruder, ich liebe dich wie eh. Und um deinetwillen bin ich bereit, euch alle bis auf einen zu schonen. Gib mir den einen heraus, Hagen überliefere mir, und ihr andern zieht denn in Frieden.«

Mit einem kurzen Blick verständigten sich die Brüder, und Gernot antwortete für sie: »Dein Vorschlag, Schwester, findet unsere Billigung nicht. Hagen gehört zu uns, und wir gehören zu ihm. Hast du sonst nichts zu sagen?«

Da schleuderte ihnen Kriemhild den trotzigen Fluch entgegen: »So fahrt denn in Treue miteinander zur Hölle, Nibelungen! Nichts anderes mehr hab' ich zu sagen!« Auf ihren Wink stieß eine Hunnenschar gegen die Pforte und trieb die Wormser zurück. Deren Hoffnung war dahin, nicht aber ihre Kraft und ihr Mut.

DIE FEUERSBRUNST

Die Nibelungen sammelten sich um die Könige. Gunter und Hagen traten in die Mitte des Ringes.

Feierlich erklangen Gunters Worte: »Hört, tapfere Nibelungen! Von zwei Dingen ist uns jetzt nur noch eines geblieben, und das heißt Tod.«

Stumm, aber mit kühner Entschlossenheit, nahmen die Helden die Erklärung hin. Hagen, um dessen Mund ein feines, fast schon jenseitiges Lächeln schwebte, fiel jedoch ein: »Halt, Herr, etwas hast du noch vergessen: den Ruhm. Einst werden Sänger aufstehen und uns preisen, denn unsere Taten werden bestehen bis ans Ende dieser schönen Erde.«

»Wohl wahr!« murmelte es Beifall in der Runde.

»Um dieses Ruhmes willen lasset uns fröhlich sein«, fuhr der Tronjer fort, »Hunger, Durst und Not währen, wenn's hoch kommt, noch einen Tag, der Glanz aber, den wir hinterlassen, vergeht nimmermehr.«

Diese Worte entfachten fast freudigen Todesmut. Sogar manches Scherzwort und Lachen flog in dem düsteren Kerker auf, und furchtlos harrten die Helden der Dinge, die noch kommen sollten.

Was war das? Die Recken horchten auf. Ein unheimliches Knistern und Knacken erschreckte sie, und zur Decke aufblickend gewahrten sie Funken die Balken entlang hüpfen.

Kriemhild hatte Feuer an den Saal legen lassen! Eine Schar hunnischer Bogenschützen hatte sie herbeigewinkt und Feuerpfeile aus dem Köcher nehmen lassen. Dem nächsten die Armbrust entreißend, schnellte sie selbst das erste Brandgeschoß von der Sehne gegen das hölzerne Dach. Und dann ergoß sich ein wahrer Regen von Fackelbolzen auf die Schindeln der herrlichen Halle.

Schon warnte Volkers Stimme vom Eingang: »Feuerjo, Feuerjo!« Hurtig fraßen sich die Flammen durch das Tragegebälk, lodernde Holzstücke, glühende Eisenklammern, in der Hitze splitternder Kalk prasselten polternd herab. Das Feuer leckte die Verkleidungen der Türen und Fenster entlang, züngelte am Boden hin, und immer würgender legten sich die Schwaden von Qualm und hitzigem Brodem den eingesperrten Kämpfern auf die Kehle. Schon brach da ein Knecht röchelnd zusammen, stöhnte dort ein anderer: »Helft mir, ich sterbe im Rauch.« Hier wehklagte es in einem Winkel: »Erbarme dich, Gott, und lasse uns im Kampf einen schnellen Tod erleiden.«

Doch alles überdröhnte jetzt des Tronjers Ruf: »Habt keine Furcht. Nur ein Sonnwendfeuer ist's.« Diesmal aber war den Recken das Lachen vergangen. Und Hagen fuhr fort: »Die Mauern sind aus Stein, und Kriemhild wird es nicht gelingen, uns bei lebendigem Leib zu schmoren. Stellt euch an die Wand und dämpft die Glut mit den Schilden.«

Die Männer waren dankbar für den Rat und zogen sich gegen die

DIE FEUERSBRUNST

Mauern des Saales zurück. Freilich, viele waren schon von den herabsausenden Trümmern erschlagen, manch einer hatte schwere Brandwunden davongetragen, versengt war den meisten Haupthaar und Bart, und die heißgewordenen Panzerringe schmerzten wie glühende Kohle auf der Haut.

Da fiel mit Donnergetöse und unter einem sprühenden Funkenregen die ganze Decke in den Saal, Tote, Sterbende und auch viele Lebendige gleichermaßen unter sich begrabend. Wer den Flammensturz überstanden hatte, machte sich daran, die Glut zu dämpfen, wie Hagen es befohlen hatte und wie es eben ging. Es war aber auch höchste Zeit gewesen. Viele Burgunden erwarteten schon, kraftlos in die Schilde geduckt, den Tod. Mit dem Nachlassen des Qualms erwachten ihre Lebensgeister wieder, und sie halfen den anderen Helden, die wie besessen auf die glosenden Balken einschlugen.

Ein kühler Morgenwind, aus den Karpatenbergen kommend, erhob sich und wehte den Tapferen Linderung zu. Die Nacht der Sonnenwende wich dem jungen Tag, der fahl über Schutt und Berge von Leichen heraufdämmerte.

RÜDIGER LÖST SEINEN EID EIN

Eine Unzahl seiner Helden hatte Etzel bereits im Sturm auf den Palast geopfert. Doch ein Großer unter des Hunnen Lehensmännern war bis jetzt abseits gestanden: Rüdiger von Bechlarn. Der König wußte um seine Seelenqualen; denn auf der einen Seite band ihn die Pflicht an den Herrscher, auf der andern das Herz an die Sippe seines Eidams. Da der Kampflärm mit Tagesanbruch verstummte, trat der Markgraf aus seinem Quartier auf den Platz mit der innigen Hoffnung, ein Wunder möchte das Gemetzel beendet haben. Wie er von fern die rauchenden Trümmer gewahrte und die Kette der Krieger, die noch immer rings um die Halle gelegt war, erfaßte ihn eine unsägliche Trauer. Müde und gesenkten Hauptes stand er vor diesem Bild des Elends. Ein Höfling bemerkte dies, und er sagte so laut zu seinem Herrn, daß es der von Bechlarn wohl hören konnte: »Seht doch, wie Markgraf Rüdiger um seine deutschen Freunde trauert. Schlecht lohnt er es Euch, daß Ihr ihm das schönste Land Eurer Krone zum Lehen gegeben habt. Statt für Euch zu streiten, hält er es nun insgeheim mit Euren Feinden.«

Die Worte des Buben versetzten Rüdiger in großen Zorn. Er zog sein Schwert und führte einen so scharfen Hieb gegen den Hunnen, daß die giftige Zunge für immer verstummte.

»Sind der Toten noch nicht genug«, herrschte Etzel den Markgrafen an, »wer gab Euch das Recht, meinen Diener zu erschlagen?«

»Soll meine Ehre hier vogelfrei sein?« erwiderte Rüdiger.

»Sie zu hüten, wäre diesmal meines Amtes gewesen«, belehrte ihn streng der König.

Rüdiger meinte: »Ich habe nicht bemerkt, daß Ihr Miene gemacht hättet, meinen Beleidiger zurechtzuweisen.«

»Wofür hätte ich ihn tadeln sollen?« fragte Etzel vorwurfsvoll. »War er nicht im Recht? Wo bleibt der Held, dem ich vor allen anderen Gunst erwiesen und den ich erhöht habe? Wo bleibt der Statthalter des Donaulandes in dieser düstersten Stunde seines Herrschers?«

Der Herr von Bechlarn schwieg. Schwer lastete die Anklage auf seiner Seele, schwerer noch die Freundschaft zu den Burgunden.

Rasch fiel jetzt Kriemhild ein: »Ich denke, mein Gemahl, wir lassen das unfruchtbare Gespräch. Rüdiger wäre kein Held, wenn er ungestraft die Beschimpfung hinnähme.«

Ein dankbarer Blick des Markgrafen streifte die Königin. Doch mit unheimlicher Betonung fuhr sie fort: »Herr Markgraf, denkt Ihr daran, daß Ihr mir einen Eid verpfändet habt?«

Rüdiger fuhr erschreckt zusammen. Er fühlte, daß die Entscheidung nahte. Er sagte nichts, nur seinen Kopf neigte er zum Zeichen der Bejahung.

»Nun denn, Herr von Bechlarn«, bestand jetzt Kriemhild unerbittlich auf dem gegebenen Wort, »die Stunde ist da. Ich bitte Euch, löst den Schwur ein!«

»Das ist auch mein Wunsch«, fügte Etzel lebhaft hinzu. »Ihr allein habt die Macht, die todesmutigen Männer da drinnen zu bezwingen. Ich will Euer Lehen verdoppeln, Ihr sollt alle Länder beherrschen zwischen der Donau und dem Meere.«

»Herr Etzel«, flehte Rüdiger in höchster Gewissensnot, »nehmt mir meine Provinzen ab, laßt mich als Bettler durch die Lande ziehen, nur erspart mir diese Hölle.«

Hart und gemessen wiederholte Kriemhild die Eidesformel, die ihr der Markgraf einst in die Hand gelobt hatte: »Jederzeit bereit zu sein, mir angetanes Leid aufs bitterste zu rächen...«

»So sprach ich«, versetzte Rüdiger dumpf.

»Nun denn«, fuhr die Königin fort, »Ihr seid selbst Zeuge gewesen von Hagens scheußlichem Kindermord. Vermögt Ihr zu leugnen, daß eine Mutter bittereres Leid nicht erdulden kann?«

»So muß es denn wohl geschehen«, erwiderte der Markgraf. »Nur eines bitte ich: Wenn ich falle, gewährt den armen Frauen in Bechlarn gnädig Euren Schutz.«

Etzel sagte es zu, und Rüdiger ließ sich die Rüstung bringen. Seine Mannen befahl er zur Stelle, und ihnen voran schritt er zu seinem Todesgang.

Mit Hagen und Volker teilte sich Giselher in die Wacht an der Pforte. »Seht an«, jauchzte der junge König, »Rüdiger naht uns. Gewiß, er bringt uns erlösende Botschaft.«

Die Recken im Saal vernahmen Giselhers Jubel. In freudig aufwallender Hoffnung drängten sie sich an das Tor und die ausgebrannten Fensterhöhlen, um den vermeintlichen Friedensboten zu schauen. Bedenklich nur knurrte Hagen: »Seltsam, er kommt in Waffen.«

»Ihr seht auch alles so schwarz, mein Oheim«, tröstete Giselher in süßer Täuschung, »reisefertig hat sich Rüdiger gemacht, um uns gleich nach Bechlarn zu geleiten.«

König Gunter streckte dem Freund weit die Arme entgegen und hieß ihn willkommen: »Seid mir in Freuden gegrüßt, edler Markgraf. Nun hat die Not wohl ein Ende.«

Aber der Herr von Bechlarn erwiderte darauf kein Wort. Erzklirrend trat er heran und stieß seinen Schild hart auf den ersten Treppenabsatz. Dies bedeutete Kampf.

Jäh waren die Nibelungen aus lieblichen Träumen gerissen. »Was ist Euer Begehr?« fragte Gunter mit veränderter Stimme.

»Wir waren Freunde«, verkündete ernst der Markgraf, »das ist vorbei und alles muß vergessen sein. Wehrt euch, Nibelungen!«

»Das ist nicht möglich«, schrie Giselher.

»Ich habe einen zweifachen Eid geschworen«, versetzte Rüdiger, »dem Hunnenkönig einen, und den andern Frau Kriemhild. Nicht das Herz, ein ehernes Muß zwingt mich zum Streit wider euch.«

»Unerhört«, brauste Gernot auf, »an Eurem Tisch habt Ihr uns gastlich bewirtet, dieses Schwert hab' ich aus Eurer Hand empfangen, soll ich es nun gegen Euch schwingen?«

»Tut, wozu ich euch zwinge«, lautete Rüdigers unbarmherzige Antwort.

Giselher beschwor noch einmal den Unglückseligen: »Den Vater meiner

Geliebten zu töten, kann mir niemand befehlen, also ist ungleich unser Kampf und ich bitt' Euch, steht ab davon.«

»Ich wollte, mein Sohn, ich läge im Grabe und ihr wäret noch am Rhein«, seufzte der Herr von Bechlarn und legte aus.

»Wartet noch ein Weilchen«, gebot Hagen. »Der Schild, den mir Frau Gotlind geschenkt hat, ist zerhauen. Drum bitt' ich um den Euren, er scheint mir aus gutem Stahl verfertigt.«

Betroffen schien Rüdiger über die Kühnheit dieses Ansinnens. Doch nach kurzem Zaudern reichte er dem Tronjer seine Wehr und sagte: »Da nehmt den Schild, und ich wünschte, Ihr könnt ihn noch im Burgundenland tragen in glücklicheren Zeiten.«

Der Tronjer empfing den Schild, seine Augen leuchteten, und er verhieß dem Markgrafen: »Was immer uns die nächste Stunde bringt, gegen Euch heb' ich meine Hand nicht auf, Herr von Bechlarn.«

»Und auch ich nicht«, pflichtete ihm sein Freund Volker bei.

»Auf zum Kampf«, donnerte dann Hagens Stimme über die Mannen hin, und die bitterste aller Schlachten nahm ihren Anfang.

Die Schwerter pfiffen, die Panzer krachten und viele Nibelungen sanken sterbend dahin. Furchtbar wütete Rüdigers Klinge, doch ängstlich vermieden Hagen und Volker, den Markgrafen zu stellen. Das verdroß Gernot sehr, und mit einem gewaltigen Sprung setzte er sich vor Etzels Lehensmann. »Da Euch die Klingen, scheint's, aus dem Wege gehen«, rief er, »soll Euch denn Euer eigenes Schwert den Tod bringen.«

Ein heißes Streiten begann. Festgewurzelt behauptete jeder der beiden Recken, Rüdiger und Gernot, seinen Platz und wich nicht einen Zoll, wie hageldicht auch die Hiebe auf Helm und Brünne prasselten. So geschah es, daß sich beide den Tod gaben. Mit klaffenden Wunden im Schädel sanken sie auf die blutgetränkte Diele und schlossen ihre Augen für immer. Ein markerschütterndes Schreien begleitete den Fall der Recken, dann faßte in verdoppelter Wut der Tronjer, wie schon einmal, beidhändig den Balmung und raste Vernichtung säend durch die Reihen der Helden aus dem Donauland. Nicht ein einziger entging dem wilden Gemetzel.

Als der Strauß ausgefochten war, scharten sich die überlebenden Burgunden um Rüdigers und Gernots Leichen und beklagten jammernd den Tod dieser Großen. Draußen fieberte indes Kriemhild dem Ausgang der Schlacht entgegen. Wie nun die leidvollen Stimmen an ihr Ohr schlugen, glaubte sie, der Markgraf beweine zusammen mit den Recken vom Rhein ihr trauriges Los. Sie trat an die Stufen heran und rief in den Saal: »Wie lange noch säumt Rüdiger, den Kampf zu beginnen. Nun sieht man wohl, daß er ein treuloser Mann ist.«

Volker hörte die bittere Beschuldigung und zornbebend beschimpfte er das rachedurstige Weib: »Das war wohl Frau Kriemhild, die eines großen Helden Ehre verunglimpfte. Rüdiger und die Seinen haben Euch gedient bis zum letzten Atemzug. Nun seht zu, wen Ihr uns noch heraufschicken könnt.«

Kriemhild rang verzweifelt die Hände und schrie: »Sind die Nibelungen unüberwindlich?«

DER NIBELUNGEN ENDE

In Dietrichs weitab gelegene Quartiere stürzte ein Mann. »Edler Gotenkönig«, berichtete er atemlos, »im Hof hat sich so jämmerliches Klagen erhoben, daß ich glaube, man hat den König erschlagen oder Kriemhild.«

Rasch erhob sich Wolfhart, Meister Hildebrands Neffe, und sprach: »Ich will ausforschen, was das Geschrei zu bedeuten hat.«

»Nein, nicht du«, entschied Dietrich. »Die Nibelungen kämpfen um ihr Leben, und ich will ihnen nicht in den Rücken fallen. Dein Ungestüm, Wülfling, verwickelt mich am Ende noch in einen Streit. So will ich lieber Helfrich entsenden.«

Eilends stürmte der Abgesandte aus dem Gemach und kam nach kurzem mit der Schreckenskunde zurück, daß Markgraf Rüdiger von den Burgunden erschlagen worden sei.

»Man hat dich belogen«, brauste der Herrscher auf, »wie wär' es denn möglich, daß die Nibelungen ihren besten Freund gemeuchelt hätten?«

»Wenn es wahr ist, was Helfrich berichtet«, meldete sich Wolfhart, »dann gnade Gott den Burgunden. Dann wollen wir den Tod des Edlen rächen.«

»Darüber entscheide ich«, wies der Gotenkönig den Heißsporn streng zurecht. »Erst will ich noch genaueren Bericht«, fuhr er fort, »und drum

bitt' ich Meister Hildebrand, er möge mir verläßliche Kunde bringen.«
Unbewehrt wie der Alte dastand, machte er sich auf den Weg. Da setzte ihm sein ungestümer Neffe nach und flüsterte ihm zu: »Nicht ohne Waffen, rat' ich, zeig dich den Nibelungen. In dem Wahnwitz, der sie befallen hat, könnte es sonst leicht geschehen, daß sie sich an dir vergreifen.«

Dem weisen Recken schienen diese Worte verständigen Sinn zu haben, er schiente sich also vorsorglich in gutes Eisen und schickte sich dann an, seinen Auftrag auszuführen. Da gesellten sich ihm aber noch die andern Recken Dietrichs zu. Wolfhart selbst, dann Helfrich und auch der berühmte Herzog Siegstab. Meister Hildebrand freute sich darüber, doch mahnte er: »Daß ihr mir wohl Frieden haltet!«

Volker sah die Berner langsam gegen die Halle zukommen. Grußlos schritten sie an Kriemhild vorbei. Weithin donnerte die Stimme des Fiedlers durch den Saal: »Auf, auf! Neue Feinde nahn! Die Goten sind es.«

»Der Anfang vom Ende«, murmelte Gunter leichenblaß. Die müden Streiter erhoben sich noch einmal, griffen zu den Waffen, um Hildebrand entgegenzutreten. Doch wie süße Schalmei klang ihnen die Losung ans Ohr, mit der nun der alte Meister von dem Fiedler Durchlaß begehrte: »Laßt uns passieren. Hie gut Freund.«

Die Stufen der Treppen stieg Hildebrand mit den Seinen hinan. Von dem entsetzlichen Anblick gebannt, verharrte er jetzt am Eingang des Saales. Zwischen wirren Trümmern wankten ihm schweißbedeckte Gestalten entgegen, und wenn sich ihm Gunter nicht durch die Nennung seines Namens entdeckt hätte, niemals würde er in dem Recken mit dem zerbeulten und vielfach zerschlissenen Panzer, dem rauchgeschwärzten Gesicht, den versengten Haaren um Haupt und Kinn, den irre flackernden Augen den stolzen König der Burgunden erkannt haben.

»Was bringt ihr uns?« fragte der Wormser.

»Vom König Dietrich soll ich Gruß entbieten«, antwortete Hildebrand, »und Auskunft heischen, ob das Gerücht die Wahrheit spricht, das den Tod Rüdigers verkündet.«

Gunter erwiderte: »Rüdiger ist im Kampf gegen uns gefallen.«

Um Hildebrands Mundwinkel zuckte es zornig, doch er beherrschte sich. Herzog Siegstab vermochte jedoch nicht an sich zu halten und er klagte: »Weh dem edlen Mann, er hatte keine Feinde und trotzdem mußte er sterben.«

»Menschenlos«, warf Hagen bitter ein.

»Wie ist das gekommen?« fragte erregt Siegstab.

»Er fiel für den Eid, den er König Etzel und Frau Kriemhild geschworen hat«, berichtete der Tronjer.

»Er war unser Freund«, ergriff endlich der alte Meister das Wort. »Wir betrauern tief das Los des Helden. Mag Herr Dietrich wägen und richten, ich bitte nur um den Leichnam, damit wir ihn würdig bestatten.«

»Das sei euch gern gewährt«, fiel Gunter ein, »dort auf den Schild haben wir ihn gebettet.« König Gunter befahl einigen Knechten, die erzene Bahre mit den sterblichen Resten des großen Mannes den Goten zu übergeben. Die tapferen Reisigen, von den schrecklichen Kämpfen erschöpft, hatten Mühe, die schwere Last vom Boden zu heben. Ungeduldig ließ Wolfhart seinen Speer aufstampfen und rief: »Wenn ihr die Leiche nicht herausgeben wollt, sagt es lieber gleich, dann werden wir sie uns holen.«

»Was winselt ihr wie Weiber«, fuhr Volker dazwischen, »wenn ihr den Markgrafen rächen wollt, kommt weiter in den Saal. Da zwischen den Trümmern ist ein herrlicher Turnierplatz.«

»Spielmann«, drohte aufbegehrend Wolfhart. »Wenn du nicht schweigst, stimm' ich dir deine Fiedel tiefer.«

»Nimmst du meiner Geige Ton«, erwiderte Volker hohnlachend, »dann putz' ich dir den Glanz von deinem Helm. Soll es so gelten?«

»Reize mich nicht«, schrie Wolfhart immer mehr in Wut geratend, »leicht könnt' ich sonst den Befehl meines Herrn brechen und dir über das lose Maul schlagen.«

»Tu es doch!« lachte der Fiedler, »wer alles unterläßt, was ihm verboten ist, der ist kein Held, sondern ein furchtsamer Hase.«

Das war dem Wülfling zu viel. Er achtete des Zurufs seines Meisters nicht und schlug auf Volker los, daß die Funken sprühten. Doch der Fiedler gab geharnischte Antwort, der Streit riß bald alle mit und wieder erdröhnte die Halle von Kampfgetöse. Zwischen dem Gewirr verkohlter Balken, verbogener Eisenträger und aufgeschichteter Steinklötze suchten und fanden sich die grimmigen Streiter. Unter des Fiedlers scharfen Streichen fiel erst Herzog Siegstab, doch auch Volkers letztes Stündlein hatte geschlagen. Meister Hildebrand hatte sich selbst den Fiedler auserkoren, und wie ein Gewitter brach er über ihn herein. Zu Boden geschmettert hauchte der tapferste Spielmann, Burgunds unvergleichlicher Bannerträger, seine Heldenseele aus.

»Weh der Not«, hörte man jetzt zum erstenmal Hagen klagen. »Lebe wohl, du herrlichster aller Helden, du treuester aller Freunde. Wenn wir uns wiedersehen, wird lichter Tag um uns sein.« Scharf spähte dann des Tronjers Auge nach Hildebrand, er versuchte den Alten vor seine Klinge zu bekommen, doch die Goten deckten ihn so tapfer, daß er nicht zu ihm vorzudringen vermochte.

Indes waren in einem anderen Winkel der Halle Giselher und Wolfhart aneinandergeraten. Wie ein Rasender schlug der junge König auf den großen Helden ein. Ein röchelnder Schrei brach aus Wolfharts Brust, seinen nutzlos gewordenen Schild schleuderte er beiseite, faßte mit letzter Kraft beidhändig das Schwert und schlug mit solch zermalmender Wucht auf Giselher, daß beide Streiter niedersanken und Brust an Brust gepreßt ihren letzten Seufzer taten.

Allüberall, wohin das Auge blickte, wogte das Gemetzel. Niemand gewährte Gnade und erbat sie. Dort schlugen sich Dankwart und Helfrich zu Tode, wie es eben Giselher und Wolfhart getan hatten, da fraß sich Hagens Balmung immer tiefer durch die sich lichtenden Reihen der Goten.

So sank ein Kämpferpaar nach dem andern dahin, in allen Winkeln und zwischen den Trümmern wälzten sich die Sterbenden in ihren letzten Zügen. Die Nibelungen und die kühnen Goten hatten einander ausgerottet bis auf den letzten Mann. Von den Goten war nur Hildebrand, von den Nibelungen waren Gunter und Hagen dem Blutbad entronnen. Schmerzzerrissen beugte sich der alte Meister über seinen geliebten Neffen, da raste auch schon Hagen heran.

»Heda Alter«, begrüßte er grimmig den einstigen Genossen, »nun sieh dich vor, du entgehst mir nicht mehr.« Blitzschnell folgte der Balmung der drohenden Rede nach. Gerade noch vermochte Hildebrand seinen Schild deckend über das Haupt zu ziehen, da sauste auch schon das Schwert herab, den harten Stahl der Wehr wie dürres Holz zerspaltend. Es durchfurchte noch den Helm bis auf den Scheitel.

Und nun geschah etwas Unerhörtes. Aus einer Wunde am Schädel blutend nahm der Held, dessen Rücken noch kein ehrlicher Feind gesehen, schmählich Reißaus. In wilden Sprüngen hetzte er aus dem Saal und die Treppe hinab. Zu müde war der Tronjer schon, um ihn noch zu verfolgen. So erreichte der Meister unangefochten Dietrich, um ihm die Kunde von den entsetzlichen Ereignissen zu überbringen.

»Markgraf Rüdiger ist tot«, stieß der Alte atemlos hervor, »und alle, alle bis auf Hagen und Gunter . . .«

»Gut, Hildebrand«, erwiderte der Herrscher im Glauben, daß nur die Burgunden dahingesunken wären, »dann sage meinen Recken, ich erwartete von ihnen, daß sie auch noch die beiden letzten Nibelungen vom Antlitz der Erde tilgen.«

»Wie?« stammelte der Meister, »ich versteh' nicht recht. Deine Helden, sagtest du...«

»Wer denn sonst wäre dieses Vernichtungsamtes würdig?« gab Dietrich kühngemut und noch immer ahnungslos zurück. »Die beiden Burgunden haben sich's durch ihre Tapferkeit wohl verdient, von christlicher Hand zu sterben.«

»Herr«, klagte jetzt Hildebrand, »außer dir und mir gibt es keine Goten mehr auf der Etzelburg!«

»Du rasest wohl, Alter«, tobte der Herrscher. »Willst du allen Ernstes sagen, daß alle meine Männer gefallen sind?«

»Dort liegen sie in dem Saal des Grauens«, bekräftigte Hildebrand leidvoll die Kunde. »Dein ungestümer Wolfhart, Herzog Siegstab, der Tapfere, und unser kühner Helfrich, und um sie im Tod geschart die unübersehbare Zahl unsrer Ritter.«

Mit Entsetzen starrte Dietrich den Unglücksboten an. Nun erst hatte er die volle ungeheuerliche Wahrheit begriffen. Er erhob sich in grimmiger Entschlossenheit. Seine Mundwinkel zuckten. Und er befahl: »Gürtet mich in Erz, damit ich dem Wüten des Tronjers ein Ende setze. Sein Maß ist voll!«

Sein Meisterschwert Eckesachs ließ sich der Gotenkönig reichen und klirrenden Schrittes nahte er, von Hildebrand begleitet, der brandgeschwärzten Halle.

Müde lehnten Hagen und Gunter an der Pforte, und als der Tronjer Dietrich erblickt hatte, sprach er in traurigem Trotz: »Binde noch einmal deinen Helm, Gunter, zum letztenmal grüß ich dich, Herr von Burgund und Herrscher der Nibelungen!«

Inzwischen kamen Dietrich und sein Meister heran. Zornbebend stieß der Berner den Schild vor sich hin und herrschte die Nibelungen an: »Ich begehre Sühne für das vergossene Blut.«

Hagen antwortete bitter: »Nur unser Leben können wir Euch bieten. Holt es Euch!«

Dietrich meinte: »Ungleich wäre dieser Kampf. Eure Augen brennen von durchwachten Nächten, verdorrt sind eure Gaumen, das Mark eurer

Knochen ist in rasendem Streit verschwendet, ich würde mich schämen, das Schwert wider euch zu erheben. Drum fordere ich: ergebt euch!«

»Ich verstehe nicht recht«, trotzte Hagen, sich stolz aufrichtend, »glaubt Ihr denn wirklich, daß wir uns Euch unbesiegt überliefern. Unser Leben haben wir geboten, unsere Ehre nicht!«

»Höret meine Bedingungen«, fuhr Dietrich unerschütterlich fort, »ihr sollt euch als Geisel in meine Hände geben. Ich verbürge mich mit meinem Namen dafür, daß ihr sicher nach dem Burgundenland gebracht werdet.«

»Und auch dafür«, fragte der Tronjer höhnisch, »daß man uns dort nicht anspeit, mit Fingern auf uns zeigt und uns feige Buben spottet?«

»Wir wollen sorgen, daß ihr mit aller Auszeichnung, die euch zukommt, geleitet werdet«, drang jetzt Hildebrand in die Recken.

»Der Mann, der vor mir floh, behalte seinen Rat für sich«, gab Hagen zurück.

»Und ich kenne einen«, erboste sich Hildebrand, »der einst von einem Stein in Seelenruhe zusah, wie Walter von Aquitanien ihm seine Freunde erschlug. Und er hieß Hagen.«

»Begleicht eure Rechnung nicht mit dem Mund, sondern mit der Waffe«, herrschte Dietrich die Hadernden an.

»Ich danke für die Zurechtweisung«, spottete Hagen grimmig, »doch man plaudert gern eines, wenn man zwei Tage und zwei Nächte nichts als Recken geköpft hat. Wenn's euch beliebt, kommt nun näher. Balmung ist gierig nach Gotenblut.« Hagen riß nun das Schwert hoch und pflanzte sich so drohend vor den Bernern auf, daß diese einen Ausruf der Bewunderung über die Heldengröße dieses herrlichen Mannes nicht unterdrücken konnten. Dann aber klirrten Eckesachs und Balmung funkensprühend aufeinander, und schrecklich bäumte sich zum letztenmal der Kampfeswille des Tronjers auf. Dietrich war auf der Hut. Er wußte wohl, daß Hagen eine schnelle Entscheidung suchen mußte, eine lange Dauer des Fechtens würde die übermüdeten Kräfte des Nibelungen vorzeitig zerbrechen und ihm, dem Goten, alle Vorteile geben. Erst als er spürte, daß er langsam über den sturmmüden Mann die Oberhand gewann, ließ Dietrich den Eckesachs aufspielen, wie der Tronjer in seinem Leben noch keine Streiche verkostet hatte. Sein Schild sank zerhauen zur Erde, aufklaffte das Panzerhemd, eine Wunde zeigte sich unter dem geborstenen Helm, geschwächt wich er mit wankenden Knien zurück, und das war der Augenblick, auf den der Gote gewartet hatte. Seine Waffen schleuderte er zur Seite, umfaßte mit bloßen Händen sein kraftloses Opfer, drückte es zu Boden, und fesselte ihm nach langen Mühen die Hände mit schweren Ketten. Den Wehrlosen übergab er dann den Recken Etzels, die ihn vor den König brachten.

Als sie den so tief Gehaßten in Banden vor sich sah, jubelte Kriemhild in unheilverkündender Freude auf: »Nun endlich ist die Stunde der Rache gekommen!« Dann trug sie den Schergen gleich auf: »Werft ihn in das tiefste Burgverließ, in das noch nie ein Sonnenstrahl gedrungen ist. Morgen will ich Gericht über ihn halten.« Auf ihr Geheiß schleppten kleine, schlitzäugige Hunnen den auch jetzt noch riesengroß aufragenden Mann mit sich fort.

Indessen war Dietrich zum Zweikampf mit Gunter angetreten. Auch den König der Burgunden überwältigte der Berner schnell, band ihn genau so wie vordem seinen gewaltigen Ritter und ließ ihn vor Etzel bringen.

Überschwenglich dankte die Königin Dietrich: »Sei gesegnet, großer Gote.« Hart wie gegen Hagen verfuhr sie dann auch mit ihrem Bruder. »Sage mir nicht«, überfiel sie ihn mit beißender Schärfe, »daß uns eine Mutter geboren hat. Sage mir nicht, daß wir unter einem Dach gewohnt und unter dem gleichen Himmel groß geworden sind. Dies alles ist ausgelöscht aus meinem Gedächtnis. Nichts andres haftet darin als Siegfrieds bleiches Antlitz.« Und abermals wies sie die Schergen an: »In den Kerker mit dem König der Burgunden!«

Dietrich empfahl die Gefangenen der Gnade des Herrschers. Etzel versprach, sie am Leben zu lassen, und auch Kriemhild murmelte einige kaum verständliche Worte des Einverständnisses.

Am nächsten Tag saßen Etzel und Dietrich im großen Saal zur Mahlzeit. Hunderte flinker Dienerhände hatten über Nacht die Trümmer weggeschafft und mit Schilf notdürftig die Mauern eingedeckt. Traurig dachten die Könige der Schrecken, die in dieser Halle gewütet hatten, und ihr Herz war bang und schwer. Unter einem Vorwand erhob sich Kriemhild plötzlich von der Tafel und befahl zwei Häschern, sie sollten Hagen vor ihr Angesicht führen. An der Pforte des Saales erwartete sie rachedurstig den Tronjer. Da ging er einher noch immer wuchtigen Schrittes, ungetrübt schien der Glanz seines Auges, wahrhaft ein Held, wie ihn nicht oft die Erde trägt. Der Balmung hing ihm vom Gehenk, freilich unerreichbar seinen gebundenen Händen.

Mit dem Schrei »Mörder und Räuber« entlud sich das Riesenmaß von Kriemhilds Zorn. Mit keiner Wimper zuckte der Tronjer unter der Anklage.

Scheinbar ruhiger werdend fuhr die Königin fort: »Trotz aller Schandtaten, die dein frevelhaftes Leben tausendmal verwirkt hätten, winkt dir noch eine Möglichkeit der Rettung. Sag mir, wo du deinen Raub, den Schatz der Nibelungen versteckt hast, und ich will Gnade walten lassen, wie ich's Dietrich versprach.«

Grimmige Schadenfreude huschte da über Hagens Gesicht, und er entgegnete: »Den Ort kann ich nicht verraten, solange noch ein Burgunde lebt.«

Kriemhild befahl den Henkern, Gunter das Haupt abzuschlagen und es ihr zu bringen. Das Grausige geschah. Dann forderte sie ihren Todfeind noch einmal auf, ihr das Geheimnis des Hortes preiszugeben.

Hagen aber lachte ... lachte, daß die Mauern dröhnten und sein Mund sprach die letzten Worte: »Nun wissen den Ort nur Gott und ich allein und keiner von uns beiden sagt es dir!«

Kriemhild hakte den Balmung aus dem Gurt, und jeden Augenblick dieser grausamen Handlung auskostend bis auf den Grund ihrer aufgewühlten Seele, hob sie ihn langsam empor. Funkelnd reckte sie das Schwert ihres Geliebten wie ein heiliges Unterpfand endlich gewonnener Rache in das Licht der Sonne. Keiner gab mehr einen Laut von sich, nicht die Richterin und nicht das Opfer. Dann sauste der Stahl mit unheimlicher Wucht herab, und Hagens Haupt flog in den Sand.

Das Schreien an der Pforte hatte die Tafelrunde aufgescheucht. Die Männer stürzten herbei. Hildebrand wetterte: »Seht an, Hagen von Tronje, der gewaltige Mann, erschlagen von Weibeshand! Dies Verbrechen darf nicht ungesühnt bleiben. Stirb, Kriemhild!« Und mit der Schärfe des Schwertes richtete Hildebrand die Königin.

So endete das Fest auf König Etzels Burg in namenlosem Leid, und die vom Tode verschont geblieben, beweinten ihre dahingegangenen Freunde.

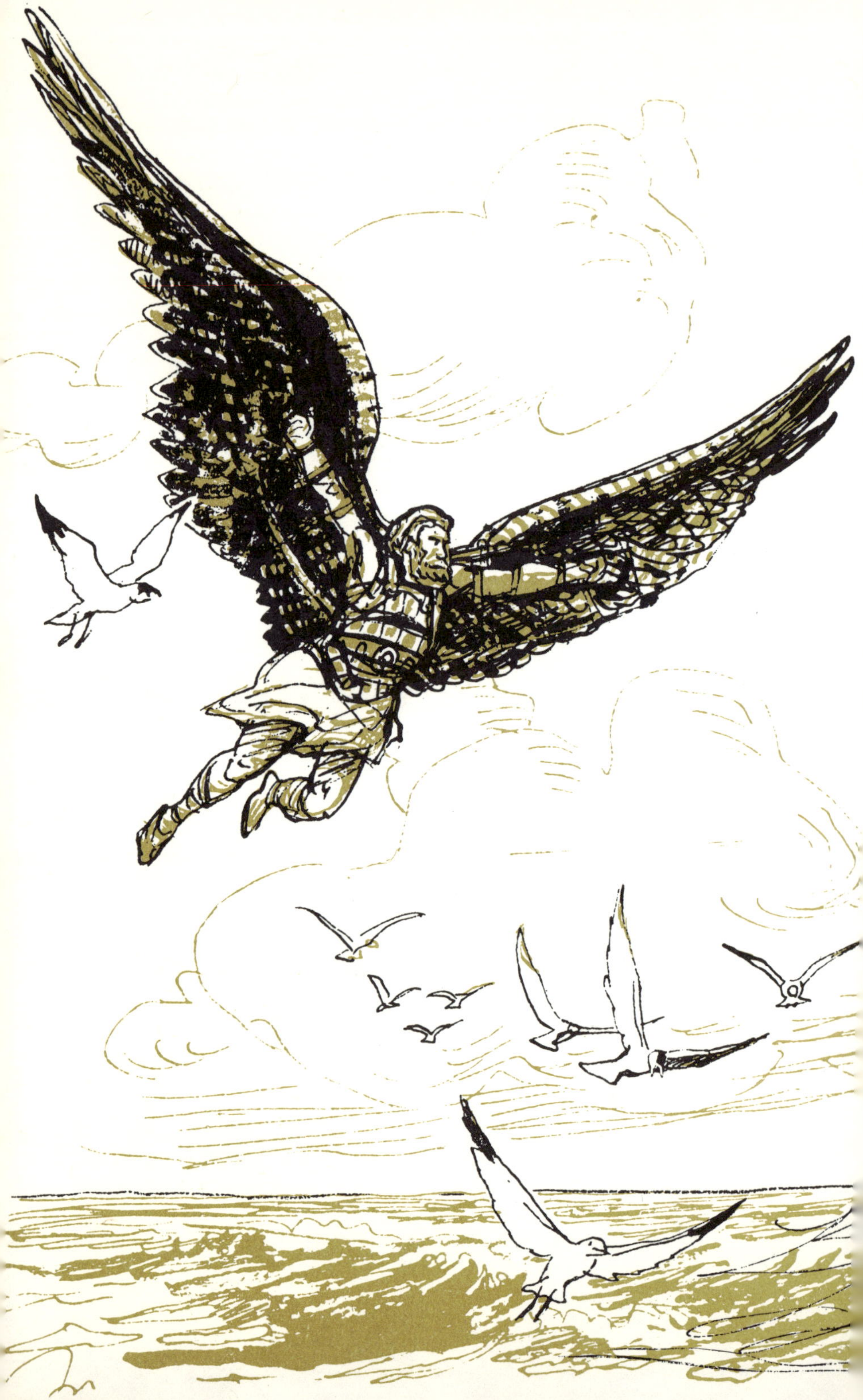

WIELAND DER SCHMIED

Die Sage läßt die Menschen der grauen Vorzeit mit überirdischen Kräften die Natur bezwingen. Kein Gott ist Wieland mehr, der gleich dem Hellenen Icarus den Flug durch den blauen Äther wagt. Doch der Schmied aus dem Nordland büßt auch nicht wie jener Jüngling seinen Wagemut mit dem Tod. Unsterblich ist der Ruhm des künstereichen Meisters, und höchstes Lob des Handwerks singt unser Lied, das Fleiß und Schaffensfreude neben die Würde der Könige stellt.

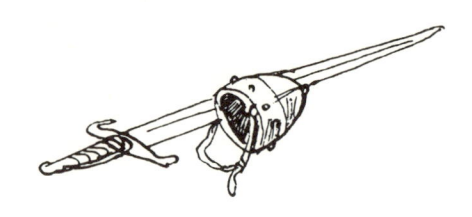

WIELANDS LEHRZEIT BEI DEN ZWERGEN

König Wiking von Seeland setzte seinen jüngeren Sohn Nordian, den schmächtigen und kriegerischen, zu seinem Nachfolger ein, seinen älteren Sohn Wate, den riesenhaften und friedliebenden, machte er zum Herrn über zwölf reiche Höfe.

Von seiner Mutter Wachhilde, einer in irdische Liebe verstrickten Seenixe, hatte Wate die Liebe zum Wasser geerbt und die Gabe, auch die tückischesten Tiefen, ohne zu sinken, durchfurten zu können. Der Bauer war dem jüngeren Bruder nicht neidig, denn tüchtig zu schaffen in Wiese und Flur schien ihm ehrenvolle Aufgabe genug. Er nahm sich eine Frau aus einem vornehmen Geschlecht des Landes, und der Bund wurde mit drei Söhnen, Wieland, Eigel und Helferich, gesegnet. Der Vater dachte, daß es das Beste im Leben sei, wenn man etwas Ordentliches könne, und deshalb beschloß er, den Knaben die kundigsten Lehrmeister zu geben. Der jüngste, Helferich, hatte viel Freude an seltenen Blumen und geheimnisvollen Kräutern, und Wate machte aus ihm einen Heilkünstler, der in den nordischen Landen zu großem Ruhm kam. Eigels Lust war es, Pfeile zu schärfen und nach der Scheibe zu schießen, er wurde zu einem Schützen ausgebildet. Dem Herzen des gutmütigen Riesen stand Wieland am nächsten. Denn vor allem gefiel es ihm, daß sein ältester Sohn so große Neugier für alle Dinge zeigte, die aus Gold, Silber oder Erz verfertigt waren. Unermüdlich konnte der Knabe nach der Herkunft dieser Kostbarkeiten forschen, und später trieb er sich am liebsten in Eisenhämmern und den schmutzigen Werkstätten der Schmiede umher. Da hielt es Wate für geraten, Wieland zu einem Meister von Hammer und Amboß in die Lehre zu geben, und er brachte ihn zu dem Zwerg Mimer*, bei dem auch der junge Siegfried gelernt hatte, sich ein starkes Schwert zu härten. Drei Winter blieb Wieland bei dem Alben, bis dieser sagte: »Geh heim, mein Sohn. Bei mir kannst du nichts mehr erfahren, was dir nützt, denn eher müßte ich mich schon heute dein Geselle nennen. Nur die Zwerge Elberich und Goldmar verstünden dir vielleicht noch Künste beizubringen, die du nicht verstehst. Sie wohnen in einem Berg zu Glockensachsen, bitte deinen Vater, er soll dich dorthin bringen.«

Mit diesem Bescheid kehrte Wieland heim. Obgleich man zu Hause verwundert über seine Fertigkeit staunte und bald von nah und fern die Leute herbeiströmten, um ihn um die Anfertigung von Waffen und kostbarem Hausgerät zu bitten, war der strebsame Jüngling noch lange nicht mit sich zufrieden. Er hörte nicht auf, in seinen Vater zu dringen, ihn zu den Zwergen nach Glockensachsen zu bringen, und schließlich gab dieser nach.

Unterwegs kamen sie an ein tiefes Wasser, den Grönasund. Keine Fähre war weit und breit zu sehen. Da meinte Wate: »Wohl bin ich, seit ich Landmann geworden bin, durch kein tiefes Wasser mehr geschritten, ich will aber versuchen, ob ich noch die alte Kraft habe.« Der Hüne schulterte seinen Sohn und schickte sich an, den Sund zu durchqueren. Bis an den Hals stieg ihm das Wasser, aber er versank nicht darin. Glücklich erreichten sie das andere Ufer und setzten ihre Reise fort. Elberich und Goldmar hatten schon durch Mimer die Kunde von Wielands Geschicklichkeit erhalten, und so nahmen sie den jungen Schmied gern bei sich auf. Wate freilich mißtraute der Freundlichkeit, und am liebsten hätte er mit seinem Sohn wieder kehrtgemacht. Doch Wieland war von dem Anblick der Werkstatt, die sich vom Höhleneingang bis tief in den Berg zog, so sehr gebannt, daß ihn keine Zurede zu bewegen vermochte, auf seine neuerliche Lehrzeit bei den künstereichen Alben zu verzichten. So trat denn der Vater ein wenig betrübt und besorgt wieder die Rückreise an, indes sein Sohn sich mit Feuereifer der Arbeit in dem unterirdischen Gelaß hingab. Wieland

* Auch Mime

erwies sich als der gelehrigste Schüler, den Elberich und Goldmar jemals gehabt hatten. Bald meisterte er auch die schwierigsten Aufgaben, und viel herrlichere Dinge noch, als er bei Mimer geschmiedet, schuf er jetzt. Die Zwerge hätten den Jüngling gern für immer bei sich behalten. Sie verbargen diese Absicht freilich dem Schüler. Wieland bemerkte nur, daß sie öfters heimlich miteinander flüsterten; er dachte sich jedoch nichts Schlimmes dabei und war arglos und vergnügt.

Ein Jahr war um, und Wate gedachte, seinen ältesten Sproß nun wieder heimzuholen. Begleitet von seinen beiden andren Söhnen, die auch ihre Lehrzeit beendet hatten, begab er sich zu dem Berg in Glockensachsen. Groß war die Freude des Wiedersehens! Viel hatten sie sich zu erzählen, und jeder der drei Jünglinge berichtete von seiner Kunst. Wieland wollte auch zeigen, was er gelernt hatte, und schuf ein Finkennest aus Erz. Das hängte er an einen Baum, und so täuschend war es der Natur nachgebildet, daß ein Finkenweibchen geflattert kam und in dem Nest brütete.

Vater Wate, Eigel und Helferich gerieten in nicht geringes Erstaunen. Nun wollte auch Eigel zeigen, was er könne, kletterte hurtig auf den Baum und nahm mit so geschickter Hand dem Vogel die Eier unter dem Gefieder weg, daß der gar nichts davon merkte und ruhig weiter auf seinem Platz blieb. Dann legte Eigel die Eier auf einen Felsen, maß einen gehörigen Abstand aus, und schoß nacheinander mit drei Schüssen seiner Armbrust die Eier entwei.

Ein Ausruf der Bewunderung kam aus aller Munde. Nur Wieland bemerkte schmerzlich: »Mich dauert das arme Finkenpaar, nun hat es die Eier umsonst bebrütet und behütet.«

»Den armen Vögelchen kann geholfen werden«, erwiderte Helferich und setzte die Eier so kunstgerecht wieder zusammen, daß man keine Verletzung merkte.

Stolz aber warf Wate sich in die Brust: »Wahrhaft, ich sehe, ihr habt eure Lehrzeit gut genützt.«

Während Eigel dem Finkenweibchen mit geschickter Hand die Eier wieder unterschob, fuhr der Vater zu den Zwergen gewandt fort: »Ich danke euch, Elberich und Goldmar, für die Mühe, die ihr euch mit Wieland gegeben habt. Aber ich denke, nun ist er wahrhaft ein Meister geworden, und ich kann ihn mit mir nach Hause nehmen.«

Ein listiges Lächeln huschte über Elberichs Antlitz. Dann sagte er: »Euer Sohn, Herr Wate, ist ein tüchtiger Gesell, aber noch lange kein

Meister. Ein Jahr müssen wir ihn zumindest noch unterweisen, ehe er alle Künste des Schmiedehandwerks gelernt hat.«

Wate machte ein etwas verdutztes Gesicht, aber da der Sohn noch gerne geblieben wäre, so willigte er schließlich in den Vorschlag des Alben ein. Zu seiner Überraschung aber stellte nun Goldmar eine gar seltsame Bedingung. »Höre«, hub er an, »genau nach zwölf Monden mußt du wieder hier erscheinen, kommst du nur einen Tag früher oder einen Tag später, so ist uns Wieland für sein Leben lang verfallen.« Das war nämlich der Plan, den sich die Alben ausgedacht hatten, um Wieland für immer an sich zu fesseln.

»Seht, das ist ein gar merkwürdiger Brauch«, meinte unwillig der Riese.

»Nun, wir halten uns nicht nach der Menschen Art«, versetzte der Albe hohnlächelnd, »sondern nach der, wie sie in unterirdischem Geklüft gilt.«

Wortlos wandte sich Wate ab und bat nur seinen Ältesten, ihn noch ein Stück zu begleiten. Als sie den Zwergen außer Sicht gekommen waren, stieß er ein Schwert in den Boden und sagte zu Wieland: »Höre, mein Kind. Mir gefällt etwas nicht an den Zwergen. Sicher stecken sie voll Bosheit und Tücke. Wohl hoffe ich, zur angegebenen Stunde wieder hier zu sein, doch sollte es anders kommen, benütze diese Klinge. Sie ist gut

197

und wird dich aus allen Gefahren erretten.« Damit verabschiedete er sich von dem Jüngling, und auch die Brüder sagten ihm ein herzliches Lebewohl.

Mit großem Eifer bildete sich Wieland noch weiter aus und brachte es in seiner Kunst schließlich zur höchsten Vollendung.

Wieder war ein Jahr herumgegangen. Rechtzeitig machte sich der besorgte Vater auf den Weg, und am Abend des ausgemachten Tages kam er an den Berg. Zu seiner großen Verwunderung schien ihm alles verändert zu sein, bis zur einbrechenden Dunkelheit streifte und tappte er durch das Gelände, den Eingang zur Höhle vermochte er jedoch nicht zu finden. Da legte er sich denn ermüdet ins Gras. In der Nacht brach ein gewaltiger Sturm aus, der Regen peitschte ihm ins Gesicht, in den Klüften tobte und sauste es. Schließlich riß sich hoch oben am Hang ein mächtiger Felsblock los und stürzte mit Donnergepolter in die Tiefe. Gerade auf den Schläfer fiel er, den Riesen unter seiner Wucht zermalmend. Wate war tot, und Wieland besaß nun keinen Vater mehr. Noch aber wußte der Jüngling nichts von dem Unglück, ja, in der Sicherheit der Höhle war er es kaum gewahr geworden, daß draußen ein solches Unwetter tobte.

Am nächsten Morgen schlichen sich die Zwerge aus der unterirdischen Behausung, und mit wohlgefälligem Nicken bestätigten sie einander, daß ihr Anschlag gelungen war. Dann eilten sie in die Höhle zurück und bedeuteten Wieland, er möchte vor den Eingang gehen, er würde dort Entsetzliches schauen.

Banger Ahnung voll, tat der junge Meister, wie ihm geheißen. Als er des Felsblocks ansichtig wurde und bemerkte, daß unter ihm ein Blutstrom hervorquoll, wußte er, was geschehen war. Furchtbarer Grimm gegen die kleinen Unholde erfaßte ihn, denn er begriff, daß sein Vater hatte sterben müssen, weil ihn die Zwerge, als das Ungewitter losbrach, nicht in die Höhle hineinließen. Und er erinnerte sich nun des Schwertes, das Wate für ihn in den Grund gestoßen hatte, nahm es an sich und verbarg es unter seinem Mantel. Dann kehrte er in den Felsenschacht zurück.

In einem Winkel der Höhle standen die Zwerge und tuschelten und flüsterten geheimnisvoll. So tief waren sie in ihr Gespräch versunken, daß sie das Nahen Wielands gar nicht merkten. Plötzlich hob Goldmar seine Stimme in der Erregung zu lauterem Ton, und ganz deutlich konnte der Sohn des Gemeuchelten die Worte verstehen: »Es ist dumm von dir,

Elberich, daß du Wieland töten willst. Gewiß ist sein Haupt uns verfallen, weil sein Vater nicht gekommen ist. Aber ein so tüchtiger Geselle vermag uns noch sehr nützlich zu sein. Ich schlage vor, wir fesseln ihn und halten ihn für immer als Gefangenen in unsrer Werkstatt.«

»Gut, so soll es denn geschehen«, versetzte der andere Albe; »wir schmieden ihn mit einer langen Kette an einen Amboß, und nie mehr soll er das Tageslicht schauen.«

Da sprang Wieland vor und rief: »Ihr habt eure Rechnung ohne den Wirt gemacht, elende Wichte! Doch ich will euch jetzt meine begleichen, ohne euch zu fragen.« Er zog das Schwert unter dem Mantel hervor und erschlug mit kräftigen Streichen die Zwergenbrut.

Dann suchte er in Felsenklüften, in die er bisher noch nie gekommen war, nach dem Pferd Schimming, von dem er die Alben hatte öfters reden hören, daß es das schnellste Roß auf Erden sei. Er fand es wirklich und unermeßliches Geschmeide dazu. Er lud davon so viel auf den Rücken des Hengstes, als dieser nur zu tragen vermochte, und kehrte damit heim auf die väterlichen Höfe in Seeland.

Groß war die Trauer ringsum über Wates furchtbares Ende. Auch die Brüder waren lange untröstlich, die Zeit freilich heilte auch ihre Betrübnis. Und manches Jahr lebten sie dann in Frieden und Glück. Sie übten ihre Kunst aus, und von überall her strömte viel vornehmes und niederes Volk, um sich gegen hohen Lohn die Fertigkeiten der Meister nutzbar zu machen. Eines Tages fand sich auch ein fahrender Sänger ein, der in höchsten Tönen einen Zauberring pries, den die beiden Zwerge Elberich und Goldmar besessen haben sollten. Äußerlich unansehnlich, wohne ihm aber die Kraft inne, den Träger vor seinen Feinden zu schützen. So aufmerksam gemacht, musterte Wieland genau den Schatz, den er aus dem Berg in Glockensachsen mitgebracht hatte, und siehe, er fand nach der Beschreibung des Liedes wirklich den Reif. Da Wieland wußte, daß böse Menschen ihm und seinen Brüdern Wohlergehen und Reichtum neideten, schuf er, um sich vor Diebstahl zu schützen, siebenhundert ganz gleiche Ringe und hängte sie alle an einem Draht auf. Nur er vermochte an einem geheimen Zeichen den echten Ring unter den falschen herauszufinden; oft und oft zählte er die Ringe, und befriedigt stellte er fest, daß es immer noch ihrer siebenhundertundeins waren. Freilich sollte das nicht immer so bleiben.

WIELANDS FAHRT ZU KÖNIG NIDUNG

König Nidung herrschte über das Land der Niaren hoch oben am Nordmeer. Er hatte eine wunderschöne Tochter namens Bathilde und zwei Söhne, die noch im zartesten Alter standen.

Die Kunde von Wielands Reichtum und Künsten drang überallhin und schließlich auch zu Nidung. Hart und grausam war er, besitzgierig, und vor keiner Gewalttat schreckte er zurück, wenn es galt, sein Besitztum zu mehren. Mit großer Liebe hing er freilich an seiner Tochter Bathilde, und er zögerte nicht, ihr jeden Wunsch zu erfüllen. Da er von des Schmiedes Schatz erfuhr, war sein erster Gedanke, sich seiner zu bemächtigen, um neue Geschmeide für sein verzärteltes Kind zu gewinnen. Die Ratgeber beschworen den Herrn, von seinem Vorhaben abzustehen. Wunderbare Waffen vermöge Wieland zu schmieden, meinten sie, und dazu nenne er das schnellste Roß sein eigen. Kein Ziel verfehle sein Bruder Eigel, und jede Wunde heile der dritte der Söhne Wates. Auch Bathilde bat: »Laß, Vater, die gefährliche Fahrt. Ich besitze Spangen und Armreifen genug, um mich zu schmücken, und ich glaube, Väterchen, du liebst mich auch ohne den Putz aus des Schmiedes Truhen.«

»Doch den zauberkräftigen Ring mußt du haben«, versetzte hartnäckig der König. »So kostbaren Schmuck du auch besitzest, es ist kein Stück dabei, das dich vor jeder Unbill schützt.«

»Nun, wenn es sein muß«, fügte sich Bathilde, »rüste deine Wikingerdrachen. Doch da ich nicht will, daß du noch anderes raubst als den Reif, so bitt ich dich, nimm dieses Messer mit. Es klingt, wenn es an zauberisches Metall stößt, und so vermagst du leicht unter den Bergen von Geschmeiden des reichen Schmiedes das Gesuchte herauszufinden.«

Mit hundert schwergepanzerten Männern machte sich Nidung anderen Tags auf die Reise, landete in Seeland und überfiel heimlich zur Nachtzeit die Gehöfte. So tapfer sich die drei Brüder wehrten, die Übermacht war doch zu groß, und es blieb ihnen nichts andres übrig als sich in den nahen Wald zurückzuziehen und abzuwarten, bis die Räuber wieder abzögen.

Was der König seiner Tochter geschworen, hielt er. Er nahm von Wielands Besitz nur den Ring, den er mit Hilfe des zauberischen Messers leicht unter den siebenhundert Stücken herausfand.

Gar sehr war Wieland verwundert, als er am nächsten Morgen nach dem Abzug der fremden Männer alle seine Habe unversehrt vorfand. Doch mit einemmal ergriff ihn bebenden Herzens der Verdacht, daß der Beutezug dem Zauberring gegolten haben könne. In fliegender Hast zählte er die Reifen nach, und wirklich fehlte einer. Tiefer Schmerz bemächtigte sich seiner, und er verlor alle Lust, weiter in der Heimat zu bleiben. Hinaus wollte er, in die weite Welt, vielleicht würde ihm der Zufall günstig sein und ihm ermöglichen, auszukundschaften, wer die frechen Räuber waren.

Da zu dieser Zeit das Meer von den Drachen* verwegener Freibeuter unsicher gemacht wurde, wollte Wieland nun ein neuartiges Schiff bauen, das, fast völlig unter Wasser schwimmend, auch von den schärfsten Augen inmitten der Wellenberge des Ozeans kaum auszumachen war. Zu diesem Zweck fällte Wieland zunächst im nahen Wald eine große Eiche,

* Wikingerschiffe

die fünf Männer nicht umfassen konnten. Den Stamm höhlte er aus, und es entstand ein Raum, der ihm und seinem Hengst Schimming bequem Platz bot. In die eine Seite des seltsamen Schiffes schnitt er eine fest verschließbare Türe und an seine obere Wölbung Löcher, die er verglaste, so daß die Wellen nicht einzudringen vermochten. Er brachte das Fahrzeug an den Weserstrom, verstaute seine Werkzeuge und das Roß darin und kroch zuletzt selbst hinein. Dann ließ er es von kräftigen Händen in das Wasser stoßen, wo es sogleich so tief versank, daß nur ein ganz schmaler Rand über die Oberfläche des Wassers hervorlugte. Die Strömung des Flusses trug das Tauchboot zum Meer, und dort rissen es Wogen und Wind bald weit hinweg von dem Festland.

Am achtzehnten Tag dieser Fahrt ohne Ruder und Steuer warf ein Brecher das Fahrzeug an einer Wieland unbekannten Küste geradewegs in die ausgespannten Netze von Fischern. Staunend betrachteten sie das merkwürdige Schiff, denn dergleichen hatten sie noch nie gesehen.

Wieland hielt es für geraten, nicht gleich aus dem Einbaum herauszusteigen, sondern erst eine Weile auf die Gespräche der Gaffer zu lauschen. Vielleicht würde er so vor ihm noch nicht bekannten Gefahren gewarnt werden. Indes waren Ängstliche bereits auf die Burg geeilt und hatten dem Herrscher gemeldet, daß ein hohler Baumstamm, darin ein Kobold eingeschlossen sei, an Land gespült worden wäre. Dieser begab sich augenblicks an den bezeichneten Ort und fand den Nachen, den eine große Menschenmenge umringte. Der König pochte mit seinem Schwert auf das Holz und rief: »Heraus, tückischer Geist oder was sonst du bist. Nidung steht hier, der Gebieter der Niaren.«

Da sich im Einbaum noch immer nichts regte, fuhr er fort: »Wenn du nicht freiwillig kommen willst, so werde ich dir Beine machen. Denn wisse, den Zauberring Wielands des Schmiedes hab' ich erbeutet und, er schützt mich vor den Listen der Alben und des anderen Neidgezüchts.«

Als das der Mann im Floße hörte, schickte er ein kurzes Dankgebet zum Himmel, denn just das, was er sich am sehnlichsten gewünscht hatte, dem Räuber seines kostbaren Reifes zu begegnen, war eingetroffen. Dann aber antwortete er: »Kein Kobold bin ich und kein Zwerg, sondern nur ein ganz gewöhnlicher Mensch.« Damit stieß er die Luke auf und stieg aus dem Fahrzeug. Vor den König trat er hin und fuhr fort: »Goldbrand nenn' ich mich, Goldharts Sohn«, denn er hielt es für geraten, seinen wahren Namen zu verschweigen.

»Hast du den Nachen da selbst gezimmert?« fragte jetzt gnädig Nidung. »Und verstehst du dich auch auf andere Künste, Goldbrand?«

»Ei gewiß«, bekundete Wieland, »ich weiß nicht nur mit Holz umzugehen, sondern auch mit Eisen und Stahl.«

»Nicht übel«, versetzte frohgelaunt der König. »Sag, Goldbrand, würdest du dich sogar einen Meister zu nennen wagen?«

Stolz blähte sich Wieland auf: »Denkt nicht, daß ich ein bescheidener Kerl bin, gnädigster König. Ich verstehe mein Handwerk und gebe mir frei den Namen eines Meisters und Künstlers.«

»Du bist mein Mann!« rief der König lachend; »ich liebe Gesellen wie dich, die kühn und freimütig sind!«

Dann schwieg Nidung eine Weile. Denn es fiel ihm ein grausamer Scherz ein. »Höre, Goldbrand«, fuhr er dann fort, »ich habe einen Schmied, der heißt Amilias. Das ist der eingebildetste Bursche, den ich kenne, ausgenommen vielleicht du selbst. Doch einer von euch beiden muß ja der größere Könner sein und der andere der größere Prahler.«

»Vermutlich so wird es sein«, gab Wieland keck zurück.

»Nun also, das möcht' ich ausprobieren«, enthüllte schließlich der König seinen teuflischen Plan. »Schmiede du ein Schwert, Goldbrand, und Amilias soll Helm und Brünne verfertigen. Wenn dein Schwert seine Wehr durchschneidet, darfst du ihm den Kopf abhauen, schneidet es nicht durch, so ist dein Kopf meinem Amilias verfallen. Ein Jahr habt ihr Zeit für eure Arbeit.«

Da erkannte Wieland, wie grausam und herzlos der Herrscher war, doch es blieb ihm keine andere Wahl, als dem Vorschlag zuzustimmen. Er zweifelte nicht, den unglückseligen Amilias in diesem grausamen Wettkampf zu besiegen.

So zog der kunstreiche Schmied auf die Burg ein und niemand erkannte ihn. Sorglos lebte er in den Tag hinein, während sich sein Gegner sofort daran machte, den Panzer zu verfertigen. Elf Monate waren schon verflossen, und der vermeintliche Goldbrand hatte noch immer keinen Finger gerührt. Da ließ ihn Nidung rufen und sagte: »Man berichtet mir, daß du den ganzen lieben langen Tag faulenzest. Indes hat Amilias sein Wunderwerk beinahe schon fertig. Bedenke, daß mein Hofschmied ein böser und neidischer Mann ist, der dein Haupt begehren wird, wenn ich es selbst dir gnädig schenkte.«

»Kommt Zeit, kommt Rat«, schmunzelte Wieland und tat drei Wochen wieder nichts. Erst acht Tage vor dem festgesetzten Zeitpunkt trat er vor Nidung und sagte: »Nun ist es so weit, gnädigster König. Bitte, weist mir eine Schmiede zu, ich will an meine Arbeit gehen.«

Sieben Tage und Nächte schuf Wieland an seinem Werk, und als diese vorüber waren, hatte er ein Schwert geschmiedet, so hart und scharf man noch nie eines gesehen hatte. Der König erschien in der Schmiede, um sich von dem Fortgang der Arbeit zu überzeugen, und war über alle Maßen erstaunt, als ihm Wieland die fertige Klinge zeigte. »Wenn du in dieser Frist wirklich ein gutes Schwert fertiggebracht hast«, meinte er zu dem Meister, »dann bist du der größte Künstler auf Erden. Selbst Wieland könnte das nicht besser machen.«

Der Meister antwortete: »Spart Euer Lob, bis wir das Schwert erprobt haben. Unten am Flusse sollt Ihr in Augenschein nehmen, was mein Stahl vermag.«

Am Wasser angekommen, nahm Wieland eine dicke Wollflocke, ließ sie von den Wellen hinabtreiben und hielt das Schwert dagegen. Der Wollsträhn wurde mühelos von der Schneide durchgeschnitten.

»Herrlich«, bewunderte der König.

»Noch nicht gut«, seufzte der Meister. »Ich will es über Nacht umschmieden.«

»Goldbrand«, rief Nidung aus. »Das ist ja unmöglich, du wirst nicht mehr zur rechten Zeit fertig. Morgen ist doch schon der entscheidende Tag.«

»Mein König, ich bitt' Euch, morgen früh hier an der gleichen Stelle zu erscheinen«, gab der Meister zurück und begab sich wieder in seine Werkstatt. Dort zerfeilte er das Schwert zu Eisenspänen, mengte diese mit Mehl, Milch und noch anderen Dingen zu einem Brei. In der Esse schied sich mit dem beigemengten Gemengsel auch alles schlechte Metall aus dem Guß, und was übrig blieb, härtete sich zu festestem Stahl. Am andern Morgen ließ der Meister vor den Augen des Königs einen hauchdünnen Wollfaden den Fluß, wo die Strömung am sanftesten war, hinabtreiben, und siehe, kaum hatte er das ins Wasser getauchte Schwert berührt, zerfiel der Faden in zwei Flocken, die lustig weitertanzten.

Der Herrscher jauchzte: »Solch eine Klinge möcht' ich haben, fürwahr, mich schreckte dann nichts mehr auf Erden.«

Sodann begaben sich Nidung und Wieland auf die Burg, wo Amilias schon fertig gerüstet der großen Probe harrte.

»Nun, fauler Bursche, hau zu«, rief der hochnasige Hofschmied.

WIELANDS FAHRT ZU KÖNIG NIDUNG

Wieland trat dicht auf den Mann zu, setzte nur ganz leicht sein Schwert auf die Helmspitze, drückte sachte zu, und der Stahl der Brünne vermochte nicht zu widerstehen. Tot sank Amilias zu Boden.

Bewundernd und entsetzt zugleich standen der König und die Runde seiner Schranzen. In Seelenruhe reinigte Wieland den Stahl und sagte: »Mir tut der arme Kerl leid. Ich hätte nicht so fest zuhauen sollen. Und wenn Euch dieses Schwert halbwegs gut dünkt, dann nehmt es als mein Geschenk, König Nidung. Auch den Namen der guten Klinge sollt Ihr wissen, sie heißt Mimung.«

Der Herrscher sagte Worte des Dankes und fügte hinzu: »Bleib für immer bei mir, Goldbrand! Denn wahrlich ein Wieland an Geschicklichkeit bist du.«

Ganz ohne Absicht hatte Nidung dieses Wort hingerufen, das in allen nordischen Landen nur der Ausdruck des Lobes für einen besonders künstereichen Meister war. Doch als der König nun den vermeintlichen Goldbrand zusammenzucken sah, rief er:»Du bist Wieland selbst, der berühmteste aller Schmiede. Nun bist du erkannt.«

Wieland erwiderte:»Ja, ich will's nun nicht mehr leugnen, der Schmied bin ich aus Seeland, Wates Sohn.«

Von strahlender Freude überwältigt, zog der Herrscher den großen Meister in seine Arme.»Herrlicher du«, jauchzte er,»einem Fürsten gleich wirst du an meinem Hof geehrt sein, an meiner Tafel sitzen und mit meinen Helden bechern. Das edelste Metall, das du begehrst, will ich dir beschaffen, Hilfe muß dir jedermann gewähren und erlesene Werke wirst du vollbringen.«

So zog denn der Mann, der verstohlen als Goldbrand gekommen war, ein in den Kreis der Vornehmsten und Edelsten.

WIELAND UND BATHILDE

König Nidung blieb dem Schmied auch weiter ein wohlgesinnter Freund. Doch anders seine Tochter. Bathilde setzte dem Fremden, dem Eindringling, wie sie ihn nannte, Mißtrauen und Hochmut entgegen, und kaum ein Wort vermochte Wieland in dem weiteren Jahr, das seit seiner Ankunft verstrichen war, mit dem stolzen Mädchen zu wechseln. Dies schmerzte ihn doppelt, da er in seinem Herzen eine jähe Zuneigung zu Bathilde aufflammen fühlte.

Eines Tages trafen Boten bei Nidung ein, die ihm vom Schwedenland Fehde ansagten. Der König sammelte ein mächtiges Heer und zog den Feinden entgegen. An der Seite des Herrschers ritt auch Wieland in den Krieg.

An einem Abend errichtete man in öder und felsiger Gegend ein Lager. Auf den Hügeln ringsum zeigten die ausschwärmenden Späher der Schweden, daß die Masse der feindlichen Scharen nicht mehr ferne sei und daß der nächste Morgen wohl die entscheidende Schlacht bringen werde. Aus der großen Zahl der Reiter, die immer von neuem auf den Felsenkuppen und

Kämmen auftauchten, schloß Nidung auf eine große Übermacht des Feindes, und es fiel ihm ein, daß der Zauberring, den er seiner Tochter gegeben hatte, die Schwäche seines Heeres wieder wettmachen könnte. Nie war zwischen ihm und Wieland von dem Raub gesprochen worden, und Nidung betrachtete den Ring als das Eigentum Bathildes.

Der Herrscher versammelte die edelsten Recken um sein Lagerfeuer und wandte sich nun an sie: »Wer vermöchte mir zwischen Sonnenuntergang und -aufgang Bathildes Zauberring, den Siegstein für die bevorstehende Schlacht zu bringen?«

Betroffen schwieg die Runde. Drei Tage und Nächte hatte man gebraucht, um bis zu dieser Stelle zu gelangen, und schier unmöglich schien es, diese Strecke zwischen Abend und Morgen zurückzulegen.

Der König, um sein Schicksal bangend, erneuerte den Anruf und fügte hinzu: »Wer mir den Reif zur Stelle schafft, dem will ich die Hälfte des Landes und meine Tochter als Ehegemahl dazu geben.«

Da ließ sich der Schmied frohlockend vernehmen: »König, ich bring' Euch den Stein.«

Nidung erschrak bei dem Gedanken, daß seine geliebte Tochter ihr Glück an der Seite eines rußigen Schmiedes finden sollte. Doch der Schlacht konnte er nicht mehr ausweichen, und ohne den Stein hielt er sich für verloren.

Auch der vornehme Truchseß, der über die Zeremonien am Hof König Nidungs zu wachen hatte, rümpfte die Nase und erklärte dann mürrisch: »Viele Künste mag unser Freund Wieland beherrschen, doch fliegen kann er nicht. Also ist er nicht imstande, sein Versprechen zu halten.«

»Wollt Ihr mich Lügner schelten«, brauste der Meister auf. »Nun, ich will Euch belehren, daß meine Worte so guten und harten Klang haben wie das Erz, das ich hämmere.« Der Schmied schwang sich auf Schimmings Rücken und sprengte den Pfad zurück, den Nidungs Scharen eben gekommen waren. Wahrlich, kein irdischer Renner schien der herrliche Hengst. Kaum berührten seine Hufe den Boden, und er glich einem Pfeil, der durch die Luft schwirrt. Der Mesner in der Kapelle von Nidungs Burg zog die Glocke zum Mitternachtsläuten, als Wieland in den Hof ritt. Eilends befahl er, Bathilde zu wecken, und in hastiger Erregung teilte er ihr den Wunsch ihres Vaters mit. Und als der Schwengel ausgeschwungen hatte und nur noch in unregelmäßigen Abständen ersterbend an das Metall schlug, saß der kühne Schmied schon wieder im Sattel. Hei, über Berg und Tal, durch dunklen Tann ging die wilde Jagd. Mooriger Grund, der jedes andere

Tier verschlungen hätte, vermochte Schimming nichts anzuhaben, so leichtfüßig schwebte er über den Boden.

Als ein erstes Grau schon im Osten den Horizont verfärbte, und er an den frischen Spuren im Gras erkannte, daß Nidungs Lager nicht mehr fern sei, begegnete er einem Trupp Reiter.

Der Truchseß war's mit sechs Gefolgsmännern. Der Höfling hatte aus Ärger, daß Bathilde den Schmied heiraten sollte, beschlossen, Wieland den Ring tot oder lebendig abzujagen.

Sobald die Männer einander ganz nahe gekommen waren, zügelte der Truchseß sein Roß und herrschte den Meister an: »Habt Ihr den Stein?«

»Meint Ihr, ich bin darauf aus, den König zu betrügen? Ich bringe Nidung den Sieg und mir hol' ich das schönste Weib.«

Der Schranze verlegte sich nun aufs Bitten: »Hört, Wieland, was ich Euch biete. Wenn Ihr mir den Reif gebt, daß ich ihn dem König bringe, will ich Eure Schmiede vom Boden bis zur Decke mit Gold anfüllen.«

Ein Hohnlachen war die Antwort.

»Wie, Bathilde soll die Frau eines so niederen Gesellen werden?« schrie der Truchseß jetzt in bebender Wut. »Nimmermehr darf das geschehen.« Mit diesen Worten zog er das Schwert und drang mit seinen Gefolgsleuten auf Wieland ein.

Doch der Schmied verstand sich nicht nur auf die Verfertigung der Waffen, sondern auch auf deren Handhabung. Seinen wuchtigen Streichen erlag der Höfling sehr schnell, und als sie ihren Herrn tot ins Gras sinken sahen, entflohen, von Schrecken gepackt, die Begleiter.

Vor den König trat atemlos Wieland und überreichte ihm den Siegstein. Schon schmetterten die Hörner hell zum Kampf, und in unübersehbarer Zahl brausten die schwedischen Reiter über die Hügelkämme. Der Reif brachte Nidung des erhoffte Glück. Der Abend des heißen Tages sah ihn stolz über das Blachfeld sprengen, das er zu behaupten vermocht hatte. Die Feinde aber zogen sich, kleinmütig geworden, wieder hinter die Grenzen ihres Landes zurück.

Beim Lagerfeuer fand Wieland Gelegenheit, zu berichten, was ihm vor Sonnenaufgang widerfahren sei.

Doch er kam mit seiner Erzählung beim König schlecht an. War's ehrliche Empörung, die diesen überwältigte, war's nur ein Ergreifen der günstigen Gelegenheit, um sich von seinem gegebenen Wort zu lösen, daß Nidung zornbebend über den kühnen Meister herfiel?»Mörder! Mörder!« schrie er wie besessen,»fort mit dir und wage es nie mehr, mir unter die Augen zu kommen. Treff' ich dich noch einmal in meinem Land, dann lasse ich dich hängen wie einen Strauchdieb.«

Bestürzt, verwirrt stand Wieland da. Der Schmerz um den Verlust Bathildes fraß sich tief in sein Herz. Dann sammelte er sich und verabschiedete sich drohend vom König:»Ihr habt die Treue gebrochen. Das wird sich rächen.« Damit ritt er hinweg, und lange hörte Nidung nichts mehr von ihm. Wenn er jedoch an der leeren Schmiede vorbeikam und sich der Wunderwerke entsann, die der Meister dort geschaffen hatte, erfaßte ihn Reue; oft dachte er, wie er sich des künstereichen Mannes wieder bemächtigen und ihn zwingen könne, weiter für ihn zu arbeiten.

WIELANDS UNGLÜCK

Der Gedanke an Bathilde ließ aber Wieland nicht los. Und nachdem er eine Zeitlang ziellos im Nordland umhergeirrt war, heckte er einen Plan aus, wie er das geliebte Mädchen doch noch gewinnen könne. Er sandte

Boten an seinen Bruder Helferich, er möge ihm ein Mittel schicken, die Haare zu färben, und auch ein Gift, das die Eigenschaft besäße, den Sinn widerstrebender Weiber gefügig zu machen. Bald war er im Besitz der gewünschten Mixturen, und nachdem er sein Aussehen völlig verändert hatte, begab er sich, den Liebestrank in einem Brustbeutel wohl verwahrt, wieder in das Land der Niaren und an König Nidungs Hof. Dort gelang es ihm, sich als Koch zu verdingen, und als eines Tages die Königstochter den Auftrag gegeben hatte, ihr Lieblingsgericht zuzubereiten, mischte er schnell einige Tropfen des Saftes in das Essen. Bathilde kamen Geruch und Farbe der Speise verdächtig vor, schnell holte sie ihr Zaubermesser, das klang, wenn es behexte Gegenstände berührte. Und siehe, sobald sie den Stahl in den Brei führte, ertönte ein schwirrender Ton, und sie wies das Gericht zurück. Wieland hörte vom Gesinde, was sich oben in der Halle begeben hatte. Obgleich nun der Anschlag mißlungen war, gab er sein Vorhaben noch nicht auf. Er schlich sich nachts in den Saal, entwendete das Messer und schmiedete heimlich ein andres, das dem Zauberstück täuschend ähnlich war, und legte dieses in die Gerätetruhe. Sobald sich die Gelegenheit ergab, mischte er ein zweitesmal Helferichs Liebestrank in ein für Bathilde bestimmtes Gericht. Abermals war das vorsichtige Mädchen auf der Hut, doch als sie das Messer an die Speise führte, blieb es stumm. Die argwöhnische Königstochter gab sich damit noch nicht zufrieden, sie beschloß auch noch das Messer zu erproben, befahl den einst Wieland entwendeten Ring zu bringen und klopfte damit auf den Stahl. So angestrengt ihr Ohr auch lauschte, das feine Klingen und Summen blieb aus. Nun wußte sie, daß Wieland im Schloß war, denn niemand als er hätte es vermocht, eine so vollendete Täuschung zu verfertigen. Sie teilte ihr Erlebnis dem Vater mit. Sogleich ließ Nidung das Schloß umstellen, und jeder Winkel ward nach dem zurückgekehrten Meister abgesucht. Dieser lag indes friedlich auf einem Lager in der Schmiede hingestreckt, und als ihn dort endlich die Schergen des Königs aufstöberten, gab er sich bereitwillig zu erkennen, denn er dachte, sein Gift habe gewirkt und Bathilde ließe ihn zur Verlobung rufen.

Wie groß war seine Überraschung, als die Männer daraufhin sich seiner bemächtigten, seine Hände und Füße mit Stricken fesselten und ihn vor den König schleppten. Mit furchtbarer Wut und unbändigen Kräften zerrte der Schmied an seinen Banden, doch alles Toben und Rasen blieb vergebens. Nidung schrie er mit heiserer Stimme zu: »Treuloser Verräter, ist das der Dank, daß ich dir wortlos meinen Zauberring überließ, dir Mimung schenkte, dir den Sieg über die Schweden erringen half? Da mein Edelmut so schlecht gelohnt wird, da mir Nidung seine Achtung und Bathilde ihre Liebe versagt, bitt' ich nur noch um eines. Nimm mein herrliches Schwert und versetze mir damit den Todesstreich. Ich verzweifle an allem in der Welt.«

Höhnisch lachte da der grausame Herrscher auf: »Ei, das möchte dir so passen, dich flugs aus dem Dasein zu stehlen, weil die Dinge nicht so gehen, wie du sie dir erträumt hast. Nein, mein Lieber, ich brauche dich noch. Doch will ich Vorsorge treffen, daß du mir nicht wieder entläufst.«

»Was willst du mit ihm tun?« fragte Bathilde, die von dem Lärm geweckt, hinunter in die große Halle gekommen war.

»Erst befehle ich«, fuhr Nidung fort, »daß man den Gesellen auf die einsame Insel bringe, die dicht vor unsrer Küste liegt. Dort soll eine Schmiede errichtet werden, in der Wieland sein Leben lang nun für mich schaffen muß.«

Rauhe Hände griffen nach dem wehrlosen Mann, um ihn fortzuschleppen.

»Halt!« donnerte der König, »noch etwas habe ich zu sagen. Gefährlich bleibt der Bursche auch auf dem meerumgürteten Gefängnis. Ich will ganz sicher sein, daß er mir nimmermehr entflieht. Schneidet ihm die Sehnen seiner Füße durch, der Hinkebein wird mir nie mehr entrinnen.«

Ein Schrei des Entsetzens brandete auf. Flehentlich hob Bathilde die Hände, doch da sie das kalte Funkeln in ihres Vaters Augen sah, stand sie ab, Worte der Fürbitte zu sprechen.

Einem rohen Knecht ward aufgetragen, die Verstümmelung an dem Unglückseligen auszuführen. Wieland schwanden die Sinne, und er fiel in eine tiefe Ohnmacht.

Als er wieder erwachte, spürte er eine scharfe Brise um seine heiße Stirne streichen. Er schlug die Augen auf, und sein Blick schweifte über das unendliche Meer. Er schleppte sich in eine kleine Hütte, wo er sich noch tagelang in den Schauern des Wundfiebers wälzte. Endlich genas er, aber die Kraft seiner Füße kam nicht wieder. Mühsam nur vermochte er sich wenige Schritte weit zu schleppen, gerade bis zu der Schmiede hin, die man während seiner Krankheit neben der Hütte errichtet hatte. Das erste, was er schmiedete, war ein Paar Krücken, mit deren Hilfe er ein wenig beweglicher wurde. Während des Tages mußte er für den König arbeiten, am Abend jedoch saß er brütend auf seinem Lager und sann auf Rache.

DER SCHUSS AUF DEN APFEL

Die Kunde von Wielands furchtbarem Schicksal hatte auch die beiden Brüder Eigel und Helferich erreicht. Sie gerieten darob in tiefe Bekümmernis. Schließlich beschloß Eigel zu König Nidung zu fahren, um ihn zu bitten, dem verstümmelten Mann wenigstens die Freiheit zu schenken. Und damit der grausame Herrscher nicht etwa argwöhne, daß er Böses im Schilde führe, nahm er sein fünfjähriges Söhnchen Isung mit. Dies, so dachte er, müsse Nidung doch ein sicheres Unterpfand für seine ehrlichen, friedlichen Absichten sein.

Der König empfing Eigel zuerst sehr freundlich, das Lächeln in seinem Gesicht verschwand aber rasch, als sich der berühmte Schütze nach dem Schicksal seines Bruders erkundigte.

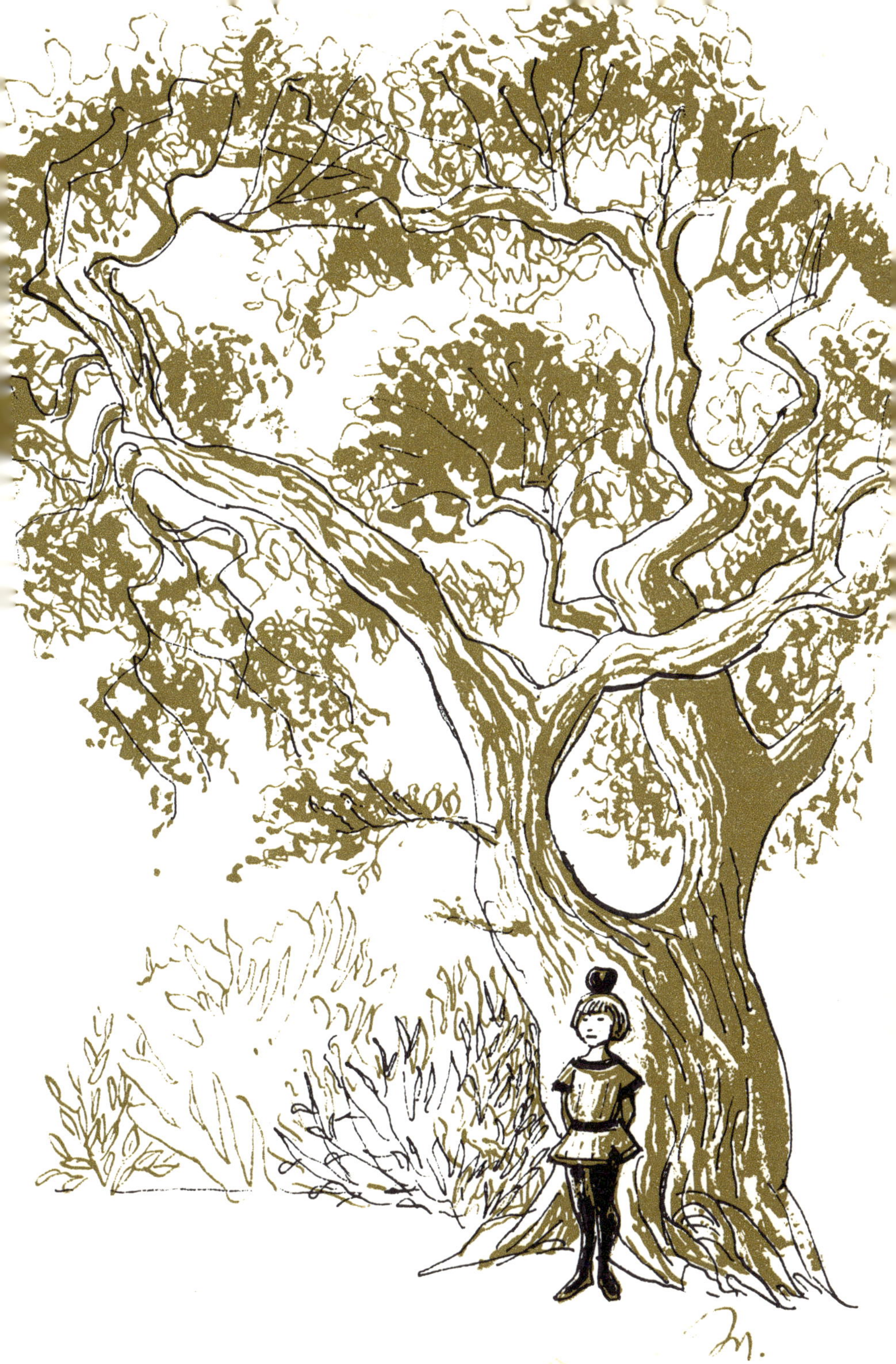

Zornig herrschte ihn der König an: »Ich bin dir keine Rechenschaft schuldig. Im übrigen wisse, daß Wieland kein Unrecht geschehen ist.«

Noch einmal versuchte der Seeländer die Sprache auf den Einsamen auf der Insel zu bringen, doch hart schnitt ihm Nidung das Wort ab. Dann nach einer Weile setzte er mit geheimnisvollem Lächeln hinzu: »Man berichtet ja Wunderdinge von deiner Kunst, Eigel. Ich würde gern erproben, ob der Volksmund recht hat.«

Eigel meinte: »Herr, bestimme ein Ziel, das kleinste kann es sein, ich verbürge mich, daß ich die Probe bestehe.«

»So«, nickte Nidung nachdenklich. Dann fragte er unvermittelt: »Du liebst deinen Knaben doch sehr, nicht wahr?«

»Gewiß«, entgegnete der Meister, »und mein Liebstes habe ich hieher gebracht und gewissermaßen zum Pfand gesetzt, daß ich Euch ehrlich gegenübertrete.«

Mit einem plötzlichen Entschluß erhob sich der König von seinem Hochsitz und forderte Eigel auf, ihm mit seinem Kind in den Garten zu folgen. Dort riß er einen Apfel von einem Baum, legte ihn auf das Haupt Isungs und sagte zu Eigel: »Diese Frucht sollst du treffen mit dem ersten Schuß. Hart in der Mitte muß der Bolzen sitzen, nicht rechts und nicht links.« Und hämisch grinsend fügte er hinzu: »Daß du nicht zu tief triffst, weiß ich gewiß.«

»Das ist wohl ein Spaß«, rief Eigel erschrocken aus.

»Hast du gehört, daß ich spaßhaft bin?« versetzte der König. »Nein, ich scherze nicht, vorwärts Bursche, und wenn du nicht schnell machst, wird auch dich Wielands Schicksal treffen.«

»Ich kann nicht... ich kann nicht...«, schrie der Schütze verzweifelt.

»Nun denn, greift ihn!« befahl Nidung seinen Knechten.

Schon legten sich rohe Fäuste auf Eigels Schultern, als sich eine zarte Kinderstimme meldete: »Was zauderst du, Vater? Denkst du, ich fürchte mich? Nein, so still will ich halten, als wäre ich ein Stück Holz. Vater, wie könntest du denn den Apfel auf meinem Kopf verfehlen, wenn dir der Adler im Flug nicht entgeht?«

Da nahm Eigel einen Pfeil aus dem Köcher. Indes aber die Knechte den Abstand maßen, gewahrte der König, daß der Schütze noch einen zweiten Pfeil dem Behälter entnahm und ihn in den Falten seines Rockes verbarg.

»Halt!« rief Nidung, »nur ein Schuß ist dir erlaubt.«

Eigel achtete des Zurufs nicht, zog die Armbrust hoch, legte den Bolzen auf und visierte lange und scharf. Eine Träne trat ihm ins Auge, und mutlos ließ er den gespannten Bogen wieder sinken.

»Nun, Meister, du fürchtest dich wohl vor der Probe?« höhnte der König.

»Los, Vater, los!« schmetterte hell und furchtlos Isungs Stimme.

Da riß Eigel all seine Kräfte zusammen, legte noch einmal an und zielte nur kurz.

Ein Schwirren der scharfgezogenen Sehne, ein Sausen in der Luft, ein heller Ton des Aufpralls, und mitten gespalten sank der Apfel in zwei Hälften vom Haupt des Knaben.

Bleich, mit vorgebeugtem Leib, war der Schütze dem Flug des Bolzens gefolgt. Ein erleichterter Seufzer entrang sich seiner Brust, als sein Knabe gesund und munter auf ihn zusprang, ihn umhalste und rief: »Ich wußt' es ja, Vater, daß mir nichts geschehen würde.«

Finster wandte sich der König an den Schützen: »Mir ist aufgefallen, daß du noch ein zweites Geschoß in deinem Busen bargst! Sprich, was wolltest du damit?«

Frei antwortete Eigel: »Mit diesem zweiten Pfeil, König, hätt' ich Euch getötet, wenn ich mein geliebtes Kind getroffen hätte.«

Der König zuckte zusammen und sagte: »Ich erkenne an, du hast die Probe bestanden. Ich will dich in meine Dienste nehmen. Deinen Aufenthalt mußt du aber bei deinem Bruder auf der einsamen Insel nehmen.«

Eigel ging. Als er fort war, befahl der König, die Wachen zu verdoppeln, die zu Land und auch auf Booten dafür zu sorgen hatten, daß niemand ohne Erlaubnis das Eiland betrete oder verlasse.

WIELANDS RACHE

Wieland freute sich sehr, als er seinen Bruder wiedersah, doch bald merkten beide, daß auch Eigel gefangengehalten wurde. Sie ersannen allerlei Fluchtpläne, die sie aber nach reiflicher Überlegung wieder fallen lassen mußten. Schließlich gab Wieland dem Schützen den geheimnisvollen Auftrag, alle Großvögel zu schießen, die über die Insel dahinzogen. Er selbst aber machte sich daran, ein seltsames Gestänge aus hauchdünnen Streben zu schmieden. Auf die Frage, wohin all diese Vorbereitungen zielten, antwortete der

Schmied ausweichend, er werde Eigel noch zu rechter Zeit in sein Geheimnis einweihen.

Eines Tages erschienen zwei Knaben auf der Insel. Nidungs jugendliche Söhne waren es, denen der Vater die Erlaubnis erteilt hatte, sich von dem Gefangenen goldene Ringe und Pfeile verfertigen zu lassen. Freundlich nickte der Meister, als ihm die Knaben ihre Bitte vortrugen. Dann sagte er: »Gern will ich euch euren Wunsch erfüllen, und ich wirke euch noch den besonderen Zauber in die Pfeilspitzen, niemals ihr Ziel zu verfehlen. Freilich kann dieses Werk nur gelingen, wenn niemand davon weiß. Ihr müßt also morgen wiederkommen und dürft zu Hause nicht verlauten lassen, wohin ihr gegangen seid.«

Am nächsten Morgen herrschte dichtes Schneetreiben, und schwerer Nebel braute über dem Meer. Das war für das Vorhaben der Knaben überaus günstig.

Unbemerkt schlichen sie sich an den Wachen vorbei, und auch die Männer auf den Booten wurden des kleinen Nachens nicht gewahr, mit dem sie das Eiland ansteuerten.

Die Kinder traten in die Schmiede ein und sahen eine Truhe stehen, deren schwerer eherner Deckel geöffnet war. Rasch stürmten sie hinzu, beugten sich in die Kiste und wühlten gierig in dem Gold, das darin aufgehäuft war.

Wieland, der in der Dunkelheit eines Winkels des rußigen Raumes gelauert hatte, murmelte: »So wie ich's gedacht. Habgierige Nidungsbrut, nun soll dich dein Schicksal ereilen.«

Dann humpelte er hinzu, stieß die weit in die Truhe hängenden Leiber vollends in den Schrein und warf den Deckel zu. Nidungs Söhne wurden im Gold erstickt.

Als die Knaben nicht heimkehrten, ergriff düstere Verzweiflung König Nidung. Im ganzen Lande wurden Nachforschungen gehalten, aber man entdeckte keine Spur von den Kindern. Niemand im ganzen Schloß, niemand in den Dörfern vermochte Auskunft zu geben, wohin sich die beiden begeben haben könnten, auch fand man keine Fußtapfen im Schnee, weil der Wind sie rasch verweht hatte.

Einige Monate später erhielt Wieland von Nidung den Auftrag, besonders erlesene Trinkgefäße zu formen, da man vornehme Gäste erwarte. Wieland lachte grimmig auf und ließ dem König sagen, daß er ihm so kostbare Schätze machen wolle, wie er sie nie besessen.

Bald darauf geschah es, daß Bathilde im Eifer eines Ballspiels den Zauberring verlor und ihn, mit den Füßen darauftretend, zerbrach. Sie wußte sich keinen andern Rat, als zu Meister Wieland zu laufen und ihn zu bitten, ihr das kostbare Stück wieder ganz zu machen.

Kaum war dieses Ansinnen vorgebracht, flammten des Schmiedes Augen in düsterer Glut auf.

Die Stunde war da, seine Rache zu vollenden. »Bleibt«, sagte er zu Bathilde, »schnell will ich Euch das Ringlein leimen und Ihr könnt es gleich selbst wieder mitnehmen.«

Nach kurzer Arbeit war der Reif ausgebessert, und schon streckte Bathilde die Hand aus, ihn in Empfang zu nehmen. Doch der Schmied streifte ihn sich selbst über den Finger, murmelte dazu einige Sprüche und fragte dann: »Nun, Bathilde, wie wird dir? Hättest du nicht Lust, mich zum Mann zu nehmen?«

Verwirrt, errötend stammelte das behexte Königskind: »Ja, ich liebe dich, Wieland. Meine Seele brennt nach dir. Wie war es möglich, daß ich dir bisher achtlos begegnet bin. Ich will meines Vaters Versprechen einlösen und dein Weib werden.«

Schwer gestützt auf seine Krücken, schob sich der Meister näher heran und lachte höhnisch: »Spürst du nun die Gewalt des Ringes? Mir geraubt, mußte er am Ende doch mir dienstbar sein. Bathilde, einst hast du einen stolzen Mann, strahlend in der Kraft seiner Jugend und Gesundheit, verachtet. Nun steht ein Krüppel vor dir, und du mußt ihn lieben. Ein Herz tut sich dir auf, verwirrt und zerrissen vor Leid und Rachsucht, und du mußt es lieben. Und bis ans Ende deiner Tage wird dich der Zauber, dem du verfallen bist, nicht mehr loslassen. Von Königsöhnen hast du geträumt, und ein rußiger Schmied ward dir zum Schicksal.«

Bathilde starrte wortlos in Wielands Angesicht, das, von der Glut der Esse unheimlich beleuchtet, einen wilden, dämonischen Zauber auszustrahlen schien.

Dann eilte sie hinaus in die Nacht.

KÖNIG DER LÜFTE

In der gleichen Nacht vollendete Wieland das größte Wunderwerk seines Lebens: das Gefieder, mit dem er dem Inselgefängnis zu entrinnen gedachte. Auf hauchdünne Streben edelsten Metalls hatte er die Federn der Adler und Schwäne befestigt, die ihm Eigels nimmer fehlender Pfeil aus der Luft heruntergeholt hatte. Dem Geflecht gab er die Form riesiger Flügel. An ihrer Unterseite brachte er aus den Vogeldärmen verfertigte Blasen an, die er mit dem Blut der Tiere füllte. Nie vordem hatte ein Mensch gewagt, sich die Lüfte zu erobern. Doch kühn und unbezähmbar war Wielands Wille und Geist. Ein Rausch von Schaffensglück befiel ihn, als er das fertige Gebilde vor sich sah. Und er dankte dem Schöpfer, der ihm gestattet hatte, es zu vollenden.

Am Morgen nach dieser Nacht härtester Arbeit betrat Eigel die Werkstatt. Staunend betrachtete er das Flughemd und bat Wieland, es ihn erproben zu lassen.

Der Schmied war seit seinem Unglück mißtrauisch und zögerte zuerst, seine Einwilligung zu geben. Erst als sein Bruder mit dem Bemerken drängte, daß ein günstiger Wind wehe, mit dem im Rücken er schnell hochzukommen hoffe, willigte der Künstler ein. Rasch schnallte sich der Schütze die Flügel an die Arme und trachtete, mit der Luftströmung Höhe zu gewinnen. Doch so verzweifelt er auch mit den Flügeln schlug, es wollte und wollte nicht gelingen.

Der Schmied schien davon gar nicht überrascht zu sein. Er hieß seinen Bruder, den Versuch einzustellen, und legte dann mit Eigels Hilfe selbst das Federhemd an, stieß gegen den Wind ab, schnell lösten sich seine Sohlen vom felsichten Grund, und mit einigen Schlägen landete er auf dem Dach der Schmiede.

Von dort rief er nun herab: »Du bist mir ein seltsamer Schütze, Eigel, der nicht weiß, daß Vögel stets gegen den Wind aufsteigen und sich nur gegen ihn niederlassen. Ich dachte mir's wohl, du würdest es falsch machen, aber ich hatte Angst, du würdest mir davonfliegen und mich armen Krüppel allein in meinem Kerker lassen. Darum unterließ ich es, dich zu belehren. Doch habe deshalb keine Furcht. Ich werde dafür sorgen, daß du von der Insel fortkommst in deine Heimat.«

Nun hob sich Wieland vor dem über das Wunder des Menschenflugs bis in das Herz erstarrten Schützen hoch in die Lüfte. Herrlich war es, so über das Meer zu schweben.

Näher und näher rückte die Sonne, ihr gleißender Ball schien den ganzen Himmel einzunehmen, tief unter ihm versank das Eiland zu einem winzigen Punkt inmitten einer endlosen Wasserwüste. Fern nur zeichnete sich die dünne Linie des Festlandes ab.

Aber Wieland bezwang seine Sehnsucht nach den strahlenden Höhen, senkte sich wieder herab, flog über das Wasser und schwang sich auf eine Zinne der Königsburg.

Staunend liefen sogleich die Kämmerer und das Volk zusammen, und schließlich kam auch König Nidung hinzu und blickte, bis ins Herz erschrocken, zum First, auf dem der Schmied hockte.

»Bist du mit der Hölle im Bunde«, schrie der Herrscher endlich, »wer gab dir das Geheimnis der Adler?«

»Wer es mir gab, fragst du?« antwortete Wieland hohnlachend. »Wisse«, so fuhr der Schmied fort, »mein ist eine größere Macht als die der Könige, mein ist die Kraft meiner Kunst, die Kraft meines Handwerks. Kein Satan hat mir dieses Flughemd verfertigt, ich verdanke es meinen kundigen Händen allein.«

Während der menschliche Vogel solches sprach, hatte der König einem Höfling leise die Weisung gegeben, so schnell wie möglich Eigel von der Insel herüberzuholen. Insgeheim dachte der tückische Herrscher, Wieland, wenn er sich wieder in die Lüfte erhob, von der unfehlbaren Armbrust des Schützen herunterholen zu lassen.

Triumphierend aber setzte der kühne Flieger seine Rede fort: »Gewaltiges habe ich dir zum Abschied zu verkünden. Doch schwöre mir zuvor, daß du dich nicht rächst an meinem Bruder, vielmehr ihm die Freiheit gibst.«

»Ich schwöre es«, entgegnete ungeduldig der König. »Weißt du etwa, wo meine Söhne sind?«

Wieland aber schleuderte nun zornig seine Anklage und seinen Urteilsspruch wider den grausamen Herrscher der Niaren: »Meinen Ring hast du geraubt, und ich hätte es dir verziehen. Deine Tochter hast du mir, der ich dir den Sieg verlieh, versprochen und dein Gelöbnis gebrochen. Ich hätte es blutenden Herzens verschmerzt. Zum lahmen Krüppel hast du mich gemacht, und vielleicht wäre ich auch darüber noch hinweggekommen. Daß du aber heimtückisch mit dem Leben eines unschuldigen Knaben spieltest, daß deiner Seele Bosheit nicht vor Jung-Isung haltmachte, das mußte gerächt sein. Deine Söhne erschlug ich darum, faßte ihr Gebein in Gold und Edelstein. Nun hab' ich das Herz deiner Tochter behext, und sie will mein Weib werden oder sterben. Doch ich fliege davon, und niemals siehst du mich wieder.«

Nidung stieß einen Schrei aus, so fürchterlich, wie er nie aus eines Menschen Mund vernommen ward. Indes hatte man Eigel herangeschleppt.

Und siehe, der Mann mit dem Flugkleid oben auf der krönenden Zinne erhob sich, reckte sich, schlug mit den gewaltigen Fittichen und schwebte wie gelöst von irdischer Schwere hinauf in den blauenden Äther.

»Sende ihm einen Bolzen nach«, tobte der König zu Eigel.

Der Schütze widersetzte sich: »Ich kann nicht, es ist mein Bruder!«

»Schieß, triff oder stirb«, befahl, sich vor Wut blaurot verfärbend, König Nidung.

Da sauste ein Pfeil von Eigels Armbrust dem Wundermenschen nach in die Luft.

Gerade zwischen die Achsel durch bohrte sich das Geschoß, und nur die Fetzen einer der mit Blut gefüllten Blasen tanzten herab.

Hellauf lachte Wieland oben in den Lüften, und mit kräftigen Schlägen seiner Fittiche erhob er sich zu solcher Höhe, daß ihn keines irdischen Schützen Pfeil mehr zu erreichen vermochte.

Dann wandte er sich gegen Süden Seeland zu und entschwand bald der staunenden Menge.

Nidung blieb als gebrochener Mann zurück. Der Schmied hatte ihm so furchtbaren Schrecken eingeflößt, daß er Eigel und Isung ohne Widerrede ziehen ließ, ja dem Schützen noch auf dessen Begehren den Hengst Schimming herausgab.

Das Schwert Mimung wollte er vernichten, aber weder Hammer noch Zange und Feile vermochten ihm etwas anzuhaben. Darum gab er den Auftrag, es in den entferntesten, feuchtesten Winkel der Rüstkammer zu werfen, damit es der Rost langsam zerfresse.

Öde und traurig schlichen die Tage auf dem Schlosse Nidungs dahin. Nie sah jemand mehr den König lachen.

WIELANDS HOCHZEIT

Die Heimat vereinte wieder die drei Söhne Wates. Sie bewirtschafteten ihre Höfe und lebten ihrer Kunst. Freilich, auch Helferichs wundertätige Gaben vermochten die durchschnittenen Sehnen Wielands nicht mehr ganz zu machen.

Aber Salben und Kräuter bewirkten doch eine Linderung der Schmerzen, die immer noch nicht völlig aus den Füßen gewichen waren. Wieland schmiedete sich als erstes ein Paar so kunstvoller Krücken, daß er ein sehr großes Maß von Beweglichkeit zurückerlangte.

Ein Jahr lebten die Brüder schon wieder beisammen in Seeland.

Da kam eines Tages eine abgehärmte Frau auf den Hof. Mit rotgeweinten Augen schlich sie verhärmt und gebückt dahin, und nach langem erst erkannte der Schmied in der elenden Gestalt das einst so stolze Königskind Bathilde.

Ehe er sich noch von seinem Erstaunen erholt hatte, war Nidungs Tochter zu seinen Füßen niedergesunken und schluchzte: »Wieland, nimm mich auf bei dir, und wenn es nur als Magd ist. Meine Augen werden nicht mehr trocken, seit du fort bist, unermeßlich war meine Sehnsucht nach dir. Schon längst hätte ich dich in allen Ländern gesucht, nur die Achtung vor meinem Vater hatte mich noch im Niarenland festgehalten. Dann aber kamen wieder die Schweden, und König Nidung verlor in einer fürchterlichen Schlacht Reich und Leben. Da zog ich über die Meere und forschte so lange nach dir, bis ich dich wiederfand.«

Lange blickte Wieland stumm vor sich hin. Auch er hatte nie aufgehört, Bathilde zu lieben, und er pries sein Geschick, das ihn nun doch noch mit ihr zusammengeführt hatte. Er hob die Flehende auf, zog sie an sich und küßte sie: »Bathilde«, sagte er, »immer sollst du bei mir bleiben, aber nicht als Dienerin, sondern als Herrin. Mein Weib sollst du werden, denn ich liebe dich.«

Bald wurde Hochzeit gehalten, und Wieland und Bathilde zum glücklichsten Bund vereint.

Am Morgen des feierlichen Tages überreichte die Braut ihrem Verlobten das Schwert Mimung, das sie in der Rüstkammer ihres Vaters geborgen und nach Seeland gebracht hatte.

Der Schmied aber überschüttete Bathilde mit den kostbarsten Geschmeiden, wie sie nie einer Frau geschenkt wurden.

Als dem Paar ein Knabe geboren wurde, erhielt er den Namen Wittich. Und Wieland sprach feierlich, als er den Sohn im Arm hielt:

»Werde kühn und stark wie deine Väter. Möge von Wates Blut die Kraft und die Güte, als Nidungs Erbe der Königsstolz durch deine Adern strömen. Schreite als Held durch dieses irdische Dasein, und ist im Kampf dein letztes Stündlein gekommen, dann möge dich deine große Ahnfrau gnädig zurücknehmen in das Haus, aus dem wir alle stammen, das Schloß unter dem Meer.«

Dereinst sollte Wielands Bitte in Erfüllung gehen.

Viele Jahre noch lebten der Schmied und sein treues Weib in Glück und Zufriedenheit.

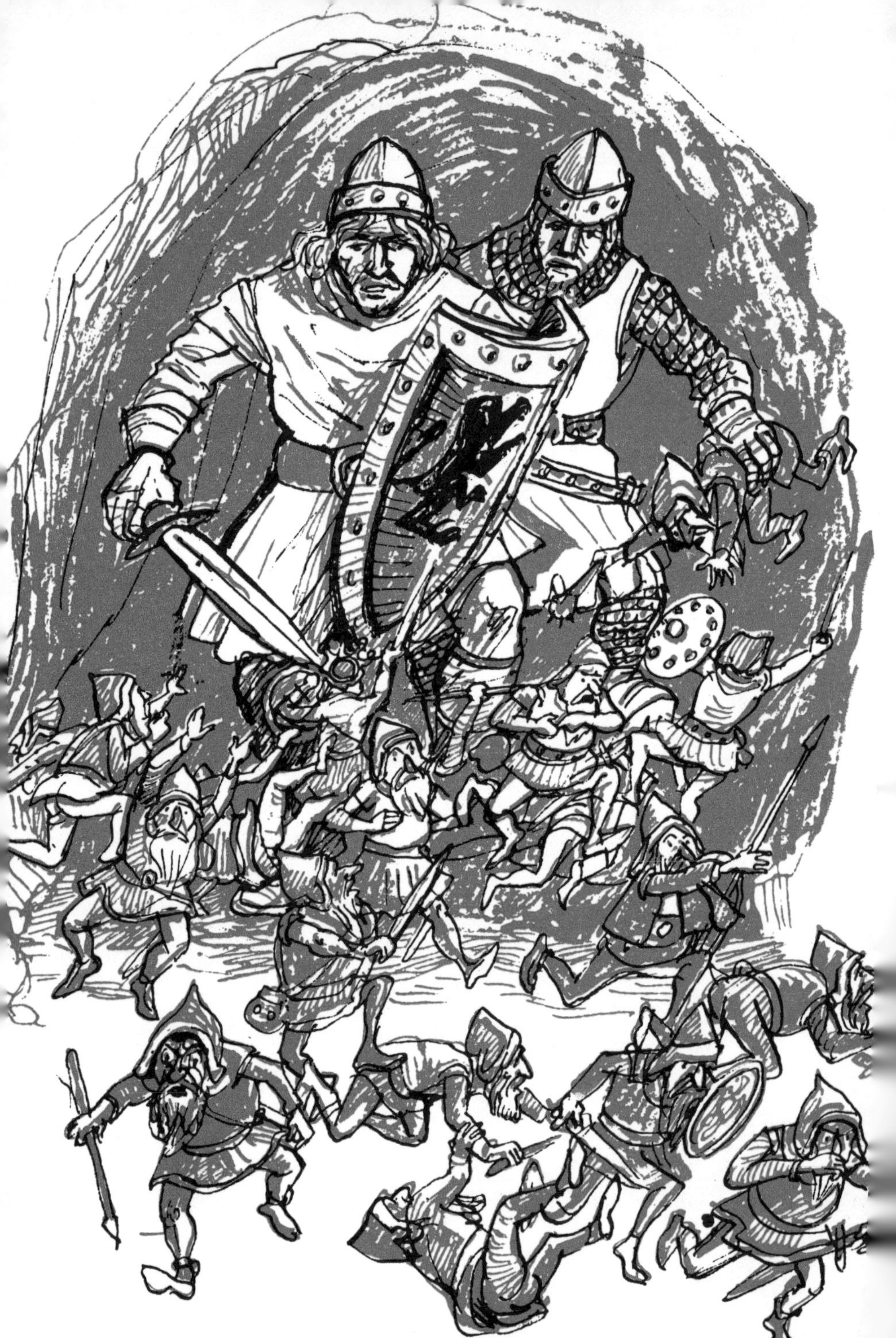

DIETRICH VON BERN

UND SEINE GESELLEN

Viele Sagen preisen den Gotenkönig Dietrich von Bern und seine Gesellen. Unsterblichkeit haben die Sänger dem Helden verliehen, der auf grauen Rossen mit der wilden Jagd durch die Nächte braust. Mit Riesen und Zwergen kämpfte einst Dietrich und seine tapfere Schar. Weithin ins Land leuchtet auch heute noch König Laurins Rosengarten, wenn die Sonne mit ihren letzten Strahlen die Felszacken des Schlern vergoldet.

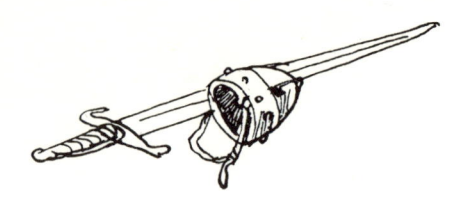

DIETRICH VON BERN

In früher Zeit herrschte der Ostgotenkönig Amelung über ein mächtiges Reich, das sich vom Tiber bis jenseits der Alpengipfel, von den Gestaden des Tyrrhenischen Meeres bis zur illyrischen Küste der Adria erstreckte. Das Erbe teilten sich seine drei Söhne. Dietmar wurde Herrscher des Lampartenlandes* mit der Hauptstadt Bern**, Ermanarich erhielt Romaburg*** und nannte sich später Kaiser. Der dritte, Harlung, zog nach Norden und nahm seinen Sitz in Breisach am Rhein.

König Dietmar in Bern wurden zwei Nachkommen geboren, Dietrich und Diether.

Schon Dietrichs hoher Wuchs und edles Antlitz ließen die übermenschlichen Kräfte und die großen Gaben ahnen, die in ihm schlummerten. Geriet er in Zorn, enthüllte sich vollends seine zauberische Natur; Feuer schlug dann aus seinem Mund, denn sein Atem verwandelte sich in glühende Lohe. Doch in friedlichen Tagen, im Kreise seiner Freunde, war er der leutseligste Herr, freigebig ohne Maßen, überschäumend von Fröhlichkeit. Jünglinghaft wirkte er bis in sein Alter, denn helle Locken fielen ihm zeitlebens über die Schultern, und nie sproßte ihm der Bart.

Der treueste Diener der Lampartenherrscher war der berühmte Meister

* Lombardei ** Verona *** Rom

Hildebrand, des Herzogs Reginbald kühner Sproß. Die Burg seiner Väter lag am herrlichen Gardasee, der aus den Tiroler Bergen weit in das italienische Land vorstößt. Hildebrand war kein Lehensmann, doch bewog ihn unstillbarer Tatendurst, in die Dienste König Dietmars zu treten. Manche ruhmvolle Schlacht hatte er bereits unter dem Banner der Lamparten geschlagen, bis ihm eines Tages der Herrscher die Erziehung seines Sohnes Dietrich, der sein Nachfolger werden sollte, übergab. So wuchs der junge Held in Garden unter der Obhut des großen Meisters auf. Dietrich und Hildebrand wurden später unzertrennliche Freunde und liebten einander bis zum Tod. Selten fehlte der treue Gefährte, weise Ratgeber und mutige Degen an der Seite des Amelungensprosses.

JUNG-DIETRICHS ERSTES ABENTEUER

Als Jung-Dietrich so groß und stark geworden war, daß es keiner von seinen Spielgenossen mit ihm im Schwertkampf oder Speerwurf aufnehmen konnte, gelangte nach Garden die Kunde, daß der Riese Grim, der nordwärts im wilden Waldgebirge hauste, harmlose Wanderer überfalle und ausraube. Dem jungen Helden schien die Stunde gekommen, endlich die Künste, die ihn der Meister gelehrt, in ernsthaftem Streit zu erproben. Blitzenden Auges trat er vor Hildebrand hin und verlangte, den gefährlichen Wegelagerer in seiner Behausung aufsuchen und züchtigen zu dürfen.

So sehr sich der Lehrer über den Tatendrang seines Zöglings freute, glaubte er, vorerst doch seine warnende Stimme erheben zu müssen. »Weißt du auch«, fragte er, »daß Grim ein Weib hat, das noch viel gewaltiger ist als der Riese selbst? Willst du auch die böse Hilde bezwingen?«

Gelassen erwiderte der Königssohn: »Ich hörte davon, doch wer sich vor einem Weibe fürchtet, der scheint kein Held zu sein, sondern ein feiger Wicht.«

»Nun, vielleicht wirst du noch anders über die Frauen denken«, schmunzelte der Meister in seinen Bart. Aber er freute sich über die unbekümmerte Tapferkeit Dietrichs und gab seine Zustimmung zu seines Schülers erstem Ritt ins Abenteuer.

Hildebrand und der Jüngling schwangen sich sogleich in den Sattel, und frischen Muts ging es hinein in die Berge, die sich zum Greifen nahe vor der Burg in Garden auftürmten. Nach scharfem Ritt auf schwindligem Saumpfad gelangten sie zuerst auf eine freie Höhe und dann in einen dichten Wald. Als sie eine Weile getrabt waren, sprang vor ihnen wie ein aufgescheuchtes Wild ein Zwerg aus dem Gras und versuchte zu flüchten. Flugs spornte der Königssohn sein Roß, blitzschnell gehorchte es jedem Schenkeldruck und jedem Zug am Zügel, und obwohl das Männlein durch wilde Sprünge in dem Waldesdunkel zu entkommen trachtete, währte es nicht lange, bis Dietrich es am Nacken zu fassen bekam. Er riß es zu sich in den Sattel, und als Hildebrand seiner ansichtig wurde, rief er: »Da schau einer! Alberich ist's, der berüchtigte Dieb und der geschickteste aller Zwerge. Ich wette, der weiß auch, wo wir Grim und Hilde finden.«

»Die Bergriesen sucht ihr?« warf der Albe dazwischen, »gewiß kann ich euch den Weg weisen. Doch hütet euch vor ihnen. Grim hat die Kraft von zwölf Männern, noch stärker wohl ist sein Weib.«

»Laß dein ängstliches Gequake«, fuhr ihn Dietrich an, »wir haben dich nur um den Weg und nicht um deinen Rat gefragt.«

»Und doch hab'ich euch etwas zu berichten, das euch sehr nützen wird«, wimmerte der Kleine, der für sein Leben fürchtete, »nur müßt ihr mich dann laufen lassen.«

»Heraus mit der Sprache, kleiner Wicht«, erwiderte Dietrich.

»Hört denn«, flüsterte geheimnisvoll Alberich, »Grim besitzt ein gutes Schwert, das ich ihm geschmiedet habe. Nagelring heißt es, und mit keiner anderen Waffe kann der Riese besiegt werden. Ich will sie euch verschaffen, wartet indes hier, bis ich wiederkomme.«

»Weh dir aber«, warnte Hildebrand. »Wenn du dein Versprechen nicht hältst, geht es dir an den Kragen.«

Dietrich gab den Alben frei, und hurtig wie ein rankes Eidechslein war er im Moos und hohen Rispengras verschwunden. Die Sonne stand schon tief am Himmel, als der Zwerg das Schwert brachte. Dann führte er die beiden bis an einen Felsen und bedeutete ihnen, daß nur ein paar Schritte weiter, unter einem überhängenden Stein, das Riesenpaar seine Behausung habe. Damit entschwand er.

Hildebrand und Jung-Dietrich schlichen sich näher an die bezeichnete Stelle und gewahrten den unheimlich vierschrötigen Grim an einem offenen Feuer hocken und ein Wildschwein am Spieße drehen. Aufblinzelnd hatte aber auch der Riese die Ankömmlinge entdeckt, mit dumpfem Brüllen fuhr

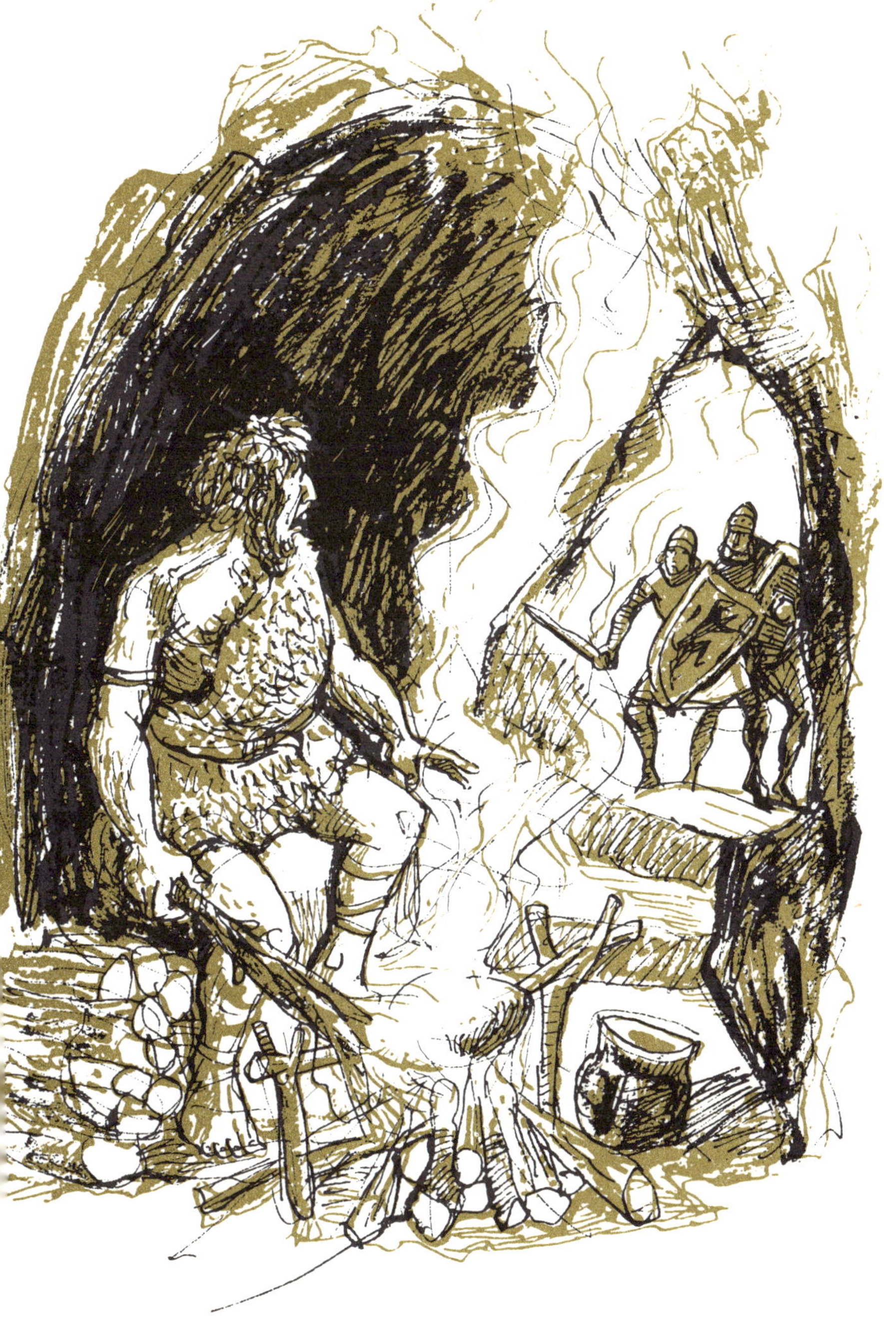

er hoch und griff in die Waffentruhe, in der er Nagelring aufzubewahren pflegte. Zu seinem Entsetzen war das Schwert verschwunden. Der Unhold stieß einen wilden Fluch aus, riß ein brennendes Scheit aus dem Feuer und ging damit auf die beiden los. Dietrich wich geschickt dem Stoße aus und versetzte dem Riesen mit dessen eigenem Schwert einige tüchtige Hiebe. Fürchterlich begann Grim da zu schreien und schlug mit dem Baumast um sich, daß ein Funkenregen die ganze Höhle erfüllte. Hildebrand sprang seinem Schüler bei, um dem Kampf ein schnelles Ende zu machen. Doch unbemerkt war ein neuer Feind aufgetaucht. Der Meister fühlte sich von rückwärts gepackt, knöcherne Finger krallten sich um seinen Hals, mit gewaltigem Ruck ward er schließlich zu Boden gerissen, und auf seine Brust preßte sich das Knie — eines Weibes. Hilde beugte sich hohnlachend über den Recken, eine Unholdin, gräßlich anzuschauen. »Hilf, Dietrich«, stöhnte der Meister, sich in Todesnöten windend.

Jung-Dietrich raffte alle seine Kräfte zusammen und schmetterte Grim das Schwert mit solcher Wucht auf den Schädel, daß der grobe Bursche, gleich einem sturmgeknickten Baumstamm, in die Flammen stürzte. Durch Qualm und Feuerfunken sprang der Jüngling jetzt gegen die Riesin an und tötete sie.

»Das war ein Meisterstück!« rief der Alte frohgemut im Gefühl der überstandenen Gefahr. »Dafür wird man dich preisen in allen Landen zwischen Tiber und Rhein.«

Nun durchstöberten die beiden die Habe des getöteten Waldmenschen und fanden einen Helm, der ihnen gar wohl gefiel. Dietrich nahm ihn an sich und gab ihm den Namen Hildegrim, damit er immer an sein erstes Abenteuer erinnert werde. Er trug ihn noch in manchem harten Strauß.

Auch König Dietmar vernahm die Kunde von der ruhmreichen Tat im Bergwald und berief Dietrich und den Meister zu sich nach Bern. Vor den Großen des Reiches setzte er dem Sohn die Krone der Lamparten auf, und hinfort nannte sich Dietrich: »König von Bern.«

DIETRICH FINDET EINEN GESELLEN

Nordwärts der Alpen im schönen Schwaben waltete auf einem großen Gehöft der Bauer Studas, weithin bekannt als Züchter edler Rosse. Der biedere Mann hatte einen Sohn, den er sehr liebte, obgleich er ihm viel Kummer bereitete. Nicht groß von Wuchs, besaß der Bursche einen massigen, gedrungenen Körperbau und ungeahnte Kräfte. Tiefschwarz waren seine Augen und Haare, wortkarg die Zunge und herrisch-verschlossen sein ganzes Wesen. Er hieß eigentlich Studas wie sein Vater, doch seit seiner frühen Jugend rief man ihn Heime; so war nämlich ein Lindwurm genannt, der in einer Höhle des Schwarzwaldes hauste. Der bärenstarke Gesell hatte sich über diesen ihm aus Spott verliehenen Namen so sehr gefreut, daß er ihn ganz zu seinem eigenen machte. Was den Alten aber bekümmerte, war, daß der Sohn nichts davon wissen wollte, seine Tage im väterlichen Gestüt zu verbringen und ein Landmann zu werden. Nur nach dem Waffenhandwerk stand sein Sinn, und nichts liebte er mehr als seinen Streithengst Rispe und sein hartes Schwert Blutgang, grimmige Namen fürwahr, die zu dem seinen paßten.

Der Ruhm König Dietrichs war auch über die Berge gedrungen. Und eines Tages überraschte Heime seinen Vater mit der Eröffnung, daß er den gewaltigen Berner zum Zweikampf herauszufordern gedenke. Der alte Studas war kein Feigling, aber diese Mitteilung seines Sohnes warf ihn doch fast zu Boden. »Laß ab«, bettelte er, »nicht lebend kehrst du mehr heim. Bauer bleibt Bauer, auch wenn er sich in Erz schient und auf goldenes Sattelzeug steigt.«

»Ich werde dir beweisen, Vater«, brauste Heime auf, »daß auch ein Bursche vom Lande Mark genug in den Knochen hat, mit einem König zu raufen.« Trotzig zäumte er seinen Hengst auf. Alles Flehen des Alten half nichts. In einem mächtigen Satz sprengte Heime mit Rispe über die Umzäunung, und fort ging's in die Ferne. Über weite Wiesen und tückische Moore führte erst der Weg und dann auf die Pässe des eisbedeckten Alpengebirges. Manch harten Kampf hatte der Jüngling gegen Ur und Eber, Bär und Wolf zu bestehen, aber dann kam doch der Augenblick, wo sich der Saumpfad abwärts senkte in das sonnige Italien.

Bald lag die vielgetürmte Königsburg von Bern vor dem Reiter. Ohne zu zaudern, begab er sich in den Palast und schritt, nachdem er den

Knechten die Zügel des Rosses zugeworfen hatte, schwer gerüstet, wie er war, schnurstracks in die große Halle.

Dietrich hatte die Edlen seines Reiches an seiner Tafel versammelt. Eine angeregte Unterhaltung war im Gange, als ein gewaltiges Poltern vom Eingang her alles verstummen ließ. Mit rasselndem Panzer drang der Bursche, die Türhüter beiseite schiebend, in den Saal ein und pflanzte sich breitbeinig vor dem König auf. Dann sprach er ihn ohne weitere Umschweife an: »Heime ist mein Name, Studas Sohn. Bauer bin ich im Schwabenland. Ich fordere Euch zum Zweikampf, Herrscher des Lampartenreiches.«

Höhnisches Gelächter in der Runde antwortete. Dietrich gebot jedoch Schweigen. Streng fragte er: »Warum sollte ein Bauer geringere Ehre haben als ihr. Ich achte den Sohn des berühmten Rossezüchters genau so wie die Herren meiner Burgen. Ich nehme die Fehde an. Kommt, wir wollen uns hinunter auf den Turnierplatz begeben, da mag mir der Schwabe zeigen, was er kann.«

Meister Hildebrand vermaß den Abstand, und auf ein Zeichen seiner Hand stürmten die beiden Kämpfer gegeneinander los. Mit gewaltigem Stoß prallten die Speere auf die Schilde, doch die Recken hielten stand, wendeten und trafen noch einmal zusammen. Kaum ein Zittern durchlief die kraftstrotzenden Leiber der Männer. Doch, was war das? Dietrichs Roß wankte, schnaubte und brach, Schaum vor dem Mund, auf den Vorderbeinen zusammen. Mit einem Fluch auf den Lippen sprang Dietrich aus dem Sattel und zog den Nagelring. Und jetzt erst im Streite Brust an Brust gewann der Berner die Oberhand. Heimes Klinge zerbrach an Dietrichs Helm Hildegrim, und schutzlos erwartete er, bleich bis in die Haarwurzeln, aber mit der Entschlossenheit eines Helden, den Todesstreich. Doch Dietrich ließ sein Schwert sinken und sagte: »Ich schenke dir das Leben, Heime. Wacker hast du gekämpft, und kein Ritter braucht sich zu schämen, an deiner Seite zu fechten. Komm, Sohn des Bauern Studas, in den Kreis meiner Schildgenossen und nenn dich fürderhin: Dietrichs Gesell!«

Strahlend vor Glück schwor der Schwabe den Treueid. Auf dem Heimweg dann ritt er ganz dicht an seinen Herrn heran und rief: »Wie schmählich ist Euer Gaul vor meinem Stoß in die Knie gegangen, König Dietrich! Wenn Ihr kein besseres Pferd im Stalle habt, könnt Ihr noch manchen Strauß verlieren. Darum erlaubt, daß ich Euch eins aus meines Vaters Gestüt hole.«

Dietrich war einverstanden, und Heime machte sich sogleich auf die

Reise. Als er zurückkehrte, führte er einen rabenschwarzen Hengst am Zügel und übergab ihn dem König mit den Worten: »Nehmt Falke hin als Geschenk des Bauern Studas, der Euch hoch verehrt.«

Dietrich ritt Falke bis zu dem Tage, da er von überirdischen Mächten von dieser Erde entrückt wurde. Er gewann das Tier so lieb wie einen Freund.

WITTICH

In Seeland, oben an des Nordmeers Küsten, lag die Werkstatt des kunstreichen Schmiedes Wieland. Da ihm Feindeshand die Sehnen der Füße durchschnitten hatte, vermochte er nur noch auf Krücken seinem Tagewerk nachzugehen. Trotzdem verfertigte er herrliche Waffen, und mancher Held kam von fernher zu dem berühmten Meister gefahren.

Wieland und seiner Frau Bathilde war ein Sohn geschenkt worden, und sie nannten ihn Wittich. Er wuchs zu einem prächtigen Jüngling heran, und es wäre des Vaters heißester Wunsch gewesen, daß er zu ihm in die Lehre ginge. Aber Wittich hatte Höheres im Sinn. Als Sproß des Riesen Wate und des Königs Nidung hieß ihn eine innere Stimme, in die Fußstapfen der Ahnen zu treten und gleich seinem Großvater ein Kriegsheld und Völkergebieter zu werden. Seine Mutter unterstützte die hochfahrenden Pläne. So trat er denn eines Tages vor Wieland hin und bat, aus seiner Gewalt entlassen zu werden.

Auf den Stiel seines schweren Hammers gestützt, versank der Schmied bei dieser Kunde in langes Grübeln. Schließlich fragte er: »Wohin willst du dich wenden, mein Sohn?«

»Zu der Sonne«, rief Wittich aus, »die alles Heldentum der Erde überstrahlt, zu Dietrich von Bern. Den Gotenkönig will ich herausfordern, und gelingt es mir, ihn im Zweikampf zu besiegen, habe ich höchsten Ruhm gewonnen.«

Weise lächelte Wieland und erwiderte: »Hab' mir's wohl gedacht, daß dir die Schmiede hier eines Tages zu eng und unser einfaches Leben zu schal werden wird. Wenn ich dir eine Rüstung geschmiedet habe, dann magst du mit Gott ziehen.«

»Wie, Vater?« jubelte der Jüngling, »du willst mir wirklich Schild und Brünne verfertigen? Dann gibt es wohl keine Gefahr mehr, die ich zu fürchten brauche.«

Wieland machte sich sofort ans Werk, und er schuf eine Wehr, wie sie gleich hart und kostbar kein Mensch mehr zu fertigen vermochte. Nur die Zwergen Mime und Alberich, die seine Lehrer waren, konnten sich der gleichen Geschicklichkeit rühmen.

Da war erst die Sturmhaube, die der Meister »Limme« taufte. Ein Beschlag von großköpfigen silbernen Nägeln verstärkte ihre Abwehrkraft, und ein güldener Drache mit feuerspeienden Nüstern, der die Helmkrone zierte, sollte die hohe Abkunft und den mutigen Grimm ihres Trägers versinnbildlichen. Nicht geringere Liebe hatte Wieland in den Guß des Schildes gelegt. Er glänzte weiß wie blankes Silber, und in das Wappenschild hatte der Meister sein Siegel getrieben, Hammer und Zange, gekreuzt über einem Amboß. In den Schildrand eingelassen strahlten drei Karfunkelsteine, die in der Nacht dem Kämpfer gute Sicht gaben. Die köstlichste Gabe war aber doch das Schwert Mimung, das Wieland einst geschmiedet hatte.

Wieland gürtete eigenhändig seinen Sohn. Zuletzt überreichte er ihm die Klinge und ermahnte ihn mit feierlichem Spruch: »Mimung sei dein teuerstes Kleinod. Führ ihn nur in ehrlichem Streit. Verlier ihn nur im Tode.«

Wittich gelobte es, zäumte sein herrliches Streitroß Schimming, küßte noch einmal Vater und Mutter und zog zum Tor des Gehöftes hinaus. Den Rhein ging's erst abwärts bis zum Fuß des Alpengebirges und dann steil ansteigend eine Paßstraße empor. Heftige Wetterstürme hatten Roß und Reiter zu bestehen. Aber zäh hielten sich beide, bis sie schon jenseits des Berges an das reißende Wildwasser des Eisack kamen, über das keine Brücke führte. Wittich sprang kurz entschlossen vom Pferde, pflockte es an eine Tanne und entkleidete sich. Dann stürzte er sich in die gurgelnden Fluten, um eine Furt zu suchen. Die schäumenden Wirbel suchten ihn erbarmungslos in die Tiefe zu ziehen, doch mit kräftigen Stößen bezwang Wittich die rohe Kraft des Tobels, und immer wieder tauchte sein Kopf aus dem sprühenden Gischt, umflockt von den Perlen des grauen Gletscherwassers.

Ein Zufall fügte es, daß just in diesem Augenblick drei Männer entlang des Flusses geritten kamen. Das Auge des einen hatte den kühnen Schwimmer erspäht. »Meiner Treu«, staunte er, »dort im Strudel regt sich etwas Lebendiges. Noch kann ich nicht erkennen, ob der blonde Schopf einem Menschen gehört oder einem Zwerg.«

Wittichs scharfes Ohr hatte trotz des Brausens des Strudels jedes Wort verstanden. Er strebte mit harten Schlägen wieder dem Ufer zu, gewann es glücklich und legte rasch die Kleider an, die er in einem Erdloch verborgen hatte. Dann trat er vor die Wanderer hin und gab sich ihnen zu erkennen: »Hört, ich bin Wittich, Meister Wielands Sohn. Mich treibt's zu Dietrich von Bern, um ihm die Fehde anzusagen.«

»Wacker gesprochen«, schmunzelte der Mann, der zuerst das Wort ergriffen hatte, »doch wir wollen sehen, ob Euch der König nicht auch ohne Zweikampf in Ehren aufnimmt.«

»Mir scheint, Ihr seid ein rechter Prahlhans«, versetzte der Jüngling, »denn wer dürfte sich rühmen, bei Dietrich Gehör zu finden, außer Meister Hildebrand.«

»Nenn mich ruhig so«, lachte der Alte. Denn er war's. Dann fuhr er fort: »Reich mir die Hand und auch meinen Gefährten, denn sie sind wie ich des Berners Gesellen. Heime siehst du vor dir, den gewaltigen Rosselenker, und Herzog Hornboge, einen Fürsten aus dem Wendenland.«

Nun tauschten sie miteinander freundliche Grüße, nur der Bauernsohn tat es mit heimlichem Groll und Neid, die sich immer in ihm regten, wenn ihm einer aus edlerem Geblüt begegnete.

»Wir wollen rasch aufbrechen«, trieb Hildebrand seine Begleiter zur Eile an. »Ich weiß weiter unten am Eisack, dicht vor der Stadt Brixen, einen Steg, und es wäre geraten, wenn wir ihn noch vor Einbruch der Nacht erreichten.«

Sie ritten scharf bergan, schmäler und schmäler ward das Gebirgstal, und schließlich verengte es sich zu einer Schlucht, durch die sich schäumend die wilden Wasser zwängten. Aber an der Stelle, wo sich die Brücke befinden sollte, zeugte nur ein geborstener Bogen, der in die leere Luft starrte, von der Gewalt der über den Klippenrand getretenen Fluten. Am andern Ufer schrie eine Schar von Wegelagerern üble Schmähreden herüber. Sie dünkte sich sicher im Schutze des reißenden Stromes, der zwischen ihnen und den Wanderern lag.

Zum grenzenlosen Erstaunen der Berner, doch zur stillen Wut Heimes, der sich für den besten Reiter unter der Sonne hielt, sporte Wittich den Schimming. Mit weitgestrecktem Leib schnellte sich das edle Tier vom felsigen Boden und gewann in kühnem Satz das gegenüberliegende Ufer. Schon im Flug hatte Wittich den Mimung gezogen und hieb sogleich auf die Räuber ein, daß die Funken stoben.

»Ihm nach«, befahl Hildebrand den Mannen.

Sofort setzte Hornboge zum Sprung an, doch Heime schüttelte abweisend den Kopf: »Ich kenne den Fremden kaum, warum soll ich mich für ihn schlagen?«

Grimmig wies der Meister den unhöflichen Recken zurecht: »Es ist die Pflicht eines Helden, jedem beizustehen, ohne erst lange zu fragen, welcher Art er sei.« Hildebrand trieb nun mit herrischem Schenkeldruck das bebende Roß zum tollkühnen Wagnis. Doch dessen Kraft reichte nicht aus. Die Mähre samt dem Reiter stürzten in die Flut, und gleich darauf nahmen auch Hornboge und sein Gaul ein fröstelndes Bad in dem eiskalten Fluß. Nur unter großen Mühen gelang es den Recken, ihre Pferde am Zügel hinter sich nachziehend, die rettende Klippe zu gewinnen. Und jetzt erst entschloß sich auch Heime herüberzukommen, Rispe bezwang spielend das schwere Hindernis. Während aber Hildebrand und der Wendenfürst augenblicks Wittich beisprangen, blieb der Bauernsohn mürrisch abseits stehen und verfolgte als Zuschauer den Kampf.

Die gröbste Arbeit hatte schon Wielands Sohn vollbracht; mit dem Rest des Gesindels räumten die Klingen der Berner schnell auf. Nicht einer entging ihren sicheren Streichen.

Als alles vorbei war, pries Hildebrand den Seeländer: »Heil dir, junger Held, das war eine kühne Tat!«

»Lobt mich nicht zu früh«, bat Wittich, »denn Schweres steht mir noch bevor, wenn ich dem Herrscher des Lampartenreiches gegenübertrete.«

»Willst du also wirklich nicht von dem Entschlusse lassen?« forschte nachdenklich der Alte.

»Mein ist Mimung, das beste Schwert«, gab jauchzend der Jüngling zurück, »mein ist Limme, der härteste Helm, mein sind die großen Kräfte der Ahnen. Warum sollte ich es da nicht wagen?«

Statt einer Antwort spornte Hildebrand sein Roß. Seine Begleiter folgten. Mühsam war der Ritt, doch Wittichs Karfunkel erleuchteten den Pfad auch bei Nacht, und so gelangten sie schon am nächsten Tag an See und Burg Garden. Dort sorgte die gute Ute, Hildebrands treue Gemahlin, für Speise und erquickenden Trank, und ermüdet von der Reise, begaben sich die Ritter bald zur Ruhe.

Nur Hildebrand wachte noch ein Weilchen. Als ihn die regelmäßigen Atemzüge der Männer überzeugt hatten, daß sie bereits in tiefem Schlaf lagen, schlich er sich auf leisen Sohlen zu Wittich und vertauschte den Mimung mit einem ähnlich aussehenden Schwert, das er in seiner Waffenkammer gefunden hatte. »Es geschieht für meinen Herrn«, beruhigte der Meister sein Gewissen.

Am nächsten Morgen brachen die Helden auf und erreichten noch am gleichen Tag Bern.

König Dietrich saß eben zu Tisch, als ihm der Hornstoß des Wächters das Nahen der Ritter anzeigte. Der Herrscher eilte auf den Burghof, um die Ankömmlinge zu begrüßen. »Willkommen, Hildebrand, Hornboge und Heime«, rief er seinen Gesellen schon von weitem zu. »Laßt hören, was ihr erlebt habt, gewiß habt ihr Rühmliches zu melden.«

Unter diesen Worten war Dietrich auf seine Gesellen zugeschritten und schüttelte jedem einzelnen von ihnen die Hand; Wittich jedoch übersah er, als wäre er durchsichtige Luft. Maßlos erregte dies den Zorn des jungen Helden, in großer Erbitterung riß er sich den Eisenhandschuh von den Fingern und warf ihn dem Berner vor die Füße.

»Wer ist's, der mich zum Zweikampf fordert?« fragte Dietrich hochmütig.

Und setzte hinzu: »Nicht mit jedem hergelaufenen Buben bin ich willens, meine Klinge zu kreuzen.«

Wittich stampfte wütend mit dem Fuß auf und machte Miene, auszulegen. Um Unheil zu verhüten, unternahm es Hildebrand zu vermitteln. Er berichtete von Wittichs Abstammung, von dem Abenteuer am Wildbach, und Dietrich erklärte sich darauf bereit, die Herausforderung anzunehmen.

Man ritt hinaus zur Rennbahn, der Meister übernahm das Amt des Turnierrichters. Der erste Gang wurde mit den Speeren ausgetragen, und ein Raunen der Bewunderung ging durch die Reihen der kundigen Zuschauer, als der Fremde aus dem Norden dem wütenden Stoß des Königs standhielt.

Zum zweiten Gang schwangen sich beide aus dem Sattel und ließen die Klingen springen. Mit großer Gewandtheit parierte der junge Held die kunstvollen Schläge des Berners, doch plötzlich gab es ein helles Klingen, des Seeländers Stahl war elend zerbrochen.

»Weh dir, Vater!« erhob der Sohn des Schmiedes bittern Klageruf,

»im Vertrauen auf dich bin ich gegen den größten Helden angetreten, und nun lässest du mich erbärmlich im Stich.«

Unbarmherzig holte der Berner aus, um dem Herausforderer den Todesstoß zu versetzen. Doch mit beschwörend erhobener Rechten warf sich Hildebrand zwischen die Fechter. »Haltet ein«, rief er seinem Herrn zu, »nicht ehrlich ist dieser Kampf!«

»Willst du mich heimtückischer List beschuldigen?« gab der König aufgebracht zurück. »Das Haupt des Buben ist mir verfallen.«

Da griff der Alte nach dem Schwert, das an seiner Seite blitzte, riß es hoch und bekundete mit Donnerstimme: »Seht, das ist Mimung, Wittichs Waffe. Ich habe sie ihm heute nacht vertauscht, damit sie meinem Herrn keinen Schaden zufüge.«

»Das war ein schlechter Scherz«, wetterte Dietrich. »Nun müssen wir den Kampf erneuern.«

So traten denn die zwei noch einmal zum Tjost an. Aber aus dem Spiel wurde bald grimmiger Ernst. Eine mißglückte Abwehr des Königs gestattete es Wittich, die Deckung seines Gegners zu zerbrechen, klirrend sprangen große Stücke aus dem Panzer des Herrschers, und rotes Blut strömte nach. Und jetzt seinen Vorteil erfassend, führte Wittich Streich auf Streich. Sogar durch den Hildegrim biß sich der Mimung, und schwere Wunden klafften auf Stirn und Scheitel des Goten. Und abermals war's Hildebrand, der die Rasenden trennte. Freudig gehorchte der Jüngling der Aufforderung des Meisters, Dietrich die Hand zum Frieden zu bieten, und auch des Herrschers Groll verschwand. König Dietrich streckte noch wankend vor Schwäche Wittich die Rechte entgegen und sprach wie einst zu Heime: »So nehme ich dich auf in den Kreis meiner Schildgenossen. Du aber nenn dich hinfort: Dietrichs Gesell.«

Die eben zuvor noch so erbitterten Gegner umarmten einander, frohgemut schlugen dazu die Recken auf die Schilde.

So wuchs von Jahr zu Jahr die Heldenschar des großen Gotenkönigs. Und es gab der kühnen Männer noch viel, die ihr höchstes Ziel darin erblickten, in den Dienst des Berners zu treten.

KAMPF MIT ECKE UND FASOLD

Dietrich trug schwer an der Schmach seiner Niederlage durch Wittich. Seine Wunden waren noch nicht vernarbt, und schon trieb es ihn hinaus, durch neue Taten die Scharte auszuwetzen. Er hatte die Kunde vernommen, daß am andern Hang des Gebirges zwei Brüder, Ecke und Fasold, wilde und kühne Weidmänner, hausten. Weit und breit fürchtete man sie, denn sie galten für unüberwindlich. Ohne Gnade verfolgten sie jeden, der in ihr Gehege einbrach. Ecke freite um die Königin Seeburg, die ihm ihre Hand versprochen hatte, wenn er den Berner zum Kampf stelle und besiege. Dietrich hatte nicht klug gehandelt, als er sich entschloß, die grimmen Waldläufer zum Zweikampf zu reizen.

Schon während des überaus anstrengenden Rittes über die Berge fühlte er brennend die Hinfälligkeit seines Leibes, und als er auf der andern Seite des Passes in einen tiefen Forst geraten war, dachte er daran, wieder umzukehren. Zu seinem Unglück befand sich der gewaltige Ecke, der mehr ein Riese denn ein Mensch zu sein schien, gerade zur gleichen Zeit in diesen

Schluchten auf der Bärenjagd. So geriet der Berner wider seinen Willen mit dem ungeschlachten Burschen zusammen. Es war tiefe Nacht, und auf Eckes Anruf antwortete Dietrich, sich verstellend, er wäre Heime, denn er schämte sich zuzugeben, daß er einem Kampf ausweichen wolle. Ecke glaubte ihm aber nicht und erwiderte, daß er die Stimme des Gotenkönigs wohl erkannt habe. Er brenne darauf, mit ihm die Klinge zu kreuzen.

Dietrich gab zu bedenken, daß es stockdunkel sei und es besser wäre, man verschöbe den Zweikampf bis zum hellen Tag. Aber Ecke beharrte rauflustig auf seinem Willen. Er reizte den Berner durch ruhmredige Lobpreisungen seines Schwertes Eckesachs. Es stamme aus der Werkstatt des künstereichen Zwerges Alberich, und neun Königreiche habe der Schmied durchforscht, um das für die Härtung des Stahls geeignete Wasser zu finden. Da Dietrich noch immer zögerte, erklärte der Prahlhans, einen Geldgurt bei sich zu tragen, in dem sich zwölf Unzen Gold befänden. Dies alles, Schwert und Schatz, gehöre dem, der ihn besiege.

Da vermochte Dietrich nicht länger untätig zu sein, sein Schwert Nagelring flog aus der Scheide, und im düsteren Schein der Funken, die von Stahl und Eisen stoben, entbrannte ein grimmiges Gefecht. Des Königs Befürchtung bestätigte sich. Er war noch zu schwach, um dem trotzigen Hünen zu widerstehen. Und Ecke hatte auch nicht gelogen; seine Klinge war wirklich eine erlesene Waffe. Dietrich bekam es zu spüren. Er suchte sein Heil im Nahkampf, Brust an Brust, geriet aber in immer größere Bedrängnis. Schließlich stürzte er, riß jedoch im Fallen seinen Gegner mit. Wild tobte das Ringen am Boden weiter, und der grimme Weidmann gewann sichtlich die Oberhand. Mit angestemmtem Knie hielt er den Berner nieder und preßte ihm mit nervigen Fäusten die Kehle zusammen. Weit und breit befand sich kein Mensch in der Nähe, und nirgends war Aussicht auf Hilfe, es sei denn, ein Engel wäre selbst vom Himmel herabgestiegen, um dem Bedrängten beizustehen.

Und dennoch, Gott hatte den harten Streiter nicht verlassen. Denn horch, was war das? Drang da nicht Pferdegetrappel durch die Nacht? Dietrich gab röchelnden Laut, aber nur das Schnauben eines Rosses antwortete. Plötzlich fühlte Dietrich, daß der Griff um seinen Hals sich lockerte. Das Bewußtsein kehrte zurück, und er sah, wie sein Hengst Falke mit wütenden Hufen auf Eckes Rücken einstampfte. Vergeblich suchte sich der wilde Jäger den harten Schlägen zu entziehen. Dietrich, seines Würgers ledig, sprang auf, ergriff das Schwert und trennte Ecke das Haupt vom

Rumpf. Dann umfaßte er liebkosend den vor Erregung bebenden Hals Falkes, klopfte dem Hengst zärtlich auf das rabenschwarze Fell und sagte: »Du mein treuer, lieber Gesell.«

Dietrich hatte nun den Eckesachs gewonnen und behielt ihn.

Einige Tage blieb der König im Forst, und er kam in der würzigen Luft bald wieder zu Kräften. Dies geriet Eckes Bruder Fasold zum Verhängnis, der, Unheil witternd, den Wald durchstreift und die Leiche aufgespürt hatte. Nicht weit von dem Schauplatz des nächtlichen Kampfes traf er auf den Berner. Wütend sprang er ihn an: »Elender Mörder, du hast meinen Bruder im Schlaf gemeuchelt! Denn lebendig hättest du ihn nie überwältigt.«

Dietrich gab mit dem Eckesachs Antwort, aber auch Fasold zeigte, daß er aus starkem Geschlecht stammte. Zuerst gelang es ihm sogar, den König niederzuschlagen, schnell aber war der wieder auf den Beinen und fügte dem wilden Jäger so arge Verletzungen zu, daß er bald um Gnade bat. Er erbot sich, in den Dienst des Berners zu treten, und Dietrich, frohgelaunt im Bewußtsein seiner wiedergewonnenen Kraft und Stärke, erhörte die Bitte und ließ Fasold den Treueid schwören.

Doch als der Riese Dietrich meuchlings ermorden wollte, schlug ihm der König mit seinem Schwert Eckesachs das Haupt ab.

WILDEBER UND DIETLEIB

Der Strom der Recken, die Dietrichs Freundschaft suchten, versiegte nicht.

Fröhlich saß eines Tages Dietrich im Kreis seiner Speergenossen. Man feierte seine Heimkehr in die Runde. Da trat ein Fremdling in die Halle, der von Kopf bis Fuß in ein rauhes Bärenfell gehüllt war. Den Pförtner, der ihm den Zugang verwehrte, hatte er unsanft zur Seite geschoben, und so war es ihm gelungen, unangemeldet vor des Königs Angesicht zu gelangen. Das Auftreten des Vermummten löste große Heiterkeit im ganzen Saale aus. Knappen zausten den seltsamen Gast am Zottelfell, die Helden riefen ihm frohgelaunt zu, ob man denn Fastnacht feiere, und schließlich schüttete ein übermütiger Page ihm gar einen Becher Wein in das rußgeschwärzte Gesicht.

Dies Treiben gefiel Wittich nicht, und ärgerlich mahnte er die Gesellschaft: »Jeder Fremde sei euch heilig. Wißt ihr, welches Schicksal sich hinter der Maske verbirgt? Habt Ehrfurcht vor jedem Menschen.«
Das Lachen verstummte, und Dietrich bekräftigte nun die Worte seines Schildmannes: »Unser wackerer Wittich hat recht gesprochen. Und damit ich euch beweise, wie heilig mir das Gastrecht ist, selbst einem fahrenden Mann gegenüber, so fordere ich den Vermummten auf, mein Geselle zu werden. Enthüll dich uns, Fremdling, und sag, wer du bist!«
Da ließ der »Zottelbär« seine Verkleidung fallen. In strahlender Rüstung stand er vor den staunenden Helden und jubelte: »Gesegnet sei König Dietrich! Wildeber heiß' ich und bin aus edlem Stamm. Bei meiner Geburt wurde mir geweissagt, daß ich eines frühen Todes sterben muß, es sei denn, Dietrich von Bern nimmt mich, ohne zu wissen, wer ich sei, in seine Runde auf. Darum hab' ich mich in diesem Fell versteckt. Nun ist mir Heil widerfahren!«
Der König und seine Recken schüttelten dem neuen Waffenbruder die Hand, er durfte sofort an der Tafel niedersitzen und von seinen Fahrten und Abenteuern in den deutschen Landen erzählen. Später wurde er Wittichs besonderer Freund.
Bald darauf kamen Sendboten Kaiser Ermanarichs, die Dietrich und seine Gesellen zu einem Fest nach Romaburg einluden. Man machte sich sofort auf die Reise. Unterwegs stieß ein junger Ritter zu den Bernern und bat, sich ihnen anschließen zu dürfen. Er erklärte, Dietleib zu heißen und aus dem fernen Nordland zu stammen. In Wahrheit war er der Sohn eines Königs der Westgoten, Biterolf mit Namen, der nach der Vertreibung aus seiner Heimat Spanien im Lehen des Hunnenkönigs Etzel das grüne Land Steiermark regierte. Dietrich, der den Wunsch des Jünglings erfüllte, sollte dies alles erst viel später erfahren.
Einige Tage danach wurde Dietleib auf seltsame Weise Dietrichs Gesell. In Romaburg empfing man den Berner und die Seinen mit königlichen Ehren. Man wies ihnen die prächtigsten Hallen zum Quartier an, nur die Knechte und Reisigen mußten mit Zelten vorlieb nehmen. Den jungen Ritter aber, der ja nicht eingeladen war, hieß der König sich dem Gefolge anschließen. Darüber geriet Dietleib in großes Mißvergnügen, und in kindlichem Trotz dachte er sich einen wahrhaft großzügigen Streich aus. Er lud alle Dienstleute Dietrichs zu einem Gastmahl ein, das genau neun Tage lang, nicht eine Stunde kürzer als die Feiern im kaiserlichen

Palast, dauern sollte. An Pracht und Glanz stellte es jedoch das Fest, das Ermanarich seinen Gästen gab, weit in den Schatten. Die erlesensten Speisen ließ Dietleib den Leuten vorsetzen, traktierte sie mit dem köstlichsten Wein und holte aus der ganzen Stadt die berühmtesten Spielleute. So ging dem leichtsinnigen Jüngling schon in der halben Frist das Geld aus. Um einen Ausweg nicht verlegen, befahl er erst Heimes Hengst Rispe, dann die Waffen des Helden zu verkaufen, und nachdem die erlösten Silberlinge verpraßt waren, kamen die Rosse und die Ausrüstung der anderen Recken an die Reihe, und zum Schluß wanderte Dietrichs Hengst Falke zum Händler.

Erst als der ahnungslose Berner den Auftrag gab, die Rosse zum Heimritt zu satteln, flog der Streich auf. Freimütig trat der Jüngling vor den König, und da ihn dieser mit heftigen Vorwürfen überschüttete, erwiderte er in Seelenruhe: »Wo immer edle Männer mit mir sprachen, boten sie mir erst Speise und Trank.«

Dietrich konnte ein Lächeln über die frische und kecke Art des Jünglings nicht verbergen. Er ließ einen so großen Humpen mit Wein bringen, daß ihn zwei Knechte kaum schleppen konnten. Dietleib setzte ihn gleichmütig an den Mund und leerte ihn auf einen Zug wie ein alter Zecher.

Staunend rief Walter von Wasgenstein, ein Schwestersohn des Kaisers, der zufällig Zeuge der Szene wurde: »Kann dieser Mensch noch etwas anderes als essen, saufen und das Geld vertun?«

»Steinewerfen und Schaftschießen, denk' ich, versteh' ich nicht minder gut«, trumpfte Jung-Dietleib auf, »wollt Ihr's versuchen? Doch nicht anders messe ich mich mit Euch im Zwiekampf, als daß jeder sein Haupt zum Pfand setzt.«

»Allzu keck wird der Bursche«, lachte der Berner. »Der freche Mut wird ihm bald vergangen sein«, meinte Walter von Wasgenstein.

Doch siehe, der Jüngling erwies sich stark wie ein Bär, flink wie ein Wiesel und wohlgeübt im Wurf mit Fels und Speer. Und am Ende kam es anders, als die Spötter gedacht. Walter ward besiegt, und Dietleib erklärte, ihm das Leben schenken zu wollen, wenn er die Pferde und Waffen zurücklöse. So kamen die Berner wieder zu ihren Zeltern und Schwertern und Dietrich überdies zu einem neuen Gesellen. Denn der Jüngling gefiel ihm so gut, daß er ihn den Treueid schwören ließ, und ein halber Knabe noch, trat er ein in den Kreis der berühmten Schildgenossen.

DIETRICH FÄHRT INS HUNNENLAND

Eines Tages kamen fremdartig aussehende Gäste nach Rom. Sie saßen auf kleinen, ruppigen Pferden, Krummsäbel hingen ihnen von der Seite, ihre Gewänder waren mit goldgestickten, seltsam anmutenden Ornamenten reich durchwirkt. Ihre Haut schimmerte in gelblicher Tönung, kohlschwarze Augen funkelten zwischen schmalen Lidspalten. Vor den Herrscher geführt, meldeten sie, daß sie Abgesandte des Hunnenkönigs Etzel seien. Ihr Gebieter stünde in schwerem Kampf wider Oserich, den König der Wilzen. Im Auftrag Etzels hatte Rüdiger einst Oserichs Tochter Helche geraubt. Der stolze Vater könne diese Schmach nie vergessen und habe nun zum Heerzug gerüstet. In seiner Not wisse Etzel keinen anderen Ausweg, als sich auf seine Freundschaft mit Kaiser Ermanarich zu berufen und dessen Neffen König Dietrich um Hilfe zu bitten. Denn weit über das ganze Abendland habe sich der Ruhm des Berners verbreitet.

Etzels Boten fanden Gehör. Mit seinen Gesellen und fünfhundert auserlesenen Kriegern zog Dietrich ins Hunnenland.

Am Ufer des breiten Donaustromes erhob sich die vielgetürmte Etzelburg. Freundlich begrüßten der Hunnenherrscher und seine Gemahlin Helche die Bundesgenossen.

Ein schlichtes Gastmahl schloß sich an den Empfang, denn jetzt, bevor die große Schlacht noch ausgetragen war, schien es nicht die richtige Zeit, prunkvolle Feste zu feiern. Mit dem Königspaar saßen auch dessen Söhne Scharf und Ort zu Tisch, und für eine Weile zeigte sich auch Herrat, die Nichte der Frau Helche. Mit Wohlgefallen ruhte Dietrichs Blick auf dem lieblichen Mädchen.

Nur kurzes Verweilen war den Bernern gegönnt. Schlimme Nachrichten drängten zu baldigem Aufbruch. Denn tief schon standen die wilden Reiterscharen Oserichs im hunnischen Land.

Frau Helche wünschte nicht, daß Ort und Scharf am Kampf teilnähmen. Sie bat König Dietrich, den jungen Dietleib zurückzulassen, damit er die Königssöhne in der Handhabung der Waffen unterweise. Dietrich gewährte diese Bitte, sehr zum Verdruß Dietleibs.

Donauaufwärts zog unter Dietrichs Führung eine mächtige Streitschar. Viele tausend Hunnen hatten sich den Bernern zugesellt, und nach einigen Tagen scharfen Rittes erhielt das Aufgebot neue Verstärkung. Bei Miselburg* stieß König Biterolf mit seinen kampferprobten Kriegern aus dem Steirerland zu Dietrichs Mannen. Nun verließ man den Lauf der Donau und bog scharf nach Norden ab, um die Wilzen, die schon über die Gebirgspässe in die weiten Ebenen des Hunnenlandes eingedrungen waren, zu packen. Bei der Nachricht vom Nahen der Feinde hatte Oserich den Vormarsch angehalten, um die Gegner in einer günstigen Stellung zu erwarten.

Siehe, bald kündeten den Wilzen mächtige Staubwolken, die sich von Süden heranwälzten, daß die Stunde der Entscheidung geschlagen habe. Gewaltige Kämpen standen unter Oserichs Fahnen, unter ihnen Widolt mit der Stange und Edgar und Abendrot. Widolt war so grimmig, daß er im Frieden gefesselt einhergehen mußte, um nicht harmlose Menschen zu erschlagen.

Dietrich ließ die Banner entrollen. Dräuend reckte der lampartische Löwe seine Pranken, zornig fletschte die grüne Katze in Etzels roter Fahne die Zähne. Als die beiden Heere aufeinanderprallten, erschien in brausendem Galopp ein Recke mit herabgelassenem Visier auf dem Kampfplatz: Dietleib war's, der gerade zur rechten Zeit noch die Heerschar seines Herrn eingeholt hatte.

Die Berner standen im Mittelpunkt der Schlacht. Gegen sie schickte Oserich seine wildesten Recken zum Angriff vor. Da blitzten Schwerter, die jeder im ganzen Abendland kannte: Eckesachs, Nagelring, Mimung. Bald begannen die Wilzen zu weichen, und unerbittlich setzten ihnen die Berner und Hunnen nach. Weit vorausstürmend traf Wittich auf den gewaltigen Widolt. Es störte ihn nicht, daß der Riese drohend seinen stahlumhüllten Eichenstamm schüttelte; der Mimung würde ihn nicht im Stich lassen. Doch ehe er dazu kam, die herrliche Klinge rasch aus der Scheide zu ziehen, traf ihn krachend Widolts Stange. Mit kurzem Aufstöhnen stürzte er vom Roß und blieb bewußtlos im Gras liegen. Über ihn hinweg stürmten die Reiter, die sich unbarmherzig an die Fersen der fliehenden Wilzen hefteten.

Einer der tapfersten war Heime gewesen. Als die Verfolgung begann, war er für einen Augenblick aus dem Sattel gestiegen, um seinen Hengst Rispe etwas verschnaufen zu lassen. Dann setzte er mit verdoppelter Kraft den Seinen nach. Plötzlich hielt, sich steil aufbäumend, sein Roß an. Heime blickte vor sich auf den Boden. »Wittich«, murmelte er bestürzt und doch mit einem Anflug von hämischer Schadenfreude. Er hatte den Verweis,

---
* Das heutige Wieselburg in Ungarn

den er einst von Hildebrand an dem Wildbach bei Brixen hatte einstecken müssen, nicht vergessen. Dieser alte Groll riß ihn jetzt zu einer unüberlegten Tat hin. Er stieg vom Pferd und nahm dem Mann, den er für tot hielt, den Mimung aus den verkrampften Händen, schwang ihn freudetrunken durch die Lüfte und jubelte: »Mein ist Wielands herrliche Waffe, für immer mein!«

Dann jagte er, den Hengst Rispe zum äußersten anspornend, den Seinen nach.

Indes gingen die Scharen der Wilzen ihrer völligen Vernichtung entgegen. Überraschend war nämlich Markgraf Rüdiger von Bechlarn mit zahllosen Streitern aus dem Donauland auf der Walstatt erschienen und hatte die weichenden Feinde in der Flanke gefaßt. Wohl hatte Etzel nach Bechlarn Boten gesandt, die seinen Lehensmann zum Kriegsdienst riefen, aber man hatte nicht gedacht, daß er noch rechtzeitig eintreffen werde. Nun vollendete der edle Markgraf den herrlichen Sieg. Die Nacht senkte sich herab, zu Ende war die gewaltige Schlacht. Nur zwei Kämpfer noch, etwas abseits von dem Blachfeld, hatten sich in grimmiger Wut ineinander verbissen. Sie achteten der Heerhörner nicht, die zum Sammeln bliesen, und bearbeiteten einander mit fürchterlichen Schlägen. Das hätte bald ein gar trauriges Unglück gegeben. Denn Dietleib war der eine und sein Vater Biterolf der andere Kämpfer. Durch einen Irrtum hielten sie sich für Feinde, und den Streit hätte wohl nur der Tod eines der Helden geendet, wenn nicht Markgraf Rüdiger herangesprengt wäre und dem Jungen zugerufen hätte: »Was fällt dir ein, Tollkopf, weißt du nicht, wen du vor dir hast?«

Nun ließ der Alte Schwert und Schild sinken, aber Dietleib weigerte sich, dem Befehl des Markgrafen zu folgen.

Da brauste Rüdiger schließlich wütend auf: »Wenn du jetzt nicht dein Visier lüftest und zeigst, wer du bist, schlag' ich dir selbst den Helm vom Schädel.«

Daraufhin gab Dietleib murrend bei. Und siehe, als er die Sturmhaube abgenommen hatte, trat der Mann, den er eben noch so wütend bekämpft, ganz dicht auf ihn zu, riß sich den Helmsturz vom Kopf und rief: »Mein Sohn, erkennst du mich nicht, ich bin's, dein Vater Biterolf!« Tief ergriffen sanken sie sich an die Brust und priesen das gütige Geschick, das einem von beiden eine Unglückstat erspart hatte, an der er zerbrochen wäre. Nunmehr war aber auch Dietleibs Geheimnis gelüftet.

Von den Wilzen war nur ihr Herrscher mit einem kleinen Haufen von Getreuen, unter ihnen der gewaltige Widolt, der Vernichtung entgangen. Noch vor Anbruch des Tages ritt der König über das Schlachtfeld, um auszukundschaften, ob seine Feinde abzögen oder Anstalten machten, in sein Land einzufallen. Da erblickte er neben einem gefallenen Berner einen Hengst, der klagend seinen Kopf gehoben hatte und weithinschallend wieherte. Oserich gefiel das Pferd und er dachte, es einzufangen. Wie er sich ihm näherte, fiel sein Blick auf den Schild des Toten: Hammer, Zange und Amboß im Wappen zeigten ihm an, daß er Wittich vor sich habe. Er winkte seinen Knechten, daß sie dem Gefallenen die Waffen abnehmen sollten. Der Besitz der von Meister Wieland gefertigten kunstvollen Stücke schien ihm beinahe eine verlorene Schlacht wert. Die Reisigen reichten ihm Schild und Helm, nur das Schwert fanden sie nicht. Da wurde der König wütend und herrschte die Mannen an: »Seht noch genauer zu, ihr faulen Burschen, denn den Mimung muß ich haben.«

Die Diener suchten und tappten rings im Grase, und weil sie nirgends die Klinge zu entdecken vermochten, hoben sie schließlich den Leichnam auf, in der Meinung, der sterbende Held wäre vielleicht auf sein Schwert gefallen. Doch da schlug der Totgeglaubte die Augen plötzlich groß auf, stützte seine matten Arme auf den Boden, um sich vollends zu erheben und flüsterte: »Wasser ... Wasser.« Die Wilzen ergriff ein solcher Schrecken, daß sie zurücktaumelten, und erst ein grimmer Zuruf ihres Herrschers bewog sie endlich dazu, den schwer Verwundeten auf eine Matte zu legen. Diese hängte man dann zwischen zwei Pferden auf, und Oserich ließ seinen Gefangenen nach der Hauptstadt bringen, sodann dort in den Turm der Burg werfen. Von Etzel aber erbat der Herr der Wilzen durch Abgesandte Frieden, den er gegen das Gelöbnis, nie mehr seine Waffen wider die Hunnen zu erheben, auch erhielt.

Traurig und düster geriet das Siegesfest in der prächtigen Etzelburg. Nicht nur König Dietrich trauerte um Wittich, sondern auch der kühne Wildeber und der Spielmann Isung, Wittichs Vetter. Doch man hatte die Hoffnung, dem Helden wieder lebend zu begegnen, nicht aufgegeben, denn sein Leichnam war trotz alles Bemühens nicht aufgefunden worden. Schließlich forderte Dietrich in vorgerückter Stunde, Isung auf, in die Saiten zu greifen, um seine trüben Gedanken zu verscheuchen. Doch Wittichs treuer Anverwandter antwortete: »Verzeiht, gnädiger Herr, wenn ich Eurer Bitte nicht zu willfahren vermag. Ich glaube, Ihr hättet auch wenig

Freude an meinem Gesang, nur rauhe Töne würden meiner Kehle entströmen. Vielmehr bitte ich um Urlaub, denn ich werde das Gefühl nicht los, daß Wielands Sohn in die Hand der Feinde gefallen ist. Bei ihnen werde ich ihn suchen.«

»Recht gesprochen, wackerer Fiedler«, pflichtete ihm Wildeber bei, »wenn König Dietrich nichts dagegen hat, werde ich mich Euch anschließen. Und lebt unser lieber Wittich noch, dann fürwahr verbürg' ich mich, ihn unserem Kreis zurückzugeben.«

Dem Berner gefiel der Vorschlag, und er versprach den beiden noch reichen Lohn, wenn ihre Fahrt Erfolg hätte.

Die zwei Gesellen machten sich sofort auf den Weg. Kurz bevor sie in die Hauptstadt der Wilzen kamen, schlüpfte Wildeber in sein Bärenfell und ließ sich von Isung als Tanzbär durch die Straßen führen. In einer

Herberge nahe der Königsburg hielt der vorgebliche Gaukler Einkehr, und während er sich in einem guten Bette räkeln durfte, mußte sein armer Gefährte angepflockt im Stall die Nacht verbringen. Vom Schankwirt erfuhr Isung bald alles, was er zu wissen wünschte. Er hörte, daß man Wittich gefangen in die Stadt und in den Turm gebracht habe, der just der Wirtschaft gegenüber lag. Nachdem er sich auch noch genau die Lage des Gemaches, in dem Wittich schmachtete, hatte beschreiben lassen, schlich er sich heimlich zu Wildeber und heckte mit ihm den Plan zur Befreiung aus.

Am andern Morgen zog der Spielmann mit »Meister Petz« vor eine Linde unweit der Schenke und des Turmes. Er blies auf seiner Schalmei eine muntere Melodei, und sogleich erhob sich das »Tier« und fing gar drollig zu tanzen an. Es drehte sich lustig im Kreise und hüpfte dazwischen gar anmutig auf den Hinterpranken. Männer und Weiblein und ungezählte Kinder liefen von allen Seiten herbei, und es gab einen richtigen Volksauflauf. Der lockte schließlich auch König Oserich an, der mit seinem Gefolge eben von der Jagd zurückkehrte. Den Herrscher gelüstete nach einem grimmigen Spaß, und er hetzte seine Rüden auf den Bären. Isung versuchte verzweifelt, dem tollen Scherz zu wehren, indem er warnte: »Ich bitt' Euch, laßt ab davon, sehr gefährlich ist das Tier.« Innerlich zitterte er aber für seinen armen Wildeber, der ja keine andre Waffe als seine Fäuste zur Verfügung hatte. Der König lachte ob des Gejammers, und schon hatte die Meute sich am Pelz Gevatter Brauns verbissen. Doch mehr denn eines Bären Kraft steckte hinter dem Fell. Mit fürchterlichen Schlägen hieb Wildeber auf die Hunde ein, und bald zogen auch die wildesten von ihnen ängstlich winselnd den Schwanz ein und schlichen davon. Darob ergrimmte Oserich, zog seine Klinge und wollte damit dem Bären zu Leibe gehen. Nun aber geschah etwas Überraschendes. Das »Tier« entriß dem gerade in der Nähe stehenden Widolt seine eisenbeschlagene Keule und schmetterte den vierschrötigen Hünen zu Boden. Gleich darauf bekam ein zweiter Mann aus des Herrschers Gefolge die Stärke dieses seltsamen Meisters Petz zu spüren, und als sich das Tier dann gegen den Herrscher selbst wandte, stürmte dieser von Entsetzen gepackt auf und davon, und die ganze Menge stob schreiend auseinander.

Trefflich hatte Isung das Getümmel ausgenützt. Spornstracks war er zum Turm gelaufen, hatte sich mit kühnen Schwertstreichen der Wächter entledigt und Wittich befreit. Den Schimming holten sie sich aus dem

Marstall und dazu noch zwei andere edle Rosse und galoppierten mit ihnen zum Platz unter der Linde. Als er seiner Gefährten ansichtig wurde, stieg Wildeber aus dem Bärenfell, und zu dritt jagten sie nun der Grenze des Wilzenlandes und der Heimat zu. Bis Oserich die Entführung seines hohen Gefangenen bemerkte, war es für eine Verfolgung schon zu spät. Längst befanden sich Wittich und seine beiden tapferen Retter in Sicherheit.

Grenzenlos war der Jubel unter den Bernern, als Wittich wieder heil in ihre Mitte trat. Nur Heime nagte zornig an seiner Unterlippe, aber er sagte nichts und meldete sich auch dann nicht, als Wittich den Verlust des Mimung beklagte.

Der Bauernsohn hatte jedoch nicht mit Meister Hildebrands Scharfsinn gerechnet. Mit einem lauernden Seitenblick auf Heime meinte der Alte zu Wittich: »Kränke dich nicht, dein gutes Schwert ist nicht in Feindeshand gefallen, ja, wenn mich nicht alles täuscht, befindet es sich in diesem Saal.«

»Wie«, fuhr Wittich auf, »Ihr wißt um Mimung? Spannt mich nicht auf die Folter, Meister, denn die Sehnsucht nach meiner geliebten Klinge brennt mir Tag und Nacht auf der Seele.«

»Fragt Heime«, gab Hildebrand mit zweideutigem Lächeln zurück, »ich glaube, er kann dir bessere Auskunft geben. Kürzlich sah ich in seiner Hand ein Schwert, das blitzte so köstlich, daß ich dachte, es müßte der Mimung sein.«

»Ja, mein ist der Mimung«, stieß jetzt Studas Sproß bebend hervor, »und er ist meine rechtmäßige Beute. Ich fand ihn auf dem Schlachtfeld neben einem Mann, den ich für tot hielt.«

Wütender Groll stieg in Wittichs Seele auf. Um einem Zusammenstoß seiner beiden Gesellen zuvorzukommen, besänftigte Dietrich rasch den so schmählich Beraubten: »Ich will hier an fremdem Hof nicht zu Gericht sitzen. Darum bitt' ich dich, Wittich, laß einstweilen Heime die Beute. Nimm als Entgelt dafür meinen Nagelring. Auch sein Schmied, der kunstreiche Zwerg Alberich, hat ein Meisterwerk geschaffen.«

Da sie nun wieder vollzählig waren, erbaten die Berner von König Etzel ihren Abschied. König Biterolf war schon vor längerem in das grüne Steierland und Rüdiger nach Bechlarn zurückgekehrt. Ungern ließ der Hunnenkönig seine Bundesgenossen ziehen, doch ihr Werk war getan, die Grenzen seines Reiches befriedet, und so durfte er sie denn nicht mehr länger zurückhalten. Etzel umarmte Dietrich innig und sagte: »Zieh denn, treuer Freund. So wie du meinem Ruf gefolgt bist, so werde ich dir immer zur Seite stehen, wenn du einmal mich brauchen solltest.«

Als der Berner dann mit seinen Gesellen und Reisigen donauaufwärts zog und, sich rückwärts wendend, der im goldenen Abendschimmer vor ihm liegenden Etzelburg einen letzten Abschiedsgruß zuwinkte, da ahnte er nicht, wie stark sich noch sein Schicksal mit diesen Mauern verknüpfen sollte.

Gerade in dem Augenblick, da Dietrich den Strom in südlicher Richtung verließ und die Heerstraße nach Italien erreichte, stieß er auf einen Boten Kaiser Ermanarichs, der den Befehl überbrachte, der Berner möge sich unverzüglich nach Germersheim am Rhein begeben und dort den Herzog Rimstein befehden, der dem Kaiser den geschworenen Gehorsam und den Tribut verweigere.

So wandte sich Dietrich wieder nach Nordwesten und zog über Wien, die Donaulande und Franken an den Rhein. Burg und Stadt Germersheim waren mit starken Türmen und Mauern wohlbewehrt, beherbergten eine stattliche und tapfere Besatzung, und so wies Herzog Rimstein die Aufforderung zur Übergabe, die ihm der König schickte, hohnlachend zurück. Dietrich blieb nichts anderes übrig, als die Feste einzuschließen und eine Belagerung zu beginnen. Freilich, das war gar nicht nach seinem Sinn. Überdies nahte der Herbst, die Männer, auf freiem Plan um die Mauern hockend, froren des Nachts erbärmlich, und der Berner zweifelte, ob er den Winter über den Ring um die Burg werde aufrechterhalten können.

Eines Morgens ritt Wittich auf einem Spähgang ganz nahe an die Befestigungen heran. Zu seiner Überraschung öffnete sich eine Nebenpforte, und heraus trat Herzog Rimstein mit einer Schar Gewappneter. Auch sie schienen sich auf Kundschaft zu begeben. Wittich, der sich erst unter einem Holunderbusch versteckt hatte, stürmte, als er den Führer der Feinde erkannte, aus seiner Deckung hervor und machte ihn samt seinem Gefolge mit gewaltigen Schwertstreichen nieder.

Im Lager der Berner löste die Nachricht einen wahren Freudentaumel aus. Jeder war froh, nun bald die Heimreise ins sonnige Italien antreten zu können, denn die Aussicht, bei Schnee und Eis um die Verschanzungen Germersheims zu lagern, hatte allen schwer auf der Seele gebrannt.

Nur Heime murrte mißgünstig: »Wahrlich, das war kein großes Heldenstück, feig verkrochen hinter einem Baum einen Ahnungslosen zu erschlagen.«

Nun dünkte Wittich aber das Maß voll zu sein. Zornlodernd entriß er Studas Sohn den Mimung, warf ihm selbst den Nagelring vor die Füße und forderte ihn zum Zweikampf auf Leben oder Tod auf.

Da sprang König Dietrich zwischen seine beiden hadernden Gesellen und gebot ihnen, die Waffen zu senken.

»Nimmermehr!« rief Wittich wutentbrannt, »und selbst wenn ich darob mir Eure Gunst verscherze. Mit Neid und Haß verfolgt mich Heime seit dem Tag bei Brixen, wo er zusah, ob ich allein mit den Wegelagerern fertig würde. Meister Hildebrand und Herzog Hornboge mögen es bezeugen. Und als er mir in der Schlacht gegen die Wilzen den Mimung raubte, da hat er seinen Schandtaten die Krone aufgesetzt!«

Dietrich wandte sich daraufhin an Heime mit der strengen Frage: »Was hast du auf diese Beschuldigungen zu erwidern?«

Studas trotziger Sohn entgegnete: »Nichts habe ich zu sagen, und unsere Klingen mögen entscheiden.«

Da fällte der König diesen unerbittlichen Spruch: »Aus meinem Angesicht, Heime, für immer! Schwer hast du wider den Geist unsrer Gemeinschaft gesündigt, ausgestoßen seist du aus dem Kreis meiner Schildgenossen.«

Wortlos nahm Heime den Nagelring vom Boden auf, schwang sich auf Rispes Rücken und sprengte davon. Nach langen, abenteuerlichen Fahrten in Deutschland und Italien trat er später in die Dienste Kaiser Ermanarichs.

Stadt und Feste Germersheim wurden, da sie sich nicht freiwillig ergaben, berannt und nach kurzem Kampf überwältigt. Die Verwaltung des Platzes überließ Dietrich dann Ermanarichs Kanzler, der aus Italien an den Rhein gekommen war. Er selbst aber zog mit den Seinen über die schon schneebedeckten Pässe hinab in seine schöne Heimat. Doch während des ganzen Ritts wollte der Berner nicht froh werden. Hart drückte ihn der Schmerz um den Verlust eines Gesellen, der trotzig und störrisch von Gemüt, dennoch ein so tapferer Recke war wie nicht bald einer.

KÖNIG LAURINS ROSENGARTEN

Dietleib hatte nach der Schlacht gegen die Wilzen von Dietrich Urlaub erhalten und war mit seinem Vater nach dem Steierland gezogen. Denn er hatte große Sehnsucht, seine geliebte Schwester Kühnhilde wiederzusehen. Da Biterolf bald darauf an den Hof Etzels berufen wurde, blieb Dietleib den Winter über allein mit seiner Schwester auf der väterlichen Burg.

Endlich kam der ersehnte Frühling. An einem sonnigen Maientag ritt Dietleib mit Kühnhilde und vielen Frauen und Rittern hinaus vor die Tore der Burg, um sich an der Lenzespracht zu erfreuen. Der Schatten einer mächtigen Linde lud zur Rast und zu vergnügter Kurzweil. Man maß seine Kräfte im Wettlauf, man schleuderte auch den Federball, und als alle dieses übermütigen Treibens wieder überdrüssig wurden, meinte Dietleib frohgelaunt, am schönsten bliebe noch immer das liebe alte »Pfänderspiel«, denn da hätte man wenigstens Hoffnung auf die Gunstbezeigung einer sonst unnahbaren Schönen. So geschah es, daß Kühnhilde aufgetragen wurde, einen »verzauberten« Ritter, der sich im Wald hatte verstecken müssen, durch einen Kuß zu »erlösen«.

Sie eilte lachend in den nahen Tann. Eine geraume Weile verstrich, aber sie kehrte nicht wieder. Erst dachte man an einen Scherz, man rief laut ihren Namen, doch erhielt keine Antwort. Da erfaßte Schrecken den eben noch so froh gestimmten Kreis, man teilte sich in kleine Gruppen, suchte und forschte, durchstöberte vergeblich Dickicht und Hecken. Kühnhilde blieb verschwunden.

Indes die Ritter aber mit banger Sorge durch den Forst streiften und ihre Rufe sich ungehört an Felsen und Bäumen brachen, war Kühnhilde schon weit, weit fort von dem schönen Platz an der Linde. Ein Zwerg hatte nämlich, insgeheim unter seiner Tarnkappe verborgen, das Spiel der Ritter und edlen Frauen belauscht. Da ihm Dietleibs Schwester über alle Maßen gefiel, hatte er beschlossen, sie zu entführen. Der Zufall, daß Kühnhilde sich allein in den Wald begeben mußte, war ihm dabei zu Hilfe gekommen. Sobald sich das Mädchen ein gutes Stück von ihren Gefährten entfernt hatte, überfiel, band und knebelte er es und warf es auf sein in der Nähe angepflocktes Roß. Erst nach stundenlangem, qualvollem Ritt befreite der Albe Kühnhilde von ihren Banden und führte sie unter das schützende Dach einer kleinen Höhle, damit sie die Nacht dort zubrächten.

Sie war sehr traurig, weinte und jammerte. Der Zwerg versuchte sie zu trösten und verhieß ihr alles, was sie sich nur wünschen könnte, wenn sie seine Gemahlin würde.

Da Kühnhilde von alldem nichts wissen wollte, lüftete der Zwerg sein Geheimnis und sagte: »Zwergkönig Laurin bin ich, und weithin ist mein Name bekannt und geachtet. Fünfzehn Reiche sind mir untertan, und Ihr werdet es gut bei mir haben.«

Kühnhilde erschrak sehr, als sie das hörte, denn sie hatte schon vernommen, daß Laurin ein mächtiger Gebieter sei. Man raunte viel in den Landen über seine zauberhaften Kräfte und seinen sagenhaften Reichtum. Doch der Gedanke machte sie schaudern, ihr Leben in einer Höhle an der Seite eines so kleinen Wesens, so zierlich und wohlgebaut es auch war, verbringen zu müssen.

Laurin ließ nicht ab, um Erhörung seines Wunsches zu bitten, und versicherte ihr schließlich, daß sie sich noch alles überlegen könne, sie solle ihm jetzt nur nach seinem unterirdischen Palast folgen.

Kühnhilde blieb nichts anderes übrig, als dem Mann zu gehorchen, in dessen Gewalt sie sich befand. Kaum war der erste Sonnenstrahl in das düstere und feuchte Quartier gefallen, drängte Laurin wieder zum Aufbruch. Es ist ein weiter Weg von Steier nach Tirol, wo inmitten kühn geschwungener Felsnadeln Laurins Schloß »im hohlen Berg« lag. So waren sie denn noch viele Tage auf der Wanderschaft, bis sich endlich im Schein der sinkenden Sonne die Zinnen und Kuppen eines wie von rotem Feuer überflammten Gebirges zeigten, und Laurin tröstete: »Euer Leiden, schöne Kühnhilde, ist nun bald zu Ende. Hier beginnt mein Reich.«

Schmerzerfüllt waren indessen Dietleib und seine Gefährten bei Anbruch der Nacht auf die Burg zurückgekehrt. »Nie mehr werde ich froh sein können«, klagte der Held, »wenn ich meine Schwester nicht wiederfinde.« Die verzweifelte Suche wurde am andern Tag erneuert, aber so viel man fragte, in Dörfern und Bauerngehöften, im Tal und Gebirg, niemand vermochte Auskunft zu geben. Laurin hatte nämlich, wenn er in die Nähe von menschlichen Behausungen kam, sich und Kühnhilde eine Tarnkappe auf die Stirn gedrückt. So waren sie während der ganzen Fahrt ungesehen geblieben.

In tiefer Herzensnot wandte sich schließlich Dietleib an seine Ritter:

»Laßt mich Lebewohl sagen. Ich will mich zu Meister Hildebrand nach Garden begeben. Vielleicht weiß er mir Rat.« Er zäumte sogleich sein Roß und ritt, ohne aus dem Sattel zu steigen, quer durch das Gebirge nach Italien.

Hildebrand und seine Gattin Ute hießen den Helden auf ihrer Burg herzlich willkommen, und nachdem er sich mit kräftigen Speisen und feurigem Wein ordentlich gestärkt hatte, nahm ihn der Alte beiseite und fragte: »Was hat Euch hieher geführt, Dietleib? Ihr scheint mir wenig froh zu sein.«

»Teufel auch«, fuhr der junge Recke leidvoll und heftig auf, »ich bin gewohnt, mit Männern zu streiten, und niemanden fürchte ich, der mir ehrlich entgegentritt. Aber an bösem Zauber versagt meine Kraft, und ich muß einen Weiseren um Hilfe bitten.«

»Wollen sehen, ob ich Euch helfen kann«, brummte der Alte, »doch heraus mit der Sprache und sagt frei, wo Euch der Schuh drückt.«

Nun vertraute der Held sich dem Meister an. Als er geendet hatte, rief Hildebrand aus: »Wahrhaftig, da hat eine böse und starke Macht ihre Hand im Spiel. Doch Eure Trauer, Dietleib, muß ein Ende nehmen. Wir wollen miteinander das Land durchstreifen und nach Kühnhilde forschen.«

Augenblicklich brachen die Helden auf. Sie wandten sich über die hohen Pässe nach Tirol. Dort führte sie der Weg an tiefen Abgründen entlang, sie mußten sich durch klippenreiche Schluchten zwängen, und endlich gelangten sie in einen großen Forst. Da wurde Hildebrand von fern eines Waldschrats ansichtig, der vor den Reitern scheu die Flucht ergriff. »Erwartet mich hier auf der Stelle«, befahl Hildebrand seinem Begleiter und setzte dem Männlein nach. Es war nicht leicht, seinen hurtigen Bockssprüngen zickzack durch das Gehölz zu folgen, aber schließlich sah sich der Kleine doch so in die Enge getrieben, daß er vor Hildebrand auf die Knie sank und flehte: »Laßt mich leben, edler Held, ich habe niemandem etwas zuleide getan. Ein armer Schrat bin ich, den König Laurin vertrieben hat.«

Der Meister wünschte noch mehr zu erfahren; darum stellte er sich unwissend und erkundigte sich, was es für eine Bewandtnis mit dem Herrscher habe, der sein unschuldiges Waldvolk so grausam behandle. Wo denn sein Reich liege und wer seine Untertanen seien.

Immer noch an allen Gliedern schlotternd, erwiderte der Schrat: »Wie,

habt Ihr wirklich noch nichts vom König Laurin und seinem Rosengarten gehört? Laurin ist zwar nur ein Zwerg, trotzdem aber der mächtigste Herrscher, den ich kenne. Er trägt einen Zaubergürtel, der verleiht ihm die Stärke von zwölf Männern. Er besitzt eine Tarnkappe und ein herrliches Schwert, Zauberringe und kostbare Edelsteine in Fülle. In seinem unterirdischen Schloß hat er so viele Schätze aufgehäuft, daß er damit die ganze Welt kaufen könnte. Aber mehr noch als Kraft, Ruhm und Reichtum ist ihm sein Rosengarten ans Herz gewachsen. Wenn Ihr noch einen Tag weiterreitet, dann ist dieser Tann zu Ende, und Ihr könnt dieses herrliche Wunder mit eigenen Augen schauen. Laßt Euch jedoch niemals einfallen, ihn zu betreten. Er ist mit einem seidenen Faden umspannt. Wenn Ihr Euch unterfangt, die Schnur zu zerreißen, um Euch Blumen zu brechen, würde es der König hart rächen. Schon für eine einzige Rose fordert er den rechten Fuß und die linke Hand. Ja, mich hat er nur deshalb aus dem Land vertrieben, weil ich es wagte, mir den Garten von fern anzusehen.«

»Hm... hm...«, meinte bedächtig der Alte, »das ist wohl ein böses Ding mit diesem Rosengarten. Aber vielleicht läßt sich der König erweichen und schenkt mir eine Blüte. Ich habe Rosen über alles gern.«

»Wenn Euch Euer Leben lieb ist, steht ab von solchem Vorhaben«, jammerte der Waldmensch. »Kommt wieder vielleicht in einem Jahr, denn gerade jetzt trefft Ihr Laurin in ärgerlicher Stimmung.«

»Hm... hm...«, machte der Alte noch einmal, »willst du mir nicht sagen, warum der Albe so zornig ist?«

Ängstlich spähte der Schrat hin und wider, ob auch ja kein Lauscher in der Nähe sei, und dann flüsterte er: »Vor einigen Tagen hat Laurin von einem seiner Streifzüge eine wunderschöne Jungfrau mitgebracht und in den hohlen Berg geschleppt. Die Arme soll immerzu weinen, und der König ist besorgt, sie könnte ihm entfliehen oder es würden Helden nahen, sie zu befreien.«

Der Held freute sich unbändig über diese Kunde und ließ den Waldschrat wieder laufen. Während er zu seinem Gefährten zurückkehrte, überlegte er, daß man ohne Unterstützung Dietrichs wohl nicht hoffen könne, zu der Unglückseligen in den hohlen Berg vorzudringen. Diese Hilfe aber war nicht leicht zu erringen, denn nur ein wahrhaft großes Abenteuer lockte den Berner noch. Hildebrand wußte, daß er es sehr schlau einfädeln müsse, wollte er seinen Herrn zu einem Ritt in Laurins Rosengarten aufreizen. Um keinen Mitwisser zu haben, der ihn voreilig verraten könne, bedeutete daher der Meister Dietleib nur, daß er glaube, eine Spur Kühnhildens gefunden zu haben; alles andere behielt er für sich.

So schnell sie konnten, eilten die beiden nun nach Bern. Bald ergab sich für Hildebrand die Gelegenheit, die Neugier seines Herrn auf besondere Weise zu erregen. Denn aus Freude über seines Meisters Ankunft ließ der König noch für den gleichen Abend die Einladung zu einem Gastmahl ergehen. Alle Gesellen des Berners versammelten sich in der großen Burghalle, die Becher kreisten, und man sprach von kühnen Waffentaten. Einer überbot den anderen in der Schilderung bestandener Gefahren, und schließlich teilte Wittich seinem Herrn den Preis zu: »Wie tapfer wir uns auch alle geschlagen haben, ich wüßte doch keinen auf Erden, der höheres Lob verdiente als König Dietrich.«

Schnell griff jetzt Hildebrand zu. »Wahrhaftig, der Sproß des kunstreichen Schmiedes hat recht gesprochen«, begann er in kluger Berechnung und fuhr dann fort: »Wohl hat Dietrich das größte Abenteuer noch nicht bestanden, aber wer würde ihm deshalb den Ruhm streitig machen? Ich bin gewiß, er hätte es schon gesucht, wüßte er nur darum.«

»Wie, Alter?« rief Dietrich so entflammt, wie es Hildebrand erwartet hatte, »du sagst, es gebe Abenteuer, die ich nicht kenne? Einen Schelm würde ich den nennen, der sie mir ängstlich verbirgt.«

»Herr Dietrich«, gab der Meister frohgelaunt zurück, »den Schelm kann der alte Hildebrand nicht auf sich sitzenlassen. Darum sollt Ihr erfahren von dem Mann, der nur drei Spannen lang ist und dennoch manchem kühnen Recken schon Arm und Bein und wohl auch den Kopf dazu abgenommen hat. Er heißt Laurin und ist der Herr über viele tausend Zwerge im Lande Tirol.«

Erstaunen bemächtigte sich der Tafelrunde. Noch größer wurde die Verwunderung, als der Meister wiedererzählte, was er von dem Waldschrat erfahren hatte. Nur daß Dietleibs Schwester bei Laurin im hohlen Berge säße, verschwieg er noch immer.

Der Berner, der den Worten Hildebrands aufmerksam gelauscht hatte, sprang auf und verkündete: »So hat denn unser Alter nicht gelogen, und es gibt wahrhaftig noch eine Tat, die mich gelüstete anzupacken. Fände ich einen treuen Genossen, der mich begleitete, ich würde dem Zwerg eine Rose aus seinem Garten rauben.«

Wittich bot sich sogleich als Begleiter an: »Ich bin bereit, mit Euch auf die Fahrt zu gehen. Den Rosengarten möcht' ich gern mit meinen Füßen zerstampfen. Denn es erzürnt mich, daß es einen mächtigeren König geben soll als den, der auf dem Thron der Amelungen sitzt.«

Auch Hildebrand, Dietleib und des Meisters Neffe Wolfhart wünschten sich dem Zuge anzuschließen, doch Dietrich wehrte ihnen. »Ich würde mich schämen«, erklärte er nachdrücklich, »mit so vielen guten Degen gegen einen Zwerg anzureiten.«

Sogleich machten sich der Berner und sein Gesell auf den Weg. Sie folgten genau dem Pfad, den ihnen der Meister beschrieben hatte, und so kamen sie denn an den großen Forst und schließlich auch zu dem Rosengarten. Hoch oben im Fels liegt der prächtige Hain, im See spiegelt sich wildgezacktes Gebirge, und tief unten im Tal rauschen Eisack und Etsch. Über Nacht waren tausend und abertausend Blüten aufgesprungen, und ein so wundersamer, berückender Duft stieg von ihnen auf, daß Dietrich jauchzte: »Wahrlich, ich glaube, der Traurigste müßte froh werden, wenn er hieher geführt wird. Das ist ein Garten ewiger Jugend!«

»So will ich denn Euch beweisen, daß auch diese Schönheit nicht für immer Bestand hat, so wie ich's in Bern gelobt habe«, erwiderte Wittich.

Dietrich klagte: »Weh, daß diese Pracht nun dahinsinken soll. Ich fürchte, wir werden darüber noch in große Not geraten.«

»Ich leid' es nicht«, zürnte Wittich weiter, »daß irgendwo ein König sitzt, der sich stolzer dünkt als mein Herr. Darum gelüstet es mich, diesen Hochmut etwas herabzusetzen, und bei dieser lieblichen Aue will ich beginnen.« Nach diesen Worten zerschnitt er mit dem Schwert den seidenen Faden; so dünn er schien, so fest war er doch gezwirnt, und es bedurfte härtester Schneide, um ihm beizukommen. Als dieses geschehen war, sprang er mit rohen Füßen auf den Anger und zertrampelte und zerhieb in sinnloser Zerstörungswut das herrliche Rosenwunder. Das Werk der Verwüstung war vollendet; neben Dietrich setzte sich Wielands Sohn ins Gras und harrte gespannt der Dinge, die da kommen sollten.

Und es dauerte nicht lange, da sahen die beiden einen Zwerg heranreiten. Sein Roß schien nicht größer als ein Reh, doch war es um so kostbarer aufgezäumt, prächtiger als Dietrichs Zelter, wenn er sich zu einem Fest begab. An Zaumzeug und Sattel des niedlichen Tieres, an Bügeln sogar und Schweif glänzte es von Gold und Edelsteinen. Der kleine Reiter führte einen Speer in der Hand, von dem ein seidenes Fähnlein winkte. Ein nur spannenlanges Schwert in goldener Scheide hing ihm von der Seite. Auf die seidene Schärpe, die offenbar der Zaubergürtel war, und ebenso auf die rubinbesetzte Sturmhaube paßte die Beschreibung Hildebrands so genau, daß die Recken nicht zweifelten, König Laurin vor sich zu haben. Aber noch etwas entdeckten sie an der zauberischen Rüstung, von der ihnen der Alte nicht berichtet hatte und das sie in höchstes Staunen versetzte: die Helmkrone war's, die aus einem kunstvollen Werk bestand. Der durchstreifende Wind entlockte ihm so wundervolle Melodien, als ob Nachtigallen und Lerchen sängen.

Dietrich war von dem Anblick des zierlichen Wesens in seiner überirdisch schimmernden Wehr so entzückt, daß er ausrief: »Meiner Treu, es scheint, ein Engel steigt zu uns hernieder. Vielleicht ist es Sankt Michael aus dem Paradies.«

»Nun gebe Gott, daß Ihr recht habt«, murrte Wittich, »und es schlüpft nicht der Satan aus dem Gewand des Himmels.«

Unterdessen war Laurin nahe herangekommen und wetterte ohne Begrüßung in großem Zorn los: »Wer hat euch Frevler geheißen, auf meinem Anger zu lagern? Warum habt ihr meinen Garten vernichtet, den ich mit aller Liebe hege? Den rechten Fuß und die linke Hand habt ihr verwirkt.«

Höflich antwortete der Berner: »Mäßige deinen Zorn, kleiner Mann. Helden wie uns pfändet man nicht ungestraft an Leib und Gut. Doch will ich Euch gern mit Gold den Schaden ersetzen.«

Hohnvoll lachte Laurin: »Ich habe mehr Gold als ein Dutzend solcher Fürsten, für die ihr euch ausgebt. Aber vermutlich stammt ihr gar nicht von edlem Blut, sondern seid ganz gewöhnliche Strauchdiebe. Wenigstens nach eurem Benehmen muß man euch dafür halten.«

Wielands gewaltiger Sohn brauste auf: »Habt Ihr gehört, Herr Dietrich, wie uns der kleine Kerl zu kommen wagt? Das Wichtlein möcht' ich einmal an den Beinen nehmen und gegen die Wand schlagen, da würde ihm das Prahlen schon vergehen.«

Dietrich mahnte seinen Gefährten, nicht so zuversichtlich zu sein. Besäße das Männlein nicht große Stärke, würde es nicht so aufzubegehren wagen. Es brächte dem Mutigsten keine Schande, so fuhr er fort, einmal einen Spott zu überhören, denn zu einem Helden gehöre die Klugheit genau so wie das gute Schwert.

Obwohl das Gespräch leise geführt wurde, hatte es Laurin doch gehört. Lachend lud er Wittich zu einem Zweikampf mit dem »Wichtlein« ein. Einen Kampf würde das geben, so höhnte er, bei dessen Erinnerung er sich noch nach Jahren belustigen würde.

Wittich war bereit. Er gürtete sein Roß, band sich den Helm fest und sprang trotz seiner erzenen Last mit einem Sprung, ohne den Steigbügel zu benützen, auf den Rücken seines Hengstes Schimming. Mit eingelegten Speeren rannten nun der baumlange Normanne und der winzige König aufeinander los. Wittichs Streich verfehlte aber sein kleines Ziel, dafür wurde er von Laurin so hart und sicher getroffen, daß er das Gleichgewicht verlor und ins Gras fiel. Wie ein Blitz schwang sich der Zwerg von seinem

Roß herab und stand vor dem wehrlos hingestreckten Gegner, um ihm Hand und Fuß zu nehmen.

Da legte sich Dietrich ins Mittel. »Laß meinen Gesellen«, mahnte er den kleinen König, »du kannst nicht erwarten, daß ich mir einst sagen lasse, der Berner hätte ruhig zugesehen, wie man seinen Mann so kläglich verstümmelte.«

»Bist du der Berner«, gab Laurin zurück, »dann sei herzlich begrüßt. Ich freu mich, dem großen Helden zu begegnen. Freilich, dem Burschen da kannst du nicht helfen. Seine Glieder gehören mir zum Pfand.«

Dietrich geriet über diese Rede in großen Zorn und schwang sich in den Sattel. Eben als er sich anschickte, die Lanze einzulegen, erschien Hildebrand mit Dietleib und Wolfhart auf dem Kampfplatz. Der Meister war seinem Herrn insgeheim nachgeritten. Nun kam er gerade zurecht, um ihm zuzurufen: »Nicht so ... nicht so ... Ihr seid verloren, wenn Ihr den Zauber nicht mit einem Gegenzauber entkräftet. Zu Fuß müßt Ihr kämpfen und versuchen, dem Zwerg die Schärpe abzureißen. Aber auch dann noch wird der Albe sehr stark sein. Ihr müßt ihm darum den Eckesachs um die Ohren hauen, das wird ihn schwach machen.«

Dietrich schickte sich an, so zu tun, wie ihm der Meister geraten. Er stieg vom Pferd, ehe er sich's aber versah, war Laurin schon heran und zerhieb ihm mit einem einzigen Schlag die Wehr. Dietrich tat jedoch mit Laurins Schild desgleichen, im Nachstoß zerriß er die Schärpe und schmetterte dann den Eckesachs so heftig um des Männleins Backen, daß es, die Weisheit Hildebrands verwünschend, seine Sinne zu verlieren glaubte. Kein andres Mittel zur Rettung blieb ihm übrig, als seine Tarnkappe hervorzuziehen und sich mit ihr unsichtbar zu machen.

Dietrich war nicht wenig überrascht, als sich der Zwerg zu Luft verflüchtigte. Desto kräftiger aber begann er seine Gegenwart zu spüren. Denn Schlag um Schlag sauste des Unsichtbaren Klinge auf den Panzer des Berners, schon klaffte das Eisenhemd zerrissen über der Schulter auf, und Blut rann dem Helden über den Harnisch.

Wieder bewährte sich Hildebrand als Retter in der Not. Mit den Listen der Alben wohl vertraut, unterwies er nun seinen Herrn: »Laßt ab vom Schwertkampf. Sucht vielmehr den Zwerg mit den Händen zu fangen und ihn im Ringkampf zu überwältigen.«

Dietrich warf nun die Klinge beiseite, und in die Luft bald hierhin, bald dorthin greifend, versuchte er des unsichtbaren Gegners habhaft zu werden.

Wirklich gelang es ihm, den Zwerg zu fassen. Laurin gab sich noch immer nicht geschlagen, und ein hartes Ringen begann. Aus Dietrichs Mund stieß der Zornatem wie aus einer Feueresse, und endlich gewann er die Oberhand. Nun verlegte sich der kleine König aufs Betteln: »Wenn du mir das Leben schenkst, will ich dir geben, was du verlangst.«

Dietrich kümmerte sich nicht um das Flehen, sondern machte Anstalt, dem Männlein die Kehle zuzudrücken. Da wandte sich der in höchster Not an Dietleib und winselte: »Hilf mir, edler Ritter Dietleib. Denn du bist mein Schwager. Höre, deine Schwester Kühnhilde ist bei mir im hohlen Berg und bald wird sie meine Frau sein.«

Dietleib war über diese Enthüllung zutiefst bestürzt. Und er dachte, daß man der Führung des Zwerges wohl nicht entraten könne, wenn er seine Schwester wiedersehen wolle. Also bat er den Berner: »Um meiner Schwester willen, habt Gnade mit dem Zwerg.«

Doch Dietrich wollte davon nichts wissen. Stöhnend wand sich Laurin unter dem Druck seiner Fäuste. Da wurde der Geselle zornig. Er entriß dem Sieger seine Beute, warf sich mit Laurin auf sein Roß und suchte flugs das Weite. Dietrich setzte unverzüglich den Fliehenden nach. Schnell hatte der stolze Renner Falke die beiden eingeholt. Und neuerlich wäre der Kampf entbrannt, hätte nicht Hildebrand eingegriffen. Seinem Zureden gelang es endlich, einen Frieden zu stiften, in den auch Laurin mit eingeschlossen wurde. Und man bekräftigte ihn durch einen Eid.

Nun wollte Dietleib Näheres über das Schicksal seiner Schwester erfahren. Freimütig berichtete Laurin, wie er sie auf dem Anger in Steier zuerst erblickt habe und in großer Liebe zu ihr entbrannt sei. Er schilderte ihre Reise nach Tirol und fügte hinzu, daß es Kühnhilde wohlergehe im unterirdischen Schloß, daß ihr Zwerge und Zwerginnen in großer Zahl zu Dienste ständen und daß sie alles erhalte, was nur immer sie sich wünsche. Dann lud Laurin Dietrich und seine Gesellen zu einem Besuch des hohlen Berges ein. Dietleib, der Sehnsucht nach seiner Schwester empfand, war über die gastliche Aufforderung des Alben hoch erfreut, und auch Dietrich gelüstete es sehr nach dem märchenhaften Geheimnis, das die jäh vor ihm sich auftürmenden Felsen bargen. Doch des kunstreichen Schmiedes gewaltiger Sohn wandte sich mißtrauisch dagegen: »Ich fürchte, wir werden betrogen und in eine Falle gelockt. Mein Vater hat mich immer vor dem unterirdischen Gewürm gewarnt, und ich denke, es ist besser, wir sind auf der Hut.«

Lebhaft widersprach der junge Wolfhart: »Mich bezaubert der Gedanke, die Pracht von Laurins Wohnung zu schauen. Ich glaube, wir sind der Helden genug, um uns aus der Klemme zu hauen, wenn uns übel aufgespielt werden sollte.«

Wieder gab Hildebrand den Ausschlag. Sein Rat zerstreute schließlich die Bedenken. Der Alte mahnte dann den Zwerg, jeden schlimmen Hintergedanken, so er ihn hegte, lieber gleich beiseite zu schieben. Denn die Berner wären stark und ihre Rache furchtbar.

Da machten sie sich denn auf die Fahrt: Wittich mit noch immer sorgendem Herzen, die andern aber in froher Erwartung des Wunderbaren, das ihrer harrte. Doch zur Vorsicht hatte Dietrich die Stücke des Zaubergürtels, die zerfetzt im Grase lagen, an sich genommen und eingesteckt.

IN LAURINS PALAST

Sie ritten nicht lang, bis sie, ganz dicht vor den Felsen, auf eine wunderbare Wiese gelangten. Ringsum sproßten herrliche Blumen, und in der Mitte des Angers breitete eine mächtige Linde ihr Geäst aus. Steile Felstürme umrankten den prächtigen Wiesengrund. Es gab viele bunte Vögel einer Art, wie sie den Bernern unbekannt war, die wunderbar jubilierten und lockten. Der Duft der Blüten und die Stimmen der gefiederten Sänger gefielen den Helden so sehr, daß sie beschlossen, abzusitzen und sich dem herrlichen Augenblick hinzugeben.

Entzückt rief Dietrich aus: »Mich dünkt, wir sind hier im Paradies.« Stolz verkündete Laurin: »Die Schönheit hier ist noch nichts gegen das, was euch im Berg erwartet. Manchmal führe ich meine Zwerge hier heraus, damit sie frische Luft schöpfen. Da singen wir und tanzen und flechten Blumen zu Kränzen. Bald ergreift uns aber wieder die Sehnsucht nach dem unterirdischen Glanz. Folgt mir jetzt.«

Die Berner pflockten nun ihre Pferde an, nur Laurin führte das seine am Zügel vor das Tor in den hohlen Berg. Daran hing ein goldenes Horn, der Kleine setzte es an den Mund und entlockte ihm einen silberhellen Ton. Sogleich sprang die Pforte auf, viele Männlein eilten herbei und verneigten sich artig vor dem Herrscher und den Fremdlingen. Sie geleiteten die Ankömmlinge erst durch einen langen Gang, der ganz mit Demant ausgeschlagen zu sein schien, denn es funkelte und gleißte und gab so hellen Schein, wie die Sonne nicht an einem Sommertag. Und dann betraten sie die große Halle, in der Laurin seine Gäste zu empfangen pflegte. Das Licht schimmerte gedämpfter, denn in die blitzenden Karfunkel an den Wänden waren rote Rubine eingestreut. Der freundliche Wirt lud die Ritter ein, sich's auf den Bänken von lauterem Gold bequem zu machen, und bald brachten die Zwerge erlesene Gerichte auf silbernen Platten, und Wein und Met flossen in Strömen. Andere von den kleinen Wichten wieder sorgten für Unterhaltung, sangen lieblich zur Laute oder führten zierliche Tänze auf. Das ging so eine geraume Weile, und die Helden fühlten sich gar wohl bei all dem fröhlichen Treiben. Dann ereignete sich das Wunderbare: Die Türen zu einem Nebengemach sprangen auf, und daraus hervor trat Kühnhilde. Ihr folgte ein großes Geleit von Zwergenjungfrauen. Herrin und Dienerinnen waren in kostbare Seidengewänder gehüllt und übersät mit blitzenden Edelsteinen. Kühnhilde begrüßte in großer Bewegung erst Dietrich von Bern und dann ihren Bruder. Tränen der Rührung flossen ihr über die Wangen, als sie ihren Bruder in den Armen hielt.

Dietleib nahm seine Schwester beiseite und fragte leise: »Bist du gern hier im Berg? Wenn es dir gefällt und wenn du Laurin liebst, will ich dir die Erlaubnis nicht versagen, daß du den reichen König heiratest. Gewiß hat auch unser Vater Biterolf nichts dagegen.«

Traurig erwiderte Kühnhilde: »Lieber Bruder, ich darf gewiß über Laurin nicht klagen. Er überhäuft mich mit Geschenken, und ich vermisse nichts. Dennoch werde ich von Tag zu Tag schwermütiger. Das Zwergenvolk ist so anders als wir Menschen, ich sehne mich nach Licht und nach einem Umgang mit Wesen, die meinesgleichen sind.«

»Schwester«, versicherte Dietleib mit entschlossenem Klang in der Stimme, »ich verspreche dir, daß ich dich heil wieder aus diesen Klüften herausführe. Habe nur Geduld, die Erlösung ist nahe.«

Laurin hatte die Geschwister scharf beobachtet. Obgleich er von dem, was sie sprachen, nichts verstehen konnte, erfaßten ihn Mißtrauen und Eifersucht. Er schlich in ihre Nähe, doch die beiden hatten sich gesagt, was zu sagen war, und begaben sich ruhig und heiter wieder an die Tafel. Laurin argwöhnte, daß trotz seines raschen Dazwischentretens schon ein Fluchtplan geschmiedet sein könnte, und da er auch noch immer Groll über seine Niederlage empfand, beschloß er, die Helden mit List zu überwältigen, damit er immer im Besitz der geliebten Frau verbleibe. Er wartete ab, bis der Wein die Sinne seiner Gäste geschwächt hatte, und dann wandte er sich leise und unauffällig zu Kühnhilde. »Herrin«, meinte er scheinheilig, »ratet mir, was ich tun soll. Die Fremdlinge haben mir großes Leid zugefügt. Sie haben meinen Rosengarten vernichtet, und Dietrich hat mich gar am Leben bedroht. Wenn mich Euer Bruder nicht aus der Not befreit hätte, stünde ich wohl nicht mehr in diesem Saal.«

Wohl oder übel mußte Kühnhilde dem Alben zugeben, daß seine Ehre bitter gekränkt worden sei und daß er ein Recht auf Genugtuung habe. Nur das Versprechen nahm sie ihm ab, daß er das Leben Dietrichs und seiner

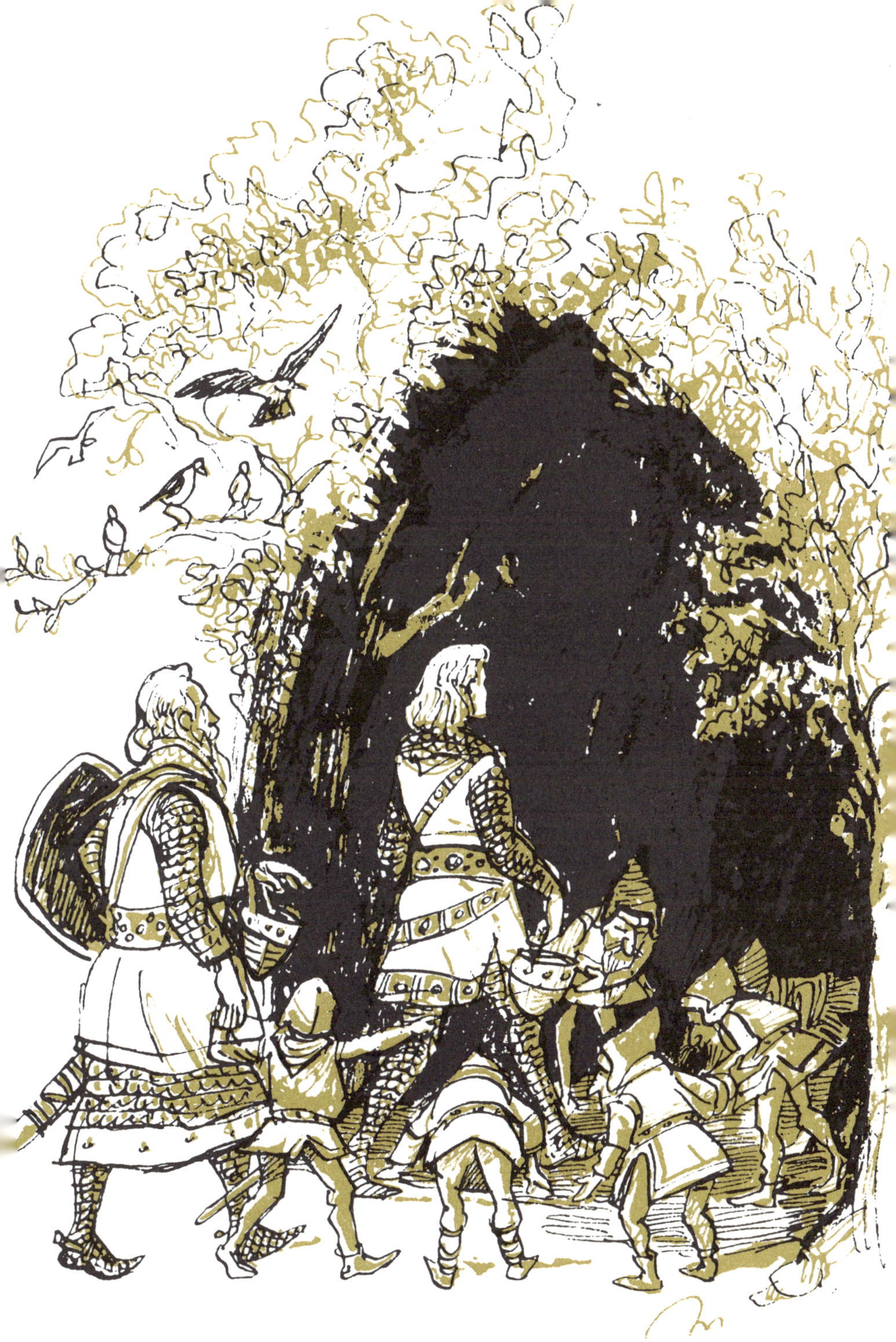

Gesellen schonen werde. Nun steckte sich der Zwerg ein Ringlein an den Finger, das die gleiche Kraft wie der verlorene Gürtel besaß, ihm nämlich die Stärke von zwölf Männern zu verleihen. Dann bat er Dietleib in ein Nebengelaß. Keiner der Helden ahnte, daß sich schweres Unheil über ihren Häuptern zusammenzog. Ihr Gemüt, berauscht von Rebensaft und Musik, gab sich herrlichen und unbefangenen Freuden hin.

Laurin eröffnete Dietleib seinen verräterischen Plan: »Lieber Schwager, du sollst wissen, daß ich entschlossen bin, meine Ehre an deinen Genossen zu rächen. Wenn du mir versprichst, ihnen nicht zu helfen, will ich meinen Reichtum und meine Macht mit dir teilen.«

In zorniger Entrüstung herrschte Dietleib den heimtückischen Alben an: »Was Ihr meinen Gefährten tut, das tut Ihr auch mir. Niemals werde ich sie verraten, und ich bitte Euch, mich nicht zu schonen. Ich würde mich schämen für jede Gnade aus Eurer Hand.«

Wortlos machte der Zwerg kehrt und verschloß die Kammer hinter sich. Dietleib war gefangen.

Laurin schritt in den Saal zurück und befahl seinen Knechten, den Gästen einen Schlaftrunk in den Wein zu schütten. Von quälendem Schlummer überwältigt, nickten sie auf den Plätzen ein, auf denen sie saßen. Daraufhin fesselte sie Laurin eigenhändig an Armen und Beinen und ließ die Berner in einen Kerker tief im Inneren des Berges werfen. Dorthin schickte er einen Zauberer, der die Augen der Helden mit Blindheit schlug.

Am andern Morgen gerieten Dietrich und seine Gesellen, als sie inne wurden, welch heimtückischem Anschlag sie erlegen waren, in maßlose Wut. Noch wußten sie dabei nicht einmal, daß ihnen das Augenlicht genommen worden war. Denn sie dachten, das Verließ, in das man sie geworfen habe, sei ganz finster. Dietrichs Zorn wuchs und wuchs. Er zerrte an seinen Banden, versuchte sie, gegen die Mauern pressend, durchzuscheuern, schrie und tobte und geriet schließlich in solche Erregung, daß wieder der heiße Feueratem aus seinem Mund zu lohen begann. Und siehe, die Ketten schmolzen im Gluthauch, der von des Königs Lippen wehte, Dietrich war frei! Sogleich kroch er zu seinen Gesellen, um ihnen zu helfen, die Fesseln abzustreifen. Dann tappten sie sich bis zur Türe und machten sich daran, diese aufzubrechen. Obgleich sie vereint über ungeheuerliche Kräfte verfügten, war das doch eine mühselige Arbeit.

Indes hatte sich Kühnhilde Schlüssel zu dem Gemach verschafft, in dem ihr Bruder gefangengehalten wurde. Sie berichtete ihm von dem Schicksal seiner Gefährten und führte ihn zur Waffenkammer, wo er zu seiner Freude nicht nur seine eigene, sondern auch die Wehr der anderen Helden vorfand. Er belud sich mit der zentnerschweren Last und schleppte sie hinab in die tiefen Kerkerhöhlen. Seine Schwester, die sich in dem unterirdischen Palast schon gut zurechtfand, führte ihn durch das Gewirr der Gänge und Kamine. Indes hatten die Männer im Verließ die Türe bereits aufgesplittert. Ratlos standen sie, mit leeren Augen ins Schwarze starrend, und wußten nicht aus noch ein.

Schon aber hatte Laurin Nachricht von Dietleibs Flucht erhalten. An der Spitze einer Heerschar von Zwergen kam er angestürmt und befahl ihnen, Kühnhildes Bruder unverzüglich anzugreifen. Doch da gerieten die kleinen Wichte an den Rechten! Dietleib führte eine starke Klinge, und er fand unter den Zwergen viele Opfer. Laurin griff nun selbst in den Kampf ein. Ein gewaltiges Streiten begann, und der Herrscher der Alben zeigte wiederum, welch übernatürliche Kräfte in ihm steckten. Dietleib geriet in schwere Bedrängnis, er blutete aus tiefen Wunden, indes dem Alben kaum der Panzer geritzt war.

Wohl hatten sich Dietrich und die Seinen mit dem Erz geschient, das ihnen der Gefährte gebracht hatte, aber völlig hilflos torkelten sie im Dunkeln umher. »Hilf Himmel«, schrie der Berner, als das Getöse immer mehr anschwoll, »ich kann nichts sehen und möchte doch so gern dem Geschmeiß den Eckesachs um die Ohren schmettern.«

Und da kam endlich Hildebrand die Erleuchtung, daß sie ein böser Zauber verhext hatte und sie deshalb nichts sehen konnten. Und er flüsterte seinem Herrn zu: »Ihr tragt doch noch die Stücke des Zaubergürtels bei Euch. Führt sie Euch an die Augen, und ich glaube, die Nacht wird dann von ihnen weichen.«

Eilig folgte der Berner dem Rat des weisen Mannes. Und siehe, die Dunkelheit wich erst einem leisen Dämmer, aus dem heller und immer heller die strahlenden Edelsteine an den Wänden und der Decke des Gewölbes stachen. Im rechten Augenblick vermochte der König einzugreifen. Dietleib wehrte sich mit dem Aufgebot seiner letzten Kräfte. Dietrich bahnte sich durch das Gewimmel zu seinen Füßen eine Gasse und stand im nächsten Augenblick Laurin selbst gegenüber. Wie blitzten die Degen jetzt im Lichte der Karfunkel, Feuer stob aus Helm und Brünne.

Nun litt es auch Hildebrand nicht länger in seiner unfreiwilligen Muße. »Herr«, schrie er, »reicht mir den Zaubergürtel, damit ich den Zwergen aufspielen kann.« Obwohl er kämpfte, warf der Berner ihm die Seidenfetzen zu, und so gewannen nacheinander der Meister, Wolfhart und Wittich das Augenlicht wieder.

Indes war aber eine neue Gefahr für die Berner heraufgezogen. Gleich nach Beginn des Kampfes hatte nämlich ein Zwerg auf Laurins Geheiß fünf Riesen, die in der Nähe des Palastes in einem tiefen Wald wohnten und dem Herrscher der Alben durch einen Treueschwur verbunden waren, zu Hilfe gerufen. Mit Stahlstangen bewaffnet, erschienen sie auf dem Schauplatz des Kampfes just in dem Augenblick, als die Berner wieder vollzählig waren. Mit wilden Schlägen drangen die ungeschlachten Burschen auf die Helden ein. Rasselnd fuhren die gewaltigen Spieße auf die Panzer nieder, und wüstes Getöse erfüllte die Höhlen und Gewölbe. Nun gab Dietrich den Befehl, erst das Zwergengewimmel zu beseitigen; sei das geschehen, solle sich jeder der fünf Recken einen Riesen aufs Korn nehmen. Hui, pfiffen die Klingen auf das kleine Gelichter! Die Alben stoben mit furchtbarem Wehgeschrei von dannen, verkrochen sich in Winkel, schlüpften in Kamine, und bald stand ihr König allein im Ansturm der Berner. Diese wandten sich aber jetzt den Riesen zu, die vergeblich versucht hatten, ihre kleinen Verbündeten zu schützen. Auch sie fielen den berühmten Schwertern zum Opfer.

Laurin bereute es tief, durch seine Untreue den eigenen Untergang beschworen zu haben. Es blieb ihm keine andre Wahl mehr, als sich aufs Bitten zu verlegen. Er sank Dietrich zu Füßen und jammerte kläglich: »Edler König, ich ergebe mich dir auf Gnade und Ungnade. Ich vertraue auf deine Tugenden, die man in allen Ländern preist. Ich bitte um Schonung für mich und die Reste meines Volkes.«

Scharf fiel ihm der Berner ins Wort: »Auf Untreue steht der Tod, das weißt du wohl, kleiner Wicht. Also müßt ihr alle euer Leben lassen.«

Kühnhilde dauerte Laurin, denn wenn er sie auch gegen ihren Willen hieher in das unterirdische Schloß geführt hatte, so hatte er sich doch gut und großmütig gegen sie benommen. Sie versuchte also, den Gotenkönig zur Änderung seines Sinns zu bewegen. Da kam sie zuerst schön an! Der Berner bebte noch immer vor Grimm und wollte von Milde nichts wissen. Erst als das Mädchen auch noch die Unterstützung Hildebrands erhielt, ließ er sich erweichen. Freilich, Laurin traute er nun nicht mehr. Er übergab die Herrschaft über das Reich des Albenkönigs dem Zwerg Sintram, dem hinfort auch Laurin untertan sein sollte. Sintram mußte dem Berner den Treueid schwören. Dann beluden sich die Helden mit Gold und Silber, soviel sie tragen konnten, und schickten sich an, die Stätte zu verlassen, die sie mit so froher Erwartung betreten hatten.

Die edle Kühnhilde verabschiedete sich herzlich von dem besiegten und entthronten König. Und Laurin klagte: »Alles kann ich verschmerzen, Macht, Krone und Reichtum, nur Euren Verlust nicht, holdes Mädchen. Ich habe Euch von Herzen geliebt.« Tränen liefen ihm bei diesen Worten über die Wangen.

Die Berner brachen nun mit Kühnhilde auf. Lange noch hörten sie auf ihrer Wanderung durch die unterirdischen Gänge Laurins herzzerreißende Klage, die in den Felsen der gigantischen Bergwelt südlich des Eisack widerhallte.

Wie lebten die Helden auf, als sie draußen auf dem Anger wieder die balsamische Luft atmen konnten. Sie banden die Pferde los und ritten den Weg zurück, den sie gekommen waren, hinab in das Tal der Etsch, das sie bei der schönen Stadt Bozen erreichten, und dann weiter hinaus in die Ebenen Italiens.

Später vermählte sich Kühnhilde, die nach kurzem Aufenthalt in Bern wieder nach Steier zurückgeleitet wurde, mit einem edlen Ritter. Und lange lebte das stolze Paar in Glück und in Frieden.

DIETRICHS MISSLUNGENE BRAUTWERBUNG

So viele Heldentaten Dietrich schon vollbracht hatte, ein Glück war ihm bisher versagt geblieben: die Liebe. So sandte er eines Tages Boten in alle Welt, die nach der schönsten Frau forschen sollten. Denn er gedachte sich zu verehelichen. Da brachten ihm die einen die Mär von herrlichen blonden Königstöchtern aus dem Nordland, andere priesen normannische Fürstinnen mit dunklem Haar und Augen wie feurige Kohlen, die dritten wieder rieten ihrem König, sich einem deutschen Weib zu vermählen. Am meisten aber gefiel dem Berner die Erzählung eines Kundschafters, der im Bertangaland* am Hofe des Königs Artus geweilt hatte. Der berühmte Herrscher hatte eine Tochter namens Hilde, und die Schilderung ihrer

* Bretagne

Schönheit entzückte Dietrich so, daß er sich entschloß, um das Mädchen anzuhalten. Da er aber auch erfahren hatte, daß der eifersüchtige Vater die Freier seines edlen Kindes höchst ungnädig empfange, wollte er sich keiner persönlichen Kränkung aussetzen und hielt nach einem geeigneten Werber Ausschau. Seine Wahl fiel auf den normannischen Grafen Herburt, der zu dieser Zeit als Gastfreund in seinem Palaste weilte. Er trug ein so vornehmes und höfliches Benehmen zur Schau, verstand sich mit artigen Sitten so in jedermanns Gunst zu setzen, daß Dietrich glaubte, in ihm den rechten Mann für diese Aufgabe gefunden zu haben.

Herburt zeigte sich mit großer Freude bereit, den Auftrag des Berners auszuführen. Unverzüglich machte er sich zum Ritt in das Bertangaland auf. Doch erging es ihm bei König Artus wie vorhergesehen. Dietrichs Bitte wurde mit höhnischem Gelächter beantwortet, und das Begehren des Grafen, Hilde wenigstens selbst sprechen zu dürfen, rundweg abgelehnt. Außer an dem Tag, wo sie zur Kirche ginge, fügte der Herrscher hinzu, dürfe keines fremden Mannes Auge seine Tochter schauen. Doch gab gerade dieses Bemerken Herburt neue Hoffnung. Artus lud den Gesandten des großen Gotenkönigs an dem gleichen Abend zu einem Festmahl. Und da verstand es der wohlgesittete Sendbote, die Zuneigung des Herrschers in so hohem Maß zu erringen, daß er den Antrag erhielt, in den Dienst des königlichen Hofes zu treten.

Nun war es so weit, daß Herburt daran denken konnte, sich der Auserwählten des Berners zu nähern. An einem Sonntag, da Hilde zur Messe ging, lauerte er, zum großen Wagnis bereit, an der Pforte des Domes. Doch bald mußte er die Absicht, mit der Schönen noch vor dem Betreten des Gotteshauses einige Worte zu wechseln, fallenlassen. An ihrer Seite schritten nämlich zwölf Edelleute, eine Schar von Mönchen trug den Saum ihres Mantels, und sie alle winkten dem sich ehrerbietig nähernden Ritter mit strengen, verweisenden Handbewegungen zu, von seinem Vorhaben abzulassen. Ja, Herburt hatte nicht einmal in das Antlitz des Mädchens sehen können, das tief verschleiert war.

Der hartnäckige junge Mann gab deshalb sein Beginnen noch nicht verloren. Er folgte dem Zug und wählte in der Kirche einen Platz, von dem aus er Hilde genau beobachten und vielleicht auch einen Blick erhaschen konnte. Kaum hatte sie sich auf ihrem mit prächtigen Verzierungen geschmückten Stuhl niedergelassen, schlug sie den Schleier zurück, senkte jedoch zugleich ihren Kopf auf ein Gebetbuch nieder, ohne auch nur einen

Augenblick lang nach vorn oder der Seite geschaut zu haben. Der kluge Herburt, solch mädchenhafte Schüchternheit wohl in Rechnung stellend, hatte sich vorsorglich zwei possierliche weiße Mäuse in die Tasche gesteckt; die eine trug ein silbernes, die andere ein goldenes Schleifchen um den Hals. Zuerst setzte er nun die »Silberne« auf den Boden, und siehe, sie lief, als wäre sie abgerichtet, geradewegs auf Hilde zu. Das Mädchen schreckte auf und gab damit dem normannischen Grafen Gelegenheit, entzückt festzustellen, daß er einem schöneren Frauenantlitz noch niemals begegnet war. Schier grämte es ihn mit einemmal, daß ihn sein Auftrag verpflichtete, das Mädchen für Dietrich zu erobern, denn wahrhaft, sein Herz war in jäher und stürmischer Liebe entflammt.

Doch rasch hatte sich Hilde wieder in ihr Gebetbuch vertieft. Da gab Herburt der goldenen Maus die Freiheit, und auch sie huschte zu der so sehnsüchtig Umworbenen hinüber. Und wieder blickte Hilde auf, doch diesmal tauchte ihr Auge lange in das des kühnen Ritters. Und dann, sein Glück war ohne Maßen, nein, er täuschte sich nicht — Hilde lächelte...

Und auch ihr Herz begann in einem Gefühl zu klopfen, das sie vordem nie gekannt hatte. Am gleichen Tage noch bat sie den Vater, den artigen Grafen ihrem Gefolge als Truchseß zuzuteilen. Und so gelang es schließlich den beiden, unbeobachtet von Aufpassern und Wächtern, eine Unterredung zu führen.

»Ein halbes Jahr schon bin ich am Hofe Eures Vaters«, hob Herburt an, »und jetzt erst ist es mir vergönnt, Euch zu sprechen, edle Hilde. Indes wartet ein großer Held voll Sehnsucht auf meine Rückkehr.«

Obschon sie alles erriet, stellte sich Hilde unwissend und erwiderte: »Wenn der Mann so sehr nach Euch begehrt, warum seid Ihr dann nicht früher abgereist?«

»Ich bedeute ihm nichts«, fuhr der Jüngling fort, »er ist begierig nach Euren Worten, die ihm mein Mund verkünden soll.«

»Soll das eine Werbung sein?« fragte das Mädchen.

Nun brachte Herburt stürmisch sein Anliegen vor: »König Dietrich von Bern, der gewaltige Recke ist es, der Euch durch mich bitten läßt, sein Weib zu werden.«

Hilde erwiderte: »Ich habe schon oft von diesem berühmten Herrscher der Goten gehört. Gerne würde ich ihn auch sehen. Vermöchtet Ihr, mein Graf, sein Antlitz auf diese Steinwand zu ritzen?«

»Bei Gott, das kann geschehen«, willigte Herburt in den Vorschlag ein.

»Seht an, so wie ich ihn jetzt konterfeie, genau so ist er in Wirklichkeit, Zug um Zug.« Der Ritter schnitt nun mit einem Dolch in schnellen Strichen das Gesicht des Berners in die Mauer. Wahrhaft, das Bildnis gelang ihm gut. Das Königskind betrachtete es lange und aufmerksam.

»Es ist viel Gutes und Edles in diesem Gesicht«, sagte Hilde dann, »doch verwirrt mich auch manches Schreckliche und Wilde.«

Herburt versuchte zu erklären: »Harte Schlachten, grimmige Abenteuer, glaubt mir, gehen nicht spurlos an einem Menschen vorbei. Tiefe Runen hinterläßt das Leben im Antlitz eines so gewaltigen Helden, wie der Berner einer ist. Ihr müßt darum vor ihm nicht Angst haben. Er kann auch sehr gütig und weise sein.«

Da fragte Hilde unvermittelt: »Warum werbt Ihr für Dietrich und nicht für Euch selbst?«

Der Jüngling erbebte bis in das tiefste Herz, und beglückt stammelte er: »Ich bin kein König ... doch ich stamme gewiß auch aus edlem Geschlecht und habe Gold und Silber zu bieten.«

»Es ist nicht darum«, erwiderte schlicht das Mädchen, »mein Herz sagt mir, daß ich dich will und nicht Dietrich von Bern.« Und sie legten die Hände zusammen und gelobten, daß nichts sie scheiden solle außer der Tod.

Nach einigen Tagen bat Herburt seine Braut, mit ihm zu entfliehen, da keine Aussicht bestände, daß König Artus ihrer Verbindung zustimme. Hilde war mit dem Vorschlag ihres Geliebten einverstanden, und im Morgendämmern verließen sie die Burg und wandten sich in den nahen Wald. Der Torwächter hatte aber die Frau trotz ihrer Vermummung mit einem weiten Mantel erkannt, und der zornentbrannte Herrscher sandte den Flüchtlingen dreißig erlesene Degen nach. Es kam zu einem harten Kampf, in dessen Verlauf der kühne und starke Jüngling alle Verfolger in die Flucht schlug. Die Verlobten suchten Hilfe bei einem befreundeten König. Bald darnach schritten sie zum Traualtar. Herburt wurde dann zum Herzog erhoben, und viel erzählt die Sage von seinen späteren Heldentaten.

Dietrich war nicht erzürnt, als er die Kunde vom Ausgang seiner Brautwerbung erhielt. Weise beugte er sich der Macht der Liebe, die zwei Herzen zusammengeführt hatte, und lächelte: »Nun bin ich belehrt, keinen so artigen Grafen zu meinem Abgesandten zu erwählen, wenn ich noch einmal freien sollte. Wäre noch der ruppige Heime an meiner Seite, ich wüßte, wen ich zu meiner Auserkorenen schicken müßte!«

DER VERRAT DES KANZLERS SIBICH

Der großmächtige Kaiser Ermanarich in Romaburg gab nach dem Tode seiner Gemahlin seinen drei verwaisten Söhnen Friedrich, Reginbald und Randwer eine zweite Mutter. Seine Wahl war auf die junge Schwanhild gefallen, die aus dem stolzen Geschlecht der Gibichen stammte. Fern am Rhein herrschte es, und von dorther hatte des Kaisers ergebener und einflußreicher Kanzler Sibich das Mädchen geholt und seinem Herrn zugeführt. Überaus glücklich wurde die Ehe des alternden Mannes mit dem blutjungen Geschöpf, das ganze Reich verehrte die edle und gütige Königin, und die Stiefsöhne schlossen sich in inniger Liebe an sie.

Aber auch an Sibichs Seite waltete eine Frau von großer Schönheit und züchtigen Sitten: die edle Odilia. Eines Tages mußte der Kanzler im Auftrag des Kaisers über Land reisen. Ermanarich suchte die Einsame auf, um ihr mit einem Plauderstündchen die Zeit zu vertreiben. Hingerissen von ihrer Schönheit, gab der Herrscher dem Gespräch eine Wendung, die er vordem nicht beabsichtigt hatte, und endlich gestand er Odilia, wie sehr sie sie ihm gefalle. Scharf wies diese ihn zurecht, aber gerade das reizte den Kaiser zu stürmischer Werbung.

Als der Kanzler von seiner Ausfahrt heimkehrte, trat ihm abgehärmt und mit rotgeweinten Augen seine Frau entgegen. Erst vermochte Sibich die Schmach, die ihm widerfahren, nicht zu fassen, wortlos und starr nahm er ihre Anklage entgegen. Dann bedeckte er sein todbleiches Antlitz mit bebenden Händen und murmelte: »Ich werde mich fürchterlich rächen. Alles, was Ermanarich lieb ist auf Erden, will ich vernichten, Schritt um Schritt. Seine Söhne sollen den Weg des Todes gehen, ich will Schwanhild von wilden Pferden zertrampeln lassen, die Brut des Kaiserbruders am Rhein wird zugrunde gehen, und am Ende sollen auch seine Geschwisterkinder in Bern, Dietrich und Diether, zur Hölle fahren. Nicht eher will ich ruhen und rasten, bis dieses Werk vollendet ist. Ich aber will mich am Jammer des Unseligen weiden, will diesen Triumph bis zur Neige auskosten und einen gebrochenen, einsamen Mann auf dem Thron in Romaburg sitzen sehen.«

Was der Kanzler geschworen, das führte er aus. Und damit trat Dietrichs Leben in einer Zeit schwerster Schlachten, großer Leiden, am Ende aber auch herrlichster Triumphe ein.

Nachdem sich Sibich wieder beruhigt hatte, trat er heiter, als ob nichts geschehen wäre, vor den Kaiser. Er ging mit emsigem Eifer wie immer seinen Pflichten nach und war bestrebt, das Vertrauen, das Ermanarich in ihn setzte, zu erhalten und zu mehren. In Geduld wartete er auf seine Stunde. Und sie kam bald. König Oserich aus dem Wilzenland war seinen jährlichen Tribut schuldig geblieben, und der Kanzler riet dem Kaiser, seinen Sohn Friedrich zu entsenden, die Abstattung des Zinses einzumahnen. Dicht an der Grenze des fernen Slawenlandes hauste aber in einer stattlichen Burg ein Blutsfreund des rachedurstigen Mannes. Diesen ließ er durch heimliche Boten auffordern, den ahnungslosen Jüngling zu überfallen. Mit großer Freude hatte der Kaisersohn den Auftrag übernommen. Zum erstenmal durfte er im Dienste seines Vaters tätig sein. Er ritt in den Tod. Niemals erreichte er die Hauptstadt der Wilzen, und in einem Wald fern der Heimat modern seine Gebeine.

Sehr schnell gelang es Sibich, dann auch den zweiten Sohn seines Herrn zu meucheln. Er wußte es so einzufädeln, daß Reginbald in wichtigen Staatsgeschäften nach England entsandt wurde und ein seeuntüchtiges Schiff besteigen mußte. Mit Mann und Maus versank es nach seiner Ausfahrt aus dem Tiberstrom in den Wellen des Mittelmeeres. Tief wurde Ermanarich von dem schweren Verlust betroffen, doch rasch folgte ein noch fürchterlicherer Keulenschlag aus dem Hinterhalt.

Die edle Schwanhild hatte sich nach dem Tod ihrer zwei Stiefsöhne noch inniger an den letzten, der ihr verblieben war, an Randwer, den strahlenden, hochgemuten Jüngling angeschlossen. Darauf baute Sibich seinen Plan, und er dachte: »Der Kaiser soll es selbst sein, der diese unschuldsvollen Geschöpfe mordet.« So ging er eines Tages hin und erweckte in Ermanarich heimtückischen Verdacht: »Seht Ihr nicht, daß Eure Gattin zärtliche Gefühle zu Eurem jüngsten Sohne hegt? Fühlt Ihr nicht, daß die Liebe erwidert wird? Ich bitt' Euch, macht dem ein Ende, bevor die fürchterlichste Sünde vollzogen wird. Und wer weiß, vielleicht ist sie schon getan.«

In jähem Grimm brauste der Herrscher auf: »Sie sind beide des Todes.«

Scheinheilig versuchte Sibich seinen Herrn zur Milderung des harten Urteils zu bewegen.

Ermanarich aber befahl in verblendetem, wahnwitzigem Trotz: »Laßt Randwer auf der Stelle greifen und auf das Hochgericht bringen. Im gleichen Augenblick soll Schwanhild von den Hufen rasender Rosse zertrampelt werden.«

Noch immer zauderte Sibich mit geheucheltem Entsetzen. Doch erbarmungslos trieb ihn sein Herr zur Tat. Da ward denn der unschuldige Jüngling in den Kerker geworfen und am dritten Tage darnach zum Galgen geführt. Er starb mit einem Lächeln auf den Lippen und mit einem letzten Gruß an den Vater. Und es geschah, daß sogar die rohen Fronknechte weinten. Zur gleichen Stunde führte man Schwanhild schmählich gefesselt auf die Rennbahn hinaus. Vor ihr schritt Kanzler Sibich. Draußen auf dem weiten Plan hob die Gattin des Kaisers noch einmal flehend ihre Hände und beteuerte ihre Unschuld. Doch nicht die Spur eines Erbarmens war in den ehernen Zügen des Kanzlers zu lesen. Auf seinen Wink trieb man ein Vierergespann mit furchtbaren Schlägen über die Bahn. Von den eisenbestückten Geißeln gepeitscht, rasten die Pferde in toller Jagd einher, und dennoch bäumten sie sich wiehernd und scheu vor der Frau auf und machten trotz alles Ansporns wieder kehrt. Dreimal wiederholte sich das gleiche Spiel. Da befahl Sibich, Frau Schwanhild mit einem Tuch das Antlitz zu verhüllen. Noch einmal stürmten die Rosse an und rasten über die Vermummte hinweg.

DIE VERNICHTUNG DER HARLUNGENFÜRSTEN

Völlig vereinsamt saß nun Kaiser Ermanarich in düsterer, liebeleerer Pracht auf seinem Thron in Romaburg. Noch aber war Sibichs Rachedurst nicht gestillt, und unverzüglich schritt er daran, zu vollenden, was er sich vorgenommen hatte: die Vernichtung der ganzen Sippe des Herrschers. Auf die jungen Harlungenfürsten, die Söhne des vor kurzem verstorbenen Kaiser-Bruders, zielte der nächste, auf Dietrich ein fernerer Schlag. Ein Zufall gestattete es ihm, sich dabei zunächst der Hilfe Heimes zu versichern; denn eben jetzt hatte den großen Helden sein Weg nach Italien geführt. Freilich, würde Studas Sproß die Aufgabe geahnt haben, die ihm Sibich mit der Verpflichtung in Ermanarichs Dienst zudachte, niemals wäre er auf das Angebot eingegangen. Denn war er auch im Groll von dem Berner geschieden, tief in seinem Herzen lebten noch immer Zuneigung und Verehrung für den gewaltigen Recken. Wie sehr er sich auch in wilden Abenteuern zu betäuben suchte, die Erinnerung an ihn wollte nicht weichen und blieb immer allgegenwärtig in seiner Brust.

Keine bessere Nachricht konnte Sibich empfangen als die, daß Wittich in heftiger Leidenschaft entbrannt sei zu Frau Bolfriana, der Witwe König Harlungs, die in Breisach am Rhein für die beiden minderjährigen Söhne das Land verweste, und daß die Liebe auch erwidert werde. Der Kanzler wußte den Kaiser zu bereden, der Heirat der ihm lehenspflichtigen Regentin beizustimmen unter der Bedingung, daß Wittich in den Dienst des Hofes in Romaburg trete. So vermochte er die kluge Frau aus Breisach zu entfernen und dazu noch einen berühmten Degen zu gewinnen. Da nun Frau Bolfriana mit ihrem Gatten nach Italien zog, galt es nur noch, den Pfleger der Jünglinge, den getreuen Eckehart, aus der Rheinfeste fortzulocken. Es fiel Sibich nicht schwer, den tapferen, biederen Mann mit einem heuchlerischen Auftrag nach Romaburg zu entbieten.

Nun trat Sibich vor seinen unglücklichen Herrn und wußte das Gespräch auf einen Schatz zu lenken, den die beiden Jünglinge angeblich vor dem Kaiser verheimlichten, um keinen Tribut dafür entrichten zu müssen.

Der Kaiser, alt und habgierig, geriet darüber in große Wut. »Die ehrvergessenen Buben!« tobte er, »ich denke, man müßte sie nachdrücklich mahnen, ihre Pflicht zu tun.«

»Das würde nicht viel nützen«, gab der böse Ratgeber in schlauer Berechnung zurück. »Denn soviel ich weiß, denken die beiden daran, mit dem Schatz sich ein solches Heer zu rüsten, daß sie nach der Kaiserkrone greifen können.«

Ein lauernder Blick schoß aus des Kaisers Augen auf den Kanzler. »Es ist zuviel, was du mir zumutest«, schien dieser Blick zu sagen, »ich kann so Ungeheuerliches nicht glauben.«

Eine jähe Welle der Angst, zu weit gegangen zu sein und das Spiel doch noch zu verlieren, stieg in dem Verräter auf. Aber er behielt sich in der Gewalt, kämpfte die Schwäche nieder und erwiderte mit eiserner Gelassenheit: »Großer Reichtum lockt immer dazu, ihn zu nützen. Spinnen sie nicht heute Verrat, so werden sie es morgen tun. Sicherheit, großmächtiger Herrscher, erlangt Ihr nur, wenn Ihr Eure Hand auf den Harlungenhort legt.«

Da sprang der Kaiser auf. »Wohl gesprochen«, rief er, »und wahrhaftig, Sibich, du bist klug. Auf denn, wir wollen auf der Stelle ein Heer rüsten. Ich will mich an seine Spitze setzen. Wittich und Heime mögen zur Fahrt aufgeboten werden, mir ist leichter, wenn ich die kühnen Männer an meiner Seite weiß.«

Man versuchte Eckehart den Grund der Rüstungen zu verheimlichen, doch der treue Diener schöpfte dennoch Verdacht und ritt augenblicks an den Rhein zurück. Bald danach brachen Ermanarichs Scharen auf.

Als Eckehart an den Rhein kam, nahm er sich nicht einmal Zeit, einen Fährmann herüberzuwinken. So, wie er war, in voller Rüstung, stürzte er sich in die Wellen und schwamm hinüber. Die beiden Harlunge hatten von der Zinne der Burg aus ihren Pfleger im Strom erblickt und eilten beunruhigt an den Strand.

»Was treibt Euch zu solcher Eile?« riefen sie dem getreuen Eckehart schon von weitem zu.

»Flieht, flieht, so schnell ihr könnt«, gab der besorgte Mann zurück. »Wenn mich nicht alles täuscht, ist Kaiser Ermanarich mit einem Heer unterwegs, um euch zu überfallen.«

Die Jünglinge vermochten solche Botschaft nicht zu fassen, denn nie hatten sie etwas anderes als Liebe und Verehrung für ihren Oheim als Oberhaupt der Amelungensippe empfunden und waren sich keiner Schuld bewußt. In kindlicher Unschuld forderten sie ihren Pfleger noch einmal auf, über Land zu reiten und zu spähen, ob sich sein furchtbarer Verdacht denn wirklich bewahrheite.

Das Unglück wollte es, daß die Scharen des Kaisers nicht weiter oben den Strom zu übersetzen gedachten, sondern auf Wittichs und Heimes Rat im unmittelbaren Anblick der Festung. So nahmen sie einen andern Weg, als der Pfleger erwartet, und während er am Oberlauf des Flusses suchend die Heerstraße abstreifte, erschienen die Kaiserlichen in überraschendem Vorstoß vor den Mauern von Breisach. Der stürmischen Kriegskunst von Dietrichs einstigen Gesellen waren die jungen Harlungenfürsten und ihre Mannen nicht gewachsen. Die Feste wurde im Handstreich überrumpelt, und nachdem die Besatzung niedergemacht worden war, fielen als letzte die Jünglinge lebend in die Hand ihrer Feinde.

Der Kanzler meldete seinem Herrn, der in seinem Zelt den Sturmlauf der Seinen abgewartet, den Fall des Platzes und die Gefangensetzung seiner Neffen. Ob der Kaiser sie noch zu sprechen wünsche, fragte er dann heuchlerisch. Schroff lehnte Ermanarich ab und befahl, die beiden am nächsten Morgen zu töten.

Spät in der Nacht erfuhren Wittich und Heime von des Herrschers grausamem Entschluß. Wild bäumte sich ihr Inneres wider solche Schandtat auf, und sie erzwangen sich Zutritt zu Ermanarich und forderten mit heftigen Worten die Zurücknahme des Befehls.

Der Kaiser blieb hart.

Grollend und niedergeschlagen verließen die beiden das Quartier des Herrschers, um sich an ihr Lagerfeuer zurückzubegeben. Ehe sie es noch erreichten, hielt Wittich unvermittelt seinen Schritt an. »Heime«, sagte er, »es ist eine furchtbare Tat, die morgen geschehen soll. Begreife sie, wer kann. Ich denke, Unheil ballt sich vielleicht sogar über Dietrichs Haupt zusammen.«

»Ich habe nichts mit dir und nichts mit dem Berner zu schaffen«, gab Studas Sohn mürrisch zurück. »Glaube nicht, daß ich unsern alten Streit begraben habe, weil ich heute unter der gleichen Fahne mit dir stritt. Nur der Befehl hat mich an deine Seite gezwungen, nicht mein Herz.«

Ruhig entgegnete Wittich: »Ich glaube, daß ich mehr Grund hätte, dir zu zürnen, als du mir.«

Plötzlich ließ der rauhe Gesell aus Schwaben, den sein Hader mit Wittich und Dietrich schon längst reute, den stachligen Panzer, den er vor seiner Seele trug, fallen und stieß in heftiger Bewegung hervor: »Du hast recht, tausendmal recht. Gewähre mir Sühne und Verzeihung.«

»Von ganzem Herzen sei sie dir gegeben«, jauchzte Wittich. Ein warmer Händedruck besiegelte alsdann die endlich geschlossene Freundschaft.

Nun polterte Heime wieder los: »Verdammt, daß wir im Sold dieses Kindermörders stehen. Wie gern wär ich wieder bei unserm Herrn in Bern.«

»Tröste dich, Heime«, versetzte des Schmiedes gewaltiger Sproß, »eine innere Stimme sagt mir, daß wir bald zu Dietrich reiten müssen, um ihn zu warnen.«

DIETRICHS FLUCHT

Zu spät erschien Meister Eckehart wieder auf dem Heimatboden. Er fand die Mauern Breisachs geschleift, die Burg niedergebrannt, seine Zöglinge aber tot neben dem Galgenholz hingestreckt. Unfaßbarer Schmerz durchwühlte seine Brust, und unter bittern Klagen schaufelte er den letzten

Harlungen ein Grab unter einer alten Eiche. Dann machte er sich auf den Weg zu Dietrich.

Die Kaiserlichen hatten indessen schon wieder die Stadt Romaburg erreicht. Der Kanzler, besorgt, der Berner möchte den Tod der beiden Harlungen furchtbar rächen, bot alles auf, um seinen Herrn zu einem baldigen Kriegszug wider seinen Neffen zu bewegen. Und er sagte: »Nun habt Ihr während unsres Marsches die Städte Dietrichs gesehen und Euch mit eigenen Augen vom Hochmut des entarteten Amelungensprosses überzeugen können. Von Trient bis zum Apennin weht über jeder Stadt, über jeder Burg, ja sogar über den Bauerndörfern der lampartische Löwe. Überall sind fahrende Sänger in Dietrichs Sold unterwegs, um seinen Ruhm zu künden und Euer Ansehen herabzusetzen. Doch prall vom Schatz der Harlungen sind Eure Truhen gefüllt. Jetzt hat die Stunde geschlagen, Dietrich niederzuwerfen. Versäumt, kommt sie niemals wieder!«

Der Kaiser folgte willig Sibichs treulosem Rat. Der gewaltige Raub von Breisach hatte seine Gier nach Macht und Beute ins Maßlose wachsen lassen. »Auf, Sibich, wir sind im Zuge«, stimmte er seinem Kanzler zu, »noch einmal seien meine Banner entrollt. Ein aufgeblasener Fant ist mein Neffe, wahnwitzig geworden in Ehrsucht und Selbstgefallen. Er soll fallen und kein anderer aus dem Amelungenstamm eine Herrscherkrone tragen als ich, der Kaiser!«

Ermanarich verbot dem Heer auseinanderzugehen, verstärkte es durch neue Scharen und wandte sich nach wenigen Rasttagen wieder nordwärts.

Obwohl Heime nun auf Seiten Ermanarichs stand, schlug sein Herz immer noch für seinen einstigen König und Herrn. Er beschloß daher, Dietrich zu warnen. Auf seinem schnellen Hengst Rispe jagte er in rasendem Lauf gegen Bern.

Dietrich begrüßte seinen einstigen Gesellen freundlich und sprach: »Da du nun zu mir zurückkehrst, Heime, sei aller Zwist vergessen! Hier meine Hand!«

»Nicht so, Herr Dietrich!« entgegnete Heime und wandte sich traurig ab. »Wie gerne stritte ich wieder unter Eurer Fahne, doch bin ich des Kaisers Lehensmann und muß ihm die gelobte Treue halten. Ich bin nur gekommen, um Euch von dem Kriegszug zu berichten, den Ermanarich auf Sibichs Rat wider Euch plant.«

»So willst du wirklich gegen mich streiten, Heime?« klagte der Berner.

»Ich muß«, rief Heime verzweifelt. »Auch Wittich steht unter Ermanarichs Fahnen!« Als er seine Botschaft ausgerichtet hatte, jagte der Recke wie der Sturmwind wieder von dannen.

Nun schmetterte auch im Lampartenland das Heerhorn. »Krieg!« raste gellend sein Ruf über die Stadt Bern, »Krieg!« pflanzte es sich fort bis an die Alpen und hinunter an die fernsten Gestade der Adria, wo der feste Platz Pola die äußerste Spitze von Dietrichs Reich schützte. Denn der Gotenkönig fühlte, seit er durch Eckehart von dem Verbrechen am Rhein wußte, daß die Auseinandersetzung zwischen ihm und Ermanarich unvermeidlich geworden war.

Und in der Tat: kaum hatten sich die Herzoge und Fürsten des Lampartenlandes mit ihren Reisigen in der Hauptstadt eingefunden, traf schon die Nachricht von Spähern ein, daß der Kaiser mit einer starken Macht unterwegs nach Norden sei.

Bei Mailand stießen die beiden Heerhaufen zusammen. Mit zermalmendem Ungestüm warfen sich die Berner Recken auf die Feinde. Als der Tapfersten einer erwies sich der junge Dietleib aus dem Steierland, der immer im dichtesten Gewühl neben seinem Freund und Meister Hildebrand auftauchte und oft sogar den beiden gewaltigen Kämpen noch voraus focht. Drüben bei den Kaiserlichen stritten auch Wittich und Heime. Doch ihr Herz war nicht mit im Kampf, müde schienen ihre Klingen, und je härter die Berner anritten, desto mehr versuchten sie sich aus dem Getümmel herauszuhalten. Und plötzlich erschien auch des alten getreuen Eckehart wehender, weißer Bart im Gewoge der Reiterschlacht. Sein Schwert, das Rache zu nehmen hatte, für die unglückseligen Jünglinge, hielt furchtbare Ernte. Die Kaiserlichen wurden niedergehauen und begannen zu weichen. Sobald sie die ungünstige Wendung des Treffens erkannten, hatten sich aber Ermanarich und Sibich aus dem Staub gemacht. Eckeharts stürmisch vordringende Wut vermochte so die Mörder seiner Pflegekinder nicht mehr zu erreichen.

Wittich und Heime war die Flucht ihres neuen Herren nicht entgangen. Kurz darauf verließen auch sie das Blachfeld und sprengten mit verhängten Zügeln Romaburg zu.

In großem Zorn über die Niederlage, die er erlitten hatte, befahl Ermanarich, ein gewaltiges Heer zu rüsten. Von allen Seiten, sogar aus dem Angelland und von den Gestaden des Nordmeers strömten die besten Degen mit ihren Gepanzerten herbei. Zu gleicher Zeit sandte der Kaiser seinen Kanzler nach Breisach, damit er dort eine Schar erlesener deutscher

Recken unter dem Banner der Amelungen versammle. Mit dieser sollte Sibich über die Alpen vorstoßen, indes der Kaiser von Süden her in das Lampartenland einzurücken gedachte. In dieser fürchterlichen Zange werde Dietrich, so dachte der Herrscher, erbarmungslos zermalmt werden.

Angesichts der großen Macht des Kaisers mußte Dietrich sein Heer verstärken. Doch seine Schatzkammern waren leer, und der Berner wußte nicht, woher er das Gold nehmen sollte, um seine Leute zu besolden.

Da bat der reiche Herzog Bertram von Pola den König, ihm seine stärksten Helden zur Bedeckung zu geben, damit er aus seinen Schatzkammern in Pola Gold und Silber herbeischaffen könne.

Dietrich dankte dem Herzog für sein Anerbieten und wählte aus seinen Recken neben anderen Meister Hildebrand, Wolfhart, Wildeber und Dietleib von Steier aus.

Glücklich erreichte die Schar die Burg Bertrams, belud ihre Pferde und trat dann den Rückweg an.

Der ungetreue Sibich besaß aber überall Späher, die ihm alle Unternehmungen des Berners meldeten. Er reizte die Goldgier Kaiser Ermanarichs durch seinen Bericht über die Schätze, die Dietrich erhalten sollte. Der Kaiser befahl ihm, Meister Hildebrand und seine Begleiter nach Romaburg zu bringen. Mit diesem Schlag gedachte er den Berner zu vernichten.

Frohlockend eilte Sibich von dannen, und auf seinen Befehl stiegen hundert auserlesene Recken zu Pferde, um des Goldes und seiner Hüter habhaft zu werden.

Meister Hildebrand und die Seinen ahnten nichts von dem geplanten Überfall. Müde von der Reise ließen sie sich sorglos am Rande eines Gehölzes nieder, um in kurzem Schlaf Erquickung zu finden. Nur Dietleib von Steier lagerte auf einem Hügel unter dem Geäst eines Dornbusches.

Furchtbar war das Erwachen! Sibichs Schergen fesselten die Wehrlosen und brachten sie nach Romaburg.

Nur Dietleib konnte entrinnen. Er eilte mit der Schreckenskunde zu König Dietrich, der wehklagend sein Haupt verhüllte. Kaiser Ermanarich aber ließ dem Berner sagen: »Wenn du noch einmal die Waffen gegen mich erhebst, sind deine Gesellen des Todes!«

Da beschloß König Dietrich, einen Fußfall vor Ermanarich zu tun und ihn um Gnade und Milde zu bitten.

Hohnlächelnd gab ihm der Kaiser zur Antwort: »Wenn du auf die

Krone von Bern verzichtest und das Land verläßt, dann mögen deine Gesellen mit dir ziehen!«

Zähneknirschend unterschrieb Dietrich den Vertrag, da es um das Leben seiner Getreuesten ging.

Großes Wehklagen erhob sich im Lampartenreich über die Grausamkeit des Kaisers, und die Segenswünsche des ganzes Volkes begleiteten König Dietrich und seine Recken bei ihrem Auszug aus der Heimat.

Als König Dietrich auf seiner Flucht an die Donau, vor die Burg Bechlarn kam, ritten ihm Markgraf Rüdiger und seine Gemahlin Gotlind entgegen. Herzlich begrüßte das edle Paar die Heimatlosen und lud sie zu längerem Verweilen ein. Doch bald erreichte Dietrich die Kunde. daß König Etzel zum Krieg wider die Reussen und die Wilkinenmänner rüste, und da litt es ihn nicht länger auf dem gottgesegneten Fleck Erde. Er brach sofort wieder auf und zog zunächst über Tulln nach Wien. Dort trennte sich Dietleib von seinem Herrn, um seinen Vater zu besuchen.

Keine liebere Botschaft konnte Etzel vernehmen als die, daß sich Dietrich seiner Hauptstadt nähere. Am Eingang seines Palastes, begleitet von seiner Gemahlin und seinen beiden jugendlichen Söhnen Ort und Scharf, empfing er huldvoll die Ankömmlinge. Weiter im Hintergrund entdeckte Dietrich im Gefolge der Königin die liebliche Herrat. Auch sie hatte unverwandt nach dem König gespäht und wie gebannt blieben beider Augen ineinander haften.

Nicht lange war Dietrich auf der Etzelburg Rast gegönnt. Er übernahm die Führung der Scharen des Hunnenherrschers in dem Kriegszug gegen die Wilkinenmänner, die im Norden, anschließend an das Wilzenland, ein großes Reich besiedelten.

Hermit, der König des tapferen Volksstammes, war seinen Feinden entgegengezogen, und es kam zu einem fürchterlichen Kampf.

Mit vielen Narben, aber auch mit großem Ruhm bedeckt, kehrte Dietrich als Sieger aus den Schlachten nach der Etzelburg zurück. Umgeben von seiner Familie und den Großen des Reiches, nahm der Herrscher der Hunnen den Bericht des Gotenkönigs entgegen und ließ ihm, seinen Recken und allen Kriegern, die an den Kämpfen teilgenommen, kostbare Geschenke als Ausdruck seines Dankes überreichen. Auch die liebliche Herrat war mit heißen Wangen dem siegreichen Berner entgegengeeilt. Dietrichs Herz erglühte bei ihrem Anblick so sehr, daß er sie als König ohne Land um ihre Minne bat.

Etzel hatte wohl gemerkt, wie sehr die Nichte seiner Gemahlin dem großen Helden gefiel. Der Hunnenherrscher versprach Dietrich daher in feierlichem Tone: »Du hast es dir um mich verdient, daß ich dir helfe, dein Reich zurückzuerobern. Ich verbürge mich dafür, Dietrich, daß du einst wieder auf dem Thron des Lampartenlandes sitzen wirst. Und so denke ich, daß ich deine Sorgen zerstreuen kann, und daß nichts mehr die Herzen von zwei Liebenden trennt.«

»Nein, nichts mehr!« versetzte der Gote freudig bewegt.

Bald darauf wurde Herrat Dietrichs Frau. Lange lebten sie in Glück und Zufriedenheit auf der Etzelburg.

Indes befestigte sich Etzels Herrschaft nach allen Seiten. Auch den Verwegensten und Beutegierigsten unter seinen Nachbarn hielt die Angst vor Dietrich in Schach. So rückte denn die Zeit heran, da der Hunnenherrscher daran denken konnte, das Versprechen, das er seinem treuen Bundesgenossen und tapferen Freund gegeben, einzulösen. Deshalb bot er seine Lehensfürsten zum Kriegszug wider Ermanarich auf, allen voran Markgraf Rüdiger und seinen Sohn Nudung aus dem Donauland, König Biterolf aus Steier und Herzog Tibald aus Siebenbürgen. Auf dem weiten Blachfeld um die Etzelburg versammelten die Heerführer ihre Scharen, insgesamt wohl an die dreißigtausend Krieger. »Zittere, Ermanarich!« scholl brausend das Feldgeschrei.

DIE RABENSCHLACHT

Man rüstete zum Aufbruch. Mit Schmerz gewahrten Etzels tapfere Söhne Ort und Scharf, daß ihr Freund Diether, nunmehr ein kräftiger Jüngling, an der Seite seines Bruders Dietrich mit in den Krieg ziehen durfte. Sie bestürmten ihre Mutter Helche um die Erlaubnis, sich in das Heer des Berners einreihen zu dürfen. Die Königin schlang in namenlosem Entsetzen die Arme um ihre Lieblinge. Eine düstere Ahnung hatte sie befallen, sie werde ihre Kinder nicht wiedersehen, wenn sie mit ausritten in den heißen Männerstreit. »Ich lasse euch nicht«, jammerte sie, »ihr seid zu jung. Wider euch stehen die mächtigsten Männer der Welt.« Da riefen die Jünglinge ihren Vater zu Hilfe, aber auch Etzel versagte vorerst seine

Zustimmung. Erst als sich Dietrich für die Sicherheit der Erben des Hunnenherrschers verbürgte, gab Etzel seine Einwilligung.

Die Scharen ordneten sich zum Aufbruch. Auf Etzels Befehl übernahm Dietrich die Führung der Goten und der christlichen Lehensmänner, nämlich der Deutschen, Dänen und Nordländer, Rüdiger setzte er an die Spitze der Hunnenkrieger; und die Hilfsvölker aus dem Osten, Reussen, Walachen und Wilkinenmänner, befehligten Ort, Scharf und Diether.

Ein endloser Heerzug wälzte sich durch die Ebenen des Hunnenlandes und brach, nachdem er die zerklüfteten Grenzberge überschritten hatte, in die gesegneten Fluren Italiens ein. Einige Tagesmärsche zogen Dietrich und die Seinen noch weiter, doch dann hielten sie an. Boten sandte der Berner nach Romaburg, um dem Kaiser sein Nahen zu künden. Wolle er ihm, so ließ er Ermanarich bestellen, das Lampartenland streitig machen, dann möge er ihm mit einem Heer entgegentreten.

In wildem Grimm brauste Ermanarich auf. In aller Eile rief er einen gewaltigen Heerhaufen zusammen, teilte Wittich sechstausend Reiter zu, und abermals so viel Sibich. Fünftausend Gepanzerte aber sollte der tapfere Herzog Reinald in die Schlacht führen. Freilich, Wittich hatte zur Bedingung gemacht, nur gegen die Hunnen streiten zu müssen. Gegen Dietrich und Diether wolle er seine Klinge nicht ziehen. Nordwärts zog die gewaltige Streitmacht, und bei der Stadt Raben* in der weiten Po-Ebene, unmittelbar an der Küste des Adriatischen Meeres, trafen die Vorhuten der beiden Heere aufeinander. Da schlugen Ermanarichs Scharen südlich des Stromes Padus** ihre Zelte auf, auf der anderen Seite aber lagerten Dietrich und die Seinen. Da die Nacht anbrach und man mit erstem Morgengrauen den Kaiser angreifen wollte, befahl der Gotenkönig seinen Mannen, einen kurzen, doch stärkenden Schlummer zu tun. Der anbrechende Tag werde von ihnen die letzten Kräfte abverlangen. Der Mond ging auf, und ganz von fern brauste die Brandung des Meeres. In den Pinien sang ein leiser Nachtwind, und tiefe Sehnsucht, die geliebte Heimat wieder zu erobern, zog durch die Herzen der Kämpfer. Was an ihnen liege, so dachten sie, solle geschehen, daß ihr geliebter Herr den Thron des Lampartenlandes wieder besteigen könne. Alphart, Wolfharts Bruder, bat den Berner, die freiwillige Wache übernehmen zu dürfen. Der König aber wies ihn zurück und sprach: »Mich freut dein Heldenmut, Alphart! Doch für die Warte brauche ich einen starken, kampferprobten Recken.«

* Ravenna   ** Po

»Wenn ich auch jung bin, so stelle ich im Kampf doch meinen Mann. Laßt mich ziehen, o König!« bat der Jüngling. Er ließ nicht ab, in den Berner zu dringen, bis Dietrich mit frohem Lachen seinem Anliegen Gewährung zusagte.

Jauchzend gab Alphart seinem Roß die Sporen und sprengte davon. Geschwind warf Meister Hildebrand ein fremdes Streitgewand über und jagte besorgt dem Neffen nach. Er wollte ihn gefangen ins Lager zurückbringen, um sein junges Leben zu retten.

Mit ausgelegtem Speer ritt der alte Waffenmeister dem jungen Recken entgegen. Doch es kam anders, als er vermutet hatte. Mit solcher Wucht rannte Alphart gegen ihn an, daß Hildebrand kopfüber aus dem Sattel stürzte. Schon kniete der Jüngling mit gezücktem Schwert auf der Brust des Alten.

»Halt ein!« rief der Held in seiner Not, »ich bin dein Oheim Hildebrand!«

Doch Alphart glaubte dem Recken kein Wort. Da riß sich Hildebrand den Helmsturz vom Kopf und gab sich zu erkennen. Entsetzt prallte Alphart zurück.

Hildebrand erhob sich und reichte dem tapferen Jüngling die Rechte »Du bist wahrhaftig kein Knabe mehr«, lobte er. »Ziehe getrost auf die Warte, ich kehre zurück, um deinen Ruhm zu verkünden.«

Bald stieß Alphart auf den Anführer der feindlichen Erkundungsschar, Herzog Wölfing, mit achtzig Söldnern.

Grimmig stürmten die beiden Recken gegeneinander. Wölfing wankte im Sattel und stürzte tödlich getroffen in den Sand. Die Schar des Herzogs wollte den Tod des Anführers rächen, doch einer nach dem andern empfing von Alpharts Schwert den letzten Streich. Nur zwei Männer konnten entfliehen, um dem Kaiser die Schreckensbotschaft zu bringen.

Sorge und Zorn erfüllten Ermanarichs Herz. Wittich aber rief: »Ich möchte den Helden sehen, der durch mein Schwert Mimung nicht bezwungen werden kann!«

Er spornte den Hengst Schimming und sprengte eilends von dannen. Heime schloß sich dem Freund an.

Als die beiden Alphart erreicht hatten, rief Wittich: »Wer bist du, junger Recke, der unter den Streitern Kaiser Ermanarichs so furchtbare Ernte hielt?«

»Alphart, Wolfharts Bruder heiß' ich«, erwiderte der Jüngling. »Mich schändet kein Meineid wie den Sohn Wielands, der König Dietrich die Treue brach. Nun aber sollst du für deine falsche Tat den Tod erleiden!«

Grimmig lachte da Wittich auf und sprengte auf seinen Gegner los. Doch der treulose Geselle hatte seinen Meister gefunden. Wäre ihm nicht Heime beigesprungen, er hätte sich wohl nimmer vom Boden erhoben.

»Es ist eine Schande, daß zwei wider einen Knaben streiten«, grollte Studas Sohn. »Tief sind wir beide gesunken.«

Todesmutig kämpfte Alphart nun gegen zwei Gegner und wich keinen Schritt zurück. Doch langsam erlahmte der Arm des Jünglings, mit Wunden bedeckt war sein Leib. »Fluch über euch, ihr ehrlosen Buben!« rief er mit seinem letzten Atemzug und stürzte dann leblos zu Boden.

Trauernd und verzweifelt standen Heime und Wittich vor dem toten Knaben. »Unser Weg führt ins Verderben«, klagte Wittich. »Oh, mein Vater!« Er verhüllte sein Antlitz und weinte bitterlich.

Als die Sonne flammend über die See aufstieg, setzte Hildebrand sein Horn an und blies mit schmetternden Tönen den Tag und die Schlacht ein, die für alle Zeiten eingegangen ist in das Gedächtnis der Menschen, denn viel kostbares und edles Blut hat sie gekostet.

Hildebrand riß die Fahne mit dem lampartischen Löwen im Wappen hoch und schritt allen voran als erster durch die breite Furt des Stromes. Unübersehbar folgten die Scharen der Goten, der Nordmänner, Deutschen, Russen und Hunnen. Am andern Ufer entwickelten sich die Krieger schnell zu einer weitausgedehnten Linie, denn man hatte auch Sibich zum Streite rufen lassen, und die Kaiserlichen stürmten heran; ihr Banner trug Herzog Walter von Wasgenstein, und hell in der Sonne schimmerte das Fahnentuch in den Farben Schwarz, Gold und Grün. Dietrich befahl Hildebrand, sich gegen Sibich zu wenden, dem Meister schloß sich Wildeber an.

Am linken Flügel entfaltete Wittich seine Gepanzerten. Welch düsterer, furchterregender Anblick bot sich den Bernern. Schwarz wie der Mantel des Todes waren die Brünnen von Wittichs Reisigen, schwarz auch die adlergeflügelten Helme und schwarz die Fahne; mit weißer Farbe war das Zeichen des Wielandsohnes, Hammer, Zange und Amboß, hineingewirkt. Um Haupteslänge die Seinen überragend, ritt der große Held inmitten seiner dräuenden Schar, und ihm entgegen brausten Dietleib, Nudung, Markgraf Rüdigers Sohn, und andere Recken.

Die Schlachtreihen aber unermüdlich auf und nieder reitend, stritt der Gotenkönig selbst. Gewaltig, furchtbar war der Zusammenprall.

In der Mitte der beiden ineinander verbissenen Heerhaufen reifte die Entscheidung heran. Wildeber sollte sie sterbend herbeiführen. Er war an Ermanarichs Bannerträger, an den Herzog Walter von Wasgenstein geraten. Der Kaiserliche rannte dem treuen Gesellen Dietrichs die Spitze seiner Lanze durch die Brust. Doch sterbend hatte Wildeber noch die Kraft, mit seinem Schwert Herzog Walter von Wasgenstein den Todesstreich zu versetzen.

Wittich kämpfte mit Rüdigers jungem Sohn Nudung, der bald leblos vom Pferd sank.

Doch da wallte vom Meer herauf dichter Nebel, der jede Sicht nahm

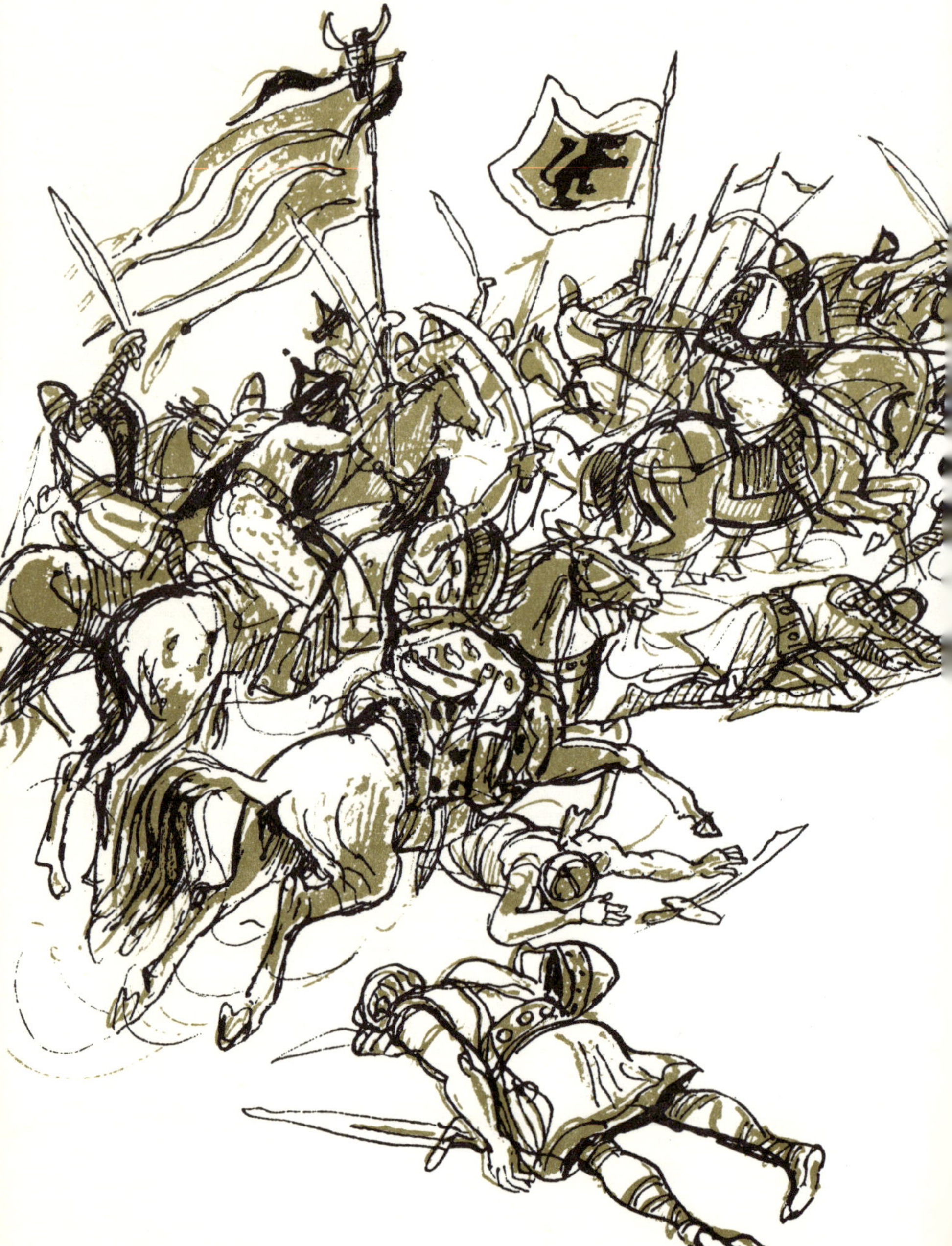

und die Kämpfenden trennte. So wurde des Kaisers Heer vor der gänzlichen Vernichtung bewahrt.

Allmählich verzog sich der Nebel, und Wittich bestieg das Roß, um nach Feinden auszuspähen. Da gewahrte er drei Knaben über die Heide reiten. Es waren Diether, Ort und Scharf, die König Dietrich dem treuen Elsan übergeben hatte, mit dem Auftrag, das Leben der Königssöhne zu schützen, eingedenk des Wortes, das er Königin Helche gegeben. Doch die drei hatten sich heimlich davongeschlichen und ihr Vorhaben war vom dichten Nebel begünstigt worden. Als sie in dem einzelnen Reiter Wittich erkannten, stürmten sie kampfeslustig gegen den Helden.

»Haltet ein, ihr Knaben!« rief Wielands Sohn. »Mich dauert eure blühende Jugend.«

Doch Ort, Scharf und Diether ritten unaufhaltsam heran und bedrängten Wittich so hart, daß er sich wohl oder übel wehren mußte.

Nicht lange hielten sie Wittichs gewaltigen Streichen stand. Als dann die Knaben tot vor ihm lagen, warf sich der Recke auf die Erde nieder, küßte weinend ihre Locken und beklagte sein furchtbares Schicksal.

Erneut riefen die Hörner zum Kampf, und Wittich jagte dem Heere zu.

Eckehart hatte im Schlachtengetümmel den ungetreuen Sibich erblickt. Nun war die Stunde gekommen, den Tod der beiden Harlunge zu rächen. Den gefangenen Kanzler erwartete auf Eckeharts Befehl das gleiche Schicksal, dem er die beiden Jünglinge ausgesetzt hatte — der Galgen. So starb der Mann, der soviel Kummer und Tränen über die Völker gebracht hatte, eines elenden Todes.

Weiter ging das grause Gemetzel. Wo sich das Gewühl am dichtesten zusammenballte, tauchte der riesige Wittich auf. Rüdiger war der Tod seines Sohnes nicht entgangen. Für einen Augenblick lang versagten ihm seine Kräfte den Dienst, sein Herz stockte, schlaff sank sein Arm herab. Doch dann biß er grimmig die Zähne zusammen und warf mit flammendem Kampfruf seine Gepanzerten wieder nach vorne.

Die Reihen der Kaiserlichen lichteten sich, wankten, zerbröckelten. Ermanarich selbst hatte nach Sibichs Gefangennahme das Schlachtfeld verlassen. Bald begann da ein Trupp zu weichen, dort ein anderer, jetzt machten ganze dichtgeballte Haufen kehrt und jagten mit verhängten Zügeln den rettenden Mauern von Raben zu. Dietrich war Sieger geblieben in der größten Schlacht, die bis dahin die Goten auf italischem Boden geschlagen hatten.

Immer noch flog sein Atem wie Dampf aus der Feueresse, und Eckesachs brachte die letzte Todesernte ein. Da ereilte ihn die Kunde vom Fall seines Bruders und seiner Gefährten. »Wehe«, rief der König schmerzerfüllt, »wehe um das junge, hoffnungsvolle Leben. Doch wehe auch Wittich, er soll es mir büßen.« Er spornte sein Roß Falke und hielt mit brennenden Augen nach dem Helden in schwarzem Erz Ausschau.

Wittich war Dietrichs Anritt schon von ferne gewahr geworden. Des Seeländers sonst nie versagender Mut brach zusammen. »Nur fliehen, nur fliehen«, schoß es ihm durch den Kopf. Mit kräftigem Schenkeldruck trieb er Schimming an und hetzte ihn in rasenden Sprüngen den

Stromlauf entlang dem Meere zu. Doch Dietrich rückte immer näher. Schon glaubte Wittich Falkes flockenden Nüsternschaum im Nacken zu spüren. Er beugte sich über die Kruppe seines Hengstes und flüsterte ihm ins Ohr: »Lauf, Schimming, lauf. Köstlichen Hafer und frischen Klee sollst du haben und kühlen Trunk. Nur dies eine Mal rette mich noch, mein treues Pferd, nur noch dies eine Mal!«

Wie ein Vogel schoß das stolze Tier dahin. Doch unerbittlich holte Dietrich auf, und nur um wenige Augenblicke konnte es sich handeln, bis sich das Furchtbare, bis sich seine Rache vollendete.

Da — das Meer! Hinter einer Sanddüne tauchte vor dem Blick des Fliehenden die weiße Gischt der rollenden Brandung auf, und in endloser Weite dehnte sich dahinter die Adria.

Der von der Abendsonne weit nach vorn geworfene Schatten des Gotenkönigs und seines Renners schob sich neben den Verzweifelten, er sah, wie Dietrich sein Schwert, zum Todesstreiche ausholend, hoch in die Lüfte schwang. »Vorwärts, Schimming«, stieß Wittich in namenlosem Entsetzen hervor, und mit einem Sprunge setzte er den Hengst in das Meer, daß die Flut hoch aufrauschte und Roß und Reiter verschlang.

Da zügelte Dietrich sein Pferd. Langsam trabte er auf eine Kuppe hinauf. Und er sah, wie Wittich noch einmal zwischen den weißen Wogenbergen auftauchte und wie aus der Tiefe herauf sich ihm zwei schlanke Frauenarme entgegenstreckten. Wachhilde, die Meerfrau, empfing den gewaltigen, in der Untreue so treuen Helden und zog ihn hinab auf den Grund der blauen See.

Dietrich aber schleuderte mit grimmigem Fluche seinen Speer in die brausenden Wogen, wandte seinen Hengst und ritt stolz und gemessen noch einmal über das Blachfeld, die Stätte seines herrlichen Sieges.

DIETRICHS HEIMKEHR

Als sich die Sonne über die blutgedüngte Walstatt senkte, erfaßte tiefe Trauer Dietrichs Herz. Fürchterlich war der Verlust gewesen, zusammengeschmolzen die Schar seiner Gesellen auf ein kleines Häuflein. Wahrhaft, alle mußten dahingehen, der starke Wittich, von dem Berner selbst in den

Tod getrieben, der brave Wildeber, der junge Nudung, der jugendfrische Dietleib aus dem Steierland. Von Heime ging zwar die Kunde, daß er sich im Land umhertreibe, aber niemand konnte bestimmte Auskunft geben. Und zu alldem lagen noch drei Knaben hingestreckt auf der Bahre. Wer sollte Etzel die furchtbare Botschaft bringen? Der alte Hildebrand riet: »Niemand anderer als Ihr, Herr, vermöget mit solcher Nachricht vor den Hunnenkönig zu treten. Ihr habt Euch für das Leben seiner Kinder verbürgt, Ihr müßt es selbst sein, der bekennt, daß Ihr Euer Versprechen nicht eingehalten habt.«

Tief senkte Dietrich sein Haupt. Dann erwiderte er dumpf: »Nun denn, Hildebrand, so wollen wir zum drittenmal ins Hunnenland aufbrechen. Wir wollen darauf verzichten, Raben zu berennen und unseren Feinden den Fangstoß zu geben. Weh, drei tote Kinder klagen mich an!«

Dann beugte er sich nieder zu den Leichen von Frau Helches Söhnen. Er küßte ihre Wunden, und auch seinen vielieben Bruder Diether umschlang er noch einmal.

Am nächsten Morgen brach Dietrich, begleitet von Hildebrand und den jungen Rittern Wolfhart und Helfrich, nach der Etzelburg auf. Rüdiger führte zur gleichen Stunde das Heer der Schlitzäugigen in seine Heimat zurück. Furchtbare Verluste hatte es erlitten, viel größere noch als die Goten, Nordländer und Deutschen.

Vor dem Palast des großen Herrschers angekommen, kündete erst Rüdiger dem Königspaar von dem Entsetzlichen, das geschehen war. Dietrich harrte indes noch eine kurze Weile abwartend an der Pforte. Als er aber dann meinte, daß Etzel und Frau Helche alles erfahren hätten, trat auch er in die große Halle, neigte sein Haupt vor dem König und sagte: »Räche dein Leid an mir.«

Aber so namenlos der Schmerz war, der die unglückseligen Eltern durchschüttelte, so groß auch schien ihre Selbstbeherrschung und ihre Verehrung für den Gotenhelden zu sein. Kein Wort der Anklage kam von Etzels und Frau Helches Lippen, und alle verharrten stumm in langem Schweigen. Dann flüsterte die Königin: »Sagt, ob es wahr ist, was uns der Markgraf berichtet hat. Sagt, daß Ort und Scharf wie Helden gestorben sind.« »Sie sind es«, bestätigte mit leuchtenden Augen der Berner.

Da umschlang erst Frau Helche den Goten und küßte ihn, und darnach tat König Etzel ebenso. Und Dietrich nahm neben dem Hunnenherrscher auf dem Hochsitz Platz, und Freundschaft herrschte zwischen den beiden wie vordem. Freilich, Frau Helche überwand den Tod ihrer Söhne nicht mehr. Wenn sie auch nie davon sprach, innerlich bohrte der Schmerz wie ein nagender Wurm, ein schweres Siechtum überfiel sie schließlich, von dem sie sich nicht mehr erholte. Wenige Monde nach Dietrichs Rückkehr trug man sie hinaus auf den Gottesacker.

Inständig flehte Etzel seinen Freund an, ihn nicht der Einsamkeit zu überantworten. Und so blieb denn Dietrich zuerst wider seinen Willen auf der Etzelburg; bald aber erwuchsen ihm an der Seite des großen Völkergebieters so viele Aufgaben, daß er die geplante Heimkehr ins Lampartenland immer wieder aufschob.

Und es geschah, daß Etzel ein zweitesmal freite. Frau Kriemhild, die Gattin des toten Siegfried, holte er sich aus Worms, und in der Stadt Wien ward prächtige Hochzeit gehalten. Nachdem Kriemhild sieben Jahre mit ihrem Gemahl in Frieden gelebt hatte, ging sie daran, das Werk auszuführen, um dessentwillen sie des Hunnenkönigs Frau geworden war: den Tod Siegfrieds an ihrer Sippe zu rächen. Sie bewog König Etzel arglistig, die Nibelungen an seinen Hof zu rufen, und dort vollendete sich das Schicksal der Wormser, von denen uns der Sänger berichtet. Als Frau Kriemhild mit dem sausenden Hieb des Balmung Hagen erschlagen hatte, während sich über die Toten die dunkelrote Sonne senkte, sagte Dietrich zum alten Meister: »Tot liegen alle unsere Freunde, dahin ist unser Gefolge. Was sollen wir nun noch länger im Hunnenland? Lieber will ich im Kampfe für mein Reich fallen, als hier als Greis sterben. Wir wollen heimfahren.« »Wir wollen heimfahren, Herr«, erwiderte Hildebrand. Dann fragte Dietrich seine Gemahlin Herrat, ob sie ihm folgen wolle ins Lampartenland, das sie noch nie geschaut.

»Wohin du dich wendest, mein herzlieber Gatte«, gab sie zur Antwort, »ich will bei dir sein. Und kommen wir auch arm und als Bettler an die Grenzen deines Reiches, ich werde alle Mühsal mit dir teilen.«

So brachen sie denn auf, nachdem sie dem einsamen und leidgebeugten Hunnenherrscher Lebewohl gesagt hatten. Ihrer drei zogen sie die staubige Heerstraße an der Donau entlang. In einer Nacht kamen sie an Bechlarn vorüber. Da gedachte Dietrich gramvoll des Markgrafen, des mildesten aller Männer, des tapfersten Helden. Aber sie hielten nicht Einkehr, sondern ritten weiter, meist bei Nacht. Am Tage ruhten sie in den Wäldern. Denn die Straßen waren unsicher und zwei Männer zu wenig, um sich gegen starkes Raubgesindel zu wehren. So kamen sie denn bis an den Rhein.

Dort erfuhren sie von dem Grafen Else, daß Kaiser Ermanarich in schweres Siechtum verfallen sei. Da beschlossen Dietrich und Hildebrand sich südwärts zu wenden und über das Gebirge nach Italien zu ziehen.

Beschwerlich war der Weg über die hohen Pässe, und nicht mehr so leicht wie in ihren Jugendtagen, zu den Zeiten, da Dietrich zu Zwergkönig Laurin und zum Jäger Fasold zog, fiel ihnen die Reise. Gar sehr erstaunte Frau Herrat, die ihr bisheriges Leben in den weiten Ebenen zugebracht hatte, über den gewaltigen Anblick der eisbedeckten, in die Wolken ragenden Gipfel. Glücklich überwanden sie alle Gefahren und kamen schließlich am jenseitigen Gebirgshang in einen tiefen Wald, den die rauschende Etsch durchflutete. Dort machten sie Rast und trafen Konrad, Herzog Ludwigs Sohn. Von ihm erhielten sie die Gewißheit, daß sie sich bereits auf lampartischem Boden befänden. Auch hörten sie die verbürgte Nachricht, daß Kaiser Ermanarich vor kurzem verstorben sei. Da König Dietrich sich aber weigerte, auf das nahe Schloß zu kommen, benachrichtigte Konrad seinen Vater, der sogleich einen Wagen mit den erlesensten Speisen, mit köstlichem Wein, aber auch mit Zelten und Kissen beladen, in den Forst schickte. So hauste Dietrich mit seinem letzten Gesellen und seiner Frau Herrat viele Tage im Tann. Man beratschlagte, was zu tun sei, um das Reich der Goten zurückzugewinnen. Als Herzog Ludwig die Helden wieder einmal in ihrem Waldquartier besuchte, erzählte er beiläufig auch von einem seltsamen Mönch, der nicht weit von hier in einem Kloster hause. Er sei so stark wie zehn Ritter und habe wahre Wunder an Heldentaten vollbracht. Da schoß es Dietrich durch den Kopf, daß dieser Kuttenmann niemand andrer sein könne als sein Geselle Heime. Und er machte sich sogleich auf, ihn zu besuchen.

HEIMES ABENTEUER IM KLOSTER

Nach Dietrichs Flucht vor vielen, vielen Jahren hatte Heime unter Räubern in öden, unwegsamen Wäldern gelebt. Sein ganzes Sinnen und Trachten war darauf gerichtet, dem Kaiser und seinem Kanzler Schaden anzutun. Er machte die Landstraßen unsicher, überfiel Höfe und Burgen, und gar viele Krieger Ermanarichs, aber auch Bauern und Dienstleute starben unter seinem Schwert; reiche Beute brachte er aus niedergebrannten Schlössern nach Hause. Als er von der Rabenschlacht hörte und von dem abermaligen Zug des Berners nach der Etzelburg, hatte er die Hoffnung aufgegeben, daß Dietrich jemals wieder den Thron des Lampartenlandes besteigen werde. Umsonst, dachte er, habe er all die bösen Werke getan, und das dauerte ihn, und er bereute seine Missetaten aus ganzem Herzen. Um Buße und Sühne zu erlangen, beschloß er, Mönch zu werden.

Als seine Spießgesellen in der wilden Felsenhöhle, die ihnen zum Nachtquartier diente, eines Morgens erwachten, war Heime verschwunden. Er hatte heimlich den Hengst Rispe gesattelt und war zu einem Kloster geritten.

Bewaffnet, wie er war, drang er in den Hof der geweihten Stätte und verlangte den Abt zu sprechen. Der erschien und fragte nach dem Begehr des fremden Ritters. »Ich heiße Ludwig«, erwiderte Heime, »komme aus dem Amelungenland, wo ich hohen Herren diente.« Dann tat er seine Waffen ab, legte sie dem gesalbten Mann zu Füßen und fuhr fort: »Herr Abt, diese Waffen, diesen edlen Hengst und dazu nicht weniger als zehn Pfund lauterstes Goldes will ich dieser frommen Stätte schenken, wenn Ihr mich in die Ordensregel aufnehmt und mich für meine Übeltaten büßen laßt.«

Der Abt überlegte zögernd, ob er wohl klug daran tue, einen Mann von so gewaltiger Körperkraft in das Kapitel aufzunehmen. Was würde geschehen, wenn der bärenstarke Mensch ihm den Gehorsam verweigerte? Doch weil er es für seine Christenpflicht hielt, der Bitte des Fremden zu willfahren, faßte er ihn schließlich an der Hand, führte ihn in die Kirche und reichte ihm das Mönchsgewand.

Mehrere Jahre vergingen, und »Pater Ludwig« diente in stiller Weise und sehr zur Zufriedenheit des Abtes Gott und dem Kloster. Da geschah es, daß ein übler Riese, der in der Gegend hauste, den frommen Brüdern einen reichen Hof wegnahm. Mönchen, die ausgeschickt wurden, mit dem grimmen Gesellen zu unterhandeln, erklärte er, daß er größeres Anrecht auf die Gründe habe als das Ordenskapitel, doch er sei bereit, sich nach Landesrecht mit ihm zu vertragen. Man stelle ihm einen Mann, so forderte er, mit dem er um den Besitz streiten könne. Unterliege er, so solle der Hof in Hinkunft den Geweihten gehören.

Als der Abt diese Antwort vernahm, berief er die Mönche ins Kapitel, und man beschloß, auf den Vorschlag des Riesen einzugehen. Aber niemand fand sich, der es mit dem gewaltigen Räuber hätte aufnehmen wollen. Ludwig hatte lange geschwiegen, und erst als die Väter nicht mehr aus und ein wußten, meldete er sich und erklärte, sich für den Zweikampf zur Verfügung zu stellen.

Freundlich lächelte da der Prior, Heime aber sprang jetzt von seinem Stuhl, flammendes Feuer schoß aus seinen Augen, und er rief: »Wo ist mein Schwert, wo sind meine Heerkleider?«

Da begriffen alle, daß der neue Bruder ein gar gewaltiger Kämpe gewesen sein mußte. Der Abt aber antwortete: »Dein Schwert ist zerhauen, und aus den Stücken wurden Beschläge an der Kirchentür gemacht. Deine Heerkleider sind zum Nutzen der frommen Gemeinschaft auf dem Markt verkauft worden, dein Hengst mußte Steine für den Kirchenneubau schleppen und ist verendet.« Denn der schlaue Prior dachte, der fromme Pater Ludwig mit seinen alten Waffen wäre am Ende gefährlicher als der üble Riese.

Heime geriet über diese Worte in großen Zorn. »Führt mir alle Gäule vor, die Ihr im Stall habt«, befahl er.

»Es soll geschehen«, zögerte der Prior, »nur laß mich los.«

So gab denn Heimes Faust den Abt frei, und in der gleichen Stunde noch führte man ihm die Pferde des Stiftes vor. Es waren prächtige, gut genährte Tiere. Aber Heime stieß dem einen die Faust in die Seite, da verendete es. Dem andern stemmte er die Hand ins Rückgrat, und es brach durch wie dünnes Holz. Da holte man schließlich einen alten, mageren Gaul aus dem Stall. Ihn zog der bärenstarke Pater Ludwig mit aller Kraft an Schwanz und Mähne. Unbeweglich stand der Hengst, und Heime lachte: »Du bist Rispe.« Über all das erschrak der Abt, und er befahl, auch die Waffen zu holen, die er heimlich hatte verstecken lassen.

Sechs Wochen ließ Heime nun das edle Tier bei gutem Futter im Stall stehen. Und es ward kräftig und stark wie in seiner Jugend. Dann ritt er mit ihm hinaus in den Kampf. So gewaltig hieb Heime zu, daß die Mönche, die zitternd in der Kirche auf den Knien lagen, das Brausen und wilde Toben bis in die heilige Stätte hinein hörten. Als ihnen aber die Kunde von Pater Ludwigs herrlichem Sieg und von dem fürchterlichen Tod des Unholds zugetragen wurde, da stimmten sie ein jubelndes Tedeum an. Am Klostertor empfing der Abt den heldenmütigen Streiter und geleitete ihn in feierlichem Zug in die Kirche. Große Ehre ward Heime erwiesen, und dann lebte er als Mönch wie zuvor.

HEIMES ABENTEUER IM KLOSTER

Eines Tages klopfte es an der Klostertür. Ein Mann, so groß wie ein Riese, in glänzendem Harnisch, einen goldschimmernden Helm auf dem Haupt, begehrte den Pater Heime zu sprechen. Der Pförtner erwiderte: »Es gibt keinen frommen Bruder hier, der Heime heißt.«

»Dann sage dem Abt«, trug der Fremde dem Mönch auf, »er möge das Kapitel zusammenrufen, und ich will selbst sehen, ob ich nicht Heime wiedererkenne. Bestelle dem Prior, daß ich Dietrich bin, König von Bern, und unterwegs, um mein Reich zurückzuerobern.«

Während Dietrich so sprach, kam ein Mönch zum Tor geschritten, klein von Wuchs, aber mit breiten Schultern. Obgleich ihm ein langer grauer Bart vom Kinn wallte, glaubte ihn der König zu erkennen. Wahrhaftig, niemand andrer konnte es sein als Studas Sohn!

»Bruder«, sprach er ihn an, »wir haben manchen Schnee gesehen, seit wir schieden: du bist Heime, mein Geselle.«

»Ich kenne Heime nicht«, antwortete der Mönch, »und niemals war ich dein Genosse.«

»Erinnere dich, wie du mich aus dem Sattel stachst, weil ich eine elende Mähre ritt, erinnere dich, wie du mir Falke brachtest. Siehst du dort den Hengst, er stammt aus Studas Gestüt.«

Heime erwiderte: »Ich erinnere mich dessen nicht, da ich dich nie gesehen habe, Fremdling.«

Doch Dietrich ließ nicht locker und fuhr fort: »Erinnere dich, wie unsere Hengste in Friesland tranken und das Wasser um zwei Schuh abnahm.«

»So wahr mir Gott helfe«, gab der Pater zurück, »ich habe nie einen Hengst gesehen, der einen so unergründlichen Magen gehabt hätte.«

Und wieder drang der Berner in seinen Gesellen: »Gedenke doch des Tages, da ich aus der Heimat floh und du in die Wälder gingst.«

Der Mönch schüttelte müde sein Haupt: »Ich entsinne mich nicht, jemals an anderer Stätte geweilt zu haben als in diesen geweihten Räumen. Ich habe keine Erinnerung mehr an die Welt, ich habe alles vergessen!«

Flehentlich beschwor der König den Pater: »Heime, du mußt dich doch erinnern, wie wir nach Romaburg zu Ermanarichs Gastmahl kamen. Da hatte ich goldige und du braune Haare, und jetzt sind wir weiß geworden. Niemand blieb mir von all meinen Gesellen als Heime und Hildebrand. Verdorben, gestorben auf den Feldern Italiens und des Hunnenlands all meine Getreuen! Gedenke des, Freund, und laß mich nicht länger vor dir stehen.«

Da lachte Heime freudig auf: »Guter Herr Dietrich! Ja, ich gedenke all unsrer Heldentaten und will wieder mit dir ziehen.« Die Kutte warf er ab, gürtete seine Waffen um und zog mit Dietrich in den Wald.

HILDEBRAND UND HADUBRAND

Dietrich dankte nun Herzog Ludwig für seine Gastfreundschaft und beschloß, mit seinen Getreuen nach Romaburg zu ziehen.

Hildebrand ritt voraus, um Weib und Kind zu begrüßen. In der Nähe von Garden kam ihm ein junger Recke auf schneeweißem Zelter entgegen. An seinem Wappenschild erkannte der Meister seinen Sohn Hadubrand und rief ihm freudig zu: »Sei gegrüßt, mein Sohn Hadubrand!«

Erstaunt blickte der Jüngling auf den alten Mann und erwiderte: »Wohl heiße ich Hadubrand, doch Euer Sohn bin ich nimmer! Denn mein Vater ist Hildebrand, der berühmte Waffenmeister Dietrichs von Bern!«

Da lachte Meister Hildebrand von Herzen und reichte dem Sohn einen Ring, um ihm die Wahrheit seiner Behauptungen zu beweisen.

Mit der Speerspitze nahm Hadubrand das Kleinod entgegen und rief: »Auf zum Kampf! So will ich die Wahrheit Eurer Worte erproben!«

Heftig griff er den Alten an und warf ihn aus dem Sattel. Doch nun fochten sie zu Fuß mit den Schwertern, und Hildebrand führte eine so scharfe Klinge, daß sich Hadubrand bald ergeben mußte. Gerührt schloß der Meister seinen Sohn in die Arme, und auch dieser blickte strahlend zu seinem tapferen Vater auf. Gemeinsam ritten sie gegen die Burg Garden, wo Frau Ute freudig den lange vermißten Gatten empfing.

Als die Lampartenfürsten durch Hildebrand die Kunde von der Rückkehr König Dietrichs vernahmen, eilten sie herbei und führten den Herrscher und Frau Herrat im Triumph nach Romaburg, wo Dietrich zum Kaiser gekrönt wurde.

Gar wunderbare Friedenswerke führte Dietrich nun aus. Er ließ die Wasserleitungen der alten Römer erneuern, baute prunkvolle Bäder und einen großen Turnierplatz. Man stellte zwei Standbilder von ihm auf. Das eine aus Erz steht heute noch, und es zeigt den König, den Eckesachs gegen die Steinbrücke der Etsch schwingend. Das andere, aus Marmor gemeißelt, verewigte ihn, wie er, den langen Königsspeer in der Hand, auf dem Rücken seines Hengstes Falke einherbraust.

Bis über die fernsten Reiche drang der Ruhm von Dietrichs Macht und Weisheit. Er überdauerte die Zeiten, und in spätesten Tagen noch sangen die Sänger das Lied von dem gewaltigen König. Die Geschichtsschreibung aber nennt ihn »Theoderich den Großen«.

HILDEBRANDS UND HEIMES TOD

Meister Hildebrand wich nicht mehr von der Seite seines Herrn. Aber es kam die Zeit, da auch sein stolzes Heldenleben sich erfüllte. Ein heftiges Siechtum befiel ihn. Tag und Nacht weilte Dietrich an dem Krankenlager seines alten Meisters. Doch dem Tod konnte auch er, der mächtigste aller Menschen, nicht wehren. Plötzlich ergriff Hildebrand zärtlich die Hand des Herrschers und flüsterte: »Nun ist es aus. Da du bei mir bist, Herr, bin ich versöhnt, daß es mir nicht vergönnt war, auf dem Schlachtfeld zu sterben.« Seine Arme sanken kraftlos herab, der Atem verröchelte, die Seele des Helden stieg in den Himmel. In Liedern wird gesungen, daß Hildebrand zweihundert Winter gesehen habe.

Bald nach Hildebrands Tod ergriff auch Frau Herrat eine schwere Krankheit, an der sie starb. Niemand mehr als Heime war bei dem einsamen König verblieben. Und auch dieser letzte Freund sollte ihm bald genommen werden.

Nach Romaburg kam die Kunde von einem alten, starken Riesen, der hoch in den Bergen bei der Stadt Innsbruck in Tirol in einer Höhle hauste und einen großen Goldschatz bewachte, von dem er sich weigerte, dem König Zins zu entrichten. Heime erbot sich, das Ungetüm aufzusuchen und von ihm die Steuer einzutreiben. Der Held lehnte es ab, ein Gefolge mitzunehmen. Allein brach er auf, um nie mehr heimzukehren.

Heime fand das Gebirg und die Höhle. Der Held drang sogleich unerschrocken in die finstere Kluft. Und wirklich, da lag schlafend ein so gewaltiger Riese, wie er nie einen gesehen hatte. Sein Haar war grau und so lang, daß es das ganze Gesicht bedeckte. »Erhebe dich, Riese«, rief ihn der Held an, »damit ich mit dir kämpfen kann!«

Das Ungeheuer schlug die Augen auf, blinzelte dann eine Weile durch die Strähnen seiner wirren Mähne und grollte gähnend: »Du bist ein dreister Mensch. Ich denke aber nicht daran, aufzustehen. Meine langen Beine hier behaglich auszustrecken, dünkt mich ein schönerer Zeitvertreib, als dich zu erschlagen, obgleich mich auch darnach gelüstet.« Heime schrie: »Wenn du nicht aufstehst, dann töte ich dich, du Tölpel, wie du da liegst.«

Der Riese erhob sich und schüttelte sein Haupt. Das lange Haar sträubte sich und stellte sich auf, ein wahrhaft furchterregender Anblick. Dann ergriff der Unhold eine lange Stange, schwang sie empor und traf mit dem ersten Streich Heime so grimmig, daß er niederfiel und auf der Stelle tot war.

Tiefes Herzeleid erfaßte Dietrich, als die Nachricht von Heimes traurigem Ende nach Romaburg drang. Wutschnaubend befahl er sodann, Falke zu satteln, denn er war entschlossen, Heimes Tod bitter zu rächen. Zur Felsenhöhle sprengte er und rief mit Donnerstimme den wilden Gesellen vor sein unwirtliches Haus. »Hast du Heime, meinen Freund, erschlagen?« fragte Dietrich zornbebend den Riesen.

»Ich weiß nicht, ob Heime dein Freund war«, antwortete der Waldmensch, »aber erschlagen habe ich ihn, weil er sich erfrecht hat, meinen Mittagsschlaf zu stören.« Dietrich darauf: »Nun, da will ich dir jetzt die Nachtruhe versalzen. Nimm deine Stange und wehr dich.«

Der Riese faßte nach seinem Eisenstecken und schlug mit aller Macht nach Dietrich. Der Berner jedoch entschlüpfte dem Riesen, und der Speer traf nur die leere Luft. Schnell tötete nun Dietrich mit dem Eckesachs den Unhold. Das war der letzte Zweikampf, den Dietrich zu bestehen hatte. Kein Riese oder Held fand sich mehr, den er eines Schwertganges für wert hielt. Er war als letzter der Menschen mit übermächtigen, göttlichen Kräften zurückgeblieben. Nur eines freute ihn noch: auf Falkes Rücken auf öden Wegen und in unwegsamen Wäldern zu reiten.

DIETRICHS ENTRÜCKUNG

Einmal, nachdem Dietrich ein Bad genommen hatte und auf einer Marmorbank ruhte, rief einer seiner Diener: »Herr, dort läuft ein Hirsch, einen so großen und schönen hab' ich nie gesehen!«

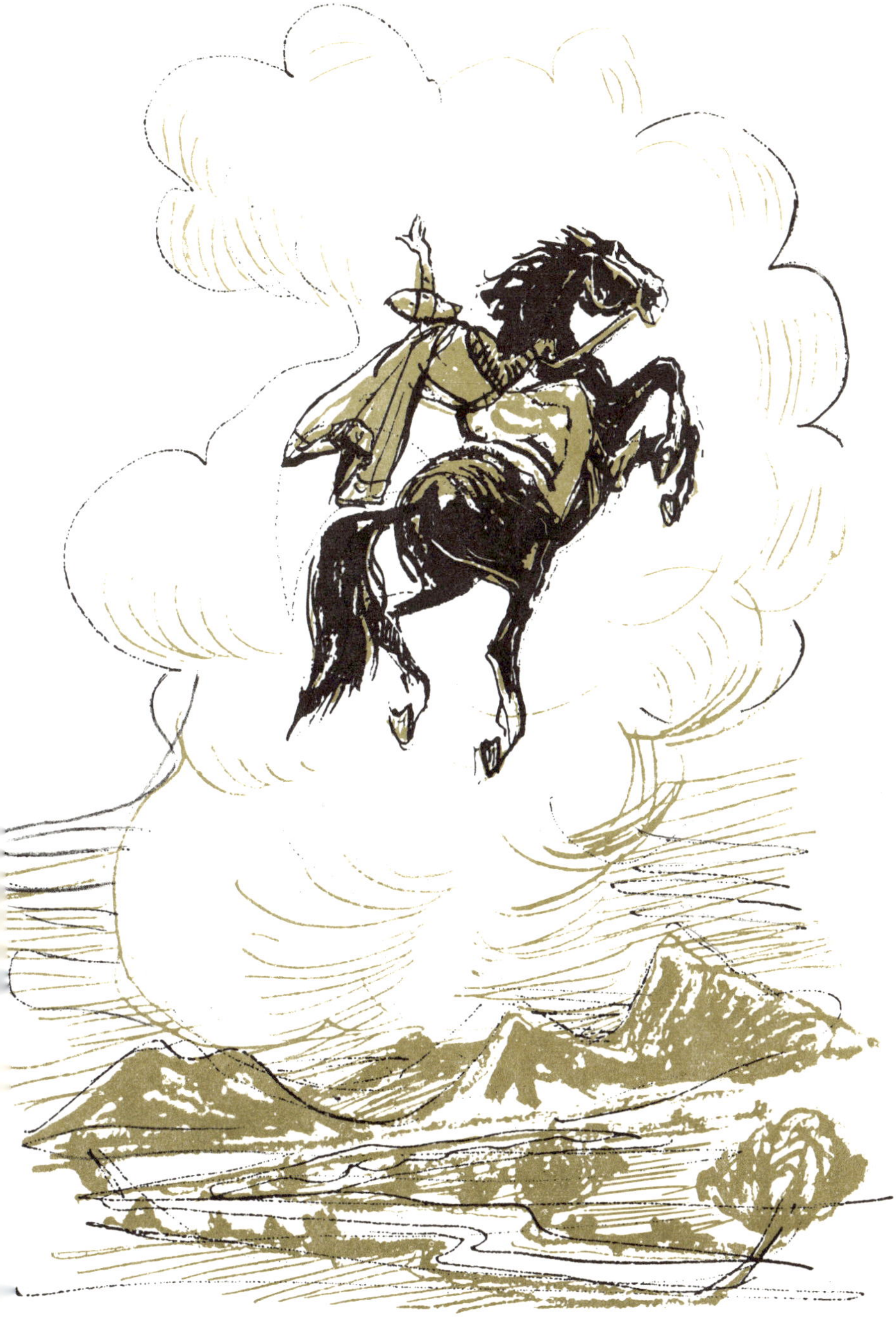

Rasch warf der König einen Mantel um die Schultern und gab den Knechten den Befehl, sogleich Falke zu holen. Indes er nach dem Speer griff, sah er plötzlich einen rabenschwarzen, aufgesattelten Hengst vor sich stehen. Er wollte, von wildem Jagdfieber gepackt, nicht länger auf sein Pferd warten, schwang sich auf den Rücken des Tieres und setzte dem fliehenden Hirsch nach. Der Hengst flog mit seinem Reiter pfeilschnell dahin. Kaum berührten seine Hufe den Boden, und Dietrich begriff, daß es kein irdisches Roß war, auf dem er saß. Er versuchte, den rasenden Galopp anzuhalten und sich aus dem Sattel zu schwingen, merkte aber, daß er sich nicht mehr rühren konnte und mit unsichtbarer Kraft auf dem Lederzeug festgehalten wurde. Die Knechte, die mit der heulenden Meute folgten, blieben immer weiter zurück, und kein Menschenauge hat den Berner je wieder gesehen.

Doch ist das Gedächtnis an den Helden im Volke nicht erloschen. Wenn die Wilde Jagd über die Lande braust, dann glaubt es, daß Dietrich dem Zuge voranreitet. Furchtsam schlagen die Menschen ein Kreuz, denn nach alten Sagen soll das Erscheinen Dietrichs den baldigen Ausbruch eines großen und schrecklichen Krieges bedeuten.

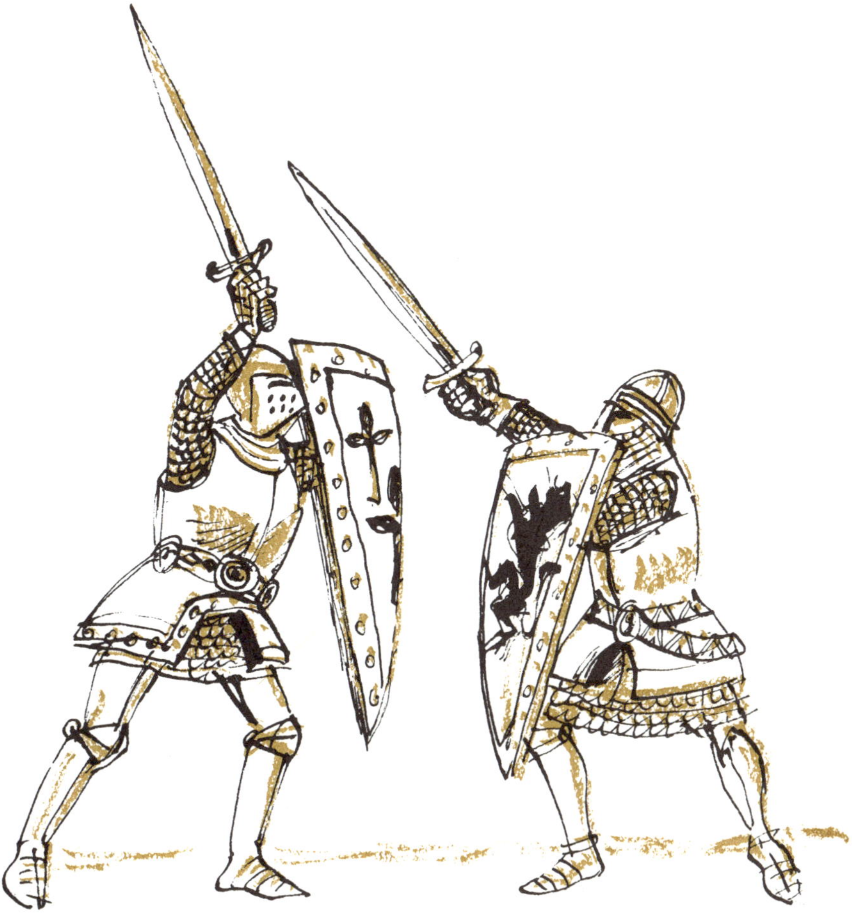

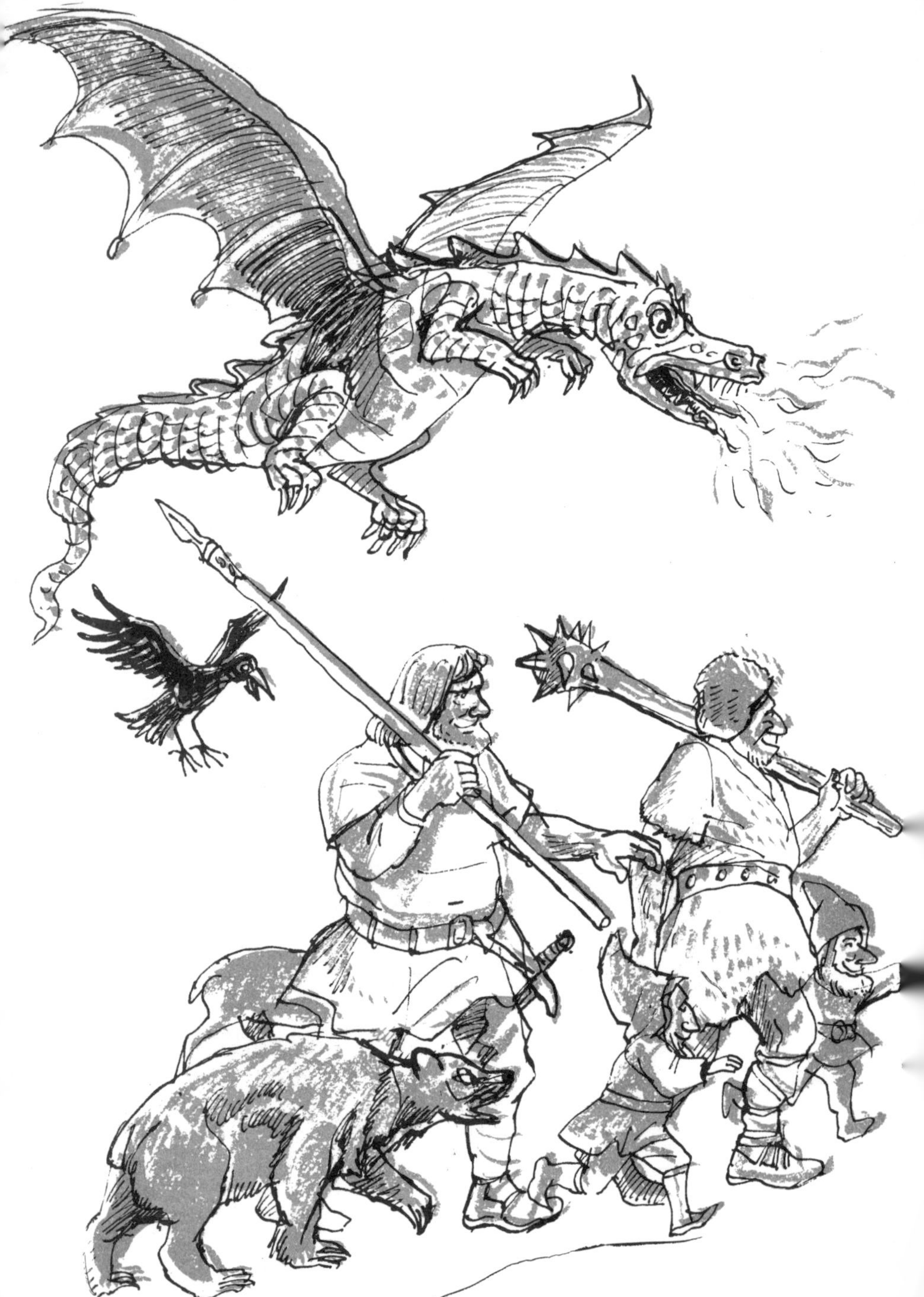

ZWEITER TEIL

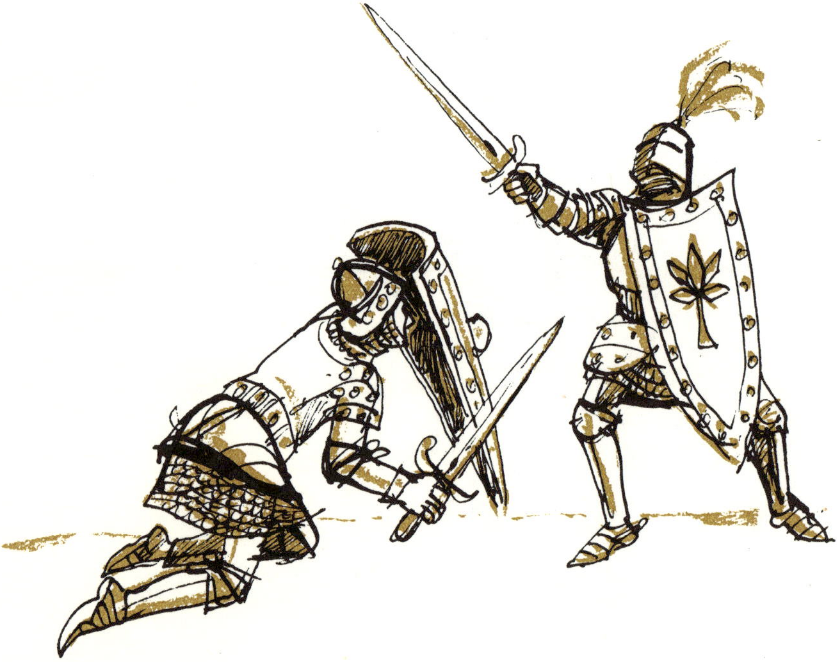

INHALT DES ZWEITEN TEILS

VORWORT 7

DIE WÄLSUNGEN 9

Die Wälsungen · Signy rettet ihren Bruder Sigmund · Sigmunds Leben im Wald · Das Geschlecht der Hundinge · Sigmunds Tod · Sigurds Geburt und Jugend

DER GEHÖRNTE SIEGFRIED 33

Die Nibelungen · Siegfried bei den Schmieden · Bei Mime in der Lehre · Siegfrieds Kampf mit dem Drachen · Siegfried begegnet dem Zwergenkönig · Siegfried im Drachenstein · Siegfrieds Hochzeit

DER WORMSER ROSENGARTEN 63

Kriemhild bittet zum Turnier · Ein Held zuwenig · In Wien · Ein streitbarer Mönch · Die Kampfpaare werden bestimmt · Das Turnier beginnt · Ein heiteres Zwischenspiel · Feueratem gegen Drachenhaut

VIRGINAL, DIE ZWERGENKÖNIGIN VON TIROL 85

Königin Virginal in Not · Hildebrand rettet ein Opfer · Virginals Freudenfest · Ein Drache stiftet Verwirrung · Zwerg Bibung gewinnt alle Herzen · Dietrichs Gefangennahme · Virginals Enttäuschung · Grausame Gefangenschaft · Königin Virginal und König Dietrich

DAS ECKENLIED 119

Ecke und Fasold · Ecke findet Helfrich · Eckes Kampf mit Dietrich · Eckes Bestattung · Dietrichs Kampf mit Fasold · Fasolds Verrat · Dietrich und Königin Seeburg

ALPHARTS TOD 147

Alphart bezieht die Wacht · Hildebrands List mißlingt · Achtzig Ritter gegen einen · Der Verrat

KÖNIG ROTHER 163

König Rother auf Brautschau · König Rother mit der Harfe · König Rothers List · Zwei Schuhe für den rechten Fuß · Die Verlobung · Die Heimfahrt · List gegen List · Ende gut, alles gut

ORTNIT UND ALBERICH 205

Der König ohne Liebe · Ortnit empfängt das Geschmeide Alberichs · Ortnits Meerfahrt · Ortnit erobert Suders · Alberich erringt für Ortnit eine Braut · Alberichs Triumph · Der Überfall der Lindwürmer · Ortnits Tod · Totenklage um Ortnit

HUGDIETRICH UND WOLFDIETRICH 239

Hugdietrich in Frauenkleidern · Hugdietrich und Hildburg · Wolfdietrich · Hildburg lüftet ihr Geheimnis · Hugdietrichs und Hildburgs glückliches Leben · Verrat an Wolfdietrich · Die verzauberte Königstochter · Wolfdietrich bezwingt Kaiser Ortnit · Siegeminnes Befreiung und Tod · Wolfdietrich im Zaubergarten · Wolfdietrich rächt Ortnits Tod · Wolfdietrich gewinnt die schöne Sidrat · Treue für Treue

VORWORT DES ZWEITEN TEILS

In den zweiten Teil dieser Gesamtausgabe wurden jene Heldensagen aufgenommen, die sowohl zur Völkerwanderungszeit als auch zur Zeit des späteren Mittelalters in Beziehung stehen. Aber auch Sagen wie „Der gehörnte Siegfried", denen kein geschichtlicher Kern nachzuweisen ist, fanden Aufnahme.
Mehrfach haben wir es jedoch mit der Kunst des Erzählens einzelner Dichter, wie in der Sage „König Rother", zu tun, wo auch Einflüsse fremder Literatur festzustellen sind.
In ihrer Gesamtheit gehen die Deutschen Heldensagen auf mündliche und schriftliche Überlieferung aus der Heldenzeit, nicht nur des deutschen Volkes, sondern der germanischen Völker überhaupt, zurück.
Beide Teile dieser Ausgabe vermitteln der Jugend ein abgerundetes Bild von den großen Sagenkreisen.

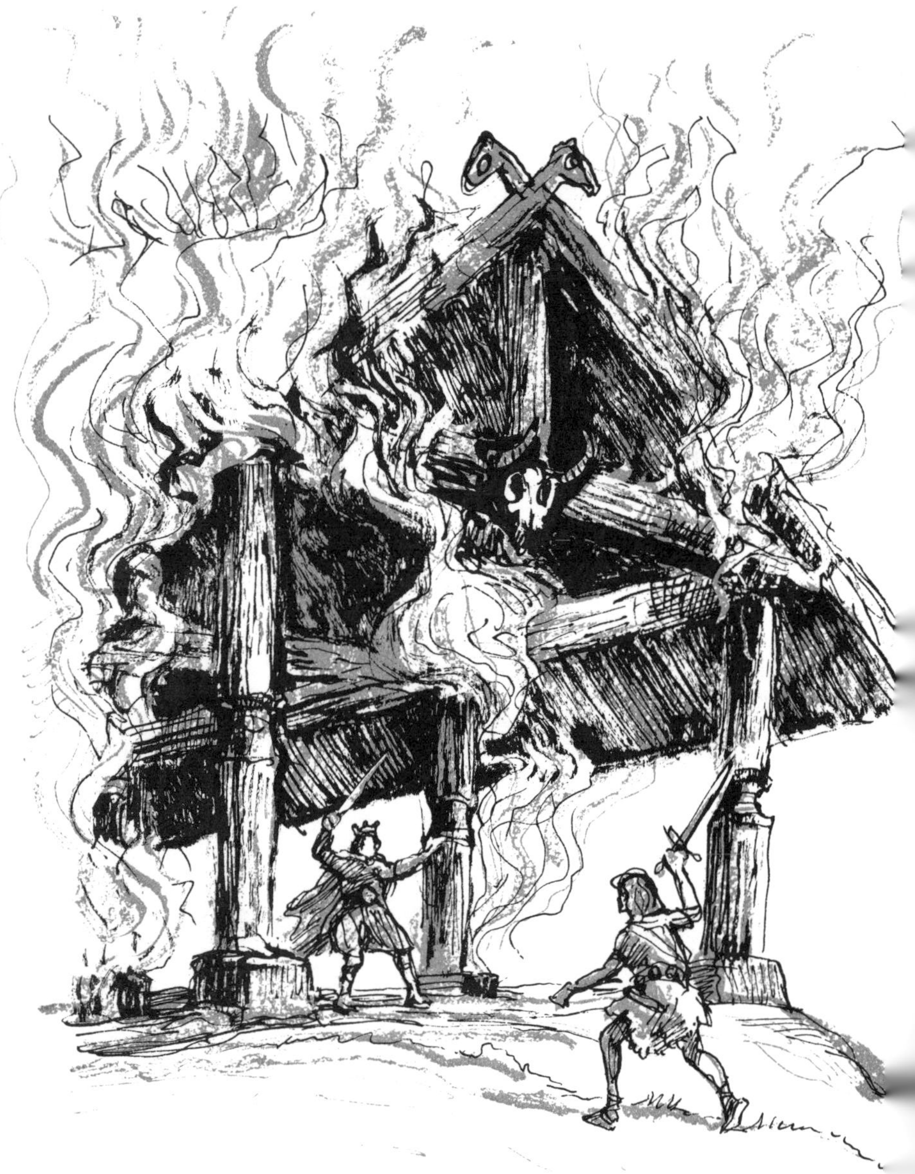

DIE WÄLSUNGEN

Das alte oder auch nordische Nibelungenlied der „Edda" ist ebenso süddeutschen Ursprungs wie das um das Jahr 1150 entstandene mittelhochdeutsche Nibelungenlied, das im Band 1 der Ausgabe „Deutsche Heldensagen" nacherzählt wurde.

Der Sagenstoff des alten Nibelungenliedes drang über den Oberrhein nach Norden, wo er von isländischen Sängern im 8. Jahrhundert aufgezeichnet wurde.

Die im 13. Jahrhundert auf Pergament niedergeschriebenen beiden Fassungen der „Edda" befinden sich heute in den Bibliotheken von Upsala (Schweden) und Kopenhagen (Dänemark). Die wichtigste Dichtung darin ist das „Wälsungenlied", dessen Anfang bis zu den ersten Heldentaten Sigurds hier nacherzählt wird.

DIE WÄLSUNGEN

In längst vergangener Zeit lebte ein starkes, wildes Geschlecht, das sich die Wälsungen nannte. Es stammte von Odin ab, dem höchsten Gott der Germanen. Denn der Großvater des ersten Wälsung war Sigi, ein Sohn

DIE WÄLSUNGEN

Odins. Der letzte Wälsung hieß Sigurd*, und er gilt auch heute noch als der größte Held, den die Welt je sah.

Sigi saß einsam auf seinem Hof, ohne Weib, ohne Sippe und ohne Knechte. Niemand wußte, wer ihn aufgezogen hatte, und er selber vermochte nicht zu sagen, wie er auf den Hof gekommen war. So weit er sich zurückerinnern konnte, war niemand um ihn, nur einmal hatte ihm geträumt, daß Odin sein Vater sei und seine schützende Hand über ihn halten werde.

Jenseits eines Waldgebirges lag der Hof des Bauern Skadi. Dieser hatte einen überaus kunstfertigen Knecht mit Namen Bredi. Er wurde von seinem Herrn sehr gerühmt, und das kam auch Sigi zu Ohren und erweckte seinen Neid. Vor allem erboste es ihn, daß dieser Bredi nach den Worten des Nachbarn auch der beste Jäger sein sollte. Sigi kam darüber mit seinem Nachbarn in Streit, und dieser schickte Bredi zu Sigi, damit er ihn auf der Jagd begleite. Der Einsame nahm die Herausforderung an.

Einen ganzen Tag lang jagten sie, und als sie am Abend ihre Beute zusammentrugen, zeigte sich, daß Bredi mehr Wild erlegt hatte als Sigi. Darüber erzürnte der wilde Jäger so sehr, daß er den Knecht erschlug. Die Leiche verscharrte er unter einem Schneehaufen. Dem Nachbarn erzählte er, Bredi habe sich im Wald von ihm getrennt, und er wisse nicht, wo er geblieben sei.

Skadi schöpfte Verdacht und sandte Leute aus, um den Knecht zu suchen. Die Leiche wurde gefunden, und sie wies deutlich die Spuren der Untat auf. Sigi war des Mordes überführt. Damit wurde er nach dem alten Recht der Germanen für friedlos erklärt, das heißt er war aus der Gemeinschaft ausgeschlossen, niemand durfte mit ihm Umgang halten und jeder ihm ungestraft Leid zufügen.

Sigi floh aus dem Land, scheu und gehetzt, ein Frevler, der mit dem Verlust seiner Heimat für die Untat büßen mußte. Doch war sie im Zorn geschehen, und darum verzieh ihm sein Vater Odin. Er stellte ihm eine Anzahl Drachenschiffe und ein starkes Gefolge bei. Mit ihnen zog Sigi auf Heerfahrten aus, und Odin verlieh ihm Siege zu Wasser und zu Land. Er eroberte ein mächtiges Reich.

Sigi nahm die Tochter des Frankenkönigs, den er besiegt hatte, zum Weibe, und aus dieser Ehe entsproß ein Sohn, dem die Eltern den Namen Rerir gaben. Er wuchs zu einem starken Mann heran.

* Sigurd ist der nordische Name für Siegfried, Odin heißt altdeutsch Wotan

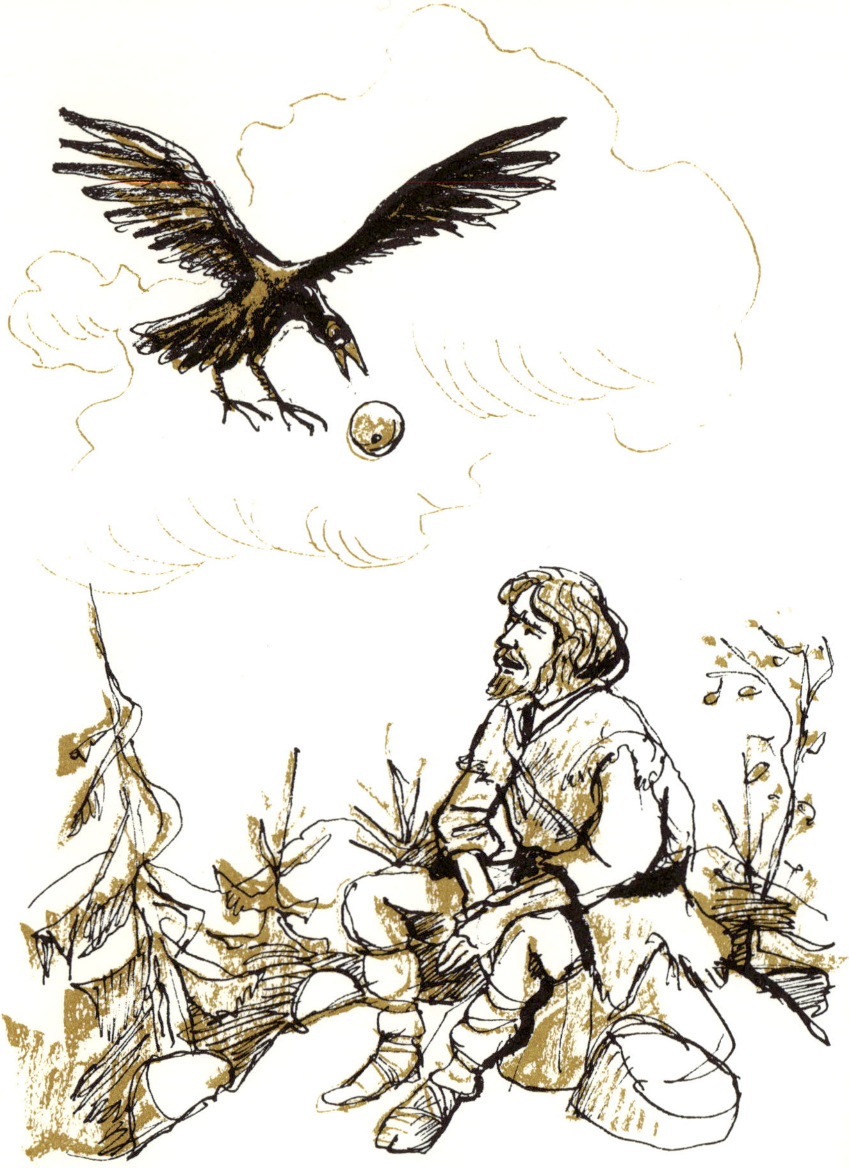

DIE WÄLSUNGEN

Nun hatte der Frankenkönig im Kampf mit Sigi sein Leben lassen müssen. So viele Jahre auch darüber vergangen waren, die Söhne vergaßen den Tod ihres Vaters nicht und sannen auf Rache. Sie überfielen Sigi meuchlings auf einer einsamen Wegstrecke, als er mit einem kleinen Gefolge über Land reiste. Sigi erlag der Übermacht und wurde samt dem Hofgesinde von seinen Schwägern umgebracht. Sein Sohn Rerir war daheim geblieben und dem Anschlag entgangen.

So fiel es Rerir zu, Rache zu nehmen. Sigi hatte sich einen großen Anhang zu sichern verstanden, tapfere Männer, die sich mit Freuden in den Dienst des Sohnes stellten, und mit ihrer Hilfe bestrafte er seine Oheime hart. Rerir gewann auf diese Weise Ruhm und allgemeine Achtung.

Nun nahm sich Rerir eine schöne, seiner würdige Frau zur Gemahlin. Zu ihrem Glück fehlte nur ein Kind und damit ein Erbe des Reiches. Sosehr sie sich auch Nachwuchs wünschten, die Ehe blieb viele Jahre lang kinderlos. Da sandten sie eine heiße Bitte zu den ewigen Göttern nach Walhall hinauf, und Odin und Frigg erfüllten ihren Sehnsuchtswunsch.

Odin befahl der Walküre Liod, sich in eine Krähe zu verwandeln und Rerir einen Apfel zu überbringen. Liod fand Rerir, in tiefe Gedanken versunken, auf einem Hügel sitzen. Die Krähe ließ den Apfel in seinen Schoß fallen. Der König verstand das Zeichen, brachte den Apfel seiner Frau und bat sie, davon zu essen.

Rerir erlebte die Geburt seines Kindes nicht mehr. Bald nachdem ihm Liod erschienen war und den Apfel gebracht hatte, mußte er in den Krieg ziehen. Eine Krankheit warf ihn nieder, und sosehr er auch um sein Leben rang, der Tod war stärker. Rerir starb. Sein letzter Gedanke galt seinem Weib, das beinahe zur selben Stunde vom gleichen Schicksal ereilt wurde. Als ihr Kind, ein Knabe, das Licht der Welt erblickte, mußte auch sie von der Erde scheiden.

Ehe sie die Augen für immer schloß, küßte sie der Neugeborene auf die vom Schmerz gezeichneten, bleichen Wangen, so stark war der Knabe schon bei seiner Geburt.

Das Kind erhielt den Namen Wälsung. Odin liebte ihn noch mehr als seinen Vater und gab ihm später die Walküre Liod zur Frau, die seinem Vater Rerir den Apfel in den Schoß geworfen hatte. Die Ehe wurde mit zehn Söhnen und einer Tochter gesegnet. Der Ruhm dieses Geschlechtes drang in den letzten Winkel der Welt. In Liedern wurde der Mut und die

Kraft der Wälsungsöhne besungen, und für die Schönheit Signys, der Tochter, fanden die Skalden* immer neue preisende Worte.

Von den Söhnen zeichnete sich der älteste, Sigmund geheißen, durch Verstand und Kühnheit besonders aus. Sigmund und Signy waren einander sehr zugetan, und einmal sollte sich die Gelegenheit ergeben, daß Signy ihren Bruder aus schwerster Todesnot erretten konnte.

Zum äußeren Zeichen der Macht des Geschlechtes beschloß Wälsung eine Königshalle zu erbauen. Eine mächtige, uralte Eiche wurde in den Bau einbezogen, ihre Krone ragte über das Dach hinaus und überschattete den ganzen Palast. Zu Ehren von Wälsungs Gemahlin Liod, der einstigen Walküre, wurde der Baum inmitten der Halle „Stamm der Heldenjungfrau" genannt. Er war gleichzeitig ein Symbol des Weltenbaums, dessen Krone den Himmel, dessen Stamm die Erde und dessen Wurzeln die Unterwelt darstellten.

Damals herrschte in Gautland ein reicher König namens Siggeir. Viel Kriegsvolk stand in seinen Diensten, und er wurde mehr gefürchtet als verehrt, denn er war von herrischem und finsterem Wesen. Die Kunde von Signys Schönheit erweckte in Siggeir den Wunsch, sich die Wälsungtochter als Gemahlin zu holen. So warb Siggeir um Signys Hand.

Der Jungfrau gefiel der trotzige Held nicht. Sie hätte lieber einen strahlenden Jüngling gefreit. Aber Wälsung, der Vater, und auch ihre Brüder waren geschmeichelt, daß Signy von einem so reichen Fürsten begehrt wurde. Sie redeten dem Mädchen zu, die Werbung anzunehmen, doch wollte es selbst keine Entscheidung fällen. Sie überließ es dem Vater, den Freier abzuweisen oder eine Zusage zu geben. Der Vater entschied sich für ein Ja, und so verlobte sich Signy mit Siggeir.

Die Hochzeit wurde in glänzender Weise bestellt. Von weither strömten die Gäste zusammen, und Wälsungs mächtige Halle konnte die Helden kaum fassen, die das junge Paar durch ihre Anwesenheit ehrten.

Ein Feuer wurde entzündet, und in seinem hell lodernden Schein kreisten die Becher mit Met. Da trat ein Mann herein, ein Wanderer in grauem, fleckigem Mantel. Niemand kannte ihn. Tief ins Gesicht hatte er den breitkrempigen Hut gezogen, der ihm das linke Auge beschattete. Wer genauer hinsah, der entdeckte, daß das geschlossene Lid über einer leeren Höhle lag – der fremde Mann war einäugig.

Der Wanderer hielt ein Schwert in der Hand. Er trat wortlos an den Eichenstamm, stieß den Stahl bis zum Heft in das Holz und sprach die

---

* Skalden sind die altnordischen Dichter und Sänger

prophetischen Worte: „Wer dieses Schwert aus dem Stamm zu ziehen vermag, der darf es behalten, es sei sein eigen. Jener ist der beste Mann, der stark genug ist, sich dieses Schwert zu erringen, aber dies ist auch das beste Schwert, das er sich gewinnt."

Ringsum erstarrte alles in ehrfurchtsvollem Schweigen. Grußlos, wie der Wanderer erschienen war, verließ er die Halle wieder.

Nach einer geraumen Weile kam endlich wieder Leben in die Festgesellschaft. Nun versuchten alle Recken, das Schwert aus dem Stamm zu ziehen. Erst traten die beiden Könige an, dann die übrigen Gäste, nach ihrer Würde gereiht. Aber keinem gelang es, den Schaft auch nur um eine Fingerbreite zu bewegen.

Als letzter wagte Sigmund den Versuch. Mühelos, als ob der Stahl nur lose im Stamm gesteckt hätte, zog er ihn aus dem Holz. Er hielt ihn gegen den Schein des lodernden Feuers. Die Gäste umdrängten Sigmund neugierig, um die Waffe zu bestaunen. Sie gaben freimütig zu, niemals ein besseres Schwert gesehen zu haben.

„Der Wanderer war Odin selbst", erklärte feierlich der alte Wälsung.

König Siggeir aber wandte sich an seinen neuen Schwager: „Überlaß mir das Schwert, Sigmund, ich wiege dir sein Gewicht dreimal mit Gold auf."

„Es ist mir für alles Gold der Welt nicht feil, Siggeir", rief der Jüngling aus, „wenn dir sein Besitz bestimmt gewesen wäre, dann hättest du auch die Kraft besessen, es aus dem Stamm zu ziehen." Und wie zum Hohn ließ der junge Held das Schwert noch einmal im zuckenden Flammenschein aufleuchten; geblendet und erschreckt fuhren die Gäste zurück. Sie erkannten, daß es ein Wunderstahl war, den Sigmund in Händen hielt.

Die Antwort Sigmunds hatte Siggeir schwer erzürnt. Er wollte den Spott später bitter rächen. Doch für den Augenblick durfte er sich nichts anmerken lassen. Er gab sich so, als sei mit der Ablehnung Sigmunds die Sache nun abgetan, lachte und trank weiter.

Als Siggeir schon am andern Tag erklärte, der Wind stehe günstig und er wolle mit seinen Drachenschiffen heimkehren, war das wider Sitte und uralten Brauch. Wälsung beschwor seinen Schwiegersohn, zu bleiben, bis der Mond wieder gewechselt habe, aber Siggeir blieb hart.

Heimlich sank Signy zu ihres Vaters Füßen und flehte: „Behalte mich hier, Vater, ich fürchte mich, mit König Siggeir in ein fremdes Land zu fahren."

DIE WÄLSUNGEN

„Du bist jetzt sein Weib und an das Versprechen gebunden", erwiderte der alte Wälsung abweisend.

„Ich fühle Unheil aus dieser Ehe wachsen. Besser, sie würde gleich gebrochen", beschwor die junge Frau noch einmal den Vater.

„Eid ist Eid, und wenn er auch Unglück bringt, er muß geachtet werden", beharrte Wälsung.

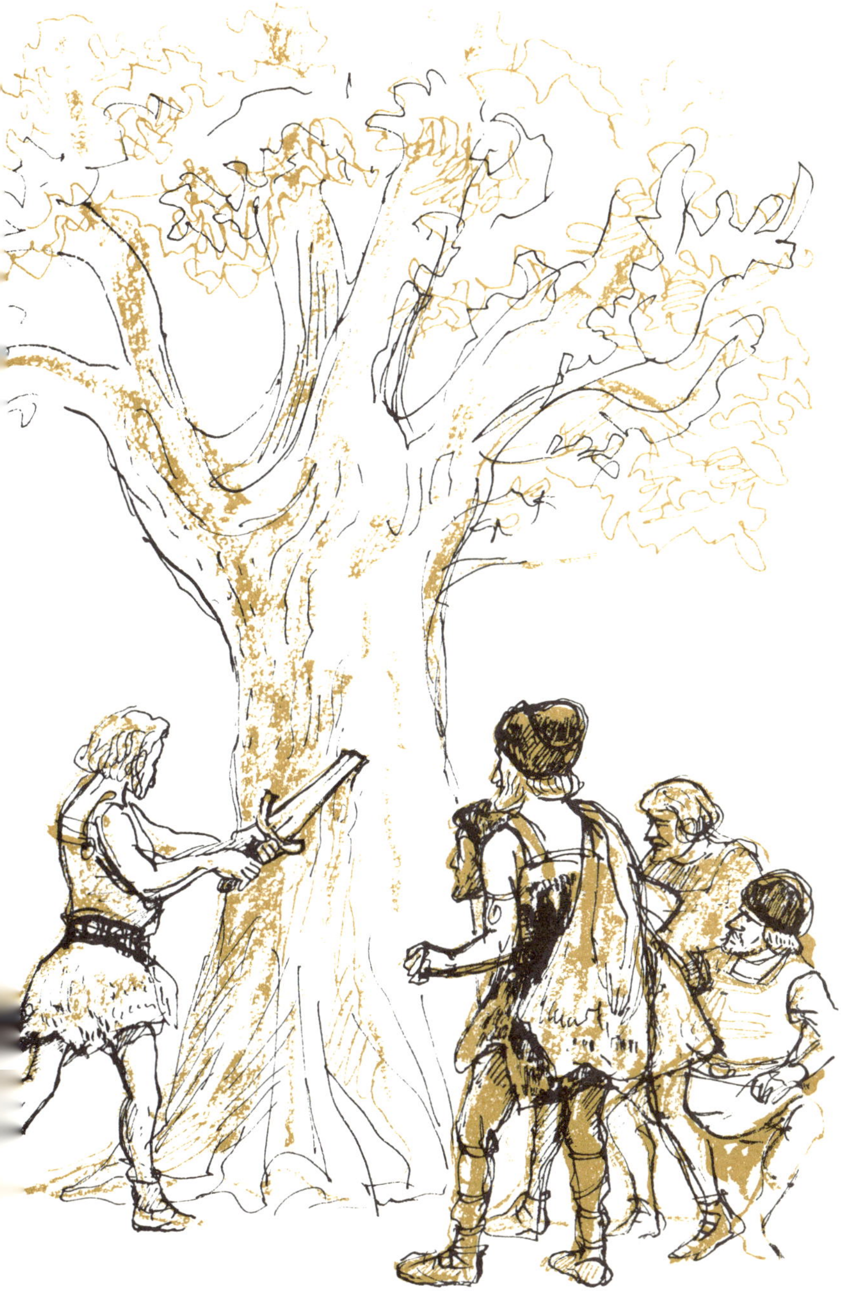

So schied Signy aus ihrem Vaterhaus. Zum Ersatz für das vorzeitig abgebrochene Hochzeitsfest lud Siggeir Wälsung und seine Sippe zum Besuch nach Gautland ein.

SIGNY RETTET IHREN BRUDER SIGMUND

Signy lebte freudlos an der Seite ihres Gatten. Ihre Gedanken weilten in der Heimat. Sie sah sich im heiteren Spiel mit ihren Geschwistern, und besonders Sigmunds strahlendes Antlitz war ihr immer nah, im Traum und im Wachen.

Der trotzige König von Gautland merkte, daß sich seine Gattin bei ihm nicht wohl fühlte. Er versuchte sie zu beruhigen: „Bald wirst du deinen Vater wiedersehen und deine Brüder, und wir werden prächtige Turniere veranstalten. Sigmund besitzt ja das herrlichste Schwert der Welt, er wird immer der Sieger sein." Signy erkannte den geheimen Sinn dieser Worte und war wachsam.

Der Zeitpunkt des Besuchs der Wälsungen rückte näher, und Signy beobachtete, daß ihr Gatte heimlich zum Kampf rüstete und ein großes Heer versammelte.

Zur verabredeten Frist stach Wälsung mit seinen Söhnen und einem stattlichen Gefolge auf drei Schiffen in See. Nach tagelanger Reise ging er spät am Abend im Anblick der Burg Siggeirs vor Anker. Er gab Befehl, über Nacht an Bord zu bleiben und erst am Morgen in der Burg Einzug zu halten. Signy entdeckte die Schiffe und schlich sich heimlich aus der Burg, um die Ihren zu warnen.

Doch alle ihre Tränen, Beschwörungen und Bitten, sie möchten eilig wieder fortsegeln, fruchteten nichts. „Als ich, der ich meinen Vater nie gekannt habe, die Herrschaft von Rerirs Reich übernahm", erklärte Wälsung, „schwor ich, Eisen und Feuer nicht zu fürchten. Diesem Eid bin ich nie untreu geworden. Oft war die Übermacht auf meiner Seite, und da hatte ich es nicht schwer, den Unerschrockenen zu spielen. Doch ich ergriff auch nicht die Flucht, wenn alle Vorteile auf seiten des Feindes waren. Nein, Kind, ich weiche hier nicht."

„So laß mich wenigstens bei dir bleiben, Vater", flehte Signy, „ich will mit dir und meinen Brüdern sterben, wenn es sein muß."

„Dein Platz ist bei deinem Mann", erwiderte der Vater streng, „wie immer es uns ergehen mag, du mußt dich zu ihm bekennen."

Signy kehrte heim, und ihr Gatte sah beim Abendmahl, daß die Augen seines Weibes rot von vergossenen Tränen waren. Da wußte er, daß Signy unten bei den Schiffen gewesen war, aber er überging seine Beobachtung mit Stillschweigen.

Am nächsten Morgen verließen König Wälsung und seine Männer die Schiffe und wateten durch das seichte Wasser an den Strand. Dort sammelten sie sich und machten sich zum Kampf bereit. Sie hatten nicht lange auf den Feind zu warten. König Siggeir hatte während der Nacht sein Heer in die Burg zurückgezogen, nun öffneten sich die Tore, und unübersehbar ergoß sich ein Strom von Bewaffneten auf das freie Feld.

Wälsung warf sich ohne zu zögern auf die erste Schlachtreihe des Königs von Gautland, er und seine Getreuen töteten viele Feinde und zersprengten den Rest. Doch unverzüglich führte Siggeir neue Scharen ins Gefecht. Wieder wurden sie von Wälsungs Männern geschlagen. Achtmal wiederholte sich dieses blutige Spiel. Beim neunten Angriff aber ereilte Wälsung sein Schicksal. Ein Speer traf ihn mitten ins Herz, und er sank tot nieder.

Ihres tapferen Führers beraubt, vermochten die Söhne und Mannen Wälsungs dem Feind nicht mehr lange Widerstand zu leisten. Das ganze Gefolge König Wälsungs fiel, die Söhne aber wurden gefangengenommen.

Signy hatte die Schlacht von einem Turm der Burg beobachtet. Nun weinte sie nicht mehr, denn sie hatte den Ausgang des ungleichen Kampfes vorausgesehen und war innerlich darauf vorbereitet. Sie bat ihren triumphierend heimkehrenden Gemahl, die Wälsung-Söhne, ihre Brüder, nicht zu töten, sondern sie „in den Stock setzen" zu lassen, was eine furchtbare Marter bedeutete.

„Wahnsinn ist es, Signy, für deine Brüder lieber größere Qual als den schnellen Tod zu begehren", erklärte Siggeir.

„Solange eines Menschen Auge noch geöffnet ist, darf er hoffen", erwiderte die Königin.

„Deine Brüder haben nichts mehr zu hoffen", sprach Siggeir.

„Dann haben sie wenigstens noch eine Zeitlang zu leben", gab seine Gemahlin zurück, „und das Leben ist auch im Schmerz schön."

Der König von Gautland schüttelte verwundert sein Haupt, erfüllte aber die Bitte Signys. Er befahl, die Brüder seines Weibes in den Wald zu führen und „in den Stock zu setzen". Dies geschah, indem man den Verurteilten die Füße in Löcher zwängte, die durch einen Baumstamm gebohrt waren. Zugleich wurden ihnen die Hände auf dem Rücken zusammengebunden, und in dieser schrecklichen Lage, in der das Sitzen wie das Liegen zur Pein wurde, hatten die Gefangenen viele Stunden, oft auch Tage, ja im Fall eines Todesurteils qualvolle Wochen bis zu ihrem Ende zuzubringen.

Siggeir hatte seinen Gefangenen den Tod zugedacht. Die zehn Brüder saßen nebeneinander in einen Baumstamm gezwängt, doch kein Klagelaut kam über ihre Lippen. Um Mitternacht kam ein riesiger Bär angetrollt und biß einem der Brüder die Kehle durch. Neun Nächte lang ging es so weiter, bis neun Brüder ihr Leben hatten lassen müssen. Nur Sigmund war nun noch übrig.

Neun Tage und neun Nächte hatte Signy ihr Hirn zergrübelt, wie sie den Gefangenen helfen könnte. Am zehnten Tag sandte ihr Odin endlich eine Erleuchtung. Sie winkte einen ihrer Vertrauten zu sich, drückte ihm einen Topf Honig in die Hand und befahl ihm, das Gesicht Sigmunds mit Honig zu bestreichen.

Als nun der Bär in der zehnten Nacht wiederkehrte, witterte er den Honig und leckte Sigmunds Gesicht ab. Nachdem er erst einmal von dem süßen Saft gekostet hatte, konnte er nicht genug davon bekommen und tastete mit seiner Zunge in Sigmunds Mund hinein. Da biß dieser zu und ließ nicht mehr locker, wie kräftig auch das Tier zerrte und sich freizumachen suchte. Schließlich stemmte er seine Tatzen gegen den Block, um mehr Kraft zu gewinnen, dabei zersplitterte das Holz, und Sigmund war frei. Die Zunge aber ließ er nicht fahren, schließlich riß er sie bis zur Wurzel aus dem Maul des Bären, und das Tier verendete an dieser furchtbaren Wunde.

Die Stricke, mit denen seine Hände gefesselt waren, schabte Sigmund an einer Baumrinde durch. Die Schwester hatte den Lieblingsbruder gerettet!

SIGMUNDS LEBEN IM WALD

Sigmund war nun frei, doch zugleich auch heimatlos und friedlos. Wälsungs Niederlage hatte sein Väter-Land unter die Herrschaft Siggeirs gebracht, und dorthin konnte er nicht zurückkehren. Dem jungen Helden blieb nur die eine Wahl, sich im Wald versteckt zu halten. Er baute sich eine

Hütte, die nur wenig über dem Boden emporragte und die er mit Moos und Zweigen geschickt vor neugierigen Augen zu verbergen wußte. Zehn Jahre lebte Sigmund darin und nährte sich in dieser Zeit von Beeren, Wurzeln und dem Honig der wilden Bienen.

Durch eine geheime Botschaft Òdins erfuhr Signy von dem Aufenthaltsort ihres Bruders. Signy hatte drei Söhne, der jüngste hieß Sinfiötli. Er war schön und stark und der Liebling der Mutter. Mit zehn Jahren hatte ihn Signy einer Mutprobe unterzogen, indem sie ihm einen neuen Rock anzog und den Ärmel durch die Haut am Rock festnähte. Er zuckte mit keiner Wimper. Dann riß sie ihm den Rock vom Leib, und am Wollzeug haftete ein Fetzen Fleisch. „Schmerzt es?" fragte die Mutter den Sohn. Sinfiötli lachte nur.

Sinfiötli war ganz anders als seine Brüder. Diese hatten das trotzige und ernste Wesen des Vaters geerbt, Sinfiötli aber glich den Wälsungen. So fand Signy, daß er besser zu ihrem Bruder als zu ihrem Gemahl passe, und schickte ihn zu Sigmund in den Wald. Sie trug Sinfiötli die innigsten Grüße für Sigmund auf und gab ihm Waffen mit, denn sie wünschte, daß der Oheim den Neffen im Kampf und Waidwerk unterweise. Ihrem Gatten Siggeir täuschte sie vor, Sinfiötli sei auf einem Drachenschiff unterwegs.

Einen ganzen Sommer lang zogen Sigmund und Sinfiötli durch den Wald, sie machten reiche Jagdbeute und gerieten auf ihren Streifzügen bisweilen auch in Streit mit anderen Waidmännern. Aber sie blieben immer siegreich.

Eines Tages stießen sie auf ein Haus, darin zwei Männer im Schlaf lagen. Sie waren von einem bösen Zauber befreit worden, denn über ihnen hingen zwei Wolfshemden. Wer sich ein solches Hemd überstreifte, wurde in einen Werwolf verwandelt und mußte zehn Tage als Wolf leben. Sich in Tiere verwandeln zu können, war für die Menschen jener grauen Vorzeit eine dunkle, geheimnisvolle Verlockung.

Auch Sigmund und der Knabe vermochten der Versuchung, in die Wolfshemden zu schlüpfen, nicht zu widerstehen. Kaum spürten sie die Wolfshaut auf ihrem Leib brennen, flogen ihre Menschenseelen davon, und sie wurden zu Tieren. Wilder Grimm stieg in ihren Herzen auf, und sie fürchteten, sich einander wie Bestien bekämpfen zu müssen. So verabredeten sie, sich zu trennen und jeder seine eigenen Wege zu gehen.

Doch es traf sich, daß sie einander nach einigen Tagen wieder begegneten. Sigmund sprang Sinfiötli an und biß ihn in die Kehle. In diesem Augenblick war die Frist um, Sigmunds Zorn verrauchte, und er fühlte mensch-

SIGMUNDS LEBEN IM WALD

liches Empfinden in sein Herz zurückkehren. Großes Mitleid erfaßte ihn, denn er liebte den Knaben wie sein eigenes Kind, und nun drohte er an der Wunde, die er ihm zugefügt hatte, zu verbluten.

In seiner verzweifelten Lage kam Sigmund Odin zu Hilfe. Ein Rabe, der Vogel des höchsten der Götter, stieß aus dem Himmelsblau herunter und ließ zu Sigmunds Füßen ein Kraut fallen. Dieses legte er auf die Wunde des Knaben, und Sinfiötli genas! Die Wolfshaut fiel von beiden ab, und sie nahmen wieder menschliche Gestalt an.

Der Knabe wuchs zum Jüngling heran, und damit nahte die Zeit, da Sigmund sein Rachewerk beginnen konnte. Eines Abends brach Sigmund von der Höhle auf und befahl Sinfiötli, ihm zu folgen. Der Weg führte sie zu Siggeirs Burg. Sie betraten den Vorraum der großen Halle. Dort standen Bierfässer, und hinter diesen versteckten sich die beiden, um eine Gelegenheit zur Tat abzuwarten. Da kamen Sinfiötlis Brüder in die Halle, um sich mit einem Ballspiel zu vergnügen. Bei der Suche nach einem fehlgeschlagenen Federball entdeckten sie die Eindringlinge; sie riefen ihren Vater herbei, der Sigmund erkannte, Sinfiötli aber für einen Mordgehilfen des Wälsung hielt. Siggeir befahl, beide über Nacht in Ketten zu legen und am nächsten Morgen lebendig einzumauern.

Zu diesem Zweck wurde ein Hügel aus Steinen und Rasen aufgeworfen, wie er in Gautland zur Bestattung der Toten errichtet wurde. Die Grabkammer im Inneren des Hügels ließ Siggeir durch eine Felswand teilen und in die eine Zelle Sigmund, in die andere Sinfiötli sperren. Dort sollten sie verhungern und sich zur Erhöhung ihrer Qual gegenseitig klagen hören.

Des Königs ins Übermaß gesteigerte Rache schlug diesem aber selbst zum Unheil aus. Seiner Gattin Signy gelang es nämlich, ihm Sigmunds Schwert zu entwenden. Sie hüllte es in Stroh und befahl einem ihrer Vertrauten, es Sigmund oder Sinfiötli zuzuspielen.

Der Plan glückte. Sinfiötli erhielt Odins Schwert, zerspaltete damit den Felsen, der ihn von Sigmund trennte, und dann arbeiteten sie sich gemeinsam ans Tageslicht hinauf. Beide warteten, bis die Nacht einbrach. Dann schichteten sie Holz rings um die Königshalle und entfachten einen ungeheuren Brand.

Die Schläfer in der Halle erwachten, Siggeir taumelte in die Vorhalle und traf dort auf Sigmund. „Nun siehst du, Siggeir, daß nicht alle Wälsungen tot sind", rief der Held und stieß den König zurück in die Flammen, die diesem den Tod bereiteten.

23

DIE WÄLSUNGEN

Verzweifelt begann nun Sigmund nach seiner Schwester zu rufen, die er retten wollte. Aber sie kam nicht aus der Halle heraus, nur ihre Stimme hörte er, die ihm antwortete: „Mein Werk ist getan, du bist gerettet, aber die Pflicht und mein Eid gebieten mir, mit meinem Gemahl zu sterben."

So verbrannten Siggeir und seine Frau Signy, die beiden älteren Söhne und das ganze Hofgesinde. Sigmund übernahm den Befehl über die Schiffe und das Kriegsvolk Siggeirs. Er fuhr über die See in das Land seiner Väter zurück und nahm das Wälsungenerbe selbst wieder in Besitz.

DAS GESCHLECHT DER HUNDINGE

Viele Jahre verwaltete Sigmund das Reich seiner Väter, und seine Gefolgsmänner liebten ihn, weil er ein weiser und gerechter Herrscher war. Von Kriegszügen hielt er sich fern, denn das Waffenhandwerk nahm ihm Sinfiötli ab, der Sigmund bei seiner Rückkehr in das Land der Wälsungen begleitet hatte und auch dort nicht mehr von seiner Seite wich.

Die Nornen hatten Sinfiötli aber ein frühes Ende bestimmt. Zwischen den Geschlechtern der Wälsungen und der Hundinge herrschte eine alte Feindschaft. In einem heißen Kampf fiel der alte Hunding, und das verschärfte die Fehde noch mehr, denn er hinterließ zahlreiche Söhne, die nun versteckt und offen den Wälsungen nach dem Leben trachteten. Ihr Rachedurst erstreckte sich auch auf Sinfiötli, weil in seinen Adern – als Signys Sohn – Wälsungenblut floß.

Bei einer Heerfahrt nach Dänemark erschlug Sinfiötli einen der Hundingsöhne. Die Schwester des von Sinfiötli getöteten Recken beschloß, Vergeltung zu üben. Sie lud viele Trauergäste zum Leichenschmaus und reichte Sigmund und Sinfiötli einen vergifteten Trank. Sigmund war durch einen von Odin verliehenen Zauber gegen jedes Gift gefeit. Aber Sinfiötli sank, als er das Methorn von den Lippen abgesetzt hatte, sogleich tot zu Boden.

Sigmund trug die Leiche auf seinen Armen aus der ungastlichen Halle fort, durchschritt einen großen Wald und kam an einen tiefeingeschnittenen Meeresarm, den zu umgehen viele Tagesreisen erfordert hätte. Da sah

DAS GESCHLECHT DER HUNDINGE

er einen Mann in grauem Gewand und mit tief herabgezogenem Hut in einem kleinen Kahn stehen. Der Fremde erbot sich, die Leiche über das Wasser zu setzen und Sigmund dann nachzuholen. Der Mann ruderte den Nachen aber aufs offene Meer hinaus, wo er den Blicken Sigmunds entschwand. Da wußte dieser, daß Odin Sinfiötlis Leichnam geholt hatte.

Sigmund, der nun ganz einsam geworden war, sehnte sich nach dem Umgang mit einem geliebten Menschen. Er hörte die Schönheit und Weisheit des Mädchens Hiördis, der Tochter des Königs Eylimi, rühmen, und er entschloß sich, in sein Land zu reisen und um die Königstochter zu werben.

Damit geriet er in tödliche Verstrickung mit dem Geschlecht der Hundinge. Denn es war noch ein anderer Bewerber um Hiördis Hand da, der König Lyngvi, ein Sohn des toten Hunding, Herrscher über das Hundland.

Eylimi bestellte ein reiches Gastmahl, zu dem er Sigmund und Lyngvi lud. Er ahnte, daß ihm und seiner Tochter aus dem Zwiespalt der beiden Bewerber Unheil erwachsen werde, denn der Abgewiesene würde des Glücklicheren Feind sein. Darum sprach er zu seiner Tochter: „Überlege es dir gut, welchen von den beiden du zum Mann nimmst! In deiner Klugheit wirst du wohl abzuschätzen wissen, was du mit deiner Entscheidung auf dich nimmst."

„Sigmund ist alt, und ihn werde ich zum Mann nehmen", erwiderte Hiördis.

„Du entscheidest dich für einen alten Mann, wie seltsam", wunderte sich der König.

„Ich habe nur mein Herz sprechen lassen", beteuerte Hiördis, „und ich erkannte nach genauer Prüfung, daß es für den reifen und berühmten Helden mehr empfindet als für den jungen und unerfahrenen König. Das mag seltsam klingen, aber wer vermag sein eigenes Herz zu ergründen?"

So wurde Hiördis mit Sigmund vermählt und eine große Hochzeitsfeier gehalten. Dann begab sich der Wälsung mit seiner jungen Gattin zurück in sein Reich. König Eylimi begleitete das neuvermählte Paar.

SIGMUNDS TOD

König Lyngvi, der abgewiesene Freier, tobte vor Zorn und sammelte ein großes Heer. Er gedachte die große Rechnung der Hundinge auf einmal zu begleichen und in Sigmund das Haupt der gehaßten Sippe und den Mann, der ihn in der Gunst der schönen Hiördis ausgestochen hatte, zugleich zu treffen.

Von seinen Brüdern begleitet, zog König Lyngvi in Sigmunds Land. Er sandte Boten nach der Wälsungenhalle und ließ seinem Todfeind den Krieg erklären.

Sigmund nahm Hiördis auf den Feldzug mit. Während der Kampf zwischen den beiden Heeren ausgetragen wurde, hielt sich Hiördis mit ihrer Magd und reichem Königsgut in einem Wald, nahe dem Schauplatz der Schlacht, versteckt.

Lyngvis Scharen waren viel zahlreicher als die Sigmunds und seines Schwiegervaters Eylimi. Trotzdem stellte sich der Wälsung mutig zum Kampf. Das Heerhorn, das schon sein Vater geblasen hatte, gellte über das Feld, und trotzig stieg das Banner der Wälsungen hoch. Ohne Helm stand Sigmund, ungeachtet seiner grauen Haare, immer in der vordersten Reihe, seinem Schwert widerstand kein Schild und kein Panzer. Die Feinde sandten einen Regen von Speeren und Pfeilen nach ihm, aber keiner traf, und die Hundingsöhne murrten, daß sie nie zuvor einem solchen Vorkämpfer begegnet seien.

Da griff ein Mann in die Schlacht ein, der urplötzlich zwischen den Reihen der Hundinge erschienen war und den niemand kannte. Mit breitem Hut, der ihm das eine Auge bedeckte, stand er da, ein weiter blauer Mantel wallte um seine Schultern, und in seinen Händen hielt er einen Speer. Die Hundingsöhne begannen bereits zu weichen, doch der Fremde wehrte Sigmunds Vordringen. Er hielt ihm seinen Speer entgegen. Der Wälsung hieb mit seinem Schwert auf die Speerstange, aber diese zerspellte nicht. Das wunderbare Schwert zersprang in zwei Stücke. Der Mann im blauen Mantel verschwand, und Sigmund wußte, daß es Odin gewesen war.

Das nahm ihm den Mut, und nun fielen der Reihe nach alle Gefolgsmänner des Wälsung, auch Eylimi, sein Schwiegervater. Unter all den Leichen lag der schwer verwundete Sigmund, der einzige, in dem noch ein Funken Leben war.

Lyngvi zog nun eilig zur Königshalle der Wälsungen, um Hiördis zu holen, fand sie aber dort nicht vor. Also glaubte er, die ganze Wälsungensippe sei ums Leben gekommen und er habe vor ihr nichts mehr zu fürchten. Das Land der Wälsungen verteilte er unter seine Leute.

Im Dunkel der Nacht verließ Hiördis ihr Versteck im Wald und begab sich auf die Walstatt, um Sigmund zu suchen. Denn sie hatte erkannt, daß es nicht die Hörner der Wälsungen waren, die den Sieg verkündeten. Sie ruhte nicht, bis sie ihren Gatten, schwer verwundet, neben der Leiche ihres Vaters auffand. Hiördis sprach Sigmund Mut zu und tröstete ihn, daß mancher noch schwerer getroffene Mann mit dem Leben davongekommen sei; sie wolle seine Wunden mit aller Sorgfalt pflegen.

„Ich weiß, daß mancher Held wieder zum Leben zurückfand, der geringere Hoffnung darauf besaß als ich", erwiderte Sigmund, „doch bei mir verhält es sich anders. Ich will sterben. Ich habe gekämpft, solange es Odin gefiel, nun aber zerbrach er mein Schwert und damit mein Glück und meinen Mut."

„Verlasse mich nicht", flehte Hiördis, „lebe, um meinen Vater zu rächen."

Sigmund richtete seinen Oberkörper im Gras auf; seine Augen waren ins Weite gerichtet, und ein fiebriger Glanz stand in ihnen. Dann flüsterte er: „Die Rache für deinen Vater ist einem anderen vorbehalten, er wird der Herrlichste unseres Geschlechtes sein. Bewahre die Schwertstücke gut auf, ein Zwerg wird sie unserem Sohne neu schmieden, und er wird das Schwert tragen, solange die Welt steht!"

„Unser Sohn?" fragte Hiördis.

„Ja, du wirst einen Knaben zur Welt bringen, und du sollst ihm den Namen Sigurd* geben." Sigmund sank ermattet auf den Rasen zurück und sprach von da ab nichts mehr. Noch vor Sonnenaufgang verschied er. Hiördis hatte stumm neben ihm gesessen und drückte ihm die Augen zu.

Als die Sonne aufging, sah Hiördis viele fremde Schiffe am Gestade aufkreuzen. Es wurden Boote ausgesetzt, und Kriegsleute gingen an Land. Hiördis eilte in den Wald zurück und tauschte ihre Kleider mit denen der Magd. Dann begaben sich beide auf die Walstatt zurück.

Es waren Wikinger, die an Land kamen, und ihr König war Alf, der Sohn Hialpreks von Dänemark. Alf erkundigte sich bei den Frauen nach der Ursache und dem Verlauf der Schlacht, und die vermeintliche Magd sprach für ihre Königin und erzählte, wie alles hergegangen sei.

* Sigurd wird in späteren Fassungen der Sagen Siegfried genannt

Auch das im Wald verborgene Königsgut zeigte die Magd dem Wikinger. Dieser war erstaunt über den kostbaren Schatz, den er zu sehen bekam: es blitzte von herrlichen Geschmeiden, alles aus Gold getrieben und mit Edelsteinen reich verziert: Stirn- und Armreifen, Ketten und Ringe, Spangen zum Zusammenraffen der Gewänder und Goldschnüre. Der König befahl, den Schatz an Bord zu schaffen, und lud die Frauen ein, ihm an seinen Hof zu folgen, wo sich seine Mutter ihrer annehmen werde. Die Frauen willigten ein. Der Wikinger ließ nun die Toten bestatten und für Sigmund und Eylimi zwei würdige Königsgräber aufrichten, in denen die Leichname nach einer feierlichen Totenklage bestattet wurden.

Als die beiden Frauen schon einige Zeit am dänischen Hof lebten, fragte die Mutter des Königs ihren Sohn: „Sag, wie kommt es, daß jene Frau, die weniger Schmuck und ein einfacheres Gewand trägt, von edlerem Wesen zu sein scheint als die, welche sich so aufputzt?"

„Die gleiche Beobachtung beschäftigt auch mich, Mutter", erwiderte Alf, „es fiel mir schon auf der Walstatt auf, daß die Frau, die mir als Magd vorgestellt wurde, sich einer so gewählten und klugen Ausdrucksweise bediente. Ich werde schon noch herausfinden, wie es sich mit ihnen verhält."

Bei einer passenden Gelegenheit begab sich König Alf zu den beiden Frauen aus dem Land der Wälsungen. Er verstand die Unterhaltung so zu lenken, daß er wie zufällig die Frage stellen konnte: „Woran erkennt ihr am frühen Morgen, wenn die Sonne noch nicht aufgegangen ist, aber die Gestirne bereits verschwunden sind, die Zeit?"

„Ich habe ein sicheres Zeichen", antwortete die verkleidete Magd. „Wenn ich aufwache und einen Becher Milch haben möchte, weiß ich, daß es die Stunde des Aufstehens ist." Diese Auskunft verstärkte den Verdacht des Königs, daß die beiden Frauen ihre Rollen getauscht hatten. Denn es war die Gewohnheit aller Mägde, am frühen Morgen einen Becher Milch zu trinken.

Ein anderes Merkmal, die Zeit des Aufstehens zu erkennen, brachte die anspruchslos gekleidete Frau vor. Sie erklärte: „Mein Vater gab mir ein Goldringlein, das die Eigenschaft besitzt, sich während der Nacht warm anzufühlen und gegen Morgen zu erkalten. Davon wache ich auf."

„Es muß ein reicher Königshof gewesen sein, an dem sogar die Mägde Goldringe trugen", scherzte Alf, denn nun war ihm alles klar geworden.

Hiördis erschrak, weil sie merkte, daß sie sich verraten hatte. Doch Alf beruhigte sie: „Mein Geschlecht war den Wälsungen immer wohlgesinnt. Du brauchst dich vor uns nicht zu fürchten, Hiördis, und es sollen dir von dieser Stunde an königliche Ehren erwiesen werden."

SIGURDS GEBURT UND JUGEND

Wie Sigmund es sterbend vorausgesagt hatte, schenkte Hiördis einem Knaben das Leben. Er wurde mit Wasser begossen und Sigurd genannt. Der alte König Hialprek hatte große Freude an dem Kind, und in seinen blauen Augen sah er die Sterne späteren Ruhmes leuchten.

Hiördis lebte weiter am dänischen Königshof und vermählte sich mit Alf, der seinen Vater bei der Verwaltung des Reiches unterstützte. Als Sigurd zu einem Knaben herangewachsen war, wurde ein kluger und kunstfertiger Mann von zwerghaftem Wuchs namens Regin zu seinem Lehrmeister bestellt. Dieser verstand sich auch auf das Schmiedehandwerk, und seine Goldbrünnen und Schwerter waren weithin berühmt. Der Zwerg steckte jedoch voll heimtückischer Bosheit. Aber Sigurds lauteres Wesen war so erhaben über alle Ränke, daß er keinem bösen Rat folgte.

Am übelsten war es, daß Regin seinen Zögling gegen Alf und Hialprek aufzuhetzen versuchte.

„Ist dir bekannt, daß deine Mutter einen großen Schatz nach Dänemark brachte?" fragte er eines Tages Sigurd.

„Ich weiß es", erwiderte Sigurd kurz.

„Es wurde dir aber verschwiegen, daß die Könige über das Erbe der Wälsungen verfügen, als wäre es ihr Eigentum", fuhr Regin fort.

„Hialprek und Alf können es besser hüten als ich", gab der Jüngling zurück.

Ein anderes Mal wieder höhnte der Zwerg: „Mir scheint, du mußt ein Landstreicher werden, weil dir Hialprek kein Pferd gönnt. Ich habe dich nie reiten sehen."

„Mir steht alles zur Verfügung, wonach mein Herz begehrt, also auch ein Pferd", erklärte Sigurd.

„Versuch's doch, laß dir ein Roß geben", stichelte Regin weiter.

Sigurd ging darauf zu König Hialprek und bat um ein Pferd. „Wähle dir selber eines aus, das dir gefällt; du sollst es haben", erwiderte der alte König, und der junge König nickte freundlich.

Im Wald, wo die halbwilden Pferde des Königs weideten, begegnete Sigurd einem alten, graubärtigen Mann, mit dem er ins Gespräch kam. Es zeigte sich, daß der Alte mit Rössern gut Bescheid wußte, und so fragte ihn Sigurd: „Rate mir, wie finde ich aus den vielen Pferden das beste heraus?"

„Wir wollen sie durch den Fluß treiben, da scheidet sich die Spreu vom Weizen", erwiderte der Graubärtige.

Sie trieben eine Koppel Pferde zusammen und brachten sie zu einem Fluß. Nur ein einziges Roß sprang mutig in das schäumende Wasser und schwamm an das andere Ufer. Sigurd holte es sich zurück. Es war ein junger Hengst von grauer Farbe, der noch nie geritten worden war.

Der Alte lobte: „Ein gutes Pferd für einen guten Mann! Ein Sprößling von Odins Hengst Sleipnir, und du wirst noch deine Freude an ihm haben, Sigurd!" Der Jüngling nannte das Pferd „Grane", das heißt „der Graue".

Aber Regin gab sich noch nicht zufrieden. Er hörte nicht auf, mit listiger Rede in Sigurds reines Herz zu dringen und in ihm den Sinn nach großen Heldentaten, nach Reichtum und Macht zu wecken, die ihn ins Verderben stürzen sollten. Regin erzählte Sigurd die Geschichte eines gewaltigen Goldschatzes und eines goldenen Ringes, der dem, der ihn trug, ungeheure Macht verlieh. Der Fluch des von den Göttern betrogenen Zwerges Andrawi lastete auf dem Ring: „Wer den Reif an seinen Finger steckt, sei dem Tod verfallen, er vernichte sich und sein Geschlecht!"

Regins Bruder Fafnir bewachte nun den Hort in der Gestalt eines Lindwurms, er hatte um des Goldes willen den Vater getötet und den Bruder schmählich um seinen Teil betrogen. Seither sann Regin auf Rache. „Der Schatz ist dein, wenn du Fafnir tötest", schloß der Zwerg seine Erzählung.

Und nun erfüllte sich die zweite Weissagung Sigmunds: Regin schmiedete für Sigurd das zerbrochene Schwert seines Vaters neu, und der Jüngling wurde der strahlendste Held seines Geschlechts. Er nahm Rache an den Hundingsöhnen, tötete den Lindwurm und erbeutete den Goldhort und den Ring des Zwergengeschlechts. Doch mit dem Fluch, den er dadurch auf sich lud, nahm die Götterdämmerung ihren Anfang, und es begann das Ende der Wälsungen zu nahen.

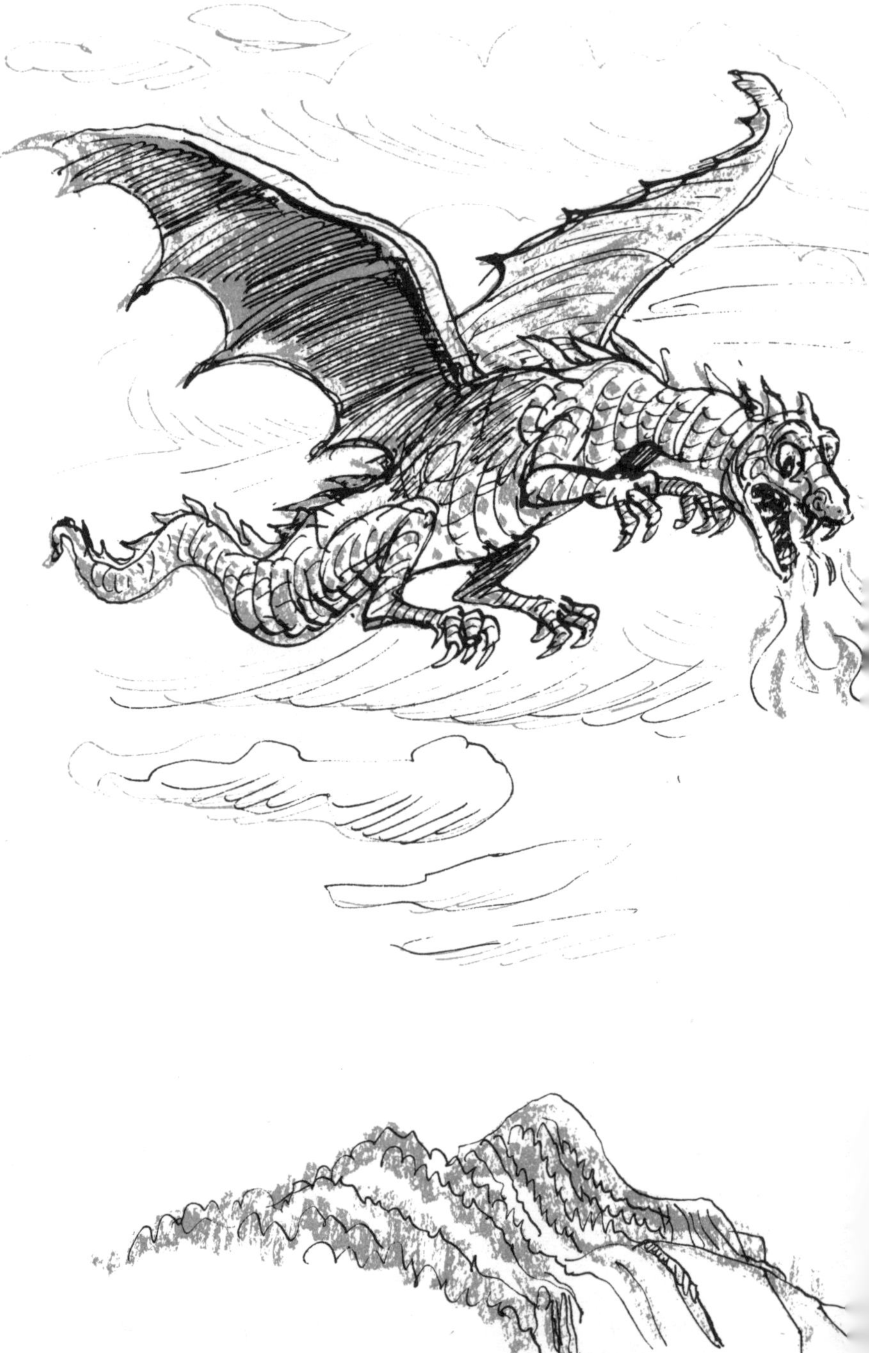

DER GEHÖRNTE SIEGFRIED

Die Sage vom idyllischen Märchen-Siegfried symbolisiert den Tatendrang der Jugend und stellt eines der schönsten poetischen Motive dar. Die nachstehende Fassung des „gehörnten Siegfried" stützt sich vornehmlich auf die Thidreksaga, die ein nordischer Sagaschreiber in Westfalen aufzeichnete.

DIE NIBELUNGEN

Vorzeiten herrschte in den Niederlanden König Siegmund. Reich an Ehren, war ihm auch große Macht beschieden. Mit Heldenmut und Rittersinn wußte er ein überaus herzliches Wesen zu vereinen, das ihm überall in der Welt Freunde schuf. An seiner Seite waltete die schöne Königin Sieglinde. Jedem Wanderer stand die Königshalle offen, und keiner ging unbewirtet von ihrer Schwelle.

Nur wenige Tagereisen von den glücklichen Gefilden am unteren Rhein begann eine andere, eine unheimliche Welt. Durch dunkle Urwälder streiften reißende Tiere von gewaltiger Stärke: Auerochsen und Bären, Wisente und Wölfe. Wer es wagte, auf sie Jagd zu machen, dem dienten nur die Sterne des Himmels und der Lauf der Ströme als Wegweiser. Kein Pfad führte durch diese Wildnis.

Nicht nur im dichten Tann, in Schluchten und auf Felsen drohten Ge-

DIE NIBELUNGEN

fahren. Die Luft beherrschte ein Raubvogelgeschlecht, das Tiere und Menschen mit den Krallen packte und seinen unersättlichen Jungen zum Fraß vorwarf, im Schlamm der Sümpfe ringelten sich giftige Nattern und Wurmgezücht jeder Art und Größe. Und was sich von weitem wie ein dürrer, aus den Kronen der riesigen Eichen herabgefallener Ast ausnahm, das konnte sich leicht als der stachelige Rückenkamm eines Drachen entpuppen, der sich in den modrigen Gründen verborgen hielt.

Doch das schlimmste in dieser Wildnis waren gewaltige Riesen, die mit der Drachenbrut im Bunde standen und dafür sorgten, daß keines Menschen Fuß ungestraft dieses Urwaldreich betrat. Die Riesen, selbst ungeschlacht und tölpelhaft, hatten eine unmäßige Freude an kunstvollem Schmuck und zarten Geschmeiden. Viele der unheimlichen Gesellen betätigten sich als Schmiede, aber sie vermochten nur grobes Zeug zu hämmern.

Da gelang es ihnen, sich das Volk der Zwerge dienstbar zu machen. Die Männlein hausten tief unter der Erde in dunklen Bergschachten, ihre Heimat wurde „Nibelheim" genannt. Sie selber hießen danach „Nibelungen". Diese Zwerge waren sehr kunstfertig und verstanden die schönsten Schmuckstücke und edle Waffen zu verfertigen.

Vor den Eingängen zu den Zwergenhöhlen hatten die Riesen Wachen aufgestellt, und alles, was die Männlein in rastlosem Fleiß herstellten, mußten sie ihren Peinigern abliefern. Zwar waren die Zwerge vieler Weisheit kundig, wußten um die Geheimnisse von Mineralien und Kräutern, verstanden Wunden zu heilen und Reichtum zu schaffen, nur sich selber vermochten sie nicht zu helfen. Die Riesen gönnten ihnen Tag und Nacht keine Ruhe. Hörte das Hämmern im Berginnern einmal auf, weil die Nibelungen ein wenig schlafen wollten, stießen die wilden Gesellen gleich mit langen Eisenstangen in die Höhlen hinein, um die Männlein wieder anzutreiben. Kamen die kleinen Kerle aus dem Berg heraus, um ein bißchen frische Luft zu schöpfen, dann traten die Riesen sie mit ihren Plumpfüßen oft nur aus boshafter Lust wie die Ameisen tot.

Manchmal freilich gelang es einem Zwerg, durch einen kleinen Spalt unbemerkt ins Freie zu kommen. Dann steckte er einem der Helden, die sich gelegentlich in den Urwald verirrten, ein Schwert zu mit der Bitte, es im Kampf mit den Riesen auszuprobieren.

SIEGFRIED BEI DEN SCHMIEDEN

Siegmund und Sieglinde hatten einen Sohn namens Siegfried. Dieser war schon als Kind so stark wie ein erwachsener Mann. Zum Jüngling herangereift, zeichnete ihn neben Kraft und Fröhlichkeit auch noch eine geahnte Schnelligkeit aus. Deshalb bekam er den Beinamen „der Schnelle". Siegfried konnte einen mit aller Wucht geschleuderten Speer einholen, ihn noch in der Luft abfangen und dem Werfer zurückbringen. Dies hatte sich herumgesprochen, und so kam eines Tages ein Fremder nach Niederland, um Siegfried eine Wette anzutragen. Er bot ein kostbares Trinkgefäß aus Gold dafür, wenn der Jüngling seinen Speer zurückbringe, ehe er das Gefäß bis auf den Grund geleert habe. Falls Siegfried die Wette verliere, müsse er mit seinem besten Jagdfalken bezahlen.

Siegfried war einverstanden, obgleich er ahnte, daß ihn der Fremde mit einer List zu übervorteilen trachtete. Und wirklich schleuderte dieser den Speer über den Rhein, ans andere Ufer, wo er in einer Eiche haften blieb. Doch der Fremde mußte zu seiner Enttäuschung erfahren, daß Siegfried den breiten Strom in beiden Richtungen schneller durchschwamm, als er den Becher zu leeren vermochte. Er bezwang aber seinen Ärger, und bevor er sich von dem Becher für immer trennen mußte, rief er dem Sieger zu: „Heil dir, Siegfried, seit den Tagen der alten Helden war keiner schneller als du!"

So schnell Siegfried im Laufen, Schwimmen und beim Speerwurf war, so rasch pflegte er auch Entschlüsse in die Tat umzusetzen. Eines Abends bekam er Lust, die Urwälder, in die sich keiner hineinwagte, zu durchstreifen, und im nächsten Augenblick machte er sich für das Abenteuer fertig. Er nahm sein bestes Schwert und gürtete es sich an die Seite. Einen großen Schild band er sich um den Hals, dann hing er sich eine Armbrust über und ein Horn, das einmal dem berühmten Helden Wolfdietrich gehört hatte. Er trug einen Speer in der Hand und warf über die Schultern das Fell eines Bären, den er selbst, ohne Waffen, nur mit der bloßen Hand erlegt hatte, als dieser in Niederlands friedliche Gefilde eingedrungen war.

So gerüstet trat Siegfried in das Schlafgemach der Eltern und weckte sie. „Ich gehe auf die Jagd in die Urwälder und erbitte dafür Urlaub von Euch", sprach er.

„Muß das jetzt in der Nacht sein?" murrte der alte König.

„Eben jetzt muß es sein", erwiderte der junge Held, „denn jede Reise soll vor Morgengrauen angetreten werden."

Der Held lachte so frohgemut, daß seine Eltern es nicht übers Herz brachten, ihm zu zürnen. Sie gaben ihm viele gute Ratschläge mit auf den Weg, und ehe noch die Sonne aufging, hörten sie Siegfrieds Hornruf zum Abschied von fernher tönen.

Fröhlich umsprungen von seinen treuen Hunden, die er auf die Fahrt mitgenommen hatte, zog Siegfried den Rheinstrom aufwärts über grüne Heiden, durch dunkle Wälder und finstere Schluchten. Allerlei böses Getier stöberten die Hunde im Unterholz auf und trieben es vor den Speer ihres Herrn. Giftigen Schlangen hieb er den Kopf ab und hängte sie an den Bäumen auf, manchen Raubvogel nagelte er mit unfehlbarem Pfeil an einem Felsen fest, und er nannte diese zur Schau gestellten Trophäen in seinem jugendlich-heiteren Sinn „Siegfrieds Wegweisermarken". Doch es fand sich keiner, der sich ihrer bedient hätte und ihm gefolgt wäre!

Eines Abends verfolgte er einen Bären in ein tiefes Felsental. Er wollte ihn fangen und zähmen. Auf einmal konnte er nicht mehr weiter. Die Steilwände verengten sich zu einer Schlucht, durch die ein hochgehender Wildbach toste. Der Bär entwischte ihm über Schlinggewächse hinweg, die an den Felsen wucherten. Siegfried ärgerte sich, denn stets war es sein Bestreben, zu Ende zu führen, was er sich vorgenommen hatte.

Während er so stand und überlegte, ob es nicht doch noch eine Möglichkeit gäbe, Meister Petz am Kragen zu fassen, hörte er plötzlich ein dumpfes Hämmern und Klopfen. Die Geräusche kamen aus dem Inneren des Berges. Nach einigem Herumtasten entdeckte er hinter dichtem Efeugeranke den Eingang zu einem Stollen. Einzelne Lichtstrahlen schimmerten durch den Spalt, und beizender Qualm drang daraus hervor, daß ihm die Augen zu tränen begannen.

Furchtlos zwängte sich der junge Held in die Öffnung, und nach einigen Schritten sah er sich am Rande einer tiefen Höhlung, auf deren Grund Männer von wildem, verwegenem Aussehen schmiedeten und hämmerten. Mit großen Zangen hoben sie weißgeglühte Eisenstücke aus der Esse und bearbeiteten sie dann auf riesigen Ambossen so lange, bis sie zu Schwertern geschmiedet waren. An den Wänden hing eine Menge fertiger Werkstücke.

Dicht unter Siegfried saß ein Mann und drehte einen Ochsen auf einem Spieß über der mächtigen Glut. Bisweilen riß er ein Stück Fleisch von dem Braten, um zu kosten, ob er schon gar sei.

Es dauerte nicht lange, da nahm der Gesell den Ochsen vom Feuer, legte ihn auf einen runden, eisernen Tisch und hieb mit einer Axt so viele Stücke herunter, als Männer in der Höhle waren. Rund um den Tisch standen Felsblöcke als Sitzgelegenheiten. Nachdem er das Mahl aufgetragen hatte, begab er sich zu einem in einer Nische gelagerten Faß und ließ einen schäumenden Trank in eiserne Krüge rinnen.

Während der Gesell diese Arbeit verrichtete, bekam Siegfried Lust, von dem Braten zu kosten. Die Gastfreundschaft dieser Männer schien ihm gering zu sein, desto größer aber ihr Hunger, das wenigstens schloß er aus ihren unförmig großen Mäulern. Es schien ihm daher am besten, sich im voraus zu bedienen, und so langte er sich mit dem Speer das nächstbeste Stück herauf.

Als nun alles zum Mahl fertig war, schlug der rußige Koch mit einem Hammer auf einen Schild, und sogleich warfen alle Schmiede ihre Arbeit weg

SIEGFRIED BEI DEN SCHMIEDEN

und stürzten sich zum Tisch. Im Nu hatte auch jeder sein Stück zwischen die Zähne geschoben – nur einer fand nichts zum Beißen vor, eben jener, dem Siegfried seinen Teil weggeangelt hatte.

Der Gesell, der leer ausgegangen war, beschuldigte seine Kumpane, sie hätten ihm den Braten gestohlen, und bald war der schönste Streit im Gang. Dem dröhnenden Wortschwall entnahm Siegfried, daß der Meister dieser unterirdischen Schmiede Mime hieß.

Als der Zank immer bedrohlichere Formen annahm und die ungeschlachten Burschen schon mit Hämmern aufeinander loszugehen begannen, schmetterte Siegfried seinen Hornruf in den Höhlengrund hinab. Davon erzitterte die ganze Werkstatt, die Schilde und Schwerter an den Wänden klirrten, und die Männer erstarrten wie vom Blitz gerührt. Da rief ihnen Siegfried von seinem Hochsitz aus zu: „Hört, ihr ungebärdigen Gesellen, ihr streitet euch ganz ohne Grund. Den Braten habe nämlich ich verzehrt, und nun bitte ich auch noch um ein Quartier, welches einem Gast nicht verweigert werden darf."

Meister Mime blickte nach oben und entdeckte den Jüngling. „Komm herab, wenn du dich getraust", forderte er Siegfried auf.

Das ließ sich der fröhliche Held nicht zweimal sagen. Ein Sprung, und er stand neben dem Schmied. Dieser wunderte sich: „Ich meinte einen Riesen zu sehen und finde einen Zwerg vor mir! Was ist dein Gewerbe, wie ist dein Name und wo kommst du her?"

„Nun hast du mir drei Fragen auf einmal gestellt", erwiderte Siegfried, „doch die vierte, die wichtigste, hast du vergessen!"

„Welche sollte das sein, du hüpfender Frosch?"

„Die vierte Frage wäre gewesen, ob es mir gefällt, dir auf die ersten drei Fragen zu antworten", lachte der Held, „aber ich will dir Bescheid geben. Höre gut zu: Mein Gewerbe ist es, ein gutes Schwert zu führen, ich bin ausgezogen, einen ruhmvollen Namen zu erwerben, und zu meines Vaters Haus können dich wilde Tiere weisen, die ich unterwegs auf Bäume gehängt oder an Felsen genagelt habe."

„Ei, du stößt ja gewaltig ins Horn", erwiderte der Schmied, „da wollen wir einmal versuchen, ob dein Schwert besser ist als mein Hammer." Nach diesen Worten holte Mime aus und schlug von oben herunter auf Siegfrieds Schwert, und dieser schlug von unten herauf mit dem Schwert gegen den Hammerstiel, zerschnitt ihn, und das Eisenstück sank kraftlos zu Boden, während Meister Mime nur noch der Schaft in der Hand verblieb.

Nun warfen sich alle Schmiede auf Siegfried, doch dieser schwang sein Schwert so rasend rundum im Kreis, daß keiner an ihn herankonnte, und dazu hetzte er noch seine Hunde den rußigen Burschen auf den Leib. Mime gebot Ruhe, und die Gesellen zogen sich in einen Winkel der Höhle zurück. Siegfried befahl seine Hunde bei Fuß, dann meinte er treuherzig: „Ihr macht viel Lärm um ein Ochsenbein, als ob ich euch weiß Wunder was für Schaden zugefügt hätte. Ich hol' euch dafür morgen einen ganzen Auerochsen, und dann sind wir wieder quitt."

Das gefiel dem Meister schon besser. „Wenn du mich lehrst, wie man ein Schwert schmiedet", fuhr Siegfried fort, „dann will ich dich gern zum Dank dafür mit leckerem Wildbret versorgen. Küchensorgen brauchst du keine mehr zu haben, solange ich hier Gast und Schüler bin."

Nun hieß Mime den Jüngling willkommen, bot ihm ein wirtliches Dach und versprach ihm, seinen Wunsch zu erfüllen und ihn in der Kunst des Schmiedehandwerks zu unterweisen.

BEI MIME IN DER LEHRE

Früh am anderen Morgen, als die Schmiede noch schliefen, sprang Siegfried von seinem Schild auf, der ihm als Lagerstatt gedient hatte, und rannte mit seinen beiden Hunden in den Wald. Er wollte sich für Mimes Gastfreundschaft erkenntlich zeigen und ihm gleich zum Frühstück einen Auerochsen bringen.

Mit Sturmesgeschwindigkeit suchte er Berg und Tal ab, bis er die frische Fährte eines Urs fand. Er setzte seine Hunde an, das Tier aufzustöbern, und die mutigen Kerle holten den Bullen auf einer Lichtung ein und verbellten ihn, daß es weithin durch den Wald schallte. Siegfried war flugs zur Stelle, faßte das wütende Tier an den Hörnern, bog seinen Schädel nach rückwärts und zwang auf diese Weise den gewaltigen Bullen, auf zwei Beinen zu stehen wie ein Tanzbär. So führte er ihn bis zur Höhle, schob ihn durch den Spalt in die unterirdische Schmiede und ließ ihn dort los.

Die Schmiede stoben in furchtbarem Entsetzen auseinander, jeder rannte dorthin, wo es ihn am sichersten dünkte, und einer verkroch sich sogar in

BEI MIME IN DER LEHRE

der Asche. Der junge Held, der dies alles nur zum Spaß veranstaltete und dem Ochsen sofort ins Gehörn gegriffen hätte, wäre einer der Gesellen wirklich in Gefahr gekommen, konnte sich vor Lachen nicht beruhigen.

Aber es wurde noch ärger. Nachdem der Bulle alle Schmiede verjagt hatte, tobte er sich an dem schweren Amboß aus. Er nahm ihn auf die Hörner und schleuderte ihn bis zur Felsendecke der Höhle empor, von wo er krachend wieder auf den steinigen Grund niedersauste. Nun faßte sich Mime ein Herz und trat dem Tier mit erhobenem Hammer entgegen. Der Ur riß aus und raste wie besessen in der Schmiede herum, Mime setzte ihm unverdrossen nach. Siegfried blies dazu auf seinem Horn eine fröhliche Jagdweise. Endlich erwischte Mime den Bullen und zertrümmerte ihm mit einem wuchtigen Schlag den Schädel.

Als alles vorüber war, sagte Mime mißmutig zu Siegfried: „Lieber ist es mir, du nimmst uns etwas weg, als daß du uns Geschenke machst."

„Seid mir nicht böse, liebe Schmiede", entschuldigte sich Siegfried, „ich hatte es gut gemeint und dachte, mit euren wuchtigen Hämmern werdet ihr des Tieres leicht Herr werden. Ich will euch zum Ersatz für die Angst, die ihr ausgestanden habt, beim Schmieden behilflich sein."

„Gut, fangen wir also an", sprach Mime und hob mit einer Zange ein Stück weißglühenden Eisens aus der Esse und legte es auf den Amboß. Dann hieß er Siegfried einen Hammer nehmen und daraufschlagen. Der Jüngling schlug aber so gewaltig, daß der Stein, auf dem der Amboß ruhte, auseinandersprang und der Amboß selbst in den Boden versank. Das Eisen samt der Zange, die Mime noch in den Händen hielt, splitterten in Stücke wie faules Holz, und der Hammerstiel sauste gleich bis zur Decke empor und bohrte sich in den Fels ein.

Da wurde Mime noch mißmutiger. „Niemals noch sah ich solch einen ungezielten Schlag", tadelte er, „du magst allerlei Gaben besitzen, aber zum Handwerk taugst du bestimmt nicht."

„Es ist noch kein Meister vom Himmel gefallen", erwiderte Siegfried und bat Mime, Geduld mit ihm zu haben.

Aber Mime hatte Angst vor dem jungen Helden, und so beschloß er, ihn so schnell wie möglich wieder loszuwerden. Nun hauste in der Nähe der Schmiede ein Drache, ein einstiger Geselle Mimes, der wegen seiner Bösartigkeit in einen Lindwurm verwandelt worden war. Mit Hilfe des Scheusals hoffte sich Mime Siegfrieds zu entledigen, und er sprach: „Höre, du schneller Knabe, mit dem Schmieden ist es bei dir noch nichts. Erst einmal mußt du mit dem Kohlenbrennen anfangen. Ich will dich zu einem Meister in die Lehre schicken, bei dem du es erlernen wirst."

Siegfried war damit einverstanden und bedankte sich bei dem Meister für seine Bemühung. Denn sein Herz war rein und ohne Argwohn.

SIEGFRIEDS KAMPF MIT DEM DRACHEN

Mime rüstete hierauf Siegfried für die Fahrt aus, gab ihm Speise und Trank für etliche Tage auf den Weg, und der Held band alles unter seinen Schild. „Eine Mutter könnte nicht besser für mich sorgen", lobte er den Schmiedemeister.

SIEGFRIEDS KAMPF MIT DEM DRACHEN

„Manchmal kommst du mir aber auch wirklich wie ein tolpatschiges Riesenkind vor", erwiderte Mime und händigte ihm noch eine Axt ein. „Du sollst an Ort und Stelle gleich eine Menge Bäume schlagen und sie zu einem Meiler aufschichten. Das wird den Köhler freuen."

Dann gab Mime Siegfried noch eine genaue Beschreibung des Orts, an dem er sich einzufinden habe, und rieb sich vor Vergnügen die Hände bei dem Gedanken, welche Augen der einfältige Knabe machen werde, wenn ihm statt eines Köhlers ein Drache begegnete.

Als Siegfried zu dem angegebenen Platz gekommen war, fällte er auf die schnellste Weise eine Anzahl Bäume. Er hieb die Stämme mit der Axt nur an und versetzte ihnen dann einen kräftigen Tritt. Die ältesten und mächtigsten Eichen sanken unter seinen Schlägen in sich zusammen, als wären sie Holunderbüsche.

Das Baumfällen hatte Siegfried Hunger und Durst gemacht, und so verschlang er seinen ganzen Mundvorrat auf einmal. Dann wartete er noch eine Weile, aber noch immer erschien der Köhler nicht. Da ließ er seinen Hornruf erschallen und rief: „Hier bin ich, Meister, und warte auf dich!"

Ein tiefes Brummen und ein fürchterliches Schnaufen war die Antwort, und ein schrecklicher Lindwurm ringelte sich aus dem Gehölz. „Hei, da hab' ich mir ja einen lieben Gesell herbeigeblasen!" lachte Siegfried. Furchtlos nahm er das sich heranwälzende Ungetüm näher in Augenschein. Es hatte schwarze Flügel wie eine Fledermaus, sein Leib war von Gift geschwollen und der lange Schweif scharf wie ein Schwert.

Im gleichen Augenblick fing der Holzstoß, den Siegfried bereits entzündet hatte, in hellen Flammen zu lodern an. Schnell ergriff der junge Held einen brennenden Baum und rannte damit gegen den Wurm an. Er stieß den Pfahl in das linke Auge des Drachen, der sich, von rasendem Schmerz gepackt, rundum drehte. Nun zog Siegfried sein Schwert und hieb so lange auf den Schädel des Ungetüms ein, bis es sein Leben aushauchte.

Siegfried wunderte sich: „Wenn alle Drachen so leicht zu besiegen sind, wie dieser Wurm da, dann lohnt es sich nicht, zum Drachenkampf auszuziehen." Nun hatte er aber wieder großen Hunger bekommen, und obgleich er vor gar nicht langer Zeit seinen ganzen Mundvorrat aufgegessen hatte, war ihm, als läge seine letzte Mahlzeit schon einen ganzen Tag zurück.

Da es bereits dämmerte, konnte Siegfried nicht hoffen, sich zum Abendbrot noch ein Wildbret zu erjagen, und so verfiel er auf den Gedanken, sich das Herz des Wurms zu braten. Gedacht – getan, das war für Siegfried kein leeres Wort. Er stieß dem Wurm seinen Speer durch den Leib, und so war der Drache erst einmal auf den Spieß gesteckt. Aus Baumstämmen verfertigte er ein Gestell, und darin hängte er den Bratspieß ein, dann entfachte er ein ordentliches Feuer, und bald begann das erlegte Untier zu brutzeln und zu braten.

Von der Glut erweichte sich die Hornhaut des Wurms, und sie floß mitsamt dem Blut und dem Fett wie ein Strom von siedendem Blei aus dem Feuer heraus. Siegfried faßte einmal mit der Hand das Fleisch des Lindwurms an, weil er feststellen wollte, ob es schon gar sei. Er verbrannte sich aber die Finger und steckte sie gleich in den Mund, um sie zu kühlen. Danach machte er eine seltsame Entdeckung. Es kam ihm vor, als seien seine Zähne mit einer Schicht von Stahl überzogen; er erklärte sich dies so, daß Tropfen des Drachensuds im Erstarren in seinem Mund eine Hornhaut erzeugt hätten. Er besah seine Finger, und auch sie waren von dem Horn wie mit einem Handschuh überkleidet. Als er das merkte, warf er in kühnem Übermut schnell seine Kleider von sich und badete in dem Strom, der aus dem Leib des Wurmes floß.

Das Horn überzog seinen ganzen Leib. Nur am Rücken, zwischen den Schultern, klebte ihm ein Lindenblatt, und so konnte der Drachensud nicht dorthin gelangen. Siegfried war nun am ganzen Körper unverletzlich geworden mit Ausnahme eben dieser Stelle. Dem Bad im Drachenblut hat Siegfried seinen Beinamen der „Hürnen" zu verdanken, im Volksmund heißt er auch der „gehörnte Siegfried". Und als hürnen oder gehörnter Siegfried wird er im Gedächtnis der Menschen allezeit lebendig bleiben – ein strahlender, junger, argloser Held.

Als der Blutstrom zu fließen aufhörte, nahm Siegfried den gebratenen Wurm vom Feuer und zerteilte das Fleisch. Seine Hunde bekamen einen guten Bissen ab, die schlechteren Stücke warf er den Raubvögeln vor, und das Haupt behielt er als Siegestrophäe für sich. Das Herz jedoch aß er zum Abendbrot auf.

Dann streckte sich Siegfried unter einer alten Linde zum Schlafen aus.

Aber ehe ihm noch die Augen zufielen, machte er abermals eine seltsame Entdeckung. Er konnte verstehen, was die Vögel untereinander sprachen. Dies hatte das Drachenherz bewirkt, das in seinem Inneren Zauberkräfte entfaltete.

Eine Wachtel rief ihrer Schwester zu: „Glück auf, Glück auf! Der Wurm ist tot!"

Ein Buchfink kam hinzu: „Wurm erschlagen, Wurm erschlagen, Sieg, Sieg, Sieg!"

Eine Amsel meldete sich: „Siegfried tat's. Heil Siegfried, Siegfried!"

„Am besten wär's, Siegfried hiebe dem Mime den Kopf ab", krächzte ein Rabe, „denn Mime trachtet dem Helden nach dem Leben."

Am anderen Morgen steckte Siegfried den Drachenkopf auf die Speerspitze und machte sich auf den Rückweg. Er traf Mime vor der Höhle an. Erst war der tückische Schmied sehr enttäuscht, daß Siegfried den Drachenkampf so gut bestanden hatte. Doch dann beschloß er, einen Vorteil für sich herauszuschlagen. Heuchlerisch begrüßte er den Helden: „Das war eine Überraschung, nicht wahr? Ein Drache statt des Köhlers! Doch nur zu deinem Vorteil habe ich dich zu dem Wurm gewiesen. Denn nur, da du die erste Aufgabe so trefflich bestanden hast, darf ich es wagen, dich an eine schwerere heranzuführen. Es gibt einen noch viel größeren Drachen hier in der Nähe, er bewacht einen ungeheuren Schatz! Dieser Reichtum sei dein, wenn du den Wurm tötest."

Siegfried war nicht auf Gut und Geld erpicht, doch die schwere Aufgabe reizte ihn, darum begehrte er Näheres darüber zu wissen. Doch Mime wollte nicht so recht mit der Sprache heraus, nur so viel verriet er, daß der Drache einst sein Bruder Fafner gewesen sei und jetzt in Lindwurmgestalt einen Hort bewache, auf den auch er Anspruch habe.

Mime holte ein Schwert aus der unterirdischen Schmiede und sprach: „Um den Drachen zu töten, brauchst du eine sehr gute Waffe, und hier ist sie. Stoße diesen Stahl dem Wurm in das Herz, und der ganze Reichtum ist dein."

„Wo finde ich aber den Hort, wo treffe ich den Drachen?" fragte der Held.

„Laß das nur meine Sorge sein, ich führe euch zwei schon zusammen", lachte Mime.

„Du machst dir also kein Gewissen daraus, deinen Bruder meuchlings töten zu lassen?" entrüstete sich Siegfried.

„Er hat's verdient", erwiderte Mime. Daraufhin hob Siegfried das Schwert und hieb dem Treulosen das Haupt vom Rumpf, so wie es der Rabe geraten hatte.

SIEGFRIED BEGEGNET DEM ZWERGENKÖNIG

Nachdem er Mime erschlagen hatte, zertrümmerte Siegfried die Höhle, damit von ihr nichts Böses mehr in die Welt komme. Dann wanderte er in den Wald hinein. Da sah er zum ersten Male in seinem Leben einen Drachen durch die Luft fliegen. Er war schwarz wie die Nacht, bei jedem Atemzug schlug ihm eine spitze Feuerflamme zum Rachen heraus, und durch die Hornhaut schimmerte das Feuer in seinem Inneren dunkelrot und ließ die mächtigen Flügel erglühen.

Siegfried war vor Staunen starr, und lange noch blieben seine Augen an dem Punkt haften, wo der Drache hinter einem Berg verschwunden war. Glockengeklingel und der Hufschlag eines Pferdes rissen ihn aus seinem Sinnen. Er wandte sich um, und vor ihm auf der Wiese hielt ein großes rabenschwarzes Roß; darauf saß ein winzig kleiner Reiter. „Sei mir gegrüßt, Siegfried", rief der Zwerg.

„Du kennst mich?" fragte der Held erstaunt.

„Ich bin Eugeleine, der König der Zwerge. Meine Späher meldeten mir, daß du mein Revier durchstreifst, um Heldentaten zu bestehen", antwortete der kleine Mann.

„Da wurde dir gut berichtet!" rief Siegfried aus, „und ich wäre glücklich, wenn du eine recht schwere Aufgabe für mich wüßtest."

Der Zwerg erwiderte, er wisse wohl, wie Siegfried sich großen Ruhm erwerben könne; es gelte, eine Jungfrau zu erlösen, die von dem Drachen, der eben durch die Lüfte gesaust war, entführt worden sei. Das Ungetüm halte sie im Drachenstein gefangen und lasse sie durch einen Riesen bewachen.

Als Siegfried mehr über die Jungfrau hören wollte, berichtete König Eugeleine weiter: „König Gilbald zu Worms am Rhein hat drei Töchter. An einem heißen Mittag trat einmal die schönste von ihnen, Florigunde, auf den Söller der Burg hinaus, um frische Luft zu schöpfen. Da kam ein so ungeheurer Drache herangeflogen, daß die Sonne von seinem Leib verdunkelt wurde. Dieser faßte die Jungfrau und entführte sie in den Drachenstein. Das ist jener Berg, hinter dem du vorhin den Drachen verschwinden sahst. Viele Monate bangte sie um ihr Leben, denn sie dachte, der Drache habe sie sich zum Fraß geholt und wolle sie, wenn ihm die Zeit dafür gekommen schien, verspeisen.

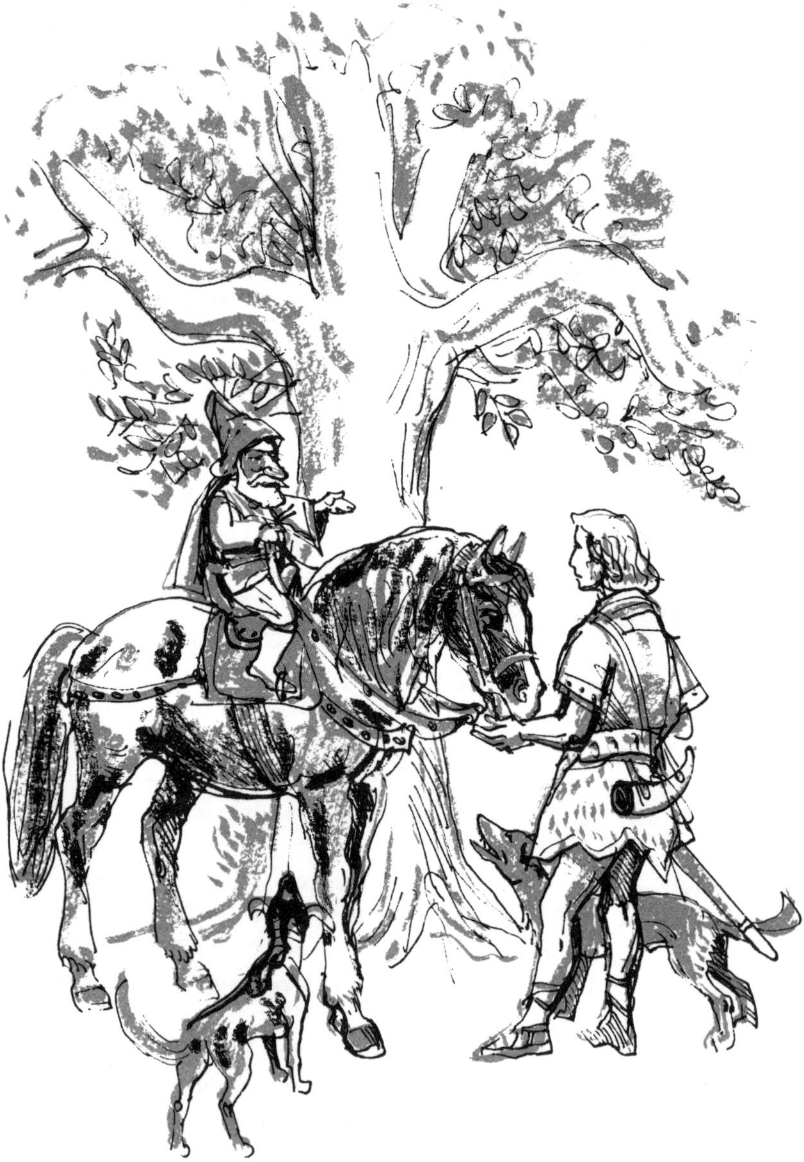

SIEGFRIED IM DRACHENSTEIN

Doch siehe, es kam anders! Der Drache verwandelte sich für eine Stunde in einen riesenhaften Menschen und erklärte der Jungfrau, daß sie ihre Eltern und Brüder niemals wiedersehen würde. Er verbot ihr streng, noch einmal an ihr Vaterhaus zu denken, und gelobte, er werde sie in fünf Jahren heiraten und danach mit ihr in die Hölle fahren. Als die Jungfrau dies vernahm, erzitterte sie an Leib und Seele. Seither fleht sie Tag und Nacht um Erlösung. Bald betet sie still und inbrünstig vor sich hin, bald schreit sie ihre Hilferufe laut in die Finsternis hinaus. Vier von den fünf Jahren, die der Jungfrau zur Frist gesetzt sind, sind bereits verstrichen. Und nun bist du erschienen – es ist, als ob dich der Himmel hiehergeleitet hätte, Siegfried!"

SIEGFRIED IM DRACHENSTEIN

Eine Königstochter aus dem Drachenstein zu befreien, das war für Siegfried die rechte Aufgabe! Er dankte dem Zwergenkönig für seinen Bericht und verlangte sofort zum Eingang des Berges geführt zu werden. „Folge mir", sprach der kleine König Eugeleine und schwang sich aus dem Sattel, „das Pferd kann uns hier nicht mehr helfen."

Der Zwerg schlüpfte über wildes Felsengeklüft, an Wasserfällen vorbei und durch reißende Gießbäche hindurch. Siegfried hatte Mühe, ihm auf den Fersen zu bleiben. Aber so hurtig Eugeleine auch über die Steine turnte, Siegfried schaffte es, ihn nicht aus den Augen zu verlieren, und wo den kleinen Mann seine Behendigkeit vor herabfallenden Felsbrocken schützte, da tat die Hornhaut Siegfried den gleichen Dienst.

Schließlich kamen sie an den Eingang einer Höhle. Siegfried warf einen Blick in die unterirdische Halle, die ähnlich aussah wie Mimes Schmiede, nur war hier alles viel wilder und schauerlicher. „Hier wohnt Kuperan, der König der Riesen", begann der Zwerg. „Er kann mit seinen tausend Gesellen Berge versetzen, Ströme über Länder ausgießen, Schiffe versenken und Wälder entwurzeln. Was da unten rauscht wie ein wildes Bergwasser, das ist nichts anderes als sein Schnarchen; noch hast du Zeit, dir alles zu überlegen und von deinem verwegenen Vorhaben Abstand zu nehmen."

DER GEHÖRNTE SIEGFRIED

Siegfried würdigte diese Warnung nicht einmal einer Antwort. Statt dessen setzte er sein Horn an die Lippen und schmetterte seinen Ruf hinunter, daß die Wände bebten und der Zwerg vor Schreck gleich hinter einen Baum sprang. Aber der Riese in der Grotte rührte sich nicht und schnarchte weiter. Ein zweites Mal stieß Siegfried mit solcher Kraft in sein Horn, daß die Vögel im Wald verstummten und erschreckt ihre Nester aufsuchten. Da brummte es in der Höhle: „Wie summen heut' die Wespen so laut!"

Nun trat Siegfried in die Höhle ein und sah den Riesen noch immer mit geschlossenen Augen daliegen. Er stieß ihm seinen Speer in die Seite, doch dieser drang nicht durch seine harte Haut, sondern verbog sich in Siegfrieds Hand. Das Ungeheuer blinzelte ein wenig unter den halbgeschlossenen Lidern hervor und fragte: „Wo ist die Wespe, die mich gestochen hat?"

Erst als Siegfried dem Riesen sein Horn ans Ohr setzte und kräftig hineintutete, wachte das Ungeheuer auf und erkundigte sich nach dem Grund seines Besuches und seinem Begehren. Ohne viel Umschweife verriet der Held, was ihn hergeführt habe, und verlangte, daß die Jungfrau auf der Stelle die Freiheit erhalte.

Statt einer Antwort hob der Riese einen Felsblock auf und schleuderte ihn nach dem Eindringling. Siegfried sprang schnell und lachend zur Seite. Rasend vor Zorn schwang der Riese eine Stahlstange, aber auch diesem Streich wich der Held geschickt aus. Nun holte Siegfried zum Gegenschlag aus und fügte Kuperan mit seinem Schwert tiefe Wunden zu.

Der Riese erkannte, daß er seinem Gegner im offenen Kampf nicht beikommen konnte, und steckte plötzlich auf heuchlerische Freundlichkeit um. Er bot Siegfried Frieden und Freundschaft und versprach, ihm bei der Befreiung der Jungfrau zu helfen.

„Auf, ans Werk!" rief Siegfried. Der Riese Kuperan erklärte dem Helden, daß diese Höhle nur die Behausung der Wächter sei und sie bis zum Drachenstein noch ein gutes Stück Weg zurückzulegen hätten.

Sie brachen unverzüglich zum Drachenstein auf, und der Riese ließ Siegfried vorangehen. Eugeleine, der Zwergenkönig, schlüpfte aus seinem Versteck hervor, setzte sich sein Tarnkäppchen auf und schloß sich als dritter, jedoch unsichtbar, dem Zug an.

Der Weg führte in ein enges Felsental, dessen Abschluß ein Wasserfall bildete. Während Siegfried staunend das prachtvolle Schauspiel der aus großer Höhe niederstürzenden Wassermassen betrachtete, schlug der heimtückische Riese den Helden von rückwärts mit seiner Eisenstange nieder. Als er den Jüngling, der ohnmächtig dalag, in das Wasser stoßen wollte, sprang hurtig der Zwerg herbei, setzte Siegfried eine Tarnkappe auf und brachte ihn hinter einem Baum in Sicherheit.

Nach kurzer Zeit hatte sich Siegfried soweit erholt, daß ihn der Zwerg wieder sichtbar machen konnte. Siegfried stürzte hinter dem Baum hervor

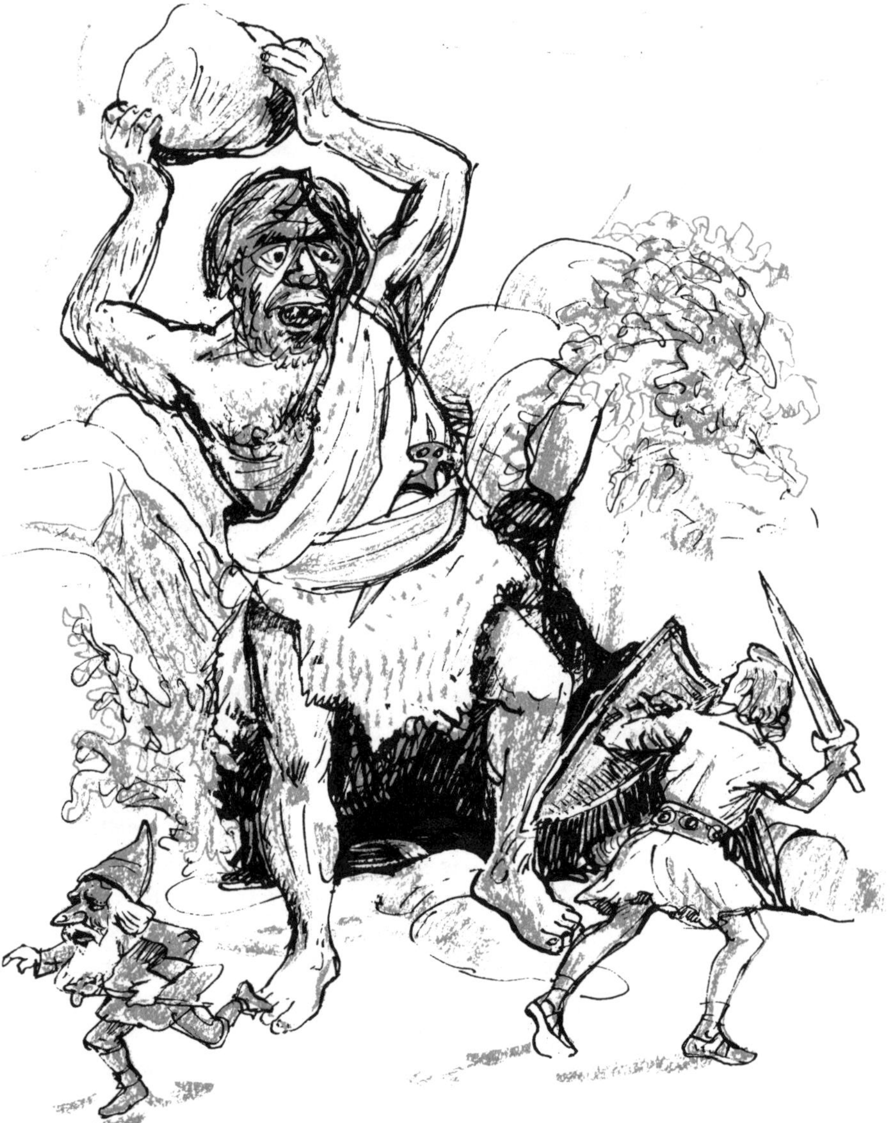

und machte Miene, Kuperan zu töten. „Wenn du mich umbringst, gelangst du nie in den Drachenstein", warnte der Riese den Helden, „ich trage nämlich den Schlüssel zu den unterirdischen Höhlen des Drachensteins bei mir. Läßt du nicht sofort von mir ab, werfe ich ihn hier in den Strudel hinein."

So blieb Siegfried keine andere Wahl, als Kuperan abermals zu verschonen. Doch durch seine Hinterhältigkeit gewarnt, ließ er den Riesen jetzt voranschreiten. Der Zugang zum Drachenstein war in der ausgeklügeltsten Weise gesichert. Hinter dem Gischt des Wasserfalls versteckt, öffnete sich ein Schlund. Dieser war durch einen aus den Felsen gehauenen Pfad zu erreichen, den überhängendes Gestein gegen die stürzenden Wasser abschirmte.

Der eigentliche Eingang in das Innere des Drachensteins lag am Grund dieses zehn Klafter tiefen Schlundes. Nach mühsamer Kletterei erreichten die drei – voran der Riese, dann Siegfried und hinterdrein der unsichtbare Zwerg – ein eisernes Tor, das Kuperan aufschloß. Nun betraten sie ein Gewirr von unterirdischen Gängen, in dem sich jeder, der hier nicht genau Bescheid wußte, hoffnungslos verirren mußte. Der Riese hätte zu gerne den Helden in diesem Labyrinth in seinen Tod laufen lassen, doch zum Glück kannte sich Eugeleine im Drachenstein gut aus, war dieser doch einst die Heimat der Zwerge gewesen, ehe ihn der Riesendrache in Besitz genommen hatte.

Längs der Wände erblickte Siegfried einige in der Feuchtigkeit der Höhle schwarzgewordenen Drachengerippe. Die knöchernen Klauen hielten Menschenskelette umkrallt. Der grausige Anblick ließ das furchtbare Schicksal der Bemitleidenswerten erkennen, die von den Lindwürmern verschleppt worden waren. Auch im Todeskampf hatten diese ihre Beute nicht freigegeben.

Weiterschreitend kamen Siegfried und seine beiden Begleiter zum Friedhof der Riesen. In zwei Reihen lagen auf steinernen Schilden Knochengerüste, an denen wie Spinnweben die modernden Fetzen von Gewändern hingen.

Nach diesen Vorgemächern des Grauens betraten sie jenen Teil des Drachensteins, der die Wunderwelt hieß. In der ersten Halle funkelte es von Kristallen und Edelsteinen. Die zweite Halle hatte eine Decke aus azurblauem, durchsichtigem Jaspis. Sie stellte das Himmelsgewölbe dar. Die Gestirne, Sonne, Mond und Sterne, waren aus Diamanten nachgestaltet und in überaus kunstvoller Weise in die Decke eingelassen worden. „Dies alles ist Zwergenarbeit", erklärte Eugeleine dem staunenden Siegfried, „und unser Besitz gewesen, bis der Riesendrache kam und ihn raubte."

DER GEHÖRNTE SIEGFRIED

Die dritte Halle bildete den Mittelpunkt der Wunderwelt. In einer Grotte, an deren Wänden weiße, rote und blaue Flammen emporzüngelten und sich zu herrlichen Ornamenten vereinten, lag der Hort der Nibelungen, ein Berg kostbaren Geschmeides, gekrönt von dem Schwert Balmung, der Tarnkappe, einem goldenen Schild und dem Ring Andwaranaut, auch der Ring der Nibelungen genannt.

König Eugeleine berichtete von der Entstehung des Schatzes und seinem Geheimnis: „Die Nibelungen hatten den Schatz für den Zwerg Andwaranaut verfertigt. Die Götter Wotan und Loge raubten Andwaranaut den Schatz, weil sie ihn als Lösegeld brauchten, das sie dem Riesen Reidmar und seinen beiden Söhnen Fafner und Mime schuldeten. Seither lastet ein Fluch auf dem Hort. Er wirkte fort, als Fafner seinen Vater erschlug, um sich des Reichtums zu bemächtigen. Da er ihn durch seinen Bruder Mime bedroht sah, verwandelte er sich in einen Drachen, denn er glaubte in der Wurmgestalt unbesiegbar zu sein. Mime wollte sich durch eine List des Helden Siegfried bedienen, der erst einmal den Drachen töten sollte. Doch Mime

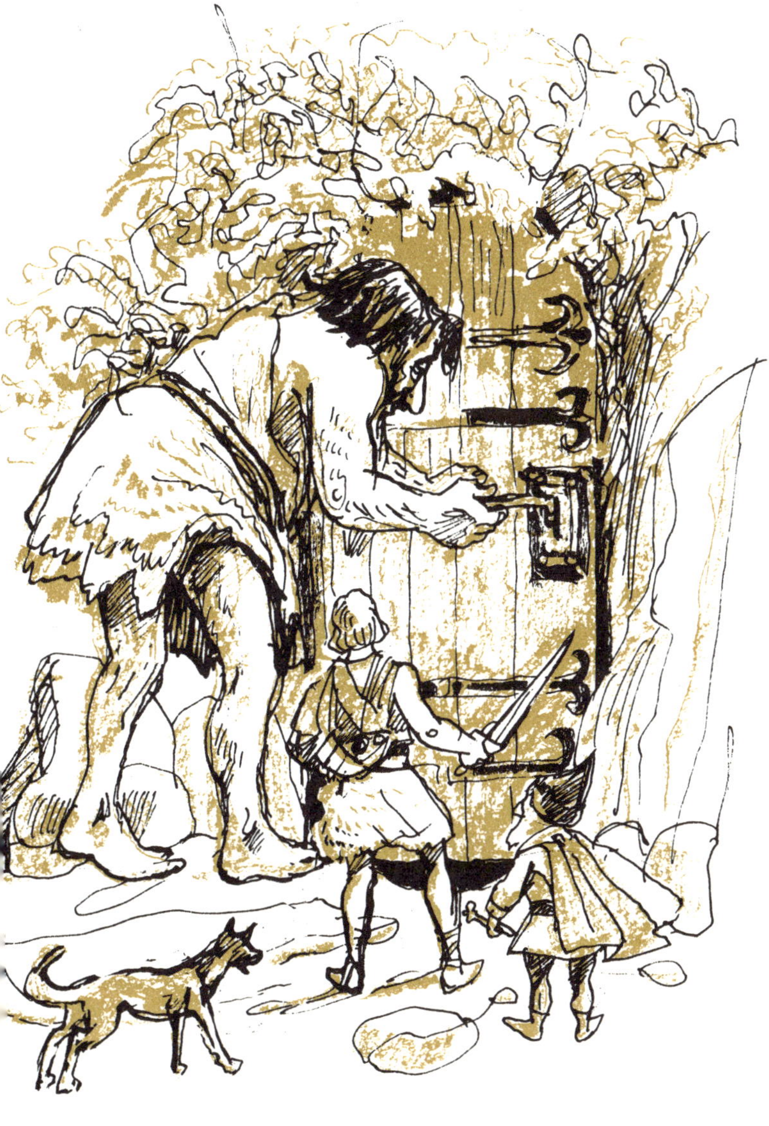

starb von Siegfrieds Schwert, und du, Siegfried, stehst nun im Auftrag deines eigenen Herzens im Drachenstein."

Als der Zwerg mit seiner Erzählung so weit gekommen war, öffnete er die Tür zum letzten Gemach, der Raubhöhle des Drachen. In wilder Unordnung lagen prächtige Gewänder umher, silberbeschlagene Trinkhörner, verrostete Schilde und Helme, blutbesudelte Hemden und Wämser. An dem wirren Durcheinander und an den Blutflecken war zu erkennen, daß es sich um geraubtes Gut handelte.

Doch das Schrecklichste in der Raubhöhle waren schwarze, eiserne Säulen, an denen auf vorspringenden Zacken menschliche Totenschädel steckten. Siegfried zog sein Schwert und durchmaß die Höhle mit schnellen Schritten. Aber weder der Drache noch die Jungfrau waren darin zu sehen. Nun vernahm er von fernher einen lieblichen Gesang. Er ging weiter und entdeckte einen Gang, der ins Freie führte und in einem Felsensöller endete. Dort erblickte Siegfried eine Jungfrau mit einer Harfe in der Hand. Sie sang von ihrem Leid, und daran erkannte Siegfried, daß er Florigunde vor sich hatte.

Er trat näher und begann: „Siegfried, König Siegmunds Sohn, ist gekommen, um den Drachen dort in den Abgrund zu schleudern."

„Laß ab von dem Drachenkampf, kein Schwert vermag den Schuppenpanzer des Wurms zu durchstoßen", flehte die Jungfrau.

Der Zwerg unterbrach das Zwiegespräch der beiden: „Ein Schwert gibt es, das für diesen Kampf taugt, es heißt Balmung und liegt zuoberst auf dem Nibelungenhort. Ich will es holen." Damit entschwand er, um gleich darauf mit dem Schwert Balmung wiederzukehren.

Als Siegfried seine Aufmerksamkeit dem Schwerte zuwandte, glaubte Kuperan endlich die Gelegenheit gekommen, seinen Mordplan auszuführen. Er zückte hinterrücks einen Dolch und richtete ihn genau auf die verwundbare Stelle zwischen Siegfrieds Schultern, auf die das Lindenblatt gefallen war. Doch Eugeleine war der Anschlag nicht entgangen. Er hieb dem Riesen mit einem schnell aufgegriffenen Werkzeug in die Knie. Das Ungeheuer wankte, der Dolch verfehlte sein Ziel und glitt an der Hornhaut ab. Siegfried umschlang den Riesen rückwärts mit beiden Armen, schleppte ihn auf den Felsensöller und warf ihn von dort den Abgrund hinab. Mit dumpfem Schall landete der Körper Kuperans in der Tiefe, und dort, wo er hinfiel, brach eine mächtige Eiche zusammen und bedeckte seinen Leichnam.

SIEGFRIEDS HOCHZEIT

Nachdem dieses Werk vollbracht war, blies König Eugeleine in sein kleines Silberhorn, und überall aus den Felsenspalten kamen Zwerge hervor. Sie breiteten einen Teppich aus und brachten Speise und Trank. Die Jungfrau reichte Siegfried ein goldenes Trinkhorn und rief: „Heil dem Helden aus Niederland!"

Doch der Zwerg Eugeleine mahnte: „Jubelt nicht zu früh, edle Jungfrau. Noch steht Siegfried der schwerste Kampf bevor."

Kaum war diese Warnung gesprochen, erhob sich ein Brausen und Dröhnen, als tobten Gewitterstürme im Hochgebirge. Der Drache kam langsam wie eine schwarze Wetterwolke angeflogen. Siegfried trat auf den Felsensöller hinaus, um den Lindwurm dort zu erwarten. Er hatte seine beiden Hunde bei sich. Die Jungfrau Florigunde verharrte voll banger Erwartung in der Höhle. Der Zwerg Eugeleine setzte seine Tarnkappe auf und schlüpfte in eine Felsenspalte.

Dreimal flog der Drache spähend um die Felsenplattform. Dann ließ er sich an ihrem Rande nieder. Blaue Flammen schlugen aus seinem Rachen. Siegfrieds Hunde stürzten sich tollkühn auf das Ungeheuer, verbrannten aber in dem Gluthauch seines Atems.

Die giftigen Flammen drohten Siegfried zu ersticken. Er mußte sich in den Gang zurückziehen, der die Raubhöhle mit der Felsenplattform verband. Der Wurm in seiner gewaltigen Leibmasse vermochte ihm nicht zu folgen. Aber als freundlichen Gruß blies der Drache seinen Feueratem in das Gewölbe.

Dies brachte Siegfried in große Not. Doch ein Glücksfall kam ihm zu Hilfe. Neben ihm lag ein mächtiger Stein, den zehn Männerhände nicht aufgehoben hätten. Siegfried entdeckte den Felsklotz, stemmte ihn hoch und schleuderte ihn dem Ungeheuer in den gähnenden Rachen. Der Steinbrocken versperrte den Flammen, die aus dem Inneren des Drachen kamen, den Weg, und jetzt erst gelang es Siegfried, sich an seinen Feind heranzuarbeiten. Erst schlug er dem Wurm die Tatzen ab, die sich nach ihm ausstreckten. Nun war Siegfried nah genug, um die Hiebe hageldicht auf das Haupt des Lindwurms niedersausen zu lassen. Langsam fraß sich Balmung durch den Schuppenpanzer hindurch.

Auf einmal vernahm der Held ein klägliches Wimmern, das aus dem

Drachenleib zu kommen schien. Es hörte sich an, als ob da der Zwergenkönig um Hilfe schrie. Und er war's auch! Er hatte nämlich, durch seine Tarnkappe unsichtbar, in einer Spalte des Felsbrockens gesessen, den Siegfried dem Drachen ins Maul gestopft hatte. Nun fürchtete er für sein Leben, denn er merkte, daß Siegfried drauf und dran war, das Haupt des Wurms zu spalten.

Aber es kam anders. Das Ungeheuer drehte sich herum, als es das Wimmern hörte, denn es dachte, hinter ihm sei ihm ein neuer Gegner erwachsen. Dadurch bot es Siegfried jene ungeschützte Stelle seines Leibes dar, die zwischen Rumpf und Schädel am Halsansatz lag. Siegfried stieß sein Schwert hinein, und sogleich klaffte eine riesige Wunde auf. Durch diese Wunde schlüpfte Eugeleine in die Freiheit. Noch einige Male stieß Siegfried Balmung in diese Wunde, bis er endlich das Herz traf und damit das Leben des Wurms auslöschte, der einst Fafner gewesen war und auf dem der Fluch des Nibelungenhortes lastete.

Nach dem Kampf war Siegfried so erschöpft, daß er ohnmächtig zur Erde sank. Aber auch die Königstochter Florigunde hatte vor Aufregung und Angst um das Leben des Helden die Besinnung verloren. Da wußte der Zwergenkönig Rat. Er kannte alle Heilkräuter im Gebirge, Zauberwurzeln und schmerzlindernde Säfte. Eine besonders kräftige Wurzel trug er immer bei sich, und die zog er jetzt hervor. Von ihrem Geruch erwachten die beiden wieder zum Leben.

Nun baten Siegfried und Florigunde, der Zwerg möge ihnen, bevor er wieder in den Felsen des Drachensteins verschwinde, die Zukunft deuten. König Eugeleine kam dem Wunsch nach. Er nahm einen Schild und häufte darauf seltenes Räucherwerk. Durch einen feingeschliffenen Edelstein ließ

DER GEHÖRNTE SIEGFRIED

er Sonnenstrahlen hindurchgleiten, und mit diesen entzündete er das Räucherwerk. Er atmete den Dampf ein, seine Augen fielen zu, als ob er in Schlaf versunken wäre. Doch es hatte sich nur sein Geist von der Gegenwart gelöst und war in die Zukunft geschlüpft.

Der Zwerg verkündete, daß Siegfried und Florigunde ein glückliches Paar werden würden. Sie sollten heimkehren in die Burg am Rhein. Der Held aber möge den Nibelungenhort in der Höhle zusammenraffen und mit auf die Reise nehmen. Wenn er den Rhein erreiche, müsse sein erstes sein, den fluchbeladenen Schatz in den Fluten zu versenken. Am Grunde des Rheins werde der Hort ruhen bis ans Ende der Welt.

SIEGFRIEDS HOCHZEIT

Nachdem König Eugeleine seine Weissagung beendet hatte, schlug er die Augen wieder auf, nahm Abschied von den beiden und verschwand zwischen dem Gestein. Siegfried aber tat, wie ihm geraten. Er lud den Hort auf seine Schultern und nahm Florigunde an der Hand. So wanderten sie zurück in das Reich der Menschen.

Am Ufer des Rheins angekommen, ruderte Siegfried den Hort in die Mitte des Wassers hinaus und warf das fluchbeladene Geschmeide in die Flut, zuletzt den Ring Andwaranaut.

Die Kunde von der Befreiung Florigundes durch Siegfried, den Helden aus Niederland, war den beiden vorausgeeilt. König Gilbald bot seine ganze Ritterschaft auf und ließ das junge Paar bei seiner Ankunft in Worms festlich empfangen. Die Vermählung wurde für eine nahe Frist angesetzt, und viele Gäste wurden eingeladen. Fünfzehn Könige und Fürsten kamen, dem Hochzeitsfeste beizuwohnen, auch Siegfrieds Vater scheute die weite Reise nicht.

Die Trauung fand im Münster zu Worms statt. Die Hochzeitsfeierlichkeiten mit Turnieren und Kurzweil für das Volk dauerten vierzehn Tage. Siegfried verbürgte sich, jeden, der ihm die Ehre erwiesen hatte, zu seiner Vermählung zu kommen, heil wieder nach Hause zu führen. Ein Ehrengeleit sorgte für die Sicherheit der Gäste, und niemand hatte zu bereuen, an der Hochzeit teilgenommen zu haben, auch wenn sein Heimweg durch einsame Wälder voll wilder Tiere und Raubgesindel führte.

Siegfried und Florigunde lebten lange und in Freuden. Siegfrieds Name ist unsterblich geblieben. Das Wappen von Worms zeigt noch heute den Schlüssel, mit dem der Riese den Drachenstein aufschloß.

Der deutsche Kaiser Friedrich III. ließ, als er 1488 in Worms weilte, sogar nach den Gebeinen Siegfrieds graben, doch wurden sie niemals gefunden.

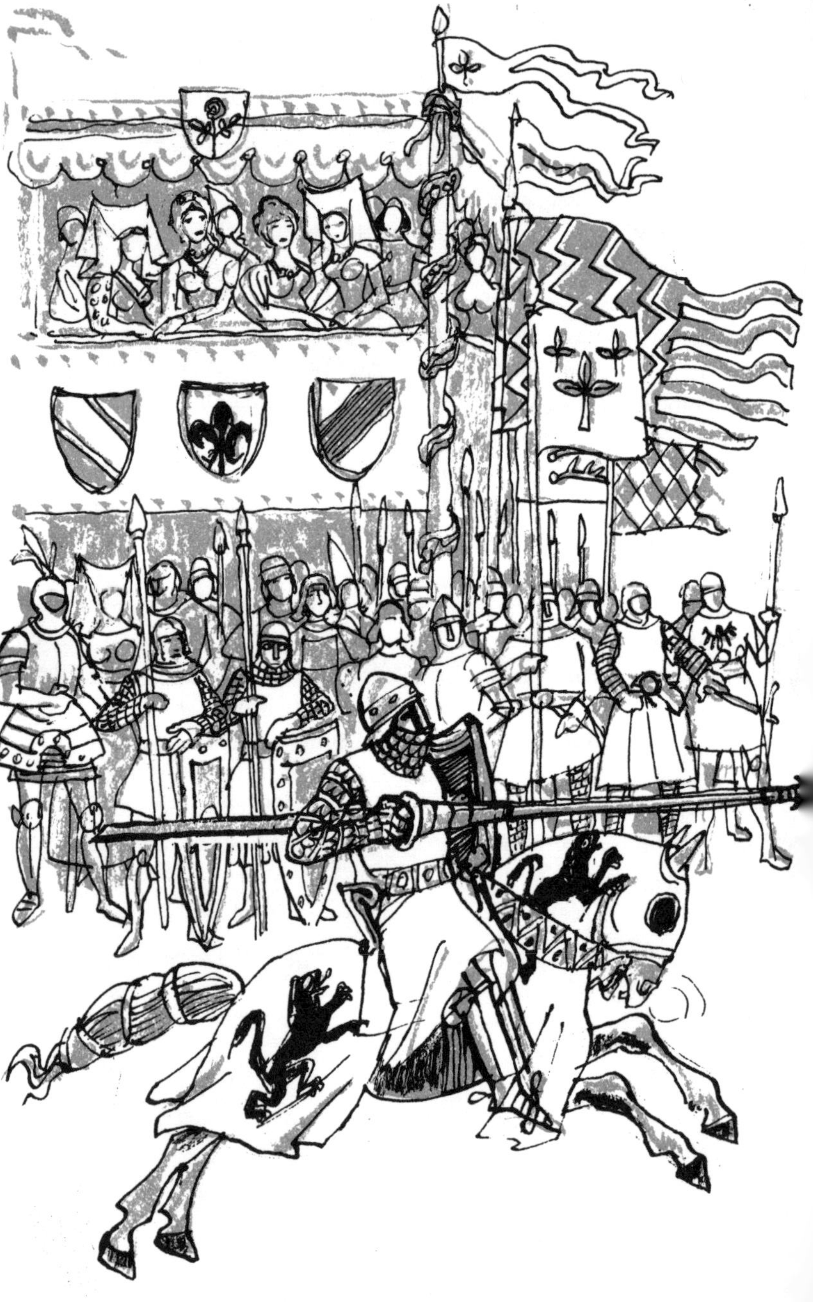

DER WORMSER ROSENGARTEN

Diese Sage ist in mehreren Fassungen erhalten, die teils in bairisch-österreichischer, teils in mitteldeutscher Mundart abgefaßt sind. Die Versform ist die Nibelungenstrophe. Der humorvolle Unterton macht den „Wormser Rosengarten" zu einem der heitersten Werke der Spielmannskunst.

KRIEMHILD BITTET ZUM TURNIER

Kriemhilds Herz schlug für tapfere Männer, und nichts liebte sie mehr, als Helden im Kampf auf Leben und Tod miteinander fechten zu sehen. Kriemhild war die einzige Tochter König Gibichs, der in Worms weithin über das Land herrschte; und sie war die Schwester von drei Brüdern: Gunter, Gernot und Giselher. Fünfzehn Jahre alt, schön wie der junge Tag und launisch wie ein Kind, hatte sie sich mit Siegfried von Niederland verlobt, der überschüssige Kräfte genug besaß, um sie an Taten zu verschwenden, wie sie Kriemhild gefielen. Er gewann sich Kriemhild, indem er ein Dutzend Löwen fing, sie mit den Schwänzen zusammenband und über die

Burgmauer hängte, zu deren Füßen der Rhein fließt. Lachend hatte sich da das Königskind dem Recken an die Brust geworfen und sich ihm zum Weib versprochen. Mit der Hochzeit wollte sie freilich noch eine Weile warten.

Kriemhild besaß einen Rosengarten, den sie wie einen Augapfel hütete, weil sie wohl ahnte, daß Schönheit eine Herausforderung an die Welt und daher ständig bedroht ist, von Neidern zerstört zu werden. Darum spannte sie einen seidenen Faden von roter Farbe um den Garten, der eine Meile im Geviert maß. Denn nach dem altdeutschen Recht ihrer Zeit galt ein mit einem Faden umzirktes Gebiet als geweihter Ort, der nicht ungestraft betreten werden durfte.

Fern in Tirol besaß der Zwergenkönig Laurin einen ebensolchen Rosengarten, und gefährlich und tückisch lauerte er in der Palasthöhle seines Dolomitengebirges auf jeden Eindringling, der mit Vorbedacht oder auch nur im Irrtum die Banngrenze überschritt. Wen er dabei ertappte, dem nahm er zur Strafe den rechten Fuß und die linke Hand ab.

Kriemhild dünkte ein Mann zu wenig, um ihren Rosengarten zu hüten, also verpflichtete sie zwölf Wächter, den geheiligten Platz vor Eindringlingen zu schützen. Die Männer, welche sie gewann, waren die berühmtesten Helden weit und breit: ihr Vater, König Gibich; dann ihre Brüder Gunter und Gernot – Giselher fehlte, weil er noch zu jung war; dann Hagen, der grimmige, mißmutige und treue Held aus dem Geschlecht der Tronjer; Volker, der Spielmann; Ortwin, der Bruder der leidgeprüften Gudrun und Held vom Wülpensand; Pusold, Struthan, Asprian, Walter von Wasichenstein, der später seine Braut Hildegund aus der Haft des Hunnenkönigs Etzel befreite, Stutfuchs und endlich Siegfried von Niederland, der das Schwert Balmung führte und dessen Hochzeitstag noch nicht festgesetzt war.

Die Recken wachten, aber es zeigte sich kein Feind. Wer hätte auch mit diesen tapferen Männern streiten wollen? Doch Kriemhild sann darüber nach, wie und wo ihnen ein würdiger Gegner zu finden sei. Nur einen gab's, wenn sie es recht überlegte: Dietrich von Bern, den unvergleichlichen Helden, der als König über das Land jenseits der schneebedeckten Berge herrschte. Sie beschloß, Dietrich mit elf seiner tapfersten Ritter nach Worms zum Kampf auf Leben und Tod inmitten der Schönheit ihrer Rosen einzuladen. Es sollte jeder mit jedem kämpfen, doch es sollte dem Berner König überlassen bleiben, zu bestimmen, wie sich die Paare zusammensetzten. Zwölf Paare, zwölf Tjoste*!

---

* Tjost hieß im Mittelalter der Einzelkampf der Ritter; der Massenkampf im Turnier wurde Buhurt genannt.

Dem Sieger aus jedem Tjost wollte Kriemhild zum Lohn einen Kranz blühender Rosen und einen Kuß versprechen.

So fein hatte sie es sich ausgeklügelt, und nun galt es nur noch, einen zu finden, der den Brief, den sie Dietrich schreiben wollte, an den Hof des jungen Königs nach dem Süden brächte. Viele Gefahren lauerten unterwegs zwischen den Felswänden und auf den Gebirgspfaden und noch größere am Hof des Berner Königs. Es war nicht vorauszusehen, wie er Botschaft und Brief aufnehmen würde, denn man sprach viel von seinem leicht entflammbaren Zorn und von der Kühnheit seiner Helden. Darum wandte sich Kriemhild an die in der Halle des Gibichenschlosses um ihren Vater versammelten Ritter und sprach: „Da ich am Rhein keinen Helden finden kann, der mit meinen Männern zu streiten wagt, so will ich Dietrich, den Berner König, mit elf seiner tapfersten Ritter einladen, den Todesduft meines Rosengartens zu atmen. Wer ist bereit, mein Angebot nach Bern zu bringen?"

Lange wollte sich niemand melden, und erst, nachdem die Königstochter ihre Frage wiederholt hatte, sprach ein junger Fürst, ein Herzog von Brabant: „An Eures Vaters Hof ist eine Jungfrau, Bersabe geheißen, die liebe ich seit acht Jahren. Wenn Ihr dieses schöne Mägdlein dazu bewegen könnt, meine Werbung anzunehmen, will ich dafür gerne Eure Botschaft nach Bern bringen."

Bersabe weigerte sich zuerst, durch ihre Einwilligung Mitschuld an dem Tod jener tapferen Männer auf sich zu laden, die zum Sterben an den Rhein gerufen werden sollten. Doch von Kriemhild ging eine bezwingende Macht aus, die stärker war als die Sanftheit Bersabes. Der Herzog sagte der Königstochter die Fahrt nach Bern zu und übergab Bersabe zum Abschied einen Ring. Er sprach: „Wenn ich auf dem Weg über das Gebirge oder am Hof des Königs ein tödliches Schicksal erleide, dann mag Euch dieser Ring daran erinnern, daß ich mit meinem letzten Atemzug Euren Namen gehaucht habe."

Von so großer Liebe gerührt, erwiderte die edle Bersabe: „Behüt Euch denn Gott in allen Landen, durch die Ihr zieht, und kehret glücklich wieder!"

Nun rüstete sich der Herzog zur Fahrt. Sein Gefolge bestand aus fünfhundert kühnen Rittern, und mit ihnen setzte er bei Worms über den Rhein. Vor Heidelberg schlugen sie ihr erstes Nachtquartier auf, und nach vier Tagen kamen sie zu der alten Stadt Augsburg. Von da zogen sie über die Berge nach Garda, wo sie, den großen See hinter sich lassend, in die Ebene hinaustraten. Bald waren sie der Stadt Bern, dem heutigen Verona, so nahe gekommen, daß sie schon ihre Mauern erkennen konnten. „Nun bindet den

Helm fester", sprach der Herzog zu seinen Rittern. „Nach allem, was ich von Herrn Dietrich gehört habe, hat uns unsere Herrin Kriemhild wohl in den Tod gesandt." Einer seiner Ritter erwiderte verächtlich: „Wenn Ihr so zagen Mutes seid, so wärt Ihr lieber doch am Rhein geblieben. Eure Worte sind eines Helden nicht würdig."

Da verfiel der Herzog ins Prahlen: „Wenn erst der Kampf begonnen hat, sollt ihr sehen, ob ich ein Feigling bin. Ehe ich mein Leben verliere, gedenke ich manche edle Dame des Bernerlandes zur Witwe zu machen." Und er schlug bei diesen Worten mit seinem Schwert mächtig an seinen Schild. Ein anderer aus seinem Gefolge meinte zu seinem Nachbar: „In jedem Herz nistet Furcht neben Mut. Es wird keine Schlacht ohne große Worte gewonnen, diese vertreiben die Angstgespenster."

EIN HELD ZUWENIG

Zu der Stunde, als der Herzog von Brabant mit seinen Leuten in Bern einritt, tafelte König Dictrich mit tausend seiner Recken. Es ging fröhlich zu in der großen Halle des Palastes, aber es war eine erzwungene Heiterkeit, denn im Grunde waren alle betrübt, weil es schon so lange keinen richtigen Streit mehr gegeben hatte. Die Feinde in der Nähe waren alle besiegt, es zeigte sich niemand, der es gewagt hätte, mit den Bernern einen Kampf anzufangen. Da plötzlich wurde die Ankunft der fremden Boten gemeldet, und jeder hoffte insgeheim, daß sie gekommen seien, um die Berner zu einem Streit herauszufordern.

Der König befahl, die Boten vor sein Angesicht zu führen. Der Herzog von Brabant übergab Dietrich den Brief Kriemhilds. Die Aufregung im Saale wuchs, der König gebot Ruhe und rief nach seinem Kaplan, damit er ihm das Schreiben vorlese. Dieser eilte herbei, und unter atemloser Spannung erbrach er den Brief und verlas seinen Inhalt: „Ich, Kriemhild, die junge Tochter König Gibichs zu Worms am Rhein, hege einen Rosengarten, eine Meile im Geviert. Statt einer Mauer umgürtet ihn ein seidener Faden. Zwölf Helden hüten den Garten, doch sie warteten bisher vergeblich auf einen heldenhaften Frevler, der gewagt hätte, den Faden zu zerreißen.

Bisher gelang es mir nicht, für meine Helden einen würdigen Gegner zu finden, so setze ich meine letzte Hoffnung auf König Dietrich von Bern. Ich fordere ihn auf, mit zwölf seiner Recken nach Worms zu kommen und sich mit meinen Männern zu messen. Den Siegern winkt als Lohn ein Kranz blühender Rosen und ein Kuß von meinem Mund."

Als erster Geselle* Dietrichs meldete sich der rauhe Wolfhart: „Nicht übel, dieses Jungfräulein vom Rhein! Was sie sich nicht alles ausgedacht hat! Mag sie den Teufel küssen, mich gelüstet nach ihren Lippen nicht. Um einen Kuß lasse ich mir nicht den Panzer zerhauen."

Meister Hildebrand, König Dietrichs Lehrer und ältester Geselle, war anderer Meinung: gern wäre er wieder einmal zu einem Abenteuer ausgezogen, und des Mägdleins Kuß mochte dabei dareingehen.

„Das wird deiner Gattin Ute wenig gefallen", tadelte Wittich, der Sohn Wieland des Schmiedes, den alten Meister, „und ich für meinen Teil hoffe in Bern billiger zu einem Kuß zu kommen, denn nicht nur am Rhein blüht ein Rosenmund!"

„Laß mir nur Ute aus dem Spiel, Ihr bring ich ja das Rosenkränzlein mit", entgegnete Hildebrand.

Nun ergriff endlich König Dietrich von Bern selbst das Wort: „Ich will euch verraten, was hinter der Einladung Kriemhilds steckt. Sie möchte ihren Bräutigam Siegfried durch mich einer Mutprobe unterwerfen. Bald ist es nämlich soweit, daß keine Jungfrau mehr vor den Altar tritt, bevor ich nicht ihren Verlobten geprüft habe, ob er auch tapfer ist."

„Wenn Euch dieser Vorschlag nicht paßt, mein König, so will ich allein nach Worms reiten, um Kriemhild den Gefallen zu erweisen", rief Hildebrand. „Ich lasse mich von keiner Frau vergeblich bitten, und sei der Wunsch noch so verwegen und die Dame meinem Herzen fremd!"

Dietrich nahm sich den Tadel zu Herzen und lenkte ein: „Nun, so mag Kriemhild ihren Willen haben. Ich leg's in deinen Rat, Hildebrand, wer uns auf der Fahrt begleiten soll. Zwölf Helden müssen es sein, zehn fehlen uns also noch."

„Ich denke, Wolfhart wird sich nicht weigern, wenn wir ihn ernstlich bitten", entgegnete Meister Hildebrand. „Mit Wolfhart haben wir zugleich seinen Bruder Alphart gewonnen, die beiden sind unzertrennlich. Ferner dürfen wir auf Wittich und Heime zählen – Schnelligkeit ist des einen, Stärke des anderen größte Tugend. Weiter nenn' ich Siegstab, Eckart und

---

* In den Sagen um Dietrich von Bern werden unter Gesellen die Gefolgsmänner des Königs verstanden.

Helmschrot. Und wie von Gott gesandt kam Hartung, der König der Reussen, gerade jetzt an den Berner Hof. Er wird die Ehre zu schätzen wissen, der zehnte zu sein. Dann hole ich meinen Bruder Ilsan aus dem Kloster. Seit zwanzig Jahren ergibt er sich dort dem gottgeweihten Leben, aber seid versichert, König, sein Schwertarm erlahmte auch in der Mönchskutte nicht."

„Nun gut, Meister Hildebrand", sprach König Dietrich, „ich nehme deinen Vorschlag an; die zehn Männer sind mir willkommen. Mit mir zusammen sind es aber erst elf. Noch ein Held fehlt uns, wer soll der zwölfte sein?"

„In der Steiermark in einem Schloß auf hohem Waldberg sitzt Dietleib, der seinen Vater suchte und ihn nach Abenteuern ohnegleichen im Dienste des Hunnenkönigs Etzel wiederfand", wußte Hildebrand zu berichten, „er ist der Rechte für uns, er soll unser zwölfter Mann sein."

IN WIEN

König Dietrich begrüßte den Hinweis Hildebrands auf den jungen Dietleib, gab aber zu bedenken, daß der Held nicht zu seinem Kreis gehöre und es nicht leicht sein werde, ihn für die Fahrt nach Worms zu gewinnen. „Aber wir wollen den Versuch wagen", fügte der König hinzu. Siegstab erbot sich zur Reise in die Steiermark und brach sogleich auf. Doch auf der Burg im Waldgebirge traf er nur Dietleibs Vater Biterolf an. Der zweifelte, ob sein Sohn für die albernen Launen einer Jungfrau sein Leben aufs Spiel setzen werde, doch verriet er, daß Dietleib in Bechelarn auf dem Schloß des Markgrafen Rüdiger anzutreffen sei. Unverzüglich begab sich Siegstab an die Donau. Auf hohem Fels über dem Strom erhob sich die Burg, ihr herrlicher Anblick stimmte den Helden froh und heiter. Aber schnell verdüsterte sich sein Gemüt wieder, als er erfuhr, daß er sich weiter nach Siebenbürgen bemühen müsse, um den Gesuchten zu finden. Das bedeutete, ein paar Wochen länger im Sattel zu sitzen. Nach einer kurzen Rast bei dem freundlichen Markgrafen machte sich Siegstab wieder auf die Reise; der Weg führte ihn über Wien.

Nun war zu dieser Zeit in Wien mit der Errichtung eines Domes begonnen worden, ein Teil des Baus war auch schon eingedeckt und geweiht. Als Siegstab bei der Kirche eintraf, fand er eine große Menschenmenge davor versammelt. Es wurde ihm bedeutet, daß dies nichts Außergewöhnliches sei, immer seien hier Scharen von Andächtigen und Wundergläubigen anzutreffen.

Da geschah etwas, das auch Siegstab nahezu als ein Wunder erschien. Er fand in der Menge seinen alten Gefährten Dietleib, der in den Mauern des Domes Erbauung und Trost gesucht hatte. So war er der Reise nach Siebenbürgen nun glücklich enthoben. Die Freunde umarmten einander, und Siegstab rückte mit seinem Anliegen heraus. Er verschwieg nicht, daß es Biterolf und Markgraf Rüdiger verurteilten, die Launen eines verwöhnten Königskindes mit einem Kampf auf Leben und Tod zu befriedigen. Dietleib zuckte die Achseln und meinte, so viele Kriege würden um einen nichtswürdigeren Preis geführt, und die Launen einer Frau seien ein so guter oder schlechter Anlaß wie jeder andere.

„So wie du, mein Freund, denkt auch mein König Dietrich", erwiderte Siegstab, „sonst wäre er dem Ruf zum Streit im Rosengarten nicht gefolgt."

Die beiden Helden ritten zusammen nach Bern. Dietrich, der von ihrem Nahen Kunde erhalten hatte, ritt ihnen bis an den Gardasee entgegen. So ehrte der König den Helden Dietleib, von dem er schon so viel gehört und den er noch nie gesehen hatte.

EIN STREITBARER MÖNCH

Nun fehlte nur noch der Mönch Ilsan, Meister Hildebrands Bruder, in der Zahl der Helden, die für die Reise an den Rhein aufgeboten wurden. König Dietrich und Meister Hildebrand begaben sich in Begleitung einer großen Anzahl von Rittern zu dem Kloster, in dem Ilsan nun schon seit zwanzig Jahren dem Dienste Gottes lebte. Daß er auch in der Mönchskutte der alte geblieben war, sollten die Berner gleich bei ihrer Ankunft am Kloster und nicht ohne einige Überraschung erfahren.

Bei einem zufälligen Blick aus seiner Zelle sah Bruder Ilsan die Männer auf einer Wiese lagern. Da er sich einbildete, Feinde seien gekommen, um zu plündern und zu rauben, stürzte er in den Klosterhof hinunter, wo er seine Mitbrüder bei friedlicher Morgenarbeit antraf. Mit allen Anzeichen höchster Aufregung erzählte er ihnen von seinen Beobachtungen und verlangte, daß sie ihm sofort seine Rüstung anlegen sollten. Vergeblich versuchten ihm die Mönche seine Befürchtungen auszureden. „Ihr denkt, ich suche wieder Streit, aber ich versichere euch, daß ich aller Kampfeslust entsagt habe", beteuerte Ilsan. „Kriegerisches Raubgesindel ist es, das mich zwingt, nach zwanzig Jahren stillen Klosterlebens wieder ein Schwert zur Hand zu nehmen."

Ilsans Beteuerung seiner Friedfertigkeit entlockte den frommen Brüdern ein tiefes Aufseufzen, weil sie daran dachten, wie oft sie in Ermangelung von Feinden recht ungestüm von ihm behandelt worden waren. Sie holten Rüstung und Waffen und reinigten sie von Staub und Spinnweben, die die Jahre des Friedens über sie gelegt hatten. Dann schnallten sie ihm den Brustpanzer und die Beinschienen gleich über die Mönchskutte.

Nun schwang sich Ilsan auf sein Roß, und wie ein Blitz schoß er aus dem Klostertor hinaus und dem vermeintlichen Feind entgegen. Der König sah ihn schon von weitem einhersprengen und meinte, der Abt habe einen Mönch zu seiner Begrüßung ausgesandt. Er beauftragte Meister Hildebrand, dem frommen Bruder entgegenzureiten. Ilsan freute sich, so schnell einen Gegner gefunden zu haben, legte die Lanze noch fester ein und stürmte auf Hildebrand los. Aber dieser hatte an der ungestümen Art des Reiters bald seinen Bruder erkannt, wich dem Stoß geschickt aus und entblößte dann sein Haupt: „Wie schön, daß wir uns wiedersehen!"

Ilsan polterte enttäuscht: „Was, zum Teufel, hast du hier zu suchen?"

„Wir suchen noch einen Mann für ein hartes Turnier im Rosengarten zu Worms", erwiderte Hildebrand. „Kriemhild bietet ein Rosenkränzlein und einen Kuß als Siegeslohn. König Dietrich läßt dich bitten, uns zu begleiten."

Ilsan fühlte sich von dem Angebot hochgeehrt, spielte aber erst einmal noch den Grobian: „Ei, da sieht man, was für ein alter Narr du geworden bist, Hildebrand. Von dem launischen Einfall einer törichten Jungfrau läßt du dich an den Rhein locken, statt endlich an dem Herd deiner Frau Ute der verdienten Ruhe zu pflegen." Nun erschien aber auch der Abt auf dem Schauplatz, und die Aussicht, den ungestümen Bruder Ilsan für eine Zeitlang loszusein, erfüllte ihn mit heimlicher Freude. Sehr ernst sagte er erst: „Es ist nicht die Aufgabe der Mönche, zu streiten und zu fechten." Und schnell fügte er mit verschmitztem Lächeln hinzu: „Lieber Bruder Ilsan, wenn Ihr mir versprecht, ein Rosenkränzlein von der Fahrt mitzubringen, dann will ich sie Euch wohl gestatten und indessen hier für Eure Sünden beten."

Sobald Dietrich und Hildebrand mit ihrem neuen Helden, dem streitbaren

Mönch, davongezogen waren, stimmten seine Mitbrüder einander zu: „Wie froh sind wir, ihn einige Zeit nicht zu sehen. Wie oft hat er uns mit seinen starken Fäusten den Rücken verbläut."

Nachdem nun die Mannschaft für Worms vollzählig versammelt war, wurde das Heerhorn geblasen, und fort ging's dem Rhein zu. Die Stelle, an der sie den Strom zu übersetzen gedachten, gehörte aber zum Bereich eines grimmigen Fährmanns. „Ich kenne ihn schon lange", wußte Meister Hildebrand zu berichten, „für gewöhnlich nimmt er von seinen Gästen eine Hand und einen Fuß als Fährlohn, manchmal macht er es auch billiger. Ich will ihn fragen, was er heute begehrt."

König Dietrich meinte, besser wäre es, dem groben Fergen die zwölf gezückten Schwerter der Helden zu zeigen, da werde er dann seinen Nachen wohl auch ohne Lohn flottmachen. Von einer milderen Seite wollte sich einmal der Mönch zeigen, und er erbot sich, als Friedensstifter aufzutreten. „Ich werde mit dem Fährmann reden", meinte er, „er wird mich an meinem Bart als Mönch erkennen. Dem Gottesmann wird er auch für Gotteslohn zu Diensten sein."

Der Vorschlag fand allgemeinen Beifall, und Ilsan winkte den Fergen vom anderen Ufer herüber und bestieg den Nachen. Ein wenig seltsam war ihm zumute, als er sich dem riesigen Menschen gegenübersah. Dieser hatte heute seinen ganz „teuren" Tag. „Dein Bart deutet auf einen Mönch, deine Rüstung auf einen Ritter", herrschte er Ilsan an, „aber nur eines von den beiden kannst du sein, und mit einem Zeichen lügst du! Dafür sollst du bestraft werden!" Sogleich erhob er ein Ruder, um es auf Ilsan niedersausen zu lassen. Mit geschicktem Sprung wich der streitbare Mönch aus, und seine Faust landete im Gesicht des Fährmanns. Dieser taumelte und stürzte zu Boden. Als er sich wieder aufraffte, konnte er nicht umhin, dem Gegner seine Hochachtung auszudrücken: „Den Ritter, meiner Treu, habt Ihr nicht erlogen. Solche Hiebe habe ich nicht mehr einstecken müssen, seit ich ein siebenjähriges Kind war."

„Dann gehorche auch wie ein siebenjähriges Kind und bring uns alle über den Strom", forderte Ilsan, und der Fährmann beeilte sich, dem Wunsch nachzukommen.

DIE KAMPFPAARE WERDEN BESTIMMT

Das Nahen der Helden aus Bern rief in Worms großes Wehklagen hervor. Denn die Bürger verabscheuten das Blutvergießen, sie bangten um das Leben der Helden hüben und drüben. König Gibich ritt den Bernern entgegen, und nach dem Zeremoniell der Begrüßung wies er ihnen zum Quartier eine Zeltstadt an, die am Ufer des Rheins errichtet worden war.

Am nächsten Tag machte Kriemhild, begleitet von einer Schar ihrer edlen Jungfrauen, König Dietrich ihre Aufwartung. Ihr Prunkgewand und der erlesene Schmuck hinterließen einen tiefen Eindruck bei den Bernern. Wolfhart gestand: „Wie gern wär' ich einer Kriemhild begegnet, die ich für ihre Keckheit mit einem Backenstreich hätte strafen können ... diese Kriemhild lähmt mir den Mut."

Kriemhild zog König Dietrich sogleich in ein längeres Gespräch. Sie sagte ihm die schmeichelhaftesten Artigkeiten, sie rühmte ihn als den besten Kämpfer und den zuchtvollsten aller Helden. Der König von Bern wies solches Lob zurück und klagte seine Besucherin an: „Frauenübermut hat mich herausgefordert. Die Helden, die Euch dienstbar sind, werden dafür büßen müssen."

„Es war mein sehnlichster Wunsch, den großen Heldenkönig von Bern kennenzulernen", erwiderte Kriemhild, „aber dem Ruf, als mein Freund an den Rhein zu kommen, wäret ihr gewiß nicht gefolgt. Ist es nicht so?"

Da der König schwieg, fuhr Kriemhild fort: „Ich hatte also keine andere Wahl, als Euch zu bitten, mein Feind zu werden. Nun, acht Tage lang sollt Ihr hier Gastrecht genießen, und erst am neunten soll es Eure Pflicht sein, in meinen Rosengarten einzubrechen."

Dietrich erlag dem Zauber der jungen und schönen Frau, und kein böses Wort fiel mehr zwischen den beiden in den acht Tagen des herrlichen Festes, das Kriemhild zu Ehren der Recken aus Bern gab. Diese wurden mit den erlesensten Speisen bewirtet, und der Wein floß in Strömen. Als die Frist um war, schickte Dietrich Meister Hildebrand als seinen Unterhändler zu Gibich, um die Kampfpaare zu bestimmen. König Gibich und Meister Hildebrand kamen überein, als die Ältesten in ihren Mannschaften gegeneinander anzutreten. Für die vier riesenhaften Recken im Dienste Kriemhilds, Ortwin, Struthan, Pusold und Asprian, wurden Wolfhart, Siegstab, Heime und Wittich als Gegner bestimmt. Gunter

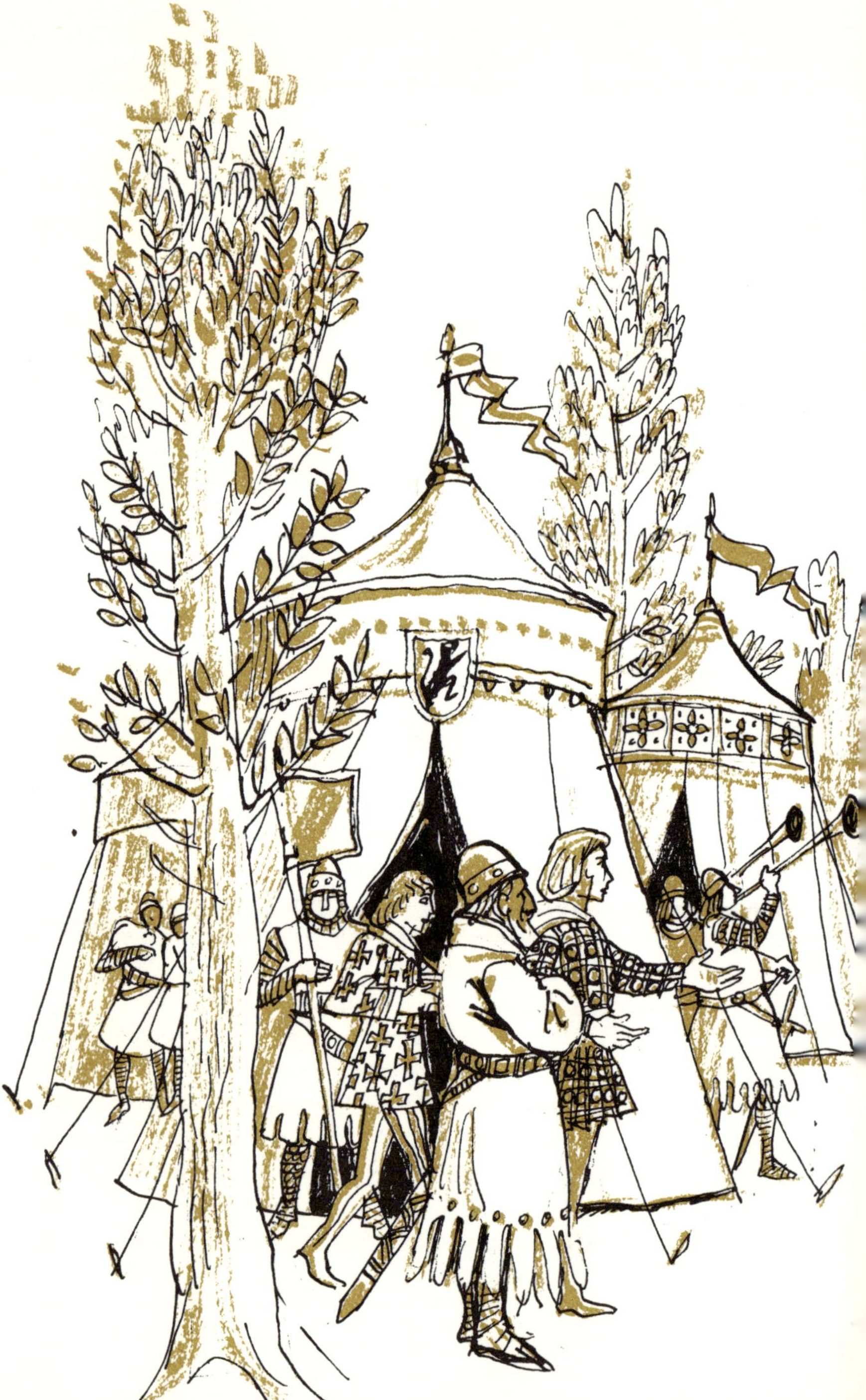

DIE KAMPFPAARE WERDEN BESTIMMT

und Gernot, Kriemhilds Brüder, wurde der schwere Gang mit Alphart und Helmschrot zugewiesen. Als man so weit gekommen war, verlangte Kriemhild, daß nicht nur die Stärke, sondern auch die Tugend der Männer bei der Festsetzung der Paare berücksichtigt werden solle. So möge die Treue gegen die Treue streiten, Hagens finstere Ergebenheit mit dem schlichten Heldentum des treuen Eckhart. Dieser Wunsch wurde erfüllt. Für den Mönch Ilsan wurde als passender Gegner der Spielmann Volker ausgewählt, von beiden ging ein immerwährender Glanz von Fröhlichkeit aus. Walter von Wasichenstein und der kühne Dietleib, Stutfuchs und Hartung waren die nächsten Paare. Das stärkste und gewaltigste Paar aber stand von Anfang an fest, darüber brauchte nicht beraten zu werden: Dietrich und Siegfried, die kühnsten Männer ihrer Zeit, bildeten das letzte Paar.

DAS TURNIER BEGINNT

Am nächsten Morgen wurde der Friede aufgesagt, und zwar von Kriemhild selbst, die ihre Helden im Rosengarten Aufstellung nehmen ließ und dann die Berner Kämpfer herbeirief und zu ihnen sprach: „Dort stehen die zwölf Recken, die meinen Rosengarten hüten! Wer von euch mit ihnen streiten will, der kann als Sieger einen Rosenkranz und meinen Kuß verdienen."

Die Paare waren bestimmt, es galt nur noch festzulegen, welches den Kampf eröffnen sollte. Die Berner überließen es König Gibich, die Reihenfolge anzuordnen. Die Helden ritten aufeinander zu, die Berner hielten diesseits und die Männer Kriemhilds jenseits des roten Fadens ihre Rosse an. Und nun erklärte Gibich, daß die Riesen das blutige Spiel beginnen sollen.

Die Riesen Ortwin, Struthan und Pusold waren bei all ihrer Körperkraft so ungeschlacht, daß sie der Geschmeidigkeit ihrer Kampfpartner fast wehrlos ausgeliefert waren. Dreimal mußte Kriemhild Rosenkränzlein und Kuß an einen Berner vergeben, an Wolfhart, Siegstab und Heime. Die drei Riesen lagen tot in ihrem Blute. Nur bei dem vierten Gang des Riesenauftritts wäre um Haaresbreite Schande über Dietrichs Mann gekommen. Wittich befiel Entsetzen beim Anblick Asprians, der ihm zum Gegner ausgewählt worden war. Denn es war ihm bekannt, daß Asprian zwei Schwerter in der Scheide trug, und es schien dem Sohn des Schmiedes Wieland nicht gerecht, solchen Vorteil allein durch seinen Mut und seine Fechtkunst ausgleichen zu müssen. Wittich weigerte sich anzutreten, und dies löste wilden Tumult bei den Kämpfern und unter den Zuschauern des Turnieres aus. Kriemhilds Gesicht überflog ein Leuchten des Triumphes. Wie gern hätte sie Asprian, den letzten ihrer Riesen, umarmt, und hätte sie sich auch zu seinem Mund emporheben lassen müssen, um das Siegel des Sieges darauf zu drücken!

Hildebrand redete Wittich ins Gewissen, er versprach ihm im Namen Dietrichs ein ganzes Herzogtum zum Lehen, wenn er seinen Entschluß rückgängig mache. Der Held schüttelte verneinend den Kopf. Der König überdachte die Gründe Wittichs noch einmal und sah ein, daß einem toten Helden mit dem schönsten Herzogtum nicht gedient sei und es wohl klüger wäre, ihn mit besseren Waffen auszustatten. So bot er Wittich seinen Hengst Schimming an, das berühmteste Roß, das jemals einen Reiter getragen hatte; dies würde wohl die zwei Schwerter Asprians aufwiegen. Schimming wurde Wittich vorgeführt, und seine Bedenken schmolzen im Anblick des edlen Tieres dahin, dessen Leib eine einzige Ansammlung von Kraft und Schnelligkeit zu sein schien. Wittich schwang sich in den Sattel, zerriß im jähen Anritt den Faden und jagte zwischen den Rosengebüschen dahin, die schon mit Blutstropfen bestäubt waren.

Der Riese erwartete seinen Gegner mit je einem Schwert in jeder Hand. Wittich suchte sein Pferd geradewegs auf Asprian zuzulenken, aber Schimming wußte besser, was zu tun war. Er ließ sich durch Zügelzug und Schenkeldruck nicht beirren und raste pfeilschnell dem Riesen unter dem erhobenen rechten Arm hindurch, machte kehrt und trabte in seine Ausgangsstellung zurück. Bei den Helden und unter dem Volk erhob sich mißbilligendes Murren, denn jeder dachte, Wittich sei dem Kampf ausgewichen und habe den Rückzug angetreten. Dieser aber hatte verstanden, was Schimming wollte, und beim zweiten Anritt ließ er das prächtige Tier selbst seinen Weg suchen.

Genau im richtigen Punkt setzte der Hengst zum Sprung an, und so gelang es Wittich, mit seiner Klinge die Schulter des Riesen zu erreichen. Mit einem einzigen Streich schlug er dem Riesen den rechten Arm ab. Asprian wendete sich zur Flucht, und Kriemhild flehte, Wittich möge ihr doch diesen letzten Riesen am Leben lassen. Doch Wittich stand von seinem Opfer nicht eher ab, als bis es tot vor ihm auf dem Boden lag. So war Kriemhild der Mühe enthoben, sich zum Kuß an eines Riesen Mund emporheben zu lassen, und sie mußte noch einmal die Lippen eines Berners schmecken.

EIN HEITERES ZWISCHENSPIEL

Was er bisher gesehen hatte, gefiel König Dietrich wenig, und er sprach: „Nach dem wilden Getümmel täte unserem Gemüt ein wenig Erheiterung not." Diesem Wunsche trug Gibich sogleich Rechnung, und er befahl, das „lustige Paar" Ilsan – Volker zum Kampf.

Der Mönch eilte freudestrahlend zum Garten, und da sich der Spielmann eben erst fertigmachte; gab sich Ilsan einem spaßigen Zeitvertreib hin. Er warf sich in die Rosen, wälzte sich zwischen den Sträuchern hin und her, und bald war die Herrlichkeit des Gartens verwüstet. Kriemhild rief ihm wütend zu: „Wärst du doch in deinem Kloster geblieben."

Ilsan erhob sich aus den Büschen und zeigte Kriemhild sein funkelndes Schwert. „Das ist mein Pilgerstab. Den hat mir mein Abt gegeben, daß ich Euch einmal die Beichte abnehmen soll."

„Dann ist es mein Wunsch, daß dich der Fiedler in die Hölle geigt", erwiderte Kriemhild.

Dröhnendes Lachen folgte dem Zwiegespräch, das gleich darauf in Beifall für Volkers Erscheinen überging. Der Fiedler ärgerte sich über das Gebaren des Mönchs und murrte: „Was hat sich König Dietrich nur dabei gedacht, uns einen solchen Schalksnarren an den Rhein zu bringen."

„Warte nur, ich will dir zeigen, was für Possenstreiche ich reißen kann", erwiderte der Mönch und lief auf seinen Gegner zu, ehe dieser sich noch zum Kampf fertiggemacht hatte. Dem wackeren Fiedler blieb nichts anderes übrig, als Reißaus zu nehmen und quer durch den Garten davonzulaufen. Ilsan, nicht faul, setzte ihm nach.

Als Ilsan in der wilden Hetzjagd an Kriemhild vorbeikam, fühlte er sich plötzlich von Weibesarmen festgehalten. Und ehe er noch dazukam, zu fragen, was das zu bedeuten habe, spürte er schon der Jungfrau Lippen auf seinem Mund und sah zugleich ihre Arme nach seinem Haupte langen. Das Siegeskränzlein wurde ihm wider Willen aufgedrückt. So rettete die schlaue Kriemhild geistesgegenwärtig das Leben des Spielmanns Volker. Ilsan aber, um den Kampf betrogen und für einen Sieg belohnt, den er nie erfochten hatte, trollte sich mißmutig von dannen. Sein Gemüt erheiterte sich erst, als König Dietrich zu ihm sprach: „Heil dir, tapferer Mönch, Kriemhild muß ich preisen! Wenn du zum Kampf antrittst, steht der Sieger schon im vorhinein fest."

„Auf diese Weise komme ich nie mehr in meinem Leben zu einem ehrlichen Streit", klagte Ilsan aber dann doch.

„Dein Schicksal ist: Frieden durch Stärke!" tröstete ihn der König.

Kriemhild aber fuhr sich mit dem Finger an die Wange, sie hatte dort etwas Feuchtes herabrieseln gespürt. Wahrhaftig, es war Blut! Des Mönches ruppiger Bart hatte ihre zarte Haut wundgescheuert! Wären die Streiter der Turnierdame nicht Achtung und Höflichkeit schuldig gewesen, hätten die Helden jetzt aus vollem Halse gelacht!

FEUERATEM GEGEN DRACHENHAUT

Das Turnier nahm mit den Kämpfen von Kriemhilds Brüdern Gernot und Giselher seinen Fortgang. Sie traten gegen Alphart und Helmschrot an. Beide Gefechte wurden mit äußerster Erbitterung geführt, und Kriemhild konnte ihre Brüder nur durch die gleiche List retten, mit der sie halb im Scherz den Spielmann Volker der Wut des Mönches Ilsan entzogen hatte: Sie kam dem Todesstreich für Gernot und Giselher mit Siegeskranz und Kuß für ihre Gegner zuvor.

Beim nächsten Paar – König Gibich und Meister Hildebrand – ging es gemütlicher her. Der König mußte so schnell zu Boden, daß Kriemhild gar nicht mehr Zeit fand, ihrem Vater zu Hilfe zu eilen. Doch Hildebrand tat dem Besiegten kein Leid an, sondern winkte die Turnierdame heran, damit sie ihm Kranz und Kuß verabreiche. Als Kriemhild ihre Lippen auf Hildebrands Wange drückte, neckte sie der Meister: „Wer sich an alten Kesseln reibt, wird leicht schwarz."

„Ihr übertreibt, Meister Hildebrand", lachte Kriemhild. „So ruppig und struppig wie der Mönch Ilsan seid Ihr noch lange nicht."

Nachdem auch die nächsten Kämpfe ein ähnliches unblutiges Ende gefunden hatten, war nur noch der letzte Kampf ausständig. Dietrich und Siegfried sollten ihn bestreiten. Der Zuschauer bemächtigte sich eine große Erregung, denn mit den beiden betraten die größten lebenden Helden die Turnierbahn. Siegfrieds Leib war nach seinem Bad im Drachenblut mit einer Hornhaut überzogen, die kein Schwert und keine Lanze zu durchdringen vermochte, Dietrich aber besaß die Gabe, seinen Atem in Feuer zu verwandeln. Doch nicht nach Gutdünken konnte er die innere Glut entfachen, sondern nur dann, wenn sein Herz in großem und gerechtem Zorn erbebte. Dietrichs Feueratem ließ jeden Panzer und jede Drachenhaut zerschmelzen, aber niemand in der wogenden Menge hinter den Schranken der Turnierbahn wußte, ob der König von Bern eben jetzt von dem nötigen Zorn erfüllt war.

Als nun Dietrich König Gibich um eine Kampfpause bat, weil er sich nicht kampfbereit fühlte, gab es niemand im weiten Viereck, der nicht Siegfried schon als Sieger gesehen hätte. Dietrich ritt vom Kampfplatz weg in ein Tal hinein, das sich nicht weit vom Rosengarten öffnete. Hildebrand und sein Neffe Wolfhart folgten ihrem König. Sie hielten einen gemessenen Abstand von ihm, achteten aber darauf, ihn dabei nicht aus den Augen zu verlieren. Während des Ritts sprach der Oheim zum Neffen: „Ich habe mir eine List ausgedacht, um König Dietrichs erbitterten Zorn zu wecken. Ich werde ihn durch vorwurfsvolle Reden so reizen, daß er mich zu Boden schlägt. Du eilst wie zufällig herbei und bietest dich zur Pflege des Verwundeten an, während der König zum Kampfplatz zurückkehrt. Ist er dort gegen Siegfried zum blutigen Turnier angetreten, kommst du angesprengt und meldest meinen Tod, das wird seinen Atem zu Feuer entfachen."

„Wahrhaftig ein kluger Plan", lobte Wolfhart, „ich will alles so ausführen, wie du es verlangst." Er verbarg sich sodann in einem Gebüsch. Meister Hildebrand aber spornte sein Roß, und schnell hatte er den König eingeholt. „Begegne ich dem König oder nur seinem Schatten?" fragte Hildebrand.

„Was soll diese törichte Rede?" brummte Dietrich unwillig. „Kennst du mich denn nicht mehr?"

„Dann ist's also doch Dietrich", stichelte Hildebrand. „Ich konnte einfach nicht fassen, daß ihn der Mut verlassen hat."

Der König von Bern versetzte Hildebrand einen leichten Schwertstreich auf den Helm und war nicht wenig erstaunt, als der Meister davon gleich zu Boden sank. „Ich muß ihn unglücklich getroffen haben", klagte Dietrich.

Das war für Wolfhart das Stichwort, nun ebenfalls auf der Bildfläche zu erscheinen. Es spielte sich alles so ab, wie es zwischen ihm und seinem Oheim abgesprochen war, und Dietrich kehrte auf den Turnierplatz zurück.

Dort angekommen, stieg Dietrich nicht aus dem Sattel, sondern ritt geradewegs auf den Rosengarten zu. In einem tausendstimmigen Schrei der Menge entlud sich die Freude über Dietrichs Entschluß zum Kampf. Schon forderte Dietrich den Niederländer heraus: „Wo bist du, starker Siegfried?"

Siegfried von Niederland sprengte heran und rief: „Mit meinem Schwert Balmung will ich dir einen Gruß bieten, der dir noch leidtun wird."

Dietrich erwiderte: „Ich will dir den Gruß mit meinem Schwert Eckesachs vergelten. Es wird dir zeigen, daß es auch noch andere gute Klingen auf der Welt gibt."

Damit waren die üblichen Formeln der Eröffnung eines Turniers zwischen zwei Helden vom Range Dietrichs und Siegfrieds gesprochen. Nun kamen die Waffen zu Wort. Die Recken sprengten mit eingelegten Lanzen aufeinander zu, und die Speere zerbrachen bei dem heftigen Anprall. Sofort sprangen die beiden aus dem Sattel und schlugen mit den Schwertern aufeinander ein, daß die Stücke der zerhauenen Schilde durch die Luft wirbelten.

Das Kampfglück neigte sich immer mehr Siegfried zu. Er brachte dem Berner mehrere tiefe Wunden bei, während alle Schwertstreiche Dietrichs an seiner Hornhaut abglitten. Als dieser erkennen mußte, daß auch seine gewaltigsten Hiebe ohne Wirkung blieben, erlahmte seine Kraft.

Nur sein Feueratem hätte eine Wendung bringen können, doch sein Zorn war immer noch nicht der rechte. So wich er Schritt um Schritt zurück, und Kriemhild jubelte: „Siegfried! Siegfried! Seht ihr, wie mein Herzliebster den Berner vor sich hertreibt! Alle haben mich im Stich gelassen, aber Siegfried läßt mich jetzt das süße Gefühl der Rache spüren."

Doch es sollte gleich anders kommen. Hildebrand und Wolfhart erschienen auf dem Platz, und der Meister flüsterte dem Neffen ins Ohr: „Genau so, wie ich es erwartet habe. Er braucht kräftigere Reizung, um Feuer aus dem Mund zu schleudern. Jetzt, lieber Wolfhart, ist deine Stunde gekommen."

Wolfhart ging bis an den Rosengarten vor und begann laut zu klagen: „O weh, Hildebrand ist tot, und nun sollen wir auch noch unseren Herrn verlieren."

Dietrich, der fast bis an die Umzäunung des Rosengartens zurückgewichen war, hörte die Klage und erzürnte darüber so sehr, daß er im Zorn zu rauchen begann wie ein brennendes Haus. Eine rote Flamme schoß aus seinem Mund, und vor ihr schmolz die Hornhaut Siegfrieds. Tief drang der Eckesachs in die aufgeweichte Haut des Helden aus Niederland, und Siegfried mußte weichen. Unendliche Trauer überfiel da die Helden vom Rhein. Siegfried sollte Dietrich unterliegen? Wie war das möglich? War der Himmel erzürnt worden?

Kriemhild mußte Siegfried auf die gleiche Weise erretten wie alle ihre Helden vorher mit Ausnahme der Riesen, die sie dem Tode überlassen hatte. Sie ging auf Dietrich zu, und wie er die Jungfrau nahen sah, erlosch die Flamme vor seinem Mund. Kriemhild umarmte den König von Bern und küßte ihn und sprach: „Noch nie habe ich Lippen geschmeckt, die im Feuer erglühten."

„Schmecken sie anders?" fragte der König.

„Sie schmecken nach Untergang", sagte Kriemhild ahnungsvoll. Dann setzte sie ihm den Siegeskranz auf den Helm. Indes war Siegfried, dem das Blut in hellen Strömen über den Panzer floß, in das Zelt gebracht worden. Dort wurden seine Wunden verbunden. Er genas nach langer Krankheit, um später sein ihm vorbestimmtes Schicksal zu vollenden.

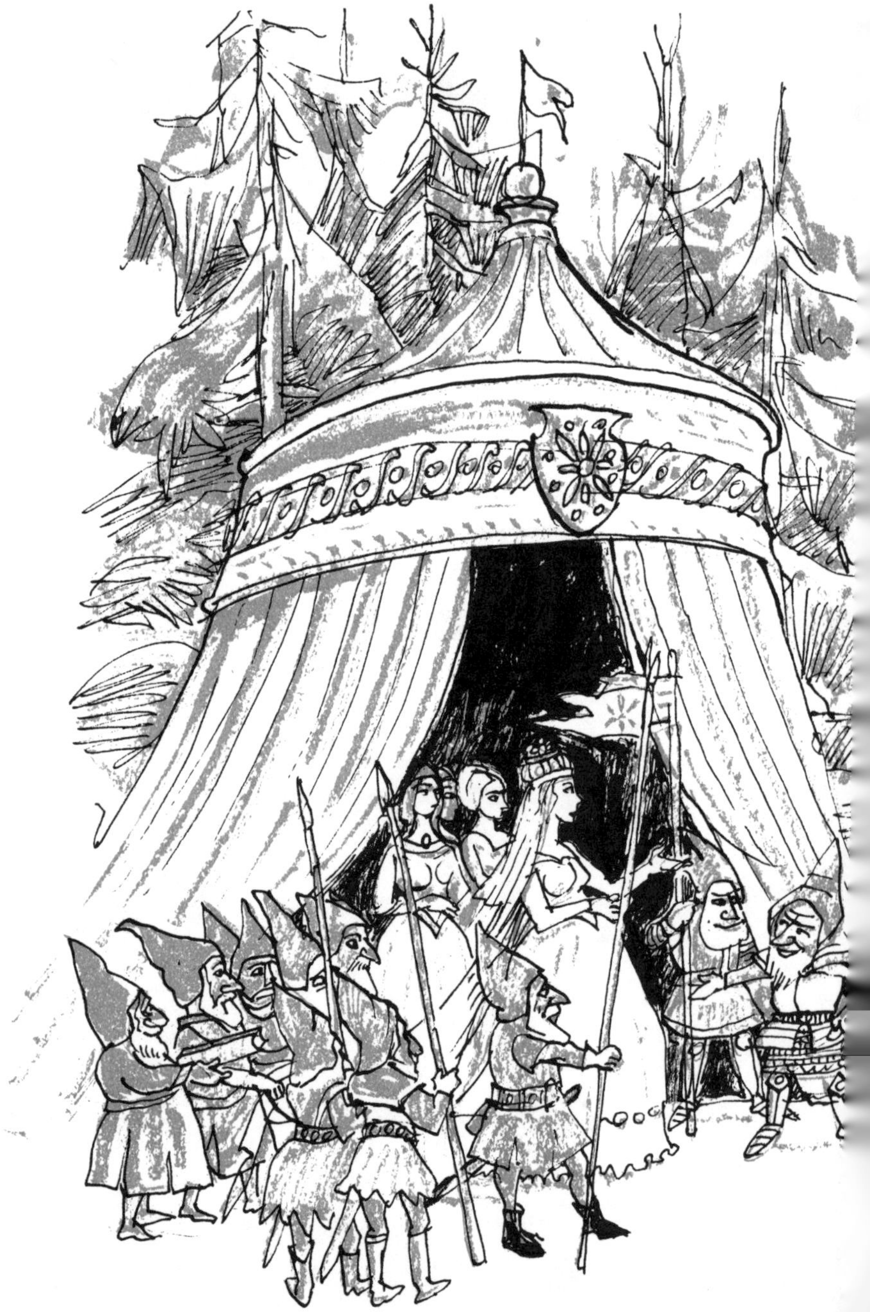

VIRGINAL,
DIE ZWERGENKÖNIGIN
VON TIROL

Das Lied von der Zwergenkönigin Virginal, ein deutsches Heldenepos aus der Mitte des 13. Jahrhunderts, erzählt, wie Dietrich von Bern und sein getreuer Meister Hildebrand die Königin aus der Gewalt ihrer Feinde befreien.

KÖNIGIN VIRGINAL IN NOT

In Tirol lebte vor altersgrauen Zeiten die Königin Virginal. Tief im Inneren eines Berges lag ihr Palast, der von Zwergen erbaut und kunstvoll ausgestattet worden war. Der Berg ragte freistehend und steil wie eine Burgzinne inmitten einer wilden Gebirgswelt empor und bestand aus rötlich geflammtem Gestein.

Der Königin diente ein großer Hofstaat von vornehmen Jungfrauen, und alle Zwerge des Landes Tirol waren ihr untertan. An schönen Frühlingstagen pflegte sie auf dem blumigen Anger vor ihrem Palast zu lustwandeln, und da glückte es denn manchmal einem Ritter, sie zu erblicken. So war der Ruf ihrer Schönheit bis jenseits des Schneegebirges gedrungen.

Ihre Untertanen, die Zwerge, liebten ihre Königin sehr. Doch einmal geschah es, daß ein Zwerg namens Elegast mit ihr darüber in Streit geriet, ob es nicht besser für die kleinen Leute wäre, von ihresgleichen regiert zu werden als von einer Frau, deren hoher Wuchs sie den Menschen allzu ähnlich mache. Königin Virginal geriet in Zorn und verwies Elegast des Landes. Der Kleine bereute seine Dreistigkeit und bat um Verzeihung, doch die Königin blieb unversöhnlich.

Elegast mußte mit Weib und Kind in die Fremde ziehen. Doch nirgends verweilte er lange.

Unter Menschen konnte er nicht leben, und die anderen Zwerge neideten ihm seine besondere Kunstfertigkeit. So erfaßte ihn mächtiger Grimm gegen die Königin Virginal, und er beschloß, sich zu rächen.

In einem Tal hauste ein heidnischer Unhold, der nichts als Unheil anstiftete. Mord und Brand waren seine ständigen Begleiter, und niemand konnte ihm beikommen, da seine Rüstung unverletzlich war und er ein Pferd ritt, das so schnell war wie ein Hirsch. Das seltsamste Stück seiner Rüstung aber war ein Speer, in dessen Schaft ein kunstvolles Werk eingebaut war, das den Gesang einer Nachtigall nachahmte. Damit lockte er ahnungslose Menschen an, die er dann gefangennahm und in seine Behausung schleppte. Zu diesem Unhold begab sich der Zwerg Elegast und bot ihm seine Dienste an. Nur eine Bedingung stellte er: der Unhold möge ihn bei der Königin Virginal rächen. Der Böse willigte nur allzugern ein. Kurze Zeit später brach er nach dem Land Tirol zum Schloß der Königin auf. Achtzig Gesellen, ebensolche Unholde wie er, begleiteten ihn auf der Fahrt.

Der Eingang zum Schloß der Königin Virginal wurde von acht Riesen bewacht, doch diese waren dem Ansturm der Wüteriche nicht gewachsen. Tapfer setzten sie sich zur Wehr, aber am Ende des Kampfes lagen sie alle erschlagen vor dem mit Diamanten besetzten Tor. Der Weg in die Höhlenburg war frei.

Die Königin war zu Tode erschrocken, als die Schar der Unholde durch den Palast tobte. Die weinenden Mädchen ihres Gefolges umringten ihren Thron, als hofften sie Schutz von der Schutzlosen zu empfangen. Der Anführer trat vor die Königin hin, und Virginal blieb kein anderer Ausweg, als um Gnade zu flehen. Der Anführer der Unholde war bereit, sie zu gewähren, wenn ihm jedes Jahr eine der Jungfrauen aus dem Hofstaat der Königin als Opfer überlassen werde. Virginal blutete das Herz, sie versuchte, den Grausamen von der schrecklichen Forderung abzubringen, doch alles Bitten war vergeblich. Schließlich mußte sie in die Bedingung einwilligen. Mit der Faust griff sich das Scheusal eines der Mädchen aus dem Gefolge der Königin und schleppte es mit sich. Nach einiger Zeit wurde der Königin die Kunde zugetragen, daß das Scheusal das Mädchen getötet habe. Es war alter, heidnischer Brauch, den Götzenaltar mit dem Blut unschuldiger Jungfrauen zu röten.

Jahr für Jahr stellte sich nun der Unhold pünktlich vor der Burg der Königin Virginal ein, um sich sein Opfer zu holen. Im Zwergenreich erhob sich großes Wehklagen, das bald bis weit über seine Grenzen erscholl. So hörte man denn auch in Bern, dem heutigen Verona, von den Greueltaten des Unholds, und besonders dem alten Meister Hildebrand ging das Schicksal der armen Mädchen sehr zu Herzen. Er schlug seinem König Dietrich vor, der Königin Virginal zu Hilfe zu kommen und sie samt ihren Jungfrauen von der heidnischen Plage zu erlösen.

Nun hatte König Dietrich bis zu jener Zeit noch nicht viel Erfahrung in Abenteuern solcher Art gesammelt. Wohl war er ein Meister auf dem Turnierplatz, und es fehlte ihm auch nicht an Kraft, doch eine geheime Scheu vor den zauberischen Mächten hielt ihn von den Bergen fern, die sich nordwärts der Stadt Bern wie ein dünner Strich im klaren Himmel abzeichneten. Er hatte auch von der schönen Königin Virginal gehört, aber die irdischen Frauen dünkten ihm begehrenswerter, und so stellte er sich gegen Hildebrands Drängen zunächst taub.

Doch der alte Meister Hildebrand war auch diesmal nicht um eine List verlegen. Er wußte um den Einfluß vornehmer Damen auf junge Helden, und hatte er auch manchmal Grund, diesen zu beklagen, nun brachte er ihn selber ins Spiel, um Dietrich zur Fahrt in die Berge zu bewegen. Er verstand es, die Eitelkeit des weiblichen Hofstaates von Bern mit dem Bemerken zu reizen, wie es wohl den schönen Frauen gefalle, einem Helden zu dienen, der noch nie die Luft des großen Kampfes geatmet habe. Diese List tat ihre Wirkung. Noch am selben Abend, als König Dietrich dem Vortrag eines ritterlichen Sängers lauschte, seufzte eine Dame, wie leid sie es sei, am Hof von Bern immer nur in Liedern von Heldentaten zu hören. Dietrich überging diese Anspielung, aber er nahm sie sich wohl zu Herzen.

Nur wenige Tage später sagte König Dietrich zu Meister Hildebrand:

"Laß uns ins Gebirge reiten, alter Meister. Dort will ich erproben, was ich von dir gelernt habe." Hildebrand strahlte über das ganze Gesicht. Sogleich wurde ein tapferer und kluger Bürger von Bern zum Verweser von König Dietrichs Reich während dessen Abwesenheit eingesetzt. Viele Recken erboten sich, Dietrich und Hildebrand bei ihrer Fahrt in die Tiroler Berge zu begleiten, doch die beiden wollten die Abenteuer allein bestehen. "Keine Dame soll in Hinkunft mehr ihr Näschen über unseren Herrn rümpfen", sagte Hildebrand listig, aber er verschwieg wohlweislich, daß er es gewesen war, der die Frauen am Berner Hof zu ihrer ehrgeizigen Klage angestachelt hatte.

HILDEBRAND RETTET EIN OPFER

Wieder einmal war der Tag herangekommen, da Königin Virginal dem Unhold eine Jungfrau ausliefern mußte, und wieder erhob sich großes Wehklagen in dem Palast im Berg. Das Los entschied für ein Mädchen, das die Königin besonders ins Herz geschlossen hatte. Unendlicher Schmerz ergriff Virginal, als nach einer Nacht der Tränen und des Abschieds der unerbittliche Strahl der Morgensonne die Stunde der Opferung anzeigte. Ein Zwerg erschien und meldete, daß es draußen Tag geworden sei. Wie hatte Virginal die Hände gerungen, wie hatte sie gebetet, diese Nacht möge nie ein Ende nehmen, umsonst! Andere Zwerge kamen, die dazu bestimmt worden waren, die Jungfrau vor den Palast zu führen und sie dort ihrem Schicksal zu überlassen. Der Unhold zeigte sich nämlich nicht am Eingang des Palastes, sondern wartete versteckt im Wald auf sein Opfer, damit es ihm dort in die Hände laufe. So hatte sich der schreckliche Brauch schon seit vielen Jahren eingebürgert.

Nach langer und stummer Umarmung riß sich die Jungfrau von der Königin los und trat ihren Schicksalsweg an. Die Zwerge, traurig wie das Opfer, geleiteten die Jungfrau durch ein Labyrinth unterirdischer Gänge ans Tageslicht, und sie stießen sie hinaus auf den Anger vor dem Berg. Dann schlossen sie schnell das Tor, und langsam und ergeben in sein Schicksal schritt das Mädchen dem Wald zu, in dem der Unhold lauerte.

In dem Wald lauerte aber nicht nur der Unhold, dort hielten sich auch die beiden Helden aus Bern auf, die gerade zur rechten Zeit an dem Ort angelangt waren. Dietrich zeigte sich begeistert: „So schöne Berge, so liebliche Täler sah ich noch nie. Mich dünkt, auch die Vöglein singen hier süßer. Das alles empfinde ich als ein herrliches Abenteuer, ich kann mir gar nicht vorstellen, daß es etwas Schöneres gibt."

„Wartet es ab, König", erwiderte Meister Hildebrand. Gleich darauf ertönte von fernher ein leises Klagen, und Hildebrand bedeutete Dietrich, er wolle Nachschau halten, ob da nicht schon ein wirkliches Abenteuer im Anzuge sei; Dietrich möge unterdessen auf ihn warten und sich nicht von der Stelle rühren, denn er sei noch zu unerfahren, um allein einen schweren Kampf zu bestehen.

Hildebrand begab sich tiefer in den Wald hinein, immer der klagenden Stimme folgend, bis er unter einer Buche die schöne Jungfrau fand. Erst schrie sie vor Angst auf, als sie den Helden nahen sah, denn sie dachte, es sei der Unhold. Da wußte Hildebrand, daß er das arme Mädchen vor sich hatte, das zum Schlachtopfer des Unholds bestimmt war. Er bemühte sich, die Jammernde zu beruhigen: „Seid nur guten Mutes, holdes Mädchen, ich bin zu Eurer Rettung gekommen."

Die Jungfrau konnte ihr Glück erst gar nicht fassen, erlebte aber gleich darauf eine schmerzliche Enttäuschung, als Hildebrand seinen Helm abnahm, um sich ein wenig Kühlung zu verschaffen, und sie nun sehen mußte, daß der Held graue Haare hatte. „Ein so alter Mann besiegt den Unhold nicht", klagte sie.

Dem Meister gefiel der Zweifel der Jungfrau wenig, denn ihm ging es wie anderen älteren Leuten auch: er ließ sich nicht gern an die hohe Zahl seiner Lebensjahre erinnern. Aber schnell war der Unmut verflogen, und er scherzte: „Ihr hättet Euch freilich lieber von einem Jüngeren retten lassen. Es wäre wohl einer in der Nähe – nur mit dem Schwert kann er noch nicht so gut umgehen wie ich. Da müßt Ihr also schon mit mir als Eurem Retter vorlieb nehmen."

Während Hildebrand so mit der Jungfrau redete, erweckte die Zuversicht des alten Helden immer mehr ihr Vertrauen. Da jagte zwischen den Baumstämmen eine Meute wilder Hunde heran. Der Unhold hatte sie losgelassen, als ihm durch einen seiner Späher die Ankunft der Jungfrau im Walde gemeldet worden war. Die Tiere fielen, ehe es Hildebrand verhindern konnte, das Mädchen an und rissen ihm das Kleid in Stücke. Aber nun bekam der Meister die Hunde zu fassen, zwei mit der linken und zwei mit der rechten Hand. Er band sie mit den Schwänzen zusammen und warf sie über einen Ast. Jaulend ruderten sie dort mit den Beinen in der Luft, so daß der Meister hellauf lachen mußte.

Doch nun schallte der Klang eines Hifthorns durch den Wald. Die Jungfrau brach erneut in Tränen aus und barg ihr Haupt an der Brust des Meisters. „Oh, nun bin ich verloren!" klagte sie.

Der Meister strich dem schönen Kind über das Haar und tröstete: „Noch bin ich da, und leicht werde ich es dem Bösewicht nicht machen, dich zu holen."

Dann begann er sich für den Kampf fertigzumachen. Er prüfte das Riemenzeug seines Rosses, zog nach, was locker war, zurrte die Schlaufen des Helmes fest und schwang sich, auf den Steigbügel verzichtend, mit einem gewaltigen Schwung in den Sattel. Es war, als wollte er die Jungfrau fragen: „Nun, bin ich Grauhaar nicht doch noch ein Jüngling geblieben?" Die Jungfrau mußte ihm den Speer aufs Pferd hinaufreichen, der Meister war nämlich abergläubisch: Ein Speer, den ein junges Mädchen vor dem Kampf berührt hat, sticht sicherer, so meinte er. Dann sprengte er in den Wald hinein.

Bald traf er auf den Unhold. Dieser war allein. Seine Begleiter waren zurück geblieben, um einen Drachen zu erlegen. Hildebrand rief dem Unhold einen Kampfruf zu, und der Heide höhnte: „Du alter Prahlhans wirst die Jungfrau nicht retten!" Die Lanze in der Rechten eingelegt und hart am Schild vorbeigeführt, der mit der linken Hand hochgehoben wurde, so rasten die Kämpfer gegeneinander los. Zielgenau erfolgte der Anprall, und auf beiden Seiten saßen die Speere im Mittelpunkt der Schilde. Feuerfunken stoben umher, die Schäfte zersplitterten, aber keiner der beiden wankte im Sattel. So sprangen sie denn ab, um den Kampf unberitten fortzusetzen.

Der Wald hallte wider von den grimmigen Schlägen, Gold und Edelsteine fielen unter ihrer Wucht von den Helmen und Schilden herab ins Gras, und die Tiere des Waldes suchten ängstlich das Weite, denn nie zuvor hatten sie ein so fürchterliches Getöse gehört. Hildebrand geriet in große Not. Dem Unhold gelang es, mit einem fürchterlichen Hieb den Schild des Meisters zu spalten, und er forderte den Helden auf, sich zu ergeben. Doch Hildebrand rief: „Mit mir kämpft Gott!", und der Kampf ging weiter. Allein mit geschickten Paraden seines Schwertes trachtete sich der Meister nun zu schützen, da ihn kein Schild mehr schirmte – und wahrhaftig, seine Schläge waren meisterhaft! Er ging zum Gegenangriff über, und durch den Helm hindurch schlug er dem Unhold eine tiefe Wunde in den Kopf.

VIRGINAL, DIE ZWERGENKÖNIGIN VON TIROL

Das Getöse des Kampfes war bis in den Palast der Königin Virginal gedrungen. Mit ihren Jungfrauen begab sie sich hinaus vor das Tor, denn sie ahnte, daß ihre Hofdame, die sie dem Unhold hatte ausliefern müssen, einen Beschützer gefunden habe. Sie schickte einen Zwerg aus, um Näheres über die Vorgänge im Wald in Erfahrung zu bringen.

Der Zwerg traf die Jungfrau unter der Buche an. „Ein starker Ritter kämpft für mich", verriet sie ihm, „ein Grauhaar, in dem aber noch das Feuer der Jugend brennt. Melde der Königin, daß unsere Not bald ein Ende haben wird."

Diese Botschaft bestellte der Zwerg der Königin. Virginal rief alle ihre Jungfrauen herbei und sprach zu ihnen: „Eine frohe Kunde ist mir zuteil geworden! Ein grauhaariger Recke streitet für eure Schwester. Ich vermute, es ist der alte Meister Hildebrand, der Lehrer des jungen Königs von Bern. So wird dieser selbst wohl auch nicht weit sein. Ich habe viel von ihm gehört und sehne mich danach, ihn kennenzulernen."

Diese Worte gefielen den Jungfrauen sehr. Denn noch nie hatte ihre Königin den Wunsch geäußert, einem Mann zu begegnen. Das schmerzte die Mädchen, denn heimlich wünschten sie, einen König an der Seite der Königin zu sehen. Doch als sie die Worte Virginals näher bedachten, stiegen ihnen auch heimliche Befürchtungen auf. Und eine von den Jungfrauen warnte: „König Dietrich ist gewiß ein irdischer Mann, er muß sterben wie alle Menschen. Kann es Euch und Eurem Zauber nicht schaden, wenn Ihr Freundschaft mit einem irdischen Jüngling sucht?"

Virginal erwiderte: „Ich weiß nicht, ob Dietrich ein irdischer Mensch ist. Auch er muß einer höheren Macht untertan sein. Vielleicht ist sie mir wohlgesinnt."

Unterdessen war der Unhold in immer größere Not geraten. Seines Helmes bereits verlustig, mußte er bald auch des Schilds entbehren, den ihm Hildebrand in Stücke hieb. Nun hob der Meister sein Schwert hoch auf und ließ es, von beiden Händen gefaßt, auf den Schädel des Gegners niedersausen. Der Unhold war tot.

Die Jungfrau kam herbeigeeilt und gab dem alten Meister den Siegeskuß. Er aber sagte, er müsse nun schnell nach seinem Herrn Dietrich sehen, und lud sie ein, mit ihm zu kommen. Sie stimmte mit Freuden zu, und er hob sie auf den Rücken des Pferdes. Dann schwang er sich selbst in den Sattel, und nun ging es in flottem Trab durch den Wald zu dem Ort, wo König Dietrich seines Meisters harrte.

VIRGINALS FREUDENFEST

Während sich Hildebrand noch auf dem Rückweg befand, wurde König Dietrich in seinen ersten Kampf verwickelt. Nach der Bezwingung des Drachen hatte nämlich das Gefolge des Unholds seinen Herrn erschlagen aufgefunden und sich daraufhin in mehrere Gruppen geteilt, von denen jede auf eigene Faust den Tod ihres Gebieters rächen wollte.

Zuerst stieß ein Trupp von vier jener heidnischen Wüteriche auf den Berner König und eröffnete sogleich das Gefecht. „Ein Christenhund, haut ihn zusammen", schrien sie und brausten auf Dietrich los.

„Hilf Gott, wie soll ich diesen Strauß bestehen", fragte sich der König. „Ach, wäre doch der Meister Hildebrand bei mir." Doch der Kampf nahm einen besseren Verlauf, als er gedacht hatte. Mit Staunen bemerkte der junge König, wieviel er bei seinem Meister gelernt hatte. Gewiß, dieser Kampf war härter als ein Scheingefecht auf dem Turnierplatz, und der junge Held erbebte am ganzen Leib, als er beim ersten Anritt schon einem Gegner seinen Speer durch die Brust zu jagen vermochte. Noch nie hatte Dietrich bis dahin einen Menschen getötet, und ein leises Gebet kam über seine Lippen: „Verzeih mir, Gott, es mußte sein, ich konnte nicht anders."

Die Unholde in ihrer Verwirrung begingen Fehler um Fehler. Denn auch die anderen drei kamen nicht auf einmal angesprengt, sondern einzeln, Mann für Mann, und wurden Mann für Mann von Dietrich besiegt, einer noch mit dem Speer, die beiden letzten mit dem Schwert. Wahrhaftig, das war ein gewaltiges Blutbad, welches der junge König da erlebte!

Froh über seinen errungenen Sieg lüftete Dietrich den Helm ein wenig, um die würzige Waldesluft besser atmen zu können und sich daran zu erquicken. Aber da entdeckte er schon einen neuen Trupp von Feinden auf sich zukommen. Er überschlug ihre Zahl: es mochten zwanzig und noch mehr sein. Ärgerlich sprach er zu sich: „Jetzt, da ich Meister Hildebrand wirklich einmal brauchte, ist er nicht da. Wenn es etwas an mir auszusetzen gibt, fehlt er gewiß nie!" Schnell machte er sich zum Kampf fertig, und nun blieb ihm nur zu hoffen, daß sich auch diese Gegner so ungeschickt benehmen würden wie die vier ersten.

Ein furchtbares Streiten begann, und wäre seine gewandte Ritterkunst nicht der plumpen Taktik der Unholde zehnfach überlegen gewesen, hätte es wohl bald ein klägliches Ende mit dem Berner genommen. Sein fintenreiches Fechten vermochte den Kampf so lange hinzuhalten, bis endlich doch Meister Hildebrand am Schauplatz des wüsten Geschehens erschien. Das Bild, das sich ihm darbot, nahm sich besorgniserregend genug aus. Dietrich war von seinen Feinden schon vollkommen eingekreist. Hildebrand brachte zuerst die Jungfrau hinter einem mächtigen Baumstamm in Sicherheit, dann bahnte er sich in wildem Anritt und mit dem Schwert, das wie der Blitz in seiner Hand nach allen Seiten zuckte, eine blutige Gasse durch die Reihen der Gegner. Nun war's um diese geschehen. Die beiden Helden räumten unter ihren Feinden so gründlich auf, daß nicht ein einziger seine Heimat wiedersah.

Als der Sieg vollendet war, atmete Dietrich auf: „Das ist gerade noch gut gegangen. Beinahe wäre das erste Abenteuer Eures Schülers, lieber Meister, auch sein letztes gewesen! Den Frauen in Bern aber, die sich so sehr gewünscht haben, mich als blutbespritzten Helden zu sehen, hätte ich es gegönnt, hier dabeigewesen zu sein."

Nun kam Virginals Jungfrau hinter ihrem Versteck hervor. König Dietrich erblickte sie und wunderte sich: „Wie, Meister? Habt Ihr mir doch eine edle Jungfrau als Zuschauerin hierhergebracht? Das war nicht recht getan, denn ich fechte nicht, um Frauen zu gefallen ... sondern um Frauen zu helfen!"

„Eben dieser Jungfrau habt Ihr geholfen und allen ihren Schwestern, die in Zukunft noch das Opfer des heidnischen Unholds hätten werden sollen. Denn ich habe, als ich Euch so lange allein mit dem Gefolge des Wüterichs fechten ließ, weder ein Nickerchen getan, noch mit unnützen Tändeleien meine Zeit vergeudet. Während Ihr, edler König, damit beschäftigt wart, das Gefolge des Unholds in die Hölle hinabzusenden, nahm ich mich ihres Anführers an. Ich brauche nicht erst hinzuzufügen, daß er nicht mehr unter den Lebenden weilt."

Dietrich lächelte: „Allerdings, Meister, braucht Ihr das nicht hinzuzufügen. Denn ich weiß, wie es dem ergeht, dessen Ihr Euch ‚annehmt'."

„Nun bin ich Euch noch Auskunft schuldig, wer die Jungfrau ist, die eben die Blumen für Euren Siegeskranz windet", fügte Hildebrand lächelnd hinzu, „Ihr habt das auch schon erraten: Ihr habt eine Dame der Königin Virginal vor Euch!"

Eine zarte Röte überflog das Antlitz König Dietrichs. Der Gedanke an die geheimnisvolle Königin, die in einem Bergpalast wohnte und ein Volk von Zwergen regierte, versetzte ihn mit einem Male in eine freudige Erregung, wie er sie nie zuvor gekannt hatte, und er fragte das Mädchen: „Werden wir die Königin sehen dürfen?"

„Sie sehnt sich danach, Eure Bekanntschaft zu machen", erwiderte die Jungfrau, „wartet nur ein kleines Weilchen, ich eile, Euren Besuch anzusagen, und gewiß wird Euch die Königin durch mich rufen lassen."

Die Jungfrau entfernte sich, und die Helden harrten der Einladung der Königin. Es sollte sich freilich noch viel ereignen, ehe Virginal und Dietrich einander begegneten.

Die Königin hatte durch ihre Zwerge von dem großen Sieg der Berner über die heidnischen Unholde erfahren. Sogleich hatte sie Befehl gegeben, ein großes Freudenfest zu feiern. Auf dem Anger vor der Burg, in dem sich der Palast befand, wurde ein Zelt aufgeschlagen, in dem die Königin selbst Platz nahm, während sich davor ein buntes Festtreiben entfaltete.

Von benachbarten Burgen waren strahlende Ritter erschienen und tanzten mit den Damen der Königin anmutige Reigen. Zwerge trieben allerlei ergötzliche Kurzweil, kleine Hündlein, die Lieblingstiere der Ritterfräulein, sprangen in fröhlichen Sätzen umher, und am Waldrand vergnügten sich junge Paare beim Ballspiel.

Zum Höhepunkt des Festes traf die gerettete Jungfrau ein und überbrachte der Königin die Bitte der Helden aus Bern, von ihr empfangen zu werden. „War es Meister Hildebrand oder König Dietrich, der mir durch dich die Bitte übermitteln ließ?" fragte die Königin.

„König Dietrich ist es allein, der Euch zu sehen wünscht", erwiderte die Jungfrau. Die Königin errötete und schloß das Mädchen, das so Schweres erduldet hatte, gerührt in ihre Arme.

Dann trat Königin Virginal vor das Zelt und berief alle ihre Jungfrauen zu sich. „Holet die besten Kleider aus den Schränken", sprach sie, „streuet Gold und Edelsteine hier vor dem Zelt aus, alles soll funkeln und strahlen, wenn die Helden nahen. Ihr herrlicher Sieg verdient die höchsten Ehren."

„Nun will ich aber eilen, um die Helden herbeizurufen", rief die Jungfrau.

Die Königin wehrte ihr: „Sind auch die Unholde vernichtet, so lauern doch andere Gefahren in dem düsteren Wald! Drachen hausen in tiefen Höhlen, Bären streichen um die Felsen, und böse Riesen machen Weg und Steg unsicher. Ich will nicht noch einmal Sorge um dich haben müssen, mein Kind, und werde statt deiner meinen besten Vasallen, den Zwerg Bibung, nach den Helden schicken."

Sogleich machte sich Zwerg Bibung bereit. Er war zwar klein von Wuchs, aber dennoch ein echter Ritter! Seine Rüstung schimmerte von Gold und Edelsteinen. Sein Roß, obgleich nicht größer als ein Reh, glich dem besten arabischen Renner.

EIN DRACHE STIFTET VERWIRRUNG

Aber es war Dietrich nicht bestimmt, so bald vor das Antlitz Königin Virginals zu treten. Während die Helden auf die Botschaft der Königin warteten, hörten sie plötzlich ein furchtbares Schnauben, und zugleich schoß eine Glutwelle über sie, unter der beinahe ihre Panzer schmolzen. „Ein Drache!" rief Hildebrand, „nun, junger König, müßt Ihr ein zweites Abenteuer bestehen. Aber fürchtet Euch nicht: Ich bleibe in Eurer Nähe und halte mich zum Eingreifen bereit!"

Der Meister hatte jedoch zuviel versprochen. Der Drache, der sich durch das Gewirr der Baumstämme heranschob, war ein junges, halbflügges Tier. Hildebrand meinte: „Sicherlich ist ein Drachennest in der Nähe, und wir werden nicht eher Ruhe haben, als bis wir die ganze Brut samt dem alten Drachen vertilgt haben. Ich werde gleich Nachschau halten, mit dem Drachenjungen werdet Ihr ja allein fertigwerden, König."

Dietrich wollte es gar nicht gefallen, daß er trotz seiner Heldentaten von Hildebrand immer noch wie ein halbes Kind behandelt wurde, aber er machte gute Miene zum ärgerlichen Spiel. Denn er war klug genug, den Wert der Erfahrung in der Welt der harten Tatsachen richtig einzuschätzen, und die Erfahrung hatte ihm der Meister voraus. So gehorchte er der Aufforderung und stürzte sich auf das Untier. Der Meister aber entfernte sich, um das Drachennest aufzuspüren.

Er brauchte nicht lange zu suchen. Das Drachennest war nicht weit entfernt, und eine Menge junger Untiere wälzte sich in einem Pfuhl aus warmem Schlamm. Hildebrand tötete einige von ihnen, dann aber kam der alte Lindwurm zurück, um für seine Jungen Futter zu bringen. Doch was für Futter war das?! Menschenfleisch schleppte der Drache an, einen Ritter hatte er im Maul, und es galt, schnell zu handeln, um den Unglückseligen, der laut um Hilfe schrie, aus seiner schrecklichen Lage zu befreien. Es war

VIRGINAL, DIE ZWERGENKÖNIGIN VON TIROL

nicht der erste Drache, dem der Meister gegenüberstand, und der Wurm verendete unter den furchtbaren Schlägen Meister Hildebrands.

Der Drache hatte während des Kampfes seine Beute aus dem Maul fallen lassen, und nun fand Hildebrand den Ritter blutüberströmt im Grase liegen auf. Hildebrand linderte seine Wunden, indem er heilkräftiges Moos auflegte.

Sobald der Ritter einigermaßen zu Kräften gekommen war, schilderte er den Hergang seines Unglücks. An eine Felswand gelehnt, hatte er von einem langen, ermüdenden Ritt ausgeruht und war dabei eingeschlafen. So war es dem Drachen möglich gewesen, sich ihm unbemerkt zu nähern. Einmal in die Krallen des Untiers geraten, war alle Anstrengung, sich selbst zu befreien, vergeblich geblieben. Er dankte Gott für die Hilfe, die er ihm mit dem unbekannten Helden gesandt hatte.

Bevor Hildebrand über sich Auskunft gab, wollte er wissen, wer der Mann sei, den er gerettet hatte. In lebhafter Schilderung und mit schönen Worten pries der Ritter die Burg Aron, von der er stamme, auf hohem Fels sei sie gebaut und weithin ins Land leuchteten ihre Zinnen.

„So bist du am Ende Rotwin, Helfrichs Sohn?"
„Der bin ich!"
„Dann ist Portelaf deine schöne und stolze Mutter?"
„Allerdings: meine Mutter heißt Portelaf, und sie wurde in Toskana geboren, wo ihr Geschlecht hoch geehrt ist."

Da sagte denn Hildebrand: „Bist du der Sohn von Helfrich und Portelaf, dann weise ich mich als dein Vetter aus, denn ich bin Meister Hildebrand von Bern, der Lehrer König Dietrichs."

Voll Freude, einander auf so wundersame Weise begegnet zu sein, umarmten sich die beiden Geschwisterkinder. Aber nun wurde in der Ferne Kampflärm laut. Das Getöse stammte von den Schlägen, die König Dietrich dem Jungdrachen versetzte. Der Wurm versuchte, nach seinem Nest zu entkommen, und Dietrich war bestrebt, ihm noch vorher den Garaus zu machen. So geschah es, daß er sich von der Stelle, wo ihn der Zwerg Bibung nach der Beschreibung der Jungfrau vermutete, immer weiter entfernte. Während er sich schon als sicheren Sieger sah, widerfuhr aber Dietrich plötzlich ein Mißgeschick. Sein Schwert zersprang an der Hornhaut des Wurms. Da stockte dem jungen Helden vor Schreck das Blut in den Adern, doch schon sprangen Hildebrand und Rotwin hinzu, die den Vorfall beobachtet hatten. Dietrich lehnte das hilfreiche Angebot des Meisters ab, dafür nahm er das Schwert Rotwins, das dieser ihm reichte. Und mit Rotwins Stahl vollendete er die Tat und erschlug den Lindwurm.

Hildebrand lobte: „Ihr habt Euch wahrhaft ritterlich gehalten, und so dürft Ihr trotz einiger Fehler bei der Schwertführung – denn sonst wäre Euch das Mißgeschick nicht zugestoßen – mein volles Lob entgegennehmen."

Der leise Tadel, der immer noch in des Meisters Worten mitschwang, kränkte König Dietrich zwar, aber er wußte, daß es noch einige Zeit brauchte, bis der Alte mit ihm ganz zufrieden sein würde. So nahm er denn die anerkennenden Worte in der Rede des Meisters mit Stolz entgegen.

Die Helden eilten nun an den Platz zurück, an dem sie nach ihrer Vereinbarung die Jungfrau zu erwarten hatten und zu dem statt ihrer der Zwerg Bibung gekommen war. Doch der Zwerg war, nachdem er niemand angetroffen hatte, wieder weitergeritten, um nach den Helden zu suchen. Und es kam schließlich so, daß sich der Bote der Königin Virginal und die beiden Berner verfehlten.

Dietrich konnte sich das Ausbleiben der Jungfrau aber nur so erklären, daß die Königin seinen Wunsch, sie von Angesicht zu schauen, abgeschlagen und der Jungfrau die Rückkehr in den Wald untersagt habe. Das schmerzte ihn, doch er ließ sich nichts anmerken und nahm die Einladung Rotwins, auf seines Vaters Burg einige Tage der Ruhe zu pflegen, mit vielen freundlichen Worten des Dankes an. Rotwin beschrieb den Helden genau den Weg, den sie einzuschlagen hatten, und ritt selbst voraus, um einen großartigen Empfang für den jungen König und seinen Lehrer vorzubereiten.

Als die Berner, südwärts reitend, dann vor der Burg Aron ankamen, wurden sie von Ritter Helfrich, seiner Gemahlin und seinem Sohn auf dem Burganger begrüßt und zum Tor geleitet. Davor stand ein Riese namens Eisenstange als Wächter. Als Dietrich an ihm vorbeiging, zuckte er unwillkürlich zusammen, und Ritter Helfrich sagte: „Guten Freunden und lieben Gästen tut er nichts." Frau Portelaf aber nahm König Dietrich an der Hand und geleitete ihn an Eisenstange vorbei.

Der alte Hildebrand lachte: „Ihr tut recht, Frau, daß Ihr meinen Herrn führt, denn er ist gar zu ängstlich."

Da brauste der junge König auf: „Nun ist's aber genug! Wenn Ihr den Spaß zu weit treibt, antworte ich Euch mit meinem Schwert, und das wird Euer letzter Kampf sein."

Hildebrand, der wohl wußte, daß das so ernst nicht gemeint war, hörte nicht auf zu hänseln: „Sei still, Kleiner! Sonst sag' ich es dem auf der Brücke, daß du mich schlagen willst."

Dietrich wandte sich an die Herzogin und klagte: „Seht, Herrin, so geht es mir schon immer. Seit ich ein kleiner Knabe war, hat er stets über mich gespottet. Gilt es aber, einen schweren Kampf mit Riesen oder Drachen zu bestehen, überläßt er mich meinem Schicksal."

Die anwesenden Ritter und Frauen lachten über den Wortwechsel. Helfrich lud seine Gäste dann zur Mittagstafel ein, und ein prächtiges Mahl

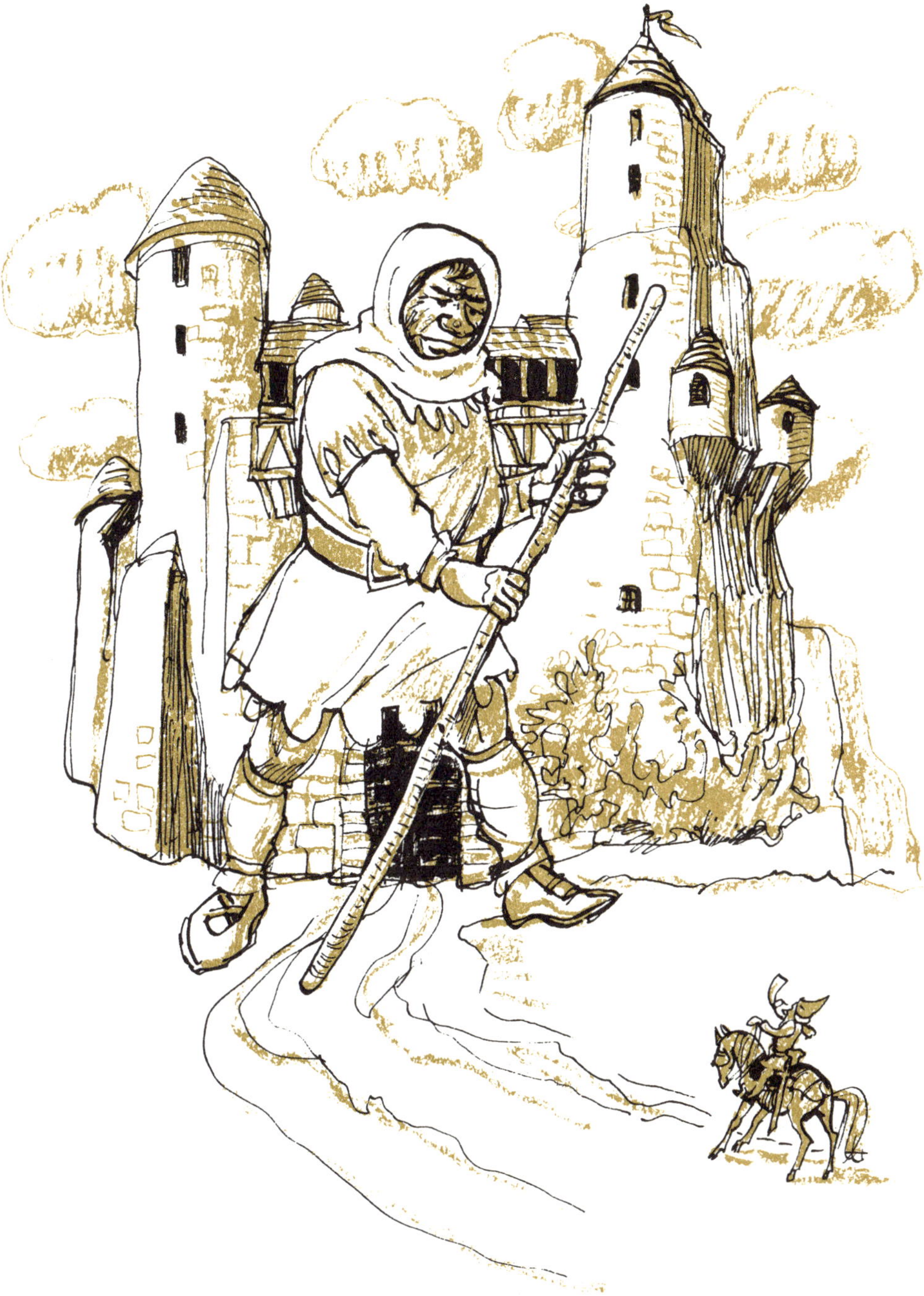

begann. Es wurden vielerlei Arten von Fleisch aufgetragen, erst Wildbret, dann Lendenstücke vom Ochsen und wieder Wildbret. Köstlicher Wein wurde gereicht, kunstreiche Sänger ließen ihre Lieder hören, und kundige Spielleute entlockten Harfen und Geigen süße Töne. Nach dem Mahl wurde in flachen Schüsseln von den Dienern Wasser zum Waschen der Hände herumgereicht, und lange noch verweilte die Gesellschaft in angeregtem Gespräch, bis dann der Hausherr die Tafel aufhob.

ZWERG BIBUNG GEWINNT ALLE HERZEN

Während die Helden aus Bern auf der Burg Aron auf das beste verpflegt wurden, suchte der Zwerg Bibung vergeblich nach ihnen. Er fand die erschlagenen Drachen im Wald, doch sein kleines Roß scheute vor den leblosen Ungeheuern. Bibung konnte sich gar nicht vorstellen, daß diese Ungetüme von Menschenhand getötet worden seien, und glaubte, die Berner hätten vor ihnen die Flucht ergriffen und hielten sich irgendwo in der Nähe versteckt. Darum ritt Bibung weiter und hoffte, er werde die Helden doch noch auffinden. So kam er schließlich bis zur Burg Aron. Eine Ahnung sagte ihm, daß sich die Helden hier aufhielten. Als er aber auf der Brücke den Riesen sah, befiel ihn ein Zittern, und er wagte nicht, in die Burg einzureiten. Deshalb setzte er sein Hörnlein an den Mund und blies recht kräftig hinein, damit es in der Burg gehört werde.

Alsbald traten auch mehrere Ritter auf den Anger heraus, und nachdem sie den Grund seines Kommens erfahren hatten, luden sie den Zwerg ein, sich in den großen Saal zu begeben, wo er die Gesuchten antreffen könne. Bibung wies statt einer Antwort auf den Riesen Eisenstange. Da lachten die Herren, und einer von ihnen nahm Bibung am Händchen und geleitete den kleinen Mann an Eisenstange vorbei in die Burg.

Oben im großen Saal ließ sich Bibung zu den beiden Helden aus Bern führen. Mutig trat er vor sie hin und sprach: „Seid mir gegrüßt, König Dietrich und Herr Hildebrand. Viele wilde Wege habe ich reiten müssen, um Euch zu finden. Mich sendet Königin Virginal, die Euch bitten läßt, zu ihr zu kommen."

„Keine Einladung wäre mir willkommener als diese", erwiderte Dietrich. „Gerne nehme ich sie an, und sobald meine Wunden geheilt sind, eile ich zu Königin Virginal."

Unterdessen waren viele Männer und Frauen in den Saal geströmt, um das Zwerglein zu bestaunen, das in seiner edelsteinbesetzten Rüstung wirklich wie ein Spielzeug-Ritter aussah. Ritter Helfrich nötigte den Kleinen, sich zum Essen an seinen Tisch zu setzen. Bibung kam dieser Aufforderung gerne nach, legte aber während des Mahls das Schwert nicht ab. Auch seinen kleinen Helm pflanzte er griffbereit vor sich auf, als müsse er jederzeit zum Kampf bereit sein.

Darüber wunderten sich die Gäste im Saal nicht wenig, und Hildebrand beschloß, mit dem Zwerg seinen Spaß zu treiben. Er trat so herausfordernd neben den Gastgeber, daß dieser nicht anders konnte, als auch den Meister an seinen Tisch zu bitten. Da stellte sich Hildebrand ängstlich und klagte: „Ja, Herr, ich würde gerne noch einmal zulangen, so gut munden mir die Speisen aus Eurer Küche. Nur fürchte ich mich, neben dem Kleinen da Platz zu nehmen, er schaut so bedrohlich aus mit dem Schwert an der Seite und dem Helm vor sich auf dem Tisch."

Darüber lachten alle Gäste im Saal, Bibung aber wurde zornig und rief: „Habt Ihr denn noch nie einen so kleinen Mann wie mich gesehen? Aber eines will ich Euch verraten: Mein kleines Schwert ist so gut wie ein großes, und wehe allen, die sich meinen Grimm zuziehen. Denn Spott vertrage ich schlecht."

Da wurde er nur noch mehr ausgelacht, aber nicht weil er so klein war, sondern weil er so schwer gegen die Tischsitten gesündigt hatte. Das Schwert beim Essen umgegürtet zu lassen, galt auf den Burgen der Ritter als ein grober Verstoß. Nun beugte sich auch einer der Ritter zu dem Kleinen nieder und flüsterte ihm ins Ohr, weshalb er sich den Spott der Gesellschaft zugezogen habe. Da war Bibung wieder besänftigt, er erhob sich von seinem Sitz, verneigte sich artig nach allen Seiten und bat um Verzeihung für seine Unhöflichkeit. So war der allgemeine Friede wiederhergestellt.

Der Zwerg blieb einige Tage auf der Burg zu Gast. Aber nach diesem ersten Zwischenfall hatte er sich nie mehr über Geringschätzigkeit zu beklagen, eher schon über zu viel Freundlichkeit. Alle Männer und Frauen auf der Burg schlossen den kleinen, niedlichen Mann, dessen Augen so mutig blitzten, in ihr Herz, und nur ungern ließ man ihn wieder ziehen. Doch bald war Dietrich soweit genesen, daß er der Königin sein Kommen anzeigen konnte, und Bibung sollte diese Botschaft überbringen.

Als Zwerg Bibung endlich sein Pferdchen bestieg, erlaubte sich auch der Burgherr einen Spaß mit ihm und fragte: „Wollt Ihr, edler Bibung, den Wächter Eisenstange zum Geleit mitnehmen?"

„Gott soll mich davor behüten!" schüttelte sich der Zwerg. Er machte dabei eine so komisch-furchtsame Miene, daß alles hellauf lachte, und am Ende stimmte Bibung selbst in das Gelächter ein.

Königin Virginal, die Bibung schon mit Sehnsucht erwartet hatte, empfing ihn in hohen Ehren. Freudestrahlend nahm sie die Kunde von König Dietrichs baldigem Kommen entgegen.

DIETRICHS GEFANGENNAHME

Doch noch einmal sollte sich des Schicksals Faden verwirren. Einige Tage nach Bibungs Heimkehr traten auch König Dietrich und Meister Hildebrand den Ritt zum Palast der Königin Virginal an. Aber sie begaben sich diesmal nicht allein auf die Reise; der Ritter Helfrich mit seiner Frau und seinem Sohn und eine große Zahl edler Männer und Frauen begleiteten die Helden aus Bern.

Als sich der prächtige Zug dem Berg näherte, in dem sich Königin Virginals unterirdisches Schloß befand, wurde Dietrich von einer unerklärlichen Ungeduld erfaßt. Er wollte der erste bei der Königin sein, und er wollte sie zuerst allein sehen, unter vier Augen wollte er mit ihr sprechen, wenn sie ihm diese Gunst gewährte. So verabschiedete er sich von seiner Begleitung und ritt dem Zug voraus. Ritter Helfrich hatte ihm eingeschärft, den Weg geradeaus weiterzuverfolgen und sich durch keinen seitwärts abzweigenden Pfad irreführen zu lassen. Dann könne er den Palast der Beherrscherin der Zwerge nicht verfehlen.

Dietrich hielt sich genau an diese Weisung, der Weg ging schnurgerade weiter durch den Wald, führte dann in eine Schlucht hinab und steil den Gegenhang wieder hinauf. Nachdem der Berner noch ein kleines Waldstück hinter sich gebracht hatte, sah er einen steilen Felskegel vor sich aufragen, der große Ähnlichkeit mit der Burg hatte: ein niederer Felsblock, der ihm vorgelagert war gleich einem Schutzwall; kühne Zacken und Spitzen nahmen sich aus wie die Zinnen eines Schlosses – mit einem Wort, der junge König war überzeugt, am Ziel zu sein und den Palast der Königin Virginal vor sich zu haben.

Doch alles das war nur ein Blendwerk böser Mächte gewesen, die ihn auf dem geraden Weg in die Irre geführt hatten, ohne daß er es merkte. Als nun ein Riese aus der Burg herauskam und ihn fragte, wohin er wolle, bat Dietrich, ihn gleich zu Königin Virginal zu führen, denn er dachte, daß der Riese der Wächter des Palastes der Königin sei. Der Riese aber hieß Wickram und bewachte zusammen mit elf Brüdern die Burg des Herzogs Nidiger. Die zwölf Riesen entstammten einem wilden Geschlecht, und von Zeit zu Zeit machten sie sich auf, das Land weithin zu verwüsten. Wickram tat erst sehr freundlich und sagte, Dietrich sei wohl in die Irre geritten, auf der Burg gebe es keine Königin, sondern nur einen Herzog mit Namen Nidiger, und die Burg heiße Mauter. Dietrich dankte für die Auskunft und wandte sich zum Gehen. In diesem Augenblick schlug der Riese mit einer Eisenstange den Berner zu Boden, nahm ihm die Waffen ab und trat ihn noch mit den Füßen. Es dauerte eine Zeitlang, bis sich der Held von dem Schrecken erholte. Endlich stand er auf und sprach: „So bin ich waffenloser Mann nun als Gefangener in deine Hand geraten. Ich habe aber sehr viele Freunde, die gerne ein hohes Lösegeld bezahlen würden, um mir damit die Freiheit zu erkaufen."

„Einverstanden!" erwiderte der Riese, hob den Helden wie ein kleines Kind auf seine Schultern und trug ihn so in die Burg Mauter. Dietrichs Pferd trabte mit gesenktem Kopf hinterher, als trauere es um seinen Herrn.

Wickram brachte Dietrich vor den Herzog Nidiger und berichtete, daß der Held ein hohes Lösegeld für seine Freilassung geboten habe. Der Herzog schüttelte bedenklich den Kopf: „Ein hohes Lösegeld hat er geboten? Dann ist er wohl ein gar mächtiger Mann. Ich will auf meiner Hut sein und auf das Lösegeld lieber verzichten und ihn ins Gefängnis werfen!"

Daraufhin wurde Dietrich in Ketten gelegt und in den Kerker geschleppt. Die zwölf Riesen spotteten. „Wie gefällt Euch das, edler Ritter? Wo bleibt denn nun Eure Königin?"

VIRGINALS ENTTÄUSCHUNG

Königin Virginal konnte die Ankunft ihrer Gäste kaum erwarten und sandte ihren Lieblingszwerg Bibung als Späher aus. Sobald dieser von der Ferne die Banner wehen und die Edelsteine der Helme in der Sonne blitzen sah, jagte er in scharfem Galopp in den Palast zurück, um Virginal die frohe Kunde zu überbringen. Daß Dietrich sich nicht in dem Zug der Edelleute befand, wußte er nicht.

Königin Virginal ließ auf dem Anger vor der Burg ein prächtiges Zelt aufschlagen. Sie saß unter einem Baldachin, dessen Vorderwand aufgerollt war, und empfing die Gäste. Zu ihrer Rechten stand die Jungfrau, die von Hildebrand gerettet worden war, zu ihrer Linken hielt Bibung die Wacht, den Hintergrund des Zeltes füllte der Hofstaat von edlen Jungfrauen. Ein prächtiges Bild bot sich so den Ankömmlingen dar. Sie nahmen vor dem Zelt Aufstellung, verneigten sich höflich und entboten der Königin der Zwerge im Lande Tirol ihren ehrerbietigen Gruß.

Nun geschah etwas Seltsames: Die Edelleute hielten nach König Dietrich Ausschau, den sie schon im Gefolge Virginals vermuteten, und die Königin tat das gleiche. Am ehesten schien ihr der Ritter Rotwin, der einen Falken auf der Hand trug, dem Bild zu gleichen, das sie sich von dem jungen Berner König gemacht hatte. Aber die Jungfrau flüsterte ihr zu, daß Dietrich sich nicht unter den Gästen befinde. Die Königin, die ihre Enttäuschung nur mühsam verbergen konnte, fragte: „Wo ist Herr Dietrich von Bern, den ich so sehnsüchtig erwartet habe?"

„Das gleiche frage ich Euch: Wo ist Herr Dietrich von Bern?" erwiderte Meister Hildebrand. „Er ist uns vorausgeritten, so groß war seine Sehnsucht nach Euch."

„Ich habe Herrn Dietrich von Bern in meinem Leben noch nie gesehen", rief jetzt die Königin überrascht aus.

Da erschrak Meister Hildebrand und wurde kalkweiß im Gesicht, und auch die Königin erbleichte, denn beide wußten sie nun, daß Dietrich ein Unglück zugestoßen war.

Ritter Helfrich meldete sich zu Wort: „Ich habe von einem Zauber gehört, der manchmal Helden auf einen Irrweg führt und ihren Schritt zur Burg Mauter lenkt. Dort herrscht Herzog Nidiger. Er läßt sich von zwölf Riesen bewachen, die keine Gewalttat scheuen und viel Unheil im Lande anrichten."

„Gewiß ist unser junger König in die Zauberfalle geraten", rief Hildebrand aus. „Ich bitte Euch, Ritter Helfrich, zeigt mir auf der Stelle den Weg nach der Burg Mauter! Dietrich wartet auf mich, und ich darf ihn nicht enttäuschen."

„So schnell läßt sich die Befreiung nicht ins Werk setzen", wehrte Ritter Helfrich dem Ungestüm des alten Meisters, „erst muß Herzog Nidiger der Friede aufgekündigt werden! Die Schande eines Überfalls auf die Burg meines Nachbarn kann ich nicht auf mich nehmen."

Diese Bedingung machte es unmöglich, König Dietrich durch einen Handstreich aus seinem Kerker zu holen, wie es sich der Meister vorgestellt hatte.

Traurig ließ er sein Haupt sinken. Und auch Königin Virginals Herz war von Schwermut erfüllt. Würde sie Dietrich jemals von Angesicht zu Angesicht gegenüberstehen? Die Zeichen dafür standen nicht günstig.

GRAUSAME GEFANGENSCHAFT

Während Dietrichs Freunde Pläne für einen offenen Kriegszug in Herzog Nidigers Land entwarfen, lag der König von Bern traurig in seinem Gefängnis, seinen Leichtsinn beklagend, der ihn verleitet hatte, dem Zug allein voranzureiten. Der Wächter des unterirdischen Verließes war Wickram, dessen ganzes Sinnen und Trachten darauf ausging, seinen Gefangenen zu quälen.

Nun hatte Herzog Nidiger eine schöne Schwester namens Ibelin, die das Los des edlen Berners zu erleichtern trachtete, so gut es ging. Eines Tages begab sie sich wieder einmal hinab in die Tiefe des Turms, um nach dem Befinden des Königs zu sehen. Dietrich überfiel sie mit flehender Bitte: „Stimmt Euren Bruder gnädig, so daß er mir die Freiheit wiederschenkt! Mit Gold und Edelsteinen will ich mich loskaufen, jeder Preis, den er nennt, sei im vorhinein gewährt."

„Mein Bruder macht sich nichts aus Gold und Edelsteinen, er möchte Land und Burgen zum Pfand!" erwiderte die Jungfrau.

Da rief Dietrich schmerzlich aus: „Oh, wüßten nur meine Freunde meinen Aufenthaltsort, dann würde ich bald von dieser Pein erlöst sein."

Die Jungfrau wunderte sich: „So furchtbar kann die Pein doch nicht sein. Ich lasse Euch die besten Speisen senden, nachts wird ein Ruhebett in Euer Gefängnis gestellt, die Ketten braucht Ihr nur symbolisch eine Stunde am Tage zu tragen, und an Wein mangelt es Euch auch nicht."

„Eure Liebestaten erreichen mich leider nur unvollkommen", erwiderte Dietrich, „denn der Riese Wickram und seine Gefährten führen Eure Anordnungen nicht aus. Die für mich bestimmten Speisen verschlingen sie selber und lassen mich fast vor Hunger sterben."

Die Jungfrau entflammte über diese Mitteilung in hellem Zorn und berichtete alles ihrem Bruder. Dem war es unangenehm, daß ein königlicher junger Held in seinem Hause so schlecht behandelt wurde, und er stellte

GRAUSAME GEFANGENSCHAFT

den Riesen Wickram zur Rede. Am liebsten hätte er ihn gezüchtigt oder gar fortgejagt, aber wegen seiner Habsucht besaßen die Riesen große Macht über ihn. Sie brachten ihm nämlich manches Land zur Beute oder zum Pfand ein, und seit sie in seinem Dienste standen, hatte sich sein Besitztum beträchtlich vermehrt.

Die zwölf Riesen wußten um diese Abhängigkeit des Herzogs, und sie beschlossen, ihn diese grimmig fühlen zu lassen. König Dietrich, der Gefangene, der es gewagt hatte, sich über sie zu beklagen, sollte sterben! Der Sohn Wickrams übernahm die Aufgabe, den Helden zu töten, und die übrigen Riesen wollten sich als Zuschauer an dem blutigen Spiel ergötzen. Der junge Riese nahm also seine Eisenstange auf, und gefolgt von seinen elf plumpen Gefährten stieg er in das Gewölbe hinab. Er öffnete die schwere Türe und brüllte den Gefangenen an: „Nun sollst du es büßen, daß mein Vater deinetwegen gescholten wurde." Und dann hob er die Stange, um den tödlichen Streich zu führen. Dietrich schwebte in äußerster Gefahr, denn er war gefesselt. Zum Glück sah er einen Stein auf dem Boden liegen, wie ihn die Ritter bei den Kampfspielen fürs Steinstoßen brauchten. Weiß der Himmel, wie er hier in dieses Gewölbe gekommen war! Dietrich vermochte den Stein trotz seiner Ketten an sich zu bringen. Er schleuderte ihn mit solcher Wucht gegen den Riesen, daß dieser tot umfiel.

Die übrigen elf Riesen erhoben daraufhin ein solches Geschrei, daß das ganze Haus erzitterte. Sie machten Miene, sich auf Dietrich zu stürzen, um ihn mit ihren bloßen Händen zu zerfleischen. Erschreckt durch den Lärm war aber die schöne Ibelin in den Kerker hinabgestürzt, und ihr Befehl scheuchte das Riesenvolk fort. Wickram trug den Leichnam seines Sohnes in die Burgkapelle. Dort fanden sich dann auch die anderen Riesen ein und stimmten eine furchtbare Totenklage an. Vor ihren gräßlichen Schreien flohen die wilden Tiere in ihre Höhlen, die Zwerge verbargen sich, und die Menschen fürchteten, der jüngste Tag sei gekommen.

Wieder bat König Dietrich die schöne Ibelin, seine Befreiung zu erwirken. Ibelin hätte den Helden aber gar zu gern auf der Burg behalten, denn insgeheim hoffte sie, seine Gemahlin zu werden. Die Jungfrau fragte also Dietrich, warum er so sehnlich von hier fortwolle; falls er sein Herz für sie entdeckte, würde sie wohl einen Weg finden, der aus dieser Gruft zum Tag und zur Freiheit führte. Der Berner gestand offen, daß er Sehnsucht nach der Königin Virginal empfinde. Ob er sein Herz an sie verloren habe, wollte die schöne Ibelin wissen. Dietrich erwiderte: „Nein, es ist kein irdisches Gefühl, das mich treibt, sie zu schauen. Sie ist eine Königin der Zwerge, und ich bin ein König über Menschen, wir sind nicht füreinander geschaffen und jeder muß auf seine Weise seine Sendung erfüllen. Doch ich glaube, an ihr ist ein Zauber, der auch auf Menschen ausstrahlen kann, und wer von diesem Strahl berührt wird, der ist gefeit gegen geheimnisvolle Mächte."

Diese Erklärung bewog die schöne Ibelin, nun alles für Dietrichs Befreiung zu tun. Der junge König war fest überzeugt, daß Hildebrand noch im Palast der Königin Virginal weilte und auf Nachricht von ihm warte. Die schöne Ibelin versprach ihm, sogleich einen Boten dorthin zu entsenden.

KÖNIGIN VIRGINAL UND KÖNIG DIETRICH

Der Bote erreichte glücklich den Palast der Königin Virginal, und aus seinem Mund erfuhren die Königin und Meister Hildebrand, daß sie mit ihren Befürchtungen rechtgehabt hatten. Doch um Dietrich aus seinem Verließ herauszuholen, bedurfte es der Mithilfe vieler tapferer Männer. Hildebrand erbot sich, nach Bern zu eilen und alle Helden, die er dort wisse, zum Heerbann aufzubieten. Virginal wieder hatte in Ungarn einen guten Freund, König Imian, einen wackeren Streiter und herzensguten Menschen. Sie beauftragte den Zwerg Bibung, sich sofort zu König Imian zu begeben. Bibung meinte pfiffig, auf dem Wege nach Ungarn liege doch die Steiermark, und dort kenne er zwei große Helden, Biterolf von Steier und seinen Sohn Dietleib. Gewiß würden auch sie sich dem Befreiungszuge anschließen.

Es wurde vereinbart, daß sich alle Helden im Palast der Königin Virginal versammeln sollten, um von da aus gemeinsam nach der Burg Mauter aufzubrechen. Bibung schlug mit seinem kleinen Schwert an sein zierliches Schildchen und rief: „Hei, was für einen feinen Kriegsrat haben wir da abgehalten! Nun sieh dich vor, Herzog Nidiger, und hütet euch, ihr Riesen, die Rächer nahen!"

Die Versammlung der Ritter vor dem Bergpalast der Königin Virginal bot ein prächtiges Schauspiel. Da rückte erst König Imian aus Ungarn an;

er hatte auch hunnische Edle in seinem Dienst, und ihre farbenfrohen Gewänder, das lange schwarze Haar, das unter Lederhelmen hervorquoll, und die kleinen, aber sehr schnellen und ausdauernden Pferde, die sie ritten, bildeten den Gegenstand großer Neugier. Biterolf und Dietleib aus der Steiermark waren gewaltige Helden, die sich mit herrlichen Taten großen Ruhm erworben hatten. Ihr Erscheinen wurde mit lautem Jubel begrüßt. Königin Virginal empfing sie mit freundlicher Huld und dankte ihnen, daß sie den weiten Weg aus ihrer grünen Bergheimat nicht gescheut hatten. Es folgten die Fahnen von Bern und Ravenna, von den kühnsten Recken wie Heime, Wittich und Wolfhart getragen. Wolfhart, Hildebrands Neffe, machte den Anspruch auf den ersten Kampf zur Bedingung seiner Teilnahme an dem Befreiungszug. Hildebrand gewährte sie nur ungern, weil er wußte, daß König Imian der Vortritt gebührte, und er deshalb Streit befürchtete. Aber der Meister hatte Glück. Unterwegs im Gebirge fiel ein Drache die Helden an, und Wolfhart tötete das Ungeheuer. Listig konnte da Meister Hildebrand sagen: „Nun hast du deinen ersten Kampf gehabt, Wolfhart, und unsere Rechnung ist quitt."

Als die Helden alle versammelt waren, hielt Königin Virginal eine Heerschau ab und flehte die Zauberkraft der überirdischen Mächte herbei. Sodann rief sie: „Bringt König Dietrich vor mein Angesicht, darum bitte ich Euch, edle Helden!"

Viele Hundert Helme blitzten im Sonnenschein, und groß war die Zahl der Banner, die im leichten Bergwind flatterten.

Eine geraume Weile noch stand die Königin auf dem Anger vor ihrem Palast und hielt sinnend ihre Augen auf den Punkt geheftet, an dem der letzte der Heerschar ihrem Blick entschwunden war. Dann erst wandte sie sich langsam heimwärts. Nun wagte ihre Lieblingsjungfrau die Warnung: „Königin, Dietrich ist nur ein Mensch, und niemals könnt ihr seine Gemahlin werden."

„Ich weiß es", erwiderte die Königin, „aber Gott hat Dietrich unter allen Menschen zum mächtigsten König erhöht, und so wird von dieser Gnade etwas auf mich übergehen, wenn ich ihn von Angesicht zu Angesicht schaue."

Den Riesen auf der Burg Mauter war der Aufbruch des Heerbanns nicht unbekannt geblieben, und sie hielten einen Rat ab und prahlten, wie sie die Helden heimschicken wollten. Jeder sollte sich einen Streiter und dessen Gefolgschaft besonders aufs Korn nehmen, und am höchsten galt die Ehre,

Hildebrand, Dietleib, Wittich und Heime zu besiegen. Dann zogen sie dem Heer entgegen. Als sie nahe genug waren, riefen sie: „Ihr kommt wohl, den Berner zu befreien? Für den laßt nur uns sorgen! Wenn ihr aber euch selber einen Gefallen tun wollt, dann verschwindet schleunigst aus unserem Land."

Solche Großsprecherei konnte die Helden nicht schrecken, und Hildebrand rief den Riesen zu: „Der Abend ist schon da, und für einen Kampf ist es zu spät geworden. Aber wenn ihr morgen früh wiederkommt, findet ihr uns bereit."

Am anderen Morgen fanden sich die Riesen wieder ein. Sie machten ein solches Geschrei, daß Wolfhart meinte, die Hölle habe alle Teufel losgelassen. Wie es Hildebrand erwartet hatte, verlangte König Imian den ersten Kampf für sich. Ihm stellte sich der stärkste Riese entgegen. Der König kämpfte mit dem Schwert, der Riese mit einer Eisenstange. Hart fielen die Schläge. Dem König wäre es bald schlecht ergangen, denn es gelang dem Riesen, ihm den Schild aus der Hand und den Helm vom Kopf zu schlagen. Aber Wolfhart sprang hinzu und reichte dem Ungarkönig seine verlorengegangene Wehr. Nun machte Imian ein schnelles Ende. Er stieß dem Riesen das Schwert unter dem Gürtel in den Leib.

So trat Paar um Paar an, jeder der Helden bekam seinen Riesen und seinen Sieg, und am Ende war nur noch der Riese Wickram übrig, jener, der Dietrich so furchtbar gequält hatte. Ihn hatte sich Hildebrand zum Gegner auserkoren.

Alle diese Kämpfe hatte die schöne Ibelin vom Turm der Burg aus beobachtet, aber ehe der letzte Kampf begann, eilte sie hinab in das Gewölbe, um König Dietrich Kunde von seiner bevorstehenden Befreiung zu bringen. Da bat der Berner flehentlich, den Riesen Wickram seiner Rache zu überantworten. Ibelin überbrachte diese Bitte ihrem Bruder, und Herzog Nidiger löste daraufhin selbst die Ketten des Gefangenen und schenkte ihm die Freiheit. König Dietrich sprach kurze Worte des Dankes, und der Herzog erwiderte: „Einst hatte ich die Riesen zur Mehrung meiner Länder erkoren. Nun haben sie mir nichts als Schande gebracht! So mögt Ihr, edler Held, auch den letzten Riesen töten."

Die schöne Ibelin ließ König Dietrich seine Rüstung bringen, die ihm der Riese Wickram abgenommen hatte, und führte ihm selbst das Pferd zu, das freudig wieherte, als es nach so langer Zeit seinen Herrn wiedersah. Dietrich kam gerade noch zurecht auf die Walstatt. Denn schon hatte sich Hildebrand zum Kampf gegen Wickram bereitgemacht, als Dietrich dahergésprengt kam. Brausender Jubel begrüßte ihn, und Meister Hildebrand und sein Zögling sanken einander überströmend vor Freude und Rührung in die Arme.

Der Riese Wickram erwartete mit der Eisenstange in der Hand seinen Gegner, und als er sah, daß Dietrich gegen ihn antrat, sanken seine Zuversicht und sein Mut. Dem jungen König aber waren durch den glücklichen Verlauf seines Abenteuers seine Kräfte riesenhaft gewachsen. Er hielt furchtbare Abrechnung mit seinem Peiniger, der nach kurzem Kampf tot zu seinen Füßen hinsank. Der Sieger nahm die zerspellte Eisenstange als Trophäe an sich und rief: „Nun hast doch du das Todeslos gezogen, Wickram! So soll es allen ruchlosen Geschöpfen in der Welt ergehen!"

Der Heereszug ordnete sich wieder, die Banner wurden aufgenommen, und über jeder Mannschaft wehte das heimatliche Feldzeichen. Die Trompeten schmetterten, und die Helden schlugen mit den Schwertern so mächtig an ihre Schilde, daß von dem Gedröhn und seinem Widerhall schier die Erde bebte.

Als Herzog Nidiger den Lärm vernahm, packte ihn namenlose Angst, denn er glaubte, die Helden beabsichtigten die Burg Mauter zu zerstören. Viele von ihnen hatten dies auch im Sinn, und sie warteten nur noch auf den Befehl der beiden Könige Imian von Ungarn und Dietrich von Bern. Nidiger aber schickte seine Schwester aus, um Gnade von den Siegern zu erflehen. Dietrich was sogleich bereit, Großmut walten zu lassen; er berichtete den Helden, wie diese edle Jungfrau ihm seine Gefangenschaft zu erleichtern versucht hatte, und er bat allein um ihretwillen, von der Bestrafung des Herzogs abzusehen. Nur eine Gegenstimme erhob sich: Der trotzige Wolfhart riet zum Sturm auf die Burg. Aber der milde König Imian wies ihn zurecht, und so trat der Heerbann den Rückzug nach dem Bergpalast der Königin Virginal an.

Mit Spannung hatten die Ritter und Damen des Hofstaates der Begegnung zwischen Königin Virginal und König Dietrich entgegengesehen, und es gab eine große Enttäuschung, als die beiden sich von ihrer inneren Bewegung nichts anmerken ließen. Doch was viele als Gefühlskälte deuteten, war nur die schmerzliche Weisheit des Verzichts. Denn wie sollte es eine Verbindung geben zwischen einem Zauberreich und einem irdischen Reich?

Die Freudenfeste, die zu Ehren der Helden und ihrer glücklichen Wiederkehr gefeiert wurden, dauerten mehrere Tage lang. Fröhlicher Gesang, Flöten und Schalmeien, Posaunen und Trompeten erklangen ohne Unterlaß. Die Ritter kreuzten manchen Speer und zerhieben manchen Schild in fröhlichen Turnieren. Die Zwerge der Königin tummelten sich munter mit; der unermüdlichste von ihnen aber war der kleine Bibung.

Auch in der Stunde des allgemeinen Abschiednehmens, in der zwischen den Helden aus Bern, aus Ungarn und der Steiermark viele Freundschaftseide geschworen wurden, kamen sich – wie es den Anschein hatte – Königin Virginal und König Dietrich nicht näher. Und doch war mit den beiden eine Veränderung vor sich gegangen. Jeder hatte vom anderen ein Stück seines Wesens angenommen. In König Dietrich lebte fortan ein Funken vom magischen Glanz des Zwergenreiches, und Königin Virginal hatte einen Hauch von der Gnade Gottes empfangen, dessen getreuer Diener der König von Bern war . . .

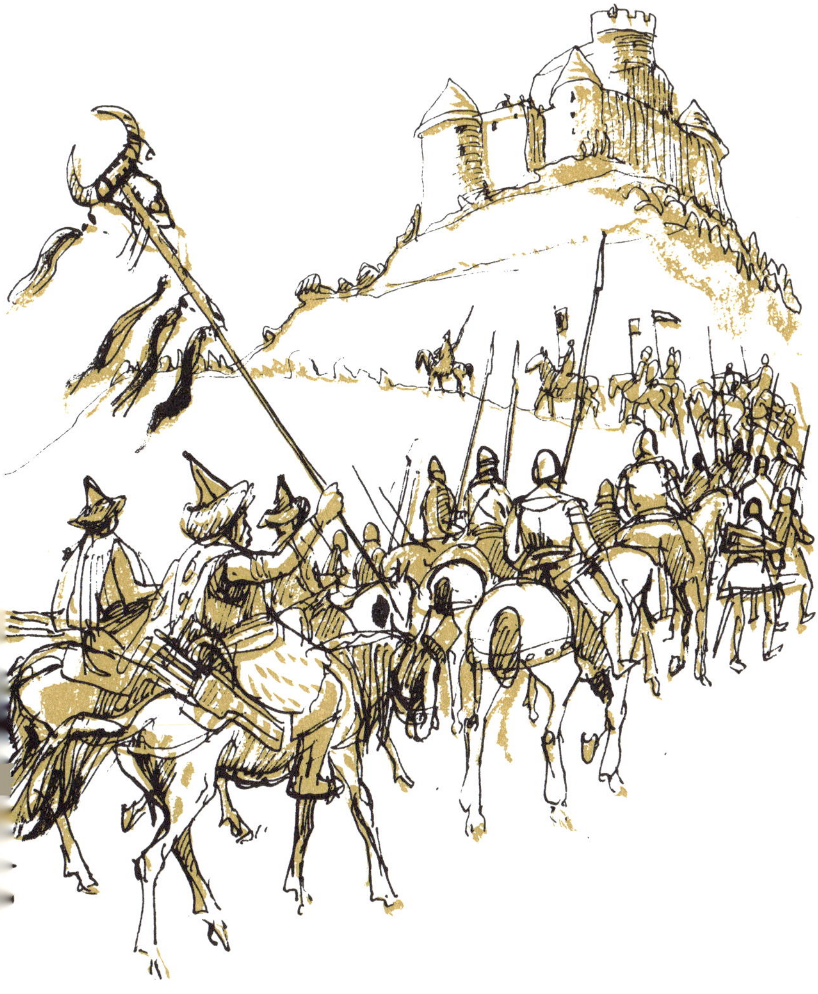

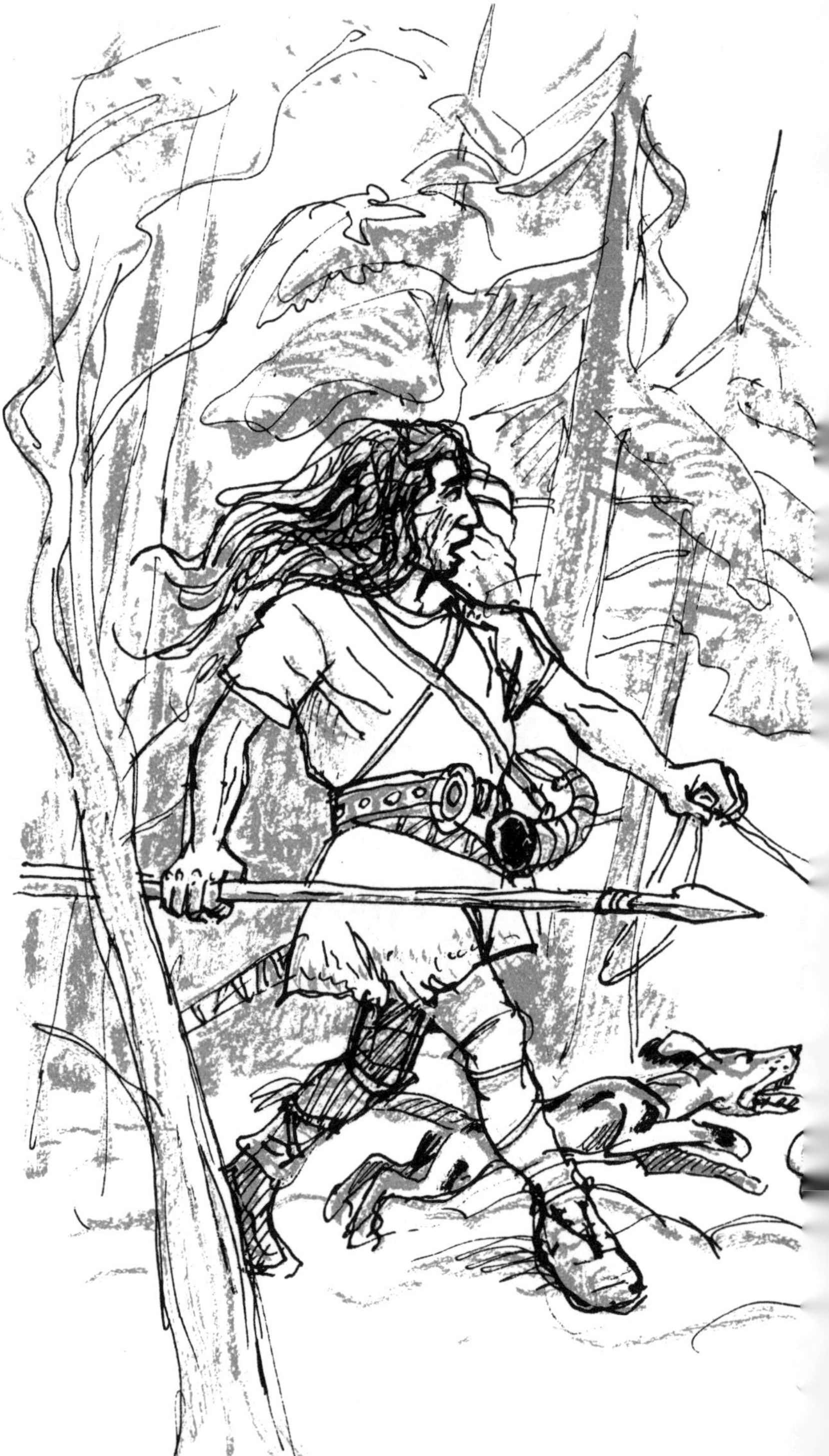

DAS ECKENLIED

Im Kloster Benediktbeuren wird eine der kostbarsten Sammlungen mittelalterlicher Dichtung, die „Carmina burana" aufbewahrt. Darin findet sich unter dem Titel „Ecken-Ausfahrt" das Heldenepos „Das Eckenlied". Es ist ein echtes Volksepos und wurde von Bänkelsängern und fahrenden Gauklern auf Jahrmärkten und in Dorfschenken vorgetragen und erfreute sich lange großer Beliebtheit, bis es zu Beginn der Neuzeit in Vergessenheit geriet.

ECKE UND FASOLD

Von einem wilden Geschlecht stammten zwei Brüder, Ecke und Fasold, beide riesenhaft von Wuchs. Fasold herrschte durch Zauber und List über ein Tiroler Gebirge, Ecke nannte einen Drachenhügel am Rhein sein Eigentum. Dort hatten ihm Zwerge das Wunderschwert Eckesachs geschmiedet, das ihn jedem Feind überlegen machte.

Es geschah nun, daß in Bern, dem heutigen Verona, der Stern eines jungen Königs aufging. Sein Name war Dietrich. Fasold fürchtete, daß ihm Dietrich von Bern seine Herrschaft streitig machen könnte, und sann auf Verstärkung seiner Macht. Er brütete Tag und Nacht, wie es ihm gelingen könnte, sich den Besitz seines Bruders anzueignen, und einmal kam ihm der Gedanke, Ecke gegen Dietrich zu hetzen und ihn so zu Fall zu bringen.

In Köln herrschte zu jener Zeit Königin Seeburg von Jochgrim; die Halle ihrer gastlichen Burg am Rhein stand jedem Recken von nah und fern offen. Auch Ecke fand sich dort häufig ein, denn er liebte es, mit anderen Helden seine Erlebnisse und Abenteuer auszutauschen. Dies wußte Fasold, und darauf baute er seinen Plan. Er begab sich an den Rhein, und sobald er sein Jagdhorn erschallen ließ, hörte es sich an, als grollte der Donner.

Fasold traf seinen Bruder im Gespräch mit zwei wackeren Rittern an, die dem Riesen Ecke auf seine drängenden Fragen neidlos die Ehre überließen, der größte Held zu sein. „Wenn es gestern wahr gewesen ist, daß mein Bruder alle anderen Recken übertrifft", nahm da Fasold das Wort, „dann braucht dies heute nicht mehr richtig zu sein. Denn ich habe von einem Recken gehört, der sich Dietrich von Bern nennt und sich anmaßt, auch über das Tiroler Gebirge zu herrschen. Noch hat er mich nicht überwältigen können, aber ich fürchte, eines Tages werde ich ihm doch unterliegen."

„Was du da vorbringst, wundert mich sehr", brauste Ecke auf. „Weißt du von irgendeiner Tat Dietrichs, die du mir nicht zutrauen würdest?"

„Das Riesenweib Grim hättest du nie zu töten vermocht", erwiderte Fasold. „Es hauste in einer Höhle in Tirol, fraß Bären und Menschen und besaß den besten Helm und den festesten Harnisch. Dietrich hat dem Weib seine Wehr abgenommen und ist daher unbesiegbar geworden."

„Für dich vielleicht, Bruder, ist er unbesiegbar, aber nicht für mich", trumpfte Ecke auf und gab dem Gespräch eine andere Wendung.

Königin Seeburg hörte von dieser Anmaßung des Riesen Ecke. Auch ihr war schon von König Dietrich berichtet worden, und sie brannte darauf, ihn kennenzulernen. Nun hoffte sie, Ecke würde es gelingen, den König von Bern an den Rhein zu locken. Sie bat den Riesen zu sich und teilte ihm diesen Wunsch mit. Ecke war hoch erfreut über den ehrenvollen Auftrag und schwor, Dietrich vor das Angesicht der Königin an den Rhein zu bringen. „Folgt er mir nicht freiwillig, dann gebrauche ich eben Gewalt", fügte er im Bewußtsein seiner Kraft hinzu.

Königin Seeburg stattete Ecke mit der Wunderrüstung König Ortnits* aus, die sie einst für einen hohen Preis erworben hatte. Der Panzer war aus Gold gehämmert, das in Drachenblut gehärtet worden war, der Helm besaß die Härte eines Diamanten, doch der erstaunlichste Teil dieser Wehr war der Schild. Mit unzähligen Schellen besetzt, ging von ihm ein liebliches Geläut aus, sooft er bewegt wurde, das während eines ermüdenden Ritts oder im Kampf Erfrischung und neue Kraft spendete.

Dann befahl die Königin, das beste Pferd aus ihrem Stall für den Riesenjüngling zu satteln. Aber ihre Überraschung war groß, als Ecke ihr eröffnete, daß er zu Fuß nach Bern laufen werde, weil es kein Roß gebe, das stark genug sei, ihn zu tragen. „Und was soll mir auch ein Pferd nützen", sprach er, „da meine Beine schneller sind als die eines jeden Tieres?"

Daraufhin entließ die Königin ihren Sendboten mit den besten Wünschen für eine gute Reise; und wie ein Wirbelwind stürmte der Riese den Rhein aufwärts, den südlichen Bergen zu.

Einer der häufigsten Gäste in Königin Seeburgs Halle war Herr Helfrich von Lutringen. Doch er kam nicht, um mit anderen Rittern zu zechen und zu prahlen; seine verliebten Blicke suchten eine Jungfrau aus dem Gefolge der Königin, und ein paar heimliche Worte mit ihr zu wechseln, bedeutete ihm das höchste Glück. Manches Abenteuer hatte er schon für sie bestanden, und nach Eckes Ausfahrt hielt nun die Dame die größte Prüfung für ihn bereit: „Wie wär's, Ritter Helfrich, wenn Ihr dem Riesentölpel zuvorkämt und den übermütigen König Dietrich unserer Herrin hierher an den Rhein brächtet? Sein Vorsprung hat nichts zu besagen, denn ihr seid beritten, und er geht zu Fuß."

„Könnte ich damit endgültig Eure Liebe gewinnen?" fragte Helfrich.

„Alle Ehre und meine Liebe sind Euch dann gewiß", versicherte die Jungfrau.

Der junge Helfrich machte sich sofort auf den gefahrvollen Weg. Doch so leicht war es nicht, den Riesen einzuholen. In weiten Sprüngen, einem Leoparden gleich, stürmte Ecke durch das Land. Wenn sein Helm die Äste streifte, ertönten zauberische Weisen, und hob er den Schild, dann klangen die

---

* Über König Ortnit siehe die Sage „Ortnit und Alberich"

Schellen. Die Vögel auf den Bäumen wurden unruhig, sie flatterten hin und her, die Wunderlaute schüchterten sie ein, denn sie spürten, wie arm ihr Gesang dagegen war. Auch das Wild kam herbei, Hirsche und Rehe, und blickten Ecke staunend nach.

Tagelang war Ecke schon gelaufen, ohne zu ruhen. Er glich einem Sturm, der, von einer geheimen Kraft getrieben, ruhelos über die Welt braust. Den Hang eines Berges nach Süden hinabsteigend, kam Ecke zur Hütte eines Einsiedlers und fragte ihn nach dem Weg nach Bern. Der fromme Mann bat den riesigen Wanderer, doch wenigstens über Nacht zu bleiben und ein wenig auszurasten. Aber Ecke lehnte das freundliche Anerbieten ab: „Ich muß weiter, immer weiter, und darf nicht ruhen, ehe ich Dietrich getroffen habe, der sich den Herrn der Welt nennt." Da wies ihm der Einsiedler den Weg nach Bern, und der Riese lief die ganze Nacht hindurch. Mit dem ersten Sonnenstrahl erblickte er vor sich die Mauern von Bern.

Ecke trat, sich unter den Torbogen bückend, in die Stadt. Die Einwohner erschraken und flohen vor ihm, denn noch nie hatten sie einen so großen Menschen gesehen. Sein Helm und sein Harnisch leuchteten, als ob ein Feuer durch die Straßen liefe. Er muß aus der Hölle stammen, sagten die einen; vielleicht kommt er von einem unbekannten Land des Lichtes, meinten die anderen; und ein altes Mütterchen seufzte: „Wo immer er herkommen mag, aus der Hölle oder vom Himmel, ich fürchte, er zündet uns die ganze Stadt an."

In der Burg traf Ecke Meister Hildebrand. Dieser konnte sich nicht zusammenreimen, wie es möglich war, daß ein solch strahlender Jüngling gegangen und nicht geritten kam. Doch der Riese klärte ihn auf, daß kein irdisches Roß seines Leibes Wucht zu tragen vermöge. Er beteuerte, daß er ohne zu rasten in einem einzigen Lauf von Köln bis hierher gestürmt sei. „Dann bist du wohl der Sturm selber", erwiderte der immer heitere Meister Hildebrand. „Doch was König Dietrich angeht, den du zu sprechen verlangst, so muß ich dich enttäuschen. Der König ist nach Tirol ins Gebirge geritten."

Ohne Abschiedsgruß eilte Ecke weiter, den Tiroler Bergen zu, von denen er eben erst herabgestiegen war. Er hoffte noch am gleichen Tag auf Dietrich zu treffen. Die Bürger strömten auf der Stadtmauer zusammen, um ihre Neugier an dem Schauspiel zu befriedigen, wie der Riese mit gewaltigen Sätzen über die Ebene stürmte. Sie waren froh, ihn entschwinden zu sehen, denn sie hatten nichts Gutes von ihm erwartet.

ECKE FINDET HELFRICH

Bis Einbruch des Abends war Ecke dem König von Bern noch nicht begegnet. Ein Hirte wies ihn zu der Burg Nonis, doch auch dort traf der König Dietrich nicht an. Er durchstöberte nun alle Winkel des Gebirges; am dritten Tag seiner Suche fand er unter einer Linde einen verwundeten Ritter. Dieser war über und über mit Blut besprizt, Ecke untersuchte die Verletzungen und, sie mit der Spanne seiner Finger ausmessend, sprach er: „So große Wunden sah ich noch nie. Von einem Schwert können sie nicht herrühren, es muß also ein Donnerschlag diesen Mann getroffen haben."

Der Ritter erwachte aus seiner Ohnmacht und stöhnte: „Nicht der Donner hat mich so schrecklich zugerichtet, das war Herrn Dietrichs Werk."

„Dann ist also König Dietrich in der Nähe", rief Ecke freudig aus.

„Was willst du von Dietrich?"

„Erst möchte ich von dir wissen, wie du heißt und weshalb du mit Dietrich in Streit gerietst."

„Die Liebe war es, die mir diese schrecklichen Wunden eingebracht hat", erwiderte der Ritter. „Mein Name ist Helfrich von Lutringen, und eine Jungfrau der Königin Seeburg von Köln bewog mich um meiner Liebe willen, ihrer Herrin König Dietrich von Bern als Gefangenen zu bringen."

Der Riese wunderte sich: „Das war doch Eckes Auftrag, wenn ich nicht irre."

„Ja doch!" bestätigte der junge Helfrich, „aber ich sollte ihm zuvorkommen nach dem Wunsch der Dame. Da er zu Fuß ging, und ich ritt, war ich auch vor ihm hier in diesem Gebirge."

Da lachte Ecke hellauf: „Diesen Liebesdienst hättest du lieber gelassen! Ich bin Ecke, und ich traf früher in Bern ein als du hier in den Bergen, denn meine Beine sind schneller als die jedes Rosses."

„Wenn du Ecke bist, dann sei vor Dietrich gewarnt", rief der Ritter, „sein Antlitz ist schön, aber sein Arm und sein Schwert sind schrecklich, sie vermögen Mauern zu spalten."

„Ich fürchte Dietrich nicht, der Eckesachs an meiner Seite und Ortnits Zauberwehr schützen mich."

„Dietrich zerbricht allen Zauber."

„Sorge dich nicht um mich, Helfrich."

„Dann nimm wenigstens mein Roß, das an der Linde angebunden steht."

„Ich sagte dir schon, daß ich kein Pferd brauche. Verrate mir lieber, wo Dietrich steckt."

„Er kann nicht weit von hier sein, irgendwo in diesem Wald muß er sich aufhalten."

Ecke wandte sich grußlos ab, um den Berner zu suchen. Den Verwundeten überließ er seinen Schmerzen. Den Ritter befiel eine große Traurigkeit. Bitter klagte er über sein Los, allein im tiefen, dunklen Tann sterben zu müssen. Da trat ein Zwerg hinter den Bäumen hervor und tröstete ihn: „Du bist nicht allein in dem großen Wald. Zwerge sind um dich, Moosweibchen und viele andere freundliche Geister. Ich bin gekommen, um dir zu helfen. Wunderkräuter sind mir bekannt und heilende Wasser, die aus den Tiefen der Erde hervorsprudeln. Ich will deine Wunden pflegen, und bald wirst du wieder auf dein Roß steigen und geheilt heimreiten können."

Das hörte der Held mit Freuden. Der Zwerg aber lief zu einer Höhle, aus der er Heilkräuter holte, und diese legte er auf Helfrichs Wunden. Dann schöpfte er Wasser aus einem Wunderquell und gab dem Durstenden zu trinken. Fünf Tage lang kam der Zwerg an jedem Morgen wieder, erneuerte den Verband und reichte dem Ritter einen Becher voll Quellwasser, das seinen Durst und auch seinen Hunger stillte. Von geheimnisvollen Kräften wurde so der Held von den Wunden geheilt, die er durch einen Mächtigeren empfangen hatte. Als er genesen war, ritt er heim nach Köln. Er schwor sich, nie wieder einen Kampf mit König Dietrich zu suchen.

ECKES KAMPF MIT DIETRICH

Immer dichter und dunkler wurde der Wald, durch den Ecke dem König von Bern nachlief. Nur der Panzer, der Schild und der Helm durchleuchteten das Dunkel. Dietrich bemerkte nun ebenfalls, daß es im Walde heller wurde, meinte aber, dieser Glanz gehe von seinem eigenen Helm aus.

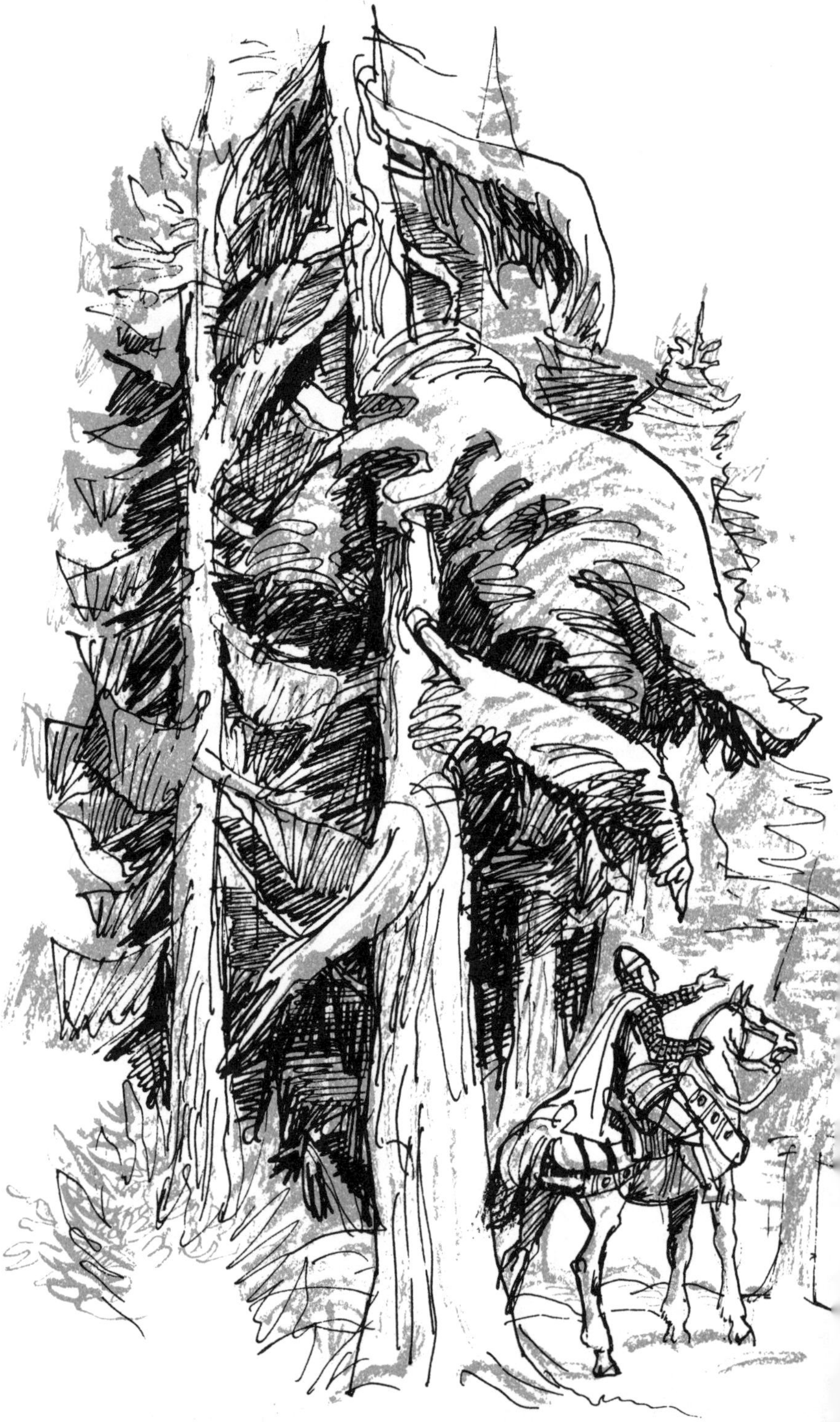

Er nahm ihn vom Haupt, und, ihn liebevoll in Händen haltend, sprach er: "Wie herrlich leuchtest du mir heute. Wahrlich, ich preise die kunstvolle Hand, die dich geschmiedet hat. Und fast dünkt es mich, daß du um so herrlicher glänzest, je älter du wirst!"

Doch bald merkte er, daß er seinem Helm zuviel des Lobs gespendet hatte. Der Schein wuchs immer mehr an und konnte unmöglich allein von seiner eigenen Wunderwehr stammen. Nun drangen auch schöne Klänge an sein Ohr, und Dietrich wandte sich um und sah den Riesen auf sich zukommen. Was da so lieblich ertönte, waren die Schellen an Eckes Schild. Der Riese rief ihm schon von weitem zu: "Bist du Dietrich von Bern?"

DAS ECKENLIED

Der König bestätigte es, und Ecke frohlockte: „So hab' ich dich endlich gefunden – viele Tage und Nächte bin ich hinter dir her! Ich bin Ecke, der Herr des Drachensteins."

„Es freut mich, dir zu begegnen", erwiderte Dietrich freundlich, „ich habe viel Rühmliches über dich gehört."

„Dann bist du gewiß auch bereit, mir freiwillig zu Königin Seeburg von Jochgrim an den Rhein zu folgen", fuhr Ecke fort. „Sie wünscht, dich kennenzulernen. Schlägst du es mir aber ab, muß ich Gewalt gebrauchen."

„Warum denn gleich streiten", meinte König Dietrich, „du hast mir nichts zuleide getan und ich dir auch nicht. An den Rhein folge ich dir nicht, aber wenn du mein Geselle* werden willst, bist du mir willkommen."

Aber davon wollte Ecke nichts wissen. Er sei sein eigener Herr, sagte er, und er wolle niemandem untertan sein. Dann schüttelte er seinen Schild, daß die Glöckchen wild erklangen, und er verkündete dem staunenden König, daß er durch Ortnits Rüstung unverwundbar und durch eigene Kraft jedem Feind überlegen sei. Der Ton seiner Rede wurde immer drohender, und schließlich forderte er König Dietrich auf, vom Roß herabzusteigen.

Dem König war das Gebaren des Riesen unheimlich, und er antwortete: „Nimm deinen Helm vom Haupt**, und ich will aus dem Sattel steigen."

Ecke schlug dieses Ansinnen rundweg ab, doch Dietrich versuchte, in Güte mit dem Riesen auszukommen: „Das wäre doch ein herrliches Plätzchen, um einen gemütlichen Schwatz zu halten. Komm, wir wollen uns hier niederlassen. Die Waldvöglein sollen uns lauschen, und der Himmel soll seine Freude an unserer Unterhaltung haben."

Seine Friedfertigkeit wurde dem Berner schlecht gelohnt. Ecke überschüttete Dietrich mit einer Flut von Schmähreden und drohte, er werde überall am Rhein erzählen, wie es in Wahrheit um den angeblichen Mut des Königs von Bern bestellt sei.

Das war Dietrich zuviel. Er zog sein Schwert, aber kaum hatte Ecke den Berner soweit, wurde er nur noch unverschämter. Er erklärte, es wäre

* Im Sagenkreis um Dietrich von Bern heißen die Gefolgsleute des Königs „Dietrichs Gesellen".
** Das Abnehmen des Helmes war in der Ritterzeit das Zeichen, daß die Feindschaft abgetan sei und wieder Frieden herrschen solle.

ein ungleicher Kampf, wenn ein Mann zu Pferd gegen einen Mann zu Fuß antrete, also möge Dietrich gefälligst aus dem Sattel steigen.

Dietrich gehorchte, obgleich er sich nun neben Ecke wie ein Zwerg ausnahm. Ein fürchterlicher Kampf begann, und da es mittlerweile stockdunkle Nacht geworden war, leuchtete ihnen nur der Glanz, der von ihren Rüstungen ausging. Sooft die Schwerter auf die Helme schlugen, stoben Funken durch den Wald. Unter Eckes Streichen, die hoch durch die Luft herabfuhren, fielen Äste und Zweige von den Bäumen, und bald war der Boden von Holzsplittern übersät.

Nachdem sich der Kampf schon über eine Weile hingezogen hatte, fühlte Dietrich eine große Müdigkeit in sich aufsteigen. Der Streit mit Helfrich von Lutringen steckte ihm noch in den Knochen, denn es war kein leichter Gang gewesen. Er machte daher seinem Gegner den treuherzigen Vorschlag, den Kampf zu unterbrechen und erst einmal gründlich auszuschlafen.

Ecke kam dies sehr gelegen, das tagelange Laufen war auch an ihm nicht spurlos vorübergegangen. Nur eine Besorgnis erfüllte ihn, und er sprach: „Während wir schlafen, könnte dich ein Unhold, von denen es genug hier im Wald gibt, erschlagen, und ich bin um meinen Sieg gebracht."

„Deinen Argwohn kann ich verstehen", erwiderte Dietrich, „denn es wäre auch mir nicht recht, einen Helden, der sich mir zum Kampf gestellt hat, nicht besiegen zu können, weil er vorher von einem anderen erschlagen wurde. Am besten, wir wechseln uns im Schlafen ab, und einer hält über den anderen Wache."

Ecke war damit einverstanden und legte sich als erster zum Schlafen nieder. Dietrich bewachte ihn treu. Sobald Mitternacht vorüber war, weckte er den Schläfer: „Steh auf, Held, und laß auch mich eine Weile schlafen. Und wie ich dich behütet habe, so halte es du nun mit mir."

Darauf legte sich Dietrich nieder und überließ sich dem erquickenden Schlummer. Dem kampflüsternen Ecke wurde aber während des Wachens die Zeit lang, und zornig sandte er seine Klage zu den Nachtgestirnen, daß sie gar nicht abtreten und dem Morgenstern weichen wollten.

Schließlich verdroß es ihn, noch länger zu warten. Obgleich der Morgenstern noch nicht erschienen war, weckte er seinen Gegner unsanft mit einem Fußtritt. Dietrich sprang wütend auf. „Du Riesentölpel, Ritterart wirst du wohl nie lernen", tobte er, „und so magst du denn sterben!" Und der Kampf entbrannte aufs neue.

An diesem Tag stimmten die kleinen Waldvöglein unter den ersten Sonnenstrahlen nicht ihren Morgengesang an. Der Klang der Schwerter und das Dröhnen der Schilde schreckte sie aus dem Morgenschlaf. Sie gaben keinen Laut von sich, und ängstlich in die Zweige geduckt, sahen sie dem fürchterlichen Kampf zu. Das Gras unter den Bäumen wurde unter den Tritten der Kämpfer so in den Boden gestampft, daß es aussah, als habe hier nie eine Blume geblüht und als sei nie ein Halm dieser Erde entsprossen. Von den schweißtriefenden Helden aber stieg ein Dampf auf wie der Rauch eines Feuers.

Unterdessen war es lichter Tag geworden. Keiner der Kämpfer hatte gegenüber dem anderen einen Vorteil zu erringen vermocht, so gewaltige Schläge sie einander auch versetzten. Da packte Ecke ein ungeheurer Grimm. Er faßte das Schwert mit beiden Händen und führte einen so fürchterlichen Hieb gegen Dietrichs Schild, daß dieser von oben bis unten gespalten wurde und in zwei Teile auseinanderfiel. Dietrich mußte in dieser harten Bedrängnis zurückweichen und hinter einem Baumstamm vor der Wucht der Hiebe Deckung suchen. Ecke eilte ihm nach und triumphierte: „Jetzt bist du verloren, Dietrich! Nun laß dir die Hände binden und folge mir zu Königin Seeburg nach Köln."

Während Dietrich hinter dem Baum stand, geschah jedoch etwas, das an ein Wunder grenzte. Eine Kraft, so mächtig, wie er sie nie zuvor gefühlt hatte, durchströmte seine Glieder. Er hob sein Schwert und ließ es mit solcher Wucht auf den Riesen niedersausen, daß dieser wie vom Blitz gefällt zu Boden stürzte. „Woher kommt dir die neue Kraft?" rief Ecke erstaunt.

„Von Gott", triumphierte der Berner, „und sie ist größer als die Kraft, die dir deine Zaubermächte verleihen."

„Das mußt du mir erst beweisen, Dietrich", schrie der Riese.

„Mit Gottes Hilfe werde ich dich vollends besiegen", erwiderte der Berner und warf sich über seinen noch auf dem Boden liegenden Gegner, und aus dem Schwertkampf wurde ein Ringen. Dietrich hatte den Vorteil, daß er oben lag. Dennoch brachte ihn Ecke in große Bedrängnis. Der Riese griff mit seinen Fingern in Dietrichs Wunden und riß sie auseinander. Ein wilder Schmerz durchfuhr den Berner, und seine Wunden begannen heftiger zu bluten.

Dennoch verlor der König nicht den Glauben an seinen Sieg. Er forderte Ecke noch einmal auf, sein Geselle zu werden. Höhnisch erwiderte der

Riese: „Deine Wunden sind so schwer, daß du bald daran verbluten wirst."

Doch Dietrichs Blut erneuerte sich im gleichen Maß, wie es aus den Wunden herausströmte. Seine Kraft ließ nicht nach, und er preßte dem Riesen die Kehle zu, so daß diesem die Sinne schwanden und seine Hände erschlafft von Dietrichs Wunden abglitten. Nun brach Dietrich dem Gegner den Helm auf, schleuderte die Stücke weit fort ins Gras und ermahnte Ecke zum letzten Male, sich ihm und Gott zu unterwerfen.

Da sich Ecke noch immer hartnäckig weigerte, versetzte ihm Dietrich den Todesstoß, und Eckes Mund verstummte für immer.

Dietrich befiel beim Anblick des toten Riesenjünglings tiefe Trauer. Er marterte sich mit Selbstvorwürfen, und in einer düsteren Totenklage bezichtigte er sich sogar, seine Ehre weggeworfen zu haben, weil er diesen herrlichen Mann wie ein Stück Wild im Wald hingestreckt hatte. Mit Fingern werde man in allen Ländern auf ihn zeigen, so jammerte er, denn niemand habe ihm, dem König, das Recht gegeben, sich an diesem Herrn des Riesengeschlechtes schuldig zu machen. Oder war es am Ende doch Gott, der seinem Schwert die tödliche Kraft und das Recht verlieh, die Welt der Riesen zu zerstören?

Da empfing Dietrich von Bern aus seinem eigenen Innern die Antwort: „Ja, Gott war es, der mir befahl, die Riesen zu bekämpfen." Und so gewann König Dietrich mit dieser Totenklage seine Ehre wieder.

ECKES BESTATTUNG

Innerlich gestärkt ging nun Dietrich daran, sich eines Unterpfands seines Sieges zu versichern. Er nahm dem toten Riesen den Panzer ab. Als er ihn aber anlegen wollte, bemerkte er, daß ihm dieser viel zu lang war. Erst versuchte er vergeblich, das untere Ende des Panzerhemdes mit seinem Schwert abzutrennen. Dann nahm er Eckes Schwert Eckesachs zu Hilfe, und damit brachte er es fertig, die Rüstung des Riesen auf seine eigene Größe zuzustutzen.

Nun hob der König ein riesiges Grab aus, um den Toten zu bestatten.

Hierauf nahm er zu Eckes Panzer und Schwert auch noch dessen Helm und Schild an sich. Aus seinem eigenen vollkommen zerhauenen Helm brach er den Edelstein heraus und setzte ihn in das Beutestück ein, denn seinen strahlenden Glanz wollte er nicht missen. Seine eigene Rüstung und seine eigenen Waffen ließ er auf dem Kampfplatz liegen; sie taugten nichts mehr, so zerschlagen waren sie.

Dann schwang sich Dietrich auf sein Roß. Er sprach einen letzten Gruß an den Toten und ritt davon. Aber seine Wunden bluteten noch immer; zu beiden Flanken des Pferdes floß das Blut hinab. Der König freute sich, als er nach langem Ritt durch den Wald auf eine Lichtung hinauskam, wo er eine Quelle murmeln hörte. In dem Bergwasser gedachte er sich und sein Pferd von dem Blut zu säubern. Als er abstieg, gewahrte er nicht fern von dem Brunnen im Schatten einer Linde eine wunderschöne Jungfrau. Sie schlief, und er weckte sie behutsam. Kaum schlug sie die Augen auf, rief sie sogleich aus: „Willkommen, Dietrich von Bern! Wie seid ihr nur zu diesen schrecklichen Wunden gekommen?"

ECKES BESTATTUNG

Der König erzählte ihr von dem Kampf, den er mit dem Riesenjüngling Ecke bestanden hatte, und bat die Jungfrau, ihm die Wunden zu verbinden. Denn es schien ihm, daß die Kraft, die ihm den Blutstrom während des Kampfes immer wieder erneuert hatte, nun nicht mehr in ihm war; er begann sich auf einmal sehr matt und elend zu fühlen.

Die Jungfrau, die der Berner erst für ein Edelfräulein gehalten hatte, gab sich nun als Wasserfrau zu erkennen. Sie verband ihm die Wunden und schenkte ihm eine Salbe, die, dreimal in drei Tagen aufgelegt, auch das schwerste Leiden zu heilen vermochte. Da Dietrich vernahm, daß er einer Wasserfrau begegnet sei, bat er sie, ihm die Zukunft zu deuten. Er wolle

DAS ECKENLIED

nach Köln reiten, um Königin Seeburg vom Los des Riesen Ecke zu berichten. Nun begehrte er von dem Zauberfräulein zu erfahren, ob ihm dieser Wunsch in Erfüllung gehen werde.

Die Wasserfrau verkündete ihm: „Dein Wunsch wird dir in Erfüllung gehen, aber schwere Kämpfe wirst du vorher zu bestehen haben."

DIETRICHS KAMPF MIT FASOLD

Die Wasserfrau verschwand so plötzlich in dem Brunnen, wie sich ein Nebelstreif in Luft auflöst. Dietrich aber setzte seinen Ritt fort. Manche Meile war er in dem Wald dahingeritten, ohne Weg und Steg zu kennen und ohne zu wissen, wohin ihn die abenteuerliche Reise führte. Da hörte er plötzlich eine klagende Stimme. Er hielt an und lauschte. Die Klagelaute ertönten wieder, sie kamen aus einem Frauenmund. Bald darauf stürzte scheu und gehetzt wie ein gejagtes Reh eine Jungfrau durch den Wald, und Dietrich hielt sie an und fragte sie, wer sie sei und vor wem sie fliehe. „Ich bin eine Moosjungfrau", erwiderte sie, „und Fasold ist hinter mir her."

„Fasold! Immer wieder höre ich seinen Namen! Und was will Fasold von dir, unschuldiges Wesen?"

„Einen ganz kleinen Besitz in diesem großen Wald nur nenn ich mein eigen, eine Lichtung mit weichem Moos und schönen Blumen darauf; auf ihr tanze ich im Mondschein mit meinen Schwestern den Moosreigen. Und so groß ist Fasolds Reich: viele Gebirge und Wälder nennt er sein, und dennoch neidet er mir mein kleines Glück." Kaum hatte sie dies gesprochen, hetzten zwei Hunde daher, um ihre Zähne in den Leib der Flüchtenden zu schlagen. Aber ehe sie noch die Jungfrau erreichen konnten, hatte sie Dietrich schon am Genick gepackt. Dann band er ihre beiden Ruten zusammen, so daß sie, als der eine dahin und der andere dorthin flüchten wollte, kläglich zu winseln begannen. Da lachte der Held. Der grobe Scherz machte ihm Spaß, und mit Gelassenheit wartete er auf das, was noch kommen würde.

Es dauerte nicht lange, da schallte ein Hornruf durch den Wald, und schon brach zwischen den Bäumen der wilde Jäger hervor, Fasold, der Herr des Gebirges, Eckes Bruder. Zu langen Zöpfen geflochten, hing ihm das Haar herunter. Abwechselnd ins Horn stoßend und der Meute „Hussa" und „Hetz und Hatz" zurufend, jagte der Fürchterliche durch den Wald. Plötzlich bemerkte er Dietrich, der schützend seine Arme über die Schultern der Jungfrau legte. Das brachte den Riesen in große Wut, die sich noch steigerte, als sein Blick auf die beiden mißhandelten Hunde fiel. Schon wollte er sich auf Dietrich stürzen, als er die Wunden am Leib des Helden bemerkte. „Mit einem verletzten Mann kämpfe ich nicht", erklärte er großmütig, „dank es dem Recken, der dich so übel zugerichtet hat, daß du ungeschoren bleibst."

„Die Jungfrau bleibt aber weiter unter meinem Schutz", forderte Dietrich, „sonst nehm' ich lieber den Kampf auf."

„Du belohnst meine Großmut schlecht", brauste Fasold auf, „wenn du es so willst, füge ich deinen Schrammen gern neue hinzu."

Die Jungfrau bat Dietrich inständig, die Herausforderung an den Riesen zurückzunehmen. Da der Riese sich den Anschein gab, damit einverstanden zu sein, wenn sich die Jungfrau Dietrich anschließe, wanderten die beiden tiefer in den Wald hinein. Als sie in Sicherheit waren, gab sich Dietrich zu erkennen und berichtete auch von der Tötung Eckes und den schweren Wunden, die er dabei empfangen hatte. „Die Heilsalbe der Wasserjungfrau, von der ich Wunder erhoffte, hat mir doch nicht so recht geholfen", fügte er hinzu, „der Schlaf flieht mich; ich glaube, wenn ich einmal so richtig ausschlafen könnte, würde ich gesund werden."

„Ich werde dich in Schlaf versetzen, du lieber, treuer Held", versprach die Jungfrau, „und ich werde über deinen Schlaf wachen und dich wecken, wenn Gefahr droht." Sie holte eine seltene Moosart herbei und hieß dann Dietrich sich niederlegen und seinen Schild als Kissen unter das Haupt schieben. Der Berner gehorchte ihr wie ein krankes Kind, und die Jungfrau legte ihm Moos auf die Wunden und auf die geschlossenen Augenlider.

Dietrich schlief so tief, daß ihn selbst der anbrechende Morgen nicht weckte, und die Moosjungfrau hütete sich wohl, den Helden in seinem Heilschlaf zu stören. Aber plötzlich hörte sie fernes Hundegebell. So kam also Fasold wieder! Nichts Gutes ahnend, versuchte sie, den Helden zu wecken. Sie rief ihn beim Namen, lauter und immer lauter, doch Dietrich hörte nicht. Sie rüttelte an seiner Schulter, aber auch das erweckte ihn nicht. Gern wäre sie geflohen, aber sie brachte es nicht über sich, den Helden schlafend in Fasolds Hände fallen zu lassen. Näher und näher tönte das Hundegekläff, und nun erscholl auch der Klang des Hifthorns. Der wilde Jäger konnte nicht mehr fern sein! In ihrer großen Not rüttelte die Jungfrau den Helden noch einmal kräftig an der Schulter, sie grub ihre Fingernägel in seinen Arm, sie schrie ihm seinen Namen ins Ohr, und endlich schlug er die Augen auf. Aber erst als Fasold zwischen den Baumstämmen heranjagte und dem Mädchen zuschrie: „Hab' ich dich jetzt! Wo ist heute dein Beschützer?", erwachte Dietrich vollends.

Er sprang auf, er fühlte die alte Kraft durch seine Glieder strömen und wußte, daß er wieder geheilt war. Er rief: „Du hast mich gesucht, hier bin ich!"

„Dich habe ich nicht gesucht, sondern die Jungfrau. Was sollte ich auch mit einem verwundeten Krüppel anfangen, wie du einer bist? Da ist nicht viel Ehre zu holen."

„Versuch es, was ich noch wert bin!"

„So viel bist du wert, daß dein Kopf einen Eichbaum zieren würde. Ich will dir die Ehre geben, dich auf der höchsten Spitze aufzuhängen."

Da Dietrich nicht Miene machte zu weichen und sich weiter schützend vor die Jungfrau stellte, brach der Riese einen mächtigen Ast ab und hieb damit auf den Helden ein. Er dachte, es sei unter seiner Würde, einen gewöhnlichen Waldläufer oder Jäger, für den er Dietrich hielt, mit dem Schwert zu züchtigen. Nun gab ihm Eckesachs die gebührende Antwort. Der Ast zersplitterte in kleinste Stücke, und schließlich griff auch Fasold zum Schwert. Nun wurde dem Riesen bald klar, daß er einen gewaltigen Mann zum Gegner hatte, und als Fasold spürte, daß ihm das Blut aus vielen Wunden floß, bat er um Gnade.

Dietrich war bereit, sie zu gewähren, wenn Fasold das Versprechen abgebe, daß die Jungfrau in Zukunft nichts mehr von ihm zu fürchten habe. Der Riese versprach es, und so schien der Kampf beendet.

Doch da geschah es, daß die Begegnung der beiden Recken noch einmal eine gefährliche Wendung nahm. Als sich nämlich der Berner entfernen wollte, forderte ihn Fasold auf, seinen Namen zu nennen, so ängstlich und schnell die Moosjungfrau den König auch mit sich in den Wald fortziehen wollte. Dietrich bekannte sich zu seinem Namen, und Fasold höhnte: „Sieh an, welches Glück du hast! Mein Bruder Ecke sucht dich hier im Wald, und hättest du ihn statt meiner angetroffen, du wärst bestimmt nicht mehr am Leben!"

Dietrich erwiderte: „Nun, wenn mich dein Bruder Ecke nicht getroffen hat, dann muß es zwei Helden dieses Namens geben, denn einen Ecke habe ich vor einigen Tagen erschlagen."

„Dann hast du meinen Bruder erschlagen, und das kann nur durch List geschehen sein, denn mein Bruder war stärker als du."

Der Kampf entbrannte von neuem, doch Fasold mußte abermals erkennen, daß ihm Dietrich von Bern überlegen war. So brach er den Streit unvermittelt ab und bat ein zweites Mal um Gnade. Dietrich gewährte sie ihm großmütig auch jetzt, aber wieder war eine Bedingung daran geknüpft. Fasold sollte ihm den Weg über das Gebirge zeigen und ihm so lange das Geleite geben, bis er nicht mehr fehlgehen könne. Denn aus diesem wilden Wald und dem gewaltigen Gebirge ohne Führer herauszukommen, war nicht leicht. Dietrich wußte gar nicht mehr, wo er sich befand. Fasold versprach es mit unschuldiger Miene. Doch im Innern sann er auf Untreue.

FASOLDS VERRAT

Nicht weit von dem Ort, wo sich die beiden Recken befanden, wohnten zwei Riesen in einem Steinhaus, Fasolds und Eckes Vettern. Dorthin gedachte Fasold den König zu bringen. Arglos folgte Dietrich dem Voranreitenden, nachdem er sich von der Waldjungfrau verabschiedet hatte.

Als die beiden sich dem Haus näherten, sahen sie einen riesigen, schwer bewaffneten Mann vor dem Eingang stehen. Sein langer Speer und sein hoher Schild erregten sogleich Dietrichs Bewunderung. Fasold wies auf ihn und sprach: „Siehe, das ist mein Vetter Eckenot; er wird uns freundlich empfangen."

König Dietrich zeigte sich mißtrauisch: „Ich möchte in dem Haus nicht einkehren, wenn du nicht zuvor mein Gesell geworden bist und mir Treue geschworen hast." Fasold, der um das Gelingen seiner Rache bangte, unterwarf sich und leistete den Treuschwur. Doch war er insgeheim entschlossen, ihn bei der ersten sich bietenden Gelegenheit zu brechen.

Eckenot entbot ihnen einen kurzen Gruß und erzählte, daß sein Bruder Walrich fortgegangen sei, um den Mörder Eckes zu stellen. Mit den Worten „der Mann, der Ecke erschlagen hat, steht vor dir", verriet Fasold seinen Herrn zum erstenmal, doch konnte ihn dieser dafür nicht offen des Treubruchs beschuldigen.

Nun stürmte Eckenot auf Dietrich los, und es entspann sich ein Kampf auf Leben und Tod. Da sich Fasold als des Königs Geselle verpflichtet hatte, durfte er seinem Vetter nicht beispringen und mußte zähneknirschend zusehen, wie der Riese unter Dietrichs Schwert den Tod fand.

Dietrich wünschte weiterzugehen, und beide entfernten sich von der ungastlichen Stätte. Fasold sann schon wieder nach einer neuen List. Er kannte eine Riesin namens Birkhilt. Sie wohnte mit ihren beiden Söhnen Zerre und Welderich auf einer Burg. Birkhilts Kraft wog gut die Stärke von zehn kräftigen Männern auf, es gab niemanden auf der Welt, der den Speer so weit schleudern konnte wie die Riesin. Fasold gedachte Birkhilt auf den verhaßten Berner zu hetzen, und auf schwierigen Pfaden, an Klüften vorbei und durch dichten Wald führte er Dietrich zu der Burg der Riesin.

Als die Burg in Sicht kam, log Fasold, daß freundliche Leute darin wohnten. Er kenne sie gut und wolle bei ihnen um Nachtquartier vorsprechen. Dietrich möge, so fügte er scheinheilig hinzu, einstweilen auf ihn warten, er werde gleich wieder zurück sein.

An der Burgmauer befand sich ein Brunnen, und an diesem ließ sich Dietrich nieder. Um seine vom langen Ritt erhitzte Stirn zu kühlen, schöpfte er eine Hand voll Wasser aus dem Brunnen und benetzte sich damit das Gesicht. Und da merkte er, daß eine Wunderkraft in dem Quell wirksam war. Er fühlte sich kräftiger, und es war ihm, als könne er nun viel schärfer sehen. Erquickt streckte er seine Glieder aus und überließ sich einem angenehmen Schlummer.

Fasold weilte indes in der Burg bei der Riesin, die noch zwei andere Riesinnen zu Besuch hatte. Er erzählte ihnen vom Tod Eckes und Eckenots, doch er verfälschte seinen Bericht durch eine Lüge. Denn er behauptete, daß Dietrich die beiden Riesen im Schlaf überfallen und getötet habe. Nun erst ließ sich Birkhilt herbei, der Bitte Fasolds Folge zu leisten und den Berner zum Kampf zu stellen. Ihre beiden Söhne folgten ihr vor die Burg. Das war Fasolds zweiter Verrat gewesen.

Die Riesin traf Dietrich schlafend am Brunnenrand an. Sie weckte ihn mit einem groben Fußtritt und forderte ihn zum Streit auf Leben und Tod. König Dietrich war einverstanden, nur bedang er sich aus, vor dem Kampf seine Augen mit dem Brunnenwasser netzen zu dürfen. Birkhilt, die das Wunder dieses Bergquells an sich nie erprobt hatte, ging arglos auf diese Bedingung ein. Dietrich aber war nun mit dem nötigen Gegenzauber gerüstet.

Das Weib war lückenlos gepanzert und geschient, die Panzerringe schienen unzertrennbar ineinander verflochten zu sein. Aber Dietrichs von dem Quellwunder hellsichtig gewordene Augen erspähten eine schwache Stelle in dem Panzerhemd, genau dort, wo es auf die Beine überging. Dorthin lenkte er sein Schwert Eckesachs, und mit einem einzigen Hieb trennte er ihr das rechte Bein vom Rumpf. Die Riesin stürzte zu Boden, und nun schlug ihr Dietrich mit einem zweiten Schwerthieb das Haupt ab. Jetzt warf sich Birkhilts Sohn Zerre auf Dietrich, um den Tod der Mutter zu rächen. Aber er erlitt das gleiche Schicksal wie sie.

Nun machte sich Dietrich bereit, den dritten Riesen, Welderich, mit tödlichen Schlägen zu empfangen. Aber zu seiner Überraschung winkte dieser ab, legte seine eigenen Waffen nieder und schlich sich an Dietrichs Ohr, um ihm zu sagen: „Ich danke dir, daß du die Meinen erschlagen hast, sie haben mich stets wie einen Hund behandelt. Aber habe acht auf Fasold!"

Fasold stand in der Nähe an einen Baum gelehnt. Er hatte voll Grimm Dietrichs neue Heldentaten beobachtet und beschloß nun, den König im Schlaf zu ermorden. Aber die Wunderkraft des Quells ließ Dietrich auch in die Brust des Riesen blicken, und so entdeckte er dort den finsteren Verrat. Dietrich sprach: „Nun ist es vorbei mit deinen Listen, Fasold! Dreimal hast du mich betrogen, nun muß es mit dem Schwert zwischen uns ausgetragen werden."

Der Kampf war kurz. Eckesachs durchbohrte das treulose Herz.

DIETRICH UND KÖNIGIN SEEBURG

Der König von Bern bedurfte nach diesen schweren Kämpfen der Stärkung, und der Riese Welderich brachte ihm aus der Burg eine kräftige Speise. Dann geleitete er Dietrich über das Gebirge bis an den Rhein, und dort erklärte er ihm, daß er, den Strom abwärts ziehend, nach Köln komme. Sie schieden in Frieden.

Die Wächter, die Dietrich der Burg der Königin Seeburg nahen sahen, glaubten, es sei Ecke, der da kam, weil der Berner doch die Rüstung des erschlagenen Riesen trug. Sie meldeten dies der Königin, und voll Freude rief diese den ganzen Hofstaat zusammen und legte prächtige Gewänder an, um Ecke zu empfangen. Als Dietrich in den Saal trat, fragte sie gleich, wo er denn den Berner gelassen habe, den er nach Köln zu bringen versprochen habe.

Da trat der junge König ganz nah an die Königin heran und sprach: „Seht mich doch genauer an: Bin ich denn Ecke?"

„Ein fremder Held in Eckes Rüstung!"

„Ich bin König Dietrich, und Ecke ist tot. Er liegt, von meiner Hand erschlagen, in einem Grab im Hochwald. Er war ein gewaltiger Recke, und ich beklage ihn bitterlich. Wie ein Sturmwind flog er über das Land, und wie Wolkenheere brauste er über das Gebirge... weh, daß ich ihn töten mußte um Eurer Hoffart willen, Königin! Euch seinen Tod zu melden, bin ich gekommen. Nun habe ich meine Klage vorgebracht und kann endlich heimkehren zu den Meinigen nach Bern!"

„Bleibt... bleibt, Dietrich, großer Held, nur einen Tag!"

Doch der König ließ sich nicht umstimmen und nahm Abschied. Geradewegs eilte er seinem lieben Bern zu. Schon manchen Tag war er bereits geritten, als er auf einer Waldlichtung einen Bauern traf, der dort gerodet hatte, um sich darauf mit seiner Familie anzusiedeln. Dietrich ging auf den Bauern zu, denn er wollte ihn nach dem nächsten Weg nach Bern fragen. Da dieser den König noch nie in seiner neuen Rüstung gesehen hatte, aber das Pferd erkannte, so glaubte er, Dietrich sei getötet worden und der Mörder reite Falke, den schwarzen Hengst des Königs. Laut klagte er: „O weh, mein liebster Herr ist tot. Wie müssen ich und meine Kinder um ihn klagen! Denn er hätte ihnen einst eine schöne Zukunft bereitet."

Als König Dietrich dies hörte, nahm er den Helm ab und gab sich zu erkennen. Da wußte der Bauer vor Freude gar nicht aus noch ein und lud den König auf ein Mahl ein. Alles, was er in Küche und Keller hatte, wollte er dem geliebten König auftischen. Dietrich nahm die Einladung dankbar an, und gleich schleppte der Bauer Käse, Brot und Eier herbei und stellte dazu einen Krug Wein auf den Tisch, von dem besten, den es in Tirol gab. Der König langte tapfer zu und sagte: „Mit Riesen habe ich gefochten, einer stolzen Königin die Wahrheit gesagt, und nun halte ich den Festschmaus mit einem Bauern. Mich dünkt, eine neue Zeit ist angebrochen."

Während sie noch beim Essen waren, erschien an der Tafel ein Ritter. So leise war er über den Waldboden herangeritten, daß ihn niemand hatte kommen hören. Hildebrand war's, und er sprach: „Wohl bekomm's Euch, mein König!"

Dietrich freute sich von Herzen über die schlichte Begrüßung durch seinen Meister. Die Helden umarmten einander, und dann nahm auch Hildebrand an der Tafel Platz. Der Bauer, in Sorge, die Speisen könnten nicht reichen, machte noch ein Huhn zurecht, und so gab es ein gutes, ausreichendes Mahl für alle.

Nach kurzer Reise erreichten König Dietrich und Meister Hildebrand die Stadt Bern. Viel Volk säumte die Straßen, und der Jubel wollte kein Ende nehmen, als die beiden Helden in der heimatlichen Burg ihren Einzug hielten.

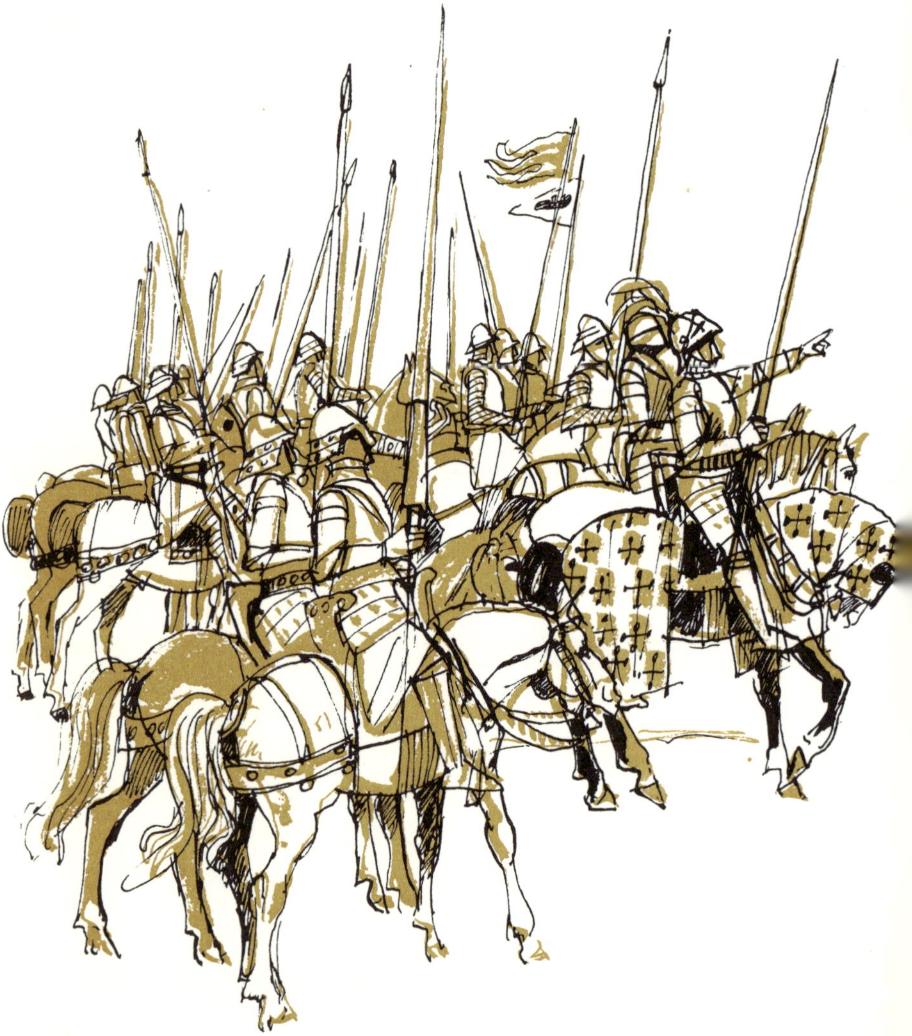

ALPHARTS TOD

Im Sagenkreis um Dietrich von Bern überrascht das Heldenlied von „Alpharts Tod"
durch seinen breiten erzählenden Charakter. Das um das Jahr 1250 in der Steiermark
entstandene Gedicht liegt nur in einer unvollständigen, späteren Fassung vor.

ALPHART BEZIEHT DIE WACHT

Kaiser Ermenrich zu Rom hatte einen Kanzler namens Sibich, der auf das
Verderben seines Herrschers sann. Der Kaiser war töricht genug, den Einflüsterungen des treulosen Ratgebers Gehör zu schenken, und hatte dies schon mit dem Verlust seiner Söhne und vieler Neffen bezahlt. Doch immer wieder erlag er der Falschheit Sibichs, und so ließ er sich denn gar dazu überreden, seinem Neffen Dietrich, dem König von Bern, den Krieg anzusagen.

Ermenrichs Streitmacht war der König Dietrichs weit überlegen, und die Kunde vom Nahen der kaiserlichen Scharen löste in der Burg von Bern große Bestürzung aus. Doch die Helden, die im Dienste Dietrichs standen, nahmen allen ihren Mut zusammen und schworen ihrem Herrn, Leib und Leben für ihn einzusetzen.

Da fühlte sich denn der König wieder leichter ums Herz, er hieß seine Gefährten rings um sich Platz nehmen und fragte sie um Rat, was nun zu

ALPHART BEZIEHT DIE WACHT

tun sei. Es wurde viel erwogen und wieder verworfen und manches kluge, aber auch manches einfältige Wort gesprochen, und schließlich war schon eine lange Zeit verstrichen und noch immer keine Entscheidung gefallen. Da meldete sich der Jüngste von allen zu Wort. Es war Alphart*, Wolfharts Bruder, und somit wie dieser ein Neffe des Meisters Hildebrand. Das wichtigste, so meinte Alphart, wäre, einen tapferen Streiter auf die Wacht hinauszusenden, der nach Ermenrichs Heer Ausschau halten sollte, damit die Berner nicht überrumpelt würden.

Die Wacht oder die „Warte" beziehen, war ein schweres Amt. Die Rittersitte schrieb vor, daß jede anrückende Heerschar erst einmal einen Mann vorauszusenden habe, um dem Gegner, der auf der Wacht stand, im Zweikampf gegenüberzutreten. Wurde Berns Wachthalter besiegt und getötet, dann blieb die heimatliche Burg ohne Nachricht und konnte im Sturm überfallen werden.

Dietrich war mit Alpharts Vorschlag einverstanden und hielt Umfrage, wen er am besten zu diesem Dienst heranziehen solle. Da erbot sich der junge Alphart selbst an, auf die Warte zu gehen, und meinte bescheiden, er werde sich gewiß keine Nachlässigkeit zuschulden kommen lassen.

Doch da wurde lebhafter Einspruch laut. „Nicht um Nachlässigkeit oder mangelnde Tapferkeit geht es hier", bemerkte Wolfhart, Alpharts Bruder, „es geht, um es kurz zu sagen, um die Erfahrung und Besonnenheit des Alters. Alphart ist noch ein halbes Kind, ich rate, einen erfahrenen Recken an die Grenze zu entsenden."

Das jugendliche Gesicht Alpharts verfärbte sich im Zorn rot. „Es mag sein, daß die Alten geschickter zu kämpfen verstehen", rief er, „aber es ist der Jugend Vorzug, besser sterben zu können. Ihr alten Recken kämpft um Ruhm, oder um euer Leben zu retten. Wir jungen suchen Streit, um vor uns selbst bestehen zu können, selbst um den Preis des Lebens."

Meister Hildebrand entgegnete: „Das ist eine seltsame Ansicht. Wie willst du beweisen, mein Neffe, daß du es aufrichtig meinst mit dem, was du sagst?"

„Wenn ich dich bitte, das Wappen mit Löwe und Adler auf meinem Schild durch ein anderes zu ersetzen, wirst du dann noch an der Ehrlichkeit meiner Worte zweifeln, Oheim?" fragte der Jüngling.

Erstaunte Rufe wurden in der Runde laut: „Er will als Namenloser kämpfen!"

„Nicht Herkunft und Name, nicht Ruhm und Ehre trage ich in die

* Alphart auch Albhart geschrieben

ALPHARTS TOD

Schlacht! Mich allein, nur meinen Mannesmut werfe ich in die Waagschale der Prüfung", erwiderte der stolze Jüngling.

Das Wappenzeichen auf Alpharts Schild wurde ausgetauscht, doch als das geschehen war, ergriff König Dietrich Reue darüber, daß er durch sein Stillschweigen sein Einverständnis gegeben hatte, Alphart mit dem schweren Dienst zu betrauen. Er bat den Jüngling, freiwillig von seinem Entschluß zurückzutreten. Aber alle Worte waren umsonst gesprochen. Meister Hildebrand versuchte, den Neffen von seinem Vorsatz abzubringen. Doch alles Zureden fruchtete nichts, und er nahm Alphart an der Hand und führte ihn zu seiner Frau Ute. Meister Hildebrand und seine Frau hatten nämlich die elternlosen Knaben Wolfhart und Alphart großgezogen. Daran erinnerte Ute jetzt ihren Neffen. „Ich glaubte noch viele Freuden mit dir zu erleben, und nun fürchte ich, daß ich um dich werde trauern müssen", sprach sie.

„Gott läßt seine Lieblinge jung sterben", erwiderte Alphart. „Aber du siehst zu düster, liebe Muhme, ich glaube nicht, daß ich Gottes Liebling bin." Er hatte dies halb im Scherz und halb im Ernst gesprochen, und Hildebrand und Ute wußten nun erst recht nicht, woran sie waren.

Eine letzte Hoffnung hegten die beiden noch; sie riefen die junge Amelgart herbei, Alpharts Verlobte, weil sie hofften, das schöne Mädchen werde ihren Bräutigam zu einer Sinnesänderung bewegen können. Aber der Held war noch zu jung, um die Liebe über sich selbst zu stellen. Amelgart umarmte Alphart voll Verzweiflung und fragte ihn, was aus ihr werden solle, wenn er im Kampfe falle. Auch das rührte den Helden nicht; ja, er meinte, sie könne doch stolz sein, die Braut eines gefallenen Recken gewesen zu sein!

Amelgart wollte nicht ihr Leben lang trauern, und sie bat ihren Verlobten inständig, wenigstens einen Knappen mitzunehmen, damit er Nachricht geben könne, wenn er in Bedrängnis gerate. Das war bestimmt kein unbilliger Wunsch, und es hätte Alpharts Ehre keinen Abbruch getan, wenn er ihm nachgekommen wäre. Aber er war selbst zu diesem kleinen Zugeständnis nicht zu bewegen. Er schloß seine Braut zum Abschied noch einmal in die Arme und ritt davon.

An der Etschbrücke angekommen, wollte er prüfen, ob er seinem Roß Leib und Leben anvertrauen könne. Er gab ihm die Sporen und sprang acht Klafter weit über den Strom. König Dietrich und seine Männer waren Zeugen dieses unvergleichlichen Schauspiels, und die Bedrückung wich von ihnen. „Er wird es schaffen", meinte der König, und alle pflichteten ihm bei. Nur Hildebrand blieb stumm. Seine Bedenken waren noch längst nicht alle zerstreut.

150

HILDEBRANDS LIST MISSLINGT

Als Alphart den Augen der Berner entschwunden war, sprach der alte Meister: „Nun bringt mir einmal einen fremden Panzer und einen fremden Schild. Ich will meinem Neffen nachreiten und ihm das Kämpfen verleiden, ohne daß er mich erkennt. Vielleicht läßt er sich dann zur Rückkehr in die Stadt bewegen."

Sofort wurde Meister Hildebrand eine Rüstung herbeigebracht, die aus Beutestücken bestand, von denen Alphart nichts wußte. Die Waffen waren reich verziert; überdies wurde Hildebrands Pferd noch eine kostbare Decke übergelegt. „Nun wird der Arglose sicher meinen, er habe einen kaiserlichen Meldereiter vor sich", meinte der alte Meister befriedigt.

Hildebrand hatte den Jüngling, der nach allen Seiten Ausschau hielt und darum nur langsam vorankam, bald eingeholt. Den alten Meister gereute plötzlich sein Plan, als er seinen Neffen erblickte. Er fand, daß er voreilig gehandelt habe. Denn wenn er ein Scheingefecht führte und sich schnell zu erkennen gab, mußte die List scheitern, ehe sie wirksam geworden war; wenn er aber ehrlich kämpfte, dann würde die List erst recht nicht zum Ziele führen.

Aber nun war es für solche kluge Überlegungen und nachträgliche Bedenken zu spät. Alphart hatte, als er seinen Blick auch einmal nach rückwärts wandte, den Verfolger entdeckt. Er riß sein Pferd herum und ritt den vermeintlichen Feind an. Denn er hielt – und hierin war der Betrug nur zu gut geglückt – Hildebrand für einen Ritter des Kaisers zu Rom.

Hageldicht prasselten die Schwerthiebe auf Hildebrands Helm, nachdem sein Speer zerbrochen war und er sich dem Jüngling im Nahkampf stellen mußte. Nun erst merkte er, wie dumm der Streich war, den er sich ausgeheckt hatte, denn Hildebrand kam in arge Bedrängnis. In seiner Todesangst rief der alte Meister schließlich aus: „Laß ab, ich bin dein Oheim Hildebrand."

„Hoho", lachte Alphart, „mit solchen Flausen sollst du bei mir nicht ankommen. Meinen Oheim ließ ich in Bern zurück, und seine Rüstung kenne ich genau. Diese List ist zu einfältig, denk dir eine andere aus, wenn du dein Leben retten willst."

„Binde mir den Helm vom Haupt und schau mir in die Augen, dann wirst du mich erkennen", erwiderte der alte Meister.

Alphart tat es und erkannte seinen Oheim. „Es war nicht weise von dir, mir nachzureiten", sprach der Jüngling.

„Ich weiß, daß ich unklug gehandelt habe", gab Hildebrand zu, „doch die Erkenntnis kam mir leider zu spät. In dir steckt mehr, als ich zu begreifen vermag." Hildebrand wünschte Gottes Segen auf seinen Neffen herab und wandte sich zur Heimkehr.

Als er in die Burg einritt, kam ihm Dietrich entgegen. „Nun, Meister

Hildebrand, Ihr seid lange ausgeblieben", wunderte sich der König, „und wo ist der Gefangene, den Ihr mitbringen wolltet?"

„Ich habe nichts gegen ihn ausrichten können", gestand der alte Meister, „beinahe hätte ich unter seinen Schwertstreichen mein Leben lassen müssen."

„Bei meiner Treu!" rief der König, „das hätte ich ihm nie zugetraut. An dem werden wir noch manche Überraschung erleben!"

„Wenn's nur keine böse Überraschung wird!" seufzte der alte Meister.

ACHTZIG RITTER GEGEN EINEN

Indessen war Alphart bis zur Grenze des Landes geritten. Hier machte er halt, um den feindlichen Meldereiter zu erwarten. Er war der festen Überzeugung, daß auch Kaiser Ermenrich nur einen Helden auf die Warte schicken werde.

Doch statt eines Wartmannes sah Alphart nun eine ganze Schar von Kriegern, in eine dichte Staubwolke gehüllt, auf sich zukommen. Sie preschten dicht an Alphart heran, und erst als die Recken merkten, daß der gegnerische Wartmann nicht Miene machte, seinen Posten zu verlassen, parierten sie ihre Pferde.

Alphart zählte mit der ausgestreckten Hand die Zahl seiner Feinde ab; es waren genau achtzig. Damit gab er deutlich seine Verachtung über den Bruch der Rittersitte von seiten des Kaisers zu verstehen. Der Anführer, Herzog Wölfing, schämte sich, trat vor und nannte seinen Namen. Alphart tat das gleiche und fügte hinzu: „Ich nehme an, daß Ihr ein Held seid und Euch mit mir im Zweikampf zu messen wünscht."

Herzog Wölfing wagte nun nicht mehr einzugestehen, daß er es vorgezogen hätte, den Jüngling durch seinen ganzen Trupp gefangennehmen zu lassen, und nahm den Antrag an. Er sollte es bald bitter bereuen. Denn schon beim ersten Waffengang stieß Alphart seinem Gegner die Lanze durch die Brust, und der Herzog mußte sein Leben lassen.

Da sprang Siegewin, ein anderer der achtzig Helden, von seinem Roß, und mit dem Schwert auf Alphart eindringend, rief er: „Du sollst mir büßen für den Tod unseres Herrn. Wehre dich, du wirst es nötig haben!"

„Mit Gottes Hilfe werde ich dich neben deinen Herrn ins Gras betten", gab Alphart zurück. Der Jüngling sprang vom Roß und erwartete mit dem Schwert in der Hand den Gegner. Auch dieser Kampf war kurz; es erging Siegewin genauso, wie es der Berner Held vorausgesagt hatte.

In demselben Augenblick sprang aber auch schon wieder ein anderer Held, der starke Gerbart, aus dem Sattel und rief: „Und wärst du der Teufel selbst, so wollte ich doch mit dir streiten!" Der Kampf, der nun begann, dauerte länger, denn die beiden Recken waren einander an Stärke und Gewandtheit fast ebenbürtig. Schon begannen Gerbarts Genossen diesem zuzujubeln, als es Alphart schließlich doch gelang, einen tödlichen Streich zu führen.

Das war ein großer Schreck für Kaiser Ermenrichs Helden. Sie brachen in furchtbare Verwünschungen gegen Alphart aus und machten Miene, sich alle gleichzeitig auf ihn zu stürzen. Nur ein alter Ritter ermahnte sie, die ritterlichen Sitten nicht so schwer zu verletzen.

Da schlossen sie einen Kreis um Alphart, damit er ihnen nicht entweiche. Denn sie waren entschlossen, Mann für Mann gegen den Jüngling anzutreten, bis einem von ihnen doch der tödliche Streich gelänge. Alphart fragte sie höhnisch, wo sie gelernt hätten, daß ein einziger Grenzposten nacheinander achtzig Feinde auf sich nehmen müsse.

Das gewaltige Fechten begann von neuem; immer wenn einer der Ritter des Kaisers tot zu Boden sank, sprang der nächste in die Bresche, bis zweiundsiebzig Recken hingestreckt waren. Die letzten acht zogen es vor, sich durch Flucht dem sicheren Tod zu entziehen. Unbesiegt und einsam hielt Alphart weiter die Wacht.

DER VERRAT

Die acht entflohenen Recken erstatteten dem Kaiser Bericht über die Vorgänge auf der Grenzwarte. Kaiser Ermenrich war nicht wenig erstaunt, zu hören, daß sich ein einziger Held gegen achtzig Ritter siegreich behauptet hatte, und wollte wissen, wer es gewesen sei.

Einer der Fluchtgenossen antwortete: „Sein Wappen, ein roter Löwe mit einer goldenen Krone, ist mir unbekannt."

Auch die übrigen im Saal versammelten Ritter bestätigten, daß ihnen ein solches Zeichen noch nie begegnet sei.

„König Dietrich hat einen fremden Ritter verpflichtet, weh uns!" rief König Ermenrich.

„Meiner Treu, ich habe, so alt ich geworden bin, noch nie so fechten sehen!" berichtete ein anderer.

Ermenrich bemerkte: „Sicherlich hat sich Dietrich diesen Mann viel Geld kosten lassen. Nun, daran soll es bei mir auch nicht fehlen!" Auf seinen Wink brachten Diener mehrere mit Gold und Geschmeiden gefüllte Becken herbei. Dies sollte die Belohnung für denjenigen sein, der sich freiwillig zum Kampf mit dem geheimnisvollen Feind melde und ihn besiege.

Aber niemand zeigte Lust, auf die Warte hinauszuziehen. Auch die beiden berühmtesten Recken des Kaisers, Wittich und Heime, meinten: „Was sollen wir für Gold und Edelsteine unser Leben aufs Spiel setzen? Wir sind reich und bedürfen dieser Schätze nicht."

„Undank ist mein Lohn", klagte der Kaiser, „was wart ihr beide, Wittich und Heime, bevor ihr in meine Dienste tratet? Gesellen Dietrichs von Bern seid ihr gewesen! Knapp hat er euch gehalten mit Geld und Ländereien, und viel hat er von euch verlangt an Kühnheit und Todesmut! Ich aber überschütte euch mit Ehren und Reichtümern – und mein Lohn ist nun eure Untreue."

Da gaben denn Wittich und Heime ihre Zusage, auf die Warte zu reiten. Doch sie vereinbarten eine List. Sie wollten den Grenzposten des Königs Dietrich zu zweit erledigen und beschwichtigten ihr Gewissen damit, daß dieser ein fremder, unbekannter Ritter sei und deshalb keinen Anspruch auf Einhaltung der Rittersitten habe.

Die beiden Helden machten sich auf den Weg nach Bern, und als sie sich der Grenze von Dietrichs Land näherten, ritt Wittich voraus; Heime blieb zurück, um einen Hinterhalt zu beziehen.

Als Wittich den Landstrich erreichte, der die „Berner Warte" genannt wurde, sah er ringsum die unbestatteten Leichen der von Alpharts Hand

DER VERRAT

getöteten Ritter im Gras liegen. Geier und Raben machten sich an ihnen zu schaffen. Wittich befiel ein Schaudern, er war darauf und daran, umzukehren, obgleich er Heime zu seiner Unterstützung in der Nähe wußte.

Doch Alphart hatte seinen Gegner bereits entdeckt und sprengte heran. Am Wappen im Schild des Reiters erkannte der Berner, daß er Wittich vor sich habe, und höhnisch rief er ihm zu: „Achtzigtausend Helden dienen, wie es heißt, dem Kaiser Ermenrich. Es muß ein stolzes Gefühl sein, der Beste von Achtzigtausend zu sein! Denn gewiß hat man dich hierhergeschickt, weil du das Wunder vollbringen sollst, den namenlosen Ritter des Königs von Bern zu besiegen!"

„Deine Worte klingen reichlich überheblich", murrte Wittich, um sodann Alphart mit noch prahlerischer Rede zu übertrumpfen, denn solch ein Wortgeplänkel vor Beginn des Kampfes war Rittersitte. Nachdem Rede und Gegenrede ausgetauscht waren, wie es sich gehörte, raste Wittich mit eingelegter Lanze auf seinen Gegner los. An der Macht des Anpralls spürte Alphart, daß er einen gewaltigen Mann vor sich hatte. Aber ein noch gewaltigerer war der junge Held von Bern, weil er der Wucht dieses Lanzenstoßes standzuhalten vermochte. Heime, der heimlich in einer Deckung lauerte, ballte in wilder Erregung die Fäuste, und der Schweiß trat ihm auf die Stirn. Schon lag Wittich auf dem Boden, und aus Mund und Nase und unter den Panzerringen quoll Blut hervor. Sein Leben schien in Alpharts Hand gegeben – aber nur für einen Augenblick. Denn nun sprang Heime aus seinem Versteck hervor und forderte mit gezücktem Schwert den Jüngling auf, heim nach Bern zu reiten. Wittich benützte das Erscheinen Heimes, um sich wieder zu erheben und eine drohende Haltung gegen Alphart einzunehmen. „Also zwei gegen einen?" fragte der junge Held voll Verachtung.

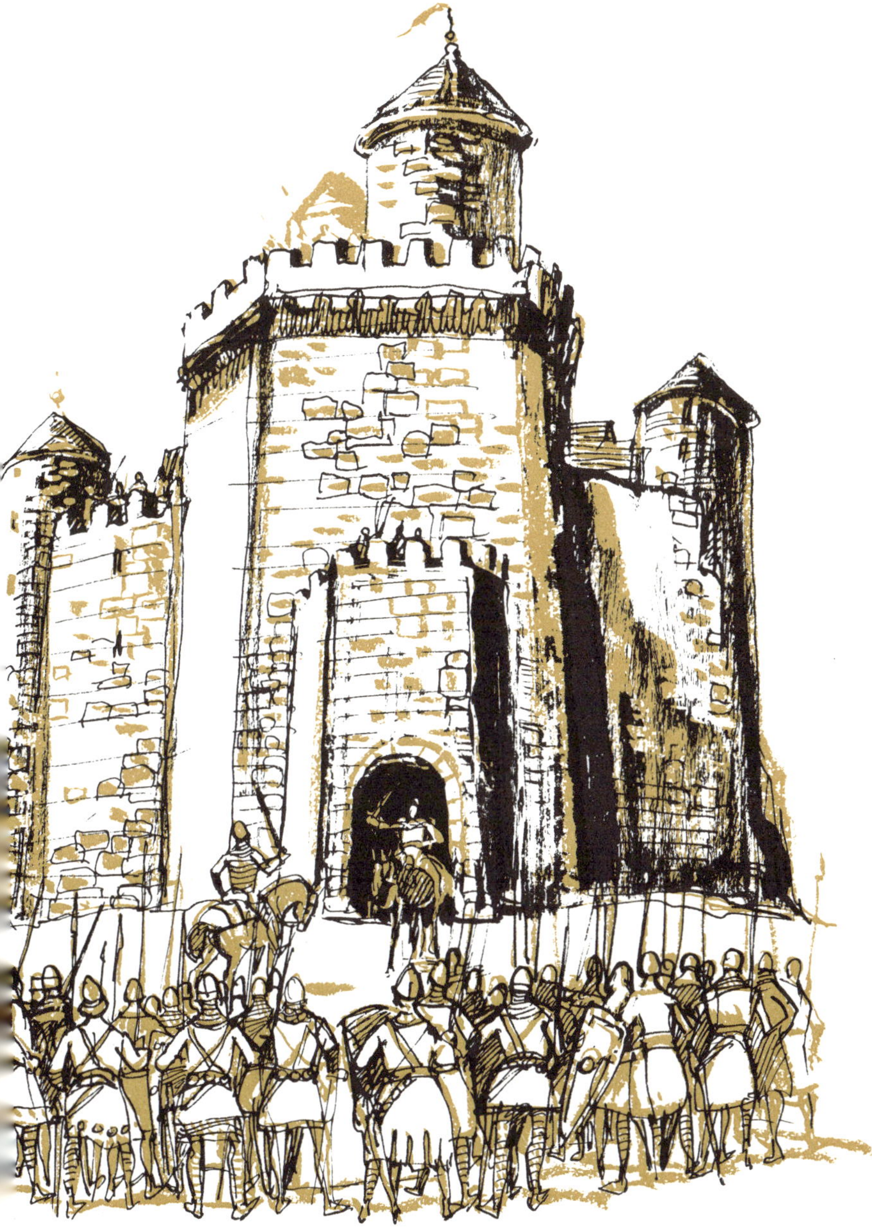

„Und nicht beliebige zwei", trumpfte Wittich auf. „Mich hast du ja schon erkannt, fremder Ritter, nun magst du erfahren, daß der andere der berühmte Heime ist."

Heime fügte hinzu: „Ich rate dir, nach Bern heimzukehren und zu melden, es habe sich kein kaiserlicher Vorposten mehr auf der Warte gezeigt. Ist das auch eine Lüge, so ist es doch angesichts unserer Übermacht dein Recht, so zu handeln."

„Und ist es euer Recht, Verrat an mir zu begehen, indem ihr zu zweit kommt?" fragte Alphart.

„Höre, unbekannter Mann, du hast dein Recht auf Rittersitte verwirkt, weil du dich weigerst, zu verkünden, wer du bist", nahm wieder Wittich das Wort.

Alphart dachte eine Weile nach, aber dann erhob er das Schwert und rief: „So greift denn an! Ich nehme den Kampf gegen euch beide auf."

„Du bist verloren", warnte Heime.

„Mein Wappen, die Krone über dem roten Löwen, besagt, daß die höchste Krone nur durch Blut gewonnen werden kann", erwiderte Alphart.

„Und wenn es dein eigen Blut ist, das fließen wird?" sprach Wittich.

„Die Krone des Lebens ist der ehrenvolle Tod", erwiderte der Jüngling.

„So jung und so voll Todessehnsucht?" fragte Heime.

Da rief Alphart zornig: „Genug des Geschwätzes, laßt uns beginnen!"

Und das furchtbare Streiten begann. Alphart mußte sich zur Wehr setzen, um den Schlägen der beiden Gegner zu entgehen. Aber bald hatte er eine eigene Technik entwickelt. Er trieb beide Feinde in weitem Bogen auf dem Blachfeld herum, so daß Wittich und Heime lange Zeit keinen Hieb anzubringen vermochten. Da griff Wittich den jungen Helden von hinten an. Dies brachte Alphart in große Not, und er rief: „Um eurer eigenen Ehre willen, ihr kühnen Helden, gebt meinem Rücken Frieden!"

„Er hat recht", meinte Heime zu Wittich, „es ist feig, ihn von der Seite und vom Rücken zu bedrängen; genug, daß wir zwei gegen einen kämpfen."

„Er verschweigt uns seinen Namen, und damit steht er außerhalb des Rittergesetzes", murrte Wittich, beugte sich aber doch dem Wunsch seines Freundes. Der Kampf ging weiter, und die Streiter des Kaisers vermieden es, ihrem Gegner von rückwärts beizukommen.

Als Alphart aber Wittich niederschlug und dieser nur dadurch gerettet wurde, daß ihm im letzten Augenblick sein Genosse Heime beisprang, keimten in Wittich verräterische Gedanken. Denn er erkannte, daß er mit

DER VERRAT

der Zeit auch im Verein mit Heime den Streit verlieren würde. Es sollte sich bald eine Gelegenheit ergeben, den Kampf durch eine List schnell zu beenden.

Alphart machte seinen Widersachern erneut den Vorschlag zu einem Einzelkampf. Heime nahm an und trat als erster gegen den Berner in die Schranken. Und nun lag Wittich auf der Lauer. Er ahnte, daß Heime bald in Bedrängnis geraten und dies sein Eingreifen rechtfertigen würde. Und so kam es auch. Heime sank blutüberströmt zu Boden und seufzte: „O weh, dies ist mein Ende."

„Es ist nicht dein Ende", rief ihm Wittich zu und schlug einen Bogen um Alphart.

Aber Heime bat: „Laß ab von deinem Vorhaben! Lieber will ich sterben, ehe du den jungen Helden aus dem Hinterhalt erledigst." Doch es war zu spät. Unter einem fürchterlichen Hieb Wittichs löste sich eine Reihe von Panzerringen aus Alpharts Kettenkleid. Jetzt war der Weg frei für den tödlichen Stoß. So endete das Leben eines jungen Helden, der noch eine große Laufbahn vor sich gehabt hätte, wäre ihm nicht ein so früher Tod beschieden gewesen.

Von Burg zu Burg erklang das Heldenlied von dem kühnen Ritter Alphart, dem jüngsten und treuesten Mann König Dietrichs von Bern.

Doch Heime und Wittich verloren für ihr verräterisches Handeln die Ehre. Dies war die Rache des gefallenen Helden, dem Mannesehre mehr gegolten hatte als das eigene Leben.

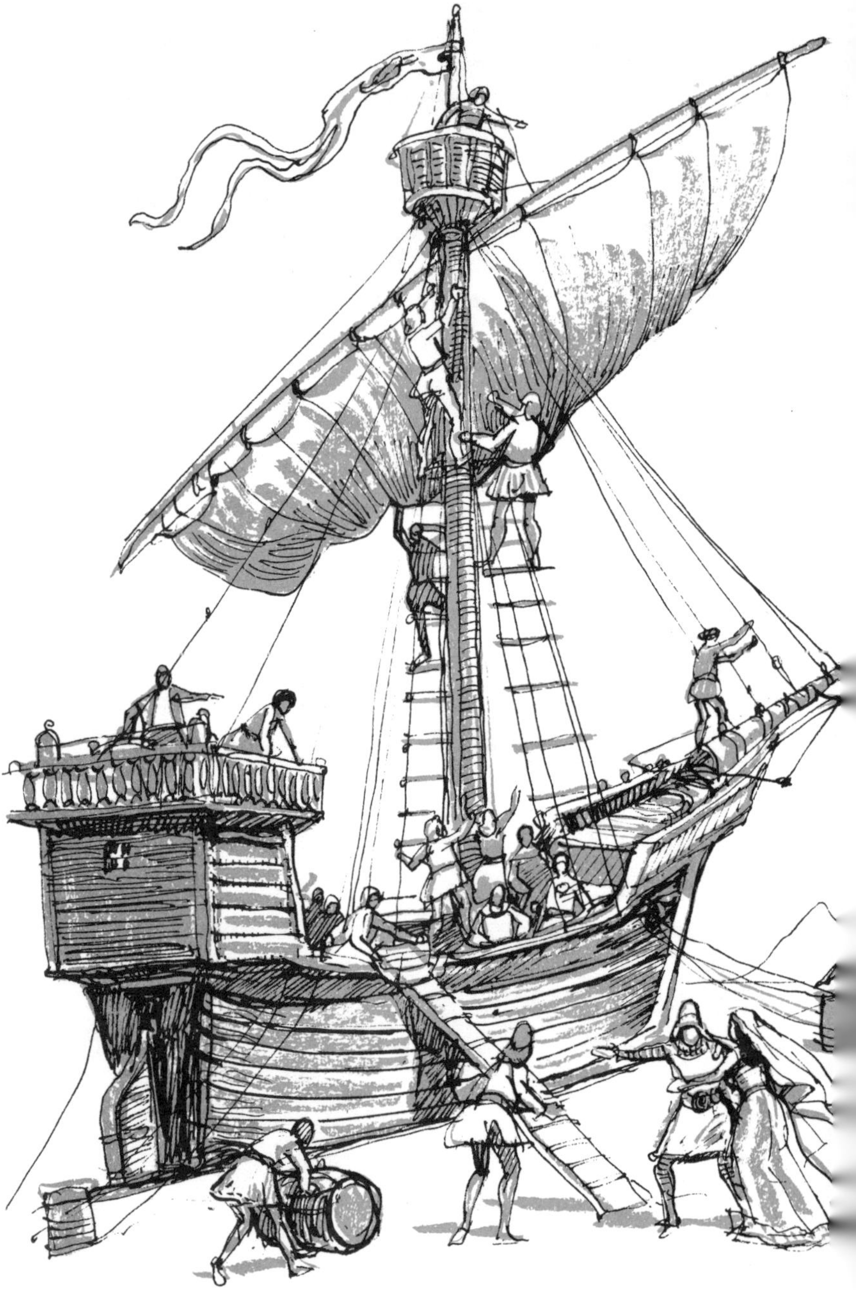

KÖNIG ROTHER

Die Bibliothek in Heidelberg bewahrt unter ihren Kostbarkeiten auch das früheste deutsche Spielmannsepos: „König Rother". Das Werk eines rheinischen Spielmanns aus dem Anfang des zwölften Jahrhunderts gibt Zeugnis von der hohen Spielmannskunst und ist in kurzen Reimpaaren abgefaßt.

KÖNIG ROTHER AUF BRAUTSCHAU

In Bari, der Stadt an der Adria, hielt König Rother Hof. Er war einer der mächtigsten Herrscher in der langen Reihe der Lampartenkönige. Seine Feinde fürchteten ihn, seine Untertanen aber liebten ihn und hatten eigentlich an ihrem König nur eines auszusetzen, nämlich daß er unverheiratet war. Kein Volk liebt es, von einem Hagestolz regiert zu werden.

Diese Unzufriedenheit kam dem König zu Ohren. Er berief den Grafen Lupold von Meran* zu sich, der ihm von allen Ratgebern am nächsten stand, und fragte ihn, ob er nicht ein Fürstenkind wisse, das seiner würdig sei.

„Die Tochter eines Königs ist zu gering für Euch, der Ihr über das ganze italische Land gebietet", erwiderte Graf Lupold.

Rother scherzte: „Wenn ich mir eine Kaiserkrone aufsetzte, hätte ich es noch schwerer, eine Frau zu finden. Denn wo in der Welt gibt es eine Kaiserstochter, deren Hand noch frei ist?"

„Es gibt eine Kaiserkrone, die Euch gefallen würde", sagte Lupold.

„Und das erfahre ich erst jetzt!" fuhr der König auf.

„Viele Gründe hatte ich, Euch zu verschweigen, wie schön Oda ist, die Tochter des Kaisers von Konstenopel", entschuldigte sich der Graf von Meran. „Ich sah das Mägdlein einst, und ich schwöre, noch nie einer Jungfrau begegnet zu sein, die mir besser gefiel als Oda. Doch hörte ich, daß schon mancher edle Ritter als Freier nach Konstenopel kam und statt der Braut den Tod fand."

König Rother wurde nachdenklich: „Seltsam dünkt mich, was du berichtest, Lupold. Ist das Mädchen den Männern feind? Oder was für Gründe hat es sonst, daß Oda bis jetzt unvermählt blieb?"

„Odas heißester Wunsch wäre es, verheiratet zu sein, doch will sich Kaiser Konstantin nicht von seinem Kinde trennen."

„Ich bin der Herr des Abendlandes, vergiß das nicht, Lupold!" rief Rother aus, „mir kann der Kaiser seine Tochter nicht verweigern. Ich werde selbst nach Konstenopel fahren, um Oda mit mir zu nehmen an den Strand des westlichen Meeres."

* Unter Meran wird in den deutschen Heldensagen nicht die heutige Stadt Meran, sondern Dalmatien verstanden. Im Frühmittelalter waren Tirol und Dalmatien zu einem Herzogtum vereinigt.

„Davon muß ich dringend abraten, mein Gebieter", entgegnete der Graf von Meran. „Das Reich bedarf gerade jetzt der Führung durch Eure starke Hand." Lupold spielte mit diesen Worten auf Unruhen an, die an den nördlichen Grenzen des Lampartenlandes ausgebrochen waren. Der König sah dies ein, und sein Vertrauter fuhr fort: „Doch bin ich bereit, an Eurer Stelle in Konstenopel um Oda zu werben."

Bald darauf wurde ein Schiff segelfertig gemacht und die Königsflagge gehißt, die den roten lampartischen Löwen auf Goldgrund zeigte. Elf kühne Recken begleiteten Lupold, sechs von ihnen waren seine Brüder. Sie trugen weiße Brünnen und Helme aus Gold, denn es sollte schon ihr Äußeres von der Macht und dem Reichtum ihres Herrn künden.

Zur Verabschiedung der Helden hatte sich König Rother mit einer Harfe in der Hand im Hafen von Bari eingefunden. Als die Männer an Bord gingen, spielte er die Königsweise, eine edle und ergreifende Melodie, von der alle zu Tränen gerührt wurden. Denn in diesen Harfenklängen lag alles enthalten, was den Recken ihre Heimat teuer machte, das Rauschen der Gießbäche, das Wehen der Winde und der Gesang der Nachtigallen in den Zitronenhainen.

KÖNIG ROTHER AUF BRAUTSCHAU

Nachdem das Lied verklungen war, schlugen die Helden zum Dank auf ihre Schilde und grüßten ihren König zum letzten Male. Der Herrscher aber sprach: „Gott schenke euch eine glückliche Überfahrt. Solltet ihr in Not geraten und ihr hört die Königsweise erklingen, dann wisset, daß ich gekommen bin, um euch zu befreien."

Das Schiff lichtete die Anker und stach in See. Die Winde waren günstig, und ohne Zwischenfall erreichten die Helden nach langer Fahrt den Hafen von Konstenopel. In ihrem prächtigen Aufzug begaben sie sich sofort zur Kaiserburg. An einem hohen Fenster der Burg stand Oda, die Tochter des

Kaisers. Als sie die fremden Ritter nahen sah, rief sie ihre Mutter herbei und bekundete ihre Freude darüber, welch vornehme Gäste den Weg nach Konstenopel gefunden hätten. Sie bat, doch gleich den Vater zu wecken, damit er den wackeren Helden einen würdigen Empfang bereite.

Die Mutter seufzte, denn sie ahnte nichts Gutes. Doch erfüllte sie Odas Wunsch; ihrem Kinde einmal etwas abzuschlagen, das kam ihr gar nicht in den Sinn. Nun war es die Zeit nach dem Mittagessen, und Kaiser Konstantin pflegte der Ruhe, in der er sich nur ungern stören ließ. Eine ungünstigere Stunde für ihr Eintreffen hätten die Recken aus dem Lampartenreich gar nicht finden können!

Als ihn seine Gemahlin weckte, gähnte der Kaiser gewaltig, reckte und streckte seine Glieder und knurrte dann: „Wo sind die vermaledeiten Stö-

KÖNIG ROTHER AUF BRAUTSCHAU

renfriede?" Die Kaiserin forderte ihn auf, ans Fenster zu treten und sich zu überzeugen, daß die Fremden vornehme Ritter seien und nicht verdienten, als vermaledeite Störenfriede bezeichnet zu werden.

Der Kaiser schlurfte zum Fenster, betrachtete die Schar eingehend, schnalzte mit der Zunge und sprach: „Nun, wie Lumpen sehen sie in der Tat nicht aus. Wir wollen sie empfangen, um von ihnen zu erfahren, was sie hierher geführt hat." Er ließ sich den Purpurmantel umlegen, Krone und Zepter reichen und empfing dann, umgeben von Höflingen und Edeldamen, die Recken aus dem Lampartenland.

Lupold stellte sich und seine Begleiter als Abgesandte des Königs Rother vor, und huldvoll nahm der Kaiser des Morgenlandes die Grüße des abendländischen Herrschers entgegen. Er fand schmeichelhafte Worte für den Lampartenfürsten, von dem er schon viel Rühmliches gehört habe.

Da fiel ihm Graf Lupolds jüngster Bruder Erwin übermütig ins Wort: „Unter der Sonne gibt es keinen zweiten wie unseren König Rother!" Der Hof erstarrte in maßlosem Schrecken, denn noch nie hatte es sich ereignet, daß die Rede des Kaisers von jemandem unterbrochen worden wäre, und dazu gar noch durch die Lobpreisung eines anderen Herrschers.

Dem Kaiser aber gefiel der muntere Jüngling, und ein Lächeln erglänzte auf seinen fetten Wangen. „Gemach, junger Freund", wies er Erwin dann zurecht, „der Erste unter der Sonne bin immer noch ich."

Lupold entschuldigte seinen Bruder: „Verzeiht, Herr, diesem jungen Recken. Sein Vorwitz kommt daher, daß er es noch nicht gelernt hat, die Zunge im Zaum zu halten."

„Ihr denkt also genauso wie der Grünschnabel", entrüstete sich der Herrscher, „nur seid Ihr schlau genug, es bei Euch zu behalten. Das wolltet Ihr doch sagen, nicht?"

Graf Lupold stammelte etwas von einem Mißverständnis und versicherte, daß er König Rother nicht über Kaiser Konstantin stelle, nein, keineswegs sei das der Fall, und wenn er seinen Herrn als einen der mächtigsten Gebieter der Welt preise, so möge es ihm verziehen werden um der schönen Absicht willen, die ihn hierhergeführt habe.

Aber mit dieser Rede hatte der Graf von Meran seine Lage nur noch verschlimmert. Die Miene des Kaisers verfinsterte sich, und unheilkündend klang seine Rede: „Bemüht Euch nicht, diesem König Rother mit Großsprechereien einen unverdienten Glanz zu verleihen. Ich weiß, was Ihr im Schilde führt, Ihr prahlender Ritter. Ihr seid gekommen, um mir Oda, mein Töchterchen, meinen Augapfel, mein Alles zu stehlen."

Nun vermochte der Graf von Meran nicht länger an sich zu halten: „Der Herr des Lampartenreiches ist kein Mädchenräuber! Er hat uns beauftragt, an seiner Statt in allen Ehren um Odas Hand zu werben."

„Bei meinem Bart!" tobte der Herrscher, „das sollt ihr mir mit dem Tode büßen. An den Galgen mit euch!" Er rief nach seinen Leibwächtern, die Graf Lupold und seine Begleiter festnahmen, um sie auf den Richtplatz zu führen.

Nun legte sich die Kaiserin ins Mittel und versuchte, ihren Gemahl zu begütigen: „Du wirst Ärger bekommen, wenn du diese edlen Recken dem Scharfrichter überantwortest. Dein Gesicht ist ja schon jetzt ganz blau vor Wut, welche Farbe wird es erst annehmen, wenn sich König Rother einfallen läßt, sich nach dem Verbleib seiner Getreuen zu erkundigen?"

Der Kaiser erschrak, denn er wußte genau, was seine schlaue Gattin meinte. Und im Hinblick auf die Gefahr, in einen Krieg mit König Rother zu geraten, wandelte er das Todesurteil in die Strafe lebenslänglichen Kerkers um.

KÖNIG ROTHER MIT DER HARFE

Länger als ein Jahr wartete König Rother auf die Rückkehr seiner Abgesandten. Dann war er gewiß, daß sie von Kaiser Konstantin getötet oder gefangengesetzt worden seien. Er beschloß, sie mit Heeresmacht zu befreien oder zu rächen. Herzog Berchter riet von diesem Vorhaben ab: „Mit einem Kriegszug ist Euren Getreuen wenig gedient. Sollten sie sich noch am Leben befinden, läßt sie der Kaiser gewiß umbringen, wenn er in Bedrängnis gerät."

„Aber irgend etwas muß doch geschehen!" rief der König ungeduldig.

„Begebt Euch unter falschem Namen und in Begleitung einiger kühner Recken nach Konstenopel", erwiderte Herzog Berchter. „Gaukelt dem Kaiser vor, Ihr seid auf einer Freundschaftsfahrt ins Morgenland begriffen. Versucht, sein Vertrauen zu gewinnen, und Ihr werdet bald erfahren, was mit unseren Leuten geschehen ist. Schmachten sie in einem Turm, dann holt sie mit List oder Gewalt, wie es sich eben am besten schickt, heraus."

Dem König gefiel dieser Vorschlag, und sogleich sandte er Herolde über das lampartische Land, um die tapfersten und vornehmsten Recken nach Bari zu entbieten. Bald strömten einzeln und in Scharen kühne Männer an ihres Königs Hof. Mit ihnen kamen auch zwölf Riesen, die in den nördlichen Gebirgen wohnten. Ihr Anführer hieß Asprian, und neben ihm fiel noch Widolt besonders auf, der auch „Widolt mit der Stange" genannt wurde. Widolt war immer lustiger Dinge. In allen Städten und Dörfern, durch die die Riesen auf ihrem Zug nach Bari kamen, liefen die Leute zusammen. Wenn die Scharen der Gaffer zu nahe an die Riesen herandrängten, fuhr Widolt mit seiner Stange dazwischen. Entsetzt stob das Volk auseinander, um sich gleich darauf wieder zu sammeln, denn es merkte, daß Widolts grimmiges Dreinfahren mehr als Spaß gedacht war, und davon konnte niemand genug kriegen.

König Rother hieß Asprian und seine Gesellen herzlich willkommen und gab ihnen Herberge in der Burg. Die anderen Gäste freilich beklagten sich, weil die Mauern zu zittern begannen, wenn die Riesen schnarchten.

Indessen wurden die Schiffe prächtig ausgerüstet, reiche Schätze verladen und eine Menge Pferde von den Troßknechten an Bord geführt. Zuletzt begab sich König Rother auf die Königsbarke, die die lampartische Flagge hißte. Unter den Heilrufen des Volkes stach die Flotte in See. Der König nahm sein Saitenspiel zur Hand und begleitete das Raunen der Meereswogen mit Harfenakkorden. Aus der Tiefe tauchten die Delphine empor, um den Melodien zu lauschen, die Sturmvögel umkreisten die Schiffe, von den Klängen herbeigelockt, und die Seeleute versicherten, eine so schöne Fahrt hätten sie noch nie erlebt. Der König mit der Harfe, hoch an Bord des Flaggschiffes stehend, ließ alle Herzen in edlen Regungen höher schlagen. Nie noch hatte bis dahin ein Herrscher so sehr seine Getreuen bezaubert wie Rother, dem die Kunst gleich galt wie die Macht.

In Konstenopel angekommen, schlossen sich die Lamparten zu einem prächtigen Zug zusammen. Die Ritter, die ihre mit kostbarem Zaumzeug gesattelten Pferde bestiegen, wurden von den zu Fuß einherschreitenden Riesen in die Mitte genommen. So begaben sie sich zur Kaiserburg, wobei sie die Stadt durchqueren mußten. Einen so seltsamen Aufzug hatte das Volk noch nie gesehen, und ehrfürchtig verharrte es am Straßenrand. Selbst Kaiser Konstantin wurde kleinmütig beim Anblick der furchteinflößenden Gäste, und gerne folgte er dem Rat seiner Gemahlin, die Gäste nicht von seiner Schwelle zu weisen.

KÖNIG ROTHERS LIST

Der Empfang der Fremden vollzog sich unter höchster Prunkentfaltung. Der Kaiser nahm, umgeben von seinem gesamten Hofstaat, auf dem mit Diamanten geschmückten Thron Platz. Seine erhabene Würde wurde weiters von einem kostbaren Purpurmantel und einer edelsteinbesetzten Krone unterstrichen. König Rother und seine Männer, die in der Vorhalle hatten warten müssen, wurden in den Audienzsaal gerufen und näherten sich, dem morgenländischen Zeremoniell entsprechend, unter tiefen Verbeugungen dem Herrscher. Manche der Höflinge mißbilligten freilich, daß die Fremden eine allzu stolze Haltung zur Schau trugen.

Doch der Kaiser hielt es angesichts des kriegerischen Aussehens der Männer für geraten, darüber hinwegzusehen, und erkundigte sich liebenswürdig nach dem Zweck ihres Besuches.

Nun konnte König Rother seine List ins Werk setzen. Er sprach: „Ich bin Herzog Dietrich aus dem Lampartenland. Der Zorn meines Herrn, des mächtigen König Rother, hat mich und meine Getreuen vertrieben. Wir flüchteten über das Meer, um bei Euch, großmächtiger Kaiser, Schutz zu suchen und eine gastliche Herberge zu finden."

„Fluch über Rother, er ist auch mein Feind!" rief Konstantin aus.

Das war nun wieder für König Rother ein kalter Schauer, und er sagte besänftigend: „Ich für meinen Teil möchte König Rother nicht verfluchen; trotz des Unrechts, das ich durch ihn erlitten habe, wünsche ich ihm alles Gute."

„Eine solche Gesinnung lobe ich mir", erwiderte der Kaiser und fuhr fort: „Da ich einige Ritter dieses Abenteurerkönigs in meinem Kerker gefangenhalte, fürchte ich, er könnte mich eines Tages aus Rache überfallen. Wenn Ihr mir versprecht, an meiner Seite gegen Rother zu kämpfen, könnt Ihr bleiben, andernfalls sucht Euch Unterschlupf, wo Ihr wollt, nur nicht bei mir."

„Ich will Euer Ritter sein!" rief Rother aus.

„Eure Hand, Herr Dietrich", sprach der Kaiser, und ein Handschlag bekräftigte den Bund.

In der großen Halle wurde zum Mahl gerüstet. König Rother und seine Recken waren mit der Bewirtung sehr zufrieden, nur wurden sie von dem zahmen Löwen des Kaisers, der wie ein Hund um die Tische schlich, um ein paar Brocken von dem Mahl zu erhalten, arg belästigt. Das Raubtier bediente sich gleich selbst, wenn ein Gast seinem bittenden Knurren nicht Gehör schenkte, und schnappte sich die Bissen von den Schüsseln herunter. Darüber geriet der Riese Asprian so sehr in Zorn, daß er den Löwen, als dieser auch ihm einen Braten geraubt hatte, am Genick packte, ihn emporschwang und dann mit dem Schädel gegen die Wand schleuderte. Diese Behandlung vertrug nicht einmal der König der Tiere. Zerschmettert von der Gewalt des Wurfs sank er tot zu Boden.

„Wie konntest du so etwas tun?" rief der Kaiser zornentbrannt.

„Jedem geht es so, der mich beim Essen stört," erwiderte der Riese und wandte sich wieder den Speisen zu, als ob nichts gewesen wäre.

Der Kaiser verstummte. Seine Gemahlin aber flüsterte ihm zu: „Wie ge-

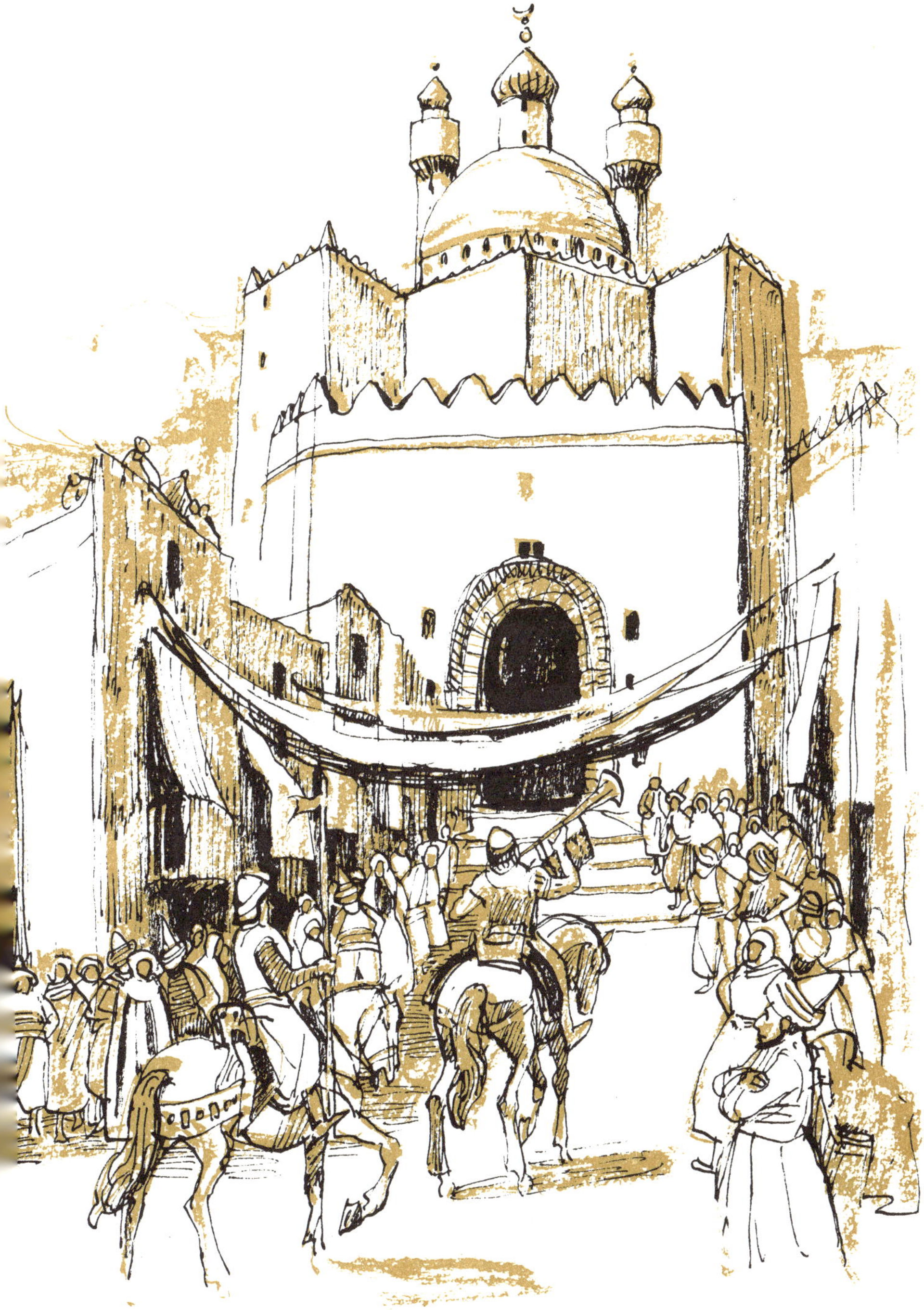

waltig muß König Rother sein, der es sich leisten kann, solche Männer aus seinem Reich zu vertreiben."

„Genau das habe ich mir auch gedacht", erwiderte der Kaiser kleinlaut.

„Hättest du ihm doch die Tochter zur Frau gegeben, einen besseren Gemahl wird sie nicht mehr finden", fuhr die Kaiserin fort.

Der Herrscher schüttelte unwillig sein Haupt: „Und wäre Rother wirklich mächtiger als ich, auch dann würde ich ihm Oda verweigern, denn ich könnte es einfach nicht ertragen, mich von ihr zu trennen."

„Und ich wünschte, König Rother käme mit Heeresmacht über das Meer gefahren, um sich die Braut zu holen", trotzte die Kaiserin, die gar zu gern ihre Tochter schon vermählt gesehen hätte.

Nahe der Kaiserburg erhielt Rother ein schönes Quartier zugewiesen. Er richtete sich wohnlich ein, schaffte seine Schätze von den Schiffen dorthin und spendete davon reichlich an die Ritter des Kaisers und an Bürgersleute. Damit gewann er sich alle Herzen. Viele Recken, die im Dienst Konstantins standen, wären gerne zu Rother übergegangen, aber er mußte ihr Anerbieten abweisen, weil er sonst den Kaiser beleidigt hätte. Nur Ritter, die keinem Herrn verpflichtet waren, nahm er in seine Reihen auf. Unter diesen befand sich der in Ungnade gefallene Graf Arnold, der alle seine Güter hatte abtreten müssen. Rother gab ihm so reichliche Geldmittel, daß er sein Eigentum zurückerwerben und seine versprengten Dienstmannen wieder um sich sammeln konnte.

ZWEI SCHUHE FÜR DEN RECHTEN FUSS

Die Kaiserstochter Oda nahm sich das Schicksal der edlen Recken, die um ihretwillen im Kerker schmachteten, sehr zu Herzen. Als sie von dem Edelmut des geheimnisvollen Herrn Dietrich hörte, keimte in ihr die Hoffnung auf, ihn für die Befreiung der Helden zu gewinnen. Sie weihte ihre Vertraute Herlind in den Plan ein.

Diese war sogleich bereit, sich zu Herrn Dietrich zu begeben und ihn zu einer Besprechung in den Palast zu holen. Die Bedenken ihrer Herrin, ob sich dies auch unbemerkt bewerkstelligen lasse, zerstreute Herlind mit der Versicherung, daß es in der Herberge des freigebigen Ritters stets zugehe wie in einem Bienenhaus und es niemandem auffallen würde, wenn auch sie sich unter die Besucher mischte.

Herlind fiel es nicht schwer, an den vermeintlichen Herrn Dietrich heranzukommen und ihm den Wunsch ihrer Herrin zuzuflüstern. Rother wollte vor Freude fast das Herz zerspringen, aber er zwang sich zu Geduld und bat die Vertraute der Kaisertochter in ein heimliches Gemach. Dort sprach er zu ihr: „Natürlich würde ich über alles gern dem Wunsch deiner Herrin nachkommen, aber ich müßte für sie fürchten, wenn ich mich im Palast zeigte. Vielleicht ist uns der Zufall hold und bringt uns zusammen. Bestelle deiner Herrin meinen untertänigsten Gruß und übermittle ihr mein Wort, es sei meine sehnlichste Hoffnung, daß sie doch noch die Gemahlin König Rothers wird."

„Es wundert mich, Euch so für König Rother sprechen zu hören, da es doch heißt, daß er Euch des Landes verwiesen hat", meinte Herlind.

Rother überging die verfängliche Bemerkung und reichte der Botin Odas zwei niedliche Schuhe, einen aus Gold und den anderen aus Silber. Herlind war entzückt, und ihre Überraschung war vollkommen, als Rother sprach: „Der guten Botschaft goldener Lohn – nimm mein Geschenk und gedenke des Gebers!"

Zu ihrer Herrin zurückgekehrt, konnte Herlind gar kein Ende finden, mit überschwenglichen Worten ihre Erlebnisse zu schildern. Das gastliche Haus, die freundlichen und herzlichen Menschen und gar erst Herr Dietrich selbst! Sie zog die Schuhe hervor, die sie unter ihrem Kleid verborgen gehalten hatte, und Oda war von diesem Geschenk genauso entzückt wie ihre Vertraute. „Überlaß doch diese reizenden Schuhe mir", bat sie, „ich fülle sie mit Gold, und dieses Gold magst du in deine Schürze schütten, es sei der Preis, den ich dir für die Schuhe bezahle."

Als die Münzen in ihrem Schoß klingelten, rief Herlind: „Nun kann ich mir eine Burg kaufen und einen Ritter freien."

„Du freist einen Ritter – und ich?" fragte Oda und wollte eine ganz bestimmte Antwort hören.

Diese Antwort bekam sie auch: „Ihr heiratet König Rother aus dem Lampartenland."

Nun zog sich die Kaiserstochter den goldenen Schuh an, der für den rechten Fuß gemacht war. Er paßte wie angegossen, noch nie hatte Oda so prächtiges Schuhwerk gesehen. Nun versuchte sie, den silbernen Schuh auf den linken Fuß zu streifen – aber welche Enttäuschung: auch er war für den rechten Fuß bestimmt. Das ließ die Kaiserstochter recht verdrießlich werden. „Ich denke, Herr Dietrich ist ein Schelm und treibt seinen Scherz mit uns", schmollte sie. „Nun mag er in seiner Herberge bleiben, ich will ihn gar nicht mehr sehen."

Herlind begütigte: „Es ist gewiß nur ein Irrtum. Ich will gleich noch einmal hingehen und ihn bitten, die Schuhe auszutauschen."

„Tu, was du willst", erwiderte Oda mit scheinbarem Unwillen.

König Rother spielte den Überraschten, als ihm Herlind den Schaden klagte.

„Nun, das Versehen läßt sich ja leicht wieder gutmachen", meinte er, „ich habe eine ganze Kiste voll kostbarer Schuhe." Er begann zu kramen und zog nach langem Suchen schließlich einen goldenen linken Schuh her-

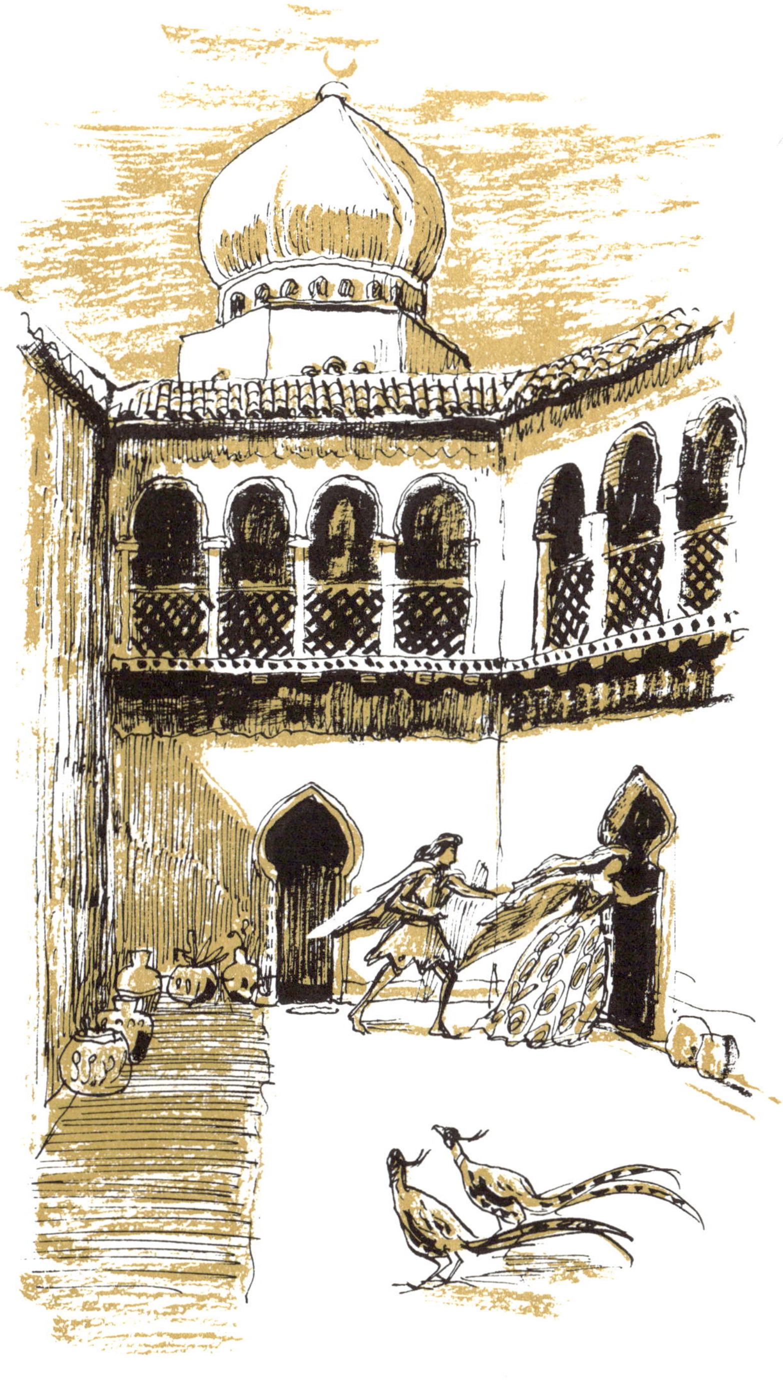

vor. „Ein wenig groß kommt er mir vor, wollen wir ihn probieren?" fragte er.

Da gestand Herlind, daß ihr die Herrin die Schuhe abgekauft habe und mit dem Preis – sie kniff verschmitzt ein Auge zu – nicht knauserig gewesen sei. „Dann freilich ist guter Rat teuer", sprach Rother, „da bleibt uns nichts anderes übrig, als deiner Herrin den Schuh anzuprobieren."

Herlind führte den angeblichen Herzog Dietrich durch eine verborgene Seitentür in die Kemenate der Kaiserstochter. „Hier ist Herr Dietrich", stellte sie den Fremdling vor, „er hat den Schuh ausgetauscht und will prüfen, ob der neue auch paßt."

Oda blickte Herrn Dietrich lange an, und eine innere Stimme sagte ihr, daß der strahlende Held, der vor ihr stand, König Rother selbst sei. Sie streckte ihm den Fuß hin, und er streifte ihr den Pantoffel ab und zog ihr mit aller Behutsamkeit den goldenen Schuh an, den er mitgebracht hatte. Oda fühlte, daß in dieser Dienstleistung mehr als bloße Ritterlichkeit lag, und sie freute sich darüber. Es war ihr, als ob in ihr die Liebe zu dem Mann erwacht sei, der ihr zu Füßen kniete.

Der Fremdling erhob sich und sagte befriedigt: „Der Schuh paßt wie angegossen, und er kleidet Euch entzückend!"

Jäh überfiel Oda den angeblichen Ritter mit der Frage: „Ihr seid wohl gar König Rother selbst?!"

„Ich bin's!" gestand der König.

„Wie konntet Ihr mich so hintergehen?" zürnte Oda.

„Wer wollte die geheimen Pfade der Liebe sündig nennen?" fragte König Rother.

„Wollt Ihr damit sagen, daß Ihr mich liebt?"

„Ich bin so kühn, Euch meine Liebe zu gestehen", erwiderte König Rother.

Oda verbarg ihre Freude und sprach: „Ihr werdet einsehen, daß ich Euch nach so viel Täuschung nicht ohne weiteres Glauben schenken kann. Ja, ich bin doch nicht einmal sicher, ob Ihr wirklich König Rother und nicht am Ende doch Herzog Dietrich seid."

„Wie macht Ihr mich unglücklich mit Euren Vorwürfen", rief König Rother. „Aber wie wäre ich ohne List vor Euer Antlitz gelangt? Zwölf Zeugen habe ich am Ort, die ihr Leben dafür verbürgen würden, daß ich ihr Herr, König Rother, bin!"

„Ihr meint die Gefangenen im Turm?"

„Ja, die meine ich, und ich flehe Euch an, laßt sie mich sehen! Sie sollen Zeugnis für mich ablegen!" sprach der König.

„Das wäre wohl der beste Weg, um Klarheit zu erlangen", räumte Oda ein. „Ich werde meinen Vater bitten, mir die Gefangenen für einen Tag zu überlassen."

König Rother jubelte: „Wie wunderbar! Und wenn die Ritter Euch bestätigen, daß ich wirklich König Rother bin, was dann?"

„Seid nicht so neugierig", erwiderte Oda, und Rother merkte, daß es Zeit war, sich zu verabschieden.

DIE VERLOBUNG

Die Gelegenheit, daß Oda ihr Versprechen einlösen konnte, ergab sich bald. In der Burg von Konstenopel wurde ein großes Fest gefeiert. Der Kaiser war vergnügt wie schon lange nicht, und Oda dachte, daß ihr Vorhaben jetzt oder nie gelingen müsse. Sie begab sich zu ihrem Vater und tat sehr bekümmert. „Bist du krank, mein Kind?" fragte der Kaiser besorgt, „du siehst so blaß aus."

„Ich weiß nicht, ob man schlechte Träume eine Krankheit nennen kann. Ich werde von schrecklichen Gesichten gequält", erwiderte Oda.

Der abergläubische Herrscher zeigte sich sehr beunruhigt und bat seine Tochter, ihm ihre Träume zu erzählen. Oda berichtete: „In drei aufeinanderfolgenden Nächten erschienen mir im Schlaf die gefangenen Boten König Rothers. Sie baten mich, nur einmal noch ans Tageslicht geführt und gleich den anderen Gästen mit köstlichen Speisen und Getränken bewirtet zu werden. Und jedesmal, wenn sie verschwanden, tratest du, mein Vater, in mein Schlafgemach, und dein Haupt war von Blitzen umzuckt..."

„Wie gräßlich!" stöhnte Kaiser Konstantin.

„Ich glaube, wir sind beide in Gefahr, Vater!" seufzte Oda.

„Gut, ich will den Rittern ein paar schöne Stunden schenken, aber erst muß ich einen Mann finden, der mir mit seinem Haupt für sie bürgt", sprach der Kaiser.

„Hab Dank, mein Vater", rief Oda und küßte den Kaiser unter Tränen.

Dann fuhr sie fort: „Jetzt bitte ich dich noch, daß du die Gefangenen den Blicken der neugierigen Gaffer entziehst. Auch möchte ich nicht, daß sie mit Herrn Dietrich zusammenkommen, denn dieser ist kein Freund Rothers und seiner Gefolgsleute. Laß ihnen abseits des Turnierplatzes ein Zelt aufschlagen, dort will ich mit Herlind für ihre Bewirtung sorgen. So hoffe ich, daß die Unheilsdrohungen der bösen Träume zunichte werden."

„Bewilligt!" rief der Kaiser.

„Nun gilt es nur noch, den Bürgen zu suchen", sagte Oda.

„Den will ich mir selber finden", erwiderte der Kaiser. Und so war denn alles abgemacht.

Am Abend desselben Tages saß der Kaiser mit zahlreichen Gästen aus nah und fern an der Tafel. Unter ihnen befanden sich auch die Männer aus dem Lampartenland und die zwölf Riesen. Nachdem das Mahl schon eine Weile im Gange war, hielt der Kaiser folgende Ansprache: „Nun währt das große Fest schon einige Tage, und noch immer ist sein Höhepunkt nicht erreicht. Es ist mein Wunsch, daß die Freude, die hier im Palast herrscht, hinausdringt auf die Straßen der Stadt, ja sogar in die Tiefe der Kerker. Alle sollen teilhaben an dem Fest, der Reichste und der Ärmste. Und so will ich auch den Gefangenen, die im Burgverließ schmachten, ein paar Freudentage gewähren, ehe sie verderben und sterben."

Nach diesen Worten stampfte der Riese Widolt so furchtbar auf den Boden, daß die Säulen der Halle erbebten, die Waffen an den Wänden mit Geklirr zu Boden stürzten und das Geschirr auf der Tafel tanzte. König Rother blickte Widolt streng an und ließ ihm zur Sicherheit eine Kette anlegen.

Der Kaiser nahm seine Rede dort wieder auf, wo er sie abgebrochen hatte, und fuhr fort: „ ... ehe sie verderben und sterben."

Ein Wutgeheul brachte ihn jäh zum Verstummen. Wie ein Rasender zerrte Widolt an seiner Kette und stampfte mit der Keule, die er zwischen den gefesselten Händen hielt, den Estrich, so daß die Burg bis in die Grundfesten erbebte. Auf einen Wink Rothers führte der Riese Asprian, unterstützt durch Herzog Berchter, den Unhold zum Saal hinaus.

Nun endlich gelang es dem Kaiser, seine Ansprache zu beenden: „An den Freudentagen, die ich ihnen gewähre, sollen die Boten König Rothers durch ein Bad erquickt und mit Speise und Trank gelabt werden. Ich will ihnen auch erlauben, frei umherzugehen, wenn einer meiner Gäste hier in dem Saal mit seinem Haupt für sie haftet. Wer bereit ist, diese Bürgschaft zu übernehmen, der melde sich."

DIE VERLOBUNG

König Rother ließ eine angemessene Zeit verstreichen, in der er einen inneren Kampf vortäuschte, dann bot er dem Kaiser seine Bürgschaft an. Erstaunt fragte Kaiser Konstantin: „Ihr, Herr Dietrich? Gabt Ihr nicht vor, ein Feind König Rothers zu sein?"

„Es handelt sich hier um eine Menschenpflicht", erwiderte Rother, „da darf meine eigene Feindschaft mit dem Lampartenkönig nicht im Wege stehen."

Der großmächtige Herrscher fand, daß dies seltsame Ansichten seien, aber andere Länder, andere Weisheit. Dann fuhr er fort: „Mit Haupt, Hand und Habe haftet mir Herr Dietrich für die Gefangenen. Und damit ihr nur Bescheid wißt: Nicht mir kam der ganz und gar ungewohnte Einfall, Gefangenen, die in meinen Augen ihr Leben verwirkt haben, einmal frische Luft zu gönnen, sondern meiner Tochter."

„Woraus zu ersehen ist, daß die Ansichten nach Alter und Jugend und sogar nach den Geschlechtern verschieden sind", bemerkte Rother. „Und da soll es Einigkeit und Frieden auf der Welt geben?"

„He, Ihr scheint mir ein recht kluger Geselle zu sein, Herr Dietrich", prostete der Kaiser dem Lampartenkönig zu, ohne zu ahnen, daß es sein Feind war, dem er diese Anerkennung zollte. „Ich hoffe nur, daß es zwischen uns nicht um der Launen einer Frau willen Krieg geben wird."

„Darauf möchte ich keinen Eid schwören", lachte Rother.

Am nächsten Tag führten die Gäste aus dem Lampartenland dem Kaiserpaar glänzende Waffenspiele vor, und der Riese Asprian und seine Genossen gaben Proben ihrer gewaltigen Kraft. Während der Vorstellung der Riesen wurde das Getümmel der andrängenden Volksmenge so groß, daß König Rother und Herzog Berchter Gelegenheit fanden, sich unbemerkt fortzustehlen.

Sie eilten zu dem Zelt, das in der Nähe des Turnierplatzes für die Gefangenen errichtet worden war. Rother und Berchter hoben einen der Teppiche, die die Seitenwände des Zeltes bildeten, ein wenig auf und konnten so nach langer Zeit zum ersten Male ihre treuen Boten und Freunde sehen. Graf Lupold und seine Gefährten saßen da mit bleichen, abgehärmten Gesichtern und verzehrten mit wahrem Heißhunger die kräftigen Speisen, die ihnen zwei schöne Jungfrauen reichten.

Die Jungfrauen waren Oda und Herlind. Sie schleppten nun auch große Humpen herbei und schenkten den Armen köstliche Getränke ein, und allmählich begannen die Männer gesprächiger zu werden, und ihre wachsgelbe Haut bekam eine freundlichere Farbe.

König Rother, der die Harfe mitgebracht hatte, griff in die Saiten. In wundervollen Akkorden rauschte die Königsweise des Lampartenlandes auf. Alles, was den Gefangenen ihre Heimat teuer machte, lag in dieser Melodie enthalten, das Brausen der Gießbäche, das Wehen der Winde und der Gesang der Nachtigallen in den Zitronenhainen.

Erwin, Graf Lupolds jüngster Bruder, sprang auf und rief: „Hört ihr die Klänge? König Rother spielt die Harfe. Unser Retter ist da! Jetzt hat alle Not ein Ende!"

Die Zeltwand teilte sich, und König Rother trat auf seine Getreuen zu. Er umarmte jeden von ihnen, und in ihren Augen standen Tränen des Glücks. Dann sprach der König: „Wie gerne würde ich mit euch die Tafelfreuden genießen. Doch darf ich dem Turnierplatz nicht zu lange fernbleiben, das könnte dem Kaiser auffallen. So sei euch denn nur in aller Eile verkündet, daß ich Konstenopel nicht eher verlassen werde, als bis ihr befreit seid. Ein wenig müßt ihr euch noch gedulden. Noch ist nicht alles reif zur Tat."

Am Zeltausgang wurde König Rother von Oda erwartet. „Du sprachst die Wahrheit", bestätigte sie ihm glückstrahlend.

Rother schloß die Jungfrau in seine Arme: „Darf ich dich meine Braut nennen, Oda?"

„Für mein ganzes Leben will ich dir gehören!" antwortete die Kaisertochter.

DIE HEIMFAHRT

Aber es gab noch einen zweiten Bewerber um Odas Hand, das war Basilistium, der häßliche Sohn König Imelots von Wüstenbabylon. Gerade zur Zeit, als sich Oda heimlich mit Rother verlobte, unternahm Basilistium den Versuch, eine Heiratsverbindung zwischen Konstenopel und Wüstenbabylon anzuknüpfen. Kaiser Konstantin verhielt sich ablehnend, wie gegenüber allen Freiern seiner Tochter. Basilistium aber dachte, daß er wegen seines mißgestalteten Äußeren keine Gnade gefunden habe, und fühlte sich deshalb besonders erniedrigt und gekränkt. Der Vater tröstete seinen krötenäugigen Sohn: „Sei nicht traurig, für mich bist du der Schönste, und Oda hole ich dir mit meinen Bogenschützen als Gattin heim."

DIE HEIMFAHRT

Einige Tage, nachdem das Fest zu Ende war, traf die Nachricht in Konstenopel ein, daß König Imelot mit einem mächtigen Heer die Grenzen des Kaiserreiches überschritten habe. „Krieg, Krieg!" scholl es in den Höfen und Hallen der Kaiserburg. Der grimmige Widolt wirbelte vor Freude seine Eisenstange in der Luft herum.

Der Kaiser bat Herrn Dietrich zu sich und teilte ihm seine Sorgen mit. Imelot sei ein einflußreicher Fürst, von allen Seiten habe er Hilfstruppen an sich gezogen, und zahllos wie der Sand am Meer seien seine Streiter.

„Ich fürchte die Horden aus Wüstenbabylon nicht", erwiderte König Rother, der für den Kaiser noch immer der „Herr Dietrich" war. „Meine Recken sind kampfgewohnt, die Riesen werden furchtbar unter Imelots Scharen aufräumen, und wenn Ihr noch ein übriges tun wollt, dann laßt die gefangenen Ritter frei und unterstellt sie meinem Banner. Es sind tüchtige Kämpfer dabei, die werden uns eine große Hilfe sein."

Der Kaiser konnte sich diesem Wunsch nur schwer widersetzen, und er gab die Gefangenen für die Zeit des Krieges frei. „Aber sobald der Kampf vorbei ist, müssen sie wieder in ihr Verließ hinab", setzte er hinzu.

„Auch wenn ein Sieg errungen wurde und sie ihren verdienten Anteil an dem Erfolg hatten?" fragte Rother.

„Auch dann!" bekräftigte der Kaiser.

Rother rief aus: „Das geht über meinen Verstand, Herr. Oder ist es hier landesüblich, so mit Männern umzugehen, die sich um Euch verdient gemacht haben?"

Der Kaiser überhörte den Vorwurf und betonte noch einmal, daß er von seiner Entscheidung nicht abgehen könne. Er habe die Boten des Königs Rother zu lebenslänglicher Haft verurteilt, und er würde sein Ansehen verlieren, wenn er seinen Befehl zurücknähme.

König Rother dachte, kommt Zeit, kommt Rat, und ließ den Kaiser bei seinem Glauben, die Dinge würden am Ende des Krieges genauso aussehen wie an seinem Beginn. Die Ritter wurden also abermals aus ihrem Kerker ans Tageslicht entlassen. Als sie gestärkt von guten Gerichten und in Eisen gekleidet vor ihren Herrn traten, waren alle Leiden vergessen.

Der Kaiser übernahm den Oberbefehl und ernannte Rother zum Anführer der Vorhut. Kampfeslustig sprengten die Streiter aus der Stadt, der Riese Asprian trug die Fahne.

In gebührendem Abstand vom Feind befahl der großmächtige Gebieter sein Prunkzelt aufzuschlagen. Es war ihm nicht ganz wohl bei dem Gedanken an den Kampf mit den Wüstenbabyloniern, und er verscheuchte seine Sorgen mit dem roten Wein von Chios. Doch genoß er allzu viel von dem Sorgenbrecher, so daß er bald sanft einschlummerte.

Nicht so König Rother. Er war bis nahe an die Vorposten des Feindes herangerückt und verspürte keineswegs Lust, die Nacht mit Schlafen hinzubringen. Denn fern auf einem Hügel hatte sein Adlerauge das Zelt des Königs Imelot entdeckt, das sich durch seine vergoldeten Stangen verriet.

„Was meint ihr dazu, wenn wir dem babylonischen Scheich dort drüben einen Besuch abstatten?" wandte sich Rother an seine Mannen.

Lauter Beifall antwortete ihm, und Widolt vollführte vor Freude an seiner Eisenstange einen halsbrecherischen Hochsprung. Die Helden hatten Glück. Ein schweres Wetter zog nach dem schwülen Tag herauf, Wolken verdeckten Mond und Sterne, nur die Blitze eines fernen Wetterleuchtens erhellten für Augenblicke das Land. Rother wählte zwölf seiner besten Männer aus, darunter die Riesen Asprian und Widolt. Immer, wenn nach einem Blitz die Nacht um so dunkler wurde, machten die Helden ein paar Sprünge vorwärts. Einen Wächter, der die Feinde bemerkt hatte und Anstalten traf, in sein Horn zu stoßen, schickte Widolt mit einem Schlag seiner Eisenstange in das Reich der Träume.

DIE HEIMFAHRT

Im Lager der Feinde lag alles in tiefem Schlaf, und nachdem Rother und seine Leute die Leibwächter Imelots ausgeschaltet hatten, drangen sie in das Königszelt ein. Der Riese Asprian weckte den Herrscher von Wüstenbabylon durch einen kräftigen Stoß mit seiner Keule.

Jäh fuhr Imelot auf, starrte die nächtlichen Gäste entsetzt an und erhob dann ein furchtbares Geschrei. Rother befahl ihm zu schweigen. Imelot wollte wissen, mit wem er es zu tun habe, und der König gab ihm bereitwillig Auskunft: „Man nennt mich Herzog Dietrich, das heißt also, daß ich nicht Herzog Dietrich bin. Mein wirklicher Name tut nichts zur Sache. Bedeutungsvoller für dich ist es, daß ich der Anführer der Vorhut des Kaisers Konstantin bin."

„O weh, o weh..." stöhnte der Babylonier.

„Kleide dich an und laß dich von diesem Riesen da gefangennehmen", befahl Rother.

Imelot langte nach seinem Heerhorn, um seine Krieger zu alarmieren. Aber Asprian kam ihm zuvor, faßte seinen Arm und zwang ihn auf die Knie nieder. „Füge dich, oder ich zerschmettere dir das Haupt", drohte der Riese, und seine rauhe Stimme erhöhte noch seinen furchterregenden Eindruck. Der Gebieter Wüstenbabylons gab zu erkennen, daß er sich der Gewalt beuge, und willenlos ließ er sich von Widolt auf die Schultern heben und hinwegtragen.

Indessen war nun das Lager erwacht, und alles griff zu den Waffen. Aber Rother und die Seinen schlugen sich durch; dabei kam ihnen zu Hilfe, daß sich jetzt das Gewitter mit aller Macht zu entladen begann. In dem allgemeinen Aufruhr der Elemente verloren die Krieger aus Wüstenbabylon ihre Fassung; viele flohen, und jene, die sich trotz Blitz, Sturm und Regen auf die Lamparten stürzten, wurden von diesen niedergeschlagen.

Fern von dem Getümmel ruhte zur gleichen Zeit Kaiser Konstantin auf seinem weichen Lager. Die ärgsten Donnerschläge rissen zwar auch ihn aus dem Schlaf, aber mit dem Nachlassen des Unwetters gelang es ihm doch, einen guten Nachschlummer zu halten.

Mit Sonnenaufgang erhob sich der Kaiser vom Lager, und nun fühlte er sich so gekräftigt, daß ihn wahre Streitlust packte. Er ließ sich sein Panzergewand anlegen, und während ihn die Diener gürteten, führte er kühne Reden und gab zwischendurch mit der Miene des großen Feldherrn Anweisungen an die Unterführer. Bald schmetterten die Trompeten im Lager, die Schilde klirrten, und die Banner stiegen hoch in die Lüfte.

Alles war schon fertig zum Abmarsch, als dem Kaiser einfiel, daß er noch nicht gefrühstückt hatte. Ein halber Hammel am Spieß wurde ihm gereicht und ein Krug Cypernwein dazu. Nachdem er sich gehörig gestärkt hatte, gab er den Befehl aufzubrechen.

Kaiser Konstantin setzte sich selbst an die Spitze seiner Krieger, und majestätisch trabte er einem Feind entgegen – den es gar nicht mehr gab! Statt dessen traf er auf Rother und die Seinen, die sich eben zu kurzer Rast in einem Olivenhain ausgestreckt hatten. „Herzog Dietrich!" fuhr der Kaiser den Helden an, „ich reite zur Schlacht, und ihr haltet hier ein Schläfchen! Ich bin schwer von Euch enttäuscht, Herr Dietrich!"

„In welche Schlacht? Gegen welchen Feind?" erwiderte Rother, indem er sich zum Schein die Augen rieb und so tat, als ob er wirklich die ganze Nacht in süßem Schlummer zugebracht hätte.

Da stutzte der Kaiser und blickte zu den Hügeln hinüber, wo er die Babylonier vermutete. Die Zelte standen noch da, aber das ausgedehnte Lager sah aus wie eine Totenstadt. Kein Mensch war im Lagerbereich zu entdecken, keine Posten hielten Wache, um Imelots Heer vor einem Überfall zu warnen – war es von einem Erdbeben verschlungen worden? „Wo ist der König von Wüstenbabylon, wo sind seine Krieger?" fragte der Kaiser.

Rother deutete auf eine Gestalt, die gefesselt im Schatten eines Olivenbaumes lag, und sprach: „Das ist Imelot, und sein Heer ist in alle Winde zerstreut."

Der Kaiser war starr vor Staunen und befahl, ihm Imelot vorzuführen. Der Riese Widolt löste dem Gefangenen die Verschnürung an den Beinen und zerrte ihn dann zu Kaiser Konstantin. Dieser brach in ein schallendes Gelächter aus, in das Widolt und sein Genosse Asprian einstimmten. Der Lärm, den die beiden Gesellen dabei erzeugten, übertraf die Lautstärke des Donners, und die übrigen Recken hielten sich die Ohren zu, weil sie Angst hatten, ihre Trommelfelle könnten platzen.

Endlich fand der Kaiser seine Sprache wieder: „Bei meinem Barte, der Krieg ist zu Ende. Wir kehren noch heute heim, und da Ihr, Herr Dietrich, Eure Aufgabe als Vortruppführer so gut erfüllt habt, so soll Euch die Ehre zufallen, als erster die Siegesnachricht nach Konstenopel zu bringen. Eilt voraus und berichtet daheim, was sich ereignet hat."

Mit Freuden übernahm König Rother den Auftrag. Denn nun sah er den Augenblick gekommen, seine Braut Oda in seine Heimat zu bringen und Hochzeit zu halten. Eine List mußte ihm dabei helfen. Rother begab sich

DIE HEIMFAHRT

mit den Seinen in den Hafen von Konstenopel und befahl, die Schiffe segelfertig zu machen. Die aus dem Kerker entlassenen zwölf Boten gingen an Bord, während Rother und Herzog Berchter den Kaiserpalast aufsuchten. Sie ließen sich vor die Kaiserin führen und machten tiefbetrübte Gesichter. „Ihr habt gewiß eine schlimme Botschaft für mich?" fragte die Kaiserin angstvoll.

„Ihr habt es erraten, edle Frau", erwiderte Rother, „unser Heer ist geschlagen, Kaiser Konstantin gefangen. Die wilden Horden aus Wüstenbabylon nahen der Stadt. Eilt mit Eurer Tochter auf meine Schiffe, ehe sich die Nachricht von der Niederlage in der Stadt verbreitet und in dem allgemeinen Getümmel kein Weiterkommen mehr ist."

„O Himmel", stöhnte die Kaiserin. „Oda, mein geliebtes Kind, rüste dich zur Flucht, wenn du nicht die Gemahlin des häßlichen Basilistium werden willst." Rasch wurden die Rosse gezäumt, König Rother half den Frauen in den Sattel, und mit verhängten Zügeln jagten sie zum Hafen.

Schon blähten sich die Segel im Wind; mit Ausnahme des Flaggschiffs waren alle Schiffe von den Vertäuungen gelöst, und König Rother vermochte nun glücklich zu Ende zu bringen, was er listig ins Werk gesetzt hatte. Auf seinen verstohlenen Wink hin geleitete Herzog Berchter die Kaiserstochter und ihre Vertraute Herlind über eine schwankende Holzbrücke an Bord des Flaggschiffes, König Rother aber hatte der Kaiserin den Arm geboten und tat erst so, als ob er mit ihr den beiden anderen Frauen folgen würde.

Doch als Oda und Herlind die Königsbarke erreicht hatten, weihte König Rother die Kaiserin in die List ein. Im Innersten hatte sich die hohe Frau ja immer eine Verbindung ihrer Tochter mit dem Herrscher des Lampartenlandes gewünscht, und so war sie nicht sehr ungehalten darüber, daß sie zu etwas gezwungen wurde, das sie freiwillig nie hätte tun können: ihrer Tochter Oda Glück und Segen zu wünschen für die Fahrt über das Meer an den westlichen Strand des Mittelmeeres. „Der Himmel möge Euren Bund segnen! Werdet glücklich, geliebte Kinder! Gute Reise!" rief die Kaiserin und hielt segnend die Arme empor, während die Königsbarke von ihrer Vertäuung losgemacht wurde und die ganze Flotte in See stach.

Glücklich verlief die Fahrt durch das inselreiche Griechische Meer, auch bei der Einfahrt in das Italische Meer waren die Winde günstig. Als die Schiffe in den Hafen von Bari einfuhren, strömte das Volk in Scharen herbei, um den geliebten König und seine Gefährten zu begrüßen. Der Jubel wollte kein Ende nehmen, als die Menge neben König Rother die königliche

Braut an der Reling des Flaggschiffes stehen sah! Herrlich gestaltete sich der Einzug des hohen Paares in die Stadt, und noch herrlicher die Hochzeit in der Königsburg.

Nachdem die Feste gefeiert und die Begeisterungsstürme verrauscht waren, verabschiedete König Rother seine treuen Recken und Riesen mit reichen Gastgeschenken. Nun dachte er nicht mehr an Kampf und Meerfahrt, sondern wollte mit seiner Gattin in Frieden leben und seinem Volk ein weiser Herrscher sein.

LIST GEGEN LIST

Kaiser Konstantin wunderte sich sehr, als ihm beim Einzug in Konstenopel kein Freudengeschrei entgegenscholl und ihn statt des erwarteten Festgepränges verstörte Gesichter empfingen. Die Kaiserin hatte nämlich das Volk bei dem Glauben gelassen, daß der Krieg mit Wüstenbabylon verloren sei.

Nun schenkte sie dem Gatten aber reinen Wein ein, und jäh verwandelte sich das Triumphgefühl, mit dem er in seine Residenzstadt eingezogen war, in ohnmächtige Wut. Er trieb es in seiner Verzweiflung über den Verlust Odas so arg, daß er am Ende besinnungslos auf die Fliesen des Hofes hinsank. Darüber entstand unter den Recken und dem Dienergefolge große Aufregung. Entsetzen verbreitete sich in der Stadt, und bald schienen alle Bande der Ordnung gelöst. Diese allgemeine Kopflosigkeit benützte der gefangene König Imelot, der in die Kaiserburg gebracht worden war, zur Flucht. Seine katzenartige Gewandtheit kam ihm dabei zu Hilfe. Unerkannt schlängelte er sich durch die von Menschen wimmelnden Straßen und erreichte glücklich den Hafen, wo er auf einem Handelsschiff Zuflucht fand und über das Meer entkam.

Die Kunde von seiner Flucht war der zweite harte Schicksalsschlag, der den Kaiser von Konstenopel traf.

Die Monate verstrichen, und die Sehnsucht des Herrschers nach seiner Tochter wuchs. Seine Trauer blieb dem Volk nicht verborgen, und auch ein Spielmann hörte von ihr, ein listenreicher Grieche, der auf Jahrmärkten seine Künste darbot und der auch geübt in Geschäften war. Er ließ sich beim Kaiser melden und setzte ihm einen Plan auseinander, wie er Oda auf ein Schiff locken und entführen wolle.

„Ich verstehe dich wohl, aber ich fürchte, König Rother wird dich verfolgen und bald einholen", wandte der großmächtige Gebieter ein.

„Das wird ihm schwer möglich sein, denn er befindet sich zur Zeit auf einem Kriegszug am Niederrhein", erwiderte der Listenreiche.

Da schöpfte der Kaiser wieder Hoffnung und versprach dem Spielmann, ihn zum Ritter zu schlagen und zum reichsten Mann im ganzen Land zu machen, wenn er ihm seine Tochter wiederbringe.

Der Spielmann erhielt die Erlaubnis, sich das prächtigste Schiff der kaiserlichen Flotte auszuwählen. Darin ließ er die schönsten Stücke aus den kaiserlichen Schatz- und Kleiderkammern verstauen, und von den heißesten Wünschen des Kaisers begleitet, trat der Grieche als Krämer verkleidet seine Reise an.

Im Hafen der Königsstadt Bari ging er an einer günstigen Stelle vor Anker, und unter vielen neugierigen Blicken legten seine Matrosen eine bequeme Brücke ans Ufer. Auf dem geräumigen Deck des Schiffes spannte er sodann ein purpurfarbenes Zelt auf, stellte einen Tisch hinein und häufte darauf die Kostbarkeiten der kaiserlichen Schatzkammern. Es schimmerte von Gold und Silber, als die Unmenge von Schmuckgegenständen wie Spangen und Ketten, Armringe und Stirnbänder, ausgebreitet dalag; dazwischen funkelten edelsteinbesetzte Kästchen, goldgetriebene Leuchter und anderer wertvoller Hausrat. Auch erlesene Gewänder bot der falsche Krämer feil, Seidengewebe aus Persien und Arabien, nubische Raubtierfelle und zarte Wollgespinste aus Ägypten. Aber mitten darin lag recht auffällig auf einer großen Silberplatte ein gewöhnlicher großer Kieselstein, den der Listenreiche auf dem Strand aufgelesen hatte. Dieser Stein sollte ihm die Königin Oda gewinnen.

Während seiner Vorbereitungen hatte sich eine große Menschenmenge am Ufer angesammelt. Als die Erwartung aufs höchste gestiegen war, trat der Grieche auf die Brücke und hielt folgende Ansprache: „Edle Frauen und Mädchen von Bari, ihr seid eingeladen, auf mein Schiff zu kommen, um die Waren zu besichtigen, die ich ausgestellt habe. Ich versichere euch, daß ihr nie zuvor Schöneres gesehen habt. Doch das ist nicht die Hauptsache. Was ist die Hauptsache? Der Preis ist es, und über die Billigkeit meines Angebotes werden euch die Augen übergehen. Bringt auch eure Männer mit oder eure Verlobten, für wenig Geld können sie bei mir wertvolle Geschenke erwerben."

Mit dieser Ankündigung hatte der schlaue Spielmann keineswegs gelogen. Die günstige Kaufgelegenheit sollte möglichst viele Leute auf das Schiff locken, und die Kosten dafür bestritt ja der Kaiser!

Bald drängten sich Käufer und Käuferinnen auf dem Schiff. Das Geschäft florierte, und sogar für den grauen Kieselstein fanden sich Liebhaber. Doch wenn nach dem Preis des Steins gefragt wurde, der gerade wegen seiner Schlichtheit auffiel, wehrte der Spielmann ab: „Dieser Stein ist nicht verkäuflich, ich habe ihn nur als Schaustück ausgelegt. Er birgt nämlich eine ungewöhnliche Heilkraft, die freilich eines Mittlers bedarf, um wirksam zu werden. Nimmt eine Königin den Stein in die Hand und berührt damit einen Kranken, so schwindet im Nu jedes Leiden, und der Sieche wird von neuer Kraft durchdrungen."

Nachdem der Listenreiche diese Geschichte oft genug erzählt hatte, kam sie auch einem Ritter zu Ohren, der zwei kranke Kinder hatte. Er eilte

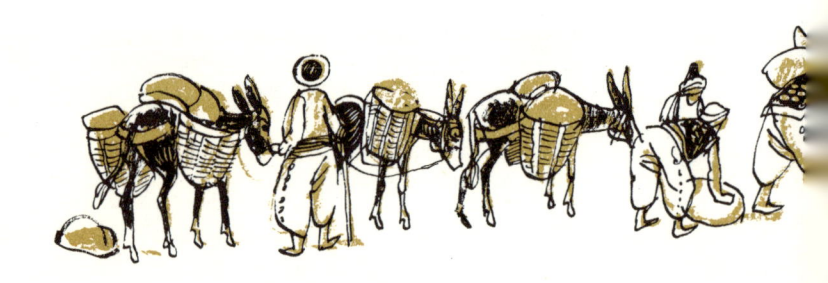

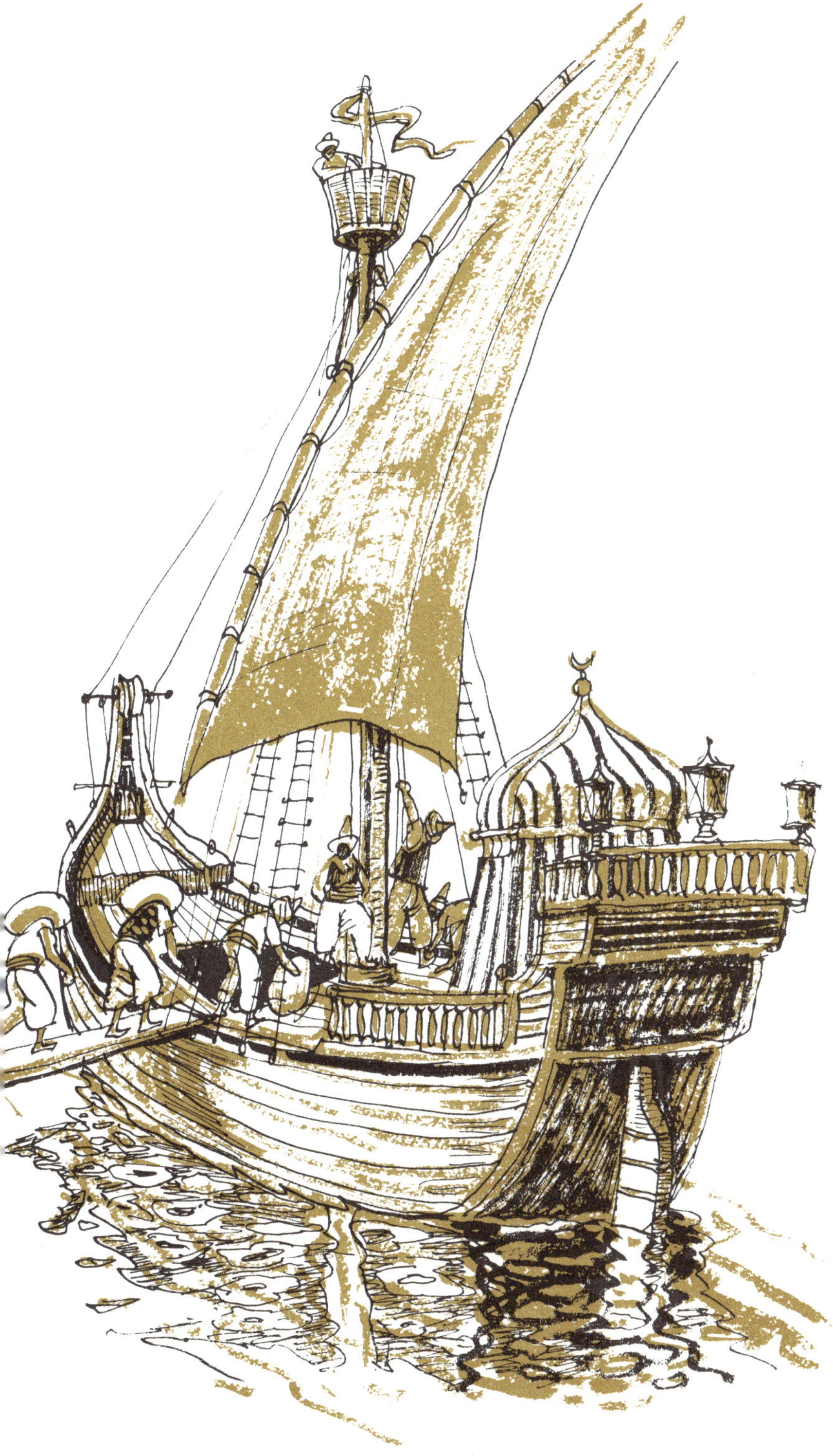

auf das Schiff, um den Mann aus dem fernen Morgenland zu bitten, ihm den Stein leihweise zu überlassen. Er sei gewiß, daß die Königin bereit sein werde, die Mittlerrolle zu übernehmen.

„Edler Herr, da seid Ihr im Irrtum, wenn Ihr meint, die Heilung an Land durchführen zu können", erwiderte der Spielmann. „Die Zauberkraft dieses einzigartigen Juwels, das so unauffällig aussieht wie ein Kiesel und in Wahrheit von einem Mondgebirge stammt, entfaltet sich nur hier auf dem Schiff. Als Ziel seines Sturzes aus dem Himmelsraum hat sich dieser Stein nämlich meine Barke ausgesucht, eine große Macht hatte dabei wohl ihre Hand im Spiel, und ich und mein Schiff sind ihre Werkzeuge. Kurz und gut, nur wenn es Euch gelingt, die Königin zu bewegen, meinem Schiff einen Besuch abzustatten, läßt sich die Heilung bewerkstelligen. Es muß aber vor Sonnenaufgang geschehen, nach Tagesanbruch läßt die Zauberkraft des Steins nach und verschwindet gegen Nachmittag vollkommen."

Der falsche Krämer hatte seine Lügengeschichte so überzeugend vorgebracht, daß der Ritter sogleich zur Königin lief, um sie anzuflehen, ihm den Liebesdienst zu erweisen, damit seine Kinder geheilt würden. Die Königin schenkte dem Bericht Glauben und ließ noch am selben Abend die kranken Kinder in die Burg bringen. Lange vor Tagesanbruch nahm sie die Kleinen an der Hand, und begleitet von ihrer Vertrauten Herlind begab sich Königin Oda zum Hafen und auf das Schiff.

Als der falschgesinnte Spielmann die Königin sah, eilte er ihr entgegen, um sie ehrfurchtsvoll zu begrüßen. Er bedeutete dem Ritter, der ihr folgte, mit den Kindern zu warten, bis er die Königin über die schmale Brücke an Bord geleitet habe. In dem Augenblick aber, als Königin Oda das Deck des Seglers betrat, stieß der angebliche Kaufmann mit dem Fuß die Brücke hinweg, ließ seine heuchlerische Maske fallen und frohlockte: „Stoßt ab, Seeleute! Der Vogel sitzt im Netz! Heil dir, Kaiser Konstantin!"

Mit Windeseile flog das Fahrzeug über die See. Den Kieselstein aber warf der Betrüger vor den Augen seiner Gefangenen in das Wasser. „Wertloses Zeug, aufgelesen aus dem Schotter des Strandes", fügte er höhnisch hinzu.

Der Ritter, der das ganze Unglück verursacht hatte, stand noch eine Weile wie betäubt am Ufer. Dann schlug er Alarm im Hafen, aber es war kein Schiff segelfertig, und so mußte er auf eine sofortige Verfolgung verzichten. Er setzte daraufhin Graf Lupold von dem schrecklichen Ereignis in Kenntnis. Dieser war nämlich von König Rother während dessen Abwesenheit zum Landesverweser bestimmt worden. Graf Lupold tröstete den verzweifelten Ritter: „Heimtückisch über alle Maßen war die Falle, die der armen Königin gestellt wurde, aber Euch trifft wenig Schuld an dem Unheil. Euer Herz ist von dem Leid um Eure Kinder verwirrt, und so wurdet Ihr nur zu leicht zum Werkzeug der List. Ich allein hafte dem König für alles, was in seiner Abwesenheit geschieht, und alle Verantwortung nehme ich auf mich."

Bald darauf kehrte Rother, nachdem er am Rhein Sieg auf Sieg erfochten hatte, in seine Königsstadt zurück. Als ihn beim Einzug in Bari statt des erwarteten Jubels die Stille tiefer Trauer empfing, ahnte ihm das Schlimmste. In der Burg angekommen, stellte sich ihm Graf Lupold mit seinem rückhaltslosen Geständnis: „Mich ganz allein trifft die Schuld. Ich trug zu wenig Sorge um unsere junge, arglose Königin. Straft mich nach Gebühr. Mein Leben ist verwirkt, doch schont das Leben der anderen!"

Tiefe Stille folgte diesen Worten, und voll Bangen wurde das Urteil des Königs erwartet. Der Ritter Erwin, Graf Lupolds Bruder, wagte es, ein Wort für den Unglücklichen einzulegen: „Er war es allein, der uns im Kerker von Konstenopel durch seine mutige Haltung über die schwere Zeit hinwegbrachte. Gedenket dessen, o Herr, und wenn Ihr trotzdem sein Leben für verwirkt erklärt, laßt mich mit ihm sterben."

Mit einem Male erhellte sich Rothers Miene, und er fragte: „Wer redet hier von Todesurteil und von Sterben? Bin ich einer, der seine treuesten Freunde über die Klinge springen läßt? Bin ich ein Gewaltherrscher des Morgenlandes oder ein lampartischer König?"

Ein Raunen ging durch die Reihen der Ritter, denn sie ahnten wohl, daß sich eine glückliche Wendung anbahnte. „Das Unglück ist nun geschehen, aber es ist nicht unwiderruflich. Ich hole mir Oda zurück. Wer ist bereit, mir zu folgen?" Diesen Worten des Königs folgte ein Sturm von Jubelrufen. Die Helden schlugen mit den Schwertern auf die Schilde, um anzuzeigen, daß sie alle bereit seien, an der Fahrt nach Konstenopel teilzunehmen. Und unverzüglich wurde des Königs Flotte seeklar gemacht.

ENDE GUT, ALLES GUT

König Rother lief mit seinen Schiffen in einer versteckten Meeresbucht ein, die nicht weit von Konstenopel entfernt war. Es gelang ihm, dort unbemerkt vor Anker zu gehen. Seine Recken wies er an, sich in einem dichten Wald versteckt zu halten; er selbst wolle sich mit Berchter und Lupold als Pilger verkleidet in die Stadt begeben. Wenn sie sein Heerhorn schallen hörten, sollten sie ihm im Sturmschritt zu Hilfe eilen, denn dann schwebe er in höchster Gefahr.

ENDE GUT, ALLES GUT

Auf dem Weg zur Stadt trafen die drei ritterlichen Pilger auf einen Höfling des Kaisers, mit dem sie ins Gespräch kamen und den sie über die Ereignisse in der Burg von Konstenopel ausholten. So erfuhren sie, daß der listige Spielmann mehrere Burgen zur Belohnung erhalten habe und zum Ritter geschlagen worden sei. Die schöne Oda, fuhr der Höfling fort, sei über die Trennung von ihrem Gemahl ganz untröstlich, doch werde ihr Kummer noch von einer neuen Herzensbedrängnis überschattet. Der Kaiser habe sich durch Drohungen König Imelots von Wüstenbabylon die Zustimmung abtrotzen lassen, Oda mit dem krötenäugigen Basilistium zu vermählen.

Da wallte so grimmige Empörung in Rother auf, daß er sich beinahe verraten hätte. Um von der Erregung seines Königs abzulenken, zog Graf Lupold das Gespräch an sich. Er fragte: „Wie wäre es denn möglich, daß Oda Basilistium heiratet, da sie doch schon mit König Rother vermählt ist?"

„Mach dir darüber keine Sorgen, Pilgersmann", lachte der Höfling, „die Eheschließung am westlichen Strand des Mittelmeeres hat am östlichen Strand keine Gültigkeit, Kaiser Konstantin betrachtet seine Tochter als unvermählt."

Als die drei Pilger in der Stadt eintrafen, hörten sie eine neue Schreckensbotschaft. Basilistium, so erzählten sich die Leute auf den Straßen, weile schon in der Kaiserburg, und heute mittag finde das Verlobungsmahl statt. Diese Kunde ließ in König Rother den Entschluß reifen, ohne Rücksicht auf die damit verbundene Gefahr sogleich in den Palast einzudringen und Verbindung mit Oda zu suchen. Berchter und Lupold waren bereit, ihm bei dem Abenteuer zur Seite zu stehen.

Das lebhafte Gedränge, das am Burgportal herrschte, erleichterte den drei Helden ihr Vorhaben. Die Verlobungsfeier war nämlich mit einem Volksfest im Hof des Palastes verbunden, und die Ankündigung der kostenlosen Speisung hatte eine Menge von Menschen angelockt. Gedeckt durch die hin und her eilenden Diener, gelang es König Rother, mit seinen Begleitern in den Hochsaal zu gelangen, wo die vornehmen Gäste eben das Mahl einnahmen. Oda saß neben Basilistium, doch sie würdigte den häßlichen Babylonier, der mit lebhaften Gebärden auf sie einsprach, keines Blickes. Da wußte Rother, daß sie ihn noch liebte. Er schlich sich heran und warf ihr einen Ring in den Schoß.

Oda nahm den Reif und erkannte ihn als Rothers Königsring. Das Herz klopfte ihr zum Zerspringen. Rother war gekommen! Sie hatte so sehr darauf gewartet, nun war es Wirklichkeit geworden. Der argwöhnische Basilistium, der seine Blicke unverwandt auf Oda gerichtet hatte, schöpfte Verdacht. Er sprang auf und rief dem Kaiser zu: „Laßt alle Pforten besetzen, Kaiser Konstantin, es sind ungebetene Gäste im Saal!"

ENDE GUT, ALLES GUT

Der Kaiser, der sich schon ganz in der Hand des zukünftigen Schwiegersohns befand, kam dem Befehl nach: auf seinen Wink sperrten gewappnete Recken die Zugänge, niemand konnte den Saal verlassen, niemand ihn mehr betreten. Sodann forderte der Kaiser mit gebieterischer Stimme: „Ist König Rother hier und versteckt er sich unter der Dienerschaft oder hinter einer Säule, dann trete er hervor, wie es einem Helden geziemt."

Rother gehorchte der Aufforderung, seine beiden Ritter ließen ihn dabei nicht im Stich. Zu dritt stellten sie sich dem Kaiser.

„Sieh an, was sich bisweilen hinter einem Pilgergewand verbergen kann", sprach dieser.

„An den Galgen mit den drei Verrätern!" eiferte der klägliche Basilistium.

„Gnade", baten die Kaiserin und ihre Tochter Oda.

Der Kaiser hätte dem Wunsch seines geliebten Kindes jetzt gerne entsprochen, aber zu weit hatte er sich schon mit den Wüstenbabyloniern eingelassen, es gab kein Zurück mehr für ihn. Er ordnete die unverzügliche Hinrichtung der drei Gefangenen an.

König Rother und die beiden Ritter, die indes gefesselt worden waren, wurden aus der Burg geführt und unter ungeheurem Zulauf des Volkes zur Richtstätte gebracht. Reiter mit vorgehaltenen Lanzen eröffneten den Zug. Ihnen folgten der Henker und seine Gehilfen, die die Verurteilten in ihre Mitte genommen hatten. Auf prächtig gezäumtem Roß ritt Basilistium hinterher. Mit beißenden Worten schüttete er ohne Unterlaß seinen Spott über den Nebenbuhler aus, und das Volk am Straßenrand klatschte dem Wüstenbabylonier Beifall. So wankelmütig ist die Laune der Menge!

Der Kaiser hielt einen weiten Abstand. Er schämte sich der Vorgänge, aber er besaß nicht mehr die Macht, sie zu ändern.

Die Richtstätte erhob sich nicht weit von dem Wald, in dem die lampartischen Helden versteckt lagen. Welche Verkettung unglücklicher Umstände, daß sie nicht ahnten, was sich unweit von ihrem Lager abzuspielen drohte. Zwar trug Rother sein Heerhorn verborgen unter dem Gewand, aber seine Fesseln hinderten ihn daran, es zu ergreifen, um damit Hilfe herbeizurufen.

Nun befand sich aber im Gefolge des Kaisers Graf Arnold, den König Rother in der Maske Herrn Dietrichs seinerzeit reich beschenkt und dem er dadurch wieder zu seinen Gütern verholfen hatte. Arnold war entschlossen, die Vollstreckung des grausamen Todesurteiles zu verhindern, auch wenn er nicht viel Hoffnung besaß, daß er und die lampartischen Edlen den Befreiungsversuch lebend überstehen würden. Aber besser, König Rother starb im Kampf als elend auf dem Galgen!

Als nun der Zug die Richtstätte erreicht hatte, löste sich Graf Arnold mit einer kleinen Schar von Getreuen aus dem Gefolge des Kaisers, stürzte sich auf die Henker und hieb diese mit seinem Schwert in den Staub. Schnell durchschnitt er auch dem König und seinen beiden Begleitern die Fesseln, und nun waren sie ihrer genug, um den ersten Gegenangriff der Recken des Kaisers abzuwehren, die verwirrt und ungeordnet herankamen. Basilistium, der sofort die Flucht ergreifen wollte, wurde von Graf Arnold vom Pferd gerissen.

Der Kaiser geriet in ohnmächtige Wut und befahl den weichenden Männern, sich neu zu sammeln und unverzüglich die frechen Verräter und die lampartischen Helden gefangenzunehmen. In dem Augenblick aber erklang

ENDE GUT, ALLES GUT

der Ruf des Heerhorns so laut, daß Rosse und Reiter darüber erschraken. Und siehe, im Wald hinter der Richtstätte wurde es lebendig, riesige Männer in weißen Brünnen und mit goldenen Helmen, dazu die Riesen mit gewaltigen Spießen und mächtigen Keulen brachen aus dem Gehölz hervor und warfen sich auf die Recken des Kaisers.

Der Kampf währte nur kurz. Völlig überrascht und ihrer Sinne kaum mächtig, suchten die Leute Konstantins ihr Heil in der Flucht. Aber Basilistium war in die Hand der Sieger gefallen. „Was soll mit ihm geschehen?" fragte der Riese Widolt, der den krötenäugigen Babylonier am Kragen gepackt hatte.

„Eigentlich müßten wir ihn schonen", meinte König Rother, „denn er ist der Bräutigam meiner Frau." Dieser grimmige Scherz rettete dem Krötenäugigen das Leben. Die Männer brachen in lautes Gelächter aus, und Widolt versetzte ihm mit seiner Stange einen so kräftigen Stoß, daß er gleich einem Schlagball durch die Luft wirbelte. Und wenn ihm auch alle Knochen davon knackten, so war das immer noch besser, als am Galgen zu hängen, welches Schicksal ihm mancher Lampartenheld gegönnt hätte. Eilig machte sich Basilistium aus dem Staub.

In Konstenopel angekommen, wurde König Rother von einer großen Menschenmenge jubelnd begrüßt, denn sein Sieg hatte die Meinung des Volkes schnell wieder zu seinen Gunsten verändert. Rother ritt im Triumph in die Kaiserburg ein, und sehr zum Mißfallen des Kaisers sanken sich dort der lampartische König und seine Gemahlin Oda gerührt in die Arme. Aber Konstantin durfte sich seinen Ärger nicht anmerken lassen und mußte sogar noch die Ehe seiner Tochter mit Rother anerkennen. Auf dem Höhepunkt des großen Freudenfestes griff König Rother nach seiner Harfe und verzauberte seine Hörer mit wunderbaren Weisen aus seinem Heimatland – dem Lande der Lamparten, der heutigen Lombardei.

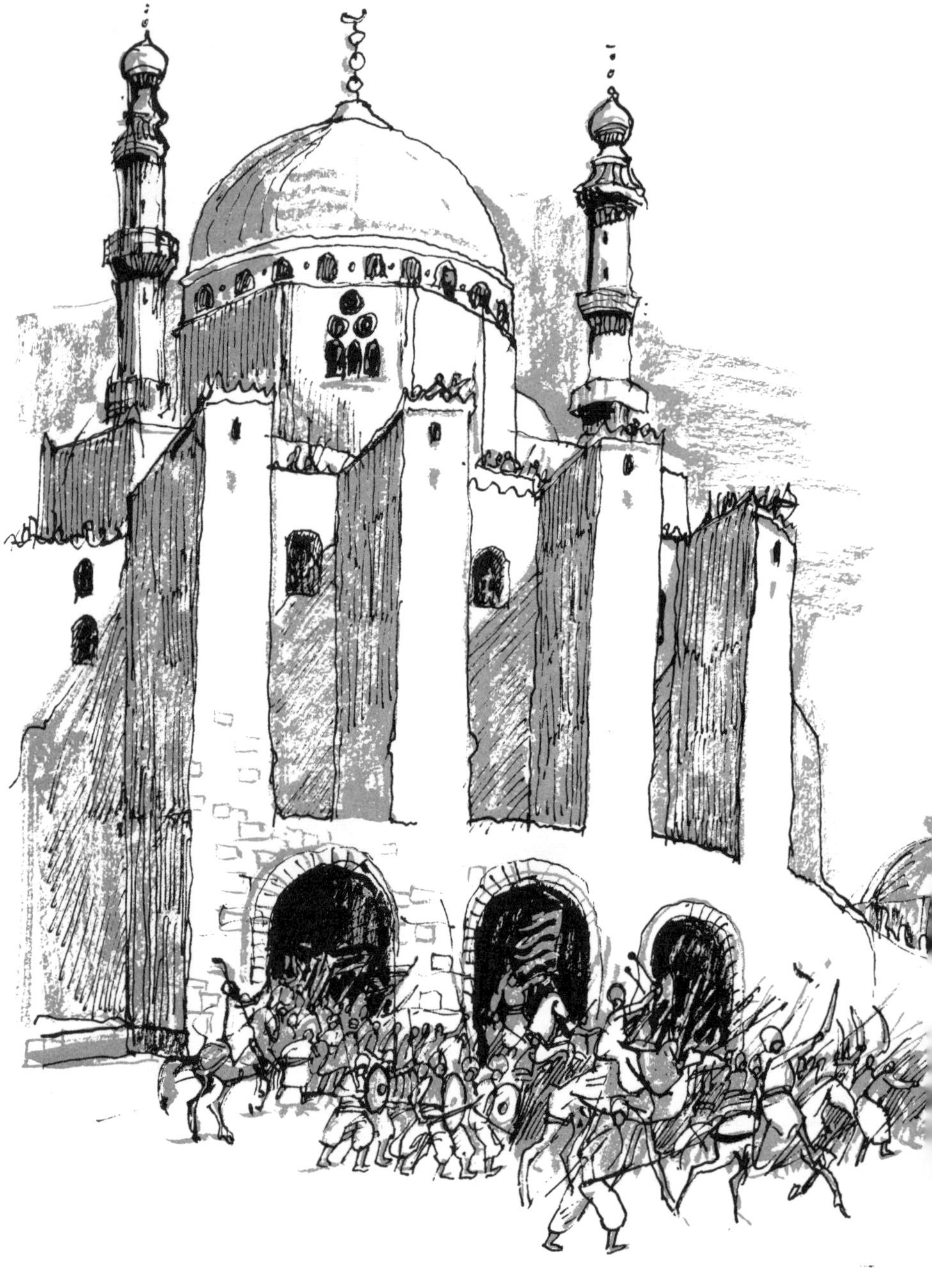

ORTNIT UND ALBERICH

Die mit der nachfolgenden Wolfdietrichsage eng verknüpfte Ortnitsage ist Gegenstand einer um das Jahr 1230 in Nibelungenstrophen abgefaßten Dichtung aus Oberfranken. Sie erzählt in spielmännischer Weise die Heldentaten Ortnits, des Königs der Lamparten.

DER KÖNIG OHNE LIEBE

Das Lampartenreich, das sich von den Alpen bis zum Meer erstreckte, sah viele stolze Herrscher an seiner Spitze, und einer der gewaltigsten von ihnen war König Ortnit. Über die Berge hinweg reichte sein starker Arm bis an den Rhein, und jenseits des Meeres wurde ihm Sizilien tributpflichtig. Die Kämpfe und Heldentaten seiner Jugend ließen ihm nicht Zeit, nach einer Ehegefährtin Ausschau zu halten, und die Burg Garda am Gardasee blieb ohne Herrin und ohne Liebe. Einsam saß der König dort inmitten seiner Getreuen und sann nur auf die Mehrung seiner Macht. Schon war er zum ernsten Mann herangereift, und noch immer besaß das Lampartenreich keine Königin.

DER KÖNIG OHNE LIEBE

Das schmerzte das Volk, und es zürnte dem König, weil er ihm keinen Erben schenkte. Als Ortnit von dem Unwillen seiner Untertanen erfuhr, faßte er den Entschluß, seinem Reich eine Königin zu geben. Nun waren ihm aber alle Länder im Abendland unterworfen, und es fand sich kein Fürstenkind, das seiner würdig gewesen wäre. Er suchte daher Rat bei seinen Getreuen, ob sie ihm eine Jungfrau wüßten, die, aus gleich edlem und unabhängigem Geschlecht wie er, zu ihm passe.

Nur einer von den zahlreichen Gefolgsmännern Ortnits, Ilias, der Fürst der Reußen und des Königs Oheim, kannte eine Jungfrau, die des Lampartenkönigs würdig war, doch er warnte: „Alle, die bisher um sie freiten, mußten sterben!"

„Erzähl mir von ihr!" rief Ortnit, den die Warnung keineswegs erschreckte.

Ilias fuhr fort: „Die Jungfrau, die ich im Sinn habe, ist so schön, daß sich die Mädchen in unserem Land dagegen ausnehmen wie bleiches Blei gegen strahlendes Gold. Sie ist die Tochter des Heidenfürsten Nachaol, der zu Montabaur im Morgenland regiert. Ihm dienen mehr Heiden als dir, Ortnit, Christen, und sein Reich umfaßt die Länder Syrien, Libanon und Jerusalem. Nachaol ist ein grausamer Herrscher, und viele Mordtaten hat er auf dem Gewissen. Auf den Zinnen von Montabaur stecken zweiundsiebzig Totenköpfe. Es sind die Köpfe, die den Freiern seiner Tochter abgehauen wurden."

Ortnit fragte, ob die Jungfrau mit solch grausamer Behandlung ihrer Bewerber einverstanden sei. „Sie wird wider ihren Willen wie eine Gefangene behütet", erwiderte Ilias. „Der König wacht eifersüchtig über ihrer Schönheit und hat geschworen, sie keinem Mann, auch nicht dem mächtigsten, zum Weibe zu geben."

„Dann ist es also höchste Zeit, daß ich der Jungfrau zu Hilfe komme", rief Ortnit, „der Himmel wird mir beistehen, daß ich die Reise glücklich vollende und das arme Kind als meine Gemahlin heimführe."

„Der Ausgang deines Unternehmens bleibt ungewiß, König Ortnit", sprach der Reußenfürst, „zu viele haben die Fahrt nach Montabaur schon mit dem Tode gebüßt. Trotzdem gebietet mir die Treue, dich auf dieser Reise zu begleiten. Und tausend Ritter biete ich für dich auf, mein teurer Neffe."

Ortnit umarmte seinen Oheim: „Gott lohne es dir." Dann wandte er sich an seine Lehensmänner: „Ist noch einer unter euch, der freiwillig mit mir gehen will?"

Markgraf Helmnot von Tuskan meldete sich als erster: „Ich biete mich mit fünftausend Rittern zur Begleitung an."

„Dank dir, Helmnot! Ist noch einer da, der mir Treue hält?"

Herzog Gerwart von Troje erbot sich: „Noch einmal fünftausend Ritter unter meinem Banner!"

„Gerwart, du Tapferer, wie erfreust du mich!" Ortnit strahlte. „Wer schließt sich weiter an?"

Zachareis, der Herzog des kornreichen Siziliens, verkündete: „Ich bin dabei! Und ich will auch reichlich beisteuern zu der Fahrt. Zwölf Schiffe werde ich mit Speise und bestem Wein beladen, daß ihr auf drei Jahre genug haben sollt. Auch Kleidung und Ausrüstung für zwanzigtausend Streiter will ich spenden."

„Das nenn' ich wackre Hilfe", lobte Ortnit. „Eine Bedingung freilich stelle ich. Alle Männer, Ritter wie Knappen, müssen gepanzert sein von Kopf bis Fuß, und wem nur der kleine Finger unter dem Panzer hervorsieht, den schicke ich gnadenlos nach Haus. Denn jenseits des Meeres erwartet uns ein wohlgerüsteter und harter Feind. Darum ist es nur recht und billig, wenn ich denen, die mit mir kommen, hohen Sold und fürstliche Gunst verspreche. Und keiner braucht auf seinen Lohn bis zu seiner Rückkehr zu warten. Ich öffne meinen Schatzturm und verteile all meinen Reichtum unter meine Freunde und Kampfgefährten."

König Ortnit hielt Wort. Der Schatzturm erhob sich hoch über dem Gardasee, und das Volk wußte Wunder zu erzählen von den kostbaren Geschmeiden, von all dem Gold und Silber, das den Turm bis unter das Dach füllte. Alle diese Kostbarkeiten verteilte der König unter seine Leute, sogar seine edelsteingeschmückte Rüstung und sein Schwert, dessen Griff mit Perlen verziert war. In schlichtem Panzerhemd stand er da, als er seinen Getreuen die letzten Anweisungen für die Fahrt erteilte. Doch da wurde überraschend der Entschluß gefaßt, die Reise noch ein wenig aufzuschieben.

Ilias, Ortnits Oheim, war es, der die Verzögerung veranlaßte. Er wies darauf hin, daß jetzt im Winter die Winde ungünstig seien und es überhaupt geraten wäre, den Helden, die sich an dem Zug beteiligten, mehr Zeit für ihre Vorbereitungen zu lassen. Dem erfahrenen Mann wagte niemand zu widersprechen, und nicht einmal König Ortnit kam der Aufschub ungelegen. Er wollte sich mit seiner Mutter beraten, die große Weisheit besaß und mit Zaubermächten in Verbindung stand. „Wohlan!" sprach Ortnit, „wir wollen den Empfehlungen des klugen Oheims Ilias folgen. Unser Aufbruch sei vertagt bis in den Mai, wenn die warmen, hellen Tage kommen und das Meer, statt von Stürmen aufgewühlt zu sein, sich als ein sanfter Freund erweist, der unsere Schiffe auf seinen starken Rücken nimmt und sicher an die Gestade des Morgenlandes trägt. Mit dem Beginn des Frühlingsmonds stellt euch alle, dies sei meine Bitte, im Hafen von Messina ein!"

ORTNIT EMPFÄNGT DAS GESCHMEIDE ALBERICHS

Ortnits Mutter riet ihrem Sohn, von der Fahrt ganz Abstand zu nehmen. Eine dunkle Ahnung sagte ihr, daß ihm großer Ruhm, aber auch ein frühes Ende bestimmt seien. „Die Taten verstricken uns in Schuld", fügte sie hinzu, „rein bleibt, wer dem Heldenruhm entsagt. Du hast genug gekämpft in deinem Leben, Ortnit, nun magst du dich der anderen Seite unseres Daseins hingeben, der ruhigen, die es dem sanften Walten der Zeit überläßt, die Dinge zu verändern."

„Mutter, du bist eine Frau voll tiefer Erkenntnis", erwiderte der Lampartenkönig, „und ich liebe und schätze dich deshalb mehr, als andere Kinder ihre Mütter lieben. Aber es ist eine geheimnisvolle Kraft in mir, die mich zum Handeln treibt. Ich will mir nicht wie die gewöhnlichen Menschen eine Frau unter den Jungfauen meines Landes wählen. Ich greife nach den höchsten Sternen, ich will ein Weib, wie keiner es besitzt, ich hole mir meine Königin aus Montabaur, der Stadt, deren Zinnen mit Totenschädeln gespickt sind!"

Die Mutter schüttelte mißmutig das Haupt, so großsprecherische Reden wollten ihr gar nicht gefallen. Aber sie wußte wohl, daß sie den Sinn ihres Sohnes nicht ändern konnte, und so versuchte sie wenigstens, ihn, so gut es ging, zu schützen. Sie verriet ihm einen Traum: „Ich sah dich zu einer Felswand reiten und hinter ihr verschwinden. Lange mußte ich auf dein Wiederkommen warten, und während dieses Wartens zogen Traumbilder an mir vorbei, die dich auf der Fahrt ins Morgenland zeigten. Auf einmal standest du aber vor mir. Ein solcher Glanz ging von dir aus, daß mir schier die Augen schmerzten. Als meine Blicke endlich den Glanz durchdrangen, bemerkte ich, daß die Strahlen von einer Rüstung ausgingen, die du an deinem Leibe trugst. Die Rüstung, die ich im Traum an dir erblickte, die mußt du dir gewinnen."

„Wie soll ich das, Mutter?"

Die Frau nahm einen unscheinbaren Ring vom Finger und übergab ihn Ortnit, wobei sie ihm zuraunte: „Der Reif besitzt die Kraft, Hilfe zu bringen, wenn sein Stein nach oben gedreht wird, so daß er nach der Sonne

ORTNIT EMPFÄNGT DAS GESCHMEIDE ALBERICHS

blickt. Reite hinaus, der Sonne nach, und überlasse das Weitere dem Ring."
Ortnit folgte dem Rat. Der Schein der Sonne und der Glanz des Ringes lockten ihn erst vom Ufer des Gardasees weg und führten ihn dann wieder dorthin zurück. Er gelangte schließlich auf einen Anger, wo die Blumen blühten und die Vöglein sangen, obgleich es noch früh im Jahr war.

Eine Linde stand auf dem Anger, und neben ihr rieselte ein Quell aus einem Fels. Im Schatten des Baumes sah er ein kleines Kind im Grase liegen. Verwundert betrachtete er sein kostbares Gewand und sprach: „Was ist das für ein Knabe? Nach seinem Kleid zu schließen, muß es ein Fürstenkind sein. Welch abscheuliche Eltern, die es unbehütet in der Einsamkeit zurückließen. Ich will es mit mir nehmen."

Als er das Kind vom Boden aufhob, um es zu seinem Pferd zu tragen, spürte er einen so heftigen Schlag, daß er taumelte. Kaum stand er wieder auf den Beinen, holte der Kleine noch einmal mit seiner Hand aus, und dieser zweite Hieb fiel nicht weniger kraftvoll aus. „Du hast aber eine gute Hand!" rief der König verblüfft aus. „Wo nimmst du nur die Kraft her?" So sehr es ihm zuwider war, mit einem Kind zu ringen, es blieb ihm nichts anderes übrig, als Gewalt gegen Gewalt zu setzen, wenn er den Kleinen bis zu seinem Pferd bringen wollte.

Aber es kam noch merkwürdiger. Als sich der Kampf schon eine gute Weile hingezogen hatte, begann der Kleine zu sprechen. Seine Rede klang großartig und possierlich zugleich: „Ich bin ein mächtiger König, ein mächtigerer als du."

„Was du nicht sagst!" lachte Ortnit.

Aber auch der Kleine lachte. Und so stark wurde sein Widerstand, daß ihn Ortnit zu Boden fallen lassen mußte und am Ende sogar sein Schwert zog, weil er fürchtete, der Kleine könnte mit dem Dolch, der ihm am Gürtel hing, auf ihn losgehen.

Und wieder geschah etwas Überraschendes. Der Kleine, der eben noch so kampfeslustig gewesen war, fiel dem König zu Füßen und flehte: „Laß mir mein Leben, ich gebe dir zum Lohn dafür die beste Rüstung, die du je gesehen hast, und ein Schwert, das jeden Panzer zerschneidet. Rose heißt es, und es kommt vom Kaukasus, fernher aus Asien. Auch ein Schild gehört zu dieser Wehr, er ist gegen jeden Hieb gefeit."

„Das ist ja die Rüstung, die mir meine Mutter versprochen hat", wunderte sich Ortnit.

„Sie ist es."

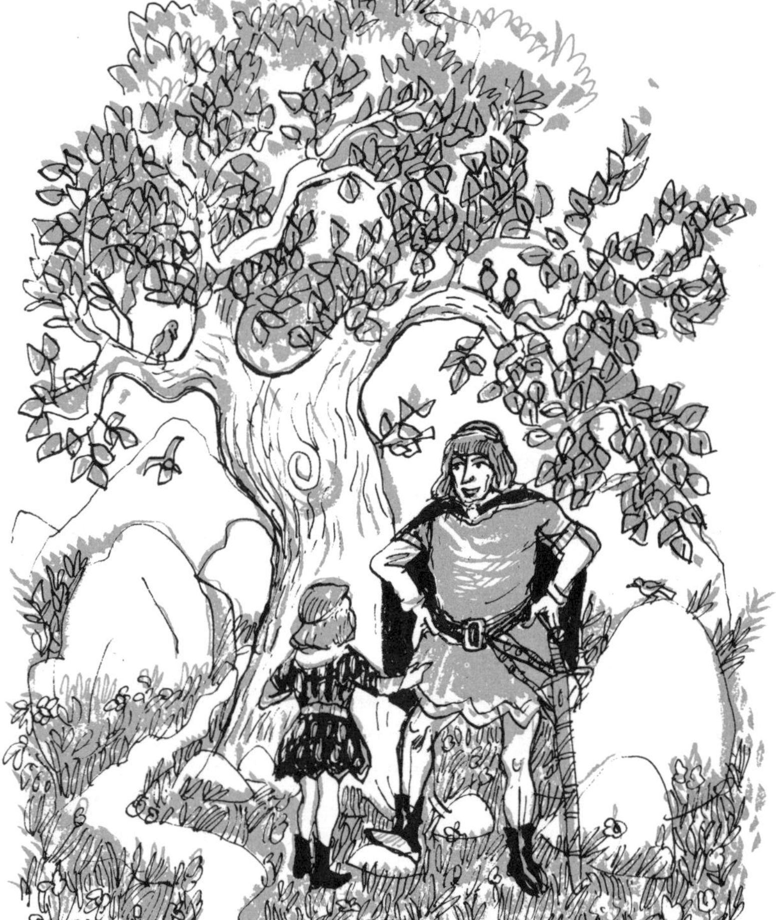

„Dann vermisse ich noch den Freund."

„Der bin ich."

„Du? Ein Zwerg? Ein seltsamer Freund."

„Ich bin kein gewöhnlicher Zwerg. Ich bin Alberich, der über den unterirdischen Teil des Lampartenreiches herrscht. Höhlen und Klüfte, diamantglänzende Kristallpaläste und rauschende Wasser in dunklen Labyrinthen sind meine Welt."

„Ich dachte, ein Freund würde mir erstehen, der mir hilft, die Königin meiner Sehnsucht heimzuführen", sagte Ortnit noch immer voller Zweifel.

Der Zwerg erwiderte: „Dir wurde die Kraft von zwölf Männern verliehen, Ortnit, und dennoch vermochtest du mich nicht auf deinen Arm zu zwingen. Allein daraus magst du ersehen, wie stark ich bin. Aber ich werde dir noch eindrucksvollere Beweise liefern." Blitzartig sprang Alberich den König an und riß ihm, ohne daß dieser es zu verhindern vermochte, den Goldreif vom Finger.

Im gleichen Augenblick war der Zwerg für Ortnit verschwunden. „Alberich, Alberich!" rief der Lampartenkönig, und es lag ein Ausdruck von Not und Verzweiflung in seiner Stimme. Denn mit einem Male fühlte er sich von Alberichs Zauberkräften abhängig. „Alberich, Alberich!" kam es noch einmal von seinen Lippen.

Da spürte der König eine Berührung, der Ring schob sich über seinen Finger, und Alberich wurde wieder sichtbar. „Glaubst du nun an meine besonderen Fähigkeiten?" lachte der Zwerg.

„Du hast mich überzeugt, Alberich", versetzte Ortnit. „Ich bin froh, dich zum Freund zu haben."

„Ich bin mehr als dein Freund", fuhr der Zwerg geheimnisvoll fort, indes er die kostbare Rüstung vor dem Helden ausbreitete. Er hatte sie, während er für Ortnit unsichtbar gewesen war, hinter dem Fels, vor dem sie standen, hervorgezogen. „Du hast deinen Vater nie gekannt, Ortnit. Du hörtest nur, er sei ein großer Held gewesen ... nicht wahr, so erzählte dir doch deine Mutter? Sie ist die beste, die edelste Frau im ganzen Lampartenland."

„Du kennst meine Mutter so genau, Alberich?"

„Sie gewann die Liebe eines mächtigen unterirdischen Königs. Sie war mit ihm vermählt während der kurzen Zeit, die es diesem König vergönnt war, in irdischer Gestalt, ein Mensch unter Menschen, auf der Erde zu wandeln. Erst als er wieder in sein Reich abberufen wurde, erfuhr deine Mutter, daß ihr Gatte ein Zwerg gewesen war ..."

„Ein Zwerg, der Alberich hieß!" schrie Ortnit auf.

„Ich bin dein Vater, ja, nun hast du es erfahren."

Eine große Stille entstand zwischen den beiden. Dann legte Ortnit die Rüstung an. „Sobald du meiner bedarfst, drehe an dem Ring, mein Sohn, und ich werde erscheinen", sagte Alberich und entschwand.

ORTNITS MEERFAHRT

Nun war die Zeit herangekommen, die Fahrt ins Morgenland anzutreten. Mit all seinen Getreuen ging König Ortnit an Bord. Am zwölften Tage nach der Abreise von Messina kam Syrien in Sicht. Bisher war die Fahrt glücklich verlaufen, doch nun stellten sich die ersten Gefahren ein. Ein ungünstiger Wind trieb die Flotte in Sichtweite der Stadt Suders. So wurde Ortnits Absicht, mit seinen Männern unbemerkt an Land zu gehen, vereitelt.

Sorgenvoll bemerkte der Flottenführer: „Im Hafen von Suders liegen eine Menge Raubgaleeren. Die werden sie uns auf den Hals hetzen, wenn wir nicht schnell genug wieder von hier fortkommen." Er versuchte, mit kühnen Segelmanövern der gefährlichen Nähe der Stadt Suders zu entrinnen, doch es war, als hätte sich die Windsbraut gegen die Lamparten verschworen. Es gelang ihnen nicht, gegen den heftigen Sturm aufzukreuzen.

In dieser Not drehte Ortnit den Ring. Da stand auch schon Alberich an seiner Seite, und voll Freude rief der König: „Lieber Vater, da du erschienen bist, darf ich wieder guten Mutes sein."

Alberich aber hatte seine Tarnkappe aufgesetzt, so daß er nur für Ortnit sichtbar war, weil dieser den Zauberring trug; allen anderen blieb er unsichtbar. Voll Verwunderung hörten die Helden Ortnit zur leeren Luft sprechen, und Ilias, sein Oheim, konnte sich das nur so erklären, daß der König von einem Fieberwahn gepackt worden sei. Ortnit nahm seinen Oheim beiseite und bat ihn, er solle sich für einen Augenblick den Ring an seinen Finger stecken, dann werde er etwas Seltsames zu sehen bekommen. Sie tauschten also den Ring, und vor den Augen Ilias, des Königs der Reußen, erschien der Zwerg Alberich. „Ei, du niedlicher Kleiner", rief Ilias überrascht aus, denn er meinte, ein Kind vor sich zu haben. „Wie kommt es, daß dich deine Eltern so allein und weit reisen lassen?"

„Der niedliche Kleine hat fünfhundert Jahre auf dem Buckel", lachte der Zwerg, „und ist ein mächtigerer König als du."

Als Ortnit bemerkte, daß die prahlerische Rede des Kleinen seinen Oheim in Verwirrung versetzte, nahm er den Ring wieder an sich und fragte Alberich nun um Rat, wie er sich am besten in dieser schwierigen Lage verhalten solle. „Sage den Heiden, du seist ein Kaufmann", erwiderte der Zwerg, „und bittest um freies Geleit in die Stadt."

„Wie soll ich mit ihnen unterhandeln, da ich ihre und sie meine Sprache nicht verstehen?" fragte der König.

„Mach dir deshalb keine Sorge", tröstete Alberich, „hier habe ich einen Stein, den nimmst du in den Mund. Er gibt dir die Kraft, in allen Zungen der Welt zu sprechen und alle Menschen der Erde zu verstehen."

Inzwischen war schon eine der heidnischen Galeeren herangekommen und legte sich längsseits des Seglers, auf dem der Lampartenkönig stand. „Wer seid ihr, woher kommt ihr, was wollt ihr?" kam eine herrische Frage von Bord der Galeere.

Ortnit, der bereits den Zauberstein im Mund hatte, rief zurück: „Gut Freund bin ich. Ein Kaufmann, der viele Güter an Bord hat, die ihr wohl gebrauchen könnt. Wenn ihr mir bei der Landung helft, will ich eure Dienste fürstlich belohnen."

„Es ist gut", antwortete der Steuermann der Heiden. „Wer Kaufgüter bei sich führt, ist im Lande der Syrer ein heiliger Mann. Nichts darf ihm geschehen. Ich werde ein Boot zu Wasser lassen und dich damit an Land bringen."

Es konnte sein, daß der Steuermann die Wahrheit gesprochen hatte, aber er konnte ebensogut gelogen haben. Jedenfalls war es gefährlich, sich allein und ohne Deckung durch seine Getreuen in die fremde Stadt zu wagen. Doch Ortnit wußte den mächtigen Zwerg an seiner Seite. „Du wirst mich begleiten, Alberich", raunte er ihm zu.

Das Heidenschiff setzte ein Boot aus, und Ortnit bestieg es. Für den Steuermann unsichtbar, kletterte auch der Zwerg über die Strickleiter hinab und hüpfte in den Nachen. Dann wurde dieser von zwei Männern an den Hafen gerudert. Ortnit und Alberich betraten das Gestade, das verlassen dalag. Das Boot kehrte wieder zu der Galeere zurück. Ortnit war überrascht, daß das große Stadttor offenstand. Die Einwohner von Suders hatten also keine Ahnung, in welcher Gefahr sie schwebten. „Wenn ich jetzt meine Leute herbeihole, könnten wir leicht in die Stadt eindringen und sie überrumpeln", überlegte Ortnit.

„Das wäre eine unerlaubte List", schalt Alberich, „der Steuermann brachte uns in gutem Glauben hierher, sollen wir es ihm damit lohnen, daß wir die Stadt überfallen, ohne vorher den Frieden aufgekündigt zu haben?"

„Schon gut", lenkte Ortnit ein, „ich meinte es nicht so ernst, ich werde die heiligen Regeln des Krieges so streng beachten, wie du es wünschst, Alberich. So bitte ich dich, nach Montabaur zu eilen, um dort König Nachaol die Fehde anzusagen. Kein anderer Bote käme heil durch das heidnische Land bis zur Residenz des Götzenanbeters."

Der Zwerg war mit dem Auftrag einverstanden und versicherte, bis zum nächsten Tag wieder zurück zu sein. Er traf König Nachaol lustwandelnd auf den Zinnen seiner Burg an. Ohne aus seiner Unsichtbarkeit herauszutreten, rief er zu der Mauer hinauf, der König möge Ortnit, dem Herrscher über das Lampartenland, seine Tochter zur Gemahlin geben.

Der König war verblüfft: „Wer redet da aus dem Nichts zu mir? Rufen Geisterstimmen nach mir? Bin ich dem Wahnsinn verfallen?"

Alberich beruhigte ihn: „Ein Unsichtbarer spricht zu dir, ein Mächtiger, dem es gegeben ist, seine Gestalt in Nichts zu verwandeln. Und er kommt als der Bote eines edlen Königs zu dir. Deine Tochter wird glücklich mit ihm werden."

„Wer um meine Tochter wirbt, dem lasse ich das Haupt abschlagen", erwiderte Nachaol wutentbrannt.

„Das wird Ortnit, meinen Herrn, nicht davon abhalten, nach der Hand deiner Tochter zu begehren", entgegnete der Zwerg, „und hiemit sagt er dir durch meinen Mund den Frieden auf. Er wird kommen, um dich zu töten und deine Tochter heimzuführen in das Lampartenland."

Der Heide geriet außer sich vor Empörung. Er befahl seinem Gefolge, den unsichtbaren Sprecher zu umstellen, und warf selbst Steine in die Tiefe, in der Hoffnung, sie würden dem Frechling den Schädel zerschmettern. Ein höhnisches Lachen war die Antwort.

Das Gefolge des Heidenkönigs stürzte über die Marmortreppe des Palastes hinunter und hinaus vor die Mauern, um des Unsichtbaren habhaft zu

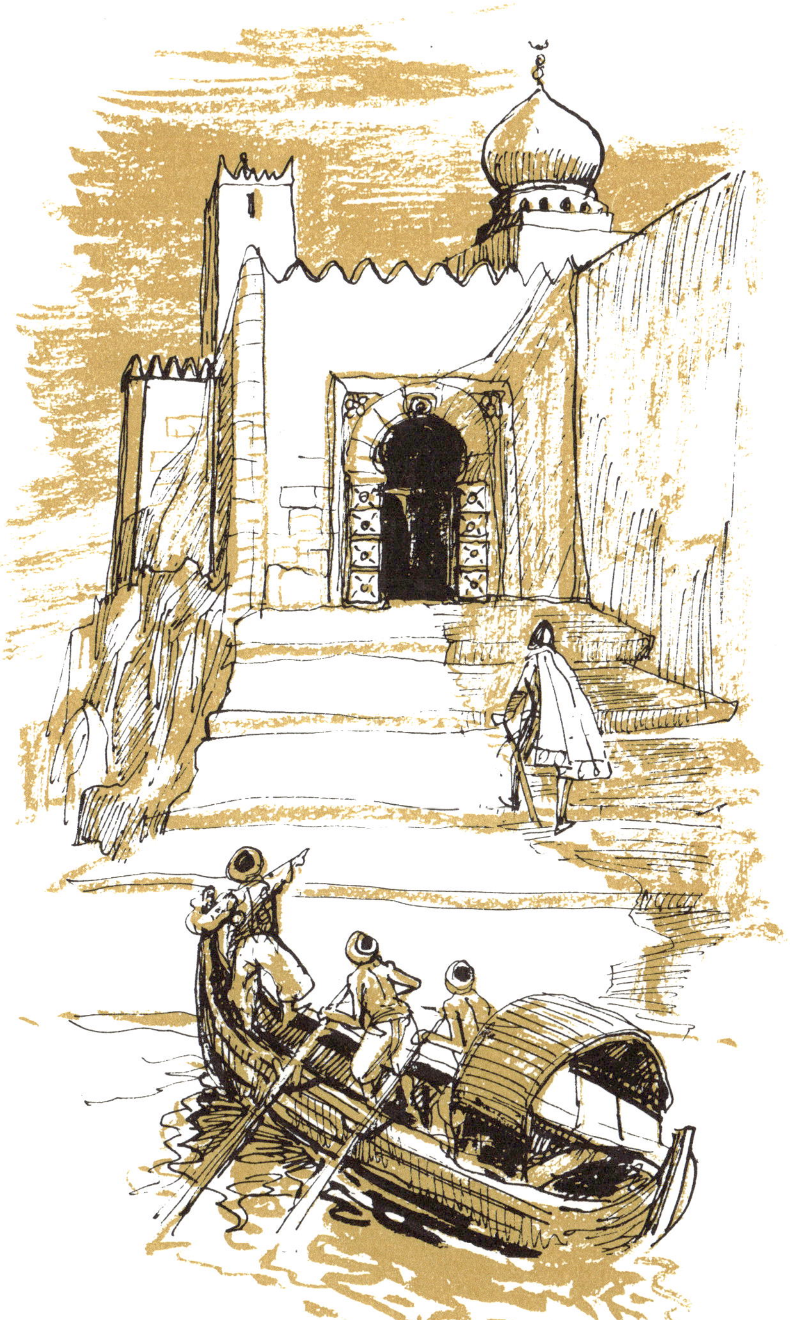

werden. Die einen stießen mit ihren Dolchen durch die leere Luft, die anderen warfen sich ins Gras und tappten hin und her und schlugen den Erdboden mit ihren Fäusten, und wieder andere stampften ihn mit ihren Füßen. Alberich narrte sie, indem er von Zeit zu Zeit ein gellendes Lachen hören ließ. Aber während die Höflinge voll Verzweiflung weitersuchten, entfernte sich Alberich und schlich die Treppe hinauf zu König Nachaol.

Sich dicht vor ihm aufpflanzend, sprach der Zwerg: „Ich frage dich noch einmal, welche Antwort ich meinem Herrn überbringen soll. Aber überlege dir deine Worte gut, denn es hängt dein Schicksal daran."

„Er mag mir sein eigenes Haupt entgegentragen!" schrie der Heidenkönig.

„So erkenne, wie er mit dir verfahren wird", erwiderte Alberich und schlug Nachaol ins Gesicht. Da brüllte der Heide wie ein wildes Tier, während seine Diener entsetzt niederfielen und ihre Götter anriefen. Denn sie hatten den lauten Schlag gehört und niemanden gesehen, der ihn ausführte.

ORTNIT EROBERT SUDERS

„Du kannst die Jungfrau nur gewinnen, Ortnit, wenn du die Heiden zuvor im Kampf besiegt hast", meldete Alberich, als er zurückkehrte. „Wenn es uns gelingt, die Stadt Suders zu erobern, haben wir den Schlüssel in der Hand, der uns das ganze Land aufsperrt. Ich getraue mich, euch unbemerkt an den Strand zu bringen." Der König entschloß sich, dem Rat des Zwerges zu folgen.

In der darauffolgenden Nacht begaben sich einige beherzte Männer unter Alberichs Führung in den Hafen von Suders, machten die dort befestigten Barken los und ruderten sie zu den Schiffen der Lamparten hinüber. Mit ihnen gelangte Ortnits Heer unbemerkt an den Strand.

Die Tore standen offen, und Ortnit zog mit seinem Heer ungehindert in die Stadt ein. Doch ein Wächter hatte von der Mauer aus den Einmarsch der Christen beobachtet, und mit gellenden Trompetensignalen rüttelte er die Bürger aus dem Schlaf. Bald sammelten sich auf Straßen und Plätzen mutige Männer und stellten sich den Eindringlingen zum Kampf. Ein mörderisches Ringen begann. Keine der Parteien war gewillt, nachzugeben. Wer von den Lamparten in die Hände der Heiden fiel, konnte seine Rechnung mit dem Himmel machen; und wo ein Christenschwert ein Opfer gefunden hatte, nahm es ihm gnadenlos das Leben. Schritt für Schritt gewannen die Getreuen Ortnits die Oberhand, doch jetzt tauchte Alberich an der Seite des Königs auf und flüsterte ihm zu, daß ein mächtiger Feindtrupp Anstalten treffe, sich seiner Schiffe zu bemächtigen.

Nun teilte Ortnit sein Heer. Die eine Hälfte beließ er unter dem Befehl seines Oheims Ilias in der Stadt, an der Spitze der anderen eilte er an den Strand, um seine Flotte vor der Zerstörung zu bewahren. Er kam zur rechten Zeit, und es gelang ihm, die Feinde abzufangen, bevor sie noch die Kähne bestiegen hatten, die sie zu den Schiffen hinüberbringen sollten. Während Ortnit unter den Heiden am Strand aufräumte, geriet jedoch sein Oheim in den Straßen von Suders in schwere Bedrängnis. In kurzer Zeit hatten die Heiden den Lamparten schwere Verluste zugefügt.

Wieder schaltete sich Alberich ein. Er brachte Ortnit Kunde von der ungünstigen Wendung, die das Gefecht in der Stadt genommen hatte. Der König kam gerade noch zurecht, um ein Unglück zu verhüten und mit seinem wiedervereinten Heer die Feinde in die Flucht zu schlagen.

Bei der Verfolgung eines Gegners geriet Ilias, der Fürst der Reußen, in einen dunklen, schmalen Gang, der in ein unterirdisches Gewölbe führte. Hier bot sich ihm ein erbarmungswürdiges Bild. Aus allen Winkeln kamen Frauen und Kinder gekrochen und flehten um Gnade.

Ilias war so berauscht von Kampfeswut, daß er Miene machte, die Wehrlosen allesamt niederzuhauen. Doch als er an sein Schwert griff, war plötzlich Alberich an seiner Seite und mahnte: „Die Männer haben feige das Weite gesucht und die Frauen ihrem Schicksal überlassen. Du darfst sie taufen, aber nicht töten."

„Mir gilt alles gleich", tobte der Held, „ich töte alle, sie haben mir mit ihrem Leben zu bezahlen für die Gefallenen in meinen Reihen."

Da rief Alberich eilig den Lampartenkönig herbei, und dieser befahl seinem Oheim, sogleich sein Schwert in die Scheide zu stecken und die Wehrlosen zu schonen. Der Reußenfürst kam dem Befehl nur unwillig nach, aber er gehorchte.

ALBERICH ERRINGT FÜR ORTNIT EINE BRAUT

Nachdem Suders gefallen war, trat König Ortnit den Marsch nach Montabaur an. Alberich diente ihm dabei als Führer. Ohne Widerstand zu finden, kamen die Lamparten bis zur Hauptstadt der Heiden. Vor dem Burggraben schlugen sie ein befestigtes Lager auf. Sie hatten dabei nicht bedacht, daß der Feind über Wurfmaschinen verfügte, mit denen er Steine und flüssiges Pech auf die Angreifer schleudern konnte. Doch Alberich, der Allwissende, sorgte vor. Heimlich erstieg er die Festungsmauer und stieß die Geschütze der Heiden in die Tiefe.

Darüber erhob sich unter den Feinden ein Jammern und Wehklagen. Sie traten vor ihren König und riefen: „Der Teufel ist gekommen, und was wir zu unserer Verteidigung nötig gehabt hätten, hat er uns zerstört. Du solltest dem fremden König deine Tochter zur Gemahlin geben, wie er es begehrt, sonst nimmt er uns noch allen das Leben."

Die Gemahlin König Nachaols schloß sich der Bitte an: „Ja, du solltest diesem Manne deine Tochter geben. Es gibt keinen mächtigeren Bewerber als ihn, und er ist würdig, unser Kind als Gattin über das Meer in seine Heimat zu bringen."

Nachaol ergrimmte über diese Worte so sehr und begann so wild zu toben, daß die Arme wie betäubt durch den Saal des Palastes taumelte. Sie wäre zu Boden gestürzt, hätte sie nicht eine unsichtbare Hand vor dem Fall bewahrt. Die Königin fühlte sich mit einemmal aufgefangen und sanft gestützt. Alberich hatte sich in den Palast geschlichen und war ihr helfend beigesprungen.

Der Heidenfürst merkte, daß jemand in dem Saal anwesend sein müsse, den er nicht sehen konnte, und das brachte ihn noch mehr in Wut. „Ist der Teufel wieder da, der uns schon so oft genarrt?" schrie er.

Alberich meldete sich aus dem Nichts: „Dein Toben und Schreien nützt dir nichts, Nachaol. Ich rate dir gut: Gib König Ortnit dein Kind, sonst hängt er dich an den Zinnen deiner Burg auf."

Nachaol erwiderte, daß ihm just ein Christenhaupt zur Ausschmückung der Burgzinnen gefehlt habe, unter den zweiundsiebzig Totenköpfen, die dort aufgepflanzt seien, befinde sich nicht ein Christenhaupt. Da trat Alberich zu ihm hin und zupfte ihn statt einer Antwort an seinem Bart. Dies bedeutet für einen Mohammedaner die größte Schmach. Der König riß denn auch seinen Dolch aus dem Gürtel und stieß wie wild um sich, in der Hoffnung, den Unsichtbaren dabei zu treffen. Aber die Tarnkappe, die der Zwerg aufgesetzt hatte, besaß nicht nur die zauberische Kraft, unsichtbar zu machen, sondern sie ließ auch den Körper ihres Trägers sich gewissermaßen ins Wesenlose verflüchtigen, und so blieb alles Toben und Mühen umsonst: Nachaols Stiche gingen ins Leere.

Ehe sich Alberich wieder entfernte, kündigte er Nachaol für den kommenden Tag den Sturm des Christenheeres auf Montabaur an, und Nachaol erwiderte stolz, er verschmähe es, sich hinter Mauern zu verteidigen, er werde den Christen vor der Stadt eine Schlacht auf offenem Felde liefern.

Ortnit äußerte seine Befriedigung über diese Nachricht – eine offene Feldschlacht, nichts Besseres konnte er sich wünschen. Immer tiefer verstrickte sich der Lampartenherrscher in seine Abhängigkeit von dem Zwerg.

Am nächsten Morgen setzte sich das Heer der Christen in Bewegung, und zugleich öffnete sich die große Hauptpforte der Stadt und die Heiden strömten heraus und stellten sich zum Kampf. Die Tochter Nachaols begab sich auf die Zinnen der Burg, um von dort den Verlauf der Schlacht zu beobachten. Ihr Herz hatte für den Freier, der über das Meer gekommen war, nichts übrig. Sie wünschte ihrem Vater den Sieg mit aller Inbrunst, und sie flehte die Götter ihrer Heimat an, dem großen König Nachaol beizustehen in dieser schweren Stunde.

Nachaols Tochter war eine wundersam schöne Blüte des Morgenlandes: das Volk pries ihre Anmut in einem Lied. Darin hieß es, rot wie Rubin sei der Mund der Tochter Nachaols und ihr Antlitz schmal wie die Sichel des aufsteigenden Monds und silberglänzend die Haut wie der Regentropfen Allahs, gereift in einer Perlenmuschel.

Vor den Mauern der Stadt tobte die Schlacht, hin und her wogten die Reihen der Kämpfer, und heisere Schreie drangen zu der Jungfrau auf den Zinnen der Burg. Es schien ihr, als neigte sich das Glück den fremden Eindringlingen zu, und sie rang verzweifelt die Hände im Gebet, Machmet und Apollo mögen ihrem bedrängten Vater beistehen. Da fühlte sie sich plötzlich festgehalten, und sie fragte: „Wer hindert mich am Gebet?"

Alberichs Stimme raunte: „Einer hindert dich, der stärker ist als deine Götter. Er besitzt die Zauberkraft, sich unsichtbar zu machen. Und er ist gekommen im Namen seines Herrn, dich zu bitten, ihm als seine Gemahlin zu folgen und mit ihm den Königsthron über alles welsche Land zu teilen."

„Ich will bei meinem Vater und bei meinen Göttern bleiben", erwiderte das Mädchen.

„Der Gott des Mannes, der dich zum Weibe begehrt, heißt Christus, er ist der mächtigste Fürst im Weltall, von ihm wurde alles geschaffen, und er vermag alles wieder auszulöschen."

„Auch wenn du die Wahrheit sprichst, unsichtbarer Mund, werde ich meiner Heimat, meinen Göttern und meinen Eltern die Treue halten. Liebe fragt nicht nach Macht, sie hegt auch keinen Wunsch nach Vorteil, und oft ist ihr der Tod lieber als das Leben."

Alberich sah ein, daß er bei dem edlen Wesen der Jungfrau weder mit der Lockung von Reichtum und Ruhm und nicht einmal mit der Schilderung der Tugenden Ortnits zum Ziele kommen würde. Er dachte sich etwas anderes aus, von dem er bestimmt glaubte, es würde den Sinn des Mädchens verändern. „Der Gott der Christen wird dir die Schönheit wegnehmen", log er, „wenn du die Werbung Ortnits ausschlägst. Er wird deine Wangen mit Runzeln durchfurchen, deinen stolzen Rücken beugen, deine zarte Haut zu zähem Leder gerben und dein Haar, das dir über die Schultern gleitet, bis zu den Wurzeln ausreißen ... ja, das alles wird er tun."

„Wie?" rief die Tochter Nachaols aus, „ein so grausamer Gott ist das? Dann will ich erst recht nicht an ihn glauben. Geh, Unsichtbarer, geh! Ich fürchte mich nicht, häßlich zu werden, wenn ich dadurch meinen Vater retten kann."

Alberich schämte sich, Gott in so falschem Lichte dargestellt zu haben, und lenkte ein: „Deinem Vater soll kein Leid widerfahren, wenn du meinem Herrn den Ring von deinem Finger schickst zum Zeichen, daß du bereit bist, seine Gemahlin zu werden. Sieh, schon neigt sich die Schlacht dem Ende zu, von den Deinen sind die meisten tot, gleich wird König Ortnit den Sieg verkünden lassen." Da die Jungfrau noch immer keinen Entschluß fassen konnte, zerschmetterte Alberich einige Götzenbilder, die den Rundgang auf der Zinne schmückten. Nun sah Nachaols Tochter ein, daß ihre Götter nicht die Kraft besaßen, das Schlachtenglück zu wenden, sie händigte Alberich, der seine Tarnkappe lüftete, das Ringlein aus und versprach sich damit dem Lampartenkönig zum Weib.

Alberich eilte zu seinem Herrn, um ihm die frohe Botschaft zu bringen, daß Nachaols Tochter eingewilligt habe, ihn zum Mann zu nehmen. Er verschwieg die Bedingung nicht, die daran geknüpft war und die Ortnit zwang, Frieden zu schließen und das Leben des Feindes zu schonen.

Ilias, der König der Reußen, riet davon ab, den Feldzug abzubrechen. Der Krieg solle vielmehr bis zu seinem bitteren Ende fortgesetzt werden. „Wann ist je gehört worden", so rief er, „daß der Friede mit einem Weib ausgehandelt wurde? Nachaol muß sterben und Montabaur in Rauch aufgehen, und unter Ruinen suche dir dann deine Braut, Ortnit!"

Andere Helden teilten diese Meinung und gaben Ortnit zu bedenken, daß er es noch zu bereuen haben werde, wenn er den Sieg nicht ausnützte. Der König der Lamparten geriet bei diesem Meinungsstreit in arge Bedrängnis, aber Alberich blieb unsichtbar immer an seiner Seite und flüsterte ihm Mut zu und gab ihm die rechten Worte ein, den Männern entgegenzutreten. So blieb es am Ende bei Ortnits Entschluß, den Krieg zu beenden und seine Braut heimzuführen über das Meer.

Alberich erbot sich, das Mädchen aus der Stadt abzuholen, und König Ortnit begab sich zur Burgmauer, um es dort zu erwarten. Der Zwerg schlich sich in das Frauengemach, wo die Königin und ihre Tochter mit den Dienerinnen zur Totenklage versammelt waren. Denn viele Opfer unter den Edelsten von Montabaur hatte die Schlacht gefordert. Alberich fragte die Jungfrau, ob sie bereit sei, ihr Versprechen zu erfüllen. Diese eröffnete nun ihrer Mutter, was zwischen ihr und dem Boten König Ortnits vereinbart worden war. Die Königin verhüllte ihr Haupt und rief: „Meine Ohren hören nicht, und meine Augen sehen nicht; was dein Herz dir befiehlt, was dein Mund versprach, das mußt du erfüllen."

Die Jungfrau ging, und Alberich nahm sie an der Hand und führte sie zur Burgmauer, wo König Ortnit wartete. Der Held war, übermüdet von der Anstrengung, auf seinem Pferd eingeschlafen. „He, Ortnit, was bist du für ein seltsamer Gesell. Ich bringe dir das schönste Weib, und du schläfst!" rief Alberich.

Da erschrak König Ortnit, riß die entzündeten Augen weit auf und hob sodann Nachaols Tochter zu sich empor auf das Pferd. Er drückte sie an seine Brust und küßte sie. „Wohl darfst du sie küssen", sprach Alberich, „doch dein Weib darf sie erst werden, wenn sie die Taufe empfangen hat."

Ortnit spornte sein Roß und sprengte, die Geliebte vor sich im Sattel, über die Walstatt. Doch Alberich fürchtete, die Heiden könnten die Flucht der Königstochter bemerken. Um sie abzulenken, stieg der Zwerg noch einmal zu den Zinnen der Burg empor, eines der Götzenbilder, die er am Tag zuvor in den Burggraben geworfen hatte, mit sich tragend. Auf den Zinnen richtete er es wieder auf und rief: „Ich, euer Gott, bin zurückgekehrt und stehe auf meinem alten Platz. Fallet auf die Knie und betet!" Da die Heiden niemanden sehen konnten, der sprach, glaubten sie wirklich, die Stimme käme von dem Götzenbild, und befolgten den vermeintlichen Götterbefehl: Sie fielen auf die Knie und beteten.

ALBERICHS TRIUMPH

Die List war aber nur halb geglückt. Wohl hatte der Zwerg König Ortnit Zeit genug für die Flucht verschafft, aber der erschöpfte Reiter vermochte sie nicht zu nützen. Nach scharfem Ritt hielt er an, um ein wenig zu Atem zu kommen.

Indessen hatte König Nachaol das Verschwinden seiner Tochter entdeckt und sich sofort an die Spitze einer Reiterschar gesetzt, um sie und ihren Entführer einzuholen. In der hellen Mondnacht konnten sie deutlich die Spuren der Flüchtenden erkennen. Als die Jungfrau Pferdegetrappel hörte, flüsterte sie Ortnit die ersten Worte der Liebe zu: „Du bist in Gefahr, ich bin gewiß, daß mein Vater kommt, um dich zu töten. Dein Roß kann uns beide nicht mehr tragen. Flieh allein, ich will versuchen, meinen Vater aufzuhalten, und wenn er sein ungetreues Kind mit dem Tode bestraft, dann bin ich für dich gestorben . . ."

„Niemals, Geliebte, niemals lass' ich dich allein", rief der Lampartenkönig, „ich werde kämpfen und siegen oder mit dir untergehen." Ortnit stieg ab und führte das Pferd, das ihm doch nicht mehr helfen konnte, zu einem nahen Graben. „Drüben ist es in Sicherheit. Warum soll das gute Tier unser Los teilen, wenn uns der Tod beschieden ist", sagte er, und seiner Braut gefiel es, daß Ortnit ein so mitleidiges Herz für dies unschuldige Tier besaß.

Aber Alberich war noch früher zur Stelle als Nachaol. „Nur kurze Zeit halte aus", sprach der Zwerg zu Ortnit, „ich hole Hilfe."

Nicht lange danach brauste auch schon die Vorhut des Heidenkönigs heran. Ortnits Schwert verrichtete furchtbare Arbeit. Aber eine neue Welle von Feinden brandete über die Gefallenen hinweg gegen ihn an. Jetzt wäre König Ortnit verloren gewesen, wenn nicht sein Oheim Ilias, von Alberich herbeigerufen, auf dem Schlachtfeld erschienen wäre. Tausend christliche Streiter folgten ihm, und mit eingelegten Lanzen rannte das wie zu einem einzigen Leib verschmolzene Heer gegen die Heiden an. Diese wichen unter dem ersten Anprall zurück, sammelten sich aber wieder, von Nachaols mächtigem Willen aufgestachelt, und drangen nun ihrerseits gegen die Christen vor.

Ortnit war zurück geblieben. Er legte sich seiner Braut zu Füßen, sein erschöpftes Haupt sank in ihren Schoß. Sie band ihm den Helm los, nahm

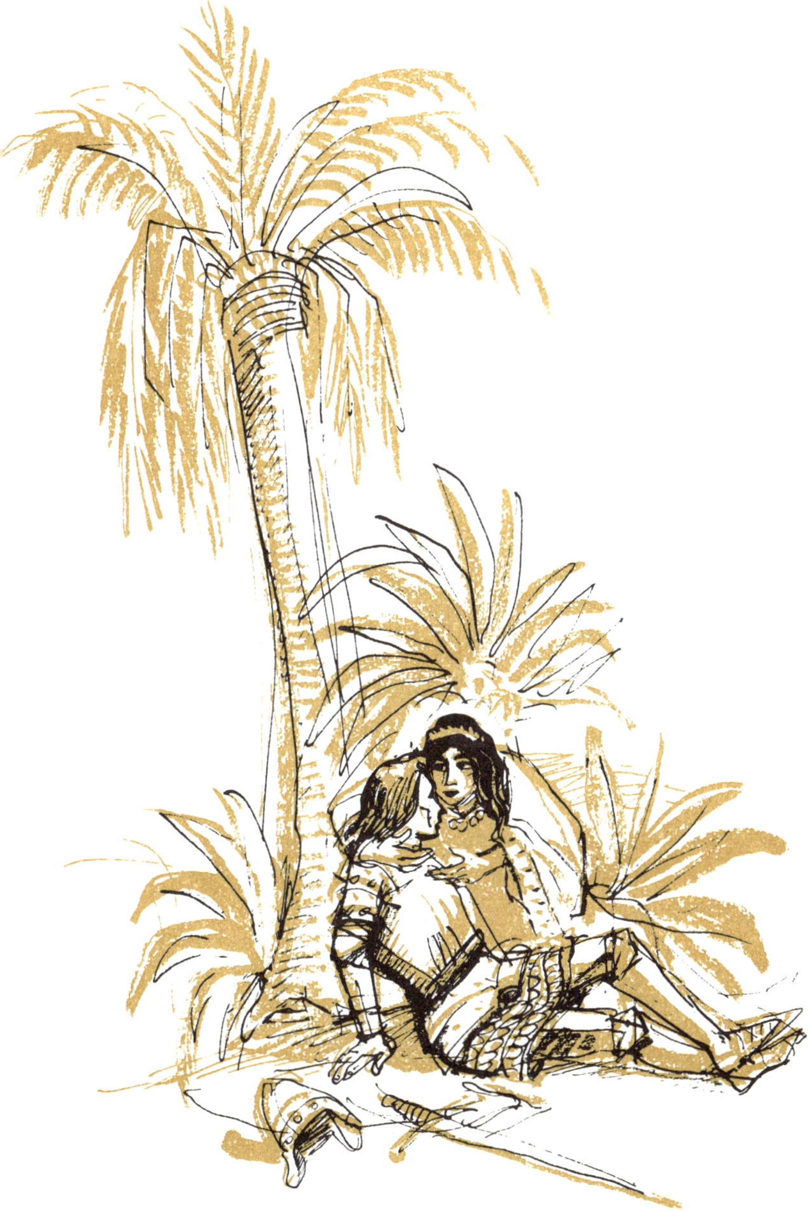

ihren Schleier vom Gesicht und wischte ihm damit das Blut und den Schweiß von den Wangen.

Lange wogte der Kampf hin und her. Da hörte Ortnit Alberichs Stimme mahnen: „Nun hast du genug ausgeruht, König der Lamparten, nun auf und hilf den Deinen, denn schlecht steht es um ihre Sache!"

Mit frischen Kräften sprang König Ortnit auf, ergriff sein Schwert Rose und eilte mitten hinein in die Schar der Kämpfenden. Sein Eingreifen entschied das Treffen. Wütend warf er sich dem heidnischen König entgegen und trieb ihn zurück.

Auf Alberichs Rat ließ König Ortnit von der weiteren Verfolgung ab und trat den Rückmarsch nach der Küste an. In ihrer Mitte führten die Lamparten als wertvollste Beute die junge Königin. Bevor sie sich in Suders einschifften, wurde Nachaols Tochter getauft, und sie erhielt den Namen Sidrat.

Von allem Volk jubelnd empfangen, zog König Ortnit nach langer, aber guter Fahrt in seiner Hauptstadt Garda ein. Nun wurde große Hochzeit gefeiert. Die Festlichkeiten währten neun Tage, und während dieser Zeit lebte das ganze Land auf Kosten seines glücklichen Herrschers.

Am letzten Tag erreichte das Fest seinen Höhepunkt. Auf die Bitten König Ortnits und seiner jungen Gemahlin Sidrat stieg Alberich auf einen Fels am Ufer des Sees, lüftete seine Tarnkappe und zeigte sich, mit der Krone des Zwergenreiches geschmückt, dem staunenden Volk. Als er dann seine Harfe ergriff und ihr wundersame Melodien entlockte, glaubten die Menschen, ein himmlischer Knabe sei ihnen erschienen. Sie fielen auf die Knie und lauschten in Verzückung, wie Alberich von dem Glanz der unterirdischen Höhlen und der Schönheit der Welt der Zwerge sang.

DER ÜBERFALL DER LINDWÜRMER

Nach der verlorenen Schlacht und der Flucht seiner schönen Tochter schloß sich König Nachaol in seine Gemächer ein und hing Tag und Nacht Rachegedanken nach. Seine Ohnmacht, an Ortnit heranzukommen, brachte ihn schier zur Verzweiflung. Da geschah es, daß ein Jäger den König zu sprechen wünschte. Er wurde lange nicht vorgelassen, als er aber nicht abließ zu beteuern, er habe eine wichtige und gute Botschaft, empfing ihn Nachaol schließlich doch.

Der Mann küßte dem König die Füße, wie es im Morgenland Brauch ist, und begann: „O Herr, ich erlaube mir, Euch in Demut zu verkünden, daß ich ein Mittel gefunden habe, König Ortnit zu töten."

„Verrate es mir", rief der Heidenkönig, „und ich will dich reich belohnen, wenn es gelingt, den Lampartenkönig zu töten."

„Vor einiger Zeit streifte ich durch das Gebirge", erzählte der Weidmann, „als meine Hunde wütend anschlugen und mich zu einer Felswand zerrten, die in der Mitte gespalten war. Die Meute kläffte weiter, und ich wartete, was für ein Wild mir wohl zur Beute beschieden sei. Und, Herr, was soll ich sagen: ein Drache, ein fürchterlicher Drache kam aus dem Spalt gekrochen, stieß Dampf aus seinen Nüstern, schlug wie wild mit seinem Schwanz um sich und ringelte sich weiter zu einem nahen Wald. Weil nun alles so gut abgelaufen war, wuchs mein Mut, und ich beschloß, das Drachennest aufzuspüren, solange der Wurm fern war. Ich drang also in den Felsspalt ein und fand dort wirklich das Nest und darin zwei Eier, so groß wie mein Kopf. Ich trug sie nach Haus, wo ich sie in einem warmen Loch aufbewahre. Wie wär's, wenn ich die Lindwurmeier nun dem Lamparter ins Land trüge und dort ausbrüten ließe?"

„Wunderbar, herrlich", schrie Nachaol außer sich vor Freude, „wenn die Würmer groß sind, kann sich das Lampartenland auf etwas gefaßt machen! Sie werden Vieh und Menschen bedrohen, und der König wird gezwungen sein, das Land von dieser Plage zu erlösen ... ha-ha, ob er will oder nicht, er muß sich den Ungeheuern zum Kampf stellen, und er wird unterliegen. Trefflich, mein braver Weidmann, hast du alles eingefädelt, du sollst bekommen, was du begehrst, und als Vorschuß jetzt schon tausend Taler in Gold."

Sogleich ließ der König alle Vorbereitungen treffen, um dem Lampartenkönig die Dracheneier ins Land zu schmuggeln. Eine Truhe wurde verfertigt, reich mit Seide und Baumwolle ausstaffiert, um die kostbare, empfindliche Fracht, die sorgsam darein gebettet wurde, vor Beschädigungen zu schützen. Ein Schiff nahm die Truhe auf, dazu noch viele Edelsteine und Geschmeide aus Gold und Silber. Der Weidmann sollte diesen Schatz als Ehrengeschenk für König Ortnit nach Garda bringen. Zu diesem Zweck wurden außerdem zehn Saumtiere an Bord geschafft. In einem Brief, den

ORTNIT UND ALBERICH

Nachaol dem Boten mitgab, versicherte er seiner Tochter, daß aller Groll gegen sie und ihren Gemahl aus seinem Herzen geschwunden sei, und zum Beweis dafür sende er diese Geschenke, die einen Schimmer der alten Heimat in Sidrats neue Heimat bringen sollten. Nachaol ergötzte sich an dem betrügerischen Doppelsinn dieser Worte und fügte hinzu, besondere Freude werde Ortnit, sein nunmehr geliebter Schwiegersohn, an den beiden Eiern haben.

Das Schreiben Nachaols öffnete dem Boten aus dem Morgenland die Tore der Burg von Garda und die ahnungslosen Herzen von Ortnit und Sidrat. Besonders neugierig war das Königspaar, was aus den beiden Eiern ausschlüpfen würde, und der Weidmann verriet ihnen heuchlerisch: „Das eine Ei stammt von einer abrahamischen Kröte, einem Tier, das sonst nur im Paradies angetroffen wird. Der junge Lurch trägt, wenn er ausgekrochen ist, einen Stein von unschätzbarem Wert auf seinem Haupt, und dieser muß ihm gleich abgenommen werden. Das andere Ei ist ein Elefantenei.

Mein Herr wünscht nämlich, ich möge euch einen Elefanten großziehen. Ich bitte euch daher, mir eine Höhle im Gebirge anzuweisen, wo die Eier ausreifen und die Tiere aufwachsen können."

Die Lamparten kannten Elefanten nämlich nur vom Hörensagen und glaubten, sie würden in Eiern ausgebrütet.

König Ortnit zeigte sich von dem Geschenk hoch erfreut, und er befahl, den Abgesandten seines versöhnten Schwiegervaters zu einer Höhle im Gebirge zu bringen.

Zwölf Monate blieb der fremde Weidmann in den Bergen. Die Lindwürmer waren schon nach zwei Monaten ausgekrochen, und dann brauchten sie noch zehn Monate, um sich zu entwickeln. Es wurde von Tag zu Tag schwieriger, die Untiere mit Nahrung zu versorgen. Sie waren schrecklich gefräßig, und jedes von ihnen brauchte täglich ein ganzes Rind, um satt zu werden. Wenn sie es nicht bekamen, wurden sie wild, fauchten den Jäger mit ihrem Feueratem an oder zogen ihm gar eins mit ihren Schwänzen über. Das Geld für die Rinder lieferte König Ortnit. Gern hätte dieser die junge Brut einmal besichtigt, aber der Mann aus dem Morgenland hielt ihn mit allerlei Ausreden von der Höhle fern.

Aber mit der Zeit wurde Ortnit das Futter für die Tiere zu teuer. Er verlangte ein letztes Mal, sie zu sehen, und da der Pfleger dies wieder verweigerte, stellte er die Zahlungen für ihren Unterhalt ein. Da litten die Lindwürmer Hunger und fielen den Pfleger an, und nur mit knapper Not vermochte dieser ihrer Wut zu entgehen.

Die Drachen begannen ihr Vernichtungswerk erst in der Umgebung der Höhle. Alle Wanderer, die des Weges kamen, fielen ihnen zum Opfer. Bald war der Ort verrufen und wurde von den Menschen gemieden.

ORTNITS TOD

Als die Not aufs höchste gestiegen war, sprach König Ortnit zu seiner Gemahlin: „Ich bin mitschuldig an dem Unglück, und so ist es meine Pflicht, mein geliebtes Lampartenland von der Plage zu erlösen." Dann strich er Sidrat voll Zärtlichkeit über das Haar: „Was wird mit dir geschehen,

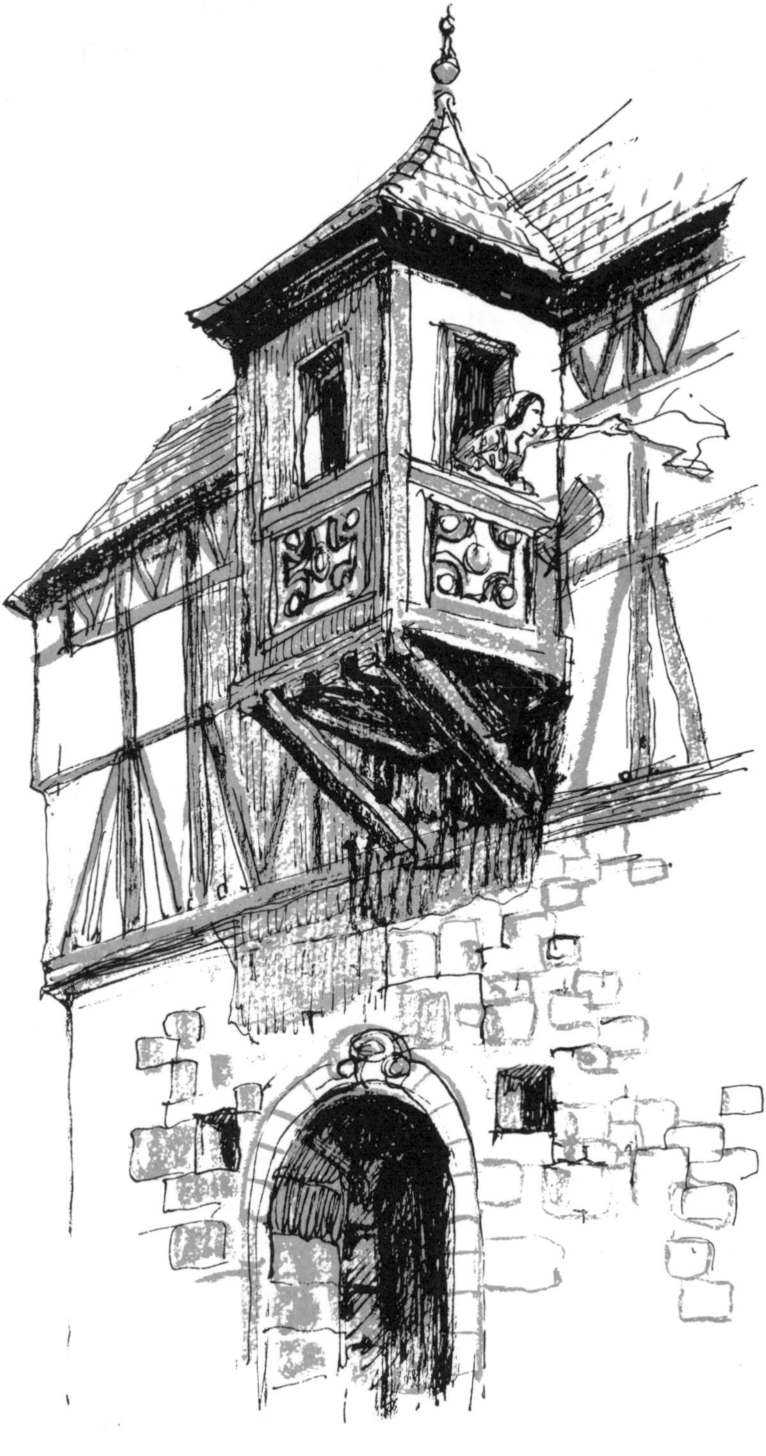

wenn ich in dem furchtbaren Kampf erliege? Wer wird für dich armes Weib sorgen? Um meinetwillen hast du Vater und Mutter verlassen, und nun droht dir das Los, allein in einer Welt zurückzubleiben, die noch nicht ganz die deine geworden ist."

Sidrat sank an die Brust ihres Gemahls und schluchzte: „Weh mir armen Frau! Mußte ich dich kennen und lieben lernen, um dich so schnell wieder zu verlieren? Und auf welch schreckliche Weise vollzieht sich dein Schicksal! Mein Vater war es, der uns die Drachenbrut ins Land schickte, ich bin mitschuldig an all dem Leid!"

„Noch bin ich nicht tot, geliebtes Weib! Mein Leben steht in Gottes Hand."

„Ich habe schlimme Ahnungen", fuhr Sidrat fort, ihren Mann zu warnen. „Diese Ausfahrt wird dein Verderben sein. Sechs Jahre habe ich glücklich mit dir gelebt, und diese Zeit verging mir wie ein Tag. Ich kann den Gedanken nicht ertragen, daß alles zu Ende sein soll."

Doch Ortnit riß sich von ihr los und sprach: „Es muß schnell sein!" Er legte seine Rüstung an, und Sidrat half ihm dabei und netzte den blinkenden Harnisch mit ihren Tränen.

Zum Abschied streichelte sie den kleinen, treuen Hund, der mit seinem Herrn hinauszog. „Du kannst ihn ja nicht beschützen, gutes Tier, aber ich bin froh, daß bei dem schweren Gang wenigstens ein Lebewesen um ihn ist, das ihn liebt und das auch er gern hat."

Die Gatten umarmten einander, dann sprengte Ortnit zur Burg hinaus. Er war noch nicht weit gekommen, als er noch einmal kehrt machte, um seiner Gemahlin zu sagen, was ihm eben in den Sinn gekommen war: „Höre mich an und gedenke meiner Worte: Klage nicht zu früh um meinen Tod! Wer dir dieses Ringlein bringt, das ich hier am Finger trage, dem erst magst du glauben, daß er mich als Leiche gesehen hat! Wer dir aber meinen Harnisch, mein Schwert Rose und die Zungen der Lindwürmer vorweist, den sollst du an dein Herz drücken, denn er hat meinen Tod gerächt! Versprich mir, nur ihn zu heiraten, wenn du dich ein zweites Mal verehelichen willst."

„Wie kannst du nur so reden", rief Sidrat, und wieder stürzte ein Tränenstrom aus ihren Augen. „Du hast ja auch deinen wackeren Helfer, den Zwerg, zaubere ihn doch herbei."

„Sechs Jahre sah ich ihn nicht mehr, weil ich ihn nicht brauchte", erwiderte Ortnit voller Zweifel, „wer weiß, ob er mir noch zur Seite stehen will."

Und noch einmal nahmen sie herzzerreißenden Abschied.

Sobald die Burg von Garda außer Sicht war, drehte Ortnit das Ringlein und hielt den Stein der Sonne entgegen. Da erschien ihm der Zwerg. „Erwarte diesmal keine Hilfe von mir", sagte Alberich, „ich kann sie dir nicht geben, zu lange hast du meine Hilfe verschmäht. Nur einen Rat magst du empfangen: Steh ab vom Kampf mit der Drachenbrut."

Ortnit schüttelte sein Haupt: „Das darf ich nicht. Ich bin es meinem Land schuldig, die Lindwürmer zu vernichten."

„Dann tu, was du mußt", erwiderte Alberich sehr ernst.

„Hast du mir sonst wirklich nichts zu sagen, mir nichts anderes zu bieten als dein Nein?" drang der König in den Zwerg.

Alberich überlegte und erklärte dann, daß er Ortnit höchstens noch eine Lehre auf den schweren Gang mitgeben könne, und auch das nur, wenn er dafür das Ringlein als Lohn empfange. Ortnit warf es ihm hin, und er erhielt dafür die Weissagung: „Keiner der Würmer ist stark genug, dich zu besiegen, nicht einmal beide zusammen vermöchten es. Sie werden dich im Schlafe überraschen, und dann bist du verloren."

Ortnit gelobte sich, diese Prophezeiung als Warnung aufzufassen und achtzuhaben, daß er nicht vom Schlaf übermannt werde. Er zog ins Gebirge und blieb bis tief in die Nacht im Sattel, ohne eine Spur von den Drachen zu entdecken. Er wurde ärgerlich und machte ein Feuer an, um die Würmer anzulocken, und wachte, bis die Sonne aufging. Da sich die Ungetüme noch immer nicht zeigten, setzte er seinen Ritt fort. Am Nachmittag spürte er eine bleierne Müdigkeit in den Gliedern, und er entschloß sich, eine kurze Rast einzulegen. Er streckte sich im Grase aus, und das Hündlein legte sich auf seine Brust. Und nun geschah es, daß der unselige Held einschlief. Aber es erschien ihm nun kein Zwerg, um ihn zu wecken, wie damals, als er an der Mauer von Montabaur auf seine Braut gewartet hatte.

Der Schlaf wurde Ortnit zum Verhängnis. Unbemerkt konnte sich ihm einer der Lindwürmer nähern. Das Hündlein begann zu bellen, aber sein Herr hörte es nicht. Das treue Tier stellte sich dem Ungeheuer, das feuerschnaubend herankroch, in den Weg, aber mit dem Schwanze scheuchte der Drache den Kläffer fort und nahm den schlafenden Helden ins Maul. Mit seiner Beute zog sich der Lindwurm in die Höhle zurück, und dort machten sich beide Untiere über den Fraß her. So kam der Lampartenherrscher ums Leben. Nie zuvor hatte ein großer Mann einen so erbärmlichen Tod erleiden müssen.

TOTENKLAGE UM ORTNIT

Der treue Hund lief heim, und als Sidrat ihn allein kommen sah, wußte sie, was geschehen war. Doch durfte sie ihren Gatten nicht öffentlich beweinen, weil er sie gebeten hatte, seinen Tod geheimzuhalten. Diesen Wunsch wollte sie erfüllen. Als aber Tag um Tag verstrich und der König nicht wiederkehrte, entstanden im Volk arge Gerüchte, und böse Zungen beschuldigten Königin Sidrat, sie habe ihren Gemahl in den Tod geschickt, weil sie im Herzen noch eine Heidin sei.

Nun blieb der armen Frau nichts anderes übrig, als die wahren Umstände vom Tod ihres Gatten preiszugeben. Aber noch immer war das Volk nicht bereit, ihr zu glauben. Da fand sich ein edler Ritter, der sich von dem treuen Hündlein bis zur Höhle führen ließ. Dort entdeckte er die Blutspuren. So war Königin Sidrat der schweren Anklage enthoben.

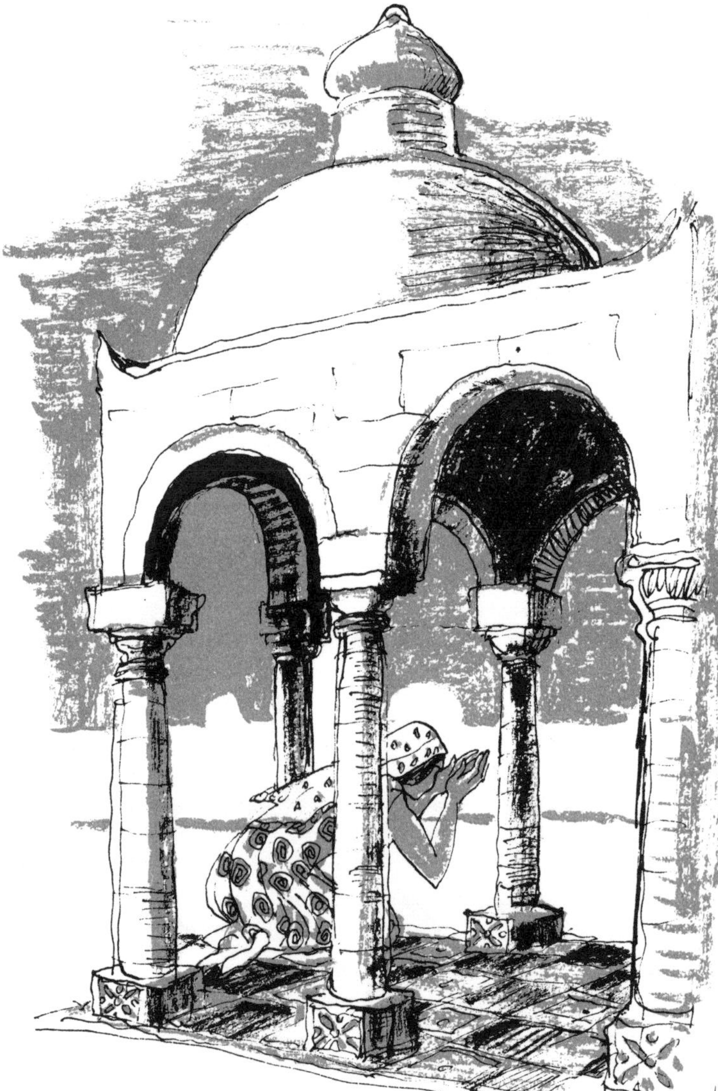

Aber das sollte nicht die letzte Prüfung gewesen sein, die dem armen Weib auferlegt war. Man verlangte nun von Sidrat, sie möge sich sogleich wieder verehelichen. Das Lampartenreich brauche einen neuen Herrscher, und da sie von Ortnit die Krone geerbt habe, sei es an ihr, dem Land einen starken Herrn zu geben. Mit aller Inbrunst flehte Sidrat die Edlen des Reiches um drei Jahre Aufschub an, und sie wurden ihr, wenn auch nicht gerne, endlich gewährt.

Die drei Jahre wurden zu einer einzigen Totenklage. Königin Sidrat hörte nicht auf, ihren Gatten zu beweinen, und ihr furchtbarer Schmerz ging auf das ganze Reich über, das in tiefe Trauer sank.

Als die drei Jahre um waren, verlangten die Großen des Reiches von Königin Sidrat abermals, sie solle sich wieder verehelichen und dem Land einen Herrscher geben. Sidrat erklärte sich einverstanden, jedoch nur unter einer Bedingung: der Held, dem sie die Hand zum zweiten Ehebunde reiche, müsse zuvor Ortnit gerächt haben und ihr zum Zeichen dessen Ring und Harnisch und die Zungen der beiden Lindwürmer überbringen.

Aber keiner fand sich, der es gewagt hätte, gegen die Drachen auszuziehen. Die Edlen bestürmten sie, von der Bedingung abzugehen, oder sie würden sie verstoßen. Die Königin erwiderte stolz, sie nehme es auf sich, in Niedrigkeit und Armut zu leben, aber auf ihre Forderung könne sie nicht verzichten. Daraufhin sprach die Versammlung der Edlen die Verstoßung Sidrats aus, nur ein jährliches Leibgedinge von hundert Pfund Kupfer sollte ihr als Unterstützung ausbezahlt werden.

Aber auch diese Gnadengabe wies die Königin zurück und verließ die Burg am Gardasee. Bei Bauern fand sie Unterschlupf, und mir ihrer eigenen Hände Arbeit mußte sie sich ihren Unterhalt verdienen. Das Land aber verfiel, die Großen haderten untereinander, und dem Lampartenreich drohte nach so glanzvollem Aufstieg ein schmählicher Untergang. Doch lag, als die Not immer höher stieg, schon der Keim der Rettung in der Zukunft Schoß.

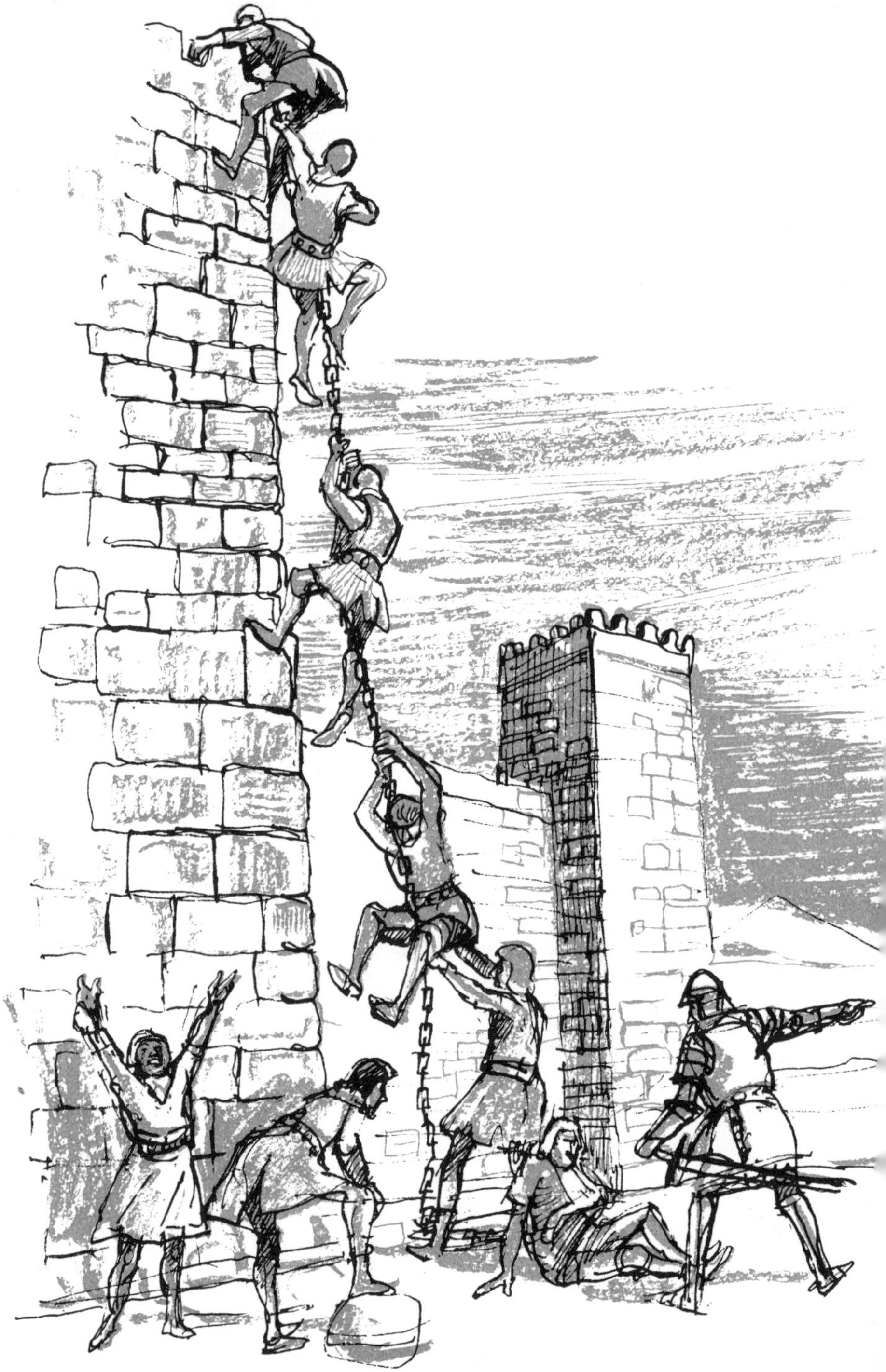

HUGDIETRICH UND WOLFDIETRICH

Die älteste Fassung der deutschen Heldensage „Wolfdietrich" setzt man um das Jahr 1210 an. Die schönste Fassung jedoch befindet sich in der berühmten „Ambraser Handschrift" (aus Schloß Ambras bei Innsbruck, jetzt Österreichische Nationalbibliothek, Wien), die um das Jahr 1500 niedergeschrieben wurde.

Die Wolfdietrichsage hat sich vielfach mit der Sage von Dietrich von Bern vermischt, vor allem was den Schauplatz im Lampartenland und dem heutigen Südtirol betrifft. Dazu kommen noch östliche Einflüsse, die auf die Kreuzzüge zurückzuführen sind.

HUGDIETRICH IN FRAUENKLEIDERN

In Konstenopel herrschte einst König Anzius, ein hochbetagter Mann. Als er das Ende nahen fühlte, rief er Berchtung herbei, seinen treuen Lehensmann, der als Herzog zu Meran* saß. Zu ihm sprach er: „Ich habe dich groß und mächtig gemacht, nun danke es mir. Trage Sorge um mein Reich und mein Volk, vor allem aber empfehle ich meinen Sohn Hugdietrich deinem Schutz. Er ist noch ein Kind, und viele Feinde trachten ihm nach dem Leben."

Herzog Berchtung gelobte, die Wünsche seines sterbenden Herrn getreu zu erfüllen, und wachte an seinem Lager, bis die Todesstunde gekommen

* Unter Meran ist nicht die heutige Stadt Meran in Südtirol zu verstehen, sondern Dalmatien, das im frühen Mittelalter mit Tirol zu einem Herzogtum vereinigt war.

war. Nach dem prunkvollen Begräbnis ging Berchtung daran, alles nach dem letzten Willen seines Herrn zu ordnen. Er nahm Hugdietrich mit sich nach Meran, um ihn dort aufzuziehen.

Als Hugdietrich zum Jüngling herangewachsen war, übergab ihm Berchtung die Krone des Reiches, die er bisher stellvertretend getragen hatte. Hugdietrich aber sprach: „Lieber Meister Berchtung, nun bin ich König, und ein schönes Reich ist mein. Aber was ist ein Herrscher, wenn ihm keine Gemahlin zur Seite sitzt? Der König von Konstenopel wünscht sich eine Königin."

Berchtung war damit einverstanden, daß sich Hugdietrich verheirate, aber er wußte keine Jungfrau, die würdig gewesen wäre, die Gemahlin des stolzen und hochgeborenen Jünglings zu werden.

Nun wurde am Hof Umfrage nach einer würdigen Braut für den jungen König gehalten, und da meldete sich ein Ritter. „Ich weiß Euch das schönste Mädchen von der Welt. Ein König gebietet zu Salneck, mit Namen Walgund, seine Frau heißt Liebgard, und ihnen wurde eine Tochter geboren, die zur lieblichsten Jungfrau heranwuchs."

„Ihr Name?" fragte Hugdietrich, von plötzlicher Leidenschaft entflammt. Der Ritter berichtete: „Das liebliche Mädchen heißt Hildburg, doch so schön sie ist, so traurig ist ihr Los. Ihr Vater, von seltsamer Eifersucht auf seine Tochter erfüllt, hat sich geschworen, sie niemandem zum Weib zu geben, solange er lebt. Darum hält er sie in einem Turm eingesperrt. Ein Wächter hütet Tag und Nacht den Eingang, und eine einzige Magd betreut das arme Kind. Wahrhaftig, mein edler Herr, die schöne Hildburg wäre wie geschaffen zur Königin von Konstenopel, aber was nützt es, wenn ich Euch den Mund wäßrig mache. Ihr könnt sie ja doch nicht gewinnen."

„Gewiß, ich würde die schöne Hildburg in Gefahr bringen, wenn ich zu stürmisch vorginge", überlegte Hugdietrich. „Doch eine List soll mir helfen. Ich werde nähen und spinnen lernen und mich dann als Frau verkleidet dem Mädchen nähern."

Die Recken lachten hellauf. Doch Herzog Berchtung erteilte ihnen einen strengen Verweis und lobte seinen Schützling, den jungen König, für diesen klugen Plan. Einen anderen Weg sehe auch er nicht, und Hugdietrich mit seinem frischen Gesicht und seinen langen Locken könnte es wohl gelingen, die schwierige Rolle überzeugend zu spielen.

Hugdietrich ließ sich ein Jahr lang in den weiblichen Handarbeitskünsten ausbilden, und dann legte er zur Probe eine weibliche Verkleidung an und ging damit zur Kirche. Als ihn niemand erkannte, ja, als er gar die Leute tuscheln hörte, wer das schöne Mädchen sei, das hier zum erstenmal das Gotteshaus besuche, da wußte er, daß seine List gelingen würde. Er kündigte dem Meister Berchtung an, daß er nun die Reise nach Salneck antreten wolle.

Der Meister war einverstanden und gab ihm genaue Weisungen, wie er alles anstellen müsse. „Fünfzig Ritter, vierhundert Knappen und sechsunddreißig Jungfrauen sollen dich begleiten. Du mußt ein kostbares Zelt mitführen und es im Angesicht der Burg Salneck aufschlagen. Nimm inmitten deiner Ritter als Königin darinnen Platz und setze eine Krone auf dein Haupt. Der König wird dich befragen lassen, was dich in sein Land geführt habe. Da antwortest du ihm, du seist die Königin aus Konstenopel, und dein Bruder Hugdietrich habe dich vertrieben. Nun vertraust du dich der Gnade und Obhut des Königs von Salneck an. Wenn der König sie dir gewährt, dann schicke deine Begleitung fort. Warte, bis ich komme, und dann wollen wir beraten, was weiter zu tun sei."

Hugdietrich befolgte diese Ratschläge und fand in seiner Verkleidung auf der Burg Salneck Unterkunft und Gastfreundschaft. Er nannte sich Hildegund. Die Täuschung war vollkommen, als er der Königin von Salneck seine Geschicklichkeit beim Anfertigen kostbarer Stickereien vorführte. Die Königin war begeistert und bat „Hildegund", sie möchte zwei begabte Jungfrauen aus ihrem Hofstaat lehren, schöne Tischtücher zu sticken. Unter der Anleitung Hugdietrichs entstanden wundervolle Decken, die mit Zeisigen und Nachtigallen bestickt waren. Schließlich ging Hugdietrich dazu über, Teppiche zu weben, und unter seiner Hand wuchsen Stücke von nie gesehener Pracht. Ganze Jagdszenen waren auf ihnen abgebildet. Das Meisterwerk aber gelang Hugdietrich mit einem Teppich, genannt die

Löwenjagd. Ein Löwe duckt sich zum Sprung gegen eine Meute von Hunden, die ein fürstlicher Jäger auf ihn hetzt. Darüber schwebt ein Adler, bereit, aus der Luft herabzustoßen, um dem Löwen zu helfen.

Dieses Prachtstück bekam der König zu sehen, als er einmal die Spinnstube betrat. Er zeigte sich tief beeindruckt, und auf seine Frage erfuhr er, daß der Teppich von der schönen Hildgund entworfen und angefertigt worden sei. Als der König dies nicht recht glauben wollte, ließ sich der verkleidete Jüngling feingesponnenes Gold kommen und wob vor den Augen des Königs eine prachtvolle Kappe. „Tragt dieses Barett mir zu Ehren vor Euren Gästen", sprach Hugdietrich mit verstellter Stimme und überreichte die Probe seiner Kunst dem König.

Der König von Salneck war hell begeistert: „Ein so schönes Stück sah ich noch nie! Erbittet Euch dafür zum Lohn, wonach Euer Herz begehrt!"

„Ich begehre nichts für mich", erwiderte der listenreiche Jüngling, „sondern erbitte nur eine Gnade für Eure eigene Tochter. Hildburg dauert mich, weil sie ihr junges Leben in einem Turm zubringen muß. Schickt sie doch zu mir in die Spinnstube, damit ich sie meine Kunst lehren kann. Das wird für sie ein schöner Zeitvertreib sein."

Der König zögerte mit der Antwort. Aber nun konnte er nicht mehr zurücknehmen, was er versprochen hatte, und so sagte er endlich: „Ihr hättet nichts Größeres erbitten können, doch habt Ihr Großes geschaffen und Großes verdient. Meine Tochter wird zum ersten Male seit vielen Jahren den Turm verlassen, um bei Euch Unterricht zu nehmen."

HUGDIETRICH UND HILDBURG

An einem Pfingsttag wurde Hildburg von ihrem Turm herab und in die Spinnstube geführt. Hugdietrich fiel vor ihr auf die Knie, doch sie zog den Jüngling liebreich zu sich empor, denn sie meinte ja, ein Mädchen vor sich zu haben. Beim Mittagmahl saßen die beiden nebeneinander. Hugdietrich schenkte Hildburg den Wein ein und schnitt ihr das Brot. Nach der Mahlzeit bat Hildburg ihren Vater: „Gib mir doch das liebe Mädchen zur Gefährtin, und laß es bei mir auf dem Turm wohnen. Ich könnte dann auch viel schnellere Fortschritte beim Erlernen ihrer schönen Künste machen."

Dies leuchtete König Walgund ein, und da er ganz versessen darauf war, auch von seiner Tochter so schöne Arbeiten zu bekommen wie von Hildegund, gab er seine Zustimmung. Ja, er versprach Hildegund noch ein schönes Hochzeitsgeschenk, wenn sie einmal heirate. Hugdietrich mußte sich beherrschen, um sich nicht vor Freude zu verraten, daß seine List so vollkommen geglückt war.

Zwölf Wochen lang gab Hugdietrich der schönen Hildburg Unterricht in den weiblichen Handarbeitskünsten. Die Tochter des Königs von Salneck lernte sticken und häkeln und schließlich auch das Weben von Wandteppichen. In dieser ganzen Zeit ließ er sich nicht anmerken, daß er ein Mann war. Aber endlich wurde die Liebe in ihm so heftig, daß er sich nicht länger zu bezwingen vermochte. In einer jähen Aufwallung seiner Gefühle

245

umarmte er die Jungfrau. Verwundert fragte Hildburg: „Was soll das, meine liebe Freundin?"

„Nun sollst du alles wissen, edle Hildburg", rief der Jüngling aus, „ich bin der König von Konstenopel, Hugdietrich ist mein Name. Um deinetwillen habe ich so lange diese mühselige Verkleidung auf mich genommen, und heute kann ich nicht mehr anders: ich muß mich dir entdecken. Ich schwöre dir, daß ich nicht eher von meiner Liebe lassen werde, als bis du als Königin neben mir auf dem Thron sitzt!"

Da weinte Hildburg bitterlich, daß ihre schönen Augen rot wurden.

Er suchte sie zu trösten, aber sie hörte nicht auf zu klagen: „Wenn das mein Vater erfährt, ist es unser beider Tod."

„Ich habe den Himmel angefleht, mir ein Zeichen zu senden, wenn unsere Not am höchsten ist", rief der junge König.

„Eine größere Not als die unsere kann es doch nicht mehr geben", seufzte das Mädchen.

„Dann ist auch die Hilfe nahe ... glaube es mir!"

Kaum hatte Hugdietrich diese Worte gesprochen, drangen Rufe von draußen in das Gemach. Sie schienen vom nahen Wald zu kommen, und der Jüngling stieg auf die Plattform des Turms hinauf, um zu erkunden, was es gab. Am Waldsaum sah er eine Reiterschar halten, und ihr Anführer hielt den Wimpel hoch, um sich zu erkennen zu geben. Es war das Wappen Berchtungs von Meran. Hugdietrich stürzte die Treppe hinab und eilte der Reiterschar entgegen. Sie hatte einen Priester nach Salneck und hierher zum Turm geleitet, und dieser trat nun aus der Mitte der Reisigen hervor und teilte dem Jüngling mit, was sein Anliegen sei: „Dein Pflegevater Berchtung hat mich hierher gesandt ..."

Hugdietrich unterbrach den Priester mit freudigen Worten: „Der treue Berchtung, ich wußte doch immer, er werde mich nicht im Stich lassen."

„Ja, so ist es auch", fuhr der Geistliche fort, „ich komme, um dir Hilfe zu bringen. Es ist am Hof zu Meran durch einen Kundschafter bekannt geworden, daß du an das Ziel deiner Wünsche gelangt bist und im Turme wohnst, wo die schöne Hildburg eingeschlossen lebt. Da meinte denn unser Herr Berchtung, ihr hättet wohl auch schon Gelegenheit gehabt, euch zu versprechen, und nun bin ich gekommen, um euch zu vermählen."

Hugdietrich führte den Priester durch eine Hinterpforte in den Turm zu seinem geliebten Mädchen. Und nun konnten der junge König und Hildburg heimlich Hochzeit halten. Nicht einmal die Frauen und der Wächter des Turms erfuhren etwas davon.

Nach einigen Wochen erschien Berchtung am Hof von Salneck, um Hugdietrich heimzuholen. Er wurde von König Walgund mit höchsten Ehren empfangen. Aber das Geheimnis seines Schützlings lüftete Berchtung nicht.

Bei der Abschiedsmahlzeit brach Hildburg in bittere Tränen aus. Sie zog einen Ring vom Finger und reichte ihn dem verkleideten Gatten mit den Worten: „Trag dieses Gold in Freundschaft für mich, und sooft du es blinken siehst, gedenke meiner!"

Am nächsten Tag nahm Hugdietrich den Wächter des Turms beiseite und weihte ihn in das Geheimnis ein. Er bat ihn, seine Frau zu beschützen, was immer kommen möge. Der wackere Mann war tief gerührt von dem, was ihm unter dem Siegel der Verschwiegenheit anvertraut wurde, und versprach, lieber sein Leben hinzugeben, als die schöne Hildburg im Stich zu lassen.

Ein letztes Mal umarmte der scheidende König sein Weib, dann ritt er an Berchtungs Seite hinweg. Erst jenseits der Grenzen des Reiches von König Walgund entledigte sich Hugdietrich der Frauenkleider und legte die Ritterrüstung an. Das kalte Erz an seinen Gliedern zu fühlen, tat ihm unendlich wohl. Er prüfte das Schwert, das ihm Berchtung eingehändigt hatte, und hätte er nicht sein geliebtes Weib auf dem Turm zurückgelassen, er wäre glücklich gewesen. So aber verdunkelte der Trennungsschmerz wie ein schwerer, schwarzer Schatten sein Gemüt.

Konstenopel empfing seinen jungen Herrscher mit Freudenfesten und jubelnder Begeisterung. Doch Hugdietrich wurde seines Lebens nicht froh. Sooft er das Ringlein sah, dachte er an seine Gattin fern im Reich von Salneck.

WOLFDIETRICH

Hildburg wurde ein Knabe geschenkt. Niemand wußte davon, nur den Wächter ließ sie das Kindlein sehen. Zwischen seinen Schultern hatte es ein Muttermal, und daran sollte Hildburg später ihren Sohn erkennen. Der Wächter trug das Kind in die Kirche und ließ es auf den Namen Dietrich taufen. Wer seine Eltern seien, verriet er nicht.

Nach einigen Tagen kündigte Königin Liebgard ihrer Tochter auf dem Turm einen Besuch an. Darüber geriet Hildburg in große Aufregung. „Wenn meine Mutter das Neugeborene schreien hört, sind wir verloren", klagte sie dem Wächter ihr Leid. „Wir müssen es verbergen, doch ich kenne keinen geeigneten Ort."

„Da kann uns nur der Himmel helfen", erwiderte der Wächter traurig.

„Ja", seufzte die junge Mutter, „Gott, der uns das Kind geschenkt hat, möge es behüten, ich werde ein heißes Gebet zu ihm senden."

Hildburg und der treue Mann versanken in langes Stillschweigen. Auf einmal kam dem Wächter eine Eingebung, und er sprach: „Mir ist eine List eingefallen, und ich glaube, damit einen guten Ausweg aus unserer schwierigen Lage gefunden zu haben. Während Eure Mutter hier ist, lassen wir das Kind in einem Korb an einem langen Seil die Mauer hinunter. Dort kann es bleiben, bis die Königin wieder gegangen ist. Nachher ziehen wir das Körbchen wieder herauf."

Hildburg billigte den Plan, und die ganze Zeit über, da Königin Liebgard bei ihrer Tochter weilte, hing das Kind in seinem Körbchen an der Mauer des Turms. Fast bis zum Erdboden hinab war das Seil abgerollt, und das schuf ein neues Verhängnis. Ein Wolf strich nahrungssuchend durch das Gebüsch. Oft schon war es ihm geglückt, an der Turmmauer ein Huhn zu erwischen, auch Singvögel nisteten in den Fugen zwischen den großen Quadersteinen und wurden von Meister Isegrim als Leckerbissen betrachtet.

So fand der Wolf das Menschenkind. Er beschnupperte es, aber er wagte nicht, es zu zerfleischen. Doch mochte er auch wieder nicht ganz auf die Beute verzichten, und so nahm er das Kindlein in sein Maul und schleppte es in seine Höhle.

Als Königin Liebgard den Turm verlassen hatte, zog der Wächter das Körbchen wieder hoch – doch es war leer. Der Wächter beschloß, der jungen Mutter das Unglück zu verheimlichen. Das Seil mit dem Korb war nämlich nicht vom Gemach der Königin, sondern von der Wächterstube hinabgelassen worden. Der Wächter bangte, die junge Mutter würde vor Kummer sterben, wenn sie die Wahrheit erfuhr, und ersann eine Geschichte, daß er Klein-Dietrich zu einer Pflegemutter in den Wald gebracht habe, während die Königin zu Besuch bei ihrer Tochter weilte. „Ich dachte", so fügte er hinzu, „mit der Zeit müßte es ja doch einmal ans Tageslicht kommen, daß wir das Kindlein hier verborgen halten."

Am selben Tag befand sich König Walgund auf der Jagd und, von seinen Hunden geführt, gelangte er in die Nähe der Wolfshöhle. Das Tier, das den kleinen Menschenknaben in seiner Behausung niedergelegt hatte, war wieder auf Nahrungssuche ausgegangen und wurde dabei eine Beute des Speers aus König Walgunds treffsicherer Hand.

Schon wollte sich der König mit seinem Gefolge wieder entfernen, als ein Wimmern aus dem Innern der Höhle an sein Ohr drang. „Das hört sich an wie das Weinen eines Menschenkindes", meinte der König überrascht und befahl einem seiner Leute, in den Bau hineinzukriechen. Der Jäger fand das Knäblein und brachte es dem König.

„Welch ein hübsches, feines Kindlein", rief der König, „es ist ein Neugeborenes, und jammerschade wäre es gewesen, wenn es in dem Wolfsloch elend hätte umkommen müssen. Laßt uns die Mutter suchen, hoffentlich ist sie nicht von dem Wolf zerrissen worden."

Sie suchten im Walde kreuz und quer und fanden die Mutter nicht. Da breitete der König seinen Mantel über den Kleinen und nahm ihn auf den Arm. „Ich nehme das Kind mit nach Salneck", sprach er, „dort soll es wohl aufgehoben sein."

Daheim angelangt, ließ der König gleich seine Gattin rufen, zeigte ihr das Kind und berichtete, wie und wo er es gefunden habe. Auch Königin Liebgard war von dem Kleinen hell entzückt und meinte, es solle gleich getauft werden, denn ob es schon die Taufe empfangen habe, ehe es von dem Wolf in seine Höhle geschleppt wurde, sei ungewiß. Als Taufpaten wurden Graf Wolfwin, Ritter Sankt-Jörg und eine Markgräfin gewonnen. In dieser zweiten Taufe erhielt das Kind den Namen Wolfdietrich. Danach wurde es einer reichen Amme in Pflege gegeben, bei der es prächtig gedieh.

Als nun eines Tages Königin Liebgard wieder ihre Tochter auf dem Turm besuchte, erzählte sie nebenbei auch von dem Kindlein, das in der Wolfshöhle gefunden worden sei. Hildburg erschrak zu Tode, weil sie fürchtete, auch ihr Knabe könnte die Beute des Wolfs geworden sein. Mühsam beherrschte sie ihre Gefühle, solange die Mutter bei ihr weilte, dann aber rief sie den Wächter zu sich und sagte ihm auf den Kopf zu, daß sein Bericht, er habe Klein-Dietrich zu einer Pflegemutter in den Wald gebracht, eine Lüge gewesen sei. „Die Pflegemutter meines Sohnes war ein grimmiger Wolf, und sein Los war der Tod", klagte sie, und schier brach ihr Herz über dieser Vermutung, die ihr Gewißheit schien.

Der Wächter gestand nun, was sich an jenem verhängnisvollen Tag ereignet hatte, doch er versuchte Hildburg zu trösten: „Ich möchte fast glauben, daß das Knäblein, das unser König in der Wolfshöhle fand, Klein-Dietrich ist. Ich rate Euch, gnädige Herrin, unter einem Vorwand die Königin zu bewegen, Euch das Kindlein zu zeigen. Am Muttermal zwischen den Schultern werdet Ihr erkennen, ob es Euer Sohn ist."

Königin Liebgard fand es nicht verwunderlich, daß ihre Tochter den Wunsch äußerte, das Kind zu sehen, das wie durch ein Wunder einen Aufenthalt unter Wölfen heil überstanden hatte. Sie schickte die Amme mit dem Kind auf den Turm, mit bebenden Händen streifte Hildburg dem Kleinen das Hemdchen vom Leib und erblickte das Muttermal zwischen den Schultern. Ihre Hoffnung hatte sich erfüllt, auch an ihr hatte sich ein Wunder vollzogen: Sie wiegte Dietrich, der nun Wolfdietrich hieß, wieder in ihren Armen!

HILDBURG LÜFTET IHR GEHEIMNIS

Hildburg vermochte ihr Geheimnis nicht länger verborgen zu halten und offenbarte in einer günstigen Stunde ihrer Mutter, daß sie die Gattin König Hugdietrichs von Konstenopel und Wolfdietrich ihr Sohn sei.

Es dauerte eine geraume Weile, bis sich die Königin einigermaßen von dem Schreck und der Überraschung erholte, die sie bei dieser Eröffnung zu überwältigen drohten. Dann versprach sie ihrer Tochter, dem Vater alles schonend beizubringen und sein nachträgliches Einverständnis zu der heimlichen Hochzeit zu erwirken.

Königin Liebgard ging sehr bedächtig und geschickt zu Werk, dennoch vermochte sie einen Zornausbruch ihres Gatten nicht ganz zu verhindern. Aber in den Wortschwall seiner Anklage mischten sich doch auch Worte, die seinen Stolz über den Enkel spüren ließen, zumal es gerade ihm, dem Großvater, beschieden war, das Kind aus der Wolfshöhle herauszuholen. Auch die Tatsache, daß Hildburgs heimlicher Gatte der König von Konstenopel war, mäßigte seinen Grimm über den Ungehorsam der Tochter. So stand am Ende der langen Unterredung König Walgunds Entschluß, seinen Schwiegersohn und Erben nach Salneck zu rufen. Die Taufpaten Wolfdietrichs überbrachten die Einladung nach Konstenopel.

Hugdietrich fiel ein schwerer Stein vom Herzen, als er erfuhr, daß sein Schwiegervater ihm und seiner heimlichen Gemahlin verziehen hatte. Und bei der Mitteilung, daß ihm ein Söhnlein geboren worden sei, geriet er ganz außer sich vor Freude. Die Schilderungen der seltsamen Umstände, die alles ans Tageslicht gebracht hatten, die Entführung seines Kindes durch einen Wolf und die Gefahr, der es in der Höhle ausgesetzt gewesen war, ließen ihn noch nachträglich erbeben.

Der König von Konstenopel versammelte seine besten Männer um sich, fünftausend an der Zahl. Achtzehn Tage, nachdem die Boten seines Schwiegervaters bei ihm erschienen waren, brach er selbst zur Reise nach Salneck auf, und nach weiteren achtzehn Tagen traf er dort ein.

HUGDIETRICHS UND HILDBURGS GLÜCKLICHES LEBEN

König Walgund ritt Hugdietrich eine Tagreise entgegen. Die Begrüßung war herzlich, doch konnte Walgund seinem Schwiegersohn einen nachträglichen Vorwurf nicht ersparen: „Wie habt Ihr mich betrogen! Zwei Jahre als Frau verkleidet an meinem Hof zu leben, welches Übermaß an List!"

„Bin ich wirklich der Alleinschuldige?" verteidigte sich Hugdietrich. „War es recht, daß Ihr Euch geschworen hattet, Eure Tochter keinem Mann zur Frau zu geben? Konntet Ihr es verantworten, Hildburg so lange auf einem einsamen Turm gefangen zu halten? War meine List nicht gerechtfertigt? Denn nur mit Hilfe eines Betrugs konnte Hildburg erlöst werden."

König Walgund nahm diese Vorwürfe widerspruchslos hin und schloß seinen Schwiegersohn huldvoll in die Arme. Ihn und seine Tochter um Verzeihung zu bitten, dazu war er freilich zu stolz.

Von Glück und Rührung überwältigt, umarmten Hugdietrich und Hildburg einander. Dann bat der junge König, daß ihm sein Sohn gebracht werde. Er nahm das Kind aus den Armen der Amme, küßte es und sprach: „Wolfdietrich, du Kleiner, du sollst einmal mein Erbe sein. Nach mir wirst du die Krone von Konstenopel tragen und über weite Länder herrschen; weithin bis zu den Wüsten und Gebirgen, die noch niemand überschritten hat, wird sich dein Reich erstrecken, Wolfdietrich!"

Drei Tage später nahm das junge Paar Abschied von König Walgund und seiner Gemahlin. Vierhundert Recken gaben ihm das Ehrengeleit bis zu den Grenzen des Reiches von Salneck. Dort erwartete der treue Berchtung seinen Pflegesohn, um mit ihm weiter in die ferne Hauptstadt zu ziehen.

Dem königlichen Paar wurden noch zwei Söhne beschert. Sie erhielten in der Taufe den Namen Bauge und Wachsmuth. König Hugdietrich und seine Gemahlin Hildburg lebten in Glück und hohen Ehren und waren stolz auf ihre drei wohlgeratenen Söhne.

Zur gleichen Zeit herrschte im Reiche Garda ein mächtiger König namens Ortnit, der die Kraft von zwölf Männern besaß. Er hatte einem gewaltigen Heidenfürsten die Tochter entführt, die sich taufen ließ und nun als Königin Sidrat Ortnits Thron teilte. Der König von Garda hatte in kühnen Kriegszügen und durch gute Verträge sein Reich ständig zu vergrößern gewußt und nannte sich gern den Beherrscher der Welt.

Eines Tages saß Ortnit mit den Großen seines Reiches zu Tisch und rühmte sich seines Besitzes: „Mir dienen jetzt mehr Länder, als jemals einem König untertan waren. Alles Land bis zum Meer und zu den Wüsten gehört mir."

„Du irrst, mein Herr", warf Herzog Gerwart ein, „ich kenne einen König, der dir noch nicht zinspflichtig ist. Er dünkt sich groß und mächtig und hat drei Söhne, die keinem Menschen auf Erden untertan sind."

„Wer sollte das sein?" brauste Ortnit auf, „den Norden jenseits der Alpen, die südlichen Länder bis Rom und das heilige Jakobsland habe ich mir unterworfen, wo ist das Reich, das sich meinem Willen zu entziehen verstand, wer ist sein Herrscher?"

Herzog Gerwart antwortete: „Es ist König Hugdietrich, der zu Konstenopel regiert."

HUGDIETRICHS UND HILDEBURGS GLÜCKLICHES LEBEN

„Nun, so will ich ihn und seine drei Söhne unter meinen Befehl beugen", entschied der König von Garda, „ihre Länder und Burgen sollen mir zinspflichtig werden."

König Ortnit wählte zwölf kühne Ritter aus und erteilte ihnen den Auftrag, nach Konstenopel zu ziehen und Hugdietrich aufzufordern, sich freiwillig der Oberhoheit von Garda zu unterwerfen. Für eine jährliche Tributzahlung könne sich Konstenopel Ruhe und Frieden erkaufen, im Falle der Ablehnung werde König Ortnit im kommenden Sommer mit großer Kriegsmacht in Griechenland einfallen und seine Städte und Burgen verwüsten.

Als König Hugdietrich diese Botschaft vernommen hatte, rief er seine Söhne zu sich und fragte sie, welche Antwort er König Ortnit erteilen solle.

„Nicht eher werden wir Tribut zahlen, als bis alle unsere Ritter tot im Felde liegen und alle unsere Burgen in Rauch aufgegangen sind", riefen Bauge und Wachsmuth wie aus einem Mund.

Hugdietrich neigte eher dazu, den Tribut zu zahlen.

Wolfdietrich schloß sich der Meinung seiner Brüder an. „König Ortnit", so meinte er, „ist darauf aus, sich zum Kaiser der Welt aufzuwerfen. Nur noch unser Land widersetzt sich ihm. Bricht unser Widerstand zusammen, wird sich Ortnit Kaiser nennen, und wir werden seine Vasallen sein."

Der Vater überließ es Wolfdietrich, den Boten Ortnits Bescheid zu geben nach seinem und seiner Brüder Willen. Er fühle sich alt und dem Sterben nahe und nicht mehr berufen, Entscheidungen zu fällen.

Wolfdietrich verkündete den Gesandten aus dem Reiche Garda, daß er und seine Brüder entschlossen seien, der Herausforderung Ortnits zu trotzen. Die Boten erbleichten, denn sie fürchteten, daß diese Antwort Krieg bedeute.

Doch Hugdietrich wußte die Abgesandten Ortnits heimlich zu beruhigen. Er gab ihnen ein Saumpferd, mit Gold beladen, für den Herrscher am Gardasee mit. Diese freundliche Handlung verfehlte ihre Wirkung nicht. Sie stimmte König Ortnit milder, und er verzichtete auf den geplanten Krieg. So wissen Weisheit und Alter oft die ungestümen Kräfte zu bändigen, mit denen die Jugend nach Veränderung drängt.

VERRAT AN WOLFDIETRICH

Als Hugdietrich den Tod nahen fühlte, rief er seine drei Söhne zu sich und verteilte das Reich unter sie. Wachsmuth und Bauge erhielten die fernen Gebiete des Reiches, das Herzstück aber, Konstenopel, die Märchenstadt am Meer, übergab der Herrscher seinem ältesten Sohn. Wolfdietrich wurde damit König von Griechenland und Nachfolger seines Vaters.

Nun wußte Hugdietrich aber, daß seine beiden jüngeren Söhne den Erstgeborenen nicht für ebenbürtig hielten, weil er in einer Wolfshöhle aufgefunden worden war. Sie sprengten Gerüchte aus, Wolfdietrich sei gar nicht Hugdietrichs und Hildburgs Kind, sondern stamme aus einem wilden Geschlecht und sei von ihren Eltern nur als Pflegesohn aufgenommen worden. Deshalb ließ der König auch seinen treuen Gefolgsmann Herzog Berchtung an sein Sterbebett kommen und empfahl ihm Wolfdietrich zum besonderen Schutz. Berchtung versprach, ihn zu hüten wie sein eigenes Kind. Beruhigt schloß Hugdietrich nun seine Augen für immer.

Nach seinem Tode breitete sich schnell offene Feindseligkeit gegen Wolfdietrich am Hof von Konstenopel aus. Deshalb begaben sich Berchtung und Wolfdietrich nach Meran, damit der Jüngling dort seine Ausbildung vollende. Unterdessen erklärten sich Wachsmuth und Bauge zu den Beherrschern von Konstenopel und ihren Bruder Wolfdietrich seines Erbes verlustig.

Herzog Berchtung nahm seinen Schützling in eine harte Lehre. Nachdem er ihn in allen ritterlichen Künsten wohl unterwiesen hatte, sprach er eines Tages zu ihm: „Nun bist du soweit, von deinen ungetreuen Brüdern dein Recht zu fordern. Meine sechzehn Söhne und fünfhundert Ritter werden dich auf der Fahrt nach Konstenopel begleiten."

„Ich bitte dich, ebenfalls mitzukommen", erwiderte Wolfdietrich, „denn der Lehrmeister soll sehen, was sein Schüler gelernt hat."

„Es gilt!" rief Herzog Berchtung.

So ritten sie mit ihrem langen Troß zur Küste, bestiegen die Schiffe und landeten in Konstenopel. Dort hieß Herzog Berchtung seine Mannen warten und begab sich allein an den Hof. Bauge und Wachsmuth hörten ihn mit finsteren Mienen an und verkündeten ihm nach kurzer Beratung, daß sie auch weiterhin nicht bereit seien, Wolfdietrichs Ansprüche anzuerkennen. „Wir verlangen einwandfreie Beweise, daß das Findelkind aus der Wolfshöhle wirklich der Sohn unseres Vaters Hugdietrich ist", erklärten sie.

Wolfdietrichs Erzieher bot ihnen seinen Eid als Beweis an, doch sie lehnten ihn mit trotziger Geste ab. Herzog Berchtung drang weiter in die beiden und hielt ihnen vor, daß sie sich unrechtmäßig der Herrschaft bemächtigt hatten. Doch all sein Zureden und alle Warnung blieben umsonst. Er wurde in Ungnade entlassen und befürchtete das Schlimmste.

Während er durch die langen Gänge und die vielen Zimmerfluchten des Palastes dem Ausgang zuschritt, sah er sich von verdächtigen Gestalten umgeben, und er wäre froh gewesen, wenn er sich schon wieder bei den Seinen am Strand befunden hätte.

Am großen Tor, das den Palast nach dem Meer hin öffnete, wurde er am Weitergehen gehindert. Doch war er auf die Gefahr vorbereitet. Schnell hatte der Herzog von Meran sein weithin tönendes Horn zur Hand, und sein schmetternder Ruf tat seinen Mannen kund, daß sich ihr Herr in Bedrängnis befand. Nun stürzten sich die Wächter auf ihn, um ihn gefangenzunehmen. Aber mit seiner Fechtkunst hielt er sie sich so lange vom Leibe, bis seine Mannen eingetroffen waren.

Drei Tage währte der Kampf im Palast von Konstenopel. Wolfdietrich bestand seine Feuertaufe in allen Ehren, mit der Kraft und Ausdauer des wahren Helden wehrte er im Verein mit den Rittern Berchtungs und dem Herzog selbst die Übermacht ab. Doch es mußte ein furchtbarer Preis bezahlt werden. Als schließlich nur noch Berchtung, sein Schützling und seine sechzehn Söhne am Leben waren und das Blut der anderen Helden die Fliesen rötete, riet Wolfdietrich zur Flucht:

„Wir wollen versuchen, den Wald zu erreichen", pflichtete ihm der alte Recke bei.

Doch ehe ihnen die Flucht glückte, fielen sechs von Berchtungs Söhnen. Der Herzog merkte es wohl, doch gelang es ihm jedesmal, seinen Zögling von dem traurigen Geschehen abzulenken und so seinen Mut aufrechtzuerhalten.

Endlich war das kleine Häuflein der Überlebenden bei den Pferden, schwang sich in den Sattel und sprengte hinaus in den dichten Wald. Die Feinde setzten ihnen nach, verloren aber ihre Spur und kehrten nach Konstenopel zurück, während Wolfdietrich mit seinen Getreuen in einem wilden Tale rastete.

Jetzt erst bemerkte Wolfdietrich, daß sechs von Berchtungs Söhnen fehlten. Voll banger Ahnung wandte er sich an seinen Lehrmeister. „Wo sind die andern?"

„Ich weiß es nicht, mein König", erwiderte der Herzog von Meran und spielte, so gut er es vermochte, den Unbekümmerten, „gewiß haben sie einen anderen Weg gewählt und stecken noch irgendwo im Wald."

Ein Zug tiefer Bekümmerung überflog Wolfdietrichs Gesicht, und Berchtung erkannte, daß sein Schüler in diesen furchtbaren Tagen zum Mann gereift war. Wolfdietrich sprach: „Bei dem Urteil, das beim Jüngsten Gericht deiner harrt, fordere ich dich auf, mir die Wahrheit zu sagen: Wo sind deine sechs Söhne? Sind sie gefangen oder gefallen?"

„So muß ich es dir also gestehen, daß sie in der Burg von Konstenopel gefallen sind."

„Wehe mir!" rief Wolfdietrich, „hätten mich doch die Wölfe zerrissen, so daß mich der König von Salneck niemals in der Höhle gefunden hätte! Nun bin ich dazu verurteilt, meine Freunde ins Unglück zu stürzen!"

Herzog Berchtung sprach dem jungen Herrscher Trost zu: „Es ist das Los der Großen dieser Welt, Leid über die einfachen Menschen zu bringen. Doch wäre deren Leben nicht auch leer und schal ohne den Glanz, den es von dem Schicksal der Krone empfängt?"

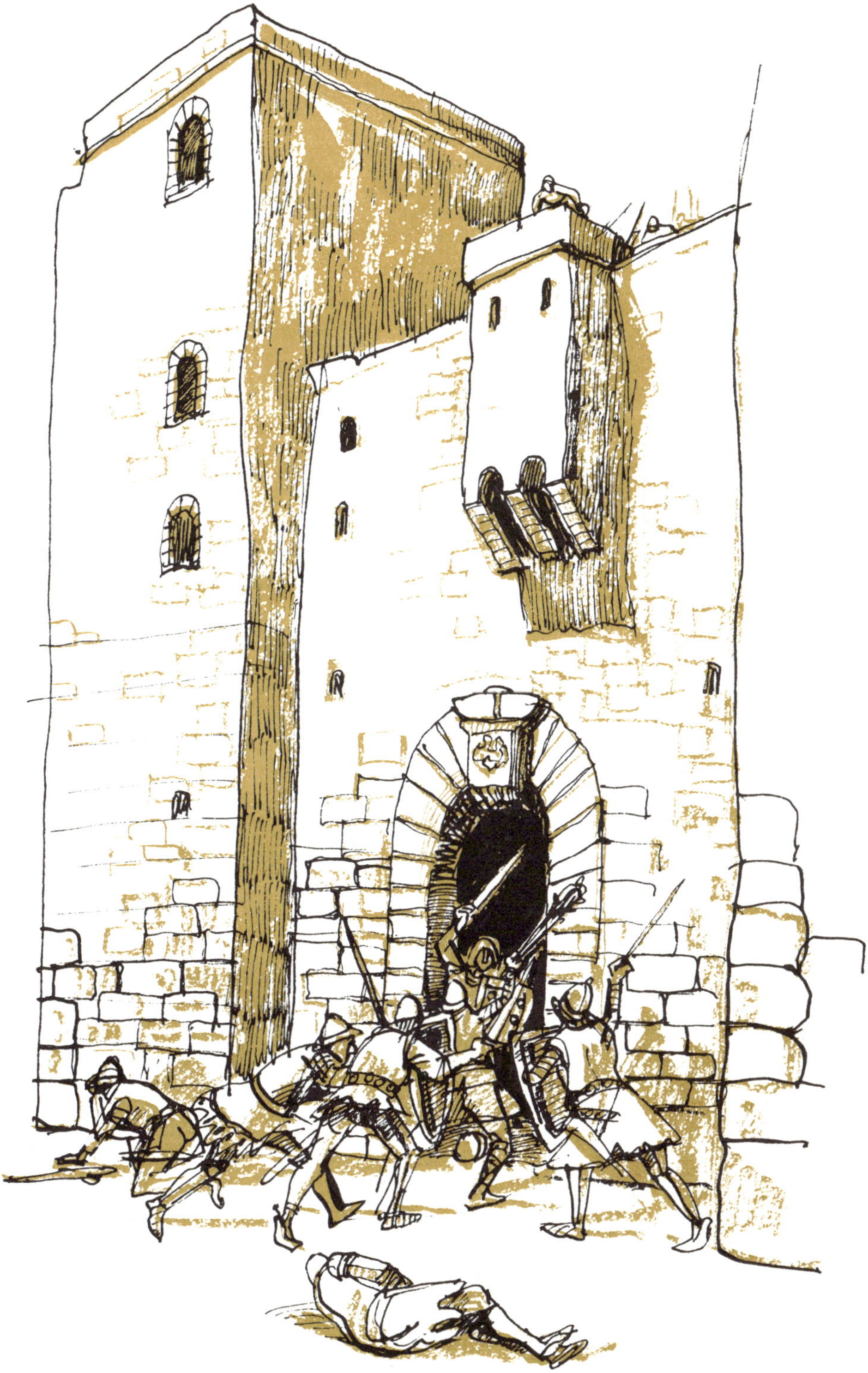

DIE VERZAUBERTE KÖNIGSTOCHTER

Sie blieben die Nacht über in dem wilden Tal, und Herzog Berchtung hielt die Wache, während die anderen schliefen. Gegen Morgen weckte er Wolfdietrich, um ihm eine unheimliche Beobachtung mitzuteilen: „Eine Hexe umschleicht unser Lager. Ich glaube, ich kenne sie, denn schon öfter sah ich sie dir nachstellen. Ein Weib ist es, dem die Hölle zur Rauhnacht Urlaub gibt. Wollte Gott, daß die Unholdin unserer Not nicht neues Unheil hinzufügt."

„Keinem bleibt die Not erspart, besser, sie überfällt den Menschen in der Jugend als im Alter", erwiderte Wolfdietrich. „Darum, lieber Berchtung, lege dich zur Ruhe und überlasse die Wache mir. Ich muß lernen, die Gefahren des Lebens zu bestehen."

Da es während der Nacht sehr kalt geworden war, hatten die Recken ein Feuer angemacht. Als Berchtung, erschöpft von den Anstrengungen der letzten Tage, eingeschlafen war, näherte sich ein unheimliches Wesen der Glut. Auf allen vieren kroch es wie eine Bärin heran, und Wolfdietrich fuhr auf: „Welcher Teufel führt dich hieher?"

Es war ein Weib, halb Tier und halb Mensch. „Wolfdietrich", sprach es mit einer Stimme, die aus einem Geisterreich zu kommen schien, „in dir habe ich den Mann gefunden, der mich lieben und erlösen soll. Du wirst deine Liebe nicht zu bereuen haben. Ein Königreich wartet deiner, und kühne Ritter werden dir zujubeln, wenn du mich zur Gattin nimmst."

„Fahre zur Hölle, woher du gekommen bist", rief der junge König, „ich will mit einer Teufelin nichts zu tun haben."

Die Hexe erhob sich aus ihrer gebückten Haltung, ihre Hände beschrieben Zauberkreise in der Luft, und ihre Lippen öffneten sich zu Beschwörungsformeln. Ein Zauber senkte sich über Wolfdietrich, er stürzte zu Boden und verlor das Bewußtsein.

Nun nahm ihm das Weib das Schwert ab und führte sein Roß hinweg. Als Wolfdietrich wieder zu sich kam und den Verlust entdeckte, trat Angstschweiß auf seine Stirn. Wie sollte er ohne Waffe und Pferd jemals wieder aus diesem wilden Wald hinausgelangen? Er lief tiefer in den Wald hinein, um das Verlorene zu suchen, und geriet auf einen Pfad, der ihn mit magischer Gewalt zwang, zwölf Meilen weit zu laufen.

Unter einem Baum fand er endlich die Zauberin, und sie öffnete weit die Arme, um den Helden liebend an sich zu drücken. Schaudernd wich Wolfdietrich vor der Unholdin zurück. „Willst du mich nicht zur Gemahlin nehmen?" fragte sie mit zärtlicher Stimme, „ich bin ein Waldweib, die rauhe Else genannt, aber mein Herz ist zarter als meine zottige Haut."

„Weiche von mir, du böse Teufelin!" rief der junge König, „und gib mir mein Schwert und mein Pferd zurück, denn du hast mir beides entführt."

„Ei, wie schlau ist mein junger Held", höhnte die Unholdin, „leg dich doch schlafen, denn du bist müde. Ich will dir im Schlaf dein wirres Haar kämmen, und wenn du erwachst, wirst du alles mit ganz anderen Augen ansehen."

Die Teufelin behielt recht. Denn als Wolfdietrich ihr Werben weiter zurückwies, warf sie noch einmal ihren Zauber über ihn, er verlor abermals das Bewußtsein, und als er wieder erwachte, war er verwandelt. Sein edler, kluger Geist war aus ihm gewichen, und tierhafte Stumpfheit war an dessen Stelle getreten. Wie ein Tier des Waldes lebte er fortan dahin und nährte sich von Wurzeln und Kräutern.

Berchtung und seine zehn am Leben gebliebenen Söhne hatten sich, als Wolfdietrich zu lange ausblieb, aufgemacht, um den Vermißten zu suchen. Das Waldweib wußte es aber so zu fügen, daß sie seine Spur nicht fanden.

Der alte Herzog versammelte nun seine Söhne um sich, um mit ihnen zu beraten, was zu tun sei. Nachdem sie alles hin und her erwogen hatten, trug Berchtung seinen Söhnen auf, sich nach Konstenopel zu den ungetreuen Brüdern Wolfdietrichs zu begeben und in ihre Dienste zu treten. „Wenn wir hören, daß unser Herr noch lebt, wenn ich ihn finde oder ihr ihn erkennt", fügte er tröstend hinzu, „dann sollt ihr eures Eides entbunden sein und ihm von neuem getreu dienen. Ziehet hin, Gott sei mit euch!"

Mit gesenktem Haupt entfernten sich Berchtungs Söhne. Es fiel ihnen nicht leicht, einen neuen Treueid zu schwören, ohne vom alten durch die Gewißheit entbunden zu sein, daß Wolfdietrich nicht mehr am Leben sei.

Der alte Herzog drang nun allein weiter in die Wildnis vor, denn er hatte die Hoffnung noch nicht aufgegeben, etwas über das Schicksal seines Schützlings zu erfahren. Und richtig – er erspähte das Waldweib, das durch den Tann schlich, und folgte ihm. Der Pfad führte in ein anderes Land, das Alt-Troja genannt wurde. Dort blieb die Hexe vor einem hohen Münster stehen.

Berchtung trat auf die Hexe zu und flehte sie an, ihn seinen Schützling sehen zu lassen, denn er wisse wohl, daß er von ihr entführt worden sei.

„Wie kannst du so etwas behaupten", geiferte die Teufelin, „ich weiß nichts von Wolfdietrich, ich habe ihn nicht geraubt und ich will nichts von ihm."

„Ich weiß es aber, daß du ihn verborgen hältst", erwiderte der Herzog, indem er mühsam seinen Zorn bezwang, um das wilde Weib nicht noch mehr zu reizen. „Ich merkte wohl, wie du meinen jungen Herrn im Wald umkreistest, hörte dich mit ihm reden, und seither ist er verschwunden."

Die Unholdin verstummte, doch der alte Herzog von Meran bemerkte, wie ihre Hände Zauberringe in der Luft zu zeichnen begannen, und er ahnte, daß er sich nur durch schnelle Flucht vor ihrer magischen Gewalt retten konnte. Er entzog sich dem Weib und seinem Zauber, indem er in das Münster eintrat.

Als er das Gotteshaus wieder verließ, fand er den weiten Platz leer. Das Weib war verschwunden. „Nun ist meine letzte Hoffnung dahin", klagte er, „ach, du gütiger, lieber Gott, soll ich meinen Herrn wirklich nicht mehr wiedersehen?"

DIE VERZAUBERTE KÖNIGSTOCHTER

Traurig und schweren Herzens ging er den Weg zurück, den er hergekommen war; viele Tage pilgerte er durch das Land, bis er schließlich nach Konstenopel kam. Dort traf er seine zehn Söhne, und sie fragten ihn, ob er Wolfdietrich gefunden habe. Der Herzog verneinte es und fügte hinzu, daß der König wohl tot sei.

Berchtung wurde sodann zu Bauge und Wachsmuth geführt, die ihn mit falscher Freundlichkeit empfingen. Auch sie forschten nach dem Verbleib Wolfdietrichs, und auch ihnen sagte der Herzog von Meran, daß der junge König wohl nicht mehr unter den Lebenden weile. Nun versuchte das Brüderpaar, Berchtung zu überreden, Wolfdietrich fallenzulassen und auf die neuen Könige von Konstenopel den Treueid zu leisten.

Der alte Herzog von Meran wies das Ansinnen zurück: „Euer Vater hat mir Wolfdietrich anvertraut, und dieser Eid, den ich dem jungen Herrn geleistet habe, gilt, solange seine Leiche nicht gefunden wurde."

Bauge und Wachsmuth tobten vor Wut, als sie sahen, daß sie den Starrsinn des treuen Berchtung nicht zu brechen vermochten, und ließen ihn schließlich in Ketten legen. Das gleiche Schicksal wurde Berchtungs Söhnen zuteil.

Während sich all das in Konstenopel zutrug, lief Wolfdietrich, noch immer seiner Sinne beraubt, ohne Ziel und ohne Rast im Wald umher. Wieder erschien ihm das wilde Weib, und wieder fragte es: „Willst du mich zur Gemahlin nehmen?"

„Wärst du nur getauft, dann würde ich dich zur Frau nehmen", erwiderte Wolfdietrich, von Hunger und Schlaflosigkeit geschwächt.

Da stieß die Waldhexe einen Jubelschrei aus: „Nun ist meine Erlösung nahe. Denn wisse, edles Fürstenkind, daß ich getauft bin. Und da du dich bereit erklärt hast, mich zum Weib zu nehmen, sollst du auch noch mehr über mich erfahren. Ich bin von meiner Stiefmutter verzaubert worden und finde nicht eher in meine frühere Gestalt zurück, als bis mich der edelste aller Männer freit. Der aber bist du!"

Da die Waldfrau nun am Ziel ihrer Wünsche war, gab sie Wolfdietrich seinen klaren Verstand wieder, den sie ihm durch einen Zauber getrübt hatte. Nun konnten sie über alles sprechen und über ihre Zukunft beraten. Wolfdietrich erfuhr, daß die Waldfrau verhext und die Erbin des Königreichs Alt-Troja sei. „Ich werde es dir als Morgengabe zu Füßen legen, und so wirst du zu der Krone von Konstenopel noch die meiner Heimat tragen", sprach sie. „In einem Jungbrunnen werde ich meine ursprüngliche Gestalt zurück erhal-

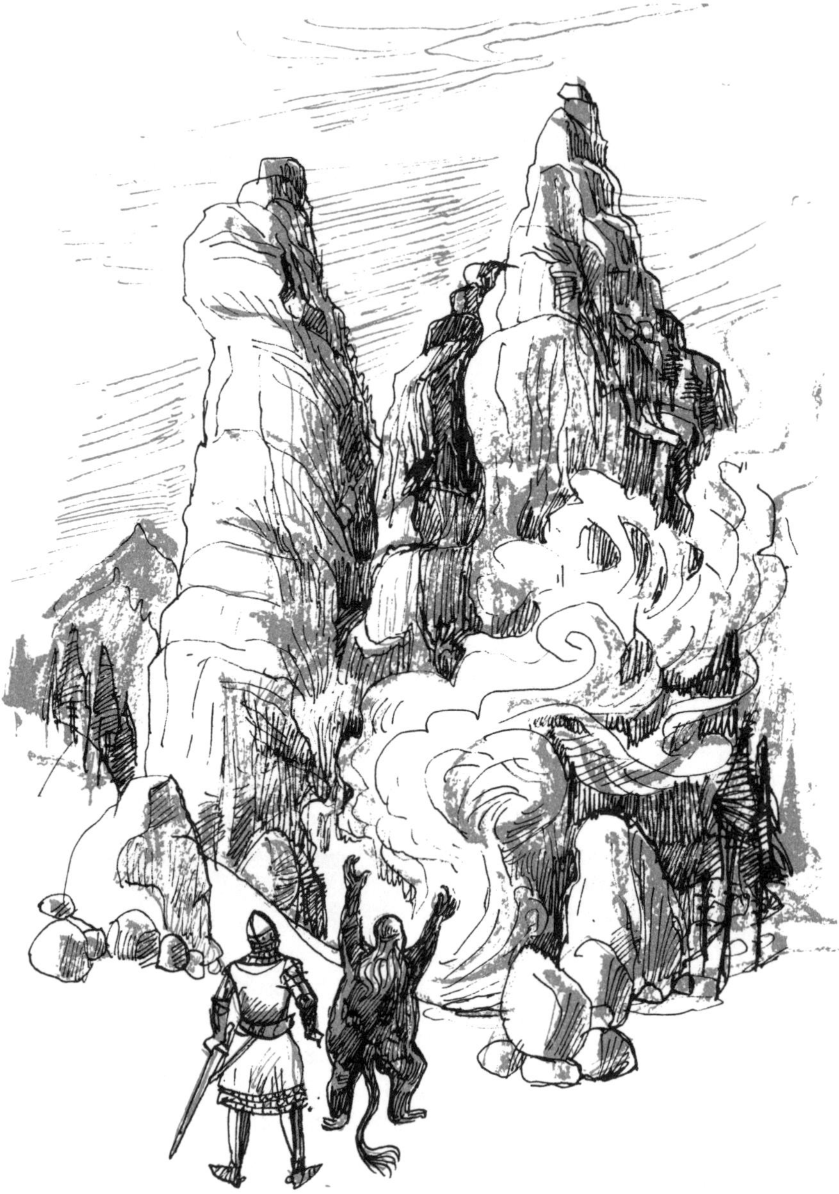

ten, fürchte also nicht, an meiner Seite weiterzuwandern. Wir werden den Jungbrunnen bald erreicht haben."

„So laß uns gleich aufbrechen", rief Wolfdietrich.

Während sie den Pfad, der zu dem Jungbrunnen führte, dahinschritten, berichtete die Waldfrau, was sich inzwischen in Konstenopel ereignet hatte und daß Herzog Berchtung und seine Söhne für ihre Treue zu Wolfdietrich im Kerker büßen müßten. Diese Kunde versetzte den jungen König in tiefe Niedergeschlagenheit.

Bald darauf veränderte sich die Landschaft, und wilde Felsgebirge traten an die Stelle sanfter Waldhügel. Auf steinigen Wegen gelangten sie schließlich in einen rings von steilen Wänden eingeschlossenen Kessel, aus dessen Mittelpunkt Dampfwolken aufstiegen. „Von zwei Quellen wird der Jungbrunnen gespeist", erklärte die Verzauberte das Geheimnis dieses Felsengrunds, „von einer kalten und einer warmen. In beiden muß man untertauchen, wenn man verwandelt werden will, glühende Hitze muß man auf seinem Leib erdulden und sich gleich darauf in ein Wasser stürzen, das von geschmolzenem Eis stammt."

Sodann sprach die Waldfrau ein Gebet und stürzte sich in die kochende Flut und, ihr mit einem wilden Schmerzensschrei wieder entfliehend, suchte sie das kühlende Bad auf. Aus diesem trat Wolfdietrich ein wunderschönes Mädchen entgegen, das ihn umarmte und jubelte: „Vergiß die rauhe Else, denn Siegeminne ist mein Name von dieser Stunde an."

„Jetzt bereue ich nicht mehr, dich zu meiner Braut erkoren zu haben", rief Wolfdietrich und zog das Mädchen innig an sich.

WOLFDIETRICH BEZWINGT KAISER ORTNIT

In Alt-Troja wurden die rechtmäßige Erbin des Reiches und ihr Bräutigam mit Jubel begrüßt. Bald fand auch die Hochzeit statt, und Wolfdietrich wurde König des schönen Landes am Agäischen Meer. Doch bedeutete ihm dies nur den Schlüssel zu größeren Taten. Konstenopel wollte er seinen ungetreuen Brüdern entreißen, denn erst der Besitz jenes Reiches machte ihn zum Herrn der Welt.

Doch so leicht war es nicht, Bauge und Wachsmuth zu verjagen. Viele Könige und Fürsten waren ihnen ergeben, und uneinnehmbar schien Konstenopel selbst zu sein. Deshalb überraschte Wolfdietrich sein junges Weib mit dem Vorhaben, in das Land Kaiser Ortnits einzufallen und den gewaltigen Herrscher zum Zweikampf herauszufordern.

„Lieber Gemahl", rief Siegeminne zu Tode erschrocken aus, „was willst du von Kaiser Ortnit, hat er dir etwas zuleide getan?"

„Ich finde, es ist nicht recht, daß er sich aus eigenem seit einiger Zeit Kaiser nennt und sich damit über uns Könige zu erheben sucht", erwiderte Wolfdietrich.

„Laß ab von deinem Hochmut", mahnte die Königin, „und sei zufrieden mit dem Besitz, den ich dir gebracht habe."

„Du hast recht, liebes Weib", lenkte der junge König ein, „doch nichts kann mich meiner Pflicht entbinden, nach Konstenopel zu ziehen, um meine Getreuen zu befreien. Für diesen Krieg brauche ich aber einen starken Bundesgenossen, und der kann nur Ortnit sein. Ich werde ihn im Zweikampf zu Boden werfen und ihn mir zum Vasallen machen."

Jetzt gab Siegeminne endlich nach und erklärte sich bereit, ihren Gatten auf seinem Zug nach Garda zu begleiten.

Ein stattliches Schiff wurde ausgerüstet, und ohne Zwischenfälle gelangten Wolfdietrich und sein Weib samt einer Schar tapferer Helden an die Küste von Ortnits Reich. Sie zogen zu Lande weiter an den Gardasee, und als sie die Burg von weitem erblickten, lagerten sie unter dem Schatten einer Linde, um sich zu erfrischen und vom Staub zu reinigen, denn sie wollten im Strahlenglanz von Brünne und Helm vor Ortnit erscheinen.

Die Wachen auf dem Turm verständigten Ortnit von der Ankunft der Fremdlinge. Von seiner Gemahlin Sidrat begleitet, trat er auf den Söller, und als er Wolfdietrichs Heerschar erblickte, rief er aus: „Sidrat, sieh dir doch diese Übermütigen an! Sie fallen in mein Reich ein und lagern sich im Schatten meiner Bäume, als wären diese ihr Eigentum. Ich werde sie für diesen Frevel bestrafen."

Sidrat versuchte, ihren zürnenden Gatten zu besänftigen. Sie gab ihm zu bedenken, daß es doch harmlose Wanderer sein könnten, die Erquickung suchten.

„Harmlose Wanderer?" höhnte Ortnit, „seit wann tragen Wanderer Rüstungen von Silber und Helme von Gold? Ritter sind es, stolz und streitsüchtig, und ich wette, sie kamen nach Garda, um mich herauszufordern."

Ortnit legte seine Rüstung an und begab sich allein zur Linde hinab. Die fremden Männer hatten es sich bequem gemacht; die Beine lang ausgestreckt, lagen sie im Gras, und viele von ihnen schliefen. Als Ortnit zu ihnen trat, blieb sein Blick auf dem schlafenden Wolfdietrich haften. Dieser trug die prächtigste Rüstung, und so kühn auch alle seine Begleiter aussahen, sein Gesicht war kühner, und es fiel Ortnit nicht schwer, in Wolfdietrich den Anführer der Schar zu erkennen. Er hatte schon viel von dem jungen König gehört, aber er dachte nicht im entferntesten daran, ihn nun leibhaftig vor sich zu haben. Mit einem Stoß seines Speerschaftes weckte Ortnit den Schläfer auf.

„Eine grobe Art hast du, jemanden zu wecken", rief Wolfdietrich, worauf er mit einem Ruck aufsprang und nach seinem Schwerte griff.

„Ich bin auch nicht gekommen, um mit dir fröhlichen Umtrunk zu halten", erwiderte Ortnit, „denn ich errate wohl, welche Absicht dich hiehergeführt hat. Dein Sinn steht nach Kampf und Sieg."

„Herrlich, wie du meine Gedanken zu lesen vermagst, Kaiser Ortnit", lobte der junge Held. „Ich wußte doch, daß ich mir einen großen Gegner erwählte, als ich dein Land betrat."

„Darf ich nun den Namen des Helden wissen, dessen Leben mir in Kürze verfallen sein wird?" höhnte Ortnit.

„So wehre dich, Kaiser Ortnit, der Wolf wird dich besiegen!"

„Wolfdietrich?!"

„Der König von Griechenland auf der Suche nach seiner Krone!"

„Und die suchst du bei mir?"

„Geduld, du wirst noch alles erfahren."

Schnell waren Rede und Gegenrede gewechselt, nun sollten die Schwerter sprechen. Der Kampf begann. Jeder warf den anderen dreimal zu Boden. Wolfdietrich war es, der als erster zum vierten Male strauchelte und niedersank. Mit einem Sprung kniete Ortnit neben ihm, um ihm den Todesstoß zu geben. Doch in dem Augenblick, als er das Schwert hob, stand Wolfdietrich schon wieder auf den Beinen und führte einen so überraschenden Schlag, daß es nun Ortnits Los war, zu Boden zu gehen. Er vermochte sich nicht mehr zu erheben, seine Augen schlossen sich, und bewußtlos lag er vor dem Sieger. Wolfdietrich war so vom Kampf berauscht, daß er nahe daran war, seinen Feind zu töten.

Doch Kaiserin Sidrat kam der blutigen Tat zuvor. Sie warf sich über den Körper ihres Gatten und flehte Wolfdietrich um Gnade an. Da erst kam er wieder zu sich und besann sich seiner Absicht, die ihn hierhergeführt hatte. Eilig lief er nun zu einer nahen Quelle, die ihm Sidrat gezeigt hatte, denn die Wunden des Kaisers bedurften dringend der Linderung.

Als Wolfdietrich mit einem Helm voll klaren Quellwassers zu Ortnit zurückkehrte, war neben Kaiserin Sidrat auch seine Frau Siegeminne um den Verletzten bemüht. Es gelang den beiden Samariterinnen, den schwer getroffenen Mann wieder zum Leben zurückzurufen, und als Ortnit die

Augen aufschlug, wandte sich Sidrat mit einem Seufzer der Erleichterung an die beiden Streiter: „Statt euch zu bekriegen, solltet ihr lieber zusammenhalten. Niemand in der Welt wäre einem solchen Heldenpaar gewachsen. Schwört, daß jeder, solange er am Leben ist, rächen wolle, was dem anderen an Leid widerfahre. Das wird eure Feinde auch dann fernhalten, wenn jeder für sich seiner Wege geht. Denn immer wird ihn der Schutz des anderen unsichtbar begleiten."

„Welch großartigen Vorschlag habt Ihr da gemacht, edle Frau", rief Wolfdietrich begeistert, „und so ist es an der Zeit, die ganze Wahrheit zu offenbaren. Ich kam nach Garda, um Ortnit zu meinem Bundesgenossen zu machen."

„Beim Himmel, einer harten Mutprobe habt Ihr ihn aber unterzogen! Ich rate Euch, in Zukunft Eure Freunde auf sanftere Art zu gewinnen", erwiderte Sidrat halb im Scherz und halb im Ernst.

Inzwischen hatte sich Ortnit wieder erholt, und Wolfdietrich berichtete von seinem Schicksal und seinem Plan, Berchtung und seine Söhne aus dem Kerker von Konstenopel zu befreien. „Auf meine Hilfe darfst du zählen!" versicherte Ortnit.

Ein halbes Jahr weilte Wolfdietrich mit seiner Gemahlin Siegeminne am Hofe Ortnits. Zu ihrem Abschied wurde eine große Jagd veranstaltet. Von ihren Frauen und vielen Knappen begleitet zogen die beiden Herrscher durch die Wälder. Sie waren noch nicht lange geritten, als ein wundersames Stück Wild die Aufmerksamkeit der Jagdgesellschaft auf sich zog: ein Hirsch mit einem mächtigen Geweih, von dem ein magisches Leuchten ausging.

Sogleich nahmen Wolfdietrich und Ortnit die Spur des Tieres auf. Sie kamen dem Hirsch bis auf Speerwurfweite nahe und sahen, daß sein Geweih aus purem Gold war. Aber bevor sie die Spieße zum Wurf angesetzt hatten, war das Tier schon wieder ihren Blicken entschwunden.

Der Hirsch mit dem goldenen Geweih stand im Dienste des Riesen Drasian, der ihn als Lockvogel zum Menschenraub benützte. Der Riese hatte es diesmal nicht auf die Jäger, sondern auf die zurückgebliebenen Frauen abgesehen, die er durch das Erscheinen des Zauberhirschen von ihren Männern zu trennen verstand. Während diese noch immer vergeblich dem kostbaren Wild nachhetzten, brach Drasian in das Lager der Frauen ein und raubte die schöne Siegeminne, Wolfdietrichs Gemahlin.

Als die beiden Herrscher nach vergeblicher Hatz an den Lagerplatz

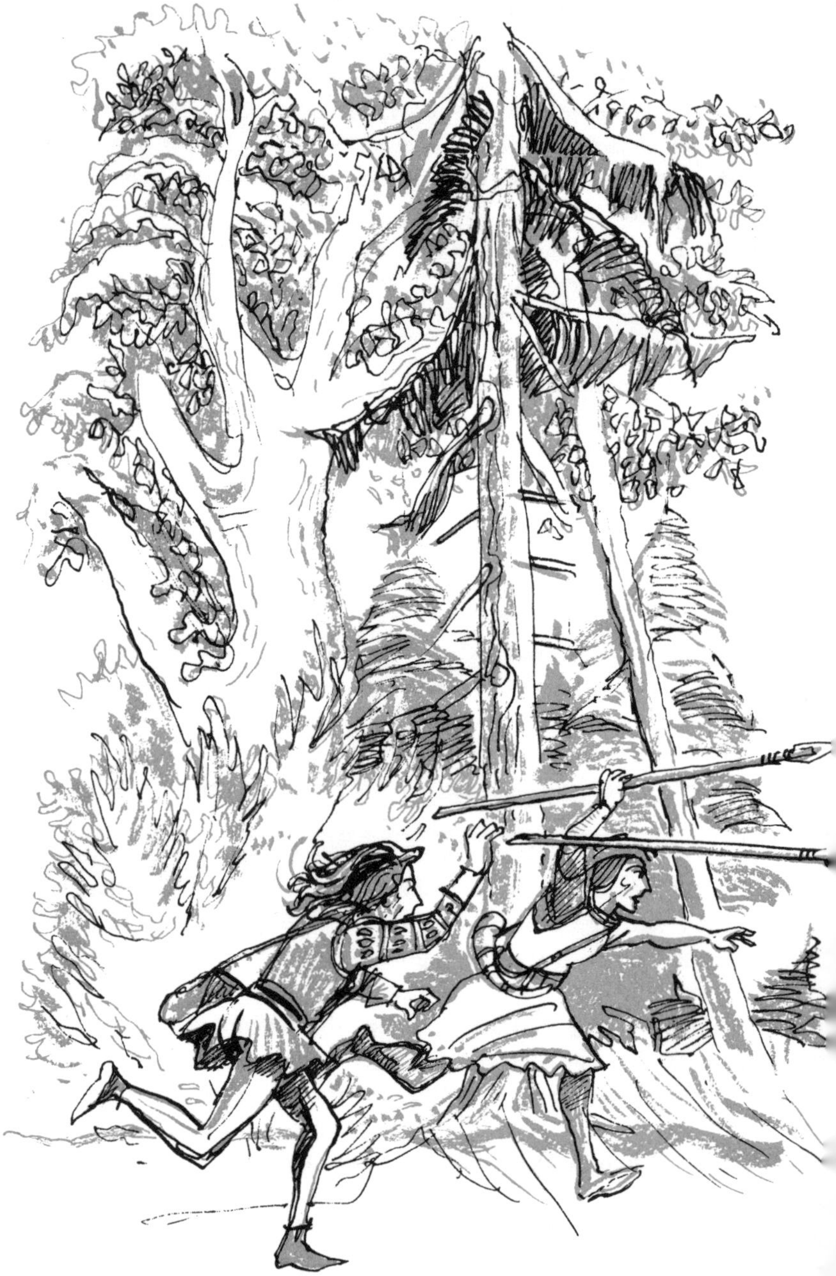

der Frauen zurückkehrten, erfuhren sie von dem schrecklichen Ereignis. Sie versuchten sofort, die Spur des Riesen aufzunehmen, doch diese verlor sich bald im dichten Moos.

Ortnit und Wolfdietrich brachten Sidrat nach Garda zurück und machten sich am nächsten Morgen abermals auf, um Siegeminne zu befreien. Tagelang durchstreiften sie die finsteren Wälder und gönnten sich nur kurze Rast. Schließlich kamen sie zur Hütte eines Einsiedlers, wo sie ein wenig zu ruhen und frische Kräfte zu sammeln gedachten.

Von Müdigkeit überwältigt, schlief Ortnit ein. „Frommer Mann", bat da Wolfdietrich den Eremiten, „wecke meinen Gefährten nicht, wenn ich mich jetzt entferne. Verrate ihm auch später nicht, welche Richtung ich eingeschlagen habe. Bitte ihn vielmehr, daß er zu seiner Frau und seinen Gefährten zurückkehren möge. Sie sollen meinetwegen nicht in Gefahr geraten."

„Es ist edel von dir, alle Last dieses schweren Abenteuers auf dich zu nehmen", antwortete der Einsiedler, "und ich möchte dir mit meinen bescheidenen Kräften dienlich sein." Er brachte ihm ein härenes Pilgergewand, seine einzige Habe neben dem, das er trug, und riet Wolfdietrich, es sich über die Rüstung zu streifen, damit ihn nicht jeder gleich als Ritter erkenne. Diese Verkleidung sollte dem Helden noch zu großem Nutzen gereichen.

SIEGEMINNES BEFREIUNG UND TOD

Sieben Tage wanderte Wolfdietrich durch den Wald und nährte sich nur von Beeren und Kräutern. Einmal ruhte er an einer Felswand aus. Im weiten Umkreis eines Quells wuchsen dort kräftige Wurzeln. Wolfdietrich verspürte ihren Duft, der aus dem Erdboden hervordrang.

Ein Zufall hatte es gewollt, daß er just vor dem Bergpalast des Riesen Drasian lagerte. Zu seinem großen Erstaunen sah Wolfdietrich aus einem Felsentor, das den Eingang des Palastes bildete, ein schönes Mägdlein heraustreten. Er war erstaunt, in dieser Wildnis ein lebendes Wesen anzutreffen, und die Jungfrau war nicht minder verwundert, einen Wanderer vor sich zu sehen.

„Was suchst du bei dem Brunnen?" fragte Wolfdietrich.

„Ich suche eine Wurzel, die ich meiner Herrin bringen soll", antwortete das Mädchen.

„Wie heißt du, schönes Kind?"

„Ich heiße Frohmut."

„Ein fröhlicher Name!"

Die Jungfrau erwiderte: „Ein fröhlicher Name für ein trauriges Geschöpf. Ich selbst könnte es verschmerzen, daß ich schon sieben Monate die Gefangene des Riesen Drasian bin, aber ich muß Tränen vergießen über meine arme Herrin. Sie ist nun sieben Tage bei uns im Felsenpalast, und Drasian hat mich zu ihrer Dienerin gemacht. Er selbst aber will meine Herrin heiraten, und schon morgen wird die Hochzeit sein. Ihre Beteuerungen, daß ihr Herz vergeben sei und ihre Liebe einem anderen gehöre, haben nichts gefruchtet."

„Wer ist es, dem deine Herrin ihr Herz geschenkt hat?" fragte der Wanderer.

„Wolfdietrich wird er genannt, und er ist König von Konstenopel und Alt-Troja."

Wolfdietrich zog einen Ring von seinem Finger und reichte ihn dem Mädchen. „Nimm diesen Ring als Geschenk für deine Kunde. Geh jetzt zu deiner Herrin und frage sie, ob im Palast noch Platz ist für einen müden Wandersmann."

Als Siegeminne von Frohmut über deren Erlebnis am Brunnen erfuhr und das Ringlein sah, da wußte sie, daß ihr Gatte als Befreier gekommen war. Sie bat den Riesen Drasian, dem Wandersmann Obdach zu gewähren, und der Riese, guter Laune, weil er sich schon im Besitz der holden Siegeminne wähnte, gab seine Einwilligung. Ja, er lud den Fremden sogar ein, mit ihm zu speisen, und führte ihn in die tiefste Höhle hinab.

Wolfdietrich staunte nicht wenig, als er in einen Raum kam, der ordentlich, freundlich, ja sogar heimelig war. Ein helles Feuer brannte im Kamin, und der Tisch war bereits gedeckt. Drasian hieß seinen Gast Platz nehmen. Auf seinen Wink erschienen Zwerge und trugen das Mahl auf. Die kleinen Männlein verrichteten alle ihre Arbeit ohne ein Wort dabei zu sprechen. Es war ein possierliches Bild, das sich dem Wanderer darbot, der noch immer sein härenes Gewand über der Rüstung trug.

Nachdem sich die beiden mit Braten und Wein gestärkt hatten, befahl der Riese dem ältesten Zwerg, die gefangene Frau aus ihren Gemächern zu holen. So sahen sich Siegeminne und Wolfdietrich wieder. Das Herz des Helden schlug laut vor Freude, aber er bezwang seine Erregung und blieb scheinbar ungerührt auf seinem Stuhl sitzen. Auch Siegeminne ließ sich nichts anmerken.

Der Riese Drasian bedeutete Siegeminne, er habe ihr Wichtiges zu sagen, aber erst wolle er noch die Nachspeise verzehren. Wieder wurden Platten und Schüsseln aufgetragen, und kräftiger Kräuterkäse und Bärenschinken und was es an auserlesenen Gerichten sonst noch gab, verschwanden in ungeheuren Mengen in Drasians Magen. Aber Wolfdietrich vermochte keinen Bissen hinunterzuwürgen, so furchtbar war der Grimm, der in ihm tobte.

Drasian goß noch einen halben Eimer Wein durch seine Kehle, dann endlich wandte er sich an Siegeminne, die bleich an der Wand der unterirdischen Behausung lehnte. „Nun habe ich alle deine Wünsche erfüllt", sprach er, „den Wanderer hier nahm ich auf und bewirtete ihn, statt ihn zu töten, wie ich es sonst mit seinesgleichen halte. Nun erfülle auch du dein Versprechen und schenke mir deine Liebe."

Mit diesen Worten nahm er sie in seine Arme und wollte sie forttragen. Da sprang Wolfdietrich auf. Mit einem Ruck zerriß er seine Pilgerkutte, und vor dem Riesen stand in blitzender Wehr der junge König.

Mit dem gezückten Schwert trat Wolfdietrich vor Drasian. Aber der Riese war nicht so leicht zu erschüttern. Wohl starrte er den Helden ein wenig verwundert an, denn eine Rüstung hatte er nicht unter der Kutte vermutet. Dann jedoch begann er zu scherzen. „Ei, welche Verwandlung! Ein Ritterlein in meinem Palast, welch große Ehre! Was ist Euer Begehr?"

„Die Frau, die du geraubt hast, Unhold, ist meine Gemahlin", donnerte der junge König.

„Nun? Was kümmert mich das? Wenn du sie wiederbekommen willst, mußt du um sie kämpfen."

„Ich bin bereit", rief Wolfdietrich.

„Nicht so – in deiner Rüstung. Ich werde dir drei Rüstungen bringen lassen, unter diesen magst du wählen."

Drasian winkte den Zwergen, und diese kamen hurtig angetrippelt und schleppten drei Rüstungen herbei. Die erste war aus Gold, die zweite aus Silber, die dritte aber bestand aus über und über verrostetem Stahl. Ohne zu zögern griff Wolfdietrich nach der dritten Wehr. Der Riese schüttelte erstaunt sein Haupt, er stellte seinem Gegner frei, von seiner Wahl zurückzutreten, wenn er sich's doch anders überlegen sollte. Denn mit dieser dritten Rüstung, so erklärte Drasian, sei Wolfdietrich auf jeden Fall verloren. Um seinen Worten Nachdruck zu verleihen, griff er nach den Schulterringen der verrosteten Rüstung, und sie zerfielen in seiner Hand wie Zunder.

Doch Wolfdietrich wußte, was er tat. Die beiden anderen Rüstungen waren zu schwer, und nur Schnelligkeit konnte ihm zum Sieg über den gewaltigen Riesen verhelfen. Er mußte beweglich bleiben, und darum griff er nach der stählernen Wehr, obwohl sie verrostet war.

Der Kampf begann. Der Riese holte sogleich zu mächtigen Streichen aus, aber der junge König wich mit geschickten Sprüngen dem Schwert des Unholds aus. Im Gegenstoß zielte Wolfdietrich immer nur nach den Kniekehlen, um Drasian erst einmal niederzuzwingen und so den Riesenleib auf menschliche Maße zu verkürzen.

Nach mehreren erfolglosen Versuchen gelang Wolfdietrich die List. Der Riese sank in die Knie, und im gleichen Augenblick sauste der Stahl Wolfdietrichs von oben herabgeführt auf sein Haupt. Bis zum Gürtel drang das Schwert hindurch, und der Riese hauchte seine schwarze Seele aus.

Der Sieger nahm die befreite Gattin in seine Arme und verließ mit ihr den Palast. Nach mühseliger Wanderung erreichten sie die Hütte des Klausners, wo sie ein paar Tage von allen Nöten und überstandenen Gefahren ausruhten. Doch schon hier fiel Wolfdietrich auf, daß mit seiner Gattin eine Veränderung vor sich ging. Über ihr heiteres Gemüt breitete sich ein Schatten von Schwermut, den er bisher niemals an Siegeminne beobachtet hatte. Ihr Gesicht wurde blässer und ihre Haut von Tag zu Tag durchsichtiger, und die Weiterreise nach Garda bereitete ihr große Qualen.

Auf der Burg Garda schien sich Siegeminne zunächst wieder zu erholen. Die liebevolle Aufnahme durch Kaiser Ortnit und seine Gemahlin, die liebliche Landschaft am See, all das tat ihrem kranken Herzen wohl. Doch nach Alt-Troja zurückgekehrt, verschlimmerte sich ihr Leiden abermals.

Endlich verriet Siegeminne ihrem Gatten die Ursache ihrer Krankheit. Drasian hatte sie gezwungen, einen Liebestrank einzunehmen, um sie sich geneigt zu machen. Sie hatte die Kraft besessen, diesem Zauber zu widerstehen, aber nun wirkte er in ihr weiter und vergiftete ihren Leib. Wolfdietrich konnte es nicht fassen, daß sein junges Weib sterben müsse, und er versuchte alles Menschenmögliche, um es zu retten. Er ließ sogar einen Magier aus Ägypten kommen, doch alles war vergebens. Der junge König verlor seine Frau, mit der er nur so kurz, allzu kurz gelebt hatte.

WOLFDIETRICH IM ZAUBERGARTEN

Nachdem Siegeminne bestattet worden war, pilgerte Wolfdietrich zum Heiligen Grab, um für das Seelenheil seiner verstorbenen Gattin zu beten. Auf dem Weg dorthin lag eine Burg, die einem Anhänger des Propheten Machmet gehörte. Die Burg hieß Falkenes, und fünfhundert Totenschädel schmückten ihre Zinnen. Über den Burgherrn Belian und seine schöne Tochter gingen viele Gerüchte um. Belian, so hieß es, pflege seine Gäste zu einem Messerwerfen aufzufordern, und unter drei Würfen des Machmetjüngers sei einer unbedingt tödlich. Fünfhundertmal war er bereits Sieger in einem solchen Zweikampf geblieben, davon legten die gebleichten Schädel auf den Burgzinnen ein furchtbares Zeugnis ab.

Noch Seltsameres wurde von seiner Tochter berichtet. Von anmutigem Wesen und mit allen Zaubern der Jugend geschmückt, habe sie von Machmet die Gabe erhalten, Landschaften nach ihrem Wunsche zu verwandeln, aus blühenden Gärten wilde Gebirge zu machen, Feuerbrände von der Größe ganzer Wälder zu entflammen und aus Rinnsalen reißende Ströme entstehen zu lassen.

Auf der Rückreise vom Heiligen Grab überfiel es Wolfdietrich wie ein plötzlicher Wahn, sein Schicksal durch einen Messerzweikampf mit Belian herauszufordern. Er lenkte sein Roß nach der Burg Falkenes und lockte den König samt seiner Tochter durch kräftige Hornrufe an das Fenster. Der fremde Ritter machte auf die Jungfrau einen angenehmen Eindruck. Sie erkannte ihn zwar als Christen, bat ihren Vater aber doch, ihm Gastfreundschaft zu gewähren.

Wolfdietrich fand Einlaß in der Burg, und das Mädchen geleitete den Ritter in den großen Saal an die gedeckte Tafel. Sie bat ihn, Platz zu nehmen und Gast ihres Vaters beim Mittagessen zu sein.

Nun erschien auch Belian selbst. Er begrüßte den Fremdling und forderte ihn auf, gehörig zuzugreifen. Doch Wolfdietrich nahm nur wenige Bissen zu sich und trank nur einen Becher Wein. Als ihn die Jungfrau drängte, noch weiter zuzulangen, wehrte er ab: „Wer vor einem großen Kampf steht, muß Maß halten."

„Du bist wohl Wolfdietrich, der König von Konstenopel", forschte das Mädchen, „man sagt, er sei der einzige, der es im Messerwerfen mit meinem Vater aufnehmen könne."

„Der bin ich nicht", erwiderte der junge Held, denn König von Konstenopel durfte er sich nicht nennen, da ihm die Krone geraubt worden war. Die List, die seine Antwort enthielt, war also keine Lüge. „Nennt mich nur einfach König Pilgrim", fuhr er fort.

„Das bedeutet also, daß du ein König ohne Reich bist", meinte die Tochter Belians.

„Ein Reich, das wenig zählt, Alt-Troja heißt es, und zehn Tagereisen liegt es von Eurer Burg entfernt."

„Ach, Alt-Troja!" spottete das Mädchen, „in der Tat ein Zwergenreich. Nun, der König von Alt-Troja hat freilich wenig Aussicht, meinen Vater zu besiegen."

„Ja, muß ich denn wirklich kämpfen?" fragte Wolfdietrich, seine Rolle weiterspielend, indem er plötzliche Furcht vortäuschte.

„Gewiß bleibt dir das nicht erspart", erwiderte das Mädchen.

„Habt Erbarmen mit mir! Ich habe Euch doch nichts getan – warum muß ich so früh sterben?!" rief Wolfdietrich aus und verlieh, so gut er konnte, seiner Stimme einen Unterton von schlotternder Angst.

Die Jungfrau, welcher der Fremde recht gut gefiel, empfand Mitleid mit dem neuen Opfer ihres Vaters und verriet dem Helden, daß es wohl ein Mittel gebe, dem Kampf auszuweichen: „Du mußt Machmet als deinen Gott anerkennen, dann bist du von der Pflicht zum Kampf befreit."

Wolfdietrich wies das Ansinnen entrüstet zurück: „Ich soll Heide werden? Nimmermehr!"

„Dann mach dich zum Kampf bereit", rief Belian.

Noch einmal versuchte die Jungfrau, das Unheil von dem Fremden abzuwehren. „Schone ihn, lieber Vater," flehte sie, „ich habe unseren Gast liebgewonnen."

„Und was soll diese Liebe? Wenn er es ablehnt, Machmet anzubeten, kannst du ihn nicht zum Manne nehmen, also ist es besser, ich töte ihn und mit ihm deine Neigung", verkündete der Grausame, und dann forderte er Wolfdietrich auf, sich seines Panzerschutzes zu entledigen. Die ersten drei Würfe gehörten ihm, dem König, und der Gast müsse sie im Hemd, auf einem Stuhl sitzend, erwarten; dabei könne er versuchen, mit dem Körper auszuweichen, jedoch ohne den Platz zu verlassen. Die nächsten drei Würfe gehörten dem Gast, und er, Belian, unterliege den gleichen Bedingungen. „Aber für mich ist's leicht, denn zu deinen Würfen kommt es nicht mehr", lachte der König.

Die Stühle und die Messer wurden gebracht. „Du kannst dir dein Messer aussuchen, falls du glaubst, du würdest doch noch zu deinen Würfen kommen", höhnte Belian, „freilich täte mir das leid, denn mir fehlt gerade noch ein Totenschädel auf den Burgzinnen."

Zur Überraschung Belians und seiner Tochter und der vielen Recken, die sich im Saal versammelt hatten, wählte Wolfdietrich nach sorgsamer Prüfung ein Messer aus, das ihm am tauglichsten für dieses tödliche Spiel erschien. „Glaubst du wirklich, du könntest mich besiegen?" fragte Belian.

Der ängstliche König Pilgrim wurde mit einem Male kühner: „Ich habe einige Hoffnung."

„Dann bist du doch Wolfdietrich, der König von Konstenopel!" rief die Königstochter aus, „und meinem Vater wurde geweissagt, er werde von der Hand Wolfdietrichs sterben."

„Ich habe Euch schon gesagt, wer ich bin", erwiderte der junge Held, „ich bin König Pilgrim von Alt-Troja. Jetzt genug der Worte, laß uns beginnen!"

Die beiden Kämpfer machten sich den Oberkörper bis auf das Hemd frei und nahmen auf den Stühlen Platz. „Der erste Wurf geht nach deinem Kopf", verkündete Belian voll Mutwillen und Siegesgewißheit, „du darfst es ruhig im vorhinein wissen, denn in wenigen Augenblicken bist du ohnehin nicht mehr am Leben."

Das Messer sauste pfeifend durch die Luft, Wolfdietrich zog blitzschnell nur um Haaresbreite den Kopf ein, und nichts als zwei Locken verfielen dem Stahl zur Beute.

„Bei Machmet!" schrie Belian, „das hab' ich noch nie erlebt! Nun habe acht auf den zweiten Wurf, er geht dir in den Bauch!"

Jetzt tat Wolfdietrich etwas, das vor ihm noch keiner vollbracht hatte: er schnellte sich von dem Stuhl hoch, so daß das Geschoß flach darüber hinwegfuhr und dann in der Wand haften blieb. Er selbst aber saß gleich darauf wieder auf dem Stuhl, hatte den Platz also nicht verlassen, sondern war nur über ihm geschwebt, und damit hatte er die wichtigste Bedingung erfüllt.

„Wer lehrte dich, so zu springen?" rief Belian zu Tode erschrocken aus. „Ich kenne nur einen, der diesen Sprung beherrscht, und das ist Herzog Berchtung von Meran."

„Ich habe noch nie von ihm gehört", erwiderte Wolfdietrich, „fahre fort, ich warte auf den dritten Wurf."

Den dritten Wurf kündigte Belian nicht mehr an, aber Wolfdietrich erriet wohl, daß er nach dem Herzen zielen würde. Mit einer federnden Ausweichbewegung nach rechts entging er dem Stahl, der ihm haarscharf an der linken Brustseite vorbeisauste. „Nun bin ich an der Reihe", erklärte Wolfdietrich trocken, „behalte deinen Platz."

Belian schrie wie besessen: „Ich bin verloren, ich bin verloren!" Aber der junge König kannte keine Gnade. Der erste Wurf nagelte den Fuß des Machmetjüngers am Boden fest, der zweite ging in die Stirn, und der dritte traf ins Herz. Belian war tot.

Mit einem Sprung war Wolfdietrich an der Tür: „Ich bin Wolfdietrich, heute noch König Pilgrim, doch festen Glaubens an mein Ziel."

Die Heiden im Saal stießen ein Wutgeheul aus, doch Wolfdietrich flog so schnell die Gänge dahin und die Treppe hinunter, daß ihm niemand zu folgen vermochte. Als er aber vor das Burgtor trat, sah er sich plötzlich von einem See umgeben, der hohe Wogen gegen ihn heranwälzte. Die Stelle, auf der er stand, hatte sich in einen Felsenzacken verwandelt. Er gab seinem Roß, das er am Burgtor bestiegen hatte, die Sporen, doch es bäumte sich auf und scheute sich, in die brausende Flut zu stürzen. „Gestern war hier noch alles blumige Wiese", sprach Wolfdietrich zu sich, „welcher Zauberer hat hier seine Hand im Spiel gehabt?"

Von fernher tönte die Stimme der Heidentochter: „Der Zauberer bin ich, eine Jungfrau, die ihren Vater rächt!"

Auf einmal breitete sich ein magischer Lichtschein über die Wogen aus, eine gläserne Brücke wuchs aus dem Schimmer und lud Wolfdietrich ein, auf ihr seine Rettung zu suchen. Wolfdietrich wußte genau, daß ihn ein Teufelsblendwerk narrte, aber er mußte das Abenteuer wagen, es gab keinen anderen Ausweg.

In der Mitte der Brücke angekommen, meldete sich wieder die Stimme der Zauberin: „Nun überantworte ich dich dem Tod in der Flut."

„Der wahre Gott ist mit mir", antwortete Wolfdietrich schon im Fallen. Denn die gläserne Brücke war unter ihm zusammengebrochen. Doch die Anrufung Gottes hatte die Macht des Zaubers überwunden. Als Wolfdietrich wieder festen Boden unter sich fühlte, stand er auf einer blumigen Wiese.

Aber noch einmal setzte sich ihm ein Hindernis entgegen. Die Zauberin ließ einen brennenden Wald vor ihm erstehen. Wohin er sich auch zur Flucht wandte, die Flammen wanderten mit. Eine Feuerwand baute sich um ihn auf, vorne und rückwärts und auf beiden Seiten, er befand sich in einem Feuerkreis.

Doch weil es ein Zauberfeuer war, gab es dafür auch einen Gegenzauber. Ein Zauberfeuer tötet nur den, der der Glut auszuweichen sucht; wer es nicht fürchtet, dem vermag es nichts anzuhaben.

Wolfdietrich trieb sein Roß rücksichtslos in das Feuer hinein. Und als die Flammen über ihm zusammenschlugen, wurde ihm ein seltsames Erlebnis zuteil. Das Feuer brannte ihn nicht auf der Haut, es versengte sein Haar nicht, die Glut war kalt wie das Eis der Schneegebirge, und sie sank in sich zusammen, als er noch keine halbe Meile zurückgelegt hatte.

WOLFDIETRICH RÄCHT ORTNITS TOD

Wolfdietrich zog weiter, doch im Bannkreis der Zauberin hatte er die Richtung verloren, und er wußte nicht mehr, wo er sich befand. So trabte er aufs Geratewohl weiter, sein Schicksal dem Himmel anvertrauend.

Endlich kam er zu einer großen, schönen Stadt. Ein Münster mit einem Kreuzeszeichen verkündete, daß in diesen Mauern der Gott der Christen verehrt wurde. Auf einem weiten Feld sah er Zelte und Turnierschranken aufgeschlagen, und auf der bunt geschmückten Tribüne saß der König dieses Landes mit seiner Tochter und vielen edlen Frauen und Rittern. Inmitten des viereckigen, von Schranken abgegrenzten Feldes hing auf einem Gerüst ein goldener Ring. Die Aufgabe für die an dem Turnier teilnehmenden Helden bestand darin, in vollem Galopp den Ring mit der Spitze ihrer Lanzen von der Befestigung zu lösen, ihn über die Speerstange zu streifen und auf den Panzerhandschuh gleiten zu lassen. Wem diese schwierige Übung gelang, dem war des Königs Tochter zur Gemahlin versprochen.

Wolfdietrich ritt heran und blieb in formvollendeter Verbeugung vor dem Thron des Königs stehen. Er bat um die Gunst, an dem Wettkampf teilnehmen zu dürfen. Der König erkannte an Gesicht, Gebärden und Sprache die hohe Abkunft des Fremden und lud ihn zum Turnier ein. Als Gast hatte er das Vorrecht, den Anfang zu machen. Doch er trat bescheiden zurück und ließ erst die Ritter des Königs ihr Glück versuchen. Doch alle verfehlten den Ring. Nun war die Reihe an Wolfdietrich. Er hatte die Kunst des Lanzenstechens bei seinem Lehrmeister Berchtung bis zur Vollendung geübt, und seine feste Hand und sein sicherer Blick bewährten sich auch jetzt. In rasendem Galopp riß er den kleinen Ring aus seinem Scharnier auf seine Panzerfaust.

Brausender Beifall belohnte diese herrliche Probe ritterlicher Kunst. Dem König war es freilich nicht recht, seine Tochter einem unbekannten Edelmann zur Frau geben zu müssen, aber er hielt sich an die strenge Turnierregel und nahm sein Kind an der Hand, um es dem Sieger als Braut zuzuführen.

„Seid mir nicht böse, wenn ich nicht an Heiraten denken darf und weiterreiten muß", rief Wolfdietrich, seine Knie beugend, ehrerbietig zum Thron hinauf, „ich begegnete noch keinem lieblicheren Fräulein als der Dame dieses Turniers, doch Unrast ist mein Los, und fern noch mein Ziel."

Diese höflichen und doch von einer heimlichen Traurigkeit erfüllten Worte erregten die Neugier des Hofes, und auf die Bitte des Königs lüftete Wolfdietrich das Geheimnis seiner Pläne und fügte hinzu: „Das wichtigste ist, daß ich erst meinen Waffenbruder Kaiser Ortnit aufsuche und ihn um seine Gefolgschaft für den Zug nach Konstenopel bitte. Ohne starken Bundesgenossen vermag ich meine Brüder nicht zu bezwingen und meine Getreuen nicht zu befreien."

„Weh dir, Armer", rief der König laut klagend aus, „dein Waffenbruder Ortnit ist nicht mehr am Leben. Ein Drache hat ihn in seine Behausung getragen, und seither hat ihn niemand mehr gesehen. Sicherlich ist er tot, doch seine Gemahlin Sidrat will nicht eher ihre Witwenschaft aufgeben, als bis ihr ein sicheres Zeugnis von dem Tode ihres Gemahls überbracht wird."

„Ich darf an der Wahrheit Eurer Worte leider nicht zweifeln", erwiderte Wolfdietrich erschüttert, „doch eines ist gewiß: Ortnit erlag einer teuflischen List und der Übermacht einer ganzen Drachenbrut. Ich werde den Tod meines Freundes rächen!"

„Wenn Euch das gelingt, dann wird wohl Sidrat Eure Frau?" fragte des Königs Tochter betrübt, denn sie hatte Gefallen an dem Helden gefunden.

Wolfdietrich gestand offenherzig: „Sidrat ist die Erbin des Lampartenreiches, und ohne Hilfe der Lamparten kann ich meinen Getreuen in Konstenopels Kerkern keine Hilfe bringen. Doch bei Sidrats Schönheit und hohem Sinn darf ich auch glücklich und stolz sein, wenn sie meine Gemahlin wird. Aber hegt deshalb keine Trauer, edles Fräulein. Ich schicke Euch statt meiner einen anderen Bräutigam. Ich kenne elf Ritter, die Euer würdig sind, und einen von ihnen wähle ich für Euch aus."

Das Angebot gefiel der Jungfrau, denn von den Edlen ihres Landes war sie heute allzusehr enttäuscht worden. „Ich harre des von Euch entsandten Ritters", sprach sie beim Abschied zu Wolfdietrich.

Wolfdietrich zog weiter, und nach wochenlangem Ritt kam er endlich ins Lampartenreich. Noch ehe er die Burg Garda erreichte, traf er einen Jäger, der ihm die Lage der Drachenhöhle, in der Kaiser Ortnit ums Leben gekommen war, genau zu beschreiben wußte.

Vor dem Eingang der Höhle pflanzte sich Wolfdietrich auf und forderte den Lindwurm auf, er möge herauskommen und sich zum Kampf stellen. Aus der Tiefe der Höhle antwortete ihm ein Pfeifen und Zischen, das der Held als das Gezänk einer jungen Drachenbrut erkannte. Er dachte, daß sich der alte Wurm wohl auf Nahrungssuche begeben habe, und machte sich auf, ihn zu suchen.

Wolfdietrich stieß bald auf die Spur des Drachens, und es dauerte nicht lange, bis er das Ungetüm aufgestöbert hatte. Er sprang vom Pferd, zog sein Schwert und nahm sogleich den Kampf auf. Das Roß, von jäher Angst gepackt, raste durch den Wald davon.

Das Ungeheuer war durch eine Hornhaut geschützt, die wie grünes Glas glänzte und auch hart und spröde wie Glas war. Der Streiter vermochte nur Stücke von ihr abzusplittern, aber es gelang ihm nicht, mit dem Schwert hindurchzustoßen. Wolfdietrich kämpfte bis zum Abend mit dem Wurm, aber die Hornhaut erwies sich als stärker als der Stahl. Das Schwert des Helden zerbrach, und dadurch wehrlos geworden, konnte es Wolfdietrich nicht verhindern, daß ihn der Drache ins Maul nahm und in die Höhle trug.

So hätte der junge König das gleiche Schicksal erleiden müssen wie sein Bundesgenosse und Freund, wenn ihm nicht von der Gnade des Himmels Hilfe gekommen wäre. Der Drache wollte in seiner Gier zum Ritter auch noch das Pferd und ringelte sich, nachdem er seine Beute den jungen Würmern vorgeworfen hatte, wieder zur Höhle hinaus, um sich das flüchtende Roß zu holen.

Da hatte der Wurm, der stark durch seine harte Haut und seine gewaltigen Zähne und groß im Zorn, aber schwach im Geist war, einen großen Fehler begangen. Denn die jungen Drachen, die sich sogleich über Wolfdietrich hermachten, konnten mit ihrem noch nicht voll entwickelten Gebiß die Rüstung nicht durchdringen. Unter unzufriedenem Grunzen ließen sie schließlich von dem Versuch ab, den Ritter zu verspeisen, und warteten auf die Rückkehr des alten Lindwurms, in der Hoffnung, daß er ihnen bekömmlichere Nahrung bringen werde als einen panzergeschützten Menschen.

Dies gab nun Wolfdietrich die Möglichkeit, sich in der Höhle umzusehen. Er tappte sich durch die Dunkelheit, die nur von den glühenden Augen der Jungdrachen ein wenig erhellt wurde, und bekam plötzlich einen Stahl zu fassen. „Das Schwert Ortnits", durchzuckte es ihn, „Rose, die von Alberich geschmiedete Klinge! Wie danke ich dir, Gott, für diesen Fund! Nun wird es gelingen."

Erst mußten die beiden jungen Drachen daran glauben. Mühelos drang das Schwert durch ihre noch weiche Haut. Als Wolfdietrich aus der Höhle hinauskroch, begegnete er am Eingang dem alten Wurm, der sein Pferd im Rachen hatte. Wolfdietrich sprang den Drachen an, und durch die Hornhaut hindurch stieß er das Schwert Rose dem Ungeheuer ins Herz. Der Wurm schnellte noch einmal in die Höhe, schlug mit dem Schweif fürchterlich um sich und verendete dann zu den Füßen des Helden.

Dieser kehrte in die Höhle zurück und fand dort die Gebeine des unglücklichen Ortnit. An den Knochen der rechten Hand steckte ein Ring. Wolfdietrich nahm ihn an sich und trug dann die sterblichen Überreste des lampartischen Königs vor die Höhle, wo er sie bestattete. Auf dem Grab errichtete er ein Steinmal. Dann schnitt er den Drachen die Zungen heraus, säuberte das Schwert vom Drachenblut und steckte es in den Gürtel. „Rose, mein Schwert", sprach er zu sich, „du wirst mir helfen, meine elf Getreuen aus dem Kerker von Konstenopel zu befreien." Da sein Pferd von dem Wurm getötet worden war, trat Wolfdietrich nun zu Fuß den Rückweg nach Garda an.

WOLFDIETRICH GEWINNT DIE SCHÖNE SIDRAT

In den vier Jahren nach Ortnits Verschwinden war schon mancher Ritter zum Kampf gegen die Drachenbrut ausgezogen, doch keiner war lebend heimgekehrt. Während sich Wolfdietrich schon auf dem Weg nach Garda befand, traf vor der Drachenhöhle Graf Wildung von Piterne ein. Als er die toten Ungeheuer entdeckte, wurde er blaß vor Wut, daß ihm ein anderer zuvorgekommen war. Dann aber beschloß er, den listigen Versuch zu wagen, sich als Drachentöter auszugeben. Vielleicht hatte er Glück und der Held, dem die große Tat gelungen war, hatte doch dabei den Tod gefunden und lag irgendwo entseelt im Gras. Er trennte also den Kadavern den Kopf vom Leib, schwang sich auf sein Roß und ritt in scharfem Trab zur Königsburg nach Garda.

Er traf tatsächlich vor Wolfdietrich dort ein, der zu Fuß nur langsam und mühselig weiterkam. Sidrat, erst mißtrauisch, ließ sich schließlich durch die mitgebrachten Drachenhäupter überzeugen. Doch versprach sie noch nichts und lud den Helden erst einmal zu einem Festmahl ein.

Graf Wildung bekam den Ehrenplatz an Sidrats Seite und wähnte sich schon am Ziel seiner Wünsche. Das Mahl endete in rauschendem Jubel, der Graf erzählte mit den phantasievollsten Ausschmückungen, wie er die Drachen getötet habe, und beim Zusammenklingen der Becher verkündete Sidrat, daß von dieser Stunde an gerechnet in zwei Wochen die Hochzeit stattfinden solle. Von allen Seiten drängten sich die Gäste um das Paar, um es zu beglückwünschen.

Nun hatte Wolfdietrich, als er sich Garda näherte, von dem Betrug des Grafen Wildung erfahren; er hatte ein Pilgergewand erstanden und damit Einzug in die Burg gehalten. Im allgemeinen Festestrubel hinderte ihn niemand, als er den großen Saal betrat.

Er näherte sich Sidrat, ließ sich vor ihr auf die Knie nieder und bat um Labung und Wegzehrung. Die Herrscherin ließ ihm einen Becher Wein reichen. Der Pilger leerte ihn und reichte ihn Sidrat zurück, die zu ihrem Erstaunen auf dem Bechergrund etwas Metallisches klirren hörte. Sie blickte in das Gefäß und zog ein Ringlein daraus hervor. „Wer gab dir den Ring, Pilgersmann?" rief sie voll Überraschung und Empörung, denn sie dachte, der Ring sei nicht auf rechtmäßige Weise in die Hände des Pilgers gekommen.

Wolfdietrich erhob sich, und um Haupteslänge überragte seine hohe Gestalt die Ritter ringsum. „Woher hast du den Ring?" wiederholte Sidrat ihre Frage, „er hat meinem Gatten Ortnit gehört!"

Graf Wildung erbleichte, die Runde aber erstarrte in Schweigen, denn jeder fühlte, daß sich eine Wende anbahnte.

Der Pilger antwortete: „In der Drachenhöhle, bei den Gebeinen des toten Kaisers, fand ich den Ring, nachdem ich die Lindwürmer erschlagen hatte."

Die Anwesenden beantworteten diese Worte mit einem Sturm der Entrüstung, denn sie deuteten sie als eine Verleumdung des Grafen Wildung. Frau Sidrat gebot Ruhe und fragte den Fremdling, wie er zu dieser Behauptung komme. Die Tat, deren er sich rühme, sei Graf Wildungs Werk.

„Graf Wildung soll seine Tat beweisen", erwiderte Wolfdietrich, „wo sind die Zeichen seines Sieges?"

Lächelnd winkte Graf Wildung seinen Dienern, die nun die Köpfe der Drachen auf den Boden legten. „Genügen dir diese Zeichen?" fragte Wildung triumphierend.

„Öffnet ihnen die Mäuler und seht nach, ob die toten Scheusale noch ihre Zungen haben", befahl Wolfdietrich, und seine herrische Stimme zeigte an, daß es kein armer, schlichter Pilger war, der sich in dem härenen Gewand verbarg.

Der Wunsch des Fremden wurde erfüllt, und zur größten Überraschung der Tafelrunde fehlten die Zungen in den Mäulern der Untiere. Jetzt schlug die Stimmung im Saale um. „Wo sind die Zungen?" raunte es, „was geht da vor?"

Der Fremde aber griff in seine Kutte, zog die Zungen daraus hervor und warf sie auf den Boden. „Erkennt ihr nun, wer lügt und wer die Wahrheit spricht?" fragte er herausfordernd.

„Der Pilger spricht die Wahrheit", scholl es von allen Seiten.

„So seht, wer der Pilger ist", erwiderte Wolfdietrich, entledigte sich seiner Kutte und stand in herrlicher Rüstung im Saal. Dann fuhr er fort: „Die Zungen habt ihr gesehen, den Ring Ortnits hat Frau Sidrat empfangen, nun füge ich zum Ring noch Ortnits Schwert hinzu." Mit diesen Worten zog er das Schwert Rose aus dem Gürtel, hielt es hoch empor, und sein blitzender Schaft überstrahlte die Lichter des Saales mit seinem Glanz.

Graf Wildung hatte den plötzlich ausgebrochenen Freudentumult benutzt, um unbeobachtet zu entkommen. Seinen Platz an der Tafel aber nahm Wolfdietrich ein. „Nun laßt uns das wirkliche Verlobungsfest feiern", sprach Frau Sidrat.

TREUE FÜR TREUE

Nachdem sich Wolfdietrich mit Frau Sidrat vermählt hatte und Ortnits Nachfolger im Lampartenland geworden war, galt sein erster Gedanke

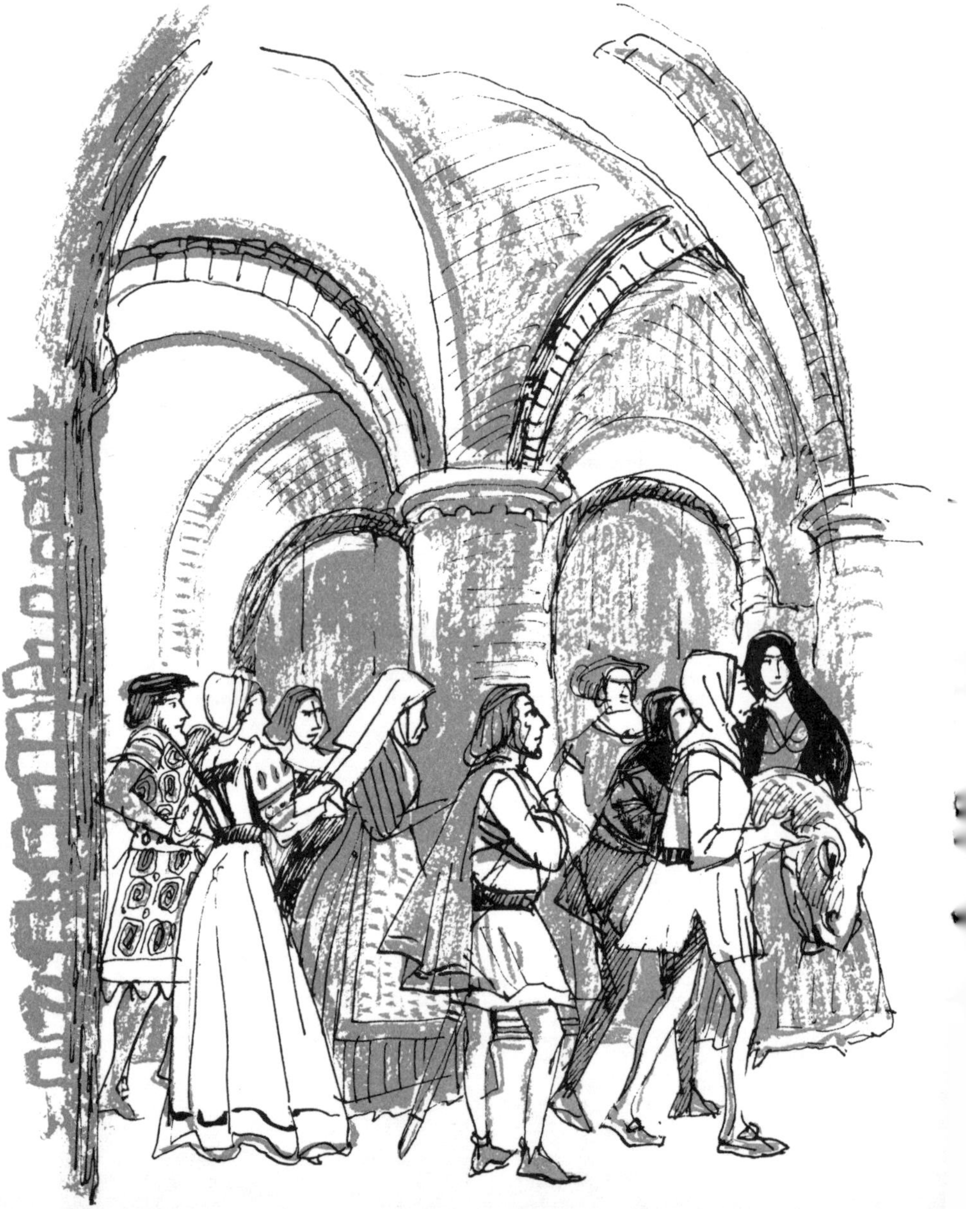

der Befreiung Berchtungs und seiner Söhne. Wenn ihm dabei noch seine angestammte Krone von Konstenopel zufiel, so wollte er dies mit Genugtuung hinnehmen. Doch das Wichtigere war ihm, die Treue seiner Dienstmannen mit Treue zu vergelten.

Der Herrscher des Lampartenlandes rüstete also zu einem gewaltigen Heereszug. Viele Monate dauerten die Vorbereitungen, und mit großer Kriegsmacht landete er schließlich glücklich auf dem Boden Konstenopels.

Wolfdietrich wies sein Heer an, ein Lager zu beziehen, während er sich allein in einer Verkleidung in die Stadt begeben wolle. Nur sein weit schallendes Horn und das Schwert Rose wollte er unter den Gewändern verborgen mitnehmen. Sobald er das Horn ertönen lasse, sollten die Krieger am Strand aufbrechen und die Stadt erstürmen.

Am Abend erreichte Wolfdietrich die Stadt Konstenopel. Er stand am Wallgraben, im Zweifel, zu welcher Pforte er sich begeben solle, als er plötzlich Stimmen über sich vernahm: „Wo bleibt unser Herr Wolfdietrich", erklang es klagend, „so viele Jahre sind verflossen, seit wir ihn zum letzten Male sahen! Hat er uns vergessen? Nur er vermag uns zu retten!"

Wolfdietrich erkannte hoch oben auf der Mauerkrone zehn Gestalten, die zu zweien aneinander gefesselt waren. Er rief ihnen zu: „Ihr Kettenträger, vernehmt die traurige Kunde: Wolfdietrich ist Herr über Alt-Troja und das Lampartenland und hat euch vergessen!"

„Du lügst!" antworteten die Gefangenen, „Wolfdietrich vergißt seine Getreuen nicht! Wenn er bis jetzt nicht kam, so befindet er sich selbst in Not."

Jetzt fiel es Wolfdietrich auf, daß es nur zehn Männer waren, die, von ihren Kerkermeistern für ein paar Atemzüge an die frische Luft entlassen, dort oben standen. Einer fehlte. Durch vorsichtiges Fragen erfuhr er, daß Berchtung schon längere Zeit gestorben sei. Mit seinem letzten Atemzuge hatte er seine Söhne ermahnt, Wolfdietrich die Treue zu halten. „Wir haben den letzten Wunsch unseres Vaters erfüllt", versicherten die Männer. „Wenn Wolfdietrich lebt, wird er kommen, um uns zu befreien. Ist er aber tot, dann möge Gott auch uns bald hinwegnehmen."

„Er lebt!" rief Wolfdietrich zu den Männern hinauf, „wartet, gleich bin ich bei euch." Er schwang sich über das rissige Mauerwerk bis zu den Zinnen empor, und mit dem Schwert Rose sprengte èr ihre Ketten. Mit ungeheurer Kraft und Schnelligkeit verfertigte Wolfdietrich aus den einzelnen Ketten eine einzige lange Kette, indem er die Enden jeweils ineinanderpreßte. Daran ließen sich die Männer hinab in den Burggraben und erreichten von dort glücklich das freie Feld.

Die Flucht war aber bemerkt worden, und Wolfdietrich sah, wie ein Trupp bewaffneter Männer auf ihn und seine Getreuen zukam. Er erwartete den Feind, schlug den ganzen Haufen zusammen, und den Gefallenen nahmen die zehn Söhne Berchtungs die Waffen ab.

Nun stieß Wolfdietrich mächtig ins Horn, und das Heer der Lamparten rückte an. Vor der Burg von Konstenopel kam es zum Kampf des Königs mit seinen beiden ungetreuen Brüdern. Er besiegte sie und nahm sie gefangen. Aber er ging mit ihnen nicht weiter zu Gericht, so viel Leid sie ihm auch zugefügt hatten. Konstenopel wurde zum Lehensland der Lamparten erklärt und Wachsmuth und Bauge zu tributpflichtigen Fürsten ihres Bruders, des Königs Wolfdietrich.

Berchtungs Söhne aber belohnte er reich für ihre Treue. Herbrand, den Ältesten, machte er zum Herzog von Meran und gab ihm die Tochter jenes Königs zur Frau, bei dessen Turnier er das Lanzenstechen gewonnen hatte. Unter die anderen Getreuen verteilte er die Länder Sachsen und Brabant, das Rheinland, Steiermark und Kärnten, so daß jeder reich an Land, an Burgen und treu ergebenen Landsleuten wurde.

Danach regierte König Wolfdietrich noch lange Jahre, und Frau Sidrat saß ihm als Gattin getreu zur Seite. Nachfolger des Königs wurde sein Sohn, der nach seinem Großvater Hugdietrich hieß.

9545